L'EGLISE

METROPOLITAINE ET PRIMATIALE

SAINCT ANDRE

DE BOURDEAUX

BORDEAUX. — IMPRIMERIE G. GOUNOUILHOU, RUE GUIRAUDE, 11.

PORTAIL SUD DE L'ÉGLISE SAINT-ANDRÉ.

Dessin de M. J. DE VERNEILH.

L'EGLISE

METROPOLITAINE ET PRIMATIALE

SAINCT ANDRE

DE BOURDEAUX

OU IL EST TRAITÉ

DE LA NOBLESSE, DROITS, HONNEURS ET PREEMINENCES DE CETTE EGLISE
AVEC L'HISTOIRE DE SES ARCHEVESQUES
ET LE POUILLÉ DES BENEFICES DU DIOCEZE

PAR

M. Me HIEROSME LOPES

Chanoine Theologal de cette Eglise, et Docteur Regent en Theologie dans l'Université de Bourdeaux.

RÉÉDITION ANNOTÉE ET COMPLÉTÉE

PAR M. L'ABBÉ CALLEN

Professeur à la Faculté de Théologie.

Sicut qui thesaurizat, ità et qui honorificat matrem suam. *(Eccli. 3-5.)*

II

BORDEAUX

FERET ET FILS, LIBRAIRES-ÉDITEURS

15, COURS DE L'INTENDANCE, 15

1884

A SA GRANDEUR

MGR GUILBERT

ARCHEVÊQUE DE BORDEAUX

Monseigneur,

Saint Grégoire de Tours rend ce témoignage à notre cité qu'elle a « des patrons vénérables ». — Habet Burdigalensis urbs patronos venerabiles[1]. — L'Eglise metropolitaine de Sainct-André, *par H. Lopès, renferme leur histoire authentique. Il est donc naturel que cette histoire voie le jour sous les auspices du premier pasteur de l'Église de Bordeaux.*

Les deux Pontifes qui daignèrent en approuver le dessein, S. E. le Cardinal Donnet et Mgr de la Bouillerie, sont allés rejoindre au ciel leurs illustres prédécesseurs; mais ils vous ont légué leur admiration et leur culte

1. Greg. Tur., *de Glor. conf.*, cap. 45.

pour les gloires de l'Aquitaine. J'en ai la preuve dans une lettre datée de Paris que vous me fîtes l'honneur de m'adresser le jour même de votre promotion à ce siège archiépiscopal.

J'ose vous demander, Monseigneur, de vouloir bénir encore une œuvre éminemment bordelaise et diocésaine, car, je ne l'ignore pas, Votre Grandeur estime, avec saint Charles Borromée, qu'un évêque ne saurait porter un intérêt trop vif et trop plein de sollicitude aux annales de son Église[1].

Daignez agréer, Monseigneur, l'assurance de mes sentiments les plus respectueux et les plus dévoués.

Jules CALLEN,

Chanoine hre,
Professeur à la Faculté de Théologie.

Bordeaux, le 30 Novembre 1883, fête de saint André.

1. *Episcopus, id quod ab initio nascentis Ecclesiæ institutum fuit, ut rerum Episcopalium, studio curâque, gestarum monumenta existerent, conquiri diligentissimè curet.* (Ex *Act. Eccl.*, Mediol, lib. V, 12.)

L'ÉGLISE

METROPOLITAINE ET PRIMATIALE

SAINCT ANDRE

DE BOURDEAUX

DEUXIEME PARTIE

DES ARCHEVESQUES DE BOURDEAUX

CHAPITRE I

L'Estendue de l'Archevesché de Bourdeaux.

NOUS avons jusqu'à present exposé les Preéminences de l'Eglise Metropolitaine et Primatiale de Bourdeaux. C'est une suitte, que nous parlions de l'Illustre Espoux d'une Eglise si illustre, et que nous fassions paroistre sur ce Siege si eminent, l'Archevesque et le Primat. Mais c'est un prealable de faire comme un plan de son Archevesché, et dire jusqu'où il s'estend, jusqu'où va sa Jurisdiction, non seulement en qualité d'Archevesque, mais encore de Metropolitain, et de Primat.

II. L'Archevesché de Bourdeaux a pour ses bornes, du

Nord, l'Evesché de Saintes : du Levant, les Eveschez de Perigueux et de Bazas : du Midy, encores l'Evesché de Bazas, et celuy de d'Acqs : et du Couchant, la Mer Oceane. Il est scitué entre le 44. et 46. degré. Sa latitude est d'environ 22. lieuës de Gascogne, et se peut prendre depuis Soulac, (auquel lieu on dit qu'estoit le Noviomogus[1] des Anciens) jusqu'à la Parroisse du Vignac dans la Prevosté de Born aux Landes, ou à l'Estanc appellé de Lit, par où il est separé de l'Evesché d'Acqs. Sa longitude est presque de pareille estenduë, et se peut prendre de la Teste de Buch qui est le lieu des Boiens, dont a parlé S. Paulin, escrivant au Poëte Ausone, jusqu'à la Ville de Castillon, fameuse pour la défaite de Talbot General des Anglois, laquelle acheva de les mettre hors de la Guyenne[2].

1. On a beaucoup écrit, depuis Ptolémée, sur *Noviomagus.* (Voir en particulier Baurein, *op. cit.*, t. I, p. 77 et suiv.; — *Sainte Véronique,* p. 45, 65.) Elie Vinet *(l'Antiquité de Bourdeaus)* croit que cette ville était située vers Soulac. On lit dans Delurbe (*Chron. bourd.*, f° 4 v°) : « Aussi, en ce temps, en Médoc et sur le bord de l'Océan, il y avoit une ville nommée par Ptolémée Noviomagos, laquelle par l'injure du temps ayant esté desmolie et réduite en village est aujourd'huy, selon l'opinion de feu Élie Vinet, appelée Soulac. »

2. Nous empruntons à Baurein une description plus détaillée de l'ancien diocèse de Bordeaux :

« Ce diocèse est traversé, suivant toute sa longueur, par deux grandes rivières, qui le divisent du midi au nord en trois parties.

» La première partie, qu'on peut considérer comme la principale, est celle qui est placée entre l'Océan et la Garonne ; la seconde est celle qui est entre cette rivière et la Dordogne ; la troisième est placée sur la rive droite de cette dernière rivière et du fleuve de Gironde. On va parler séparément de chacune de ces trois parties.

» La première est placée sur la rive gauche de la Garonne, et a, vers le levant, cette rivière, qui change de nom au lieu appelé le Bec-d'Ambez, et est pour lors connue sous la dénomination de Gironde. Cette première partie est bornée vers le couchant et vers le nord par la mer Océane, et vers le midi par les diocèses de Dax et de Bazas. Elle forme une péninsule en espèce de triangle, d'environ quarante lieues de longueur, sur une base de

Bourdeaux est la Ville Capitale de cét Archevesché, une Ville, dont si l'on considere la grandeur, la beauté de ses Edifices, la Majesté de son Port, le flux et le reflux de la Riviere de Garonne qui bat ses murailles, la fertilité de son terroir, les vignobles si abondans et si estimés, l'esprit vif de ses habitans, son Université, son Parlement, ses Eglises, toutes les commoditez de la vie, ou qu'elle prend

douze pour le moins dans sa partie méridionale; mais cette largeur va toujours en diminuant, à proportion qu'on avance vers le nord.

» C'est dans cette partie que sont placés Bordeaux et sa banlieue; la contrée du Médoc est à leur nord, celle de Buch est située à leur couchant. C'est dans cette même partie qu'est le pays de Born ou contrée des Landes; et cet espace considérable de terrain, d'environ deux lieues de largeur sur huit de longueur, qui s'étend vers le midi depuis Bordeaux jusqu'à Langon, et qui n'ayant pas de dénomination particulière, on le désignera ici par *terre Gasque,* ne fut-ce que pour faire revivre le nom qu'il portoit dans les anciens titres; on observera que ce terrain est placé entre les Landes et la Garonne.

» Il existe dans cette première partie du diocèse, quatre archiprêtrés, savoir : ceux de Lesparre, de Moulix, de Cernès et de Buch-et-Born;... on passe à la seconde partie du diocèse.

» Celle-ci n'est composée que de deux archiprêtrés, savoir : de celui de Benauges et de celui de l'Entre-deux-Mers, et des deux contrées connues sous ces mêmes dénominations. Cette seconde partie du diocèse est comprise entre les rivières de Garonne et de Dordogne, et est également faite en triangle, qui se termine en pointe au Bec-d'Ambez. C'est là où la Garonne et la Dordogne se réunissent en un seul fleuve, connu sous la dénomination de Gironde, qui, après avoir coulé entre la contrée du Médoc et le pays de Saintonge, va se décharger dans l'Océan.

» Cette partie du diocèse est bornée vers le levant par la Dordogne, vers le couchant par la Garonne, vers le nord par le fleuve de Gironde, en sorte qu'elle forme une espèce de péninsule, et vers le midi par le diocèse de Bazas. Elle s'étend du côté de la Garonne, depuis le Bec-d'Ambez jusqu'à Saint-Macaire, et depuis ce même Bec jusqu'aux environs du port de Branne; ce qui forme un espace d'environ douze lieues de longueur du nord au midi sur environ cinq lieues de largeur dans son extrémité méridionale, et qui va toujours en diminuant à proportion qu'on avance vers le nord.

» La troisième partie de ce diocèse, dont il reste à parler, est

de chez soy, ou qui viennent de toutes les parties de l'Univers, aborder à son rivage; ne le cede à pas une Ville de ce grand et florissant Royaume. J'en ay assez dit, pour n'en parler qu'en passant : mais ce n'est point assez, pour ce que je luy doibs, et pour ce qu'elle merite. Comme je ne me suis attaché, qu'à descrire les singularités de son Eglise, je laisse à l'Autheur de sa Chronique[1], et à ceux qui

placée sur la rive droite de la Dordogne, et sur celle du fleuve de Gironde. Elle s'étend le long de ces deux fleuves, depuis la ville de Castillon jusqu'au delà de celle de Blaye. Cette partie est bornée, vers le levant, par les diocèses de Saintes et de Périgueux; vers le couchant, par la Gironde et la Dordogne; vers le midi, par cette partie du diocèse de Périgueux qui s'étend jusqu'à la Dordogne; et vers le nord par cette partie du diocèse de Saintes qui aboutit au fleuve de Gironde.

» Il existe dans cette partie du diocèse de Bordeaux quatre archiprêtrés, savoir : celui d'Entre-Dordogne, celui de Fronsac, celui de Bourg et celui de Blaye. Il y existe également quatre principales contrées, savoir : celle du *Puy-Normand,* le *Fronsadois,* le *Bourgez* et le *Blayois.* On compte dans cette troisième partie plusieurs villes, entr'autres celles de Castillon, Saint-Émilion, Libourne, Bourg, Blaye; indépendamment de quelques bourgs assez considérables, comme Coutras, Saint-André-de-Cubzac, plusieurs abbayes, savoir: Guîtres, Bourg, Saint-Romain, Saint-Sauveur de Blaye, Pleine-Selve. On n'entrera pas ici dans d'autre détail.

» On observera seulement, à l'égard de la première partie de ce diocèse, qu'il n'y existe d'autre ville après celle de Bordeaux, que Lesparre en Médoc, et qu'on y compte trois abbayes, savoir : celle de Sainte-Croix de Bordeaux et celles de Verteuil et de l'Isle; et qu'à l'égard de la seconde partie, on y compte les villes de Saint-Macaire, de Cadillac, de Rions, de Créon et deux abbayes, savoir : celles de La Sauve et de Bonlieu. » (Baurein, *Variétés bordeloises,* t. I, p. 17 et suiv.)

1. Le chroniqueur que désigne Lopès est Gabriel Delurbe dont la chronique va jusqu'à l'an 1594. Son continuateur ou plutôt ses continuateurs furent Darnal, 1594-1619; Pontelier, 1620-1672; Tillet, 1672-1701.

Indépendamment de ces chroniqueurs proprement dits, Bordeaux compte parmi les écrivains qui traitèrent de son histoire : Elie Vinet, La Colonie, Fonteneil, Baurein, D. Devienne, Bernadau, etc., etc.

l'ont continuée, à traiter au long comme ils ont fait, de ses autres ornemens[1]. Les autres Villes plus considerables de l'Archevesché apres Bourdeaux, sont Libourne, Bourg, Blaye, Sct. Emilion, Castillon, Rions, Cadillac et S. Macaire[2].

1. Les Bordelais savent par cœur les vers enthousiastes d'Ausone sur *Burdigala* sa patrie. Ces vers figurent dans la préface des *Anciens et Nouveaux Statuts de la ville et cité de Bourdeaux*, à Bourdeaux, par S. Millanges, imprimeur du roy, 1612.

AUSONIUS

DE SUA BURDIGALA, URBE A MULTIS SÆCULIS INCLITA.

Impia jandudùm condemno silentia, quod te
O patria, insignem Baccho, fluviisque, virisque,
Moribus ingeniisque hominum, procerûmque senatu
Non inter primas memorem; quasi conscius urbis
Exiguæ, immeritas dubitem contingere laudes.
Non pudor hinc nobis. Nec enim mihi barbara Reni
Ora, nec Arctoo domus est glacialis in Hemo.
Burdigala est natale solum : clementia cœli
Mitis, ubi irriguæ larga indulgentia terræ.
Ver longum, brumæque breves; juga frondea subsunt.
Fervent æquoreos imitata fluenta meatus.
Quadrua murorum species, sic turribus altis
Ardua, ut aëreas intrent fastigia nubes.

Douze siècles plus tard, Darnal n'était pas moins admirateur qu'Ausone des magnificences de Bordeaux. (Voir *Chron. bourd.*, f° 11 : *De la Ville de Bourdeaus et excellences d'icelle*; et f° 13 : *Pourquoy le Port et Havre de la ville de Bourdeaus est appellé le Port de la Lune, et autres petites particularités.*)

«Aux armoiries de ladicte ville, dit-il (*Chron. bourd.*, f° 13), y sont peints, un croissant de lune, des fleurs de lys, des ondes de la mer, des tours et un lion couché et... dessus l'emblesme mis ausdites armoiries, nous lisons :

Lilia sola regunt, lunam, undas, castra, leonem.

qui est autant à dire que les fleurs de lys seules, c'est-à-dire l'authorité du Roy, régit, gouverne et dompte ces lyons, ces chasteaux, ce port lunaire, et en effect, que la ville de Bourdeaus ne recognoit autre, après Dieu que son roy.»

2. Consulter pour l'histoire et l'archéologie de ces villes, les *Comptes-rendus de la Commission des Monuments et Documents historiques de la Gironde,* les savantes études de la Société Archéologique de Bordeaux, etc., etc.

III. Il y a dans l'estenduë de cét Archevesché, environ cinq cens Cures ou Prieurés, outre les Chapitres et les Abbayes. (j'en ajoûsteray le Poüiller[1] à la fin de cét Ouvrage). Dans la Ville Capitale, à une extremité, vers le Couchant, est scituée l'Eglise Metropolitaine, du Chapitre de laquelle je parleray au long à la 3e partie. Apres ce Chapitre est le Chapitre Insigne de l'Eglise Collegiale, consacrée soubs le nom de S. Seurin[2], dans le grand Fauxbourg[3] qui porte son nom. Ce Chapitre est composé de

1. Le mot *pouillé* vient du latin *pulegium,* corruption du mot *polypticum* qui signifie *tablette à plusieurs plis.* Dans le langage ecclésiastique, *pouillé* s'emploie pour désigner le registre où l'on inscrivait le catalogue des églises et des bénéfices d'un diocèse.

2. Voir t. I, p. 242.

« Grégoire de Tours (lib. *de glor. conf.*, c. 45) fait mention du monastère de *Saint-Seurin-lez-Bordeaux.* Ce monastère devint un chapitre régulier que Clément III régularisa en 1188...

» Les canonicats sont à la nomination alternative de M. l'Archevêque et du chanoine en semaine. Les dignités de doyen et de sacriste ont chacune leur prébende canoniale... Le Chapitre de Saint-Seurin se qualifie d'insigne, dépendant immédiatement du Saint-Siège et de fondation royale. Il a haute, moyenne et basse justice, qu'il fait exercer avec la police par des officiers auxquels il accorde des provisions. » (Du Tems, *le Clergé de France*, t. II, p. 264.)

Saint-Seurin avait des fonts baptismaux, un cimetière et une *sauvetat.* Nous avons déjà dit un mot, et nous parlerons encore des prétentions de ce Chapitre et de ses luttes fréquentes avec le Chapitre Saint-André.

On trouve dans Baurein (*Variétés bord.*, t. IV, p. 304, etc.) quelques détails intéressants sur la vieille basilique : mais le livre le plus complet à consulter sur ce monument, est l'*Histoire et Description de l'église Saint-Seurin,* par l'abbé Cirot de La Ville (Bordeaux, 1867). L'auteur y discute à fond les légendes de saint Martial, de sainte Véronique et de sainte Bénédicte. Il y décrit, avec la dernière exactitude, l'église primitive de Saint-Étienne, la crypte de Saint-Fort, l'oratoire de la Trinité, le cloître, les chapelles de Saint-Martial et du Saint-Esprit, Notre-Dame-de-la-Rose (v. le dessin, p. 8), Notre-Dame-de-Bonne-Nouvelle, etc., etc.

3. On lit dans *Bordeaux vers 1450,* par L. Drouyn, p. 28 :

« Dans les faubourgs de l'ouest et du nord apparaissent les façades

COUPE DE L'ÉGLISE ET PLAN DE LA CRYPTE DE SAINT-SEURIN
(Comm. des Monum. hist.)

seize Chanoines, y comprins le Doyen, outre lesquels il y a un Tresorier, et un Prevost. Il y a aussi un Secretain

CHAPELLE NOTRE-DAME-DE-LA-ROSE A SAINT-SEURIN
d'après une eau-forte de M J. DE VERNEILH

des chapelles *Saint-Symphorien*, de *la Recluse*, de *Saint-Lazare*, du prieuré du *Mont-Judaïque*, et les ruines d'un immense monument romain que ce prieuré a remplacées. Tous ces édifices réunis en un seul groupe hors des portes *Saint-Symphorien* et *Dijeaux*, forment avenue à la collégiale de *Saint-Seurin*, dans l'enceinte de

auquel est attachée l'administration des Sacremens dans toute la Parroisse de S. Seurin : mais celui-cy est du Corps du Chapitre. L'Eglise est fort ancienne. J'ay marqué au nomb. 11. au Chap. 8. de la 1re Partie, ceux qui en firent les premiers establissemens soubs le nom qu'elle porte. Elle conserve les Corps Saincts de S. Seurin[1], de S. Amand, de S. Fort, de Saincte Veronique[2], et de Saincte Bene-

CRYPTE ET TOMBEAU DE SAINTE VÉRONIQUE.
d'après une eau-forte de M. DE MARQUESSAC.

laquelle on peut étudier tous les genres d'architecture, depuis celui de l'église gallo-romaine de *Saint-Étienne,* jusqu'au gothique fleuri de la chapelle de *Notre-Dame-de-la-Rose,* et visiter le célèbre cimetière chanté par les poètes du XIIIe siècle, et consacré, suivant la légende, par Jésus-Christ lui-même. »

1. L'auteur parle de saint Amand et de saint Seurin au commencement de la deuxième partie.

2. Martial vint à Rome avec saint Pierre, et fut envoyé par lui dans les Gaules, ayant à sa suite Amateur et son épouse Véronique, amie intime et familière de la Vierge Marie. Amateur mena une vie solitaire et mourut dans un rocher qui maintenant porte son nom *(Rocamadour).* Quant à Véronique, elle suivit saint Martial dans ses prédications sur le territoire bordelais et finit sa vieillesse à Soulac. (St Ant. de Flor., *Chronic.,* cap. 25, 55.)

dicte[1], la verge de S. Martial, et plusieurs autres sainctes Reliques. Elle a eu encores cét honneur, qu'un de ses Prevosts a esté Pape soubs le nom d'Innocent VII. Il s'appelloit auparavant Cosmatus Melioratus[a], natif de Sulmone dans l'Abrusse au Royaume de Naples, fut creé Archevesque de Ravennes par Urbain VII. puis, Cardinal du Tiltre de Scte. Croix par Boniface IX. qui avoit esté Chanoine de l'Eglise Metropolitaine : apres la mort duquel il fut esleu Pape, à Rome le 19. Octobr. 1404[2]. Joignant cette Eglise, est le tombeau si celebre de pierre, eslevé, qui ordinairement se trouve rempli d'eau au plein de la Lune, laquelle eau croist et diminüe suyvant l'accroissement de la Lune, ou son declin[3]. L'Abbaye de Ste Croix, suit le Chapitre

a Ex Ciaconio.

« Sainte Véronique mourut, dit le P. Bonaventure, l'an 70 de N.-S. et fut ensevelie à Soulac. Toutefois, ou pour cause de guerres ou autres désolations du païs, son corps fut transporté à Bordeaux et repose dans l'église de Saint-Seurin. » (*Hist. de saint Martial*, t. II, p. 287; t. III, p. 58.)

Mgr Cirot de La Ville consacre le chapitre II de son *Histoire de Saint-Seurin* à l'étude de l'apostolat de sainte Véronique. Il y a heureusement réuni tout ce que la tradition ecclésiastique, liturgique, littéraire, artistique, mystique et populaire a conservé sur cette sainte femme, apôtre de l'Aquitaine.

1. « Ce que sainte Clotilde sera plus tard pour la nation, dit Mgr Cirot (*op. cit.*, p. 68), Bénédicte l'est déjà pour une de ses provinces. » Nous raconterons plus loin la vie de sainte Bénédicte.

2. Cosme Meliorati ne régna que deux ans (1404-1406), son pontificat ne fut pas moins agité qu'éphémère. Cosme eut pour compétiteur le fameux anti-pape Benoît XIII (Pierre de Lune).

3. Le cardinal de Sourdis (v. *Ordonnance de 1626, Arch. dép.*, n° 406, f° 257) attribue le phénomène qui se produisait dans ce tombeau *vide* à la vertu du corps saint qui y avait reposé. — *Sanctitatem corporis in eâ olim quiescentis magnâ omnium admiratione manifestat.* — M. Marionneau (*Les Objets d'art dans les églises de Bordeaux*) avait signalé l'existence d'une gravure représentant ledit tombeau. L'original de cette gravure se garde à la Bibliothèque nationale. Le dessin que nous reproduisons, p. 11, est dû à la plume d'un artiste parisien, M. Falcoz.

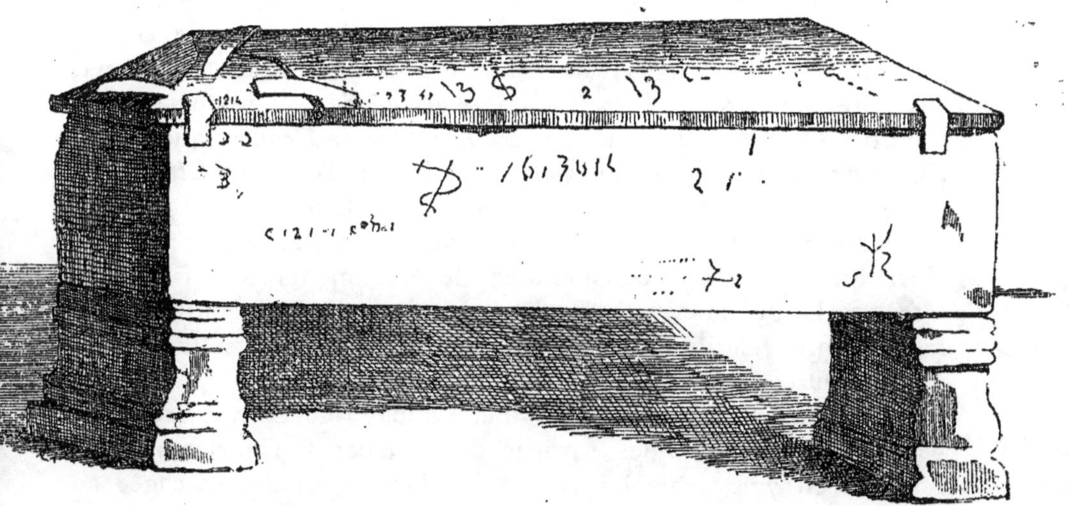

« Tombeau de marbre dans le beau cimetiere de l'Esglize de Sainct-Seurin que l'empereur Charlemagne fist eslever sur deux » piédestals où l'on voit, à tous les renouveaux et pleines de lune, la tombe pleine d'eau laquelle est souveraine pour guérir les » maladies des yeux. » (Biblioth. nat., *Cab. des estampes.* — Item, v. Cirot, *op. cit.*, p. 211.)

S. Seurin. Elle est de l'ordre de S. Benoist, et fort ancienne. Le Cardinal de Sourdis, Archevesque, y fit introduire la reforme. Cette Abbaye ayant esté ruinée par la fureur des Normans, fut retablie environ l'an 900. par Guillaume surnommé le bon Comte de Bourdeaux. J'en parleray dans l'Histoire des Archevesques. Elle fut ensuite fort richement dotée par les liberalitez des Comtes, ou Ducs de Gascogne[1].

1. L'abbaye de Sainte-Croix de Bordeaux fut, dit-on, fondée par Clovis II qui régnait sur l'Aquitaine en 650. Quelques-uns soupçonnent cependant qu'elle existait dès le temps de Grégoire de Tours. Ils appuient leur conjecture sur le fait miraculeux d'une provision « de bled » mise à couvert de la pluie d'un orage par les prières d'un religieux vivant dans un monastère de Bordeaux. Grégoire rapporte ce miracle comme arrivé de son temps, dans le chapitre XXXIV du livre IV de son *Histoire de France,* qui a pour titre : *de Monacho Burdigalensi.* (Voir du Tems, *le Clergé de France*, t. II, p. 242; *Gall. christ.*, t. II, col. 859.)

Les Archives départementales possèdent le terrier de cette abbaye ainsi qu'un nombre considérable de documents relatifs à son histoire. Le bénédictin D. Devienne, qui s'attarde volontiers dans les incidents relatifs à l'abbaye de Sainte-Croix, a puisé largement à cette source.

Située loin des murs de la ville, l'abbaye de Sainte-Croix eut beaucoup à souffrir des ravages des Barbares. Charlemagne la restaura en 778; mais les Normands l'ayant encore saccagée au xe siècle, Guillaume le Bon, duc d'Aquitaine, la rebâtit.

Quelques-uns ont prétendu voir dans l'église de cette abbaye les restes d'un temple dédié à la déesse gauloise *Vernemetis.* Quoi qu'il en soit des autres parties de l'édifice, la splendide façade romane, toute couverte de sculptures symboliques, date du xie siècle ou du commencement du xiie.

« L'art roman a laissé parmi nous, dit M. L. Drouyn (*Archéologie au moyen âge dans la Gironde,* p. 11), des types dont la pureté peut nous dédommager, jusqu'à un certain point, de la perte des monuments romains. Qu'on jette les yeux sur la façade de Sainte-Croix de Bordeaux, qu'on aille visiter l'abside de cette église qui ne le cède guère à sa façade, et dont on ne parle pas, uniquement parce qu'on ne la connaît pas, et tout le monde sera ravi comme nous d'admiration.

» L'intérieur de l'église présente un mélange d'architecture de diverses époques. Quelques piliers, qui gardent encore la trace du

C'est dans l'Eglise de cette Abbaye que repose le Corps de S. Montmolin, Abbé de Fleuri, qui y deceda l'an 652. comme dit la Legende de sa vie. . . . .

style primitif, sont couronnés par une voûte ogivale de création moderne. »

« En somme, dit M. Bordes (*Monuments de Bordeaux*, p. 34), cet édifice présente en dedans et extérieurement une conception décousue, beaucoup de disparates et une grande irrégularité dans l'exécution; les détails internes diffèrent essentiellement de ceux qui ont été prodigués au dehors... Tel est ce monument, énigme si souvent et si contrairement interrogée !... »

ANCIEN BAS-RELIEF SUR LA FAÇADE DE L'ÉGLISE SAINTE-CROIX.

« Dans les églises qui possédaient des Chapitres, qu'elles fussent cathédrales, collégiales ou simples abbayes, la partie d'honneur était ordinairement affectée au service des prêtres ou des religieux, et une chapelle particulière servait aux cérémonies de la paroisse; à Sainte-Croix, le bas-côté nord et la chapelle qui forme son prolongement avaient reçu cette dernière destination. L'autel dédié aujourd'hui au Sacré-Cœur était alors placé sous l'invocation de saint Jean. » (Voir L. Drouyn, *op. cit.*, p. 22.)

« Le cardinal de Sourdis fit décorer, au XVIIe siècle, la chapelle de la Vierge. » (Ducourneau, *Guienne hist. et monum.*, t. I, p. 121.)

On voit dans cette église le tombeau de S. Mummolin, abbé de Fleury, qui mourut dans le monastère de Sainte-Croix, en 643. D'après du Temps (*op. cit.*, p. 242), l'épitaphe de ce tombeau paraît apocryphe.

« Il existait derrière les absides de l'église une chapelle dédiée à sainte Magdeleine, elle servait de chapelle particulière à l'abbé, à la maison duquel elle était attenante. (L. Drouyn, *Bordeaux vers 1450*, p. 345.) A l'est de cette chapelle était situé le cimetière des *moines*. (*Ibid.*, p. 379.)

» L'abbaye de Sainte-Croix avait comme la collégiale de Saint-Seurin une *sauvetat* et des fonts baptismaux. L'église de Saint-Michel relevait d'elle. » (*Ibid.*)

IV. La ville est partagée en douze Parroisses, servies par douze Curez, ou Vicaires perpetuels. Les Eglises de ces

Jusqu'à la Révolution, l'abbé de Sainte-Croix se prétendit le suzerain des curés de Saint-Michel; mais dès le XVIIe siècle les droits de l'abbaye sur la paroisse qu'elle avait créée étaient devenus presque illusoires. On en jugera par la redevance insignifiante dont se contentaient à cette époque les religieux de la grande abbaye, autrefois plus exigeants.

« En cette année 1637, dit la *Chronique de Gaufreteau*, t. II, p. 249, les Bénédictins réformés, que le cardinal de Sourdis avoit mis dans l'eglise de Saincte-Croix, et desquels l'eglise parroissielle Sainct-Michel depend, ainsin qu'ils le pretendent, firent deux demandes qui semblerent extravagantes. La première consistoit en ce qu'ils vouloyent que touts prestres qui diroyent leur premiere messe à diacre et soubs-diacre, en l'eglise de Sainct-Michel, beneficiers en ycelle ou aultres, leur fissent hommage d'un vieux mouton gras, couronné de lauriers et bien paré, dans une cage, et porté par quatre hommes, avec un violon et rebec, en leur monastère... La seconde, etc. »

Consulter encore sur l'église et l'abbaye Sainte-Croix : Jouannet (*Musée d'Aquitaine*), Ferdinand Leroy (*Actes de l'Acad. des Sciences, Belles-Lettres et Arts de Bordeaux*), et la nouvelle étude de M. L. Drouyn (*Rev. cath. de Bordeaux*, 16 décembre 1882). Nous avons donné dans le premier volume un dessin de la façade de l'église avant la restauration, qui, d'après M. Drouyn, « a dénaturé » cette partie de l'édifice.

Au mois d'août 1879, M. Gouget, archiviste du département, adressait les lignes suivantes au Conseil général de la Gironde à propos des archives de l'abbaye Sainte-Croix :

« L'existence dans une bibliothèque privée, dont le possesseur vient de mourir (sir Fenwich), de plusieurs manuscrits ayant appartenu aux archives de l'archevêché et à celles de l'abbaye Sainte-Croix de Bordeaux, est parvenue à ma connaissance par les bons offices de Dom Chamard, bénédictin de Ligugé. Ce sont huit grands registres des XIIIe et XVe siècles, et le neuvième n'est ni plus ni moins que le premier cartulaire de Saint-Croix, antérieur à 1250. Les premiers existaient à Bordeaux en 1732, époque à laquelle ils sont inscrits à l'inventaire que nous possédons. Le dernier existait à Bordeaux en 1756; il est mentionné, avec sa cote et sa configuration, sous l'article 943, au procès-verbal d'inventaire de cette année là que nous possédons ici. » (*Conseil général du département de la Gironde*, session d'août 1879, p. 258, rapport de M. Gouget.)

Parroisses sont S. Pierre[1], dont S. Gregoire de Tours fait mention au 1. Livre des miracles, Chap. 33. Saincte Colombe, dans laquelle est establie une tres ancienne Confrairie, à l'honneur du tres-sainct Sacrement, comme il appert d'un ancien Livre des Statuts de cette Confrairie, où il est enoncé qu'une autre Confrairie soubs le nom de Ste Croix, instituée en cette Eglise l'an 1307. fust unie l'an 1319. à celle du S. Sacrement instituée il y avoit fort long-temps dans la mesme Eglise[2]. S. Simeon[3], S. Eloy proche

1. « A l'embouchure de la *Devise* est bâtie l'église de Saint-Pierre, sous laquelle on peut trouver les fondements du mur antique; la partie de cette église est dans l'enceinte romaine. Dans celle du XIVe siècle s'élève le chœur. » (L. Drouyn, *Bordeaux vers 1450*, p. 10.) M. Camille de Mensignac ne partage pas à cet égard l'avis de M. L. Drouyn; une étude sur le *Port intérieur de Bordeaux*, qui paraîtra dans le tome VIII des *Mémoires de la Société Archéologique* et dont M. C. de Mensignac a bien voulu nous communiquer le manuscrit, rétablit la vraie direction du côté *est* du mur romain. M. de Mensignac démontre, avec pièces à l'appui, que ce mur ne passait nullement sous l'église de Saint-Pierre et ne la coupait pas, comme l'affirment quelques historiens bordelais, en deux parties à peu près égales. Il est vrai qu'un mur de construction romaine passe presque sous la façade de l'église, mais c'est la muraille nord du chenal, et une partie de la muraille est du port intérieur de Bordeaux au temps des Romains.

L'église de Saint-Pierre qui, d'après Baurein (*Var. bord.*, t. IV, p. 320), n'était pas « aussi grande à l'origine qu'elle l'est actuellement, » repose sur une partie du port intérieur; c'est dire qu'elle ne remonte pas, dans ce qu'elle a de plus ancien, au delà du XIIe siècle; car, du Ier siècle, époque de la création de ce port, jusqu'au IXe, où les envasements furent sans doute l'une des principales causes qui forcèrent le commerce à l'abandonner, il ne put être question de jeter à cet endroit les fondements d'une église, et nous savons d'ailleurs que tout le terrain sur lequel s'élève l'église Saint-Pierre était encore, « en 1262 et probablement plus tard, » à l'état de *padouen* (vacant) de la ville. (Voir *Livre des Bouillons*, p. 365. — L. Drouyn, *op. cit.*, p. 343.)

2. Voir t. I, p. 39, et Baurein, *op. cit.*, t. I, p. 312.

3. Saint-Siméon (aujourd'hui fabrique de produits alimentaires). « La paroisse était bornée au sud par le mur romain, à l'est par la

de l'Hostel de Ville, où se celebre tous les ans, le premier jour d'Aoust, la Messe du S. Esprit, pour l'Election des nouveaux Jurats, qui y prestent Serment apres leur election[1]. S. Prejet ou Projet[2], et Ste Eulalie[3], où reposent

paroisse Saint-Pierre, au nord par celle de Saint-Mexent et à l'ouest par celle de Saint-Projet. » (L. Drouyn, *Bordeaux vers 1450.*)

La maison noble de Monadey, si célèbre dans les fastes de la bourgeoisie bordelaise, était située tout proche l'église Saint-Siméon.

1. L'église Saint-Éloi *(Sent-Elegi)* date du XIIe siècle.

Lorsque Henri II agrandit l'enceinte de la ville, Saint-Éloi se trouva renfermé dans les fortifications nouvelles. Des six tours qui l'avoisinaient, deux seulement subsistent. Elles supportent le beffroi de la ville. La base de l'une des quatre tours disparues se voit encore à l'entrée intérieure de l'église.

« Avant qu'on ne fît à la façade des réparations assez peu dignes d'éloges (1828), dit Ducourneau (*Guienne hist. et monum.*, t. III, p. 48), on voyait sur le fronton, dans une petite niche, un bas-relief représentant un forgeron qui ferre sur son enclume le pied d'un cheval dont il vient de détacher une jambe. Ce *tripède* attend avec tranquillité que l'opération soit finie, et qu'on remette en place le membre dont on l'a privé momentanément et sans douleur. C'est ainsi, à ce que rapporte la légende, que saint Éloi s'y prenait pour ferrer les chevaux rétifs et trop prompts à ruer. »

» Les portes de l'église, au bout de la rue Saint-James, étaient jadis couvertes de fers à cheval. »

Élie Vinet est inhumé à Saint-Éloi.

2. L'église *Saint-Projet,* dont il reste encore une haute tour et d'importants vestiges au coin de la place qui porte son nom, est située au centre du quartier le plus populeux de la ville.

« Cette église était du nombre de celles qu'on appelait à Bordeaux les *quatre chaires,* qu'on offrait aux prédicateurs les plus renommés de France, pour les stations du carême. Celui d'entr'eux que le Chapitre de Saint-André reconnaissait pour le plus éloquent, était désigné pour prêcher la Passion à la cathédrale, puis un sermon sur l'aumône à l'hôpital. Cette distinction était ambitionnée à l'égal d'un prix d'académie. » (Bernadau, *Viographe bordelais,* p. 213.) Lopès l'obtint souvent.

3. Un monastère de filles existait au VIIe siècle vers l'endroit où se trouve aujourd'hui Sainte-Eulalie. (Mabillon, *Annales de l'ordre de saint Benoist*, *sur l'an 658.*)

Waning, illustre et puissant seigneur français, forma le dessein

les Corps Saincts de S. Clair, de S. Justin, de S. Gerons, de S. Sever, de S. Policarpe, de S. Jean et de S. Babile.

d'établir un monastère de filles sous l'invocation de sainte Eulalie, dans la vallée de *Fescam*; ayant eu une vision, il reçut l'ordre d'en confier la direction à *Childemarche*, illustre abbesse d'un monastère de filles de Bordeaux. Or, nous savons par l'auteur du *Gallia christiana*, t. II, p. 857, que Childemarche était abbesse en ce temps-là du monastère de Sainte-Eulalie de Bordeaux.

Au VIIe siècle, Bordeaux fut ravagé par les Sarrasins, qui détruisirent le couvent. On ne le releva plus; mais au commencement du IXe siècle, une église ou chapelle fut bâtie près de ses ruines. En 811, Charlemagne revenant de la guerre contre les Maures, enrichit l'église *Saincte-Eulaye* des précieuses reliques énumérées dans Lopès. Voir à la fin du chapitre l'inscription latine qui fut placée au XIVe siècle dans la chapelle dite des Corps-Saints :

La même inscription est reproduite en français dans les termes suivants, sur une table en marbre noir :

« *L'an 811, saint Charlemagne, roi de France, a fondé cette* » *chapelle et mis au derrière l'autel les sept corps de saints qui* » *reçurent la couronne du martyre pour la défense de la foi* » *de J.-C., les noms desquels sont : saint Clair, saint Justin,* » *saint Géronce, saint Serère, saint Polycarpe, saint Jean, saint* » *Babyle.* »

L'église primitive ou romane de Sainte-Eulalie, reconstruite vers le commencement du XIIe siècle, fut consacrée l'an 1174 par Guillaume Ier, archevêque de Bordeaux, qui unit en même temps la cure de Sainte-Eulalie au chapitre de l'église métropolitaine. Sainte-Eulalie devint une vicairie perpétuelle dont le curé primitif était le Chapitre de Saint-André.

Lorsqu'au XVe siècle on porta les remparts de Bordeaux aux limites que marque aujourd'hui le cours d'Aquitaine, Sainte-Eulalie se trouva renfermée dans l'enceinte de la ville; elle occupait l'angle sud-ouest des fortifications.

La chapelle Saint-Clair servait anciennement d'église paroissiale. (Voir Darnal, *Chron. bourd.*)

Le porche actuel date de 1828. Sur un de ses côtés, à l'intérieur, se lit une inscription qui rappelle deux tremblements de terre ressentis à Bordeaux. (Voir Bernadau, *Viographe bord.*, p. 335.)

En 1612, la foudre renversa la flèche gothique, elle a été relevée depuis.

Le cardinal de Sourdis institua le 28 juillet 1624, en l'honneur des Corps-Saints, une procession annuelle.

Une *bot* ou *roumuiatge* (frairie) avait lieu chaque année le

L'Empereur Charlemagne les fit mettre dans la Chapelle où ils sont, comme porte une ancienne inscription, gravée

1er juin pour la fête de saint Clair. De nombreux pèlerins arrivaient dès la veille devant Sainte-Eulalie et passaient la nuit à la belle étoile. « A cause de quoy, dit Gaufreteau, *Chron. bourd.*, t. II, p. 87, on chante ce proverbe dans Bourdeaux et dans la campagne aussi :

» *Qui a sen cla ba beilla*
» *Pan per deu mes se deu porta,*
» *En may y ba, en juin s'en tourne.*

» Comme ces pauvres villageois et villageoises, ajoute le chroniqueur, pressés à cause de la grande multitude de personnes, se touchent ordinairement les uns aux autres, il s'y trouva certains esprits malicieux et diaboliques (car il les fault appeller ainsi), qui allant parmi ce pauvre peuple, la nuict, avec des grosses aiguilles de scelier e fil triplé, cousoyent ces personnes, de deux en deux, de trois en trois et quelquefois de six en six. A cause de quoy, si une se vouloit lever, il lui estoit impossible, si touts ne se levoyent ensemble, qui se trouvoyent attachés comme des galériens.

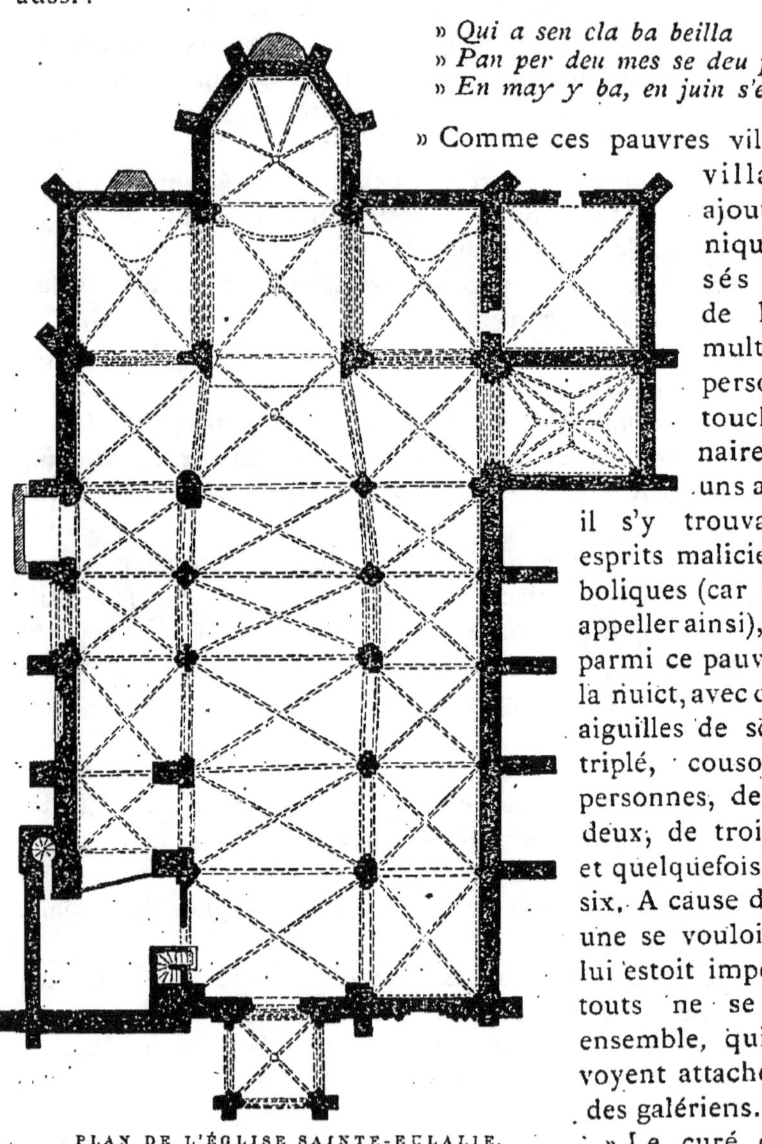

PLAN DE L'ÉGLISE SAINTE-EULALIE.

» Le curé de la paroisse obtint des jurats, que le capitaine du guet et ses archers, viendroient cette nuit-là veiller au bon ordre. »

sur la muraille de cette Chapelle au dehors. On les porte toutes les années dans une procession fort solemnelle, qui

ÉGLISE SAINTE-EULALIE.
d'après une eau-forte de M. Leo DROUYN.

A côté de la tour qui protégeait Sainte-Eulalie, se trouvait une esplanade plantée d'ormes en 1620, par le maréchal de Roquelaure. C'est là que pendant la seconde Fronde se réunissaient les factieux

se fait le Dimanche apres le jour de S. Clair, qui est le 1. de juin. Ces six Eglises dependent de l'Eglise Metropo-

connus sous le nom d'Ormistes, dont le chef Dureteste fut pendant deux ans la terreur de Bordeaux.

BATON DE SAINT ROCH
dessin de M. LAFARGUE.

« La paroisse était bornée à l'est par celle de Saint-Éloy et de Sainte-Colombe ; au nord, par le mur romain ; au sud et à l'ouest, les limites étaient à une grande distance au delà des remparts de Bordeaux. » (L. Drouyn, *Bordeaux vers 1450*, p. 150.) Un cimetière ou *porge* entourait l'église.

Sainte-Eulalie a hérité d'une précieuse relique, le bâton de saint Roch qui faisait partie autrefois du trésor des *Grands-Carmes*. Ce couvent « en retirait, dit Bernadau (*Hist. de Bordeaux*, p. 361), un singulier avantage. Le droit de le garder chez soi pendant un an s'affermait publiquement le lendemain de la fête du saint, en présence du procureur du roi ou sénéchal, qui dressait procès-verbal de cette adjudication. Elle s'est élevée une fois jusqu'à cinquante écus. Les enchérisseurs étaient habituellement des bouchers, des mégissiers, qui prétendaient que la garde du bâton de saint Roch portait bonheur à leurs travaux. Les Carmes allaient porter et retirer processionnellement ce reliquaire chez celui qui en était le fermier. »

Sainte-Eulalie ne possède qu'une moitié du bâton miraculeux de saint Roch, l'autre moitié se vénère dans l'église paroissiale de Saint-Roch à Montpellier ; tout récemment le curé de cette dernière paroisse a pu constater après une inspection attentive et minutieuse, que les deux fragments ne formaient autrefois qu'un seul et même bâton. Comme on le sait, il existe à Montpellier une belle église sous le vocable de Sainte-Eulalie.

litaine. S. Remi[1], S. Maixant[2], et Nostre-Dame de Puypaulin[3] (qui a retenu le nom de la maison qui la touche;

1. Saint-Remy occupait l'angle nord-est des remparts de l'ancienne ville romaine. « On trouve des mosaïques et de nombreuses substructions romaines sous le pavé de cette église. » (L. Drouyn, *Bordeaux vers 1450*, p. 7.)

Mgr Cirot *(op. cit.)* et M. Chauliac (*A propos de la reconstruction de l'église Saint-Pierre*, p. 10) pensent que Saint-Remy s'appelait avant le règne de Clovis *Saint-Pierre-sous-le-mur*. C'est dans cette église qu'aurait eu lieu, suivant les mêmes auteurs, la vision racontée par saint Grégoire de Tours, vision dont parle Lopès. (Voir plus loin, biographie de Berchtramme, archevêque de Bordeaux.)

2. Voir t. I, p. 37.

3. Selon quelques historiens, *Notre-Dame-de-Puy-Paulin* fut bâtie primitivement par l'illustre famille des *Léonce*, auprès de leur château fort de Puy-Paulin. Fortunat loue saint Léonce II, évêque de Bordeaux, de ce qu'il a élevé dans cette ville un temple à la mère de Dieu :

« *Ecce beata sacræ fundasti templa Mariæ.* »

Quel est ce temple? Notre-Dame-de-Soulac, comme l'insinue Baurein (*Var. bord.*, t. I, p. 42), ou bien Notre-Dame-de-Puy-Paulin, selon l'opinion de Mgr Cirot que semble partager l'historien de saint Léonce? (Voir. H. Caudéran, *S. Léonce*, p. 213 et suiv.)

« On attribue, dit Mgr Cirot (*op. cit.*, p. 280), à Ponce Paulin, aïeul de saint Paulin, la construction du château Puy-Paulin, dans le IIIe siècle. L'église ne tarda pas à y prendre la place d'un temple de Mercure. Le disciple de saint Delphin, le futur évêque de Nole, dut avoir hâte d'ouvrir, près de son palais, un sanctuaire à la Très-Sainte-Vierge. »

L'église Notre-Dame s'élevait au nord de la place *Puy-Paulin*; c'est là du moins qu'on la trouve dans tous les anciens plans de Bordeaux manuscrits et imprimés.

« La place Puy-Paulin occupe le terrain où était situé le cimetière de la paroisse. » (L. Drouyn, *Bordeaux vers 1450*, p. 374)

L'église du moyen âge existait encore au XVIIe siècle.

Le château de *Puy-Paulin*, acheté par Louis XIV au dernier duc de Foix, en 1707, pour servir d'habitation à l'intendant de la Province, devint la proie des flammes sous l'administration de M. de Tourny, qui le fit reconstruire à la moderne, ainsi que l'église paroissiale de *Notre-Dame-de-Puy-Paulin*, laquelle faisait partie de ce château.

Cette église a complètement disparu.

et appartenoit à nostre Grand S. Paulin, que possedent maintenant les heritiers, de la tres-Illustre Maison de Candalle) sont de la dependance du Chapitre S. Seurin. Ste Croix et S. Michel dependent de l'Abbaye Ste Croix. S. Michel est une belle et grande Eglise, avec des belles Chapelles bien ornées, et un Clocher des plus élevez du Royaume[1], servie par 24. Prestres Beneficiers, y comprins

1. Saint-Michel est bâti près de la Garonne, sur la déclivité d'un coteau qu'on appelait le *Puyaduy de Sent-Miqueu* (mont Saint-Michel). — V. L. Drouyn, *Bordeaux vers 1450*, p. 148.

« Avant la construction de l'église actuelle, la population groupée autour du *Puyaduy Sent-Miqueu* se réunissait dans une petite chapelle bâtie probablement entre le VIIIe et le IXe siècle par les abbés de Sainte-Croix. » (V. Corbin, *Saint-Michel de Bordeaux*, 1877, p. 5.)

En 1149, une pieuse dame, nommée d'Ozelons, céda un terrain pour l'agrandissement de la chapelle primitive. Alors fut commencée une église à laquelle a succédé le monument que nous admirons aujourd'hui; il appartient au style ogival tertiaire (XVe siècle).

Le clocher est postérieur à l'église. On en jeta les fondements en 1472, c'est-à-dire après l'expulsion des Anglais. Cependant, le plus grand nombre le regardait comme un souvenir de nos défaites nationales. Cette erreur affligeait le patriotisme de l'abbé Baurein. Il l'a réfutée dans un long et savant mémoire à l'Académie de Bordeaux. (V. *Variét. bord.*, t. III, p. 83, *Dissertation sur le clocher de Saint-Michel de Bordeaux*.) « Mon attachement pour ma patrie, dit-il, et l'honneur d'être associé à un corps dont le but est de découvrir le vrai dans tout ce qui peut mériter l'attention ou tourner à l'avantage de la société, m'ont déterminé à dissiper ce préjugé. Je vais établir que Bordeaux ne doit ce clocher qu'au zèle de ses habitants et à l'habileté de ses ouvriers. » (*Ibid.*, p. 84.)

La majeure partie des pierres qui sont entrées dans la construction de ce clocher ont été prises dans les paroisses du *Tourne*, de *Baurech*, de *Bourg* et en *Queyries*, près Lormont: « On fit venir de Podensac un millier dix pipes et deux boisseaux de chaux. (*Ib.*, p. 97.) Les journées des manœuvres étoient à trois sols, et on faisoit travailler pendant une année entière un manœuvre pour soixante francs. Huguet Bauducheau, lui-même, qui paroît avoir eu la conduite de cet édifice, n'avoit point de plus forts gages; il est vrai, poursuit agréablement Baurein, que pour lui donner quelque marque de reconnoissance pour les services qu'il avoit

le Curé ou Vicaire Perpetuel, en faveur desquels le Pape Paul II. donna[a] une Bulle à l'instance du Roy Louis XI.

ÉGLISE ET CLOCHER DE SAINT-MICHEL
dessin de M. l'abbé MÉTIVIER.

a In Tabulario illius Ecclesiæ.

rendus jour et nuit à la Fabrique, pendant dix années entières, *on lui fit présent d'un habit qui devoit être honnête puisqu'il coûta dix francs.*» (*Ibid.*, p. 98.)

Huguet Bauducheau s'était vu obligé d'achever la flèche avec son collègue Guillaume le Renard; car, dit Baurein (*ibid.*, p. 90),

et des Parroissiens, le 6e juin 1466. pour les eriger en Chapitre Collegial, à l'instar de celuy de S. Seurin; qui neantmoins jusqu'à present n'a point esté executée. S. Christofle[1] depend alternativement du Chapitre Metropolitain, et de celuy de Seurin, depuis l'union qui fut faite à cette Eglise, de l'Eglise de S. Paul[2], dont je parleray à la 3me Partie.

«à la fin du mois de septembre de l'an 1492, l'édifice étoit parvenu à une telle hauteur qu'on ne trouvoit plus d'ouvriers qui voulussent courir les risques auxquels il falloit s'exposer pour le porter au degré d'élévation qu'on avoit projeté.»

Ce merveilleux campanile fut mutilé par la foudre en 1574 et en 1608. L'ouragan du 8 septembre abattit soizante-douze pieds de la flèche. Les projets de restauration se succédèrent sans amener aucun résultat jusqu'en 1817. A cette époque, on démolit, par mesure de prudence, les six petites pyramides què les habitants appelaient dans leur idiome pittoresque : les fillettes du clochér — *las fillioles deu cloquey*. En 1818, on fit tomber le reste du tronçon; pendant la guerre d'Espagne, en 1822, on établit, sur la tour découronnée, un télégraphe à signaux dont les agitations mystérieuses intriguèrent tant de fois notre enfance.

La reconstruction de la flèche par l'architecte Abadie fut commencée en 1861. Le cardinal Donnet bénissait la nouvelle tour Saint-Michel le 9 mai 1869, 377 ans après l'inauguration de la première par le cardinal André d'Espinay (12 septembre 1492). L'État, le Département, la Ville, les habitants de Bordeaux et surtout ceux de Saint-Michel supportèrent les frais de cette œuvre grandiose; mais le principal honneur en revient au vénérable curé Meynard; il restera dans l'histoire comme le Pey-Berland de la tour Saint-Michel.

(Consulter sur l'histoire politico-religieuse et l'archéologie du clocher Saint-Michel, *Archiv. départ. Bénéficiers de Saint-Michel.* — Bordes, *Hist. des Monuments de Bordeaux*, 1845, t. I, p. 137-140. — L. de Lamothe, *Recherches sur les bénéficiers et sur l'église de Saint-Michel.* — Ch. Marionneau, *Description des œuvres d'art chrétien à Bordeaux.* — R. Corbin, *op. cit.*)

1. Saint-Christofle *(Sent-Christoly)*. — «Les restes de l'église se voient encore sur le côté septentrional de la rue Montméjan.» (L. Drouyn, *op. cit.*, p. 147.)

2. L'église Saint-Paul est entièrement détruite. Elle était située sur la rive droite de la *Devise*.

V. Outre ces 12. Eglises Parroissielles, il y a dans la Ville 1. Convent des P. Jacobins[1], 1 des P. Cordeliers[2], 1. des P. Carmes[3], 1. des P. Augustins[4], 1 des P. de nostre-Dame de la Merci[5], 1. des P. Fueillans[6], 1. des P. Minimes[7], 1. des P. Recollets[8], 1. des P. Capucins[9], 1. des P. Carmes deschaussés[10], 1. des P. Chartreux[11]. Trois

1. Voir t. I, p. 51.

2. « Le grand couvent des Cordeliers est fondé et institué aux frais et diligence de Pierre de Bourdeaus, gentilhomme et bourgeois de la dicte ville. » (Delurbe, *Chron. bourd.*, f° 16 v°.)

« Ce couvent des *Cordeliers* ou *Menuts* occupe un vaste espace entre les rues Leyteyre et des Menuts. » (L. Drouyn, *Bordeaux vers 1450*, p. 26.)

3. Voir t. I, p. 48 et 329.

4. Voir t. I, p. 326.

5. *Ibid.*, p. 332.

6. *Ibid.*, p. 41.

7. En 1606, le Provincial des Minimes *(Père Camard)* vint prêcher un carême à l'église Saint-Remy; sa parole obtint un grand succès. Le Cardinal l'ayant appris, voulut avoir à Bordeaux des religieux de cet ordre.

Ils arrivèrent en 1608, et pendant que leur couvent se bâtissait, ils logèrent dans les ruines du château du Hâ, que le maréchal d'Ornano venait de faire démolir.

« Le couvent des Minimes fut, peu d'années après, basti de la ruine de ce chasteau. » (Gaufreteau, *Chron.*, t. II, p. 10.)

8. Les Récollets étaient des Franciscains réformés que le cardinal F. de Sourdis introduisit non sans peine (v. D. Devienne, *op. cit.*, 2e part., p. 123) dans le couvent de *Notre-Dame-des-Grâces*, occupé par les Cordeliers. On lit d'assez piquantes anecdotes sur les Récollets dans la *Chronique de Gaufreteau*, t. II, p. 53, 60, 80, 167.

9. Les Capucins logés d'abord, en 1601, dans le propre palais du cardinal F. de Sourdis, obtinrent ensuite des Jurats l'ancien hôpital de la *Peste*.

10. Voir t. I, p. 48.

11. Il y eut à Bordeaux deux maisons de Chartreux, l'une fondée, en 1383, par la libéralité de Pierre de Maderan, notaire à Bordeaux. Ce couvent était situé sur le bord de la rivière, entre le *Pavé des Chartrons* et la rue *Latour*, à l'entrée du faubourg des Chartrons, auquel il a donné son nom. Il est indiqué dans les plans de Bordeaux antérieurs à 1789. (V. L. Drouyn, *Bordeaux vers 1450*,

maisons des P. Jesuites, la maison Professe, le Novitiat et le College[1], qui est au lieu et place du Prieuré Hospitalier

p. 355.) L'autre, bâtie sur un tertre des marais de *Pipas*, est l'œuvre du cardinal François de Sourdis et de Blaise de Gascq, d'une famille bazadaise, fils d'un conseiller et trésorier general du Roi, qui, étant entré dans l'ordre des Chartreux, affecta des sommes considérables à la construction du nouveau monastère. La chapelle est devenue l'église paroissiale Saint-Bruno (v. 2e part.) — Consulter sur la deuxième Chartreuse : *Comptes-rendus de la Commission des monum. et docum. hist.*, 1852-53, p. 13 ; — *Chron. de Gaufreteau*, t. II, p. 65, 158, 175 ; — Baurein, *Variétés. bord.*, t. II, p. 62, 64, 275, etc. ; — D. Devienne, *Hist. de la ville de Bordeaux*, 2e part., p. 128, etc. ; — R. Corbin, *Saint-Bruno de Bordeaux*.

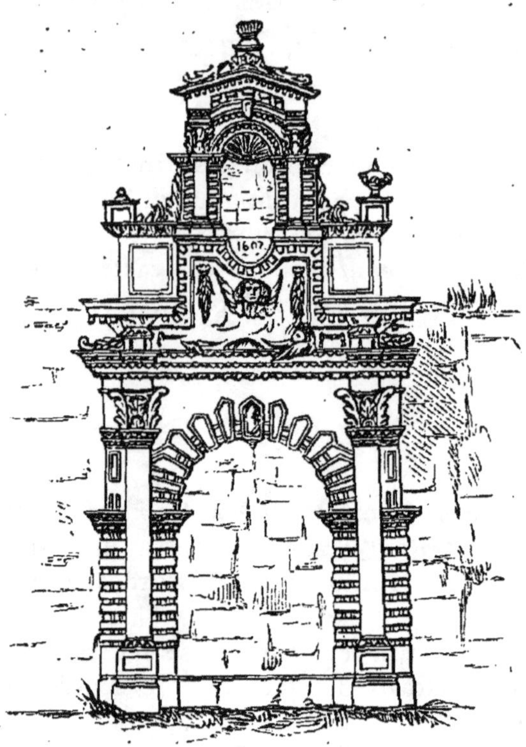

PORTE DE LA CHARTREUSE. — (Comm. des Monum. hist.)

1. Les PP. Jésuites arrivèrent à Bordeaux sous l'épiscopat d'Antoine Prévost de Sansac. Ils eurent dans cette ville trois établissements : la maison professe, le collège de La Madeleine (nous en donnons plus loin une monographie), et le noviciat.

La maison professe remonte à 1620. Toutefois, dès l'année 1610, « le cardinal, dit M. Ravenez (*Hist. du card. de Sourdis*, p. 209), leur donna (aux Jésuites) les terrains environnant la vieille église Sainte-Colombe, pour y construire leur maison professe, à la condition qu'ils achèveraient la reconstruction de la nouvelle église, qu'avait entreprise un riche marchand, mort sans avoir pu l'achever. »

Plus tard, les Jurats leur vendirent l'ancienne *Mairerie*. (V, t. I, p. 17, voir aussi : *Comptes-rendus des monum. et docum. hist.*, an. 1853-54, p. 45.) Ils élevèrent sur ce terrain de vastes bâti-

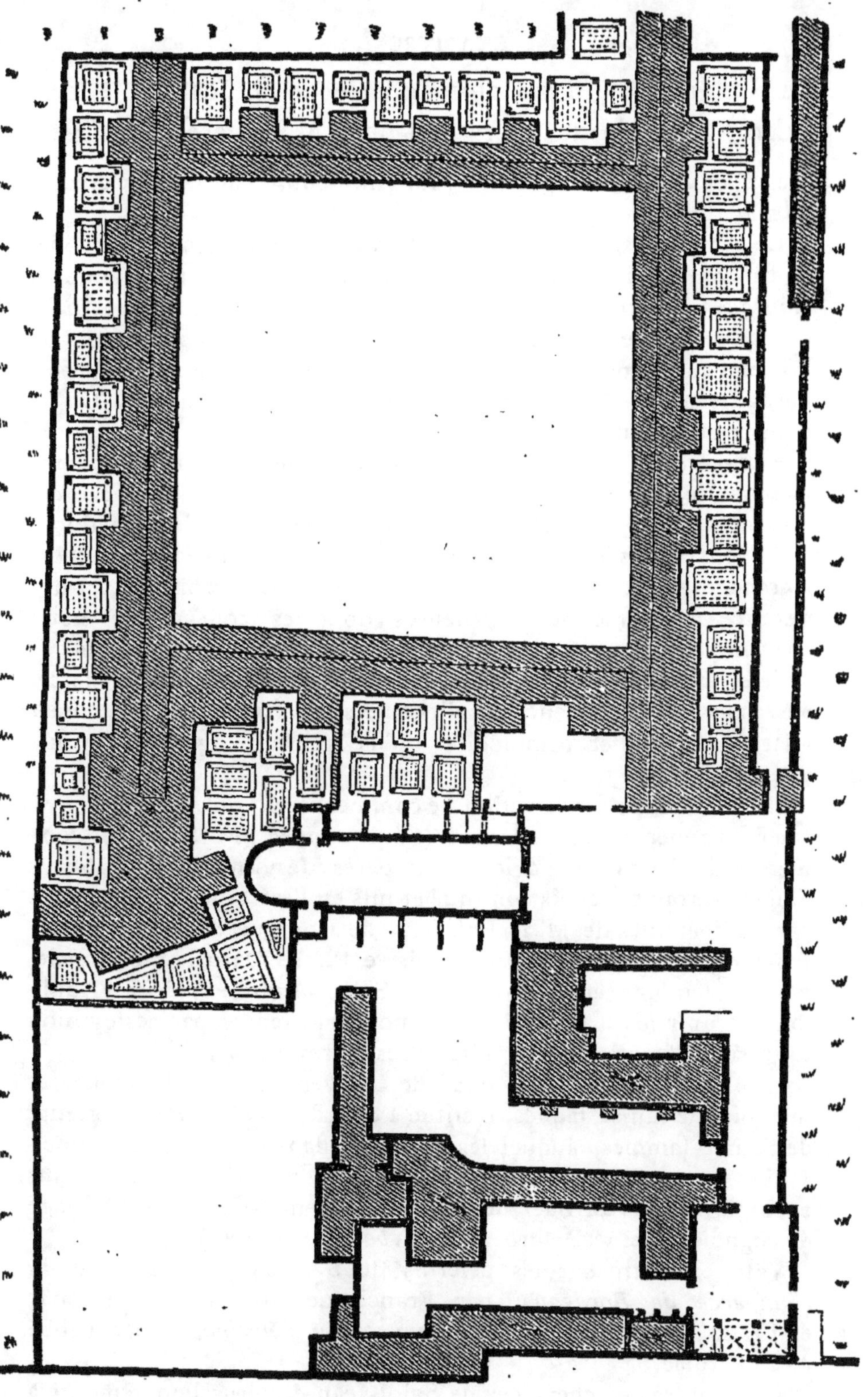

PLAN DE LA DEUXIÈME CHARTREUSE DE BORDEAUX.

(Comm. des Monum. hist.)

de S. Jammes[1], une Commanderie de S. Jean de Hierusalem, appellée du Temple[2], neuf Monasteres de Filles;

ments et une belle église (aujourd'hui Saint-Paul), consacrée le 23 mai 1676.

Le noviciat est dû à la générosité d'Étienne de Minvielle, écolier de la compagnie de Jésus (1593), et à celle de Marc-Antoine de Gourgues, maître des requêtes, et dont le frère était « provincial des Jésuites de la province de Guienne ». La construction du noviciat fut autorisée par lettres-patentes, en date du 20 avril 1606, enregistrées au Parlement, le 20 mai de la même année. On lit dans ce document :

« Le cardinal François de Sourdis, archevêque de Bordeaux, » Nous (le roi) a très humblement requis et supplié d'accorder » auxdits pères Jésuites l'établissement d'une maison de probation... » et Nous avons jugé que l'établissement de ce noviciat est chose » grandement utile pour le bien de notre service, comme étant une » source de personnes religieuses dont les colléges de notre » royaume peuvent estre remplis; et afin que, du bon exemple de » vie et autre fonction de leur piété qu'ils ont accoutumé d'exercer » ès lieux où ils résident, nos dits sujets en reçoivent l'ayde, conso- » lation, profit et commodité qu'ils peuvent espérer. Par ces » causes, etc. »

Les travaux de construction ne commencèrent qu'en 1611.

« En l'année 1611, dit Darnal (*Chron. bourd.*, f° 78 v°), fut commencé de bastir le noviciat des pères Jésuistes, près l'abbaye Saincte-Croix et depuis continué et mis en l'estat qu'il est à présent par les libéralités de M. le Président de Gourgues; et pour l'entretenement dudit noviciat, feu maistre Pierre Darnal, mon oncle, vivant, chanoine et soubs-doyen de Sainct-André et prieur d'Aguillon, fit unir le dit prieuré au dit noviciat : lequel, par ceste union est assisté d'environ deux mille livres de revenu. »

1. « 1119, Guillaume, duc de Guyenne, en l'honneur et mémoire de sainct Jaques, institue à Bourdeaus l'hospital et prieuré de Sainct-Jammes, auquel les pelerins allans et venans de Sainct-Jaques en Gallice seroient hebergez et nourriz, et les enfans exposez n'estans advouez de père et mère, nourriz jusques à l'aage de cognoissance. » (Delurbe, *Chron. bourd.*, f° 12 v°.)

Voir en outre sur les pèlerins de S. Jacques, l'*Histoire du commerce de Bordeaux,* par Francisque Michel, t. I, p. 503; et l'*Hist. de S. Jacques le Majeur et du pèlerinage,* par l'abbé J.-B. Pardiac.

2. « L'ordre des chevaliers de Saint-Jean-de-Jérusalem remonte à la première croisade. Mais avant cette époque (1048), il y avait à

Sçavoir, de l'Annonciade[1], de Ste Ursule[2], deux des Carmelites[3], de nostre Dame[4], de Ste Catherine[5], de la Visitation[6], de la Magdeleine[7], et des Orphelines, et deux Hospitaux Generaux, l'un appellé de S. André, dont le premier Fondateur fut comme il a esté dit à la 1re partie, Vital Carles

Jérusalem une maison hospitalière «que les pèlerins connaissaient tous et que la piété des fidèles désignait sous le nom de Saint-Jean.» (De Marquessac, *les Hospitaliers de Saint-Jean*, p. 4.)

L'époque de l'arrivée des chevaliers de Saint-Jean dans le Bordelais ne peut être fixée d'une manière certaine; cependant on les voit, en 1182, en contestation avec le Chapitre de Saint-André, au sujet de la construction d'un oratoire au lieu dit le *Pont-Neuf*. (D. Devienne, *Hist. de Bordeaux*, 2e part., p. 39.) Leur hôpital était déjà établi au même endroit.

L'hôpital et la chapelle du *Pont-Saint-Jean* étaient situés dans la rue de la Chapelle-Saint-Jean; l'ouverture du cours d'Alsace-et-Lorraine en a fait disparaître les derniers vestiges. (Voir. t. I, p. 328, 329.)

Après l'abolition des Templiers, les biens de l'Ordre furent attribués en partie aux chevaliers de Saint-Jean-de-Jérusalem, appelés aussi «chevaliers de Malte;» ceux de Bordeaux s'établirent alors dans la commanderie du Temple, vaste construction dont il restait encore naguère une chapelle, «et en firent leur centre hospitalier pour Bordeaux et la Guienne.» (V. de Marquessac, *op. cit.*, p. 242.)

1. Voir t. I, p.47.

2. L'ordre des Ursulines est d'origine italienne; la fondatrice de la maison de Bordeaux était «la mère de Cazère», native de La Sauve. (V. Gaufreteau, *Chron. bourd.*, t. II, p. 21, et Ravenez, *op. cit.*, p. 125.)

3. Il y avait à Bordeaux deux couvents de Carmélites, fondés l'un et l'autre sous l'épiscopat du cardinal de Sourdis, celui de Saint-Joseph et celui de l'Assomption.

4. Les religieuses de Notre-Dame eurent pour fondatrice la *marquise de Montferrand*, plus connue sous le nom de *mère de Lestonnac*.

Leur couvent d'abord situé près du Château-Trompette, fut ensuite transporté dans la rue du Hâ.

La vénérable mère mourut à l'âge de quatre-vingt-quatre ans; la voix du peuple demanda sa canonisation.

5. Voir t. I, 49, 50.

6. Voir t. I, p. 44, 45.

7. Connu dans le principe sous le nom de *Maison des Filles repenties*. Ce monastère fut établi à Bordeaux en 1520. On logea

Chanoine et Chantre de la Metropolitaine[1] : l'autre appellé, de la Manufacture[2]. Ce sont les principalles Eglises de la Ville de Bourdeaux, les Monuments anciens et nouveaux de sa pieté, les tesmoignages de sa foy et de sa Religion, qui ne s'est pas seulement arrestée à ces édifices materiels : mais qui a donné des Pierres vives à JESUS-CHRIST, pour le spirituel Edifice de la Herusalem Celeste, des Saints qui vivent avec Dieu, comme S. Paulin, S. Seurin, S. Austinde[3], S. Goar, fort celebre au Dioceze de Treves. S. Amand religieux, S. Sadroc, ou *Sacerdos*[4], Evesque de Limoges, Patron de l'Eglise de Sarlat, S. Urbitius, et Ste Hildemare Abbesse[5], dont nous parlerons dans l'Histoire de nos Archevesques.

a V. Sammarthanos in Archiep. Burdigal.

les filles dans un hôpital qui était près des *Repenties* et qu'on appelait l'*hôpital de Bouglon*.

1. Voir t. I, p. 226, 227.

Consulter en outre la notice de M. Rabanis sur *l'Hôpital Vital-Carles,* publiée dans les *Comptes-rendus de la Comm. des monum. et docum. hist.*, année 1851-52, p. 26, etc.

2. Voir t. I, p. 52

3. Saint Austinde, natif de Bordeaux (XIe siècle), fut archevêque d'Auch. (Voir *Gall. christ.*)— On lira plus loin la vie de saint Goar.

4. Saint Sadroc qui, d'après certains auteurs fonda l'abbaye de *Saint-Sauveur* à Sarlat, est également appelé Sardos ou Sacerdos. (Voir Du Tems, *le Clergé de France,* t. II, p. 614.)

5. « Sainte Hildemarque, née à Bordeaux, y gouverna quelque temps un monastère de saintes filles; de là, elle alla à Rouen y vivre sous la direction de saint Vandrégisile, grand évêque de ce temps-là ; du consentement de saint Ouen, elle gouverna le nouveau monastère bâti par Vaningue ou Vaningon, favori de Clotaire III. Elle a été la première supérieure de l'abbaye de Fescamps. Son corps repose dans l'abbaye de Fontenelle. Elle vivait dans le milieu du VIe siècle. On en fait la feste le 25 octobre.» (Bellet, Ms., *Biblioth. de Bord.*) — Consulter en outre sur les saints du diocèse : *Vies des Saints du diocèse de Bordeaux, avec un traité de la dévotion aux saints, à l'usage du même diocèse,* à Bordeaux, chez Raymond Brun, rue Saint-Jâmes, *à l'Imitation de Jésus,* 1723, sans nom d'auteur. — L'auteur est le P. Proust, célestin de Verdelais.

VI. Hors la Ville, le Dioceze est partagé en quatre Archidiaconés, de Medoc, de Cernes, de Blaye, et de Fronsac, autrement en dix Archiprestrés; Sçavoir de l'Esparre, de Moulis, de Cernés, de Buch et Born, de Benauges, d'Entre deux mers, d'entre Dordogne, de Fronsac, de Bourg, et de Blaye. Dans le destroit de ces Archiprestrés sont les Abbayes, de Vertueil, de l'Isle, de S. Romain de Blaye, et de Bourg, de l'Ordre de S. Augustin : les Abbayes de la grand Seaulve, de S. Sauveur de Blaye, de Guistres, de l'Ordre de S. Benoist : de Phaise et de Bonlieu, ou Carbon-blanc, de l'Ordre de Cisteaux : et de plaine Selve, de l'Ordre de Premonstré[a]. Robert et de Ste Marthe ont ajoûté l'Abbaye de S. Genis de la Plaine, de l'Ordre de S. Augustin, et de Siennes de l'Ordre de S. Benoist : mais elles nous sont inconnuës, et je ne sçay de qui ces Autheurs les ont tirées. Dans ce mesme destroit sont les Chapitres de S. Emilion, de Cadillac, de Villandrault et de Genissac : ces trois derniers sont de Patronage laïque[1].

VII. Voilà quelle est l'estendue de l'Archevesché de Bourdeaux, et les principaux Benefices qui y sont scituez. Mais comme les Archevesques de Bourdeaux, outre cette Dignité sont encore Metropolitains et Primats; leur pouvoir s'estend au delà des bornes de leur Dioceze en l'une et en l'autre qualité. Ils ont le droit des Metropolitains dans les Diocezes des Evesques leur suffragans, qui anciennement n'étoient que cinq[2] : sçavoir, Poitiers, Saintes, Angoulesme,

a In Archiep. Burdigal.

1. Ces noms devant reparaître dans le *Pouillé des bénéfices de l'archevesché de Bourdeaux*, publié par Lopès à la fin de son livre, nous renvoyons à cet endroit pour les notes explicatives qui s'y rapportent.

2. Le document où l'on voit que les cinq villes d'Agen, d'Angoulême, de Saintes, de Poitiers, de Périgueux, relevaient dès les temps les plus reculés de la métropole de Bordeaux, date du règne

Perigueux, et Agen[1] : jusqu'au Pape Jean XXII. qui erigea l'Evesché de Condom[2] dans celui d'Agen, l'Evesché de Sarlat[3] dans celuy de Perigueux, et les Eveschés de Luçon et de Maillezais[4], à present de la Rochelle dans celuy de

d'Honorius d'après quelques auteurs ; mais le *Gallia christiana* le suppose plus ancien. « *In veteri notitiâ quam nonnulli credunt factam Honorii Augusti temporibus, nos autem putamus antiquiorem, in provinciâ Aquitanicâ II, sub metropoli civitate Burdigalensium sunt Agennensium, Ecolismensium, Santonum, Pictavorum et Petrocoriorum civitates.* » (*Gall. christ.*, t. II, p. 786.)

1. Les évêques d'Agen prenaient autrefois le titre de *vicaires de la province de Bordeaux* et tenaient la place du métropolitain pendant la vacance du siège. (V. du Tems, *le Clergé de France*, t. II, p. 268.)

2. Condom, sur la Baise, est à trente lieues de Bordeaux. Cette ville doit son origine à une ancienne abbaye sous le titre de Saint-Pierre. (V. l'*Histoire de l'abbaye de Condom* dans le *spicilège* de Luc d'Acheri, t. XIII.) L'érection de l'évêché de Condom, en vertu d'une bulle de Jean XXII, date du 13 août 1317. (V. *Gall. christ.*, t. II, p. 962.)

3. « Sarlatum... primum abbatiâ Benedictini ordinis insignita est ac postmodùm in civitatem crevit, et sede episcopali fuit illustrata. » (*Gall. christ.*, t. II, p. 1508.)

Lopès ne précise pas la date de l'érection de l'évêché de Sarlat. Le *Gallia christiana* la place aux *ides* de janvier 1317 : « Sarlatum ornatur episcopali sede a Johanne XXII, papa, bullâ datâ Avenione idibus januarii. » (*Ibid.*, col. 1511). Le chanoine bordelais du Tems affirme, d'après un document inconnu des auteurs du *Galliâ*, que l'érection eut lieu non pas le jour même des ides, mais le V de ces mêmes ides. « Un mémoire que nous devons, dit-il aux bontés de M. L'Évêque, porte que tous les vieux registres, états et inventaires des documents du Chapitre, s'accordent à marquer cette érection au V des ides de janvier. Ces titres doivent nous déterminer, au défaut de l'original qui s'est perdu. » (Du Tems, *le Clergé de France*, t. II, p. 614.)

4. « Maillezais *(Malleacum)*, dit du Tems, est une bourgade de France en Bas-Poitou, située dans une île formée par la *Sèvre* et l'*Autise*, entre des marais, à vingt lieues sud-ouest de Poitiers et à douze lieues nord-est de La Rochelle. C'était autrefois un lieu solitaire et environné de bois, où les comtes de Poitiers avaient fait bâtir un château pour prendre en cet endroit le divertissement de la chasse. » (*Clergé de France*, t. II, p. 516.) Dans la suite, une abbaye fut fondée à Maillezais par la duchesse Emma. Le pape Jean XXII, voulant, selon l'expression du *Gallia christiana*

Poitiers : ce n'estoit auparavant que des Abbayes. L'Erection n'en fut pas faite la mesme année. Car je trouve dans

(t. II, p. 1368), multiplier les églises épiscopales en France, — *cùm placuisset Johanni papæ XXII ecclesias episcopales multiplicare,* — partagea l'immense diocèse de Poitiers en trois parties. La première continua d'être soumise à l'évêque de Poitiers, les deux autres formèrent les évêchés de Luçon et de Maillezais, changement regrettable au point de vue de la discipline monastique, d'après D. Chamard.

« Le 13 août 1317, dit le savant bénédictin, le pape Jean XXII avait opéré un grand changement dans l'antique abbaye fondée par la mère de Guillaume le Grand. Il avait partagé en trois parties l'immense territoire du diocèse de Poitiers, et avait élevé les deux abbayes de Luçon et de Maillezais à la dignité de sièges épiscopaux. De là, dans la physionomie de ces deux monastères, une transformation profonde. Les moines devinrent chanoines des deux nouvelles cathédrales, et, malheureusement, ce changement ne fut pas au profit de l'observance régulière. Les prieurés conventuels qui en dépendaient continuèrent à relever des deux abbayes-mères, et à recevoir d'elles les sujets que l'abbé, devenu évêque, y envoyait en obédience.

» Geoffroi Pouvreau, alors abbé de Maillezais, en devint ainsi le premier évêque. » (D. Chamard, *Saint-Martin et son monastère de Ligugé,* p. 205.)

L'évêché de Maillezais subsista jusqu'au milieu du XVIIe siècle. « Le bourg de Maillezais était devenu désert. Les marais dont il était environné en avaient rendu l'air malsain; depuis longtemps les évêques n'y faisaient plus leur résidence. Pendant les guerres civiles (de religion), l'église avait été abattue, et le monastère ruiné n'offrait plus d'asile aux religieux (chanoines). Louis XIII, qui avait formé le dessein d'établir un évêché à La Rochelle, sembla abandonner ce projet et consentir à ce qu'on poursuivît en cour de Rome la sécularisation du Chapitre de Maillezais, et la translation du siège épiscopal à Fontenay-le-Comte. En conséquence, les bulles furent expédiées au mois de janvier 1631. Divers obstacles traversèrent le nouvel établissement. Louis XIV changea la destination du siège qu'on devait placer à Fontenay-le-Comte et qui fut transféré à La Rochelle. La bulle d'Innocent X, concernant cette translation, est datée du IV des nones de mai 1648. » (Du Tems, *le Clergé de France,* t. II, p. 620.) H. de Sourdis et H. de Béthune furent évêques de Maillezais avant de passer sur le siège de Bordeaux.

Plus heureux que celui de Maillezais, l'évêché de Luçon a été maintenu. On sait que le cardinal de Richelieu fut évêque de Luçon.

les Lettres[a] de cette erection, qui furent presentées à Arnaud Archevesque de Bourdeaux le 14. de May l'an 1319. que l'Abbaye de Maillezais fut erigée en Evesché le 13. d'Aoust, la premiere année de son Pontificat, et celle de Luçon la seconde année, le 13. de Decembre. Le Siege de l'Evesque qui estoit à Maillezais, a esté de nos jours transferé à la Rochelle, qui est aujourd'hui la Ville Episcopale. Je parleray au Chap. 3. du pouvoir accordé à l'Archevesque visitant les Diocezes de ses suffragans, et du serment qu'ils prestoient entre ses mains.

Pour son droit de Primace, il l'exerce non seulement dans la Province dont il est le Metropolitain : mais encore dans l'Archevesché d'Auch. Mr. de Marca a reconnu l'Antiquité de ce droict, escrivant au livr. 1. de l'Histoire de Bearn, au Ch. 29. qu'Euse, dont le Siege a esté transferé dans la Ville d'Auch, dependoit de Bourdeaux au temps de l'Empereur Charlemagne : et que pour cette raison elle ne fut pas enoncée dans son Testament, parmy les autres Villes Metropolitaines. Ce qui est appuyé par une ancienne Chronique des gestes des Normans, où la Ville de Bourdeaux est qualifiée la Metropole de la Novempopulanie, dont la Ville d'Auch est la Ville Archiepiscopale. Comme l'Archevesque de Bordeaux a ce droit, il en a la possession : ce qui se peut voir dans plusieurs Actes retenus au Greffe de la Primace, dont le Tribunal, est dans la Ville de Bourdeaux.

a Charta Tabul. Archiep. Burdig.

II. An tibi mi Domine illustris, si scribere sit mens
Qua regione habites, placeat reticere nitentem
Burdigalam, et piceos malis describere Boios?

Ausonio Paulinus Ep. 4.

IV. Karolus Magnus hanc Capellam fundavit, et retro altare septem corpora sancta imposuit, qui pro fide Christi Martyrio coronati sunt, quorum nomina sunt, Clarus, Justinus, Gerontius, Severus, Policarpus, Joannes, et Babilius. *Inscriptio Capellæ.*

VII. Urbs Burdigalis munitissima, caput regionis Novem-populaniæ. *Chron. de gestis Norman. apud Duchesnium, tom. 2. hist. Franc.*

CHAPITRE II

L'Entrée des Archevesques de Bourdeaux, dans la Ville Capitale de leur Dioceze.

APRES avoir fait le Plan de l'Archevesché de Bourdeaux, c'est une suite d'y voir la premiere entrée de son Archevesque, et quels sont les premiers honneurs que luy rend le Clergé et le peuple dans la Capitale de son Dioceze. Avant le Concordat passé entre le Pape Leon X. et le Roy François Premier, l'Election des Archevesques appartenoit de droit au Chapitre de la Metropolitaine. Le S. Siege confirmoit celuy que le Chapitre avoit esleu, et c'est ainsi qu'il s'est tousjours pratiqué, jusqu'à l'élection de Gabriel de Grammont Archevesque, au temps duquel le Concordat[1] fut arresté, que suyvant ce Concordat, la nomination des Archevesques, comme de tous les Evesques du Royaume, appartient au Roy, et leur institution au S. Siege. Les Archevesques de Bourdeaux en ayant reçeu leurs bulles, les envoyent au Chapitre, et les luy font presenter par un Procureur fondé de Procuration speciale, afin de prendre possession de

1. Le concordat du pape Léon X avec le roi François Ier (1515-1516) mit fin à la *Pragmatique sanction* de Bourges qui datait de 1438. Il changea totalement la discipline de l'Église de France en ce qui concerne l'élection des évêques. Ces derniers devaient à l'avenir être nommés, non plus par les Chapitres, mais par le Roi et confirmés par le Pape. Si cette confirmation était refusée par défaut des qualités canoniques chez les candidats, le Roi s'engageait à nommer dans l'espace de trois mois de nouveaux ecclésiastiques; sinon le Pape procédait, de plein droit, à la nomination.

l'Archevesché à son nom, et estre installé par le Chapitre. Comme le fut Jacques de Pontac Doyen, au nom de François de Mauny Archevesque, le 19. avril 1554.[a] qui presta le serment ordinaire à genoux, entre les mains de François de Sirueils[1] Chanoine, Archidiacre de Blaye, President au Chapitre, sans prejudice du serment, que l'Archevesque seroit obligé de prester en personne, lors qu'il seroit arrivé. Apres la prestation du serment il fut conduit au Chœur par cét Archidiacre, et installé dans la Chaire Archiepiscopale placée du costé droit, puis mené au Palais Archiepiscopal, où il presta un autre serment suyvant la coustume. Le mesme Doyen fut installé de la mesme façon au nom d'Anthoine Prevot de Sansac Archevesque, le 18 mars 1560 par François de Salignac Chanoine, Archidiacre de Medoc : et c'est ainsi qu'il s'est pratiqué à la prinse de possession et installation des Archevesques.

II. La prinse de Possession et installation s'estant faite de cette maniere, l'Archevesque ne tarde pas de venir à Bourdeaux : où quand il fait son Entree solemnelle, il a coustume de se rendre de sa maison de Lormont[2] sur la

a Reg. illius anni. (L'appel de note a été omis dans la première édition.)

1. François de Sirueilh, de la maison noble de Sirueilh, établie à Sivrac dans le Sarladais, était chanoine de Saint-André et archidiacre de Blaye. Nous avons de lui des mémoires formant un cahier de 43 feuillets in-4°. Ces mémoires ont été publiés sous le titre de *Journal de François de Sirueilh*, etc., par M. Clément Simon; ils contiennent le récit des guerres de religion dans nos contrées de 1568 à 1585.

2. « C'est une maison, dit Bellet (*Biblioth. de la Ville*, ms.), qui a autrefois appartenu aux rois d'Angleterre, ducs de Guienne. Éléonore, épouse d'Henri III, roi d'Angleterre, y accoucha de la princesse Béatrix, en l'an 1242. » Le fils du Prince Noir, Richard de Bordeaux, vit le jour dans cette résidence (1365) et y passa même ses premières années. Il est difficile de préciser l'époque où nos archevêques devinrent propriétaires du château de Lormont (*Laureus-Mons, Mont-des-Lauriers*). Le *Livre des Bouillons*, p. 417, nous apprend qu'il existait dans cette commune, en 1275,

LORMONT. — ENTRÉE DE L'ANCIEN CHATEAU DES ARCHEVÊQUES. — FAÇADE DU LEVANT
Dessin de M. E. PIGANEAU.

place des Chartreux, où s'estant revestu de son Rochet, et Camail, il va jusqu'au lieu, où estoit cy-devant une Chapelle consacrée à l'honneur de S. Germain, proche de la porte de la Ville, de mesme nom [1]; auquel lieu le Chapitre

un port nommé le « Port de l'Archevêque », *Portus domini Archiepiscopi.* Au commencement du xve siècle, pendant le siège de Bourg par le duc d'Orléans, Hugocion, cardinal-archevêque de Bordeaux, s'opposa, mais en vain, au démantèlement de cette forteresse que la prudence ne permettait pas de laisser aux mains de l'ennemi. Il est décidé, le 10 novembre 1406 (v. *Regist. de la Jurade,* p. 136, 137) « que ce lieu soit ruiné en telle façon que les ennemis ne s'en puissent servir pour porter dommage à la ville et au pays. » Le château de Lormont fut reconstruit par le cardinal François de Sourdis en 1614. (V. Ravenez, *op. cit.*, p. 273.) Ruiné par le duc d'Épernon durant les guerres de la Fronde, il cessa d'être un théâtre d'événements politiques ou militaires. « A partir de la seconde moitié du xviie siècle, dit M. E. Piganeau (*Lormont, archéolog. et particularités hist.*, p. 31), son rôle se perd dans l'histoire privée des archevêques. A la Révolution, l'évêque constitutionnel Pacareau reçut en jouissance le château de Lormont, dépouillé de ses rentes et à peu près détruit par les habitants du bourg. Il n'y avait plus en 1791 que trois pavillons et quelques servitudes. » (*Op. cit.*, p. 33.)

En 1549, le cardinal Jean du Bellay avait fait construire une voie de communication entre le château de Lormont et la Garonne, « ce qui permit d'établir un débarcadère plus commode. » (*Ibid.*, p. 24.) C'est de là que partaient les *maisons navales* ou *bateaux tapissés* destinés à transporter à Bordeaux les gouverneurs et les archevêques au jour de leur entrée solennelle.

Autrefois « le brigantin de la ville » allait les prendre à Blaye, mais depuis l'an 1610 (v. *Chron. bourd.*, p. 139) « il fut décidé que pour la réception des gouverneurs, on ne conduirait désormais de maisons navales plus avant que ledit port de Lormont. » Nous observerons cependant que cet usage ne fut pas adopté pour les réceptions d'archevêques, car un récit fort curieux de l'arrivée de Mgr de Maniban, à Bordeaux, nous montre le prélat s'embarquant à Blaye.

1. L'église de *Saint-Germain* a disparu depuis le milieu du xve siècle. Baurein consacre la notice suivante à cet intéressant édifice :

« Cette église n'existe plus depuis longtemps; elle a eu le même sort que plusieurs autres églises ou chapelles, qui, étant placées

S. Seurin luy vient au devant processionnellement, avec les Vicaires Perpetuels de la Ville qui en dependent. Il s'arreste un peu en ce lieu, dans une Chaire que le Chapitre y fait porter avec une table couverte d'un beau Tapis. C'est là que ce Chapitre le harangue. Apres quoy, s'estant mis à genoux sur un carreau, il fait un serment particulier en faveur de ce Chapitre, par lequel il promet de garder les compositions faites entre ce Chapitre et ses predecesseurs, et de ne prejudicier aux Statuts, Coustumes, Exemptions et Privileges de l'Eglise insigne de

en dehors des murs de la ville, ont été détruites, soit dans des temps de guerre ou autrement. Suivant un titre du 12 février 1432, elle existoit encore; mais dans un titre du 27 février 1502, il est fait mention d'une place vuide près la porte de Saint-Germain, aujourd'hui porte de Tourny, où étoit anciennement la chapelle de Saint-Germain; ce qui prouve que sa destruction étoit dès lors ancienne : « *Tota aquera plassa vuida* (y est-il dit) *au loc apperat auprès deu portau de Sent-German, en laquau plassa solé estar la Capera de Sent-German antiquament.* » On peut donc probablement placer sa destruction vers le milieu du xve siècle, et au temps, selon les apparences, que le général Talbot mit le siège devant Bordeaux, puisqu'en 1502 l'inexistence de cette chapelle étoit considérée comme ancienne.

» Lorsqu'il fut question de construire la nouvelle porte de Tourny, on fit faire des excavations considérables pour retrouver les fondements de cette ancienne église; mais ce fut sans succès. Quoique les anciens titres s'accordent assez à fixer la situation de cette chapelle auprès de l'ancienne porte de Saint-Germain, représentée aujourd'hui par celle de Tourny, et que ce fut même à raison de la proximité de cette chapelle que cette ancienne porte eût pris son nom, néanmoins elle n'en étoit pas aussi voisine qu'on se l'imaginoit pour lors. Ces excavations furent faites dans l'intérieur de cette place ovale, qui est en dehors de cette porte; mais ce n'étoit pas précisément dans ce lieu qu'avoit existé cette chapelle. Son ancien emplacement étoit à l'extrémité vers le nord de cette isle de maisons qui est à gauche et à la suite de cette place, en allant vers le Bouscat; c'est ce qui résulte d'un titre du 23 juin 1611.

» C'étoit dans cette église que nos anciens archevêques faisoient leur station, lors de leur première arrivée dans cette ville. » (*Var. bord.*, t. II, p. 228.)

S. Seurin[1]. Le serment estant fait, on entonne le *Te Deum*, et la Procession le conduit jusqu'à l'Eglise de S. Seurin, où il a coustume d'aller avant de faire son entrée, pour les raisons que j'ay apportées au Ch. 8 de la 1. Partie. Estant arrivé devant le Maistre Autel, de cette Eglise, il dit l'Oraison de S. Seurin, baise les Reliques posées sur l'Autel, s'asseoit sur une Chaire, sur laquelle se placent les Archevesques, quand ils y officient, à costé de cét Autel; de quoy ayant dressé un Verbal, il est conduit par les Chanoines de ce Chapitre à la maison de leur Doyen, où il demeure jusqu'au lendemain, defrayé et traité à leurs despens.

III. Le lendemain apres avoir oüy la Messe dans la mesme Eglise, il monte à cheval, et le Chapitre de S. Seurin marchant devant en procession, comme le jour precedant, il vient jusqu'à la porte S. Germain, où se rend le Chapitre de la Metropolitaine, assisté de tout le Clergé Seculier et Regulier, avec les Maire et Jurats de la Ville. C'est icy que commence veritablement la solemnité de son entrée, tout ce qui a precedé n'ayant servi que d'une preparation. Je raporteray ce qui se fit à l'entrée d'Artus de Montauban le 18. novemb. 1466.[a] qui a servi comme de modele à celles qui ont esté faites apres luy. Tout le Clergé Seculier et Regulier de la Ville, (le Chapitre S. Seurin excepté qui se retira) print sa marche processionnellement vers l'Eglise S. André, par les ruës de la Ville tapissées, apres lequel venoit l'Archevesque avec sa Chappe Archiepiscopale, qui estoit noire, et fourrée de peaux noires, peut-estre pour

a Registrum hujus anni in arch. Eccles. Burd.

1. Le cérémonial de la première station des archevêques est minutieusement décrit dans les actes du Chapitre de Saint-Seurin. (*Arch. départ.*, n° 420, f° 95.)

De la chapelle Saint-Germain on se rendait à l'église Saint-Seurin en suivant la rue de la *Petite Taupe* (Huguerie), etc. (V. Cirot, *op. cit.*, p. 108.)

avoir esté de l'ordre des Celestins. Il estoit monté sur une Haquenée blanche que le Baron de Montferrand[1], à qui cét honneur appartient, comme au premier Baron du Bourdelois, monté à cheval, conduisoit par les resnes. Aussi la Haquenée luy demeure, apres la solemnité. Quatre Jurats[2] luy portoient le Poisle qui estoit d'une riche estoffe

1. « Sur quoy, est à noter que ceux de cette famille, la première de la Guienne, dans le Bourdelois, à cause de la première baronnie de Guienne, possédée par eux, s'appelloyent anciennement Ferrand, et non pas Montferrand. Et si on veult sçavoir la cause pourquoy ils se nomment aujourd'huy Montferrant, elle procede de ce que celuy qui a plus illustré cette maison s'appelloit Ferrand, et fut un genereux et vaillant gentilhomme. Sur quoy, est à noter que, comme il se fut porté vaillamment en un certain exploit de guerre, pour Edouard, roy d'Angleterre, lorsqu'il retourna vers le Roy, yceluy fut tellement content et satisfaict de ce signalé service que ledit Ferrand luy avoit faict, que, l'embrassant, il luy dict : « Ha! mon Ferrand, tu sois le bien arrivé. » Et despuis ce temps-là, celuy-là ayant prins ce nom de Montferrant, despuis, toute sa postérité l'a retenu. » (Gaufreteau, *Chron.*, t. I, p. 29.) — Voir dans Baurein, *Var. bord.*, t. I, II, III, de nombreuses particularités sur la famille de Montferrand.

2. A l'arrivée de Henri de Sourdis, les jurats, encouragés par le duc d'Epernon, refusèrent de rendre à l'archevêque les honneurs d'usage; ils ne voulurent pas même aller rejoindre ce prélat au quai des Chartrons, et se contentèrent de se présenter « pour saluer l'archevêque incontinent après son arrivée. La Roche, l'advocat et jurat, portant la parole, ledit archevêque leur donna le témoignage du desplaisir qu'il avoit de ce qu'ils avoyent ainsin manqués à leur debvoir en mesprisant sa personne et sa qualité, et ce avec une cousture de paroles bien aspres. » (Gaufreteau, *Chron.*, t. II, p. 186.)

On lit dans la même *Chronique (ibid.)* :

1633. — « L'archeveque de Bourdeaux estant en son chasteau de Lormon, où il s'estoit arresté à son retour de Paris, pour, de là, venir à Bourdeaux prendre pocession de son archeveché, et ayant faict advertir les jurats de Bourdeaux de lui rendre l'honneur que, de tout temps, ils debvoyent rendre aux archeveques, et que leurs predécesseurs jurats avoyent tesmoigné à touts les archeveques precedents, et pour cet effect, le vinssent recueillir sur le quay, avec le poile, lesdicts jurats refusent de ce faire. Ce qui fut la cause

de soye blanche, soubs lequel il marchoit. Le Poisle, à l'entrée de François de Mauny Archevesque, estoit de Damas rouge avec une crespine ou frange d'or et de soye[1]. Deux autres Barons du Bourdelois, l'un à droite, l'autre à gauche luy retenoient les estriers. Le registre[2] ne les nomme

de tout ce mal-meslé qui intervint, despuits, entre l'archeveque et le sieur d'Espernon. »

« Les jurats qui, à l'entrée et nouveau advenement de l'archeveque, avoyent refusé de l'aller recueillir au port de la riviere, venant de Blaye, avec leur livrée, suivant la coustume, et ce, par l'induction dudit sieur gouverneur, sont desmis de leur charge et aultres subrogés en leurs places. » (*Ibid.*, p. 171.)

1. Nous avons retrouvé la pièce relative à l'achat de ce poële :

« *Extrait des Registres de l'Hostel de Ville de Bourdeaux*
» *du 8e febvrier 1554.*

» Présents : M. LE MAIRE, MALLERET, OLLIVE, SAINCTE MARIE, » LA TASTE, LANGE, CHASTILLON,

» A esté ordonné que Jean de Mesparante sera remboursé et payé » par le thrésorier de la ville, sçavoir : pour trois aulnes de velours » cramoisi au prix de 14 livres l'aulne et quatre aulnes un quart et » demi de damas rouge au prix de cent sols l'aulne, lequel velours et » damas a esté mis et employé au poisle et pavillon qui fut porté et » baillé à Monsieur le Reverendissime Archevesque de cette ville, » faisant son entrée; aussi sera payé ledit Mesparante des satins et » damas qu'il a baillé à Messieurs le Maire, Sainte Marie et La » Taste pour leurs robbes; pour la robbe de Monsieur le Maire cent » livres, pour les robbes de Mrs Ste Marie et La Taste chacune » 76 livres.

» *Signé :* LHORTEOU. »

2. Voici le texte du registre :

« In die festo Annuntiationis, inquit vetus Scheda, populo ingenti et præfulgentium hominum nobilitate, ac Clero jubilante, honorifice per urbem equitans processit (Andreas Archiepiscopus) cum comitantibus *Domino de Monteferrando*, frenum equi, ex gentis privilegio, tenente, de *Landâ et Angladiis* locum tenentibus *Capitalis Boïorum*, quorum unus ad dexteram, alter ad sinistram Archiepiscopo adhærebat; cùmque ad domum Decani pervenisset, insigniis Pontificalibus induitur, et Ecclesiam Cathedralem ingressus, missam celebravit. »

Outre ce registre capitulaire, une liasse du fonds de l'Archevêché (*Archiv. départ.*, G. 25) renferme entre autres pièces toutes relatives

point. Les Barons de la Lande[1] et d'Anglade[2] les tenoient à son successeur le Cardinal d'Espinay, au lieu du Captal[3] de

à des entrées d'archevêques, un procès-verbal en français, de celle de Mgr de Mauny.

1. Pour la famille et maison noble de Lalande, voir Baurein, *op. cit.*, t. II, p. 401, etc., t. III, p. 18, 37 et 155.

2. V. Baurein, *op. cit.*, t. I, p. 269, t. II, p. 184.

3. *Captal* (v. Ducange, *Glossaire*, au mot *Capitalis*) est un nom de dignité, *dignitatis nomen*. Il désignait le seigneur d'une contrée bornée « vers le levant par la terre et jurisdiction de Certes, vers le couchant par l'Océan; vers le midi, tant par la même jurisdiction de Certes que par celle de la prévôté de Born, terre et vicomté de Biscarrosse, et vers le nord par les baronnies de Lege, d'Ignac, d'Arez, Andernos et encore par la même jurisdiction de Certes. » (Baurein, *Var. bord.*, t. III, p. 409.)

Le *Captalat de Buch* était l'ancien pays des Boïens, dont la ville de *Boios*, bâtie, selon quelques-uns, à l'endroit où s'élève aujourd'hui La Teste, fut autrefois la capitale. Les Boïens, auxquels saint Paulin donne l'épithète de *résineux*, dans une lettre à Ausone,

...... Placeat reticere nitentem
Burdigalam et *piceos* malis describere *Boyos*
(*Epist. 4.*)

firent partie de l'expédition de Bellovèse au delà des Alpes. Baurein suppose qu'ils furent chassés de leurs foyers par les envahissements de la mer. (V. *op. cit.*, t. III, p. 291.) Le plus célèbre des *captaux de Buch* fut Jean de Grely ou de Grailly dont les rois de France et d'Angleterre se disputèrent l'amitié. Froissart a dit de lui « que c'étoit, pour ce jour, le chevalier de Gascogne et d'Angleterre que le roi de France et les François desireroient plus à tenir, parcequ'il étoit moult fort hardi et bon capitaine. »

Un autre membre de cette famille, *Jean IV de Grailly*, ayant épousé *Marguerite de Suffolk, comtesse de Kendale,* devint le chef de la maison de *Candale.*

Archambaud de Grailly, par son mariage avec *Isabelle*, sœur de *Mathieu de Castelbon, comte de Foix et de Béarn*, mort sans enfants, en 1399, hérita de ces deux comtés, et « depuis cette époque (Baurein, *op. cit.*, t. II, p. 19) la branche de *Grely*, établie dans cette province, n'a plus été connue que sous le nom de *Foix*. »

« Au XVIIe siècle, les héritiers de la maison de Candale étaient les d'Épernon, car « *Marguerite de Foix de Candale* passa contrat de mariage, en 1587, avec *Jean de La Valette, duc d'Épernon*. » (Baurein, *Var. bord.*, t. II, p. 25.) Le duc d'Épernon s'intitula depuis *prince de Buch*. (V. *ibid.*, t. III, p. 326.)

Buch : et le Seigneur de Candale[1] à la place de son Pere, avec son oncle, portoient tous deux la queue de la Chappe Archiepiscopale de François de Mauny, aussi le surplis et le bonnet de l'Archevesque leur appartient apres la Ceremonie. Il continua sa marche avec cette Ceremonie, suivi d'une grande affluence du peuple jusqu'à la maison du Doyen du Chapitre, qui est au devant de l'Eglise Metropolitaine. C'est là qu'il descendit de cheval, print ses vestemens Pontificaux, la Croce, la Mitre, et le Pallium, et vint ainsi revestu à la porte Royale de l'Eglise proche du Palais Archiepiscopal, et estant entré dans l'Eglise il fut harangué par Guillaume Bec, Chantre et Chanoine qui presidoit lors au Chapitre, lequel ensuite luy ayant leu les articles du Serment qu'il est obligé de faire à sa premiere entrée, tant pour l'Eglise de Bourdeaux son Espouse, et le Chapitre d'icelle, que pour tout le Dioceze generalement, il les jura à genoux. Apres quoy le *Te Deum* fut chanté, et il fut conduit au grand Autel, s'assit à sa chaire Pontificale, d'où il donna la Benediction. Le Cardinal d'Espinay, et François de Mauny celebrerent la saincte Messe. Apres la benediction donnée, l'Archevesque Artus de Montauban, quitta ses vestemens Pontificaux, et fut conduit par le Chapitre à son Palais Archiepiscopal, à la porte duquel il fit un autre serment accoustumé pour la conservation des droits de l'Archevesché, que je raporteray cy apres avec les autres. Et ce sont les principales Ceremonies[2] qui s'observent à l'entrée solemnelle des Archevesques de

1. Le chef de la maison de Candale est, comme nous l'avons dit plus haut, Jean IV de Grailly, qui avait épousé Marguerite Suffolk, comtesse de Candale. (V. D. Vaissette, *Hist. du Lang.*, t. IV, p. 431. — Baurein, *op. cit.*, t. I, p. 154.)

2. F. de Sourdis, H. de Sourdis et H. de Béthune refusèrent les honneurs d'une réception solennelle. L'ancien usage ne fut repris qu'à l'avènement de Mgr de Bourlemont, (V. Baurein, *op. cit.*, t. II, p. 128). Ici Baurein paraît contredire Gaufreteau. (V. p. 41, note 2.)

RESTES DES SCULPTURES DE LA *PORTE-ROYALE* DE SAINT-ANDRÉ.
D'après une eau-forte de M. L. DROUYN.

Bourdeaux, dans la Ville Capitale de leur Dioceze. Il en est qui n'en ont point voulu faire pour des justes considerations dont je parleray dans l'histoire de leur vie.

II. Ego N. Promitto et juro ad sancta Dei Evangelia, quod quamdiù vixero, statuta, consuetudines, observantias et libertates hujus notabilis et insignis Ecclesiæ Sancti Severini, ac etiam compositiones inter meos prædecessores et Capitulum prædictæ Ecclesiæ hactenus initas et factas, inter eosdem observatas, nec non exemptiones et privilegia ipsi Capitulo aliisque personis, presbiteris, et clericis, et membris ab ea dependentibus indultas per sedem Apostolicam et in dicta Ecclesia observatas servabo et manu tenebo, inviolabiliterque in suo tenore prout concessa sunt tenebo, et in nihilo præjudicabo, et singulariter jura omnia, et singula alia quæ jurari sunt solita et de jure veniunt juranda per Dominum Archiepiscopum Burdigalensem noviter intrantem, quæ omnia præmissa ita promitto et juro. Sic me Deus adjuvet et hæc sancta Dei Evangelia. *Ex Tabulario Eccles. Sancti Severini. In ingressu Caroli Acrimontani Archiepiscopi.*

III. Ego N. Burdigalensis Archiepiscopus promitto et juro ad sancta Dei Evangelia, quod quamdiu vixero, et Ecclesiæ præsidebo, custodiam et defendam jura, res et bona quæcumque Ecclesiæ Burdigalensis meæ Sponsæ, illaque non alienabo nec dilapidabo, et si quæ sunt alienata vel usurpata, pro posse recuperabo.

Item, quod statuta, consuetudines, observantias, et libertates Ecclesiæ predictæ, ac etiam compositiones, per meos prædecessores et Capitulum Ecclesiæ prædictæ alias initas et factas, et inter eosdem observatas nec non exemptiones et privilegia, Capitulo aliisque personis et clericis dictæ Ecclesiæ indultas et in dicta Ecclesia observatas, servabo et manutenebo, et inviolabiliter in suo robore prout concessæ et concessa sunt, tenebo, et in nihilo præjudicabo.

Item, quod Capitulum prædictum et cætera Capitula, Collegia, et totum clerum Burdigalensis Diæcesis, et singulares eorumdem benignè, gratiosè et juridicè tractabo, regam cum mansuetudine et charitate, ut bonus eorum Pastor, illa et illos novis et indebitis exactionibus, molestiis vel oppressionibus non gravabo. Imo illos et illa in eorum juribus, Privilegiis, Franchisiis, libertatibus statutis et consuetudinibus manutenebo et defendam, et generaliter jura omnia et singula alia quæ jurari sunt consueta, et de jure veniunt juranda per

Archiepiscopum Burdigalensem noviter intrantem; quæ omnia præmissa ita promitto. Sic me Deus adjuvet et hæc sancta Dei Evangelia.

Ego. N. Burdig. Archiep. juro me jura Archiepiscopatus Burdigalensis pro posse illæsa servare

APPENDICE AU CHAPITRE II

EN décrivant l'entrée des archevêques, Lopès ne dit rien de leur petit voyage sur la *Maison navale,* que les jurats, conformément à l'étiquette, envoyaient au devant d'eux, soit à Lormont, soit à Blaye.

Les chroniqueurs ont essayé de peindre les magnificences de ces maisons navales ou « bateaux tapissés » destinés aux princes, aux gouverneurs et aux archevêques.

L'un d'eux (voir *La Royale réception de Leurs Majestés en la ville de Bourdeaux, ou le siècle d'or ramené par les alliances de France et d'Espagne,* 1615, Simon Millanges, p. 21) s'exprime ainsi :

« Or, d'autant que sa Majesté devoit aboutir par eau, on commença par la maison navalle où la diligence et la sagesse des magistrats s'employa plus courageusement que la Minerve des Athéniens dans le poète Æschylus à la fabrique de ce vaisseau tant renommé des braves Argonautes.

» C'estoit un palais assés capable, accompagné de ses galeries, chambres et portiques, enrichy de velours au dedans, de peintures au dehors et d'emblesmes partout. On nous dict bien des merveilles de ces batteaux de Chine que les historiens appellent *Naves geniales,* illuminés de plaisantes enjoliveures, et vernissés de charan. Si le nostre cedoit à ceux de Messieurs les Mandarins en façon et beauté, je m'en rapporte : pour le moins est-il vray que jamais barque ne porta si belle charge que celle-cy. » (Suit la description minutieuse de la maison navale.)

La *Société Archéologique de Bordeaux* (t. V, 2e fasc.) contient une étude de M. Gaullieur sur les maisons navales et le « brigantin de la ville » qui les accompagnait aux jours de cérémonies.

Nos archevêques tenaient en général à recevoir les honneurs traditionnels de la maison navale. Les jurats ayant offert à Mgr Champion de Cicé le brigantin, au lieu du vaisseau de gala, pour son entrée dans la ville, l'archevêque, « tout en convenant avec eux que le brigantin était plus commode et plus sûr, fit ses réserves, et exigea des jurats une déclaration pour la conservation de ses droits et pour ceux de ses successeurs. » (Voir *Registre de la Jurade 1781*, cité par E. Gaullieur.)

VUE DE BORDEAUX d'après une gravure hollandaise publiée à Anvers en 1666.

Malgré nos recherches à Bordeaux et dans les musées de Paris, nous n'avons pu découvrir aucun dessin représentant la « maison navale ». Il ne reste du brigantin de la ville qui se voyait encore en 1825, que le sifflet du commandant; on le conserve dans une vitrine aux Archives municipales.

La relation qui suit, empruntée aux Archives départementales (Archevêché, G. 25), nous a paru donner un aperçu très pittoresque de la traversée en maison navale, et des incidents qui parfois en abrégeaient la durée :

RELATION de ce qui s'est passé à l'arrivée à Blaye, à l'entrée faite à Bordeaux par M. de Maniban, en qualité d'archevêque, et à la réception faite par Messieurs les Sous-Maire et Jurats gouverneurs de la même ville.

Le samedy sept octobre mil sept cent trente, étant entrés en jurade Messieurs de Galatheau, Daleau, Castaing et Fenis, jurats, il fut fait ouverture d'une lettre que M. de Maniban, archevêque de Bordeaux, écrivit de sa main, de Paris le 23 septembre 1730, à M. le Maire et Sous-Maire et Jurats par laquelle il leur donnoit avis qu'il ne pourroit se rendre à Blaye que le 15 où le 16e du mois de novembre. M. Daleau fut chargé de répondre à la lettre dudit seigneur archevêque, et de luy témoigner que son arrivée ne sauroit être aussy tôt que leur impatience et celle des concitoyens le pouvoient désirer, mais qu'il leur fût permis de luy représenter que le jour du 15 ou du 16 de novembre ne pouvoit être convenable, attendu que la marée seroit à quatre heures du matin pour partir de Blaye, et qu'il ne seroit pas peut-être agréable d'être sur l'eau, au mois de novembre, dans une maison navale, long-tems avant le jour, mais que la marée du 20 au 21 qui seroit à dix ou onze heures du matin, à partir de Blaye, seroit plus commode.

M. l'Archevêque fit réponse à Messieurs les Jurats en les remerciant de l'observation qu'ils avoient fait et qu'il tacheroit de se rendre à Blaye le 20 novembre pour partir pour Bordeaux le lendemain 21.

Le tems fut cruel pendant la semaine du 15 novembre, il y eut grand vent et pluie, ce qui donna lieu à délibérer que MM. Daleau et Dubergier, commissaires, partiroient pour Blaye avec M. Maignot, procureur sindic, et le sieur Daignot, commis du greffe de police, commis par le trésorier de la ville pour faire le voyage à sa place, et qu'ils profiteroient du premier jour de beau tems. Le dimanche 19 novembre, la marée s'étant trouvée belle, les commissaires, le procureur syndic et les officiers et autres personnes de leur suite se mirent dans la maison navale, et partirent du port de cette ville environ midi et demi, et arrivèrent à Blaye vers les six heures du soir.

M. l'Archevêque arriva à Blaye le lendemain 20 novembre, vers les trois heures après midi, et les commissaires ayant été informés de son arrivée, ils furent en chaise à porteur qu'ils avoient fait partir de Bordeaux (ainsy qu'il est d'usage en pareilles occasions), dans la maison du sieur Merlet, où logeoit le dit seigneur archevêque. M. Daleau luy fit le compliment auquel le dit sieur Archevêque répondit très gratieuzement et finit son remercîment en les assurant, qu'en prenant possession de sa personne, ils prendroient possession de son cœur; il vint les conduire jusqu'à la porte de la cour de la maison.

Un heure après qu'ils furent de retour dans la maizon du sieur Villiers, bourgeois de Blaye, qui est sur le port, et où Messieurs les Jurats-Commissaires ont accoutumé d'aller loger, ledit sieur Archevêque leur envoya son aumonier pour leur dire qu'il étoit mortifié de ne pas pouvoir passer la soirée avec eux, mais qu'il viendroit le lendemain les voir.

A quoi il fut répondu que Messieurs les Commissaires étoient très sensibles aux bontés que M. l'Archevêque avoit pour eux, mais qu'ils le prioient de ne pas sortir de son hostel parce qu'il y avoit du cérémonial à remplir de leur part, qu'ils se rendroient dans son hostel le lendemain 21e et qu'ils partiroient avec ledit sieur Archevêque pour s'embarquer dans sa maison navalle et pour partir pour Bordeaux, mais qu'ils prioient l'aumonier de les faire avertir quand ledit sieur Archevêque seroit visible.

Ce qui fut exécuté par l'aumonier, qui vint leur dire, le matin 21 novembre, que M. l'Archevêque les attendoit.

Les Commissaires s'étant rendus en chaise, ledit sieur Archevêque les reçut avec toute sorte de politesse.

Les quatre pilotes, à qui on avoit fait la leçon, vinrent dire à M. l'Archevêque que tout étoit prêt, et qu'ils n'attendoient que ses ordres pour partir.

Et ledit sieur Archevêque étant arrivé sur la pente qui conduit au port, il marcha jusqu'à la rivière. Messieurs les Jurats-Commissaires étant à sa droite et les Jurats de Blaye à sa gauche, conformément à l'arrêt du Conseil portant reglement, et estant parvenu près du pont, M. Daleau donna sa main à M. l'Archevêque et entra avec lui dans la maison navalle et le plaça sur un fauteuil de velours qui étoit sous un day, avec une table couverte de damas et sur laquelle il y avoit un carreau de velours, et au costé droit il y avoit trois fauteuils ou caquetoirs de damas et autant du costé gouche, qui estoient séparés par une balustrade de douze autres caquetoirs garnis de mouquette.

Après que M. l'Archevêque fut assis, les Commissaires-Jurats se placèrent sur les trois fauteuils qui étoient du costé gauche, les députés au nombre de six du Chapitre Saint-André et ceux de Saint-Seurin, qui, étoient du même nombre, étant entrés dans la maison navale, M. Daleau, représenta à M. l'Archevêque que c'étoit à luy à placer son clergé.

Ceux de Saint-André s'avancèrent, M. le Chantre se plaça le premier du côté droit sur un fauteuil de damas, ensuite Messieurs Calandrin et Villepreux sur les deux autres, Messieurs Grégoire d'Arche jeune et Dieureau, suivant leur matricule, se placèrent sur trois caquetoirs qui étoient au-delà de la balustrade.

Les députez de Saint-Seurin se récrièrent de ce qu'il ne restoit pour eux que des caquetoirs du costé droit et à gauche au-delà de la balustrade. M. Savaillan, qui étoit à la teste des députez, vint représenter à M. l'Archevêque que les Commissaires-Jurats occupoient leurs places du costé gauche, qu'elles leur appartenoient de droit, que quand ils se trouvoient avec le Chapitre de Saint-André ceux-ci tenoient la droite et eux la gauche, et qu'ils avoient des arrêts du Parlement qui l'avoient ainsy décidé, même à Sainte-Eulalie, et qu'enfin leur registre faisoit foy qu'ils avoient toujours la première place du costé gauche dans la maison navalle.

A quoi il fut répliqué par M. Daleau qu'il étoit bien vrai, que quand il étoit question de quelque procession générale, le Chapitre de Saint-André occupoit la droite et celui de Saint-Seurin la gauche, mais que cela ne pouvoit estre tiré à conséquence dans la maison navalle, que Messieurs les Jurats n'ont jamais seu ny conneu qu'il y ayt été rendu aucun arret la dessus et que leurs registres pourroient bien faire foy dans leur Chapitre, non dans la maison navalle, et que celui de l'Hotel de Ville parloit tout autrement, en ce qu'il y étoit fait mention que les Commissaires-Jurats se placoient au costé gauche de M. l'Archevêque et qu'enfin ils auroient bien de la peine à s'emparer de leur place.

Sur quoy M. l'Archevêque répondit qu'il voyoit bien que c'étoit des affaires de discution qui ne pouvoient estre de sa connaissance et qu'ainsy il ne pouvoit s'en rendre juge.

Après cette décision les députés de Saint-Seurin adjoutèrent que lors de l'entrée de M. de Besons la balustrade avoit été otée sur la demande. M. Daleau répondit que cela regardoit M. l'Archevêque, qui étoit le maître pour l'ordonner, ce qu'il fit, et les députez de Saint-Seurin se placèrent à droite et à gauche sur des caquetoirs de mouquette et les Commissaires-Jurats restèrent sur les trois fauteuils de damas du costé gauche.

Le brigantin de la ville, qui vogòit autour de la maison navalle, faisoit plaisir à M. l'Archevêque, ainsi qu'il le fit connoitre à Messíeurs les Commissaires-Jurats.

Quand on eut passé le Bec-d'Ambès et qu'on fut parvenu vis à vis de la maison de Madame de Robillard, qui avoit offert à Messieurs les Jurats sa maison pour y préparer le diner, le traiteur, qui aperçut la maison navalle, vint y accrocher avec un grand batteau, il servit le diner, à quatre services, qui fut exquis et on demeura à table jusqu'à vis à vis de Monsieur Gombeaud Lagrange, qui est dans le Montferrand.

M. l'Archevêque ayant demandé à boire, il dit à Messieurs les députés du Chapitre Saint-André et Saint-Seurin qu'il les invitoit à boire à la santé de Messieurs les Jurats, ce qui fut executé, et Messieurs les Commissaires-Jurats remercierent ledit Archevêque et Messieurs les députéz des deux Chapitres.

Dès qu'on fut parvenu au commencement des Chartrons, M. l'Archevêque se mit sur le pont de la maison navalle pour observer le port, et dit qu'on avoit raison de dire qu'il n'y avoit rien de si beau ni de situation plus heureuse que le port de Bordeaux.

Les vaisseaux qu'on avoit fait ranger sur la rivière, par ordre de Messieurs les Jurats, pour laisser un passage libre, firent double salut de leur canon; la maison navalle fut remorquée jusqu'à la manufacture et ensuite jusqu'au pont du Chapeau-Rouge; jamais entrée ne fut plus solennelle, tout y concourroit, un temps doux et le grand calme sur la rivière de Garonne, un nombre infiny de petits bateaux voltigèrent autour de la maison navalle. Depuis l'Ormon jusqu'à l'arrivée, une affluence de monde de tout état qui paroissoit sur le rivage, depuis la manufacture jusqu'au Chapeau-Rouge, en fesoit l'ornement, et le seigneur Archevêque ne put s'empêcher de déclarer plusieurs fois que tout cela étoit bien beau.

Enfin, la maison navalle ayant abordé le pont, M. Daleau donna la main à mondit sieur Archevêque et le conduisit à Messieurs les Sous-Maire et Jurats qui l'attendoient, auxquels M. l'Archevêque répondit très gratieuzement.

Ensuite M. l'Archevêque entre dans son carosse et M. de Ségur se place à son coté, sur le fond, et M. de Galatheau, premier jurat gentilhomme, sur le devant, et Messieurs les Jurats, Procureur Syndic et Clerc de ville entrèrent dans d'autres carosses qu'on avoit fait trouver sur le port et suivirent celui de M. l'Archevêque jusque dans son palais, où ils descendirent et prirent congé du dit sieur, sur la porte de fer, à cause que le dit sieur Archevêque avoit pris la salle en entrant du costé droit pour y recevoir ses visites, les appartements hauts n'étant pas encore meublés.

Le lendemain mercredi 22 novembre 1730, entrèrent dans la chambre du Conseil, Messieurs de Ségur, sous-maire, de Galatheau, Daleau, Darche, Senis et Dubergiers, jurats; Maignol, procureur sindic, et Duboscq, clerc de ville. Il fut question de savoir s'il étoit de l'ordre qu'on allat visiter M. l'Archevêque; on examina la chronique, on ne trouva aucun éclaircissement, on fit porter sur le bureau le registre de l'Hotel de Ville où on trouva, que, lors de l'entrée faite en cette ville, par feu Mgr de Bezon comme archevêque, les Jurats en corps furent le visiter, le lendemain de son arrivée, il fut délibéré qu'on en feroit de même pour M. de Maniban.

On partit de l'Hôtel de Ville en cheze, vers les onze heures, avec douze soldats et un chevalier du Guet, et Messieurs les Jurats étant arrivés à l'archevêché, ils lui firent une simple visite sans compliments, ledit sieur Archevêque les reçut très gratieusement.

Et comme il ne les accompagna que jusque sur la porte de la salle, Messieurs les Jurats, étant arrivés à l'Hôtel de Ville, mirent en délibération c'y Monseigneur l'Archevêque avoit manqué a remplir le cérémonial qui demandoit, qu'il les conduisit jusque sur la porte de fer qui est sur la cour.

Il fut délibéré que le cérémonial n'avoit pas eté remply par M. l'Archevêque. M. Daleau, jurat, et Maignol, procureur syndic, furent députés pour représenter, le lendemain jeudy 23 novembre, à M. l'Archevêque, que Messieurs les Jurats étoient persuadés que s'il avoit manqué à remplir le cérémonial de les conduire jusqu'à l'entrée de la cour, cela ne venoit que de ce qu'il n'en avoit pas été instruit, et d'abord ledit seigneur Archevêque répondit aux Députés ou Commissaires, que Messieurs les Jurats avaient eu raison de l'avoir pensé de même, et qu'il les prioit de charger leurs registres que le cérémonial avoit été entièrement remply et qu'il alloit leur donner une preuve entière en conduisant les Députez jusqu'à l'entrée de la cour.

Le Samedy 25 novembre, Mgr l'Archevêque envoya à l'Hôtel de Ville son aumônier pour inviter Messieurs les Jurats, qui étoient assemblés dans la chambre du Conseil, d'assister à la prestation du serment qu'il devoit faire le lendemain dimanche, 26 novembre, dans l'église cathédrale de Saint-André.

Messieurs les Jurats partirent de l'Hotel de Ville vers les neuf heures du matin, ledit jour dimanche, revêtus de leur robe de jurade, avec tout le cortège, et sortirent par la Porte-Neuve, et en marchant le long des Fossés ils furent aboutir à Porte-Basse, et de la ils se rendirent à Saint-André et entrèrent par la porte royalle, qui est vis à vis la chapelle de Notre-Dame, et ensuite par celle du chœur; ils furent se placer dans les formes du coté droit.

M. l'Archevêque étant arrivé bientôt après dans ladite église, après certaines cérémonies remplies, il prêta le serment dans les mains de M. le Doyen, et ayant été placé sur son trône, le Doyen-Chanoine et autres éclesiastiques, furent luy faire l'embrassade ou la colade.

L'aumonier de M. l'Archevêque, suivy d'un huissier porte-masse, vint inviter Messieurs les Jurats pour la même cérémonie, et, étant de retour à leurs places, l'aumônier et huissier porte-masse vindrent comme pour les remercier par une inclination de teste, après qu'oy, M. l'Archevêque dit une messe basse et en se retirant par le chœur, il salua Messieurs les Jurats.

Au mois de novembre 1730.

ESTAT de la dépense faitte par la ville à l'occasion de la reception de M. Maniban, archevêque de Bordeaux.

Scavoir :

1	Payé au sieur Couderc, pour le bois de la maison navalle...	888l 18
2	Payé à Arnaud Ardouit, pour le batteau qu'il a fourny pour y construire la maison navalle..............................	150 »
3	Payé à Pifon, vitrier..............................	160 »
	A reporter.........	1,198l 18

	Report........	1,198[1] 18
4	Au sieur Duclercq, peintre, pour les peintures de la maison navalle..	500 »
5	A Monsieur Rozier, pour les fournitures du damas, franges, gallon d'or et autres étoffes de soye qu'il a fournie pour garnir la maison navalle..............................	8,506 13
6	A Rey, menuisier, pour les clous fournis à la maison navalle; aux ponts, au charpentier de navire et au serrurier.	148 17
7	Au même, pour avoir construit en bois ce qui fermoit la maison navalle; garni la chalouppe de banquettes pour les ramener et fait les ponts à Blaye et à Bordeaux pour s'embarquer et débarquer................................	800 »
8	Au sieur Prunieres, marchand chapellier, pour les chapeaux bordés d'argent qu'il a fournis pour les archers du guet, pilottes et maitres de batteaux...................	646 10
9	A Lafage, traitteur, pour le repas donné à M. l'Archevêque sur l'eau, et pour ceux donnés à Messieurs les Jurats pendant leur séjour à Blaye............................	1,250 »
10	A Barbat, tapissier, pour la garniture de la maison navalle..	960 »
11	Au sieur Daignan, greffier, commissaire de police, commis par le trésorier pour plusieurs menues dépenses........	1,827 12
		15,836[1] 10

CHAPITRE III

Quelques graces Particulieres accordées aux Archevesques de Bourdeaux, par les Papes et les Roys.

Si les Archevesques de Bourdeaux reçoivent à leur entrée, ces honneurs de ceux pour la conduite desquels le S. Esprit les a establis : les Papes et les Roys ne les ont pas moins honorez par des graces particulieres qu'ils ont faites à leur Eminente Dignité. Le Pape qui leur en accorda le plus, fut Clement V.[1]. et c'est à celles là que je m'arresteray dans ce Chapitre. Il leur donna donc, ou plutôt leur confirma le pouvoir d'appeller à leurs Conciles Provinciaux, leurs Suffragants, les Chapitres et Abbez qui seroient dans les Diocezes de leurs Suffragants, qui ne pourroient se dispenser d'y venir en personne, sans un empeschement legitime. Il voulut qu'ils peussent donnér la Tonsure et les Ordres Mineurs dans toute l'estenduë de leur Province, mesme hors du temps de leur visite, à toutes les personnes de la Province capables, qui les leur demanderoient : et

1. Des cinq bulles de Clément V alléguées dans ce chapitre, la première est datée de Lyon, la deuxième et la troisième de Pessac, près Bordeaux, la quatrième et la cinquième de Villandraut.

« Le pape Clément V, dit Baurein (*op. cit.*, t. II, p. 284), possédoit un manoir dans Pessac où il faisoit quelque résidence; aussi trouve-t-on des bulles datées *apud Pessacum propè Burdegalam*... Ce pape disposa de ce manoir en faveur d'Arnaud de Canteloup, archevêque de Bordeaux, et de ses successeurs dans ce siège, par une bulle datée du douzième des calendes de décembre, l'an quatrième de son pontificat. Cette disposition comprenoit non seulement ce manoir de Pessac, mais encore les bois et les vignes

quand ils fairoient visite, tous les Ordres Majeurs, au temps des ordinations arresté par le Droit : comme aussi qu'ils peussent consacrer les Eglises, benir les Autels, les Cemetieres, les Calices, les vestemens Sacerdotaux, et tous les autres paremens Ecclesiastiques, sans demander ny attendre pour ce sujet le consentement de leurs Suffragans. J'en raporteray la Bulle, comme les Bulles des concessions suivantes à la fin de ce Chapitre.

II. Il ordonna encores, que l'Archevesque de Bourdeaux passant par les Diocezes de ses suffragans, eux, leurs subjets, exempts et non exempts le receussent processionnellement et au son des cloches, lors qu'il y passeroit en visite : et hors du temps de la visite, seulement au son des cloches, ce qui s'observeroit pareillement, dans tout son Dioceze, avec des peines decernées contre les contrevenans : et pour sa premiere entrée, tant dans son Dioceze que dans le reste de sa Province, il confirma ce qui s'estoit desja pratiqué, qu'il seroit reçeu avec les mesmes honneurs qu'on luy rendroit quand il fairoit sa visite, c'est à dire processionnellement, et au carillon des cloches. Il voulut mesme

qui en dépendoient... Les archevêques de Bordeaux ont joui et jouissent encore à présent (Baurein écrivait avant la Révolution) de la vigne qui est dans cette paroisse, qui produit de très bon vin, connu sous la dénomination du *Pape Clément*... On disoit anciennement dans Bordeaux aux personnes mariées, que si elles passoient une année entière sans se repentir de leur mariage et sans avoir eu entr'elles des discussions, elles gagneroient la vigne du pape Clément ; il faut sans doute que personne ne l'ait gagnée, puisque cette vigne a toujours été et est encore au pouvoir des archevêques de Bordeaux. »

On lit dans le même auteur (*op. cit.*, t. III, p. 248) :

« Le lieu de Villandraut appartenoit anciennement aux parents du pape Clément V, qui, comme tout le monde sait, étoit issu de la *maison de Gout*; aussi ne faut-il pas être surpris si on trouve des bulles de ce pape datées de ce lieu, qui y est dit placé dans le diocèse de Bordeaux. *Datum apud Vignandraldum, diœcesis Burdigalensis...* »

regler et prescrire la forme du serement, qu'estoient obligez de luy rendre ses suffragans, qui luy est certainement fort honorable, et qui luy fut rendu en la personne d'Arnaud de Canteloup Archevesque, par Pierre Evesque de Luçon, et Fort Evesque de Poitiers[1], qui se trouve avec d'autres semblables dans les Archives de l'Archevesché.

III. Une autre grace considerable, fut le pouvoir d'unir et diviser les Eglises, les Dignitez, et les Personats du Dioceze de Bourdeaux, lors qu'il le jugeroit a propos, mesmes sans le consentement du Chapitre[2], duquel pouvoir il joüit. Et pour luy donner le moyen de reconnoitre les personnes dont il seroit obligé de se servir dans ses importants emplois; il luy accorda la collation entiere de trois Chanoinies vacantes dans la Metropolitaine, de deux, dans la Collegiale de S. Seurin, aujourd'hüy il confere toutes les Chanoinies de cette derniere Eglise alternativement avec le Chapitre de la mesme Eglise. Il luy accorda pareillement la collation d'une Chanoinie dans toutes les autres Eglises Cathedrales ou Collegiales de la Province, et de cinq Benefices Curés dans la Ville ou Dioceze d'Agen : à Perigueux, sept : à Angoulesme, trois : à Saintes, huict : à Poitiers, douze Curés et non Curés : mais cela, une fois seulement en leur vie.

IV. Pour les concessions des Roys, je n'en rapporte que

1. La bulle qui prescrit le serment aux évêques de Poitiers et de Luçon se conserve aux Archives départementales. La *Société des Archives historiques de la Gironde* a publié ce précieux manuscrit (Voir t. X, p. 375.)

2. Au XVIIIe siècle le Chapitre essaya de revendiquer le droit d'être consulté par l'Archevêque dans les cas d'union ou de division des bénéfices. En 1768, l'archevêque « ayant négligé de requérir son consentement à la division de la cure de Saint-Pierre-de-Quinsac, d'Ambarès », le Chapitre protesta devant le Conseil du Roy. Ce Conseil condamna ledit Chapitre, et parmi les raisons qu'il allègue contre lui, se trouve justement le passage de Lopès qui a motivé cette note. (Voir *Archiv. départ., Archevêché,* G. 235.)

deux, l'une du Roy Henry II. qui par un Edit du 20. Fevrier l'an 1554. declara les Archevesques de Bourdeaux, Conseillers nais en sa Cour de Parlement de Guyenne, pour y avoir seance, voix deliberative, et droict de rapporter[1] : nous en parlerons en leur vie. L'autre est plus ancienne du Roy Louis le Jeune, l'an 1137. en faveur de ces Archevesques et de leurs suffragans, qui exempta leurs Diocezes du droit de Regale, voulut que les biens de leurs predecesseurs apres la mort, fussent conservez pour leur usage, et garda aux Chapitres Cathédraux, et aux Abbayes, la liberté entiere d'élire leurs Evesques et Abbés. Les Lettres

1. Voici le texte des délibérations appliquant l'édit du roi Henri II au cardinal de Sourdis :

« *Du vendredy, tiers de mars 1600.*

» Ce jourd'huy la Cour avertie de la prochaine arrivée de Messire » François de Sourdis, cardinal archevesque de Bourdeaux, a » arresté et délibéré qu'attendu sa qualité de cardinal, sera député » vers luy de la part de ladite Cour pour le saluer lorsqu'il sera » arrivé en son archevesché de cette dite ville, ainsi qu'il a esté cy » devant faict au sieur cardinal de Joyeuse et autres de semblable » degré et qualité, et neantmoins que venant ledit sieur cardinal de » Sourdis en ladite Cour, il jouira des mesmes droits que ses prédé» cesseurs archevesques, et ce faisant, qu'en suivant les *lettres* » *patentes du roy Henri second d'heureuse mémoire, registrées en* » *laditte Cour, octroyées à feu Messire François de Mauny, quand* » *il vivoit archevesque de Bourdeaux ; par lesquelles tant luy que* » *ses successeurs archevesques sont creés Conseillers clercs de* » *laditte Cour,* ledit sieur cardinal de Sourdis sera reçu Conseiller » clerc en laditte Cour en présentant requeste, laquelle sera déli» bérée les Chambres assemblées ; et ce faict, prestera ledit cardinal » archevesque le serment dudit office de clerc, la main mise sur la » poitrine, estant près du siège où les archevesques ont accoustumé » seoir ; néantmoins ledit sieur cardinal sera adverti, entrant en » ladite cour de venir en la mesme forme que les cardinaux ont » accoustumé au Parlement de Paris, ne faisant porter leur queue » en la grande salle de l'audiance, ni en la chambre du Conseil. » Bien pourra ycelui sieur cardinal faire porter sa croix jusqu'à » l'entrée de laditte grande salle de l'audience, vis à vis des huissiers » de laditte Cour. » *(Archiv. départ. — Archev.)*

de cette concession Royale n'ayant pas esté rapportées en leur entier par Chopin, de Scte. Marthe, et autres; je les mettray icy tout au long, ainsi qu'elles se trouvent en original dedans nos Archives : comme aussi les confirmations des Papes Lucius II. et Anastase IV. avec les Patentes du Roy Charles VII. qui les confirma pareillement estant à S. Jean d'Angely, le 23. Juin l'an 1451. Voila quelques graces particulieres accordées aux Archevesques de Bourdeaux. Nous en parlerons mieux, et de leur merite, et de leur dignité au Chapitre suivant, où nous escrirons la vie de tous ceux, que nous pouvons connoistre avoir tenu le Siege jusqu'a present.

I. Clemens etc. Dilecto filio Arnaldo, electo Burdigalensi, ejusque successoribus, qui pro tempore fuerint etc. Inter alia jura quæ ad Ecclesiam ipsam [*Burdigalensem*] de antiqua approbata prescripta ac à tanto tempore hactenus pacificè observata consuetudine, quod ejus memoria non existit, novimus pertinere, hæc præcipue fore noscuntur, videlicet quod Archiep. Burdig. qui est pro tempore, Suffraganeos suos et Capitula tam Cathedralium quam aliarum Ecclesiarum, nec non Abbates et Priores Monasteriorum et Prioratuum Conventualium eorumq., conventus in provincia Burdig. consistentium non exemptorum et alias magnæ authoritatis personas Ecclesiasticas potest, de premissa consuetudine, ad sua provincialia concilia evocare, ac animadvertere in eosdem, si legitimo impedimento cessante, iidem Suffraganei, Abbates et Priores personaliter, Capitula vero et Conventus, per procuratores idoneos ad eadem Concilia non accesserint evocati, vel inde recesserint absque licentia dicti Archiepiscopi, priusquam dicta Concilia fuerint dissoluta. Potest præterea dictus Archiepiscopus visitando in Provincia Burdigalensi quibuscumque personis excommunicatis à Canone, in illis casibus, in quibus absolvendi potestas est Episcopis concessa, et etiam minime visitando, ab excommunicationum, suspensionum, et interdicti sententiis à quibuscumque constitutionibus provincialibus dictæ provinciæ promulgatis, absolutionis et relaxationis beneficium impertiri. Potest quoque idem Archiep. per se et Officiales et quoscumque commissarios seu delegatos suos, de injustis excommunicationum, suspensionum et interdicti sententiis ab ejusdem suffraganeis, eorumque officialibus etc, sive ex officio, sive ad partis instantiam promulgatis. Per simplicem querelam cognoscere, et super eisdem sententiis, nisi velint eorum prolatoribus in hac parte deferre, absolutionis et relaxationis beneficium exhibere. Præfatus insuper Archiepiscopus in quolibet loco dictarum civitatis et diæcesis, potest quibuscumque personis dictæ Provinciæ et existens in quacumque civitate vel Diœcesi dictæ provinciæ, quibuscumque personis illius provinciæ ad hoc idoneis, etiam non visitando, clericales conferre, tonsuras, et eos ad omnes ordines minores promovere, et dum officium visitationis impendit, in quolibet honesto loco dictæ provinciæ, statutis ad hoc à jure temporibus, majores ordines generaliter impertiri, consecrare Ecclesias, et altaria benedicere, Cœmeteria, calices, pallas altaris, vestimenta sacerdotalia et alia Ecclesiastica ornamenta, alicujus suffraganeorum prædictorum assensu minime requisito etc. Præmissa omnia et singula ad præfatos Archiepiscopum et Ecclesiam Burdigalensem de præmissa consuetudine pertinere decernimus, ac etiam declaramus et declarando statuimus, et tibi ac successoribus tuis Burdig. Archiepiscopis concedimus, de Apostolicæ plenitudine potestatis etc. Datum Lugduni VI. Kal. Dec. Pontif. nostri an. 1°. *Ex Tabul. Eccles. Burdig.*

II. Clemens etc. Arnaldo Archiep. Burdig. etc. volentes quod tui suffraganei, nec non tui et eorumdem suffraganeorum subditi, te ac successores tuos Archiepiscopos Burdig. qui pro tempore fuerint, debitis honoribus prosequantur, Apostolica authoritate statuimus, ut quoties te vel aliquem de successoribus tuis prædictis per Civitatem, Diœcesim et Provinciam tuas, illas visitando transire contigerit, dicti suffraganei, et alii tui et tuorum suffraganeorum subditi, nec non exempti, etiam qui procurationes aliquas tibi et eisdem successoribus, quamvis eos non visitetis, exhibere tenentur de consuetudine vel de jure per quos transiveritis processionaliter et cum pulsatione Campanarum. Cum vero alias non visitando transitum inde feceritis, præfati suffraganei ac tui et eorum subditi non exempti cum pulsatione Campanarum, non tamen processionaliter vos recipere teneantur, quodque in illos qui secus egerint, tu et successores tui prædicti in dictis Civitate, Diœcesi, et provincia animadvertere valeatis etc. Datum apud Pessacum prope Burdigalam VIII. Kal. Mart. Pontif. nostri an. 2°. *ex eod. Tabul.*

Clemens etc. Statuimus, ut quoties aliquem de dictis Archiepiscopis [*Burdigalensibus*] per civitatem, diæcesim, ac provinciam Burdigalensem in primo suo adventu transire contigerit, dicti suffraganei, ac sui et eorum subditi ac etiam exempti dictarum Civitatis, diæc. ac Provinciæ per quos transiverit etiam non visitando ipsum cum pulsatione Campanarum ac processionaliter recipere teneantur, quia cum olim ante suscepti à nobis Apostolatus officium dictæ Burdigalensis Ecclesiæ regimini præeramus, invenimus sic per ipsos fuisse hactenus de consuetudine observatum, etc. Datum apud Pessacum prope Burdigalam VIII. Kal. Mart. Pontif. nostri an. 2°. *ibidem.*

Ego. N. Episcopus. N. ab hac hora ut antea fidelis ero et obediens Beato Andreæ Burdigalensi et Domino meo. N. Archiepiscopo Burdigalensi et successoribus suis Canonice intrantibus. Non ero in Consilio aut consensu vel facto ut vitam perdant aut membrum, vel capiantur mala captione. Consilium vero quod mihi per se aut literas vel nuntium manifestabunt, ad eorum damnum scienter nemini pandam. Archiepiscopatum Burdig. et regalia Beati Andreæ adjutor ero ad retinendum et defendendum salvo meo ordine. Legatum Burdigalensis Ecclesiæ et nuntium quem certum esse cognovero, in eundo et redeundo honorificè tractabo, et in suis necessitatibus adjuvabo. Vocatus ad Concilium, veniam, nisi præpeditus fuero Canonica præpeditione. Burdigalensem Ecclesiam singulis annis visitabo, aut per me aut per certum nuntium, nisi de ipsius absolvar licentia. Sic me Deus etc. *Juxta Bullam Clementis V, apud Vignandraldum. XII. Kal. Dec. Pontif. an. 4. ex Tabul. Archiepiscop. Burdigalens.*

III. Clemens Episcopus, servus servorum Dei Venerabili Fratri Arnaldo Archiepiscopo Burdigalensi salutem et Apostolicam Benedictionem. Meritis tuæ devotionis inducimur, ut personam tuam præcipua benevolentia prosequentes petitionibus tuis quantum digne possumus et favorabiliter annuamus.

Hinc est quod nos tuis devotis supplicationibus inclinati, tibi et successoribus tuis Archiepiscopis Burdigalensibus, qui erunt pro tempore successores, Authoritate præsentium indulgemus, ut tu ac iidem successores, præter consensum tui Capituli, Ecclesias, Dignitates et Personatus Ecclesiæ et Diœcesis Burdigalensis unire et dividere prout eorum utilitate pensata expedire videritis, Nonobstantibus quibuscumque constitutionibus super his in contrarium editis ac statutis et consuetudinibus prædictæ Burdigal. Ecclesiæ, nec non et quibuscumque privilegiis Capitulo prædicto concessis, liberè valeatis. Præsertim cum de longa consuetudine sic fuisse audivimus observatum, et nos etiam observaverimus, tempore quo ipsius Ecclesiæ regimini præeramus. Nulli ergo hominum liceat hanc paginam nostræ concessionis infringere vel ei ausu temerario contraire. Siquis autem hoc attentare præsumpserit, indignationem omnipotentis Dei, et Beatorum Petri et Pauli Apostolorum ejus se noverit incursurum. Datum apud Vignandraldum Burdigal. Diœcesis XII. Kal Decemb. Pontif. nostri anno quarto. *ex Tabular. Eccles. Burdig.*

Cum iidem Prælati [*Burdigalenses*] propter diversorum negotiorum occupationes multiplices, quæ pro tempore incumbunt, diversis ministris indigeant, ipsique prælati adeo pauca beneficia conferenda habere noscantur, quod ministris iisdem in retributionem non possunt assurgere meritorum, nos volentes dictis prælatis in hac parte de opportuno remedio providere, et eos illa gratia honorare, per quam se reddere valeant aliis gratiosos, authoritate Apostolica statuimus, etc. Datum Pictav. Kal. Jul. Pontif. nostri. An. tertio. *Ex eodem.*

IV. In nomine sanctæ et individuæ Trinitatis. Amen. Ego Ludovicus Junior, Magni Ludovici filius, Dei gratia Rex Francorum, Dux Aquitanorum, tibi dilecte in Domino Gaufride Burdigalensis Archiepiscope, cum suffraganeis Episcopis Raimundo Agennensi, Lamberto Engolismensi, Willermo Xantonensi, Willermo Pictaviensi, Willermo Petragoricensi, nec non Abbatibus Burdigalensis Provinciæ vestrisq. successoribus in perpetuum. Regiæ Majestatis est, Ecclesiarum quieti pia sollicitudine providere, et ex officio susceptæ à Domino potestatis eorum libertatem tueri, et ab hostium seu malignantium incursibus defensare. Sic nimirum Regalis apicem dignitatis, nos à Domino, à quo omnis potestas est, consecutos esse constabit, si juxta Evangelicam institutionem et Apostolicæ Doctrinæ traditionem in sanctæ Dei Ecclesiæ ministerium accincti, pro ejusdem contuenda libertate, qua Christus eam liberavit, et pacis quiete, operam damus. Eapropter petitionibus vestris, communicato prius Episcoporum, Abbatum, et Procerum nostrorum consilio, duximus annuendum, et in Sede Burdigalensi, et in prænominatis Episcopalibus Sedibus, Abbatiis ejusdem Provinciæ, quæ, defuncto illustri Aquitanorum Duce et Comite Pictavis Villelmo, per filiam ipsius Alienordam nobis sorte matrimonii cedit, in Episcoporum et Abbatum suorum electionibus, Canonicam omnino concedimus libertatem, absque hominum, juramenti, seu fidei per manum datæ obligatione. Porro decedentis Archiepiscopi et suffraganeorum ipsius Episcoporum sive Abbatum decedentium res universas, successorum usibus, Regia authoritate servari volumus et concedendo præcipimus illæsas. Hoc quoque adjicientes, ut omnes Ecclesiæ infra denominatam Provinciam constitutæ, prædia, possessiones et universa ad ipsos jure pertinentia, secundum Privilegia et Justitias, et bonas consuetudines suas habeant et possideant illibata. Quin imo Ecclesiis ipsis Universis, et earum ministris cum possessionibus suis, Canonicam in omnibus concedimus libertatem. Quod ut stabilitatis obtineat munimentum, scripto commendari et sigilli nostri authoritate et nominis nostri charactere corrobari præcipimus. Actum Burdegalæ in Palatio nostro publicè. Anno Incarnati Verbi millesimo centesimo, trigesimo septimo. Regni nostri IV. in præsentia Gaufridi venerabilis Carnotensis Episcopi Apostolicæ Sedis Legati, Alverici Bituricensis Archiepiscopi, Hugonis Turonensis Archiepiscopi, Gaufridi Burdigalensis Archiepiscopi, Heliæ Aurelianensis Episcopi, Raimundi Agennensis Episcopi, Lamberti Engolismensis et Willermi Santonensis Episcopi, Sugerii Abbatis S[cti] Dionisii, astantibus in Palatio nostro, quorum nomina subtitulata sunt et signa §. Radulphi Viromanduorum Comitis et Dapiferi nostri. §. Willermi Buticlarii. §. Hugonis Camerarii. § Hugonis Constabularii. Data per manum Algrini Cancellarii.

Lucius Episcopus servus servorum Dei, venerabilibus fratribus Gaufredo Archiepiscopo, Episcopis et Abbatibus per Burdegal. Provinciam constitutis tàm præsentibus quam futuris Canonicè substituendis in P. R. M. Privilegia quæ intuitu libertatis Sacrosanctis Ecclesiis à Rom. Pontificibus vel Catholicis Regibus conferuntur, nulla debent temeritate convelli, nulla temporum varietate turbari. Quemadmodum enim Catholica Mater Ecclesia in spiritualibus, sine macula et ruga multimoda virtutum fragrantia et nitore clarescit, ita et in temporalibus, nulli servituti, nulli mundanæ conditioni eam convenit subjacere. Quæ cum ita sint, libertatem ab illustribus viris Ludovico Patre, egregiæ recordationis, et filio ejus Ludovico Francorum Regibus Ecclesiis Burdig. Provinciæ collatam, eorumque privilegiis roboratam, nostri favoris assertione firmamus, et ratam atque inconcussam futuris temporibus observari præcipimus. Ut videlicet tam in Burdig. sede, quam in aliis Episcopalibus Ecclesiis vel Abbatiis ejusdem Provinciæ in Episcoporum electionibus vel Abbatum habeatis canonicam libertatem absque hominii, juramenti, seu etiam fidei per manus datæ obligatione. Porro quod à prædecessoribus nostris in generalibus est statutum Conciliis, res et bona universa Burdig. Archiepiscopi et suffraganeorum Episcoporum vel Abbatum decedentium, successorum usibus illibata servari pariter et inconcussa, Apostolica authoritate decernimus. Adjicientes etiam ut omnes Ecclesiæ infra supradictam Provinciam constitutæ, prædia, possessiones et universa ad ipsas jure pertinentia secundum privilegia, justitias et bonas consuetudines suas, integra et inconcussa possideant, atque, ut dictum est, in omnibus Ecclesiis earumque ministris et possessionibus vestris, Canonicam habeatis in omnibus libertatem. Nulli ergo hominum fas sit vel Ecclesias vestras super hac nostra institutione temere perturbare, aut aliquam vobis exinde contrarietatem inferre. Si quis autem huic nostræ constitutioni, ausu temerario contraire tentaverit, si non reatum congrue emendaverit, potestatis honorisque sui dignitate careat et omnipotentis Dei et B. Apostolorum Petri et Pauli indignationem incurrat, et excommunicationi subjaceat, conservantes vero, eorumdem Apostolorum benedictionem et gratiam consequantur. Amen, Amen. Ego Lucius Catholicæ Ecclesiæ Episcopus. Ego Conradus Sabinensis Episc. Ego Theodeuvinus Sanctæ Rufinæ Episcopus. Ego Albericus Hostiensis Episcopus. Ego Gregorius Presbyter Cardinal. Calisti. Ego Thomas Presbyter Card. tt. Vestinæ. Ego Gillebertus Presbyter Card. Sancti Marci. Ego Nicolaus Presbyter Card. Sancti Cyriaci. Ego Gregorius Diac. Card. Sanctorum Sergii et Bacchi. Ego Guido Diaconus Cardin. Ss. Cosmæ et Damiani. Ego Gregorius Diaconus Cardinalis Sancti Angeli. Dat. Lat. per manus Baronis Capellani et Scriptoris XII. Kal. April Indict. VII Incarn. Dominicæ anno M. C. XLIII. Pontif. vero Domini Lucii secundi PP. anno primo, *Bulla est cum Plumbo, signum Papæ*. Ostende nobis Domine misericordiam tuam.

Anastasius etc. Gaufrido Burdigalensi etc. Quoties aliqua Ecclesiarum conditionibus secularium virorum per Catholicorum Principum provisionem eximitur, grata et conceditur libertate potiri, sacrosanctæ Romanæ Ecclesiæ, universorum Christi Fidelium Matri, providendum imminet, attentius et agendum, quatenus quod ad honorem Dei et salutem Ecclesiæ suæ factum esse dignoscitur, taliter authoritate Apostolica roboretur, ut non debeat Ecclesia Dei, quæ libertati reddita videbatur, per aliquorum malitiam recidivis denuo conditionibus aggravari. Quemadmodum enim et nos prædecessorum nostrorum felicis memoriæ Innocentii videlicet Lucii et Eugenii Rom. Pontificum vestigiis inhærentes, nostri roboris assertione firmamus, et ratam et inconvulsam futuris temporibus observari præcipimus, ut videlicet etc. *eodem tenore cum Bulla Lucii II.* Ego

Anastasius Catholicæ Ecclesiæ Episcopus. Ego Imarus Tuscul. Episcopus. Ego[a] Centius Portuensis et Sanctæ Rufinæ Episcopus. Ego Presbyter Cardinalis S. Calixti. Ego Ubaldus Presbyter Card. tt. Sanctæ Praxedis. Ego Manfredus Presbyter Cardin. tt. Sanctæ Sabinæ. Ego Aribertus Presbyter Card. tt. Sanctæ Anastasiæ. Ego Julius Presbyter Card. tt. Sancti Marcelli. Ego Rodulphus Diac. Card. Sanctæ Luciæ. Ego Guido Diac. Card. Sanctæ Mariæ in porticu. Ego Oddo Diac. Cardin. Sancti Nicolai in carcere Tulliano. Dat. Lat. per manum Rollandi Sanctæ Rom. Eccles. Presbyter Cardin. Cancell. XII. Kal. Maii. Indict. II. Incarn. Dom. anno M. C. LIV. Pontif. vero Domini Anastasii IIII. Papæ anno primo. *Bulla cum Plumbo, Signum PP.* Custodi me Domine ut pupillam oculi.

Carolus Dei gratia Rex Francorum ad perpetuam rei memoriam Regiæ Majestatis ea præstantior est sollicitudo, ut Ecclesiasticis personis libertates et privilegia quibus eas nostri dotaverunt prædecessores consolidemus, ut nostro fulti subsidio, divinis attentius insistant. Sane literas, pro parte sincera dilectorum nostrorum Decani et Capituli Ecclesiæ Villæ et Civitatis nostræ Burdigalensis nobis porrectas, suscepimus hoc tenore. In nomine etc. *Sequitur tenor litterarum Regis Ludovici Junioris supra.* Quas quidem literas superius insertas eas ratas et gratas habentes volumus, laudamus, approbamus et ratificamus de nostra speciali gratia, potestatisque plenitudine et Regia authoritate, inquantum præfati Decanus et Capitulum rite et debitè usi fuerunt, confirmamus per præsentes. Mandantes dilectis et fidelibus nostris Senescallo nostro Aquitaniæ, Majorique et Constabulario dictæ, Villæ Civitatis nostræ Burdigal. cæterisque Justitiariis et Officiariis nostris aut eorum Loca tenentibus præsentibus et futuris, et eorum cuilibet prout ad eum pertinuerit, quatenus omnia et singula superius inserta teneant, custodiant, et adimpleant, tenerique et custodiri de puncto in punctum, adimpleri et inviolabiliter faciant observari. Factaque in contrarium si quæ sint ad statum pristinum et debitum reducendo et reduci faciendo indilatè, visis præsentibus, Nostro in aliis et alieno jure semper salvo. Quod ut firmum et stabile permaneat in futurum, præsentibus literis nostrum fecimus apponi sigillum. Datum apud sanctum Joannem Angeliacensem die XXIII. mensis Junii anno Domini millesimo quadringentesimo quinquagesimo primo. Regni vero nostri vigesimo nono. Per Regem in suo Concilio. *Habentur hæc omnia instrumenta in Archiv. Eccles. Burdig.*

a Gregorius.

L'HISTOIRE DES ARCHEVESQUES DE BOURDEAUX

CHAPITRE IV

Comme nous ne doubtons point que saint Martial n'ait presché la Foy à Bourdeaux[1], ainsi qu'il la prescha à Limoges, à Thoulouze, à Cahors, et dans les autres Villes de l'Aquitaine, dont il est justement appellé l'Apostre; aussi il ne faut point douter, qu'il n'establit dans Bourdeaux un Evesque, comme dans

1. Lopès réitère l'affirmation de l'apostolat de saint Martial à Bordeaux. (V. t. I, p. 109-110, texte et notes.) — Consulter à cet égard, outre la *Vie de saint Martial,* par le P. Bonaventure (2 vol. in-f°): — Les grands et les petits Bollandistes (30 juin); — Surius; — Yvo Clun; —Labbe, t. II, p. 297; — Baluze, *Hist. Tutel.* append. col. 386; — Manuscrit du séminaire d'Auch; — Petrus Venerab.; — *Breviar: Agin.*; — Arbellot, *Dissertation sur l'apostolat de saint Martial et sur l'antiquité des Églises de France,* Paris et Limoges, 1855; — *L'Apôtre saint Martial,* par D. Aurélien; — *Les Églises du monde romain, notamment celles des Gaules, pendant les trois premiers siècles,* par Dom F. Chamard, et un écrit plus récent du même auteur intitulé: *Les Origines chrétiennes de la Gaule,* Paris,

une ville si celebre de son temps, et une des premieres villes de cette grande Province[1]. Nous en conserverions le nom, et le nom de tous ses Successeurs, si on eut peu conserver ces sacrés cahiers[a], où l'on écrivoit les noms des Evesques decedez dans la Communion de l'Eglise Catholique, que l'on recitoit au saint Sacrifice de la Messe[2]. Mais

a Sacra diptycha.

1881; — Cirot, *Histoire et descript. de l'église Saint-Seurin de Bordeaux*, ch. I; — G. Lombardelli, dominicain italien, *Vita del gloriosissimo san Marziale*; — *Les Chroniques de saint Martial de Limoges*, publiées d'après les manuscrits originaux pour la Société de l'Histoire de France, par H. Duplès-Agier, Paris, 1874; — et enfin une légende manuscrite de saint Martial, d'après un manuscrit de la Bibliothèque de Bordeaux; ce manuscrit, du XIVe siècle, renferme la célèbre *Légende dorée* de Jacques de Voragine, archevêque de Gênes, mort en 1298; il paraît avoir été copié dans un monastère du pays bordelais, peut-être chez les Bénédictins de Sainte-Croix, qui s'appliquaient à la transcription des livres, suivant la règle de leur Ordre.

La vie de saint Martial ne se trouve point dans le texte primitif de la *Légende dorée*; mais elle y fut ajoutée dans le manuscrit de Bordeaux (f°s 120 et 121).

1. S. Martialis Lemovicensium, Cadurcorum et Tolosatium apostolus. (Paléonyde, *Antiquit. Eremit. Mont. Carmeli*, lib. II, cap. 2.) « Sur la principale porte de Saint-Sernin de Toulouse, de trois évêques, l'un est saint Martial. On lit au-dessous : *S. Martialis.* » (Catel, *Hist. du Langued.*, p. 816, cité par Cirot, p. 4, note.)

2. Il s'agit ici des diptyques. Les diptyques (du grec δις, *deux fois*, et πτυσσω, *je plie*) désignaient en général tous les objets qui se plient en deux. Comme nos livres et registres actuels, les diptyques étaient les uns formés de simples membranes de papyrus, les autres ornés d'une couverture de bois, d'ardoise, d'ivoire, d'or ou d'argent.

Les diptyques chrétiens renfermaient le catalogue des personnages appartenant ou ayant appartenu, pendant la vie, à telle ou telle église. Les évêques y occupaient le premier rang. Le temps a respecté certains diptyques, ceux d'Amiens, de Trèves, d'Arles, etc. Inutile de remarquer qu'ils sont loin de remonter aux siècles les plus reculés de l'antiquité chrétienne. Ce n'est qu'à l'aide des traditions recueillies plus tard, dans leurs annales respectives, que les Églises de France ont pu retrouver les noms de leurs premiers évêques.

la Ville de Bourdeaux, et l'Eglise avec la Ville, ont esté trop souvent exposées à la fureur des ennemis de la Foy pour les avoir peu conserver. Les Gots, les Sarrazins, les Normands qui s'en rendirent les maistres en divers temps, n'y espargnerent, ny le sacré, ny le prophane. Ce qui eschapoit à leurs mains, estoit la proye des flammes qu'ils faisoient suyvre à leurs pilleries : et c'est de là que provien-dront les grands vuides, qui se rencontreront dans la suitte de nos Archevesques, ne nous estant resté aucun vestige de ceux qui ont possedé cette dignité durant le cours de plusieurs années. Nous pouvons encore ajouter à la deso-lation de ces Infideles, la sortie forcée des Anglois hors de cette Province, où ils avoient dominé l'espace de trois cens ans, et qui estans contraints de l'abandonner, emporterent avec eux jusques aux Reliquaires des Eglises, comme les Estats de Bourdelois le remontrerent au Roy Charles VII. ainsi qu'il paroist de la seconde convention passée avec eux à Montils-les-Tours le 31. jour d'Avril l'an 1453. dont voicy la clause : « *Et depuis ayant lesdits gens d'Eglise,* » *Nobles, Bourgeois, Marchands, et Habitans de nostre-* » *dite Cité de Bourdeaux, envoyé par devant nous; et* » *nous ayant fait remontrer les grandes oppressions qui* » *leur ont esté faites par lesdits Anglois durant le temps* » *qu'ils occupoient dernierement icelle nostre dite Ville,* » *tant és Eglises où ils prirent les Reliquaires, et autres* » *biens, et pareillement és Hostels des Habitans qu'ils* » *envoyerent en Angleterre, montans à grande valeur*[1]. » Ils emporterent avec les biens ce qu'ils peurent enlever des

1. A la dernière *Exposition universelle* de Londres, nous avons eu la douleur de voir, dans le pavillon de l'art ancien, une quantité prodigieuse de vases sacrés provenant des églises catholiques, et tombés, depuis la confiscation qui suivit la Réforme, aux mains des lords et des bourgeois opulents. Un grand nombre de ces œuvres d'art sont dans le style du moyen âge, et datent réellement de l'époque; il serait curieux de dresser l'inventaire des ciboires, des

plus anciens, et plus beaux Tiltres[1] de l'Eglise, et de a Ville, ce qui nous oste la connoissance de la plus part des choses qui se sont passées depuis le ravage des Normands jusqu'à l'expulsion des Anglois. J'ai tasché neantmoins de dresser cét Histoire Chronologique, le plus exactement qu'il m'a été possible, tant sur les Histoires et Chroniques imprimées, que sur les manuscrits, et Tiltres qui ont peu estre conservez dans les Archives de l'Eglise Metropolitaine, et quelques autres qui m'ont esté communiqués d'ailleurs.

II. Le premier Archevesque de Bourdeaux est nommé par de Lurbe en sa Chronique, S. GILBERT. Il le met à l'année 71. c'est à dire, trois ans avant la mort de S. Martial, qui tombe l'année 74. Il seroit à souhaiter qu'il eust indiqué le lieu d'où il avoit prins le nom de cét Archevesque. Chenu, Robert, et les autres qui ont dressé le

calices, des ostensoirs, etc., transportés de Bordeaux au delà de la Manche, après la bataille de Castillon.

1. On est partagé sur la quantité de titres enlevés par les Anglais à leur départ de Guyenne. D'après le *Catalogue des rolles gascons, normands et françois, conservés dans les archives de la Tour de Londres*, à Londres, 1743, leur nombre serait pour ainsi dire incalculable. On lit en effet dans la préface de ce recueil :

« Les duchés de Normandie et de Guienne, aussi bien qu'une grande partie des autres seigneuries situées dans la France occidentale, depuis le comté de Ponthieu jusqu'aux frontières de la Navarre, relevant des ducs d'Angleterre, les plus importantes des Chartes qui concernoient ces provinces étoient portées à Londres, parce que l'Echiquier de cette ville avoit la surintendance sur tous les pays dépendant des rois d'Angleterre... Après la réunion de ces différentes contrées à la couronne de France, toutes ces pièces sont restées en Angleterre et on les conserve encore aujourd'hui dans les archives de la Tour de Londres » (p. I). Le catalogue des seuls rôles gascons, normands et français « forme quatre gros volumes in-folio. » (*Ibid*, p. II.)

Outre le dépôt de la Tour de Londres qui contient environ vingt mille chartes remplissant « un espace de 256 ans, la plus ancienne étant de la seconde année de Jean, roy d'Angleterre..., et les dernières ayant pour date l'année 1456 » (*ibid.*, p. VI), il y a celui de l'Echiquier.

Catalogue des Archevesques de Bourdeaux, l'ont suyvi, sans se mettre en peine de l'examiner. Pour moy je pense qu'il s'est trompé au nom, et qu'il devoit dire SIGIBERT, au lieu de S. Gilbert, parce que le nom de ce Prestre que S. Martial convertit à la Foy, qui estoit un Sacrificateur des Idoles, qu'il establit en suitte pour la conduite de l'Eglise de Bourdeaux, estoit, Sigibert, non pas Gilbert, comme on le peut lire dans la lettre attribuée à S. Martial, adressée aux Bourdelois, et où il y a grande apparence que de Lurbe chercha le nom du premier Archevesque. Car parmy les Autheurs sur lesquels il asseure avoir escrit sa Chronique, il allegue les Epistres de S. Martial : et si ces Epistres estoient indubitables, il seroit indubitable que Sigibert, dont fait mention l'Epistre aux Bourdelois, auroit esté le premier Archevesque, ou Evesque de cette Ville[1].

« L'Echiquier est le trésor où l'on gardoit anciennement les traités faits avec les princes étrangers et tous les actes concernant les revenus du Roy... Le nombre des titres relatifs à la France, qui y sont déposés, est très grand. » (*Ibid.*, p. VII.)

Les archivistes de notre époque professent à cet égard une opinion tout à fait opposée. « Aujourd'hui, dit l'auteur de la préface du *Livre des Bouillons* (Bordeaux, imp. Gounouilhou, 1867, p. II), tous les gens qui examinent cette question savent parfaitement qu'il a été impossible à une poignée de vaincus d'enlever, à des populations qu'ils ne pouvaient plus défendre, des trésors aussi précieux pour elles, que l'étaient leurs archives dans ce temps-là; et qu'ainsi il est bien certain que les archives bordelaises, qui se trouvent en Angleterre, sont les originaux des actes expédiés régulièrement par la chancellerie anglaise, et nullement le résultat d'une spoliation générale, puisque, dans nos contrées, tous les dépôts d'archives publics ou particuliers, même celui du domaine royal, ont conservé des documents antérieurs à l'expulsion des Anglais. »

(Voir sur la même question, Jules Delpit, *Collection générale des documents français qui sont en Angleterre,* Paris, 1847, t. I, p. XIV.)

1. On distingue deux personnages du nom de *Sigisbert, Sigebert* ou *Gilbert,* l'un, gouverneur païen de Bordeaux, était le mari de Bénédicte, morte à Bordeaux, « en odeur de sainteté, et ensevelie à Saint-Seurin. » (V. Abd. Babyl., *Ep. in vitâ S. Mart.*) Suivant

Neantmoins comme il n'est pas asseuré que ces Epistres soient de S. Martial : Premierement, parce que les Textes

une légende périgourdine, la conversion de Sigebert fut préparée par saint Front.

« De Saintes, l'apôtre saint Front se dirige vers Bordeaux. Il arrive en face de cette ville, sur les bords du fleuve, et n'ayant point de barque pour le traverser, il se souvient que le Dieu qu'il prêche ouvrit autrefois la mer Rouge pour donner passage aux enfants d'Israël et les délivrer des poursuites de Pharaon. Il se prosterne et le conjure, avec foi et amour, de lui donner les moyens de traverser le fleuve et d'entrer dans la ville avec ses disciples, Anian, Nectaire et Chronope, pour y annoncer son saint nom. A peine a-t-il prié, qu'une barque se détache elle-même du port. Poussée par un vent favorable et guidée par une main invisible, elle vient aborder à l'endroit où se trouve saint Front. » (Pergot, *Vie de saint Front*, p. 253.)

L'apôtre ne parvint pas à fléchir l'obstination du gouverneur, qui le fit battre de verges et le chassa de la ville. Plus heureux que saint Front, saint Martial convertit Sigebert. Voici dans quelles circonstances :

Sigebert étant paralytique entendait raconter chaque jour, par Bénédicte, sa femme, les miracles de Martial. Celui-ci prêchait l'évangile à Mortagne, en Saintonge. Sigebert dit à Bénédicte : « Va trouver l'homme de Dieu : peut-être aura-t-il pitié de moi. » Martial accueille la pieuse dame avec bonté et lui remet le bâton miraculeux qu'il tenait de saint Pierre, lui promettant qu'à peine touché par ce bâton, Sigebert reprendra l'usage de ses membres ; il en fut ainsi.

Mox ut baculo ejus membra tetigit (Benedicta), fugato omni languore... surrexit incolumis... (Bonav., *op. cit.*, t. II, p. 300), *Vita S. Justinian.* Ms. *S. Mart. Lemov.*

« Après sa guérison, l'époux de Bénédicte, emmenant avec lui une foule de soldats et de serviteurs, se rendit auprès de saint Martial. L'homme de Dieu leur donna le baptême. » (V. *ibid.*; — *Livre des Bouillons*, et *Cartulaire de Baurein*.)

Le bâton de saint Martial avait été l'instrument de la guérison de Sigebert. Cette relique rappelait donc aux Bordelais leur conversion à la foi chrétienne. Aussi le gardèrent-ils, à Saint-Seurin, dans un étui d'argent, jusqu'à la fin du dernier siècle. D'après une tradition à laquelle D. Devienne ajoute peu de créance (v. *op. cit.*, 2e part., p. 253, note) et dont J. de Gaufreteau s'amuse avec sa bonhomie accoutumée (v. *Chron.*, t. I, p. 1, 2), ce bâton, conservé d'abord à Limoges, fut transporté dans notre ville à la faveur d'une superde l'Escriture y sont alleguez, suyvant une version dont on ne se servoit pas encore dans l'Eglise, qui est la version de

cherie. Les Limousins ne voulurent prêter la verge miraculeuse qu'à la condition de retenir douze jurats en ôtage pendant la durée du prêt : mais « Bourdeaux (*Chron.*, t. II) pour truffer les Limousins, qui ne sont pas bestes, ains sçavent fort bien leur compte, leur envoyerent par supposition douze portefaix vestus de la livrée de la jurade, sur la caultion desquels la ville de Limoges bailla ladicte relique, laquelle ne leur a jamais despuis esté rendue. » De là « cette espèce de dicton usité parmi les porte-faix que l'on entend s'appeler souvent *jurats de Limoges.* » Nous avons déjà parlé (t. I, p. 288) de la procession dite *du bâton de saint Martial* en temps de sécheresse.

L'autre Sigebert (le même peut-être), celui qui, d'après Lopès, « auroit esté le premier archevesque ou evesque de cette ville, » est probablement notre vieux *saint Fort.* (Voir à l'appendice, p. 75.) L'auteur de *Sainte Véronique,* etc. (p. 108, note), explique comment Sigebert est peu à peu devenu saint Fort dans le langage populaire :

« Le nom de Sigebert, qui semble venu du Nord, ne nous paraît pas primitif. Ou bien il faut admettre que les hagiographes ont traduit le nom latin *Fortis* (Fort) par un mot austrasien équivalent (*sig,* fort, *bert,* beau) ou bien expliquer ce changement de la manière suivante : Au moyen âge, *saint* s'est souvent exprimé par le mot *sainche, sanche* des Espagnols, qui est *sanxius* ou *sanctus.* On a dit sainche Eparchius, d'où est venu saint Cheparch, saint Chiparc, saint Cybard. De même sainche Amans, saint Chamans, saint Chamas. De même encore, sainche Anian, saint Chinian, saint Agnan. Dans le cas qui nous occupe, nous conjecturerions sainche Fort, sainche Beurt, selon la prononciation du moyen âge, sainche Bert, Sigebert, saint Gilbert. »

Sigebert était prêtre des idoles : à l'exemple du gouverneur, il embrassa la foi nouvelle. Saint Martial eut la consolation de le sacrer premier évêque de Bordeaux. Il convertit en église un ancien temple dédié au *Dieu inconnu :*

Ecclesia quam S. Martialis Beati Petri Apostoli discipulus, ex vetustissimo fano, olim Deo Ignoto dicato, primam, in totâ Aquitaniâ ad gloriam Dei omnipotentis..., consecravit, Sigilbertumque, anteà idolorum ministrum, in eâ ordinavit archiepiscopum...

(*Ordonn. du card. F. de Sourdis.* — V. *Archiv. hist. de la Gironde,* t. VI, p. 392.)

Nous avons dit ailleurs qu'il ne faut pas confondre l'oratoire de de Saint-Étienne avec la première église *épiscopale* de Bordeaux.

S. Hierosme : Secondement, parce qu'il est dit aux Chap. 1. et 3. de l'Epistre aux Bourdelois, que desja par tout le monde on connoissoit Jesus-Christ, et qu'il y est parlé au Chap. 10. du nom et du Mystere de la tres-Sainte Trinité, et de la Procession du S. Esprit, du Pere et du Fils, qui

Quant à la région suburbaine où fut bâti l'édifice, berceau de la foi de nos pères, l'archéologie tend de plus en plus à modifier l'idée qu'on s'en est faite jusqu'ici. Ce n'était pas le désert, la rase campagne, mais une extension de la ville. (Voir *Emplacement de la ville romaine de Bordeaux du* 1er *à la fin du* IIIe *siècle, Soc. archéol. de Bordeaux*, t. VII, 1880, par M. Camille de Mensignac.) L'auteur de ce travail résume et confirme dans les lignes suivantes l'opinion émise par Élie Vinet, F. Jouannet, J. Rabanis, L. Drouyn, Pierre Sansas, R. Dezeimeris, etc., au sujet de la « Ville carrée » que chante le poète Ausone :

« Les remparts gallo-romains de Bordeaux, décrits par Élie Vinet, et dont presque toute la partie sud existait encore en 1862, ne sont pas des premiers temps de la conquête. La ville devait avoir, avant leur existence, une magnificence digne d'une capitale, d'une importante ville maritime et commerçante, comme le prouvent les nombreuses inscriptions ainsi que la grande quantité de débris de monuments qui sont entrés dans la construction de ces remparts, et qui appartiennent tous à l'épigraphie, à l'architecture et à la sculpture romaines du 1er à la fin du IIIe siècle. » (*Op. cit.*, p. 4.)

M. de Mensignac ajoute (*op. cit.*, p. 7) : « de tout ce que nous venons de dire, des quantités considérables de substructions et de débris de l'époque romaine découverts dans l'intérieur du périmètre que nous allons tracer, en dehors des remparts de la première enceinte, de la position du temple du Dieu tutélaire de la ville qui, d'après les règles établies, se trouvait toujours à l'intérieur des villes et jamais à l'extérieur, de la position des arènes connues sous le nom de Palais-Gallien, qui sûrement se trouvaient à une des extrémités de la ville, je crois pouvoir affirmer que la Burdigala romaine du 1er à la fin du IIIe siècle était une ville ouverte comme la plupart des villes gauloises de son époque, et de plus, qu'elle occupait une vaste superficie. »

Cette superficie, dont le savant archéologue a tracé le périmètre, englobait la région de Saint-Seurin, d'où l'on pourrait conclure que l'oratoire construit par saint Martial, ne se trouvait pas, comme le dit l'abbé Faillon (*Monum. inéd.*, t. I, col. 503, 506), dans un « lieu solitaire et écarté de la ville », mais dans la ville même.

n'est pas engendré comme le Fils, ce qui ne fut pas si clairement expliqué dans l'Eglise, que plusieurs années apres S. Martial, au temps duquel on ne peut pas dire que l'on connoissoit Jesus-Christ par tout le monde : Troisiémement, parce que ny S. Hierosme, ny Gennadius, ny Isidore, ny l'Abbé Tritheme, ny les autres anciens Collecteurs des escrits Ecclesiastiques n'ont fait aucune mention de ces Epistres[1] : Pour ces raisons, outre que ces noms de Sigibert, ou Gilbert n'ont esté conneus dans les Gaules que depuis les Gots, les Bourguignons, et les François longtemps apres S. Martial, afin de ne rien avancer qui ne soit plus asseuré; je ne nomme aucun des Archevesques qui peuvent avoir gouverné l'Eglise de Bourdeaux, depuis sa fondation jusqu'à l'entrée du 4me. siecle. Il est certain qu'ils ont esté, mais le temps, et les raisons alleguées en ont effacé les noms, jusques à Orientalis, que nous mettrons pour le premier Archevesque.

II. Honorabatis Sacerdotes qui decipiebant vos Sacrificiis suis, qui mutis, et surdis statuis offerebant, quæ nec se nec vos juvare poterant : nunc autem multo magis Sacerdotes Dei Omnipotentis qui vitam vobis tribuunt in calice, et vivo pane honorare debetis. Quem enim vobis constitui Dei jussu, justum est à vobis conservari. Ipse enim Sigebertus qui ante consulebat dæmonia servus creaturæ, nunc in fide Domini nostri Jesu Christi perfectus, soli creaturæ serviens, pro stercore reputat ipsa dæmonia quibus ante serviebat. *Martial Epist. ad Burdig. c. 3.*

1. Les épîtres de saint Martial partagent encore les savants. Écrites, d'après une tradition, sous le règne de Domitien et cachées dans un tombeau de pierre à Limoges, elles ne revirent le jour qu'au XIe siècle.

Le plus grand adversaire de l'authenticité des épîtres de saint Martial fut le cardinal Bellarmin.

Le père Bonaventure de Saint-Amable (*Hist. de saint Martial*, t. I, p. 148, etc.) oppose à l'illustre jésuite une réfutation aussi intéressante que vigoureuse : est-elle décisive? Nous sommes loin de l'affirmer.

(Voir le texte latin des épîtres de saint Martial avec traduction française, à la fin du volume déjà cité : *Sainte Véronique, apôtre de l'Aquitaine*, etc., p. 273 et suiv.)

APPENDICE AU CHAPITRE IV

Dans le plan de Lopès, le chapitre qui précède est l'introduction à l'*Histoire des Archevesques de Bourdeaux*. L'auteur y fait voir de quelle manière ont dû périr les annales de l'Aquitaine antérieures au IVe siècle; et renonçant à dissiper les ténèbres d'un passé qui n'a plus ses titres, il franchit d'un bond les deux cent quarante ans qui séparent « sainct Gilbert, premier evesque de Bourdeaus l'an 71, » (*Chron. bourd.*, fo 4) d'Orientalis, monté sur le siège épiscopal de la même ville vers l'an 312. Il querelle un moment Delurbe à propos du nom de Gilbert, et soutient avec raison qu'il vaut mieux dire Sigebert; mais il n'a garde de se demander si le prêtre païen Sigebert « que saint Martial convertit à la foy » (voir ci-dessus p. 69) ne serait pas le mystérieux personnage appelé saint Fort. Nous avons à combler cette lacune de Lopès.

Après avoir interrogé les traditions bordelaises sur le nom latin de notre premier évêque, nous dirons un mot du fameux temple de Jupiter Auguste. Il nous paraît impossible d'admettre le sens donné par O'Reilly et Mgr Cirot à l'inscription qui se lit encore sur l'autel du Dieu païen; nous le regrettons, car, si la version qu'il nous faut rejeter était la bonne, il y aurait lieu d'affirmer que ce temple, bâti sur l'emplacement où s'éleva dans la suite le cloître Saint-André, devint la première église cathédrale de Bordeaux.

L'archéologie place encore sous nos yeux un monument du plus haut intérêt, le cippe de Domitia, citoyenne de

Trèves. Nous ferons connaître ce débris funéraire de la société chrétienne vers le milieu du IIIe siècle, le plus ancien connu jusqu'à ce jour et le seul qui porte une date. Enfin, nous traiterons de quelques autels domestiques découverts récemment à Bordeaux. Leurs inscriptions autorisent à penser que la famille de Sulpice Sévère, si répandue dans les Gaules et dans le nord de l'Italie, comptait plusieurs de ses branches fixées de longue date à Burdigala.

Tels sont les quatre points d'histoire qui font l'objet de cet appendice.

I

PERSONNALITÉ ET DATE DE SAINT FORT.

Lopès, dit Mgr Cirot (*op. cit.*, p. 176), pense qu'il (saint Fort) est le même que Gallicin[1].

Après avoir raconté la vie de Léonce le Jeune, Du Tems ajoute : « Saint Fort, dont on voit le tombeau à Saint-Seurin, est peut-être l'un des trois évêques dont on ignore les noms. » (*Le Clergé de France*, t. II, p. 189.)

M. Ravenez (*Les Diptyques des évêques, Congrès scientif. de France*, t. I, p. 410) insinue que le mot *Fort* n'est pas un nom propre, mais une épithète qui sert quelquefois dans l'histoire à désigner les martyrs, par exemple les *saints Forts* de Chartres. Cette opinion l'amène à faire de saint Fort une victime de la persécution des Visigoths.

Les Bollandistes (t. III, Maii) le désignent sous le titre d'évêque et de martyr[2]. Le Propre du diocèse de Bordeaux

1. Lopès ne dit rien de semblable dans la biographie de saint Gallicin à laquelle renvoie Mgr Cirot.

2. Daniel Papebroch a écrit la notice sur saint Fort qui se lit dans les *Acta Sanctorum* des Bollandistes, t. III, Maii, p. 570. Après avoir constaté que saint Fort est désigné comme évêque et martyr de Bordeaux dans le *Martyrologe* de cette église, publié sous le nom d'Usuard, et dans le *Catalogue général* de Ferrarius, il ajoute qu'on ne dit ni à quelle époque, ni sous quel prince il mourut pour Jésus-Christ. Papebroch avait en mains un exemplaire de Lopès qu'il déclare tenir du Théologal lui-même. —

déclare aussi qu'une tradition des plus anciennes le met au rang des évêques ayant souffert pour la foi. — *Episcopum et Martyrem fuisse vetustissima traditio est.*

Baurein semble révoquer en doute la personnalité de saint Fort. Dans une dissertation publiée sous ce titre : *le Serment appelé* SUPER FORTE ou sur le *Fort Saint Seurin, très usité anciennement dans le pays bordelais,* il soutient contre Delurbe que le serment du procureur-syndic et clerc de la ville de Bordeaux ne se prêtait pas sur les reliques de saint

MARTYRE DE SAINT FORT

d'après une eau-forte de M. DE MARQUESSAC. (v. p. 79.)

Habemus *Ecclesiam Metropolitanam...* ab H. Lopez anno MDCLXVIII illustratam, *atque octennio post, ab eodem nobis benigne donatam. (Op. cit., ibid.)* « Lopès, dit-il, dans le chapitre IV de sa 2e partie, ne fait aucune mention de saint Fort; la raison en est, je suppose, qu'il ignorait la date de son épiscopat. »

Au t. VII du mois de mai, p. 764, E, note 106, se trouve un appendice où nous lisons : « Sunt etiàm qui negent omnino Episcopum fuisse ipsius » urbis, in quibus est Simon de Petrones Tolosas, in notis ad Onomasticon » sanctum Gallico-Latinum. »

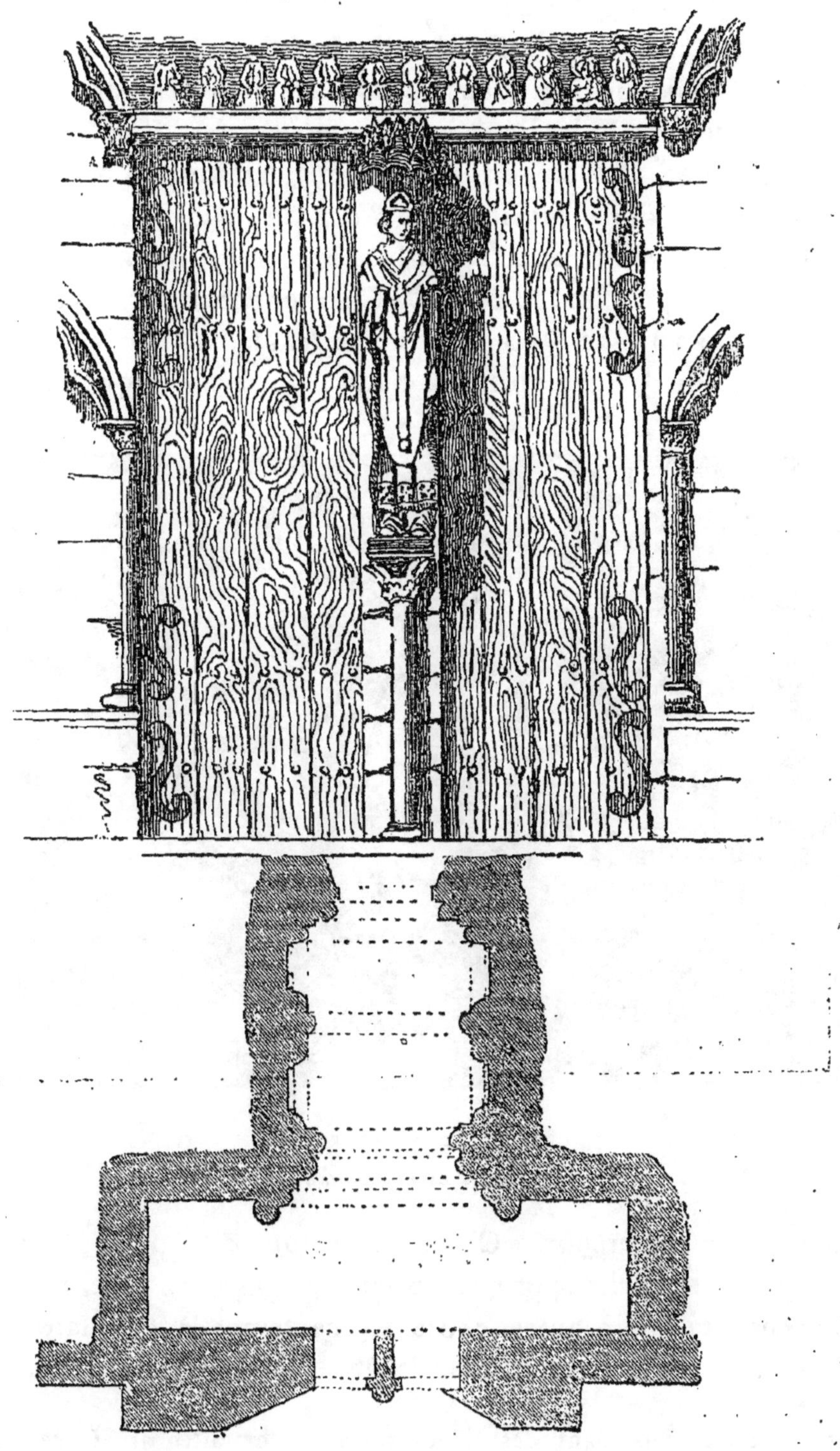

STATUE PRÉSUMÉE DE SAINT FORT. (V. p. 79.)

Détails de l'ancienne façade de l'église Saint-Seurin. — (Commis. des Monum. hist.)

Fort, « mais plutôt sur celles de saint Seurin[1], pour lesquelles on avait anciennement dans Bordeaux une vénération des plus grandes. » (Voir Baurein, *Complém. des Var. bord.*, t. IV, p. 362.) Il montre par différents textes qu'on ne jurait pas sur *saint Fort*, mais sur le *Fort* ou, pour mieux dire, sur le *Fort Seurin;* et, d'après lui, cette locution ne signifie pas seulement, comme le veut D. Charpentier, dans le supplément au glossaire de Ducange : *super feretrum*, sur la châsse du Saint : elle désigne plutôt la nature du serment que l'objet

CRYPTE DE SAINT FORT

d'après une eau-forte de M J. DE MARQUESSAC.

sur lequel on le prêtait. « C'étoit, dit-il (*op. cit.*, p. 367), une manière de s'exprimer propre au langage gascon... jurer *sur le Fort* ne signifioit autre chose en ce temps-là que faire le serment le plus fort et le plus solemnel, et ce serment n'étoit

1. Il résulte cependant des lignes suivantes, extraites du *Livre des Bouillons*, p. 532, que nos magistrats prêtaient serment à Saint-Seurin *sur l'autel de saint Fort*, «Alia forma juramenti quod prestare tenetur tesau- » rarius in fine sue administrationis; quod quidem prestare consuevit in » ecclesia Sancti-Severini, in altari *sancti Fortis.* »

ainsi appellé que par opposition à celui *sur le Plan*, qui étoit un serment simple et sans autres formalités[1]. »

O'Reilly (*Hist. de Bord.*, t. I, p. 102) place l'épiscopat de saint Fort immédiatement avant celui d'Orientalis.

Mgr Cirot (*op. cit.*, p. 159) est frappé du grand nombre de personnes qui, dans les chartes de l'Aquitaine, à partir du xe siècle, sont appelées du nom de Fort, preuve manifeste que Fort n'était pas un simple qualificatif, mais un nom d'homme cher et vénéré; il retrouve sur tous les points du diocèse les traces de son culte; c'est lui qui règne dans la crypte de Saint-Seurin. Il reconnaît la scène de son martyre dans un reste de peinture murale caché derrière les boiseries du chœur de cette église et que nous avons reproduite à la page 76, d'après une gravure de M. de Marquessac. La statue d'un évêque encore jeune qui se voyait au centre de l'ancienne façade occidentale (voir page 77) si mal restaurée en 1829, représente aussi le pontife « qui n'eut pas le temps de vieillir à une époque où les bourreaux se pressaient plus que les ans. » (*Ibid.*, p. 183.) Est-ce l'époque de Dioclétien? Mgr Cirot ne le croit pas : il pense même remettre en honneur « une tradition qui n'a jamais été abandonnée par l'église de Bordeaux », quand il affirme que *saint Fort est notre premier évêque.* (*Op. cit.*, p. 177.)

II

LE TEMPLE DE JUPITER AUGUSTE ET LA PREMIÈRE CATHÉDRALE DE BORDEAUX.

« Au commencement de ce siècle, dit O'Reilly (*Hist. compl. de Bordeaux*, t. I, p. 88), on a pratiqué des fouilles considé-

1. Ailleurs Baurein se montre moins subtil et se range à l'avis de D. Charpentier : « Le mot *forte* signifie donc le cercueil, le tombeau ou la châsse dans laquelle on conserve le corps de quelque saint. On comprend maintenant ce que c'est que jurer *sur le Fort;* c'était jurer sur le tombeau ou la châsse de quelque saint. (Baurein, *Var. bord.*, t. I, p. 353.)

rables dans le cloître de Saint-André; on y a trouvé, à une grande profondeur, un bloc de pierre dure quadrilatère que les archéologues regardent comme un autel votif. La face principale représente Jupiter assis sur son trône, soutenant de la main gauche sa *haste*, et la main droite reposant doucement sur l'épaule de Ganymède presque nu, mais facile à reconnaître à son bonnet phrygien et à sa houlette. L'aigle qui l'avait porté dans l'Olympe y figure aussi, les ailes encore étendues, entre le jeune favori et le puissant roi des cieux. Sur une des faces latérales, est représentée Léda se refusant, avec une apparente pudeur, aux caresses du cygne; sur l'autre, se voit Junon vêtue de la tunique et du *peplum*, dont une partie, soulevée par les zéphyrs, s'arrondit en forme de nimbe autour de sa tête... Je passe sous silence plusieurs figurines charmantes, des fragments de bas-reliefs, des frises, des socles, etc., etc., qu'on a trouvés enfouis dans ce cloître; mais la présence dans ce lieu de ces autels, de ces reliefs, de cette représentation de Jupiter n'autorise que trop, il faut l'avouer, certains écrivains à penser qu'il y eut sur ce terrain un temple érigé en l'honneur de ce dieu. »

L'autel porte l'inscription suivante :

IOVI. AVG.
ARVLA. DONAVIT
S.S. MARTIALIS. CVM
TEMPLO. ET. OSTIS

Jovi Augusto arulam donavit Sumptibus Suis Martialis cum templo et Hostiis.

« A Jupiter Auguste, Martialis a donné, de ses deniers, cet autel avec le temple et les victimes[1]. »

M. Allmer explique ainsi les particularités que présente le texte épigraphique : « Par la forme des lettres, par la suppression de l'*M* à la fin du mot *arulam*, et de l'aspiration dans le

1. Musée de la rue Jean-Jacques-Bel, copie de M. Allmer : *Revue épigraphique du midi de la France*, novembre-décembre 1882, n° 353.

mot *ostis* pour *hostiis,* cette inscription présente un caractère d'archaïsme très remarquable. L'épithète d' « Auguste » donnée à Jupiter ne permet toutefois de la faire remonter au plus haut qu'au règne de ce prince. Nous lisons, au début de la troisième ligne, *sumptibus suis;* il faudrait peut-être plutôt lire *sextus* suivi d'un *gentilice* commençant par *S* [1]. »

Au lieu de cette explication parfaitement conforme aux règles de l'épigraphie, O'Reilly et Mgr Cirot (*op. cit.*, p. 70) ont lu : *Jovi Arula donavit, sanctissimus* (ou *sanctus sacerdos) Martialis cum templo et ostio sacravit;* ce qui voudrait dire : *Arula a fait cette offrande à Jupiter Auguste; le très saint Martial* (ou *le saint prêtre Martial) l'a consacrée, avec le temple et le vestibule.* (O'Reilly, *op. cit.*, 1re part., t. I, p. 633, note XI.) O'Reilly poursuit : « Saint Martial a-t-il réellement » consacré un temple à Bordeaux sur le lieu où se trouve » maintenant Saint-André? L'histoire n'en dit rien. La tradi- » tion veut qu'il soit venu à Bordeaux et qu'il ait consacré des » chapelles à la Sainte-Trinité et à Saint-Étienne, près de » l'endroit même où l'on a bâti plus tard l'église de Saint- » Seurin. *Les pierres sculptées, la statue de Jupiter, l'aigle » et cet autel votif du souverain des cieux, consacré au vrai » Dieu par saint Martial, suffisent, ce me semble, pour nous » faire croire à l'existence d'un temple de Jupiter, sur le lieu » même où se trouve l'église de Saint-André.* » *(Ibid.)* Ce

1. M. Collignon, professeur d'antiquités grecques et latines à la Faculté des lettres de Bordeaux, qui a bien voulu examiner de nouveau le monument original, nous communique les observations suivantes : « La pierre, encastrée dans le mur de la galerie Jean-Jacques Bel, est effritée sur les bords; l'*S* final du mot *ostis* est devenu illisible. La lecture de M. Allmer au mot *arulam* offre une grande vraisemblance, *et fait justice des hypothèses suivant lesquelles ce mot serait un nom propre.* Il n'en faut pas moins signaler comme un exemple curieux, à une date aussi récente, la suppression de l'*M*. On sait que ces formes archaïques se rencontrent surtout dans les anciennes inscriptions du temps de la république : les exemples empruntés aux inscriptions des tombeaux des Scipions (*Taurasia, Cisauna* pour *Taurasiam, Cisaunam*) sont trop connus pour qu'il y ait lieu d'insister.

Pour le commencement de la seconde ligne, il n'est personne qui ne préfère la lecture *sumptibus suis* à celle que M. Allmer propose en dernier lieu. Cette première interprétation a l'avantage de se justifier par des exemples certains : Orelli-Henzen, no 6833. S. S. P. *(sumptibus suis posuit)*. Inscription d'Ostie. »

temple purifié par l'apôtre de l'Aquitaine serait devenu l'Église-Mère de notre cité convertie. Malheureusement la science ne voit là qu'une belle fiction. D'après nos meilleurs épigraphistes on ne peut rien conclure de pareil de l'inscription qui précède. *Arula* n'est pas un nom d'homme ou de femme, mais le diminutif du mot *ara* qui signifie autel; *ss. Martialis* ne désigne nullement saint Martial, et dans *osti..s*, il ne faut point lire *ostio* mais *hostiis*. Enfin, on a vu que la suppression de l'*M* dans *arula* est un archaïsme dont il ne manque pas d'exemples.

III

CIPPE FUNÉRAIRE DE DOMITIA.

Il y a quelques années, dans la rue des Trois-Canards (aujourd'hui cours d'Alsace-et-Lorraine), les ouvriers qui démolissaient une maison appartenant à M. Lesperon, découvrirent un cippe funéraire engagé dans le soubassement de la muraille romaine de Bordeaux, côté sud. (Voir sur le mur romain: Jouannet, *Actes de l'Académie;* Leo Drouyn, *Archiv. hist.*, t. I, p. 425; Sansas, *Bulletin de la Soc. Archéol. de Bordeaux,* t. II, 1° fasc., p. 15, 16.) Ce monument forme un rectangle plus large que profond ayant encore 75 centimètres de hauteur, bien que le fronton n'existe plus : il porte deux inscriptions, l'une sur la face principale, l'autre sur l'une des faces latérales; les voici :

Première face :

T MEMOR DOMITIAE CIVIS TREV ER. DEF. AN. XX..'LEO CVN
IVGI KARISS POSVIT.

(Et à la mémoire de Domitia, citoyenne de Trèves, décédée à l'âge de 20 ans, Léon a élevé ce monument à une épouse chérie.)

Au-dessous de l'inscription, sur la base du cippe, est gravée une *ascia* verticale, offrant la forme la plus rapprochée de la croix latine.

Sur la face latérale adjacente, on lit :

HIC IACET EXANIMEN CORPUS DO MITIAE CIV TREVERAE
DEFV. V. K. FEB. POSTVMO COS.

(Ici repose le corps inanimé de Domitia, citoyenne de Trèves. Elle est décédée le V des Calendes de Février sous le consulat de Posthume.)

M. Léon Rénier, membre de l'Institut, qui avait publié ce texte dans les *Comptes-rendus de l'Académie des Inscriptions et Belles-Lettres*, 1869, p. 100, écrivait, le 3 juillet de cette même année, à notre savant compatriote M. Sansas :

« L'inscription de *Domitia* est certainement une des plus intéressantes qu'on ait découvertes sur le sol de la Gaule, c'est pour nous un véritable monument national. C'est, en effet, jusqu'ici, la seule qui soit datée par le consulat d'un empereur gaulois. Nous avons plusieurs inscriptions de bornes milliaires de l'empereur Postumē[1], dans lesquelles ses consulats sont mentionnés, mais parmi ses titres et non pas comme dates. Celle-ci, au contraire, est dâtée de son premier consulat, l'an 258 de notre ère. »

Si le tombeau qui nous occupe était chrétien, « il aurait, dit M. Sansas, l'avantage d'être le premier en date des monuments chrétiens de la Gaule, puisqu'il précèderait de plus d'un demi-siècle celui qui remonte seulement à l'an 334 de Jésus-Christ, et est donné comme le plus ancien des monuments de ce genre connus jusqu'à ce jour[2]. » (*Soc. arch. de Bordeaux*, t. II, 1er fasc., p. 21.) Mais est-il chrétien? M. Sansas l'affirme à l'encontre de MM. Edmond Le Blant, de la Société des Antiquaires de France, et Charles Robert, membre de l'Institut[3]; il en donne cinq raisons :

1. Postume ou Posthume, l'un des *trente tyrans,* commandait en Gaule dès l'an 257. Il se fit proclamer empereur en 261 et mit à mort Saloninus, fils de Gallien.

2. En 1862, au Congrès scientifique de France (v. t. II, p. 291), M. de Caumont « fit observer que dans les tombeaux des IIe, IIIe et IVe siècles on n'avait jamais trouvé de preuves ou d'indices attestant que ces monuments fussent chrétiens. » Celui de Domitia ferait exception.

3. M. E. Leblant, très versé dans l'archéologie funéraire (voir en particulier son grand ouvrage intitulé : *Études sur les sarcophages de la ville*

1° La présence de l'*ascia,* non plus reléguée comme autrefois sur un des côtés du cippe ou sur une des pentes du fronton, mais placée *en enseigne,* et affectant moins la forme d'un instrument professionnel que celle d'une image symbolique se rapprochant de la croix latine[1] ;

CIPPE FUNÉRAIRE DE DOMITIA DE TRÈVES.

(Société Archéolog. de Bordeaux.)

d'Arles, Paris, impr. nationale, 1878), écrivait à M. Sansas, le 1er mars 1869 : « L'inscription que vous avez bien voulu m'adresser n'est point chrétienne, comme le montrent tout d'abord et sa formule et l'*ascia* qui y est gravée. »

M. Charles Robert, dans un travail publié dans le t. VIII des *Mémoires de la Société Archéologique,* sous ce titre : *les Étrangers à Bordeaux,* repousse également l'opinion de M. Sansas. « La présence du mot *exanimen* (pour *exanime corpus*), dit-il, avait porté M. Sansas à penser que cette inscription était chrétienne ; mais cette formule, ainsi que le rappelle le savant éditeur de ce texte (M. Léon Rénier), se rencontre sur des monuments païens et dans les auteurs de la haute latinité. »

1. Le cardinal Donnet ne partageait pas l'avis de M. Sansas au sujet de la signification que ce dernier prête à l'*ascia.* (Voir lettre du 22 février 1867, *Instr. pastor.,* t. VIII, p. 16.)

2° Le nom patronymique de la défunte, remplacé par le nom du mari. — *Leo... posuit* [1];

3° La formule HIC JACET, qui « marque réellement la venue de l'ère nouvelle » (Voir Le Blant, *op. cit.*, p. VIII);

4° Le qualificatif *exanimen*, « qui ne se trouve dans aucune des nombreuses inscriptions *païennes* que possède le musée de Bordeaux » [2];

5° « Enfin, dit M. Sansas, de tous les monuments funéraires qui ont été découverts à Bordeaux et appartenant aux trois premiers siècles, celui de *Domitia* est le seul qui donne la date du décès, » et voici encore comment à ce sujet s'exprime M. Le Blant (p. XXV de sa préface) :

« Les païens répugnaient à graver sur les sépultures la date funeste de la mort [3]; l'esprit chrétien, qui regardait ce jour comme celui de la délivrance, admettait au contraire, sur les tombes, la mention repoussée par les Gentils. »

Si l'opinion de M. Sansas est aussi bien d'accord avec la science qu'elle paraît ingénieuse, elle confirme par un argument tiré de l'archéologie, — argument que de nouvelles découvertes viendront peut-être corroborer à son tour, — l'existence d'une société chrétienne à Bordeaux sous le consulat de Posthume, 258.

1. M. Le Blant, dans son grand ouvrage sur *les Inscriptions chrétiennes de la Gaule* (préface, p. VIII), a écrit les lignes suivantes : « En rompant avec les usages païens qui froissaient leurs sentiments religieux, les fidèles ont continué ceux qui ne paraissaient pas exclure la foi nouvelle. Ainsi, tandis qu'obéissant à la parole de Dieu, ils supprimaient, sur les sépultures, les noms patronymiques directs *un tel fils d'un tel*, ils y maintenaient d'abord le nom des parents qui avaient fait élever le tombeau, etc. » C'est le cas pour Domitia.

2. Voir dans le tome IV du *Congrès scientifique de France*, p. 475, la *Liste alphabétique des noms révélés par les monuments funéraires datant du Ier au IVe siècle et découverts à Bordeaux*, par Sansas. Cette liste n'a pas moins de 42 pages. (On a vu plus haut que M. L. Rénier et après lui M. Charles Robert affirment qu'on trouve en dehors de Bordeaux des exemples qui détruisent, sur ce point, le système de M. Sansas.)

3. Il est vrai que sur les marbres funéraires païens de l'époque la plus récente, la date de la mort est très rarement indiquée. Mais on n'en saurait tirer une conclusion absolue. On voit en effet la date de la mort mentionnée sur des vases funéraires en terre cuite trouvés à Rome, et qui sont antérieurs au Ier siècle. *Corpus Inscr. Latinarum*, t. I, nos 822 et suivants. Par exemple, no 840 : A-D. III. K. IAN. CRATEA. CAECILI. M. L. Cette date était nécessaire pour l'accomplissement des cérémonies commémoratives.

IV

LES AUTELS DOMESTIQUES DE LA « GENS SULPICIA ».

Sulpice Sévère était d'Aquitaine. (*Gennad. De scriptor. eccles.*, cap. XIX.) On ignore la date de sa naissance; mais on sait qu'il se convertit vers l'an 392, c'est-à-dire en même temps que son ami Paulin. Devenu veuf, il entra dans le sacerdoce; Paulin ayant essayé de l'attirer à Nole, il préféra rester dans son pays. Sévère allait néanmoins plusieurs fois l'année visiter saint Martin à Tours, et, plus tard, il raconta la vie du thaumaturge des Gaules. Sulpice Sévère avait deux résidences célébrées par saint Paulin, et qui sont encore aujourd'hui deux problèmes de géographie, *Elusone* et *Primuliac*. (Voir *Congr. scient. de France*, 28e ses., t. IV, p. 520-528.) Primuliac était évidemment une possession de Sulpicius Primulus, lequel vivait à Bordeaux vers la fin du IIe ou le commencement du IIIe siècle. La preuve en est fournie par un autel domestique tiré du mur romain en 1865. » (V. *Recherches sur les origines de Sulpice Sévère*, par R. Dezeimeris, *Société Archéolog. de Bordeaux*, t. VI, p. 117 et suiv.)

La famille Sulpicia se perpétua dans notre ville jusqu'après l'époque des Antonins, comme le démontrent « plusieurs cippes portant le nom de divers Sulpicii » notamment celui de Sulpicia Severa (*ibid.*, p. 123)[1]; elle eut même, dit-on[2], la gloire de contracter des alliances avec les Paterculi, descendants de l'immortel historien Velleius Paterculus, que Sulpice Sévère semble avoir pris pour modèle[3]. Or, les Sulpicii Paterculi résidaient certainement à Bordeaux, où ils avaient un autel domestique. (Voir le dessin, p. 87.)

1. On ne saurait cependant admettre que toutes les personnes portant le *gentilicium* Sulpicius fussent de la famille Sulpicia. Il est à peine besoin de rappeler que le *gentilicium* des grandes familles était répandu à l'infini; tous les affranchis de la famille le portaient, et le transmettaient à leurs descendants.

2. Voir R. Dezeimeris (*op. cit.*, p. 115.)

3. *Ibid.*, p. 133.

AUTELS DOMESTIQUES AYANT APPARTENU AUX FAMILLES SULPICIUS PATERCULUS ET SULPICIUS PRIMULUS.

Dessin de M. MOULINIÉ.

Lors des fouilles pratiquées en juin 1877, à l'angle de la rue *Porte-Basse* et du cours *d'Alsace-et-Lorraine*, on découvrit deux pierres appartenant à un même monument très ancien. Sur l'une on lisait : ... ERCVLI [1] HEREDES, sur l'autre : A. SVLPIC. PATERCVLO VI..., inscriptions en grands caractères, d'un type excellent et devant remonter au second ou au troisième siècle.

La planche reproduit les différents débris des autels domestiques ayant appartenu aux familles *Sulpicius Paterculus* et *Sulpicius Primulus*. Le dessin est de M. Moulinié, élève de l'École des Beaux-Arts.

1. *Erculi* pour *Paterculi*. Le *P* et l'*A* n'ont pas été retrouvés, mais un éclat de la pierre, dégagé du blocage de mortier, portait la lettre *T* et une partie de l'*E* de *TERCULI*.

ORIENTALIS I. ARCH.[1]

Tout ce que nous sçavons de cét Archevesque, est qu'il assista au nom de sa Province, avec Flavius son Diacre au 1. Concile d'Arles, tenu l'année 314. soûs le Pape Silvestre, et l'Empereur Constantin, encores Cathecumene, contre les Donatistes, qui avoient calomnié Cecilian Evesque de Cartage, d'avoir donné les Livres sacrés au temps de la persecution. Cecilian y fut absous par le Concile, composé de 200 Evesques, qui en suitte firent 23. Canons, touchant la discipline Ecclesiastique, ausquels Orientalis soubscrivit avec les autres Evesques[2].

Ex Provincia Aquitaniæ secundæ Civit. Burdegalæ, Orientalis Episcopus, Flavius Diaconus.

1. « Prior episcopus de quo dubitari non liceat fuit Orientalis. » (*Gallia christ.*, col. 787.)

2. Ce Concile n'était pas œcuménique; mais l'Église d'Occident tout entière y était représentée. Saint Augustin l'appelle, au second livre de son traité contre les Donatistes : « plenarium concilium. »

S. DELPHIN II. ARCH.

S. DELPHIN estoit Archevesque de Bourdeaux l'année 381. dans laquelle il assista au Concile de Saragoce en Espagne, tenu soubs le Pape Damase, contre l'heretique Priscillian[1], qui soustenoit une heresie meslée des erreurs des Gnostiques, des Sabelliens et des Manicheens : que le monde estoit

1. Priscillien n'est pas l'auteur de l'hérésie à laquelle il a donné son nom ; elle avait été apportée d'Egypte en Espagne au IVe siècle par Marc de Memphis, dont les deux premiers adeptes dans la péninsule furent Elpidius, rhéteur aquitain, que le *Gallia christiana* (t. II, col. 787) nomme Delphidius et une femme appelée Agape. Ceux-ci firent la conquête de Priscillien, homme riche et bel esprit. Le Priscillianisme envahit rapidement l'Espagne. Quelques évêques l'embrassèrent. Condamnée au Concile de Saragosse en 380, cette hérésie continua de se répandre. Priscillien tenta, mais inutilement, de se rendre favorable le pape Damase et saint Ambroise, archevêque de Milan. N'ayant plus rien à espérer du côté de l'Église, il se tourna vers les Empereurs. Maxime déféra la cause à Delphin, archevêque de Bordeaux. Le *Rhéteur aquitain* avait sans doute fait des prosélytes dans cette ville. Delphin réunit un synode où la sentence de Saragosse fut renouvelée (385).

Voir sur les Priscillianistes en Aquitaine : 1° *Dissertation sur les origines de Bordeaux,* par A. Siméon, sans date ; 2° *Recueil des hist. des Gaules,* t. I, p. 573. On y lit ce passage extrait de l'*Historia sacra,* de Sulpice Sévère, lib. II, ch. 62, an. Christ. 381 :

« Instantius, Salvianus et Priscillianus Romam profecti, ut apud » Damasum urbis ea tempestate Episcopum objecta purgarent. Sed » iter eis præter interiorem Aquitaniam fuit : ubi tùm ab imperitis » magnificè suscepti, sparsêre perfidiæ semina, maximèque Elusanam » plebem, sanè tum bonam et religioni studentem, pravis prædica- » tionibus pervertêre. A Burdigalâ per Delphinum repulsi, tamen in » agro Euchrociæ aliquantisper morati, infecêre nonnullos suis

l'effet d'un mauvais Principe : que le Fils estoit le mesme que le Pere, et le S. Esprit : que le destin des hommes estoit attaché aux Astres, comme S. Augustin le rapporte au livre qu'il a fait des heresies, dans l'heresie 70[1]. Il y fut

» erroribus. Indè iter cœptum ingressi, turpi sanè pudibundoque » comitatu, cum uxoribus atque alienis etiam feminis, in quîs erat » Euchrocia ac filia ejus Procula : de quâ fuit in sermone hominum, » Priscilliani stupro gravidam partum, sibi graminibus abegisse. »

1. Le *Livre des hérésies* est l'un des derniers qu'écrivit saint Augustin. Il le composa vers l'an 428 sur les instances réitérées et pressantes du célèbre Quodvultdeus, diacre de l'église de Carthage. Augustin essaya plusieurs fois de renvoyer son correspondant à saint Philastre et à saint Épiphane, qui avaient déjà traité la question en grec ; mais Quodvultdeus lui répondit : « Laissons à part les mets étrangers que vous nous présentez ; nous ne voulons que de ceux que l'Afrique même produit, et qui sont les délices de nos provinces ; ne nous refusez pas, dans la faim qui nous presse, ce pain exquis et aussi délicieux que la manne, etc. » (Aug., *Epist. 223*.)

Le saint docteur se laissa vaincre : malheureusement la mort l'empêcha de terminer son livre, dont nous n'avons que la première partie, c'est-à-dire la liste des diverses sectes hérétiques avec un exposé rapide et lumineux de leurs systèmes respectifs. L'auteur en compte quatre-vingt depuis l'établissement du christianisme. L'hérésie des Priscillianistes est bien, comme l'indique Lopès, la soixante-dixième. Saint Augustin en résume toutes les erreurs dans les lignes suivantes :

« Priscillianistæ quos in Hispaniâ Priscillianus instituit, maximè » Gnosticorum et Manichæorum dogmata permixta sectantur, » quamvis et ex aliis hæresibus in eos sordes, tanquàm in sentinam » quamdam horribili confusione, confluxerint. Propter occultandas » autem contaminationes et turpitudines suas habent in suis dog- » matibus et hæc verba : « jura, perjura, secretum prodere noli. » Hi » animas dicunt ejusdem naturæ atque substantiæ, cujus est Deus, » ad agonem quemdam spontaneum- in terris exercendum, per » septem cœlos et per quosdam gradatim descendere principatus, et » in malignum principem incurrere, à quo istum mundum factum » volunt... Astruunt etiam fatalibus stellis homines colligatos... » Opificium... omnis carnis non Deo bono et vero, sed malignis » Angelis tribuunt ; hoc versutiores etiàm Manichæis, quod nihil » scripturarum canonicarum repudiant... De Christo Sabellianam » sectam tenent, eumdem ipsum esse dicentes, non solùm Filium,

condamné avec les Sectateurs, apres quoy prenant le chemin de Rome pour se justifier aupres du Pape Damase, et passant par la Ville de Bourdeaux, comme ils y semoient le venin de leur doctrine, ils en furent chassés par le zele et par la vigilance de notre S. Delphin, dont la sainteté estoit dans une telle veneration, que quatre ans apres, l'an 385. Maximus qui estoit le maistre de l'Empire, commanda que tous ceux qui estoient tachés de cette heresie, vinssent à Bourdeaux pour y estre jugés dans le Concile, qui y fut tenu soubs cét Archevesque. Sulpice Severe raporte tout ce qui se passa au sujet de Priscillian au livre 2. de son Histoire[1]. Il baptiza S. Paulin à Bourdeaux,

» sed etiam Patrem et Spiritum Sanctum.» (*D. Aurelii Augustini operum* t. VI, p. 13, Parisiis, M. D. LXXXVI.)

1. L'histoire du Priscillianisme à Bordeaux se trouve : 1° dans Sulpice Sévère ; 2° dans la chronique de Prosper d'Aquitaine (elle va depuis la création du monde jusqu'à la prise de Rome par les Vandales) ; 3° dans la lettre de saint Ambroise à saint Delphin (Tillemont, t. VI, p. 428, lett. 70). —Voir encore : Labb., *Conc.*, t. II ; — Hard. ; —*Hist. litt. de la France,* t. II, p. 44 ; —*Hist. des Auteurs sacrés et ecclés.*, par D. Ceillier, t. IV, p. 615, et t. VIII, p. 51, 75, et *Delurbe,* f° 6 v° et 7. Voici le texte de notre vieux chroniqueur :

« 387 (lire 385). Concile tenu à Bourdeaus par le commandement » de Maxime le Tyran, auquel présida S. Martin : et fut en iceluy » condamnée l'hérésie pernicieuse de Priscillian. Et comme de la » délibération de ce sainct Concile, Priscillian eust appellé pardevant » ledict Maxime, il luy auroit fait en la ville de Trêves trancher la » tête et à ses sectaires entre lesquels estoit Euchrotia, noble » matronne bourdeloise, femme du susdict Delphidius. C'est pour- » quoy Ausone dict la mort dudict Delphidius, estre heureuse pour » n'avoir veu le supplice de sa femme.

» 388. Urbica, disciple et fautrice de l'hérésie de Priscillian, est » lapidée par le peuple à Bourdeaus. » (S. Prosper et Delurbe sont allégués par Lopès dans la pièce justificative du présent chapitre, troisième alinéa.)

Delurbe fait présider le Concile de Bordeaux par saint Martin. C'est une erreur. Le thaumaturge était alors à Trèves à la cour de Maxime où Sulpice Sévère *(Hist. sacr.)* nous le montre plaidant la cause des Priscilliens, que l'Empereur veut punir de mort, et demandant qu'on les renvoie devant une assemblée d'évêques.

comme S. Paulin le declare dans sa lettre à Alipius [1] et dans la premiere des cinq belles Lettres qu'il escrivit luy mesmes à S. Delphin, dans la 2me desquelles il le loüe d'avoir fait bastir et consacrer l'Eglise de Langon[2], qui est une ville

1. Saint Paulin compte en effet parmi les nombreux correspondants qui se disputaient ses lettres, Alypius, évêque de Tagaste, et ami de saint Augustin. Voici, d'après la traduction de M. l'abbé Souiry, ancien curé de Sainte-Eulalie, le passage de la lettre à Alypius auquel Lopès fait allusion :

« Ce que vous nous avez écrit, que vous aviez entendu parler de nous à Milan, lorsque vous y fûtes baptisé, nous a inspiré le désir de vous connaître entièrement, dans la pensée que si vous avez été initié au christianisme ou promu au sacerdoce par Ambroise, nous pourrions nous féliciter d'avoir eu le même père spirituel. Car, quoique nous ayons été baptisé à Bordeaux par Delphin..., Ambroise nous a cependant initié aux enseignements de la foi. » (Souiry, *Études hist. sur la vie et les écrits de S. Paulin*, t. I, p. 293.) On sait que saint Ambroise avait attaché Paulin au clergé de son diocèse, — *denique me clero suo vindicare voluit* — et qu'il avait même conçu, dit-on, la pensée de l'avoir pour successeur à Milan.

2. « Nous avouons à votre vénérable paternité, qu'en lisant ce passage de votre lettre où vous nous annoncez que vous avez donné une autre fille à l'Église de Langon, et que le travail de cette construction est tellement avancé que, grâce à la protection divine, la nouvelle maison de Dieu était sur le point d'être consacrée, notre âme a tressailli de joie en Jésus-Christ. » (*Epist. ad Delph.*, traduct. Souiry, *op. cit.*, t. I, p. 101.)

Nous empruntons au registre des délibérations du Conseil de Fabrique de Langon les lignes suivantes qui renferment l'histoire de l'église de Saint-Gervais de cette ville, depuis sa fondation jusqu'à nos jours :

« Élevée au IVe siècle par saint Paulin et consacrée par saint Delphin, sous l'invocation de deux héroïques martyrs de leur foi, saint Gervais et saint Protais, elle avait une nef et deux bas-côtés, comme on l'a reconnu aux fondations qui ont été découvertes en 1846.

» Elle fut détruite soit au VIIIe siècle par les Sarrasins, soit au IXe siècle par les Normands.

» A une époque incertaine, probablement au XIVe siècle, elle fut reconstruite à la même place, en style gothique, en forme de croix latine à une seule nef.

sur la Garonne, sept lieuës au dessus de Bourdeaux[1]; et dans la 5me il recommande à ses prieres l'ame de son frere

» En 1538, la tour du clocher reçut le surhaussement qui existe encore.

» En 1846, elle fut agrandie par M. Duphot, architecte; M. Antoran, curé.

» Le 17 août 1848, Mgr Donnet a consacré le nouvel édifice. »

1. La consécration de l'église de Langon par Delphin, archevêque de Bordeaux, fait supposer que le diocèse de Bazas, duquel Langon fit partie dans la suite, n'existait pas encore. A quelle époque l'archevêché de Bordeaux vit-il ses limites sur la rive gauche de la Garonne fixées au bourg de Toulenne, en deçà de Langon? Écoutons Baurein :

« Les bords de ce fleuve (la Garonne) ont eu, ce semble, des attraits pour y attirer des anciens habitants de Bordeaux, et pour les déterminer à y devenir propriétaires. Saint Paulin, par exemple, avait de grandes possessions à Langon *(à Lingo)*, où saint Delphin, évêque de Bordeaux, fit construire et consacra une église, comme nous l'apprenons de saint Paulin lui-même; ce qui donne à penser que ce lieu étoit anciennement une dépendance du diocèse de Bordeaux. » (*Variét. bord.*, t. II, p. 281.)

Ailleurs (t. III, p. 215) Baurein affirme positivement que le « lieu de Langon faisoit partie du diocèse de Bordeaux » ; il rapporte à cet endroit les lignes suivantes de M. D'Anville (*Notice des Gaules*, au mot *Alingo*) : « Quoique Langon soit du diocèse de Bazas, on voit, par quelques lettres de saint Paulin, que l'église de ce lieu étoit confiée aux soins des évêques de Bordeaux. »

Enfin, l'auteur des *Variétés bordeloises* revient sur la même question dans la notice spéciale qu'il consacre à la ville de Langon (t. III, p. 219); puis il se demande comment et à quelle époque Langon fut détaché du diocèse de Bordeaux. « Fut-ce lors de l'érection de la ville de Bazas ou au temps des guerres qui régnoient dans cette province entre les François et les Anglois ? » Bien que plusieurs paroisses aient été réunies au diocèse de Bazas pendant la guerre de Cent ans, « on est assez porté à croire, ajoute Baurein (*op. cit.*, p. 221), que le démembrement de la ville de Langon a précédé ces temps de guerre pendant lesquels les autres peuvent avoir été opérés. »

Langon relevait de temps immémorial du Chapitre de Saint-Seurin. « On suppose, dit O'Reilly (*Essai sur l'Hist. de la ville et de l'arrond. de Bazas*, p. 383), que saint Paulin, en partant pour l'Espagne, laissa au clergé de Saint-Seurin de Bordeaux ses droits sur le bourg de Langon. » Ce Chapitre n'y renonça que dans la

defunt[1]. Le Dioceze de Bourdeaux fait commemoraison de ce S. Archevesque la veille de Noël, le 24. jour de Decembre[2].

seconde moitié du XIIe siècle; encore voulut-il, en les cédant à la famille de Garcies, évêque de Bazas, faire constater par une redevance annuelle son antique suzeraineté.

On lit, en effet, dans la *Chronique bourdeloise :*

« En 1170, le Chapitre et Chanoines de l'église S. Seurin baillent à foy et hommage à Armand Garties et aux siens la ville de Lengon, à la charge de leur payer annuellement le jour des Rameaux, douze bonnes lamproyes. » (Delurbe, *op cit.*, f° 14 v°.)

Consulter pour l'histoire de Langon : D'Anville, *Orbis Romanus ;* — Sidon. Apoll. ; — Baurein, anc. édit., t. VI ; nouv. édit., t. III, p. 215 et suiv.; — O'Reilly, *op. cit.*, ch. XXIV, p. 380, etc., et surtout *Archiv. départ. de la Gironde*, l'*Inventaire sommaire des Archives communales antérieures à 1790*, dressé par M. Ducaunnès-Duval, ainsi que la *Collection Goua.*

1. Ce frère avait été, comme Paulin, baptisé par saint Delphin de Bordeaux ; impliqué dans une affaire malheureuse, il mourut en prison sur la terre d'exil. Dans ces pénibles conjonctures, Delphin avait écrit à Paulin une lettre de condoléance à laquelle celui-ci répondit par l'épître dont parle Lopès. On y voit percer plus d'une allusion à la catastrophe dont venait d'être victime la famille de l'évêque de Nole. Les biens de son frère avaient été confisqués. Paulin attribue à l'intercession de saint Félix le bonheur de ne s'être pas vu lui-même enveloppé dans cette disgrâce. Au milieu de tant d'épreuves, une sœur qu'il aimait tendrement, fut, pour saint Paulin, l'ange de la consolation. Le saint parle d'elle dans ce petit poème découvert en 1828, à Rome, par Angelo Maï :

Captivus extris extùnc germanus in oris
  Est meus, afflicto pectore, nudus, egens.
Illius in patriâ conjux miseranda, per omnes
  Mendicat plateas, ore tremente, cibos.
Quatuor hâc turpi natos sustentat ab arte,
  Quos vix pannuciis, queis valet, illa tegit.
Est mihi quæ primis christo sacrata sub annis,
  Excubat, egregiâ simplicitate soror.
Hæc, sub sorte pari, luctum sine fine retentans,
  Privata est oculis jam propè, flendo, suis.

(*Classici Aut. e vatic. cod. editi Romæ* 1828, t. V. p. 380.)

2. La fête de saint Delphin ne se célèbre plus dans le diocèse la veille de Noël, mais le 22 décembre. (Voir *Propr. diœc. Burdig.*)

Lopès n'assigne aucune date à la mort de saint Delphin. Le *Gall.*

II. Jamais la Ville de Bourdeaux ne fut plus feconde en sçavans personnages qu'au temps de ce grand Prelat. C'est soubs luy que fleurissoient Minervius, Delphidius, Herculanus, Arborius, et plusieurs autres qui professoient à Bourdeaux les belles Lettres [1], et dont le fameux Ausone,

AUSONE BOURDELOIS.

Tiré de la *Vie d'Ausone*, par A. THEVET, liv. VI. (Collection CHAULIAC.)

christ., t. II, col. 788, indique l'année 404. « S. Delphinum ad » Dominum migrasse an. 404 existimamus. In sacris diptychis habet » locum et in Martyrologio Romano ubi legitur : *Burdigalæ* » *S. Delphini episcopi qui Theodosii tempore claruit sanctitate* »

1. Cette liste est extraite de la nomenclature des professeurs bordelais au IVe siècle. (V. dans D. Devienne, *op. cit.*, 3e part., p. 189 et suiv. quelques détails sur ces professeurs et sur d'autres.) Delurbe (*Chron. bourd.*, fo 6) parle en ces termes de la pléïade littéraire au centre de laquelle brillent Ausone et saint Paulin. « Puis Constantin

aussi natif de Bourdeaux, a fait les Eloges, **AUSONE**[1], dis-je, qui fut choisi pour l'instruction de l'Empereur

iusques au temps d'Honorius empereur, Bourdeaus a fleury en personnes signalées et recommendables en lettres et en armes, desquels aucuns sont parvenus à tres grandes dignitez, autres faisans profession des lettres, les ont enseignées à Bourdeaus ou en autres endroicts de l'Europe avec grand honneur. »

1. Decimus Magnus Ausonius naquit à Bordeaux en 309, et mourut vers 394. Après avoir étudié le latin et le grec sous des maîtres distingués dans sa ville natale, il alla compléter son éducation à Toulouse sous la direction de son oncle, Magnus Arborius. De retour à Bordeaux, il y fut avocat, puis professeur de grammaire et de rhétorique. Sa réputation le fit appeler à Trèves par l'empereur Valentinien qui le nomma précepteur de son fils Gratien. Successivement comte du palais, questeur, préfet d'Italie et d'Afrique (377), préfet des Gaules (378) et consul (379), Ausone eut une existence heureuse et honorée qu'il termina dans l'une de ses maisons de plaisance, près de Bordeaux.

Ausone était-il chrétien? D. Devienne l'affirme; l'abbé Souiry (*op. cit.*, t. II, p. 15, *Recherches historiques sur la croyance religieuse d'Ausone*) ne se prononce pas; mais, tout comme M. Rabanis, il semble pencher vers l'opinion contraire. La dissertation de l'abbé Gorini (v. *Défense de l'Église*, etc., t. I, p. 185) ne permet guère plus d'élever un doute sur le christianisme du grand poète bordelais.

Les ouvrages qui restent d'Ausone sont les suivants : *Epigrammatum liber*; — *Ephemeris*; — *Parentalia*; — *Professores* (notice sur les professeurs de Bordeaux); — *Epitaphia Heroum*; — *Tetrasticha*; — *Claræ urbes (Éloges des cités illustres)* en particulier de Bordeaux, dont il dit :

O patria, insignem Baccho, fluviisque virisque....

Ludus septem sapientium; — *Eclogarium*; — *Gratiarum actio pro consulatu*; — *Periochæ*; — *Epistolæ*; — *Idyllia* (on y remarque surtout le poème sur la Moselle); — *Cupido cruci affixus*; — *Ausonii villula.*

Les œuvres d'Ausone furent imprimées d'abord avec les centons de Proba et les Eglogues de Calpurnius (Venise, 1472, in-f°). La première édition séparée fut celle de Ferrari (Milan, 1490, in-f°). Celle qui comprit la première tous ses ouvrages existants fut donnée par T. Ugoleto (Parme, 1499, in-4°). Le texte fut considérablement amélioré dans celle de Ph. Junte (Florence, 1517, in-8°). Les meilleures éditions sont celles d'Élie Vinet, *Burdigalæ apud Sim.*

Gratian, et que son erudition esleva, non pas à l'Episcopat[1], comme l'a écrit Robert, mais à la dignité Consulaire.

C'est aussi au temps de S. Delphin, que mourut S. ROMAIN, Prestre, à Blaye, aux funérailles duquel se trouva S. Martin, au rapport de S. Gregoire de Tours[a], qui dit avoir ressenti la vertu de son intercession dans un

a Gregor. Turon. de glor. confes. c. 46.

Millangium. On en compte trois parues successivement à Bordeaux en 1575, en 1580 et en 1590. (Cette dernière ne vit le jour qu'après la mort de Vinet, arrivée en 1587.) L'édition de Genève (*typis Jacobi Stoer,* 1595, 2 vol. in-12) : le second volume contient les notes et commentaires de Scaliger, Turnèbe, Junius, Canterius, Juste Lipse et Vinet sur Ausone); de Souchay, *ad usum Delphini* (Paris, 1730, in-4°); de Wernsdorf, dans ses *Poetæ latini minores;* de R. Dezeimeris, *A propos d'un manuscrit d'Ausone* (*Ann. de la Faculté des lettres,* juill.-octob. 1882, p. 313 et suiv.); Schenk (*Auson., Monum. hist. Germ.*)

Ausone a été traduit en français par l'abbé Jaubert (Paris, 1769, 4 vol. in-12), et par M. Corpet, dans la bibliothèque Panckoucke (1843, 2 vol. in-8°).

On peut consulter sur la vie et les œuvres d'Ausone : *Histoire littéraire de la France,* t. I; — Bayle, *Dictionnaire historique et critique;* — Amédée Thierry, *Ausone et la littérature latine en Gaule au* IVe *siècle* (Thèse, 1829, in-4°); — De Puymaigre, *Vie d'Ausone* (s. d., in-8°); — Demogeot, *Études historiques et littéraires sur Ausone* (thèse, Bordeaux, 1837, in-8°); — O'Reilly, *Histoire de la ville de Bazas* (Bazas, 1840, in-8°); — l'abbé Gorini, *Défense de l'Église* (éd. de 1872, t. I); — l'abbé Lagrange, *Histoire de saint Paulin* (Paris, 1877, in-8°), etc.

1. D. Devienne (*op. cit.,* 3e part., notes) voit dans cette opinion absolument erronée d'ailleurs, sur l'épiscopat prétendu d'Ausone, une preuve de plus qu'Ausone était chrétien. « Le christianisme d'Ausone, dit-il, a toujours passé pour un fait si constant, que Trithème et plusieurs autres écrivains ont cru qu'il avait été évêque de Bordeaux, et que, dans quelques éditions de ses œuvres, il est représenté revêtu des ornements pontificaux, ce qui, à la vérité, prouve moins la certitude du fait qui est dénué de fondement, que l'idée qu'on avait de la religion de ce poète. » Selon Baurein (*op. cit.,* t. IV, p. 209) la gloire d'Ausone est d'avoir été le maître de saint Paulin.

peril de naufrage[1]. Mais le plus riche ornement de la Ville de Bourdeaux, en ce temps fut S. PAULIN, d'une famille Patricienne et Consulaire de la Ville de Rome, qui fut luy mesme Consul[2], et qui ayant esté eslevé aux belles Lettres par le grand Ausone[3], de Payen qu'il estoit, fut éclairé des lumieres de la Foy, et fut baptizé comme nous avons dict, par nostre S. Delphin : et s'estant apres son baptesme retiré en Espagne, sa grande vertu estant reconnuë, il fut promeu au Sacerdoce dans la Ville de Barcelone, par les desirs de tout le peuple[4]. De là estant venu en Italie, à la Ville de

1. Le Saint rapporte en effet (v. *de Glor. confes.*, c. 46) que, grâce à l'intercession de saint Romain, il aborda sans encombre en face de Blaye. — *Ut... ad ripam alteram, sine periculo simus devecti.* — S'il faut en croire une tradition médocaine, pour laquelle notre ami M. l'abbé Coste donnerait sa vie, le nom de Soussans *(Salvus sanus)* attribué depuis cette époque au territoire dont M. Coste est aujourd'hui le curé, rappellerait le miracle opéré par saint Romain en faveur de Grégoire de Tours.

2. « Ausone semble dire, remarque l'abbé Souiry (*op. cit.*, t. I, p. 58), que Paulin avait été promu au consulat avant lui :

« Quanquàm et fastorum titulo prior, ét tua, Romæ
» Præcessit nostrum, sella curulis, ebur. »

(Epist. XX.)

« Cependant, ajoute le même auteur, le nom de Paulin ne se trouve pas dans les fastes consulaires. Le père Pagi en a conclu qu'il n'avait été que consul honoraire. Cette assertion est contredite par Paulin remerciant saint Félix de ce que, par son intercession, il n'avait condamné personne à mort pendant son consulat :

« Teque meam moderante manum, servante salutem,
» Purus, ab humanæ cædis discrimine, mansi. »

(Muratori, *Œuvres de S. Paulin,* Dissert. IX, p. 815 et 816; Vérone, édit. 1736.)

3. Le vieux maître avouait ingénument la supériorité de son disciple Paulin dans la poésie :

« Cedimus ingenio, quantùm præcedimus ævo,
» Assurgit musæ nostra camæna tuæ. »

(Epist. XX, num. 469.)

4. L'ordination de Paulin eut quelque chose d'insolite et même d'étrange; le Saint raconte, dans une lettre à saint Amand, que

Nole, il en fut fait Evesque, et y vescut[1] jusqu'à l'année 431. Sa vie[a] a esté fort doctement escrite sur ses Epistres, et sur les Escrivains de son temps, qui en ont tous parlé avec Eloge : comme S. Hierome en Orient, S. Augustin en Afrique, S. Ambroise en Italie[2]. Il ne faut que lire ses

a Heribertus Rosweidus ab amico concinnatam in lucem edidit.

l'an 393, le peuple de Barcelone l'apercevant dans l'église, le jour de Noël, se jeta subitement sur lui et le présenta à l'évêque Lampius pour qu'il le promût au sacerdoce. — *Vi subitâ, invitus, quod fateor, adstrictus, et, multitudine strangulante, compulsus.* (Ad Amand. *Epist. II.*) — Paulin résista d'abord; mais, comme il l'écrit à Sévère, il consentit ensuite à se laisser ordonner, à la condition de rester libre de tout engagement vis-à-vis de l'église de Barcelone. — *In Barcinonensi Ecclesiâ abductus sum, ut ipsi Ecclesiæ non alligarer.* (Ad. Sever. *Epist. I.*) — L'ordination de saint Paulin ne fut donc pas forcée, et sa validité ne pouvait être révoquée en doute. (Voir à ce sujet Souiry, *op. cit.*, t. I, p. 66, une réfutation de la thèse soutenue par M. Rabanis, dans un écrit intitulé : *Saint Paulin de Nole.*)

1. L'abbé Souiry (*op. cit.*, t. I, p. 70) retrace dans les lignes suivantes, d'après les auteurs du temps et les œuvres de saint Paulin, la vie de l'évêque de Nole à l'ombre du tombeau de saint Félix :

« Le tombeau de saint Félix était à un quart de lieue de Nole, il formait presque une petite ville. Saint Paulin occupait près de l'église un long bâtiment à deux ailes et à deux étages divisés en cellules. L'aile opposée à celle où il résidait avec les ecclésiastiques était destinée aux personnes du monde qui avaient besoin de séjourner plusieurs jours à Nole; il appelle cette habitation *une cabane*. Un petit jardin en dépendait, mais il était si stérile, qu'à peine pouvait-on en obtenir quelques rares légumes. Il y avait encore un petit verger d'où on entrait, par une porte particulière, dans l'église de Saint-Félix. C'était là tout ce qui lui restait des immenses propriétés qu'Ausone appelle *des royaumes.* »

Son ami Sulpice Sévère, apprenant qu'aucun cuisinier « ne voulait, dit-il, consacrer ses talents à préparer les ragoûts insipides dont se contentait Paulin », lui envoya un jeune serviteur de sa propre maison : « il en sait assez, lui écrivait Sévère, pour faire cuire des fèves, assaisonner au vinaigre d'affreuses betteraves et préparer une méchante bouillie. »

2. Ambr., ep. 30; — Hieron. ad Julian, epist. XXIV; — August., epist. 149; — Sidon. Apol., carm. 22; — Gregor. Turon., *Confes. lib.*, cap. 107. — Consulter sur la vie et les écrits de saint Paulin :

Epistres, et ses Poëmes, pour y reconnoître son sçavoir[1], son eloquence, sa douceur, et son entier detachement des choses de ce monde[2] : mais sur tout son ardente charité,

Lagrange, *Hist. de saint Paulin de Nole,* avec portrait du saint et plan de ce qui reste des basiliques Pauliniennes, 2 vol. in-12 jésus; — Sulp. Sev., *de Vitâ S. Mart.*, c. 26; — Baronius, an. 394; — Auson., *Notes et Comment. de Vinet,* p. 465; — Bellarm., *lib. de Script. eccl.*, ad an. 420; — *Item* dans Migne, *Patrolog., cursus compl.*, l. LXI, p. 1100, la liste des manuscrits d'où sont tirées les éditions de ses œuvres, qui se composent (édit. Migne) de 51 lettres et de 35 pièces de poésie.

1. S. Augustin lui-même le consultait. (Ad. Paulin. epist. XXVII.)

2. Il donna tous ses biens aux pauvres, ce qui lui attira les railleries de plusieurs. (V. Souiry, *op. cit.*, t. I, p. 63.) Au nombre des domaines de Paulin, qu'Ausone appelle *Regna Paulini,* se trouvait la fameuse villa d'*Ebromagus* qui a tant exercé la sagacité des érudits.

Où fut *Ebromagus?* Les auteurs de l'histoire du Languedoc croient la reconnaître dans un village du département de l'Aude, arrondissement de Castelnaudary, situé vers la source de la rivière de Lers, appelé *Ebromagus* dans les anciens itinéraires, et aujourd'hui *Vibram.*

M. Rabanis croit l'avoir trouvée à *Branne.*

Vinet soupçonnait jadis qu'*Embraud,* aujourd'hui *Braud,* situé dans le canton de Saint-Ciers-Lalande, aurait bien pu être cette introuvable villa.

Joseph Scaliger, Dom Devienne et Nicolas Sanson, placent *Ebromagus* à Bourg.

L'abbé Souiry (*op. cit.*, t. I, p. 155) expose et discute ces diverses opinions.

L'abbé Larrieu se prononce en faveur de Langon.

M. L. Drouyn pense que M. Dezeimeris a résolu le problème dans sa *Note sur l'emplacement de l'Ebromagus de saint Paulin,* (broch. in-8°) :

« Nous ne chercherons pas, dit-il, à réfuter l'opinion de ceux qui se fiant à des ressemblances de noms, ont avancé que Branne était l'*Hebromagus* de saint Paulin; certains auteurs modernes l'ont fait avec succès, mais aucun aussi victorieusement, à notre avis, que notre ami M. R. Dezeimeris qui, dans une savante dissertation publiée naguère dans les *Actes de l'Académie de Bordeaux,* a non seulement mis à néant toutes les rêveries anciennes sur cette question, mais encore découvert le lieu très probable (Loupiac) où se trouvait *Hebromagus.* » (L. Drouyn, *Variét. girond.*, 1er fasc., p. 30, note.)

qui l'obligea, tout Evesque qu'il estoit, de se mettre à la place d'un fils d'une pauvre Vefve, que les Wandales amenoient esclave. S. Gregoire le Grand[a] raporte cette action, et comme ayant esté reconnu par le gendre du Roy des Vandales qu'il servoit en Afrique en qualité de Jardinier, il fut honorablement renvoyé par ce Prince dans la Ville de Nole, avec tous ceux qu'on peut trouver, qui avoient esté amenés esclaves de son Evesché[1]. L'Eglise en celebre la Feste le 22. du mois de Juin.

a Gregorius lib. 3. dial. c. 1.

Ubi Maximus oppidum Treverorum victor ingressus est, ingerit *(Ithacius Episc.)* preces plenas in Priscillianum et socios ejus invidiæ atque criminum, quibus permotus Imperator datis ad præfectum Galliarum atque ad Vicarium Hispaniarum literis, omnes omnino quos labes illa involverat, deduci ad synodum Burdigalensem jubet. *Sulpic. Sev. l. 2. hist. sac.*

Arcadio et Bautone Consulibus, Priscillianus in synodo Burdigalensi se damnatum intelligens ad Imperatorem Maximum provocavit. *Prosper in chron. ubi et ait urbicam mulierem Burdig. Pricilliani discipulam ob pertinaciam impietatis vulgi lapidibus extinctam. Incidit ille consulum annus in annum Christi 385. non 387. ut notavit Lurbæus qui et fingit S. Martinum illi Concilio præfuisse.*

Meminerimus nos ab utero terræ et cognationis nostræ segregatos, Delphini filios esse factos, ut efficeremur illi pisces qui perambulant semitas maris. Meminerimus te non solum Patrem sed et Petrum nobis esse factum, quia tu misisti hamum ad me profundis et amaris hujus sæculi fluctibus extrahendum, ut captura salutis efficerer, et cui vivebam naturæ morerer, ut cui mortuus eram viverem Domino. *Paulinus ad Delphinum Episc. 2.*

Petimus ut paterna affectione compatiens huic nostro dolori meminisse digneris et illum [Fratrem] quondam spiritualem tibi filium gratia Dei fuisse progenitum, et ideo tuæ specialiter curæ hanc esse causam, ne pietatem tuam, quæ nobis filiis gloriabatur, dilapidatæ hæreditariæ portionis substantia confundamus, sed potius ut orationibus tuis condonetur tibi, ut et illius animam vel de minimo sanctitatis tuæ digito distillans, refrigerii gutta respergat. *Id. ad eundem epist. 5.*

1. Souiry (*op. cit.*, t. I, p. 23) rejette le récit de saint Grégoire. Bernard Automne, dans son *Commentaire sur les Coustumes générales de la ville de Bourdeaus* (in-4°, J. Millanges, 1621, p. 603), oppose la conduite de saint Paulin à celle des matrones romaines « qui battoient leur fille de chambre parce qu'elles leur ont laissé un poil plus long que l'autre. Bon Dieu ! quelle vanité, s'écrie-t-il, Paulin, gentilhomme bourdelois, estima plus grand mérite d'estre serviteur que maistre, s'estant vendu pour racheter quelques captifs. »

S. AMAND III. ARCH.

S. AMAND fut le successeur de S. Delphin, dans l'Eglise duquel il avoit fait les fonctions de Prestre durant sa vie[1]. Il ne prit sa place qu'aprés l'année 398. Car la seconde lettre[2] de S. Paulin à S. Delphin fait mention du bon accueil[3] qu'il avoit receu du Pape Anastase, qui ne tint le siege qu'aprés le Pape Siricius, l'an 398[4]. Il y eut une grande union entre luy et S. Paulin, qui luy escrivit six de ses Lettres, et tesmoigne dans la 2e. comme dés son enfance, il avoit esté instruit dans la connoissance des Sainctes Escritures, et avoit conservé sa pureté[5]. Ses merites le rendirent un

1. Priusquàm ad episcopatum accederet, à S. Delphino presbyter ordinatur, et instituitur ecclesiastes, meritò quidem, in sacris enim litteris à puero fuerat institutus. (*Gall. christ.*, t. II, col. 789.)

2. Cette lettre est la quatrième dans l'édition donnée par l'abbé Souiry. Darras (*Hist. gén. de l'Église,* t. XI, p. 183) en reproduit le passage indiqué.

3. Voir le texte latin aux pièces justificatives, n° I, et pour la traduction, Souiry (*op. cit.*, t. I, p. 100).

4. Le pape saint Siricius mourut le 25 novembre 398. (Voir dans Baronius, t. VI, l'inscription en vers alexandrins qui avait été gravée sur sa tombe.) Anastase Ier, l'ami de saint Paulin, lui succéda.

5. Les six lettres de saint Paulin à saint Amand sont précieuses pour l'histoire. La deuxième nous apprend quelle part avait prise saint Amand à la conversion de Paulin et à son éducation chrétienne. L'appel que fait ce dernier aux lumières de l'évêque de Bordeaux prouve qu'Amand occupait un rang distingué dans l'épiscopat :

« ... Daignez, lui écrivait-il, nous communiquer, par vos lettres, l'instruction qui nous est indispensable, et que nous n'avons pas;

digne Successeur de S. Delphin[1], il gouverna son Dioceze avec tant d'approbation, qu'au rapport de S. Gregoire de Tours, il fut tenu durant sa vie pour un tres-digne deffenseur de la Foy, et de la Religion. Dieu luy envoya un Prelat qui fut comme son Coadjuteur durant sa vie, le glorieux S. Seurin, pour qui, dit le mesme S. Gregoire, il eut tant d'amour et de veneration, qu'il le voulut substituer à sa place[2]. S. Seurin estant decedé, apres quelques

nourri des leçons de la foi et de la bonne doctrine que vous avez puisée dès votre enfance dans la lecture des livres saints, soyez notre guide dans la voie de la perfection, alimentez-nous de la nourriture spirituelle... »

« ... Instruisez-nous, aidez-nous, exhortez-nous, affermissez-nous, comme si nous étions sous vos yeux, sous votre main. C'est par vos soins que nous avons été régénéré en Jésus-Christ, nous devons être l'objet spécial de votre sollicitude... » (*Épîtres à saint Amand,* traduct. de l'abbé Souiry.)

1. « Post mortem Delphini, communibus cleri populique suffragiis successor ei datus est. » (*Gall. christ.*, t. II, col. 789 B.)

2. Le *Gall. christ.* attribue la démission d'Amand, en faveur de Seurin, au découragement que causait à l'évêque de Bordeaux la corruption des mœurs dans cette ville : *At cùm corruptos populi mores frustrà emendare tentasset*, *de abdicando pontificatu cogitavit. (Ibid.)*

Les lignes suivantes de Salvien, dont nous empruntons la traduction à M. Ravenez (*Essai sur les origines religieuses de la ville de Bordeaux)* ne confirment que trop l'opinion du *Gallia :*

« Au lieu de se porter à l'amour de Dieu et de ses commandements, par la considération de tant de biens qu'ils lui doivent, les habitants de l'Aquitaine y ont trouvé une occasion de s'y livrer aux plus affreux excès. La capitale de la province de Bordeaux, surtout, s'est distinguée sous ce rapport. Pour ne pas parler de ces personnes dépravées, qui ont fait de la ville entière un lieu de débauches, tous les liens de famille, sauf un petit nombre d'exceptions, se sont relâchés. Les hommes se sont livrés à la corruption la plus effrénée ; les femmes les plus distinguées ont été traitées avec moins de respect que les femmes de la plus basse condition ; et on peut facilement comprendre ce que sont devenus, au milieu de ce désordre, les enfants et les esclaves. La corruption est générale ; un petit nombre d'hommes saints et excellents ont seuls pu y résister. »

années; S. Amand reprit sa charge, et continua de l'exercer fort saintement jusqu'à sa mort [1]. Le Dioceze de Bourdeaux en solemnise la feste le 18. du mois de Juin [2]. Son sacré Corps repose dans l'Eglise Collegiale de saint Seurin [3], non pas au Monastere de S. Germain lez Paris, comme de Lurbe l'a creu [4].

II. Au temps de saint Amand, vivoit SAINT EXUPERE Bourdelois, different de ce celebre Orateur de mesme nom, et de mesme païs, dont Ausone[a] a fait mention. Il avoit

a Inter professores Burdigal.

1. On ignore la date de sa mort, mais les auteurs du *Gallia* se demandent s'il ne vivait pas encore en 351, et s'il n'est pas cet Amand qui souscrivit la lettre synodale que les évêques des Gaules adressèrent à saint Léon.

Ipse est fortassè qui subscripsit epistolæ synodicæ præsulum Galliæ quam an. 451 ad S. Leonem primum miserunt. (*Gall. christ.*, t. II, col. 789.)

2. La fête de saint Amand se célèbre encore le même jour. La légende du Breviaire (v. *Proprium diœc. Burdig.*) est tirée *: ex Archiv. eccles. Burdig.*; — Greg. Turon., *Hist. Franc.*, lib. II; — *de Glor. conf.*, cap. 45; — *ex ant. manuscriptis.*

3. Le *Gallia christiana*, t. II, col. 789, reproduit textuellement cette affirmation de Lopès.

4. Voici le texte de Delurbe :

« 398. Sainct Amand succède à Delphin en l'evesché bourdeloise, » auquel Paulin a escrit plusieurs epistres, et duquel aussi Grégoire » de Tours faict mention. Sa mémoire est religieusement honorée » à Bourdeaus, jaçoit que ses reliques soyent au monastère de » Saint-Germain-lès-Paris. » (Del., *Chron. bourd.*, f° 7.)

Pour le lieu de la sépulture de saint Amand, voir encore t. I, p. 246, de la nouvelle édition de Lopès.

Le culte de saint Amand s'est répandu dans ce diocèse et dans les diocèses voisins. Citons parmi les sanctuaires placés sous son vocable :

1° L'église *Saint-Amand*, sur le territoire de Preignac, qui, « dans l'opinion de M. L. Drouyn, est la plus vieille peut-être du département. » (Cirot, *op. cit.*, p. 276.) Il n'en reste que des ruines (voir le dessin de M. Trapaud de Colombe, p. 106.)

Baurein, parlant de cette église, dit :

« On voit encore, dans cette paroisse, les murs d'une chapelle

esté Prestre, comme S. Amand, dans la mesme Eglise de Bourdeaux[1], comme il appert de la seconde lettre de

RUINES DE L'ÉGLISE DE SAINT-AMAND A PREIGNAC. — Dessin de M. TRAPAUD DE COLOMBE.

très ancienne située auprès de la petite rivière du Siron, qu'on sait, d'ancienne tradition, avoir été construite sous l'invocation de saint Amand. On ignore ce qu'elle peut avoir été dans le principe, et à quelle occasion et en quel temps elle a été détruite. » (*Var. bord.*, t. III, p. 164.)

2° *Saint-Amand de Gourgas*, sur le territoire de Saumos;

3° *Saint-Amand de Caudéran*;

4° *Saint-Amand de Vergt* (diocèse de Périgueux);

5° *Saint-Amand de Coly (ibid.)*;

6° *Saint-Amand* cant. d'Eauze (diocèse d'Auch), etc.

1. D'après une tradition recueillie par l'abbé Souiry (*op. cit.*, t. I, p. 125), saint Exupère n'était pas natif de Bordeaux : « Il y eut, dit l'auteur, au milieu du IVe siècle, quatre personnages qui portèrent le nom d'Exupère : un évêque de Cahors, un rhéteur, un prêtre de l'église de Bordeaux, un évêque de Toulouse. Catel, orateur toulousain, affirme que saint Exupère,

S. Paulin, adressée à S. Amand. Ensuite il fut appellé à l'Evesché de Toulouse, ou il vescut avec un esprit tellement Evangelique et desgagé de la terre; que S. Hierome le proposoit mesmes durant sa vie comme un exemple que l'on devoit imiter. Il rapporte encore de luy, qu'à sa consideration les Wandales ne saccagerent point la Ville de Toulouse, l'ayant prinse : et pour un tesmoignage de l'estime qu'il en faisoit, il luy dedia son commentaire sur le Prophete Zacharie. Le Martyrologe Romain fait mention de ce Saint, decedé le 23. de Septembre.

I. Sciat veneratio tua sanctum fratrem tuum Papam urbis Anastasium amantissimum esse humanitatis nostræ : nam ubi primum potestatem charitatis suæ nobis offerendæ habere cœpit, non solum suscipere eam à nobis, sed ingerere nobis piissima affectione properavit. Nam brevi post ordinationem suam epistolas de nomine nostro, plenas et Religionis et pietatis et pacis ad Episcopos Campaniæ misit, quibus et suum declararet affectum, et aliis benignitatis suæ præberet exemplum. Deinde nos ipsos Romæ, cum, solemni consuetudine ad Beatorum Apostolorum natalem venissemus, tam blande quam honorifice excepit. *Paulin. ad Delphin. Ep. 2.*

Scimus quia à pueritia ipsi [*Deo*] militans et sacris literis enutritus, nulla conversationis terrenæ et carnis labe pollutus invenisti gratiam in conspectu altissimi. *id. ad Amand. Ep. 2.*

Si hos videas dignos Domino Sacerdotes vel Exuperium Tholosæ, vel Simplicium Viennæ, vel Amandum Burdegalæ, vel Diogenianum Albigæ, vel Dynamium Engolismæ, vel Venerandum Arvernis, vel Alithium Cadurcis, vel nunc Pegasium Petragoriis, utcumquè se habent sæculi mala, videbis profecto dignissimos totius fidei Religionisque custodes. *Gregor. Turon. l. 2. hist. franc. c. 13. ex Paulino presbitero.*

Quem [*Severinum*] in tantum dilexit ac veneratus est Amandus Episcopus ut eum, in locum suum substitueret, ac ipse quasi junior habebatur. Denique post paucos annos, obiit beatissimus Severinus, quo sepulto Amandus Episcopus recepit suum locum. *Idem de gloria confess. cap. 45.*

II. Sanctus Exuperius Tholosæ Episcopus viduæ Sareptensis imitator esuriens pascit alios, et ore pallente, jejuniis fame torquetur alienâ, omnemque substantiam, Christi visceribus erogavit. Nihil illo ditius, qui corpus Domini, canistro vimineo, sanguinem portat in vitro, qui avaritiam ejecit è templo, etc.; hujus tu è vicino sectare vestigia, et cæterorum qui virtutum illius similes sunt, quos sacerdotium et humiliores facit et pauperes. *Hieron. Epist. 4. ad Rusticum in fine.*

Non possum absque lacrymis Tolosæ facere mentionem : quæ ut huc usque non rueret, Sancti Episcopi Exuperii merita præstiterunt. *Id. Ep. undecima ad Ageruchiam.*

évêque de Toulouse, dont Lopès fait un Bordelais, était né à Arreau, vallée d'Aure, aujourd'hui chef-lieu de canton, arrondissement de Bagnères (Hautes-Pyrénées). La tradition désigne en ce lieu la maison où il vit le jour. »

S. SEVRIN IV. ARCH.

S. SEVRIN, comme dit sa Legende, fut d'une famille illustre de Bourdeaux. Ayant esté esleu Evesque de Sens, il assista en cette qualité à un Concile de Cologne celebré contre l'Heretique Euphratas qui en estoit Archevesque, et nioit avec Photinus la divinité de Jesus-Christ. Cét Archevesque y fut deposé, et par les suffrages de tout le Concile, S. Seurin fut substitué à sa place. Il n'y a pas d'apparence, que le Concile de Cologne, par l'authorité duquel se fit cette substitution, soit le mesme, qui y fut tenu l'an 346. apres le consulat d'Amantius et d'Albinus, soubs le Pape Julius, parce que selon S. Gregoire de Tours, S. Seurin estoit encores Archevesque de Cologne l'année 402. que mourut S. Martin. Il auroit donc gouverné ce Dioceze l'espace de 56. ans. Adjoûtez l'âge de 30. ans qu'il devoit avoir suyvant les Canons pour estre sacré Evesque, et le temps durant lequel il gouverna l'Eglise de Sens. Le voilà bien âgé : et qu'apres tout cela, il vienne encores à Bourdeaux, qu'il en soit fait Archevesque, et qu'il en soit le Pasteur, comme nous dirons, durant quelques années : c'est en quoy je ne voids pas une grande apparence.

II. Il est donc plus à propos de dire, que la deposition d'Euphratas, et la substitution de S. Seurin se firent dans un second Concile, tenu en la mesme ville de Cologne, au raport de l'Abbé Tritheme l'année 375. Et si le nom de S. Seurin se trouve parmy les soubscriptions du premier Concile de l'année 346; il se peut faire, que l'ancien

Compilateur des Conciles, les ayant confondus tous deux, les souscriptions se sont pareillement confonduës : comme il est arrivé aux souscriptions du premier et du second Concile d'Arles, et aux Canons du premier et du second Concile de Vaison[a]. Binius a fait cette mesme reflexion, à laquelle je m'arreste, et continuant l'histoire de notre Archevesque, je diray suyvant sa Legende, qu'apres avoir longtemps gouverné le Dioceze de Cologne[1], il fut inspiré

a In notis in Synod. Agrip. sub Julio I.

1. On le voit, Lopès admet l'identité de saint Seurin de Cologne et de celui de Bordeaux; il a pour lui Surius, qui s'exprime en ces termes dans le *Sermo historicus,* etc. :

« Corroboratâ igitur et bene stabilitâ Dei gratiâ Coloniensi » Ecclesiâ, sanctus vir Severinus, in Dei opere indefessus, per » visionem monetur ut Burdigalense oppidum et partes Aquitaniæ » undè etiam claram traxisse fertur originem, cælestis lucri causâ » visitare non dubitaret. Quod statim, cognitâ Dei voluntate, licet » jàm senili gravaretur ætate, perficere aggressus est. »

(R. P. F. Laurentius Surius Carthusiæ Coloniensis professus, *de probatis sanctorum vitis,* t. IV, p. 358; *Sermo historicus et eruditus de Beatissimo Severino Coloniensi episcopo ex antiquis sanè mss. codicibus descriptus. Oct. 23.*)

Dans ces derniers temps la question s'est agitée à Bordeaux. M. Ravenez (voir *Congrès scientifique de Bordeaux*, 1861, t. I, p. 418) et Mgr Cirot (*op. cit.*, p. 226 et suiv.) tiennent également pour l'identité.

Le chanoine bordelais du Tems professait l'opinion contraire :

« L'usage de ces temps-là, dit-il, où les translations étaient insolites et le récit même de Grégoire de Tours (il s'agit ici de la vision de saint Amand) prouvent que saint Seurin de Cologne n'est pas le même que le successeur de saint Amand. » (*Le Clergé de France,* t. II, p. 187.)

Les Bollandistes (t. X d'octobre et 23e jour du même mois) se prononcent contre l'identité. Le *Gallia christiana* (t. II, col. 789) déclare que saint Seurin de Bordeaux diffère absolument de l'évêque de Cologne connu sous le même nom. — *S. Severinus qui prorsùs alius est à Severino, Coloniensi episcopo.* — Quelques lignes plus bas, il est moins affirmatif et se borne à dire, en discutant le passage de Surius, rapporté plus haut : « Cette opinion peut à peine se défendre au point de vue chronologique. » Puis il ajoute : « D'après

de revenir à son Païs natal. Il y fut reçeu fort honnorablement par S. Amand Archevesque, qui luy remit, par un avertissement du Ciel, la charge de son Troupeau, de laquelle s'estant dignement acquité durant quelques années, et voyant approcher l'heure de son deceds, il pria S. Amand de vouloir ensevelir son corps dans une Chapelle, qui portoit le nom de la tres-saincte Trinité [1], hors les murailles

l'estimation commune, Seurin monta sur le siège de Cologne l'an 346; en effet, son nom figure parmi les évêques des Gaules qui assistèrent au concile de Sardique. Étant évêque de Cologne, il apprit par révélation divine la mort de saint Martin. (V. *Liv. des Miracl. de saint Martin,* ch. IV) ; d'autre part, Amand ne parvint à l'épiscopat qu'après la mort de Delphin, c'est-à-dire l'an 404. Saint Seurin ne lui succéda qu'au bout de quelques années, ce serait donc après avoir été soixante ans évêque de Cologne, qu'à l'âge de plus de quatre-vingt-dix ans, il aurait pris son bâton de pèlerin — *solo baculo contentum* — pour se rendre à Bordeaux.

Ainsi tout se ramène à une question de vieillesse, question d'autant plus difficile à trancher, que la date de l'arrivée de Seurin à Cologne et celle de sa prise de possession du siège de Bordeaux, sont l'une et l'autre indécises. Delurbe, on l'a vu plus haut (*Chron. bourd.,* f° 7), fait commencer l'épiscopat de saint Amand à l'année 398, tandis que le *Gallia christiana* le retarde jusqu'à l'an 404. La solution de Lopès est peut-être la meilleure. En reportant l'avènement de Seurin à l'évêché de Cologne jusqu'au concile de 375, il rajeunit Seurin de vingt-neuf ans, de plus, il a pour lui la critique moderne qui révoque sérieusement en doute l'authenticité du concile de Cologne en 346.

Voir Harzheim, *Conc. Germ.,* t. I; — Binterim, *Pragmatische Gesch. den deutschen Concilien;* — Héfélé, *Hist. des Conciles,* t. II, p. 6, etc.

Quoi qu'il en soit, même en admettant les chiffres du *Gallia christiana,* est-il absolument impossible qu'un saint nonagénaire, investi, comme le fut Seurin, d'une mission providentielle, soit venu, dans une heure critique, gouverner passagèrement l'église de Bordeaux?

1. « Tunc venerabilis Amandus Episcopus, conveniente utriusque » sexûs innumerabili multitudine, susceptum sacratissimum corpus » cum clericis, in criptâ suæ ecclesiæ fecit honorabiliter sepeliri. » (Surius, *op. cit.,* p. 360.)

Sur l'oratoire de la Trinité, voir t. I, p. 246, et Cirot de La Ville

de la ville, ou est maintenant bastie l'Eglise S. Seurin, comme nous avons marqué à la premiere Partie.

III. S. Amand executa la volonté de ce Sainct, et ordonna, pour luy faire honneur, qu'à l'advenir celuy qui gouverneroit la Ville, prendroit sur son Autel les marques de commandement, et qu'avant d'aller à la guerre, si l'occasion s'en presentoit, il seroit obligé de venir prendre sur ce mesme Autel les armes qui devoient lui servir à la Bataille; et c'est ainsi qu'en usa Edoüard Prince de Galles, avant de s'acheminer à la journée de Poictiers, comme nous verrons. Cette Ordonnance de S. Amand a esté rapportée tout au long par Mrs de Scte Marthe, extraite des Archives de S. Seurin, et S. Amand y est qualifié Comte et Archevesque. S. Gregoire de Tours [a] asseure que le Prestre Fortunatus avoit escrit de son temps la vie de S. Seurin : mais cette Histoire ne se trouve point [1] . Comme

a De gloriâ confess. c. 15.

(*op. cit.*, p. 137). L'auteur de l'*Histoire de saint Seurin* croit avoir découvert des vestiges de la chapelle de la Trinité :

« Nous sommes parvenu, dit-il, jusqu'à l'oratoire : l'extraction d'un tombeau a mis à découvert au moins ses bases et va peut-être nous permettre de le reconstruire tout entier. » Dans les pages qui suivent, l'auteur relève en effet à nos yeux ce monument auguste où fut enseveli saint Seurin, et après lui saint Amand.

1. Les éléments de cette histoire sont conservés : 1° dans une *Vie de saint Seurin* d'après un manuscrit du XIIIe siècle (v. *Archiv. hist. de la Gironde*, t. I, p. 426-444) ; 2° dans le supplément à la *Légende dorée*, publiée à Cologne en 1483, f° 355 et dont nous avons parlé plus haut ; 3° dans Surius, *Vit. SS.*, 21 oct. ; 4° dans les Bollandistes, 21 oct. ; 5° dans Grégoire de Tours, *de Glor. confess.*, c. 45. Ce dernier rapporte qu'après avoir écrit ce qu'on trouve dans son livre de *Gloriâ confessorum* sur saint Seurin, il eut connaissance d'une Vie du même Saint par Fortunat. *Vitam hujus (S. Severini) posteà quàm hæc scripsimus, à Fortunato præsbytero scriptam cognovimus.* (*Op. cit.*, ch. 45.) Cette Vie est perdue, dit Lopès. « Ne l'avons-nous pas, se demande Mgr Cirot (*op. cit.*, p. 225), dans l'*Eucologe de saint Seurin*, avec les amplifications qu'exigeait son emploi dans l'*Office* et dont on était dans l'usage de revêtir les premières rédactions ? »

il y a une Eglise Collegiale de son nom dans un Faux bourg de Bourdeaux; il y en a pareillement une à Cologne, et dans cette ville repose la moitié de son sacré corps[1], que les habitans vindrent demander à Bourdeaux, quelque temps apres sa mort, et ne l'obtindrent qu'avec beaucoup de

ANCIENNE FAÇADE OCCIDENTALE DE SAINT-SEURIN
Dessin de M. MIALHE. (Com. des Mon. hist., an. 1847-18, p. 7.)

1. Des relations étroites et suivies existèrent dès les premiers siècles entre les Églises des bords du Rhin et celles du midi de la Loire. Maximin de Porters, saint Léonce l'ancien, saint Martin de Tours, saint Fortunat témoignent, suivant l'expression de Schmidt, « d'un remarquable commerce religieux entre la ville de Trèves et l'Aquitaine, depuis le IVe siècle jusqu'au XVIe. » — *Singulare quoddam inter Treviros et Aquitaniam à sæculo IV ad sæculum XVI exstitisse religionis commercium videmus. (Hist. de l'Eglise de Trèves.)* — Consulter, en outre, sur cette intéressante question Cirot (*op. cit.*, p. 229 et suiv.)

peine et de resistance, comme il est raporté d'un ancien Manuscrit. L'ayant amené chez eux, ils le prirent pour un de leur Patrons, avec tant de confiance dans son intercession, que pour marquer leur seureté à la presence de ses Sainctes Reliques, ils disoient, comme par un espece de proverbe, que *S. Seurin estoit à la maison.* Le Dioceze solemnise la Feste de ce Sainct le 21 jour d'Octobre.

I. Severinus Burdigalensis Antistes ex ejusdem loci nobilissima familia originem duxisse fertur. *Proprium sanct. Burdigal.*

Beatus Severinus Coloniensis civitatis Episcopus, vir honestæ vitæ per cuncta laudabilis, dum Die Dominica, loca sancta ex consuetudine, post Matutinos hymnos cum suis clericis circuiret, illa hora qua Beatus *(Martinus)* obiit, audivit chorum canentem in sublimi : « Dominus meus Martinus migravit de hoc mundo, et nunc Angeli canendo, eum deferunt in excelsum. » *Gregor. Turon. l. 1. de mirac. B. Martini. c. 4.*

II. Dum iter ageret *(Severinus)* et Ecclesiam Burdigalensem Amandus Episcopus regeret, apparuit ei Dominus in visu noctis, dicens, surge et egredere in occursum famulo meo Severino, et honora eum sicut honorari scriptura sancta docet amicum divinitatis. *Idem de glor. confes. c. 45.*

III. In nomine Patris etc. Notum esse omnibus Christianis volumus etc. Sanctus Amandus illo tempore Comes et Archiepiscopus Burdigalæ fuit, quando S. Severinus advenit, sed Angelo jubente utrumque et Archiepiscopatum et Comitatum S. tradidit Severino, ut sub illius esset dominio. Post S. Severini transitum, quem Sanctus Amandus, ipsius petitione, apud hunc sepelivit locum, ob reverentiam Sancti Confessoris, Sanctus Amandus huic loco hanc imposuit legem, ut quicumque Comes in hac patria institueretur, apud hunc locum ob honorem Sti Severini gladium super altare ipsius poneret, et cum vexillo et eodem gladio Comitatum à S. Severino reciperet, et per omne tempus, quidquid magni vel in pretio vel in alio negotio facturus esset, per authoritatem et licentiam talis Patroni faceret. Si sibi sit prælium contra quemque, ad Sanctum Severinum accedat, et ab eo accipiat licentiam, et ante ejus altare arma sua sumat, et tunc cum securitate victoriæ in prælium abeat. S. Severini protectus benedictione, et apud Dominum adjutus sua intercessione vere redibit cum victoria. *Ex Tabulario Eccles. S. Severini, apud Sammarthanos. to. 1. Gall. Christ. in Archiep. Burdig.*

Celeberrima S. Severini Translatio hac ratione contigisse narratur. Cum Colonia Agrippina, et omnis ille Ubiorum tractus ferme per triennium sterilitate periclitaretur, cœlo pluvias solitas non infundente, S. Evergisilus ejusdem sedis post beatum Severinum Antistes, tanquam alter Elias diu noctuque instans orationi, ut tanti mali solatium populo impetraret, divino instinctu monitus intellexit, quod provincia antiquo tutore suo Severino destitueretur, deque eo reducendo Colonienses ita parum viderentur solliciti. Re itaque deducta in consilium, cleri populique suffragiis legati selecti sunt, qui Burdigalam proficiscerentur, sacri Præsulis corpus, quasi cæleste depositum postulaturi. Ingrata admodum et molesta Burdigalensibus fuit ea legatio. Initio recusarunt penitus quod petebatur, atque etiam minis adhibitis jusserunt Colonienses finibus suis excedere, ni vellent sævientis populi vim experiri. Obstitere nihilominus constanter Legati, tandemque precibus obtinuerunt, ut adventus sui causa negotiique gravitas maturius discuteretur, ne divinis oraculis ex zelo sine scientia qui ad impietatem accederet viderentur adversari. Utrique igitur amice convenerunt ut, parte Reliquiarum Coloniensibus concessa, pars altera Burdigalensibus relinqueretur. Colonienses susceptas Reliquias cum incredibili lætitia reduxerunt et in B. Cornelii et Cypriani ecclesia, ubi nunc etiam coluntur, honorificè admodum reposuerunt. Porro eodem anno aëris facies plane immutata est. Tanta siquidem ubertas et rerum copia fuit, ut uno omnium ore Patronum rediisse, sedique restitutum ubique decantaretur : ex quo apud incolas abiit in proverbium, Sanctum Severinum domi esse : quod Leo III. Summus Pontifex, dum illac iter in Gallias faceret, et in eandem Ecclesiam oraturus intrasset, usurpasse memoratur. *Ex M. S. antiquis de Translat. S. Severini, in Prop. S. Burdig. diœcesis.*

S. GALLICIN. V. A.

Nous ne trouvons point le nom d'aucun Archevesque de Bourdeaux, depuis la mort de S. Amand, qui reprit sa charge[1], S. Seurin estant decedé, jusqu'à GALLICIN, duquel a fait mention Sidonius Appollinaris au l. 8 de ses Lettres[2]. Il y raconte, qu'il invita l'Orateur Lampridius[3] allant à Bourdeaux d'aller baiser les mains à l'Evesque Gallicin[4]. Comme c'est environ le temps de la grande persecution

1. On lit dans le *Gallia christiana,* t. II, col. 790 : « S. Amandus, » mortuo S. Severino, iterùm ad ecclesiæ Burdigalensis clavum » sedit, uti jam ex Gregorio Turonico retulimus. Ipse est fortassè, » qui subscripsit epistolæ synodicæ præsulum Galliæ quam an. 451. » Ad S. Leonem primum miserunt. »

Lopès n'assigne pas de date à l'avènement de Gallicin; le *Gallia christ.* (t. II, p. 790) le place vers l'année 474.

2. Sidoine Apollinaire (C. Sollius Apollinaris Sidonius), né à Lyon, vers l'an 430 (*Sid. Lib.* I, epist. 5 et 8, et Sirmond, *ad carm.* 17), devint évêque de Clermont vers l'an 473. (V. *Pagi Prolegom. ad dissert. Hyp.*, §§ 31 et 32.) Baronius, Sirmond, Tillemont, les frères Sainte-Marthe placent le commencement de son épiscopat à l'an 472. On a de lui neuf livres de lettres et vingt-quatre petits poèmes très utiles à consulter pour l'histoire du ve siècle. (V. sur Sidoine Apollinaire, L. Sandret, *Revue des Questions historiques,* 1er juil. 1882.)

3. « Lampridius, recteur et poète, occupait la chaire d'Ausone et de Paulin et soutenait la gloire de l'école de Bordeaux par son génie dont on vantait la facilité et l'abondance. » (Chaix, *S. Sidoine Apoll.*, p. 221.) — Voir aussi *Gallia christiana,* t. II, p. 785, et *Sidon. Apol.*, epist. IX, lib. VIII.)

4. Voir aux pièces justificatives le texte de la lettre de Fortunat à l'évêque Basile.

d'Euric ou d'Evarix Roy des Gots, qui, au raport du mesme Sidonius, fit mourir l'Archevesque de Bourdeaux, avec plusieurs autres Evesques de l'Aquitaine[1], il est asses apparent, que ce fut luy, qui fust la victime de cette persécution, que l'on marque estre arrivée environ l'année 475. Sidonius, qui vivoit en ce temps, escrit la desolation qu'elle causa à l'Eglise, non seulement par la mort de ces Saints Prelats, mais ayant encores empesché, qu'on ne leur substituast des Successeurs.

Sed si tecta negant ut occupata,
Perge ad limina mox Episcoporum,
Sancti et Gallicini manu osculata,
Tecti posce brevis vacationem.

Sidonius Apollinaris, epist. XI. lib. VIII.

Burdegalæ, Petragorii, Ruteni, Lemovices, Gabalitani, Helusani, Vasates, Convenæ, Auscenses, multoque jam major numerus civitatum, summis sacerdotibus ipsarum morte truncatis, nec ullis deinceps Episcopis in defunctorum officia suffectis, per quos utique minorum ordinum ministeria subrogabantur, latum spiritualis ruinæ limitem traxit, quam fere constat, sic per singulos dies morientium Patrum proficere defectu, ut non solum quoslibet Hæreticos præsentium, verum etiam hæresiarchas priorum temporum potuerit inflectere : ita populos excessu Pontificum orbatos, tristis intercisæ fidei desperatio premit, nulla in desolatis cura diocesibus parochiisque. *Idem Ep. 6 l. 7.*

1. Le *Gallia christiana* (t. II, col. 791) adopte l'opinion de Lopès qni fait de Gallicin un martyr. « Ex iis autem non temerè conji» cimus S. Gallicinum in hâc Evarici Gothorum regis persecutione » quæ, ad an. circiter 475 pertinet, martyrio vitam finiisse. »

Delurbe dit de son côté (*Chron. bourd.*, f° 8 v°) : « Les evesques de Guyene sont presque tous meurtris par les dicts Gots : du nombre desquels, ainsi qu'escrit Sidonius, fust l'evesque de Bourdeaus sous Eteoriges leur Roy, *Gallicinus* evesque de Bourdeaus. »

L'abbé Sabathier (v. Ravenez, *op. cit.*) essaie d'établir que « Gallicin n'est point l'évêque martyrisé par les Visigoths. »

AMELIUS VI.[1] A.

Le siege ne fust pas sitost rempli apres la mort de Gallicin, pour l'empeschement qu'y apportoit la persecution d'Euric. Mais ce Roy estant mort environ l'année 484..la persecution cessa, et l'Eglise eut la liberté d'eslire ses Pasteurs. Le premier qui fut esleu, apres

1. Le *Gallia christiana* (t. II, col. 792) place Amelius après Cyprien. La plupart des historiens sont en désaccord pour établir la succession des archevêques de Bordeaux jusqu'à saint Léonce II; il ne faut pas s'en étonner, car nous sommes au plus fort de la persécution visigothe. Les sièges restent longtemps vides dans cette partie de la Gaule, et l'histoire se réduit pour nous à quelques vers de Fortunat. M. l'abbé Caudéran (*Hist. de S. Léonce,* p. 14) a réuni dans un tableau synoptique l'ordre adopté par Robert, Sainte-Marthe, Brower, Lopès et Lecointe relativement aux cinq premiers successeurs de saint Amand; nous mettons ce tableau sous les yeux du lecteur, en y ajoutant une sixième colonne pour le *Gallia christiana :*

ROBERT	Ste-MARTHE	BROWER	LOPES	LECOINTE	*Gall. christ.*
S. Léonce I.					
S. Gallicin.	S. Gallicin.	S. Gallicin.	S. Gallicin.	S. Gallicin. (vacance.)	*Gallicinus.*
	S. Léonce I.				
Amélius.	Amélius.	Amélius.	Amélius.		
		S. Léonce I.			
Cyprien.	Cyprien.	Cyprien.	Cyprian.	Cyprien.	*Cyprianus.*
				Amélius	*Amelius.*
			S. Léonce I.	S. Léonce I.	*Leontius I.*
S. Léonce II.	S. Léonce II.	S. Léonce II.	S. Léonce II.	S. Léonce II.	*Leontius II.*

Après avoir discuté fort judicieusement ces différentes opinions, l'historien de saint Léonce se rallie à celle de Lopès.

Gallicin, et dont nous avons quelque vestige dans l'antiquité, est AMELIUS[1], duquel a parlé Fortunatus au ch. 11. du 1. l. de sa poesie, où il rapporte, de quelle façon Leontius Arch. de Bourdeaux, avoit faict bastir l'Eglise de S. Denis dans le Dioceze[2], beaucoup plus grande, que celle, qu'avoit autrefois donné l'Archevesque Amelius ou Emelius, dont il estoit le successeur. Voici ses paroles.

Qui cupis egregii structorem noscere Templi,
Tam pia non patiar vota latere tibi.
Longius hinc olim, sacra cum delubra fuissent,
Et plebs ob spatium sæpe timeret iter.
Exiguam dederat hic Præsul AMELIUS arcem,
Christicolam populum nec capiente loco.
Quo vitæ claudente diem, pro lege graduque,
Venit ad hæredem hoc opus, hicque locus.
Fundavitque piam dehinc Papa Leontius aulam,
Obtulit et Domino splendida dona suo.
Quam venerandus habet propriam Dionysius ædem,
Nomine sub cujus sanctificata nitet.

Juxta lectionem Christoph. Browcri.

1. « Par sa naissance ou ses alliances, Amélius appartenait à l'illustre famille des Paulin et des Léonce. C'est Fortunat qui nous l'apprend en lui donnant un Léonce pour héritier naturel, *prole graduque.* » (Fortunat, liv. I, carm. XI.)

2. « On ne connaît dans l'ancien diocèse de Bordeaux que deux localités dont les églises aient saint Denis pour titulaire : Saint-Denis-de-Piles et Saint-Denys, *canton de Brannes.* Mgr Cirot attribuerait volontiers la fondation de Saint-Denis-de-Piles à l'évêque dont nous parlons. » (*Hist. de l'église Saint-Seurin*, p. 166.) — Voir aussi *Hist. de saint Léonce*, par H. Caudéran, p. 77 et suiv.

CYPRIAN. VII. A.

CYPRIAN fut le Successeur d'Amelius, contre le sentiment de Mrs de Scte Marthe[a], qui luy ont substitué Leontius I. fondés peut-estre sur ces derniers Vers de Fortunat, que l'Evesque Leontius avoit esté l'heritier du troupeau[b], et de la dignité d'Amelius. Ils ont dit pareillement apres Christophorus Browerus Jesuite, dans les Notes qu'il a faites sur Fortunatus, que c'estoit à luy à qui s'addressoit la lettre que Sidonius addresse à Leontius au l. 6. de ses Lettres, où il luy donne advis de sa promotion, et confesse qu'il est son inférieur à raison de son âge, et de sa vertu, et de son sçavoir, et du temps de sa promotion à l'Episcopat, et de la Ville qui luy estoit soubmise. Et si ce Leontius estoit l'Archevesque de Bourdeaux, c'est sans doubte qu'il faudroit le placer avant Cyprien, comme nous verrons. Mais voicy la raison qui m'oblige de le mettre apres Cyprien, parce que c'est ce Leontius, qui assista et soubscrivit au quatriéme Concile d'Orleans, celebré l'année 541. ainsi que je le monstreray en sa vie, et Cyprien estant Archevesque dés l'année 506. en laquelle il assista et souscrivit au Concile d'Agde, comme nous dirons; il faut donc qu'il soit placé avant ce Leontius.

II. Pour le passage de Fortunat, il ne faut point l'entendre du premier Leontius : mais du second, duquel Fortunatus exalte la Pieté, non seulement dans le Chapitre unziéme de ce livre : mais encores dans le 6, 9, 10, 12, 13,

a In Archiep. Burdigalens. — b Pro lege graduque venit ad heredem.

et autres du mesme livre; et s'il appelle le second Leontius l'heritier ou le successeur d'Amelius, il l'aura esté, non pas son proche successeur, ce que n'exprime point Fortunat : mais le premier de ses Successeurs, qui esleva une Eglise au lieu de celle qu'Amelius avoit fait eslever. Il est encores plus clair que ce Leontius, auquel Sidonius escrivit, n'estoit pas l'Archevesque de Bourdeaux. D'autant que les autheurs sont tous d'accord, que Sidonius fut sacré Evesque de Clermont en Auvergne, l'année 472. et Gallicin estant encores Archevesque de Bourdeaux l'an 474. par l'aveu mesme de Mrs. de Scte Marthe; comment pourroit Sidonius reconnoistre Leontius Arch. de Bourdeaux plus ancien Evesque que luy, comme il le reconnoist, puis que Leontius ne fut Archevesque par leur adveu qu'apres Gallicin, et qu'Amelius fut successeur de Gallicin ? Cela est convainquant aussi n'ont ils pas esté fermes dans leur sentiment, puisque dans la vie des Evesques de Frejuls en Provence, ils disent apres Savaron le commentateur de Sidonius, que cette lettre dont il a esté parlé, s'addressoit à Leontius, Evesque de la Ville de Frejuls. Mais il me semble que ce Leontius auquel cette lettre s'adresse estoit different de l'Evesque de Frejuls : parce que Sidonius lui confesse que sa Ville l'emportoit sur la Ville de Clermont, *Privilegio loci,* et la Ville de Frejuls en ce temps n'étoit point si considerable que la Ville de Clermont, qui estoit fort celebre dans les Gaules, et resista long temps à la puissance des Gots, pour l'Empire Romain, à qui elle estoit fort attachée. Tellement que ce Leontius, auquel Sidonius escrivit, n'estoit ny l'Evesque de Bourdeaux, ny celuy de Frejuls : mais c'estoit Leontius, Evesque d'Arles, qui fut sacré l'année 462. dix ans avant la consecration de Sidonius, et habitoit une ville pour lors plus considerable que la Ville de Clermont. Sidonius luy mesme l'a donné à connoistre, escrivant à Basilius Archevesque d'Aix, au liv. 7. de ses Epistres, et luy disant, qu'il estoit placé au milieu de trois saints Evesques, Leontius, Faustus, et Græcus, particulierement à raison de sa ville. Et comme la Ville d'Aix se trouve placée au milieu des trois Eveschez, d'Arles, de Riez, et de Marseille, Faustus estant pour lors Evesque de Riez, et Græcus de Marseille, il faut que Leontius soit l'Archevesque d'Arles, et c'est à luy à qui s'adressoit veritablement la lettre de Sidonius.

III. Ces difficultez estant de la sorte éclaircies, il n'est rien qui nous empesche de mettre apres Amelius, CYPRIAN, qui se trouva l'année 506. au Concile d'Agde, assemblé par la permission du Roy Alaric, qui regnoit encores dans cette partie des Gaules. Le Concile estoit composé de trente-cinq Evesques. Cæsarius [1] Archevesque d'Arles y presidoit. L'Eglise où ils s'assemblerent estoit consacrée soubs le nom de S. André, et les Peres du Concile apres y avoir prié Dieu pour le Roy et pour son Royaume, y ordonnerent 71. Canons pour la discipline Ecclesiastique, et nostre Cyprian y soubscrivit apres Cæsarius et avant Tetradius Archevesque de Bourges, qui assistoit au Concile, et qui ne soubscrivit qu'apres Clarus Metropolitain d'Euze. Cyprian fut encores plus consideré au Concile d'Orleans I. [2] assemblé l'année 511. par la volonté du Roy Clovis, apres la defaite et la mort d'Alaric,

1. Au commencement de l'épiscopat de Cyprien, vers 502, saint Césaire, d'Arles, accusé de détacher ses concitoyens du parti d'Alaric II, avait été exilé à Bordeaux, où Dieu fit éclater d'une manière miraculeuse l'innocence du primat des Gaules. (V. Baronius, *Annal. eccl.*, ann. 507.)

2. Le concile d'Orléans est l'un des plus importants de notre histoire.

La France catholique, délivrée du joug de l'arianisme par la défaite des Visigoths, se réunissait pour la première fois à l'appel et sous la protection de Clovis, qui joua dans cette circonstance le rôle de Constantin au concile de Nicée. (Voir. H. Caudéran, *op. cit.*, p. 72.)

Roy des Gots[1]. Trente trois Evesques y assisterent. On y resolut trente trois Canons, concernant la Police de l'Eglise, et Cyprian y presida[2], et y soubscrivit avant le mesme Tetradius, et trois autres Metropolitains, comme il se peut voir dans les Conciles de la France,, du sçavant P. Syrmond.

I. Etsi nullis hortantibus primordia nostræ professionis animatis, neque sitim ignorantiæ hactenus sæcularis, ullo supernæ rigatis imbre doctrinæ, non. ego tamen tantum mei meminens non sum, ut à meis præsumam partibus, æquali officiorum lance certandum. Nam cum nostra mediocritas ætate vitæ, tempore dignitatis, privilegio loci, laude scientiæ, dono conscientiæ vestræ, facile vincatur, nullum meremur, si par expectamus alloquium. *Sidonius Domino Papæ Leontio Epist. 3. l. 6.*

II. Tu sacratissimorum Pontificum, Leontii, Fausti, Græci urbe, ordine, charitate, medius inveniris. *Sidonius Domino Papæ Basilio Epist. 6. l. 7.*

III. *Post subscriptionem Cæsarii Arelatensis, in Concil. Agatensi.*
Cyprianus Episcopus de Burdigala Metropoli subscripsi.
Clarus Episcopus de Civitate Elusa Metropoli subscripsi.
Tetradius Episcopus de Biturica Metropoli subscripsi.
Ex Conc. Aurelian. 1.
Cyprianus in Christi nomine Episcopus Ecclesiæ Burdigalensis Metropolis Canonum statuta nostrorum subscripsi.
Tetradius Episcopus Ecclesiæ Bituricæ Metropolis subscripsi.
Licinius Episcopus Ecclesiæ Turonicæ Metropolis subscripsi.
Leontius Episcopus Ecclesiæ Elusanæ Metropolis subscripsi.
Gildaredus Episcopus Rothomagensis Metropolis subscripsi.
In Conc. Gall. Sirmundi.

1. Voir, sur la victoire de Clovis en Aquitaine, Delurbe, *Chron. bourd.*, f° 9); Baurein, *op. cit.*, t. II, p. 368; D. Devienne, *op. cit.*, 1re part., p. 13 et 14.

2. D'après le *Gallia* (t. II, col. 792), le fait d'avoir souscrit le premier les actes du concile, ne prouve pas que Cyprien ait été le président de cette assemblée. — *Hoc tamen non est certum præsessionis argumentum.*

LEONTIUS I. LE VIII. ARCH.

LEONTIUS Premier du nom, fut le successeur de Cyprian. Il estoit né d'une famille fort Noble[1], qui pour s'estre habituée à Bourdeaux, ne laissoit pas d'estre au rang des Senateurs de la Ville de Rome, comme l'a marqué Sidonius parlant d'un Leontius au

1. « La famille bordelaise des Léonce, dit l'abbé Caudéran (*op. cit.*, p. 88), était une branche de la grande famille Anicia, entée sur les Paulin. » M. Caudéran a cru pouvoir dresser comme suit la généalogie des Léonce et des Paulin :

FAMILLE SÉNATORIALE

issue des Scipion, des Paul, des Emile, des Pompée.

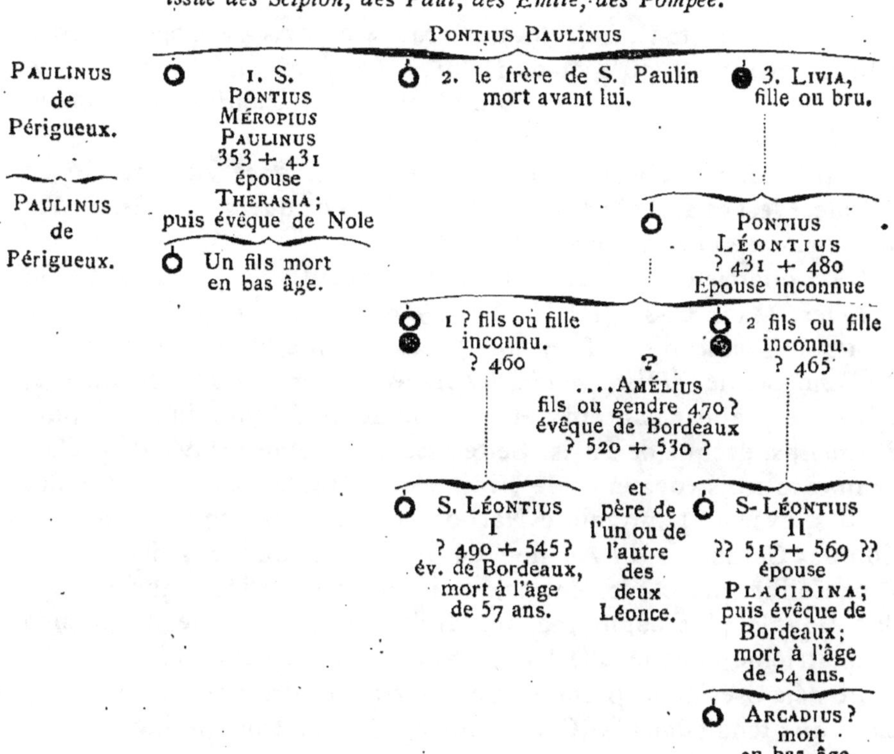

Livr. 8 de ses Epistres. C'est luy qui assista et souscrivit au 4e Concile d'Orleans, non pas Leontius II. comme l'ont escrit Messieurs de Lurbe et de Saincte Marthe[1]. Parce que ce Concile ayant esté tenu l'année 541. et Leontius y ayant presidé[2] et souscrit avant trois autres Metropolitains, le second Leontius estoit trop jeune, non seulement pour y tenir ce rang, mais encores pour y pouvoir assister, n'ayant pas encores atteint l'aage de trente ans, comme nous verrons, qui estoit necessaire à la dignité de l'Episcopat. Ce fut donc l'Ancien Leontius, qui presida à ce Concile, assemblé soubs le Pape Vigilius et soubs le Roy Childebert. 23.[3] Evesques y assisterent, qui firent 38. Canons, tous pour la Police Ecclesiastique. Il vescut 57. ans. Le supplement du Martyrologe de France rapporté par le Pere le Cointe, dit qu'on en celebre la memoire a Bourdeaux, le 21. du mois d'Aoust. Mais cela nous est inconnu, et son nom ne se trouve point dans nos Bre-

1. Le *Gallia* (t. II, col. 792), se range à l'avis de Lopès, contre celui de Sainte-Marthe et de Delurbe (f° 9 v°); il reconnaît que « cette opinion est plus vraisemblable. » — *Secundum opinionem verisimiliorem.*

2. Il n'est pas absolument certain que Léonce ait présidé ce concile. C'est, d'après le *Gallia (ibid.)*, l'avis de quelques-uns. — *Ex quorumdam sententiâ præfuit.*

3. Le quatrième concile d'Orléans comptait non pas 23 mais 38 évêques. (Voir C.-J. Héfélé, *Hist. des Conciles d'après les documents originaux*, t. III, p. 386.) Les absents furent représentés, dit Dom Ceillier (*Hist. génér. des Auteurs sacrés et ecclésiastiques*, t. XVI, p. 732) par 11 prêtres et un abbé nommé Amphiloque, député d'Amélius, évêque de Paris. Cette assemblée était formée de prélats venus des trois royaumes de France et de toutes les provinces des Gaules, excepté la première Narbonnaise qui était sous la domination des Goths. *(Ibid.)* Au lieu de 38 canons indiqués par Lopès, Dom Ceillier *(ibid.)* n'en donne que 32. Si l'on considère que, d'après l'opinion la plus commune, un archevêque de Bordeaux présida ce quatrième concile d'Orléans, comme l'un de ses prédécesseurs avait déjà présidé le premier, on pourra se faire une idée du rang élevé que tenait dans les Gaules notre église métropolitaine.

viaires nouveaux ny anciens[1]. Il est neantmoins constant qu'il fut orné de toutes les vertus qu'on pourroit souhaiter à un Evesque, et il ne se peut rien ajoûter à l'Eloge que Fortunatus en fit apres sa mort, comme une espece d'Epitaphe, que je rapporteray[2].

Leontioque
Prisco, Livia quem dat è Senatu.
Dic. Sidon. Apoll. L. 8. Epist. 11.
Ex Concil. Aurel. 4. apud Sirmundum in Conc. Gal.
Leontius in Christi nomine Episcopus Ecclesiæ Burdigalensis, consensi cum universis comprovincialibus meis.
Aspasius Episcopus Ecclesiæ Elosæ.
Flavius Rothomagensis Ecclesiæ Episcopus.
Injuriosus Episcopus Ecclesiæ Turonicæ.

EPITAPHIUM LEONTII EPISCOPI

ANTERIORIS BURDIGALENSIS CIVITATIS.

HOC recubant tumulo venerandi membra Leontii,
Quo stetit eximium Pontificale caput.
Quem plebs cuncta, gemens confusa voce requirit,
Hinc puer, hinc juvenis deflet et inde senex.

1. Cependant les Bollandistes (21 août), ainsi que le *Martyrologe gallican* de Du Saussay, le *Martyrologe universel* de Castellan, etc., le placent au rang des saints. Le *Supplément au Martyrologe gallican* le fait mourir dans le Rouergue, et la légende du *Propre* de Rodez mentionne l'église et le monastère du Rouergue qui lui sont dédiés. Les premières lignes du *Martyrologe* de Du Saussay permettent de croire qu'autrefois saint Léonce recevait les honneurs du culte dans la ville de Bordeaux. (Voir sur cette question H. Caudéran, *l'Aquitaine,* 10 mai 1879, p. 333.) Dans le n° du 29 mars, l'auteur, après avoir cité le texte de la *Légende* de Rodez, ajoutait : « que le lieu de la mort et de la sépulture de Léonce *l'Ancien* était Saint-Léons, dans le doyenné de Vezins et l'archiprêtré de Milhau. »

2. Le *Gallia christiana* (t. II, col. 792) ajoute à la biographie de Léonce un petit détail qui n'est pas consigné dans Lopès. « Cùm » videret basilicam quam Amelius ædificaverat, non posse capere » christianos, ampliorem construxit. » Du Tems (*le Clergé de France,* t. II, p. 188) mentionne le fait dans les termes suivants : « Trouvant trop petite l'église bâtie par son prédécesseur, il en fit construire une plus grande. »

Defensoris opem hîc omnis perdidit ætas.
Et quantùm coluit nunc lachrimando docet.
Nemo valet siccis oculis memorare sepultum,
Qui tamen in populo vivit amore pio.
Egregius, nulli de nobilitate secundus,
Moribus excellens, culmine primus erat.
Hic pietate nova cunctis minor esse volebat;
Sed magis hic meritis et sibi major erat.
Quo præsente viro, meruit discordia pacem,
Expulsa rabie, corda ligabat amor.
Ecclesiæ totum concessit in ordine censum,
Et tribuit Christo quod fuit ante suum.
Ad quem pauper opem, pretium captivus habebat.
Hoc proprium reputans, quod capiebat egens.
Cujus de terris migravit ad astra facultas,
Et plus iste Deo quam sibi vixit homo.
Cordis in amplexu retinens et pectore plebem,
Diceret ut populum se generasse Patrem.
Namque sua cives placidâ sic voce monebat,
Testareris ut hunc ad sua membra loqui
Ingenio vigilans, dives quoque dogmate Christi,
Et meruit studio multiplicare gradum,
Largior in donis absens sibi junxit amantes,
Et quo non fuerat munere, notus erat.
Principibus charus, hujus amor unicus urbis,
Festinans animis omnibus esse parens.
Lustra decem pollens septem quoque vixit in annos,
Mox urgente die, raptus ab orbe fuit.
Sed quis cuncta canat, cum tot bona solus habebat,
Nunc uno in Tumulo plurima vota jacent.

Fortun. Poëm. l. 4.

LEONTIUS II. LE IX.[1] ARCH.

LEONTIUS Second du nom fut successeur du premier. Fortunat le donne à connoistre, appellant le premier, au tiltre de son Epitaphe, *anterior Episcopus,* et le second au tiltre du sien, comme nous

1. Lopès dit, quelques lignes plus bas, d'après un texte de Fortunat, que Léonce était le *treizième evesque de la ville de Bourdeaux*; s'il l'inscrit ici sous le n° 9, c'est qu'il ne compte pas les évêques antérieurs à Orientalis. L'abbé Caudéran (*op. cit.*, p. 144) demande que Léonce le Jeune soit considéré comme le treizième évêque de Bordeaux; ce qui résulterait en effet de la nomenclature suivante:

1. S. Fortis, ailleurs *Sigibertus,* ou *S. Gilbert* (Delurbe), vers.... 71
2. ....
3. ....
5. Orientalis était évêque en.............................. 314
4. ?...........
6. S. Delphinus était évêque en.............................. 381
7. S. Amandus était évêque en.............................. 406
8. S. Severinus vers.............................. 420
(S. Amand meurt après lui.)
9. S. Gallicinus était évêque vers 463, meurt.............................. 475?
(Vacance du siège de Bordeaux).............................. 475?+500?
10. Cyprianus était évêque en.............................. 502
11. Amelius..............................
12. S. Leontius *Priscus* était évêque en.............................. 541
13. S. Leontius *Junior,* élu vers.............................. 545

« De la sorte, dit-il, les places vides se réduisent à trois, et même à deux, si, avec les plus anciens historiens, nous donnons la première place à saint Martial. Devons-nous espérer qu'un jour cette lacune sera comblée par la découverte de quelque monument inédit? Tant d'églises, même en Aquitaine, sont moins heureuses que Bordeaux, et pleurent leurs diptyques effacés!

» Mais, lorsque nous savons d'une manière précise que Léonce le Jeune est le treizième évêque de Bordeaux, pourquoi dans les catalogues ne pas s'en tenir à ce numéro d'ordre? »

verrons, *sequens Episcopus*. Le mesme Fortunat au 1. Livre de sa Poësie, dit qu'il estoit compté pour le treiziéme Evesque de la Ville de Bourdeaux, mais les noms de quatre nous sont inconnus. Encores n'y auroit-il point assez de quatre Evesques pour remplir l'intervalle du temps, qui a couru depuis S. Martial (que nous avons dit avoir esté envoyé en France par S. Pierre, et mort l'an 74. de nostre Seigneur) jusqu'à l'Evesque Orientalis, qui tenoit le Siege l'an 314. et depuis lequel jusqu'à nostre Leontius, nous avons compté jusqu'à neuf Archevesques. Il faut donc dire, ou que la succession des Evesques aura esté interrompuë durant les differentes et grandes persecutions, en telle sorte qu'il n'en y eust que quatre, depuis S. Martial jusqu'à Orientalis : ou que Leontius estoit le treiziéme Evesque de Bourdeaux, de ceux que l'on connoissoit pour lors : le temps, les persecutions, les ravages des Vandales et des Gots, ayant fait perdre le souvenir de tous les autres.

II. Quoy qu'il en soit, pour revenir à nostre Leontius, il estoit Natif d'Aquitaine, fils d'un Senateur Romain de la Noble famille des Leonces, comme son Predecesseur[1]. A la premiere entrée de son adolescence, au raport de Fortunat, il porta les armes soubs le Roy Childebert contre Amalaric Roy d'Espagne l'an 531. Espousa Placidine[2], descenduë des Empereurs Avitus, et Arcade. Estant esleu Archevesque de Bourdeaux, il print un grand soin du

1. Le Bréviaire actuel de Bordeaux et le Dictionnaire d'hagiographie portent qu'il vit le jour à Saintes : « *Apud Santonas natus est circà annum quingentesimum decimum.* » L'auteur de l'*Histoire de saint Léonce* combat cette assertion (p. 10 et suiv.), et pense que Léonce le Jeune naquit à Bordeaux.

2, Comme l'ont remarqué le *Gallia christiana* (t. II, col. 793, note A), du Tems (*op. cit.*, t. II, p. 189, note 1), et Fisquet (*la France pont.*, p. 39), Arcade, père de Placidine n'était pas l'empereur Arcadius, mais bien le petit-fils de Sidoine Apollinaire, ainsi que le prouve le tableau généalogique dressé par M. l'abbé Caudéran (*Histoire de saint Léonce*, p. 132).

restablissement et bastiment de plusieurs Eglises[1], en quoy il fut secondé de celle qui avoit esté son Espouse : mais

Fortunat a chanté l'union de Léonce et de Placidine :

« Ton amour, ô Léonce, m'oblige à prononcer le nom de Placidine, jadis ta chaste épouse, aujourd'hui ta sœur chérie.

» Fille d'Arcade, elle brille des reflets de la gloire impériale; elle est ton auguste rejeton, éloquent Avite, qui vis s'incliner devant toi ces faisceaux, les dominateurs du monde, Avite, dont la parole coulait plus douce que le miel.

» Chaste, paisible, modeste, active, pieuse, compatissante, Placidine possède les plus nobles qualités, et par Léonce, elle trouve richesse, honneur et tout ce qu'un cœur humain peut désirer ici-bas.

» Sa conduite, son esprit, ses bienfaits, tout en elle entoure le sexe d'une auréole de lumière; les trésors de son âme surpassent toute valeur.

» Que dirai-je davantage? N'a-t-elle pas toutes les grâces? Elle comble tes vœux en devenant ton épouse bien-aimée. » (Fortunat, *Miscell.*, l. I, c. XV.)

1. « In patriâ suâ, scilicet Mediolani Santonum, basilicam Deiparæ virginis ædificavit, âc ecclesiam sanctorum Martini, Bibiani, et Eutropii collapsam restituit. » (*Gall. christ.*, t. II, c. 793.)

Fortunat, qui vint en Aquitaine rendre visite à l'évêque Léonce, parcourut avec lui le diocèse de Bordeaux. Le poète célèbre les villas de Léonce et les églises que ce pontife venait de bâtir ou de restaurer. La basilique de Saint-Martin, les sanctuaires de Saint-Vincent-sur-Garonne, de Saint-Vincent de Vernemetis, de Saint-Eutrope, de Saint-Vivien de Saintes, de Saint-Nazaire, de Saint-Amand de Preignac, et de Notre-Dame de Puy-Paulin et de Soulac.

« Voyez sur les rives des deux grands fleuves resplendir les blanches murailles des vieux temples rebâtis, et rayonner aux feux du soleil les toits de métal aux faîtages d'or et d'argent. La vieillesse a fui. Les voilà dans toute la splendeur d'une florissante jeunesse. Renouvelés par tes soins, ô Léonce, ils te cherchent de leur sourire. Mais tu n'en avais pas encore fait assez; l'incendie a dévoré des monuments afin que, par ta gloire, ils fussent rebâtis avec plus de magnificence. La flamme ne leur a donc point causé le moindre dommage, puisque nous les revoyons aujourd'hui pénétrés, à l'intérieur, par les feux des verrières et des lampes. Vraiment, l'on croirait que leur désir avait appelé l'incendie, afin de renaître plus beaux par tes soins. Ainsi le phénix, vieilli par les ans, se consume lui-même et retrouve dans ses cendres une nouvelle vie. » (Fortunat, *Miscell.*, l. I, c. XV, *Louange de Léonce*.)

avec qui, depuis sa promotion, il vivoit comme avec une sœur[1], et firent tous deux plusieurs riches presents à diverses Eglises. Cette promotion ne se fit qu'apres l'année 541. parce que ne pouvant estre promu suivant les anciens Canons, qu'à l'âge de 30. ans, et n'en ayant pas encores vingt, l'an 531. puis que comme parle Fortunat, il ne venoit que d'entrer dans sa premiere jeunesse, il ne pouvoit, l'année 541. avoir atteint l'âge de 30 ans.

III. L'année 549. le Roy Childebert ayant fait assembler les Evesques de son Royaume dans la Ville d'Orleans, Leontius ne pouvant s'y trouver en personne, y envoya Vincentius Prestre de son Eglise, qui soubscrivit à son nom au Concile appellé le V. d'Orleans, composé de 50. Evesques, et auquel furent déterminés vingt et trois Canons. Mais il assista luy mesme au second et troisiesme de Paris, l'un tenu l'année 555. soubs le Pape Pelage, et soubs le Roy Childebert, au nombre de 25. Evesques, l'autre, l'année 557. soubs le Pape Jean III. et le mesme Roy, au nombre de 15. Evesques, qui resolurent neuf Canons importants à l'utilité de l'Eglise[2]. Comme il estoit grande-

1. « Ejus tantum usus consortio in bonis operibus exsequendis. » (*Gall. christ.*, t. II, col. 793.)

« Placidine s'était aussi dévouée à l'œuvre de Dieu. Fidèle imitatrice de son mari, elle se chargeait de l'ameublement des églises : la laine, la soie et le lin prenaient entre ses doigts les formes sacrées, et concouraient à l'ornement des autels. Voiles suspendus comme une tente au-dessus du Saint des Saints, vêtements sacerdotaux, linges du sacrifice, tapis du sanctuaire, toutes ces choses sortaient des villas bénies de Bourg, de Lormont, de Preignac, où, sous les yeux de la maîtresse, travaillaient les meilleures ouvrières. » (H. Caudéran, *op. cit.*, p. 146.)

2. Le *Gallia christiana*, t. II, col. 793, revient sur le IVe concile d'Orléans; il s'efforce de prouver, contrairement à l'opinion de Leçointe, qu'à la rigueur Léonce le Jeune était en âge d'y assister. Quant aux dates du Ve concile d'Orléans, du IIe et du IIIe de Paris et de celui de Saintes, il est parfaitement d'accord avec Lopès. Dans la biographie d'Eusèbe, VIIe évêque de Saintes, le même *Gallia*

ment zelé pour la conservation des droicts de l'Eglise, et de sa dignité, il assembla un Concile de sa Province dans la ville de Saintes, l'an 563. pour y deposer Emerius, que le Roy Clotaire Fils du grand Clovis en avoit fait consacrer Evesque, sans le consentement ou Benediction de son Metropolitain. Le Concile le deposa, et esleut à sa place, Heraclius Prestre de Bourdeaux, qui fut envoyé à Paris vers le Roy Charibert Fils de Clotaire, pour luy presenter le decret de son Election, et le prier de tenir la main à l'execution des Reglements Ecclesiastiques, contre lesquels on justifioit qu'Emerius avoit esté consacré[1]. Le Roy Charibert plus jaloux de son authorité, que de ces Reglemens, ayma mieux soustenir ce que son pere avoit fait, reçeut fort mal Heraclius, et l'envoya en exil. Emerius fut rétabli, Leontius condamné à une grosse amande qu'il paya, et les autres Evesques qui avoient assisté au Concile furent taxés, un chacun suyvant ses forces. Il ne vesquit pas longtemps apres ce Concile[2], puis que Fortunat ne luy

(t. II, col. 1057) mentionne, d'après Baudonivia *(Vie de sainte Radegonde)*, un autre concile auquel Léonce se serait rencontré avec Eusèbe, « mais il est difficile, ajoute-t-il, d'en indiquer le lieu et l'année. »

1. Lopès admet qu'Héraclius en personne fut député par le concile de Saintes vers le roi Caribert. C'est l'opinion de Lecointe, de Sirmond, de Moréri, etc. Au contraire, Dom Ruinart, Fisquet, Guizot, Massion, Rainguet, pensent qu'il s'agit d'un prêtre nommé *Nuncupatus*; singulière façon de traduire les mots suivants de Grégoire de Tours : « *Decretum..., per nuncupatum presbiterum transmiserunt.* Le *Bulletin de la Société des Archives historiques de la Saintonge et de l'Aunis* (juillet 1879) qui se prononce pour ce dernier sens a été réfuté par l'abbé Caudéran. (Voir *Bulletin religieux du diocèse de La Rochelle et de Saintes*, 20 sept. 1879.)

2. La persécution de Caribert contre Léonce fut si violente que le saint prélat se vit dans la nécessité de s'éloigner de son diocèse. Pendant son absence, un ambitieux répandit le bruit que l'évêque était mort, et mit tout en œuvre pour se faire élire à sa place. Léonce, qui ne savait rien de ces menées, reparut enfin à Bordeaux; la joie fut générale, et l'imposteur dévora sa honte. Le peuple

donne que 54. ans, et que l'année 531. où il porta les armes pour le Roy Childebert, il en devoit avoir 15. ou 16. Le mesme Fortunat a fait son Epitaphe, à la lecture de laquelle on connoistra ses grandes et heroïques Vertus. Le P. le Cointe[a] a escrit que l'Eglise de Bourdeaux en celebroit la memoire le quinziéme jour de Novembre; mais cette Feste nous est aussi inconnuë que celle du precedant Archevesque[1].

a. Annal. Eccl. 10. 1. an. 557. n. 38.

I. Tertius a decimo huic urbi *(Burdigalæ)* Antistes haberis,
Sed Primus meritis enumerandus eris.
Ex. Venant. Fortunato l. 1. Poem. C. 15.

II. *Qui cum se primo vestivit flore inventus*
Parvus eras annis, et gravitate Senex.
Versus ad Hispanas acies cum Rege sereno.
Militiæ crevit palma secunda tuæ. ibid.

remarqua l'action de la Providence dans ce retour inéspéré qui coïncida avec l'anniversaire du sacre de Léonce. Un poème, attribué à Fortunat ou à Amænus, fut composé à cette occasion. (Fortunat, *Miscell.*, l. I, ch. XVI; Baronius, *Annal. eccl.*)

Fortunat, alors évêque de Poitiers, apprit la mort de Léonce par une lettre de Placidine qui lui demandait une épitaphe pour le tombeau du saint pontife. L'épitaphe de saint Léonce se termine par cette pensée touchante : « Pour consoler son amour sans bornes, Placidine n'a rien épargné pour tes funérailles et tes cendres seront douces à sa mémoire. »

1. Les *Vies des Saints du diocèse de Bordeaux* ne citent pas même le nom de ce pontife dans l'édition de 1723. C'est de nos jours seulement que cette injustice a été réparée. Le Bréviaire de Bordeaux, approuvé à Rome le 22 décembre 1853, sur la demande du cardinal Donnet, a inscrit la fête de *saint Léonce, évêque et confesseur,* sous le rite double, au 11e jour de juillet. Les leçons du second Nocturne sont tirées de Fortunat et de Grégoire de Tours.

« Sur la rive droite de la Garonne, dans ces coteaux chantés par Fortunat et visités au VIe siècle par Léonce et Placidine, s'est élevée une belle église en l'honneur du prélat qui sema le diocèse de ses splendides monuments. Commencée en 1853, elle fut terminée et consacrée en 1854. » (H. Caudéran, *op. cit.*, p. 238 et suiv.)

III. Decretum Regis Clotarii habuerat, ut absque Metropolitani Consilio benediceretur, (Emerius) qui non erat præsens, quo rejecto consensum fecere in Heraclium, Burdigalensis urbis presbiterum; quod Regi Hariberto subscriptum, propriis manibus per nuncupatum presbiterum transmiserunt. Postquam Presbiter Parisiacæ urbis, portas ingressus, Regis præsentiam adiit, hæc effatus est, Salve Rex gloriose; Sedes enim Apostolica Eminentiæ tuæ salutem mittit uberrimam, Pater tuus Leontius cum Provincialibus suis salutem tibi mittit, indicans Æmulum ejectum ab Episcopatu, pro eo quod, prætermissa Canonum Sanctione, urbis Sanctonicæ Episcopatum ambivit, ideoque, consensum ad te direxerunt, ut alius in loco ejus substituatur. Quo fiat ut dum transgressores Canonum regulariter arguuntur, Regni vestri potentia ævis prolixioribus propagetur. Hæc eo dicente frendens Rex, eum a suis conspectibus extrahi jussit, et plaustro spinis suppleto imponi desuper et in exilium protrudi præcepit, dicens : Putasne quod non est super quisquam de Filiis Chlotarii Regis, qui Patris facta custodiat, quod hi Episcopum, quem ejus voluntas elegit, absque nostro judicio projecerunt? et statim, directis viris Religiosis, Episcopum in loco restituit, dirigens etiam quosdam de Camerariis suis, qui exactis a Leontio Episcopo mille aureis, reliquos, juxta possibilitatem, condemnarent Episcopos. *Gregor. Turon. l. 4. Hist. Franc. C. 26.*

EPIT. LEONTII EPISCOPI

SEQUENTIS BURDIG. CIVITATIS.

HOC recubant tumulo venerandi membra Leontii.
Quem sua Pontificem fama sub astra levat.
Nobilitas altum ducens ab origine nomen.
Quale genus Romæ forte Senatus habet.
Et quamvis celso flueret de sanguine Patrum,
Hic propriis meritis crescere fecit avos.
Regum summus amor, Patriæ caput, arma parentum,
Tutor amicorum, Plebis et urbis honor.
Templorum Cultor, tacitus largitor egentum,
Susceptor peregrûm, distribuendo cibum.
Longius extremo siquis properasset ab orbe
Advena, mox vidit, hunc ait esse Patrem.
Ingenio vivax, animo probus, ore serenus.
Et mihi qualis erat pectore flente loquor.
Hunc habuit clarum, qualem modo Gallia nullum.
Nunc humili tumulo, culmina celsa jacent.
Placabat Reges, recreans moderamine cives.
Gaudia tot populis heu tulit una dies.

Lustra decem fœlix, et quatuor insuper annos,
Vixit, et a nostro lumine raptus obit.
Funeris officium magni solamen amoris.
Dulcis adhuc cineri dat Placidina tibi.

Fortunatus Poëm. I. 4.

BERTHCRAMN' X. ARCH.

BERTHCRAMN' ou Bertecran, d'où l'on a fait le nom de Bertran (comme l'on prononce Gontran, au lieu de Guntcramm', qui estoit un des des Roys de France, soubs lequel a vescu notre Archevesque) assista au 5. Concile de Paris l'an 577. tenu sous le Roy Chilperic fils de Clotaire, pour le jugement de Prætextatus[1] Archevesque de Roüen calomnié d'avoir porté Merovée fils du Roy à se revolter contre son pere. Saint Gregoire de Tours qui estoit present, rapporte au long ce qui se passa à ce sujet au l. 5. de la mesme Hist. au ch. 19. et marque en quelle consideration Bertcram estoit aupres du Roy Chilperic, lors que s'estant rendu aupres de ce Roy par son ordre, il le trouva ayant nostre Archevesque à sa droite, et à sa gauche Ragnemodus Evesque de Paris[2]. Trois ans apres, l'an 580., il

1. « Depuis le jour où il avait tenu le jeune prince (Mérovée) sur les fonts du baptême, dit Aug. Thierry (*Récit des temps Mérov.*, 4e récit), Prætextatus s'était lié à lui d'un de ces attachements dévoués, absolus et réfléchis, dont une mère ou une nourrice semble seule capable. »

Frédégonde ne lui pardonna pas d'avoir pris le parti de l'époux de Brunehaut. Arrêté dans sa maison, l'évêque de Rouen fut conduit à la résidence royale, puis relégué loin de son diocèse, et traduit enfin devant le concile tenu dans la basilique de l'apôtre Saint-Pierre, à Paris. « Conjuncto autem concilio, exhibitus est. Erant » autem Episcopi qui advenerant apud Parisios in basilicâ sancti » Petri apostoli. » (Greg. Turon., *Hist. Franc.*, lib. V, cap. XIX.) — Voir pour les détails, Aug. Thierry, *op. cit.*, 4e Récit.

2. « Berthramm, dit Aug. Thierry (*op. cit.*, édit. Furne, p. 307), fut, à ce qu'il semble, honoré par ses collègues de la dignité et des

fust obligé de se trouver au Concile de Brenne ou Brennac; que le Roy Chilperic avoit fait assembler au sujet des calomnies imposées par le Comte Leudaste, à saint Gregoire de Tours, qu'il avoit voulu livrer la ville de Tours au fils du Roy Sigibert, et avoit fait courir un mauvais bruit contre l'honneur et la reputation de Bertcram, et de la Reyne Fredegonde : mais les calomnies furent confonduës, l'innocence de saint Gregoire reconneuë, et Leudaste envoyé en exil. L'histoire en est déduite chez le mesme saint Gregoire au ch. 48. et 49. du liv. 5[1].

II. Il arriva à nostre Archevesque une affaire plus fascheuse, pour avoir receu à Bourdeaux, et favorisé Gondobaud ou Gombaud, qui se disoit fils du Roy Clotaire[2],

fonctions de président du concile de Paris. » Le même historien, s'autorisant des quelques vers de Fortunat (l. III, ch. XXII), ajoute: « C'était un homme de haute naissance, proche parent des rois par sa mère Ingheltrude, et devant à cette parenté un immense crédit et de grandes richesses. Il affectait la politesse et l'élégance des mœurs romaines; il aimait à se montrer en public dans un char à quatre chevaux, escorté par les jeunes clercs de son église, comme un patron entouré de ses clients. »

1. Voir sur le concile de *Braine* (ancienne résidence royale à quelques lieues de Soissons), le 5e *Récit des Temps Mérovingiens*, par Aug. Thierry. Cet historien qui, dans le récit précédent, s'était fait l'écho des bruits calomnieux recueillis par Grégoire de Tours, sur les prétendues relations criminelles de Berthramm avec la reine Frédégonde, proclame avec le même Grégoire, citant le verdict du concile, l'innocence de l'évêque de Bordeaux.

« Par le jugement du Père, du Fils et du Saint-Esprit..., ensemble nous décrétons que Leudaste, semeur de scandale, accusateur de la reine, faux dénonciateur d'un évêque, attendu qu'il s'est soustrait à l'audience pour échapper à son jugement, sera désormais séparé du giron de la sainte mère Église. Que nul chrétien ne lui dise salut et ne lui donne le baiser. »

D'autres accusations de même nature, mais sans plus de fondement que les premières, furent portées contre Berthramm. (V. *Rec. des Hist. des Gaules et de la France,* S. Greg., ep. Turon., lib. VIII, cap. VII.)

2. Gondobaud (Gondovald), fils adultérin de Clotaire Ier, s'était constitué l'adversaire politique de Gontran, fils légitime de ce roi,

et qui ayant assemblé des Evesques en cette ville, y avoit fait deposer Nicetius Comte de la ville d'Ax, que

il parvint à se faire nommer roi d'Aquitaine. Berthram, de Bordeaux, fut l'un de ses partisans déclarés; Grégoire de Tours raconte de quelle manière l'évêque de Bordeaux mit Gondovald en possession de la relique de saint Serge, qui devait le rendre victorieux de ses ennemis. «Dans ce temps, Gondovald avait complètement gagné l'amitié de l'évêque Bertrand, de Bordeaux. Comme il cherchait tous les moyens de se fortifier, quelqu'un lui raconta qu'un roi d'Orient, ayant enlevé le pouce du martyr saint Serge, l'avait implanté dans son bras droit, et que lorsqu'il était dans la nécessité de repousser les ennemis, plein de confiance, il élevait le bras droit; aussitôt l'armée ennemie, comme accablée de la puissance du martyr, se mettait en déroute. A ces paroles, Gondovald s'informa avec empressement s'il y avait quelqu'un dans la ville qui eût mérité de posséder des reliques de saint Serge. Là dessus, l'évêque Bertrand forma le dessein de lui livrer un négociant nommé Euphrone, dont il était l'ennemi, parce qu'il l'avait autrefois tonsuré malgré lui, dans l'espoir de posséder ses biens. Mais Euphrone, sans tenir compte de sa tonsure, avait passé dans une autre ville, et était revenu après que ses cheveux eurent repoussé. L'évêque dit donc : « Il y a ici un Syrien nommé Euphrone, qui, ayant transformé sa maison en église, y a placé les reliques de ce saint, et, par le pouvoir du martyr, il a vu s'opérer plusieurs miracles; car, dans le temps que la ville de Bordeaux était en proie à un violent incendie, cette maison, entourée de flammes, en fut préservée.» Aussitôt, Mummole (lieutenant de Gondovald) courut avec l'évêque Bertrand à la maison désignée, l'investit et ordonna au Syrien de lui montrer les saintes reliques. Euphrone s'y refusa, et pensant qu'on lui tendait des embûches par méchanceté, il dit : Ne tourmente pas un vieillard, et ne commets pas d'outrages envers un saint; reçois ces cent pièces d'or, et retire-toi. Mummole insistant pour voir les saintes reliques, Euphrone lui offrit deux cents pièces d'or; mais il n'obtint point à ce prix qu'ils se retirassent sans avoir vu les reliques. Mummole fit dresser une échelle contre la muraille (les reliques étaient cachées dans une châsse en haut de l'autel), et ordonna à un diacre, qui l'accompagnait, d'y monter. Mais celui-ci étant monté au moyen de l'échelle, fut saisi d'un tel tremblement lorsqu'il prit la châsse, qu'on crut qu'il ne pourrait descendre vivant.

» Cependant, il se saisit de cette châsse qui était suspendue à la muraille et la remit à Mummole. Celui-ci l'ayant examinée, y trouva l'os du doigt du saint, et ne craignit pas de le frapper : il

le Roy Chilpéric en avoit fait consacrer Evesque. Nicetius estant deposé, Gombaud fit sacrer à sa place le Prestre Faustian, et Bertcram ne pouvant faire la ceremonie à cause de l'incommodité de sa veuë[1], la fit faire par Palladius Evesque de Xainctes. Il est appellé, en cette rencontre, Metropolitain, par saint Gregoire de Tours, d'où nous pouvons tirer un argument, que la Novempopulanie, ou la ville d'Ax est située, estoit sous le Metropolitain de Bourdeaux en qualité de Primat. Gondobauld ayant esté pris et mis à mort dans la ville de Comminges, par les Lieutenans du Roy Gontran, ce Roy estant venu à Orleans, plusieurs Evesques, parmy lesquels estoient Bertcramnus et Palladius y allerent luy faire la reverence : mais ceux-cy,

avait placé un couteau sur la relique, et frappait dessus avec le dos d'un autre.

» Après bien des coups, qui eurent grand peine à le briser, l'os, coupé en trois parties, disparut soudainement; je crois qu'il n'était pas agréable au martyr qu'on touchât de la sorte aux restes de son corps. Alors Euphrone se mit à pleurer avec amertume, et ils se prosternèrent tous en priant Dieu de leur montrer ce qui avait été soustrait aux regards des humains. Après cette oraison, on retrouva les fragments. Mummole en ayant pris un, se retira, mais, si je le crois, sans la faveur du martyr, comme la suite le fit voir. » (*Grég. de Tours,* l. VII, ch. XXXI, trad. Guizot.) — Voir sur la même question : A. Huguenin, *Hist. du royaume Mér. d'Austrasie,* p. 173 ; — Greg. Turon., *Hist. Franc.,* l. V (dans le *Rec. des Hist. de la Gaule,* t. II, p. 245 et suiv.) ; — *Fortunati opera,* lib. III, cap. XXII-XXIII, *ad Bertechramnum ;* — Aug. Thierry, *Récits des Temps Mérovingiens,* IVe et Ve Récit.

1. Lopès et le *Gall. christ.* (t. II, col. 795) semblent croire que la maladie seule empêcha Berthram de consacrer l'évêque Faustian. Grégoire de Tours (l. VII, ch. XXXI) attribue à une autre cause l'abstention de l'évêque de Bordeaux : « Bertramm, dit-il, qui était le métropolitain, prenant ses précautions pour l'avenir, — *cavens futura* — fit faire cette bénédiction par Pallade, évêque de Saintes » ; il ajoute, comme raison accessoire, celle qu'indique Lopès.

Berthramm fut sage en cette occasion ; car, peu temps après, comme on va le voir, son ami Gondovald, assiégé par Gontran dans la ville de Comminges, y fut massacré.

quelques excuses qu'ils peussent alleguer, furent mal receus, pour le support qu'ils avoient donné à Gondobauld, et le jugement de l'ordination qui avoit esté faite de Faustian ou Faustinian, fut remis au Concile de Mascon. En ce Concile appellé le second de Mascon, tenu le 23. Octobre de l'année 585. se trouverent 62. Evesques qui firent 20. Canons, pour la discipline Ecclesiastique, et Bertcramnus y souscrivit avant l'Archevesque de Bourges. Pour Faustinian, il fut privé de son Evesché : Bertcramnus avec Palladius furent condamnez à luy donner alternativement pour son entretien la somme de cent escus d'or, et Nicetius fut remis à sa Place. Tout cecy est rapporté par Gregoire de Tours tesmoin oculaire au l. 7. ch. 31. au l. 8. ch. 2. 7. et 20.

III. Au temps de cét Archevesque, arriva ce que rapporte le mesme saint Gregoire au l. 1. des miracles des martyrs, d'une vieille femme de la ville de Bourdeaux, qui avoit coustume d'allumer tous les soirs les lampes dans les Eglises de la Ville, et qui les allumant dans l'Eglise de saint Pierre, y fut enfermée par mésgarde, et ne pouvant se faire entendre, fust obligée d'y passer la nuit. Pendant son sommeil elle eut une apparition d'une trouppe de Musiciens celestes, parmy lesquels se rendit Saint Estienne avec une robbe blanche encores degoutante des eaux de la Mer, d'où il dit qu'il venoit de délivrer un vaisseau de naufrage, qui avoit reclamé son intercession. Pour preuve de cela, il en laissa couler des goûtes sur le pavé de l'Eglise, que cette bonne femme eut le soin de recueillir dans un linge, et les presenta le lendemain à l'Archevesque, qui les conserva avec grand soin, et plusieurs infirmes par leur moyen ressentirent du soulagement[1]. Fortunat au l. 3. de

1. Voir aussi Delurbe (*Chron. bourd.*, f° 9 v°). Le même chroniqueur dit (f° 9) que sous l'épiscopat de Berthramm, 582, « les loups en plein midy estant entrez en la ville de Bourdeaus, dévorent à la

sa Poësie tesmoigne en faveur de cét Archevesque, qu'il estoit charitable et debonnaire à l'endroit de tout le monde, et avoit le genie heureux pour la Poësie[a]. Il mourut au retour du Concile de Mascon, apres avoir souhaité et designé pour son successeur Waldon Diacre, que le Roy Gontran ne voulut pas agréer.

IV. Nous pouvons encores rapporter au temps de ce Prelat, saint Amand natif de Bourdeaux[b], Religieux de l'Ordre de saint Benoist, Disciple d'Eparchius, qu'on appelle saint Cibar[1]. Par ce que celuy-cy fleurissoit du temps de Leontius le jeune, appellé par erreur Antonius[2], chez Surius en la vie de ce Saint le 1. jour de Juillet, où il dit qu'Eparchius ressuscita un mort dans la ville de Bourdeaux, et y fut ordonné Prestre par l'Evesque.

a Greg. Tur. l. 8. hist. Franc. c. 22.
b Cœnobiarcha Buxiensis apud Sammart. in prolog. ad Archiepiscop. Burdig.

I. Viso Bertcramno interrogat Rex [*Guntcramnus*] quis, ait, est iste? diu enim erat quod ab eo visus non fuerat. Dixeruntque hic est Bertcramnus Burdegalensis urbis Episcopus. Ait ille, gratias, inquit, agimus, quod sic custodisti fidem generationi tuæ, scire enim te oportuerat, dilectissime pater, quod parens eras nobis ex Matre nostra. *Gregor. Tur. l. 8. Hist. Franc. c. 2.*

Cumque venissem, stabat Rex juxta tabernaculum ex Ramis factum, et ad dexteram ejus Bertcramnus Episcopus, ad latus vero Ragnemodus stabat. *id. l. 5. c. 19.*

II. Nuper in Aquensi urbe Episcopus obierat, et Nicetius Comes loci illius Germanus Rustici vici Juliensis Episcopi præceptionem ab Chilperico elicuerat, ut tonsuratus Civitati illi Sacerdos daretur. Sed Gundobaldus destruere nitens ejus decreta, convocatis Episcopis, jussit eum [*Faustinianum*] benedici. Bertcramnus autem Episcopus, qui erat Metropolis, cavens futura, Palladium Sanctonicum injungit qui eum benediceret. Nam et oculi ei eo tempore à lippitudine gravabantur. Fuit autem ad hanc

veuë du peuple les chiens en pleine ruë et de là, Bourdeaus fust ditte la Ville des Loups. Et il y a encore pour le jourd'huy une rue appelée la rue du Loup. »

1. Voir Mabill., *Ann.*, t. I, ad annum 581, num. XI, et *Gall. christ.*, t. II, col. 1029.

2. D'après le *Gallia christiana* (t. II, col. 796), le personnage désigné par Surius, sous le nom d'Antonius, n'était pas Léonce le Jeune, mais Antoine, évêque d'Angoulême.

ordinationem et Orestes Vasatensis Episcopus. Sed negavit hoc coram Rege. *id. l. 7. c. 31.*

Suscriptionum ordo in Masticon. 2. apud Sirmondum.

Priscus Episcopus Ecclesiæ Lugdunensis subscripsi.
Evantius Episc. Eccles. Viennensis subscripsi.
Prætextatus Ep. Eccles. Rothomag. subscripsi.
Bertcramnus Episc. Eccles. Burdegalensis subscripsi.
Artemius Episc. Eccles. Senon. subscripsi.
Sulpicius Episcopus Ecclesiæ Bituricæ subscripsi.

Faustinianus qui ex jussu Gundobaldi Aquensis urbis Episcopus ordinatus fuerat, ea conditione removetur, ut eum Bertcramnus, Orestesque sive Palladius, qui eum benedixerant, vicibus pascerent, centenosque ei aureos annis singulis ministrarent. *Idem Gregor. sup. l. 8. c. 20.*

III. Quibus discedentibus [*psallentium choro*] hæc ad locum in quo Sanctus [*Stephanus*] steterat, accedens, sudario guttas quæ ad pavimentum dilapsæ fuerant diligenter collegit, et Berthcramno qui tunc Episcopatu urbem regebat, manifestavit. Quod ille cum gaudio et admiratione magna suscipiens, secum retinuit; de hoc enim sudario multi infirmi sanitatem experti sunt, ac plerumque et ipse Pontifex de eo decerpens pignora, ubi Ecclesias consecrabat, fideliter conlocavit. Hæc autem ab ipsius Episcopi relatu cognovimus. *Id. l. 1. mirac. C. 33.*

Nec solum amplectens pia mens, sed diligit omnes
Unde magis populis unicus extat amor.

Fortunat. ad Bertigranum Episcopum quod eum levasset in curru. L. 3. Poem. et ad eumdem de ejus opusculis.

Ardua suscepi missis Epigrammata chartis,
Atque Cothurnato verba rotata sopho.
Percurrens tumido spumantia carmina versu,
Credidi in undoso me dare vela freto.
Plana procellosos ructavit pagina fluctus,
Et velut oceani fonte refudit aquas.
Vix modo tam nitido pomposa poemata cultu
Audit Trajano Roma verenda foro.
Quod si tale decus recitasses aure senatus,
Stravissent plantis aurea fila tuis.

GONDEGISILE XI. ARCH.

GONDEGISILE surnommé Dodon, estoit Comte de Saintes, que le Roy Gontran, ayant appris la mort de Berthcram, voulut faire substituer à sa place, sans avoir égard à la designation du diacre Waldon, qui estoit allé vers luy avec le consentement du peuple[1]. Bien tost apres son election, arriverent les desordres excitez à Poitiers par deux filles de deux Roys defuncts, cousines germaines, Chrodielde fille de Charibert, et Basine fille de Chilperic. Gregoire de Tours qui les rapporte au livr. 9. au chap. 39. et aux suyvans, dit que Gondegisile à dessein de les appaiser, vint à Poictiers en qualité de Metropolitain avec Nicaise Evesque d'Angoulesme, et Saffarius Evesque de Perigueux, et que voulant avec Merovee Evesque de Poictiers, obliger ces deux filles

1. Delurbe (*Chron. bourd.*, f° 9, v°) remarque que « dez ce temps les roys de France s'attribuèrent le droict de nommer aux Eveschez du Royaume. » L'acte d'autorité du roi Gontran, en cette circonstance, allait non seulement contre le choix du peuple, mais contre le choix tacite de l'évêque défunt. On lit en effet dans *Grégoire de Tours,* l. VIII, ch. 22, le passage suivant que reproduit le *Gallia christiana,* t. II, col. 795 :

« Bertrand, revenant du synode, fut saisi de la fièvre. Il manda le diacre Waldon, qui avait aussi reçu au baptême le nom de Bertrand, lui remit tout le pouvoir du sacerdoce et le soin de tous ses biens, tant de ses propriétés héréditaires que des bénéfices qu'il avait reçus. Après le départ de Waldon, Bertrand rendit l'esprit. Le diacre alla trouver le roi avec des présents et l'acte de sa nomination par les citoyens ; mais il n'en put rien obtenir ; celui-ci ordonna qu'on sacrât évêque Gondégésile, comte de Saintes, autrement nommé Dodon, et cet ordre reçut son exécution. » (Trad. Guizot.)

qui estoient Religieuses, avec quarante autres qui les avoient suivies, de rentrer dans leur Monastere de S. Radegonde[1], d'où elles estoient sorties, refusant de se soubmettre à l'Abbesse : n'ayant peu rien gagner sur elles par la douceur, sur le poinct de proceder contre elles par des censures Ecclesiastiques, dans l'Eglise S. Hilaire, ils y furent excedez, jusqu'à estre renversez par terre, et tout le Clergé qui les accompagnoit couvert de sang. Gondegisile ne laissa pas de les excommunier, et en ayant en mesme temps donné avis aux Evesques qui se trouvoient lors aupres du Roy Gontran, il en receut une response, dans laquelle ces Evesques luy tesmoignerent le deplaisir qu'ils avoient eu de l'excez commis contre sa personne, et celle de ses suffragans, approuvant au reste tout ce qu'il avoit ordonné contre ces filles desobeyssantes, jusqu'au prochain Concile, qui se tiendroit le premier jour de Novembre. Tout cecy se passa environ l'année 589. l'an 14. du Roy Childebert, et le 28. du Roy Gontran.

II. Les censures Ecclesiastiques n'arresterent point les desordres de ces Religieuses. Saint Gregoire de Tours, fait mention au long, des excez, meurtres, seditions, saccagemens qui se firent à ce subjet, au Livr. 10. au chap. 15 et aux suivans; et le mal s'augmenta si fort, que les deux Roys Gontran, et Childebert son nepveu jugerent à propos de faire assembler les Evesques de deux Royaumes, pour y apporter quelque ordre. Il se rendirent donc à Poictiers l'année suivante 590. l'an 15. du Roy Childebert, et le 29. du Gontran, sçavoir pour le Royaume de Childebert, S. Gregoire Archevesque de Tours, Ebregisile Archevesque

1. C'était le monastère de *Sainte-Croix* de Poitiers fondé par sainte Radegonde, fille de Berthaire, roi de Thuringe, et femme de Clotaire Ier, roi de Soissons. Outre les passages de Grégoire de Tours indiqués par Lopès et les poésies de Fortunat, voir Augustin Thierry, *op. cit.*, 5e Récit.

de Cologne, et Merovee Evesque de Poictiers : et pour le Royaume de Gontran, Gondregisile nostre Archevesque avec ses suffragans, comme estant le Metropolitain de Poictiers : et Childebert ordonna au Comte Maccon son Lieutenant à Poictiers, d'arrester les desobeissans, et prester main-forte aux Decrets des Evesques assemblez. Le Concile assemblé suivant la volonté des deux Roys, les deux parties ayant esté deuëment oüyes, l'Abbesse que ces filles avoient maltraitée et chassée, fut remise dans le Monastere, et dans sa premiere charge : pour elles, jusqu'à ce qu'elles reconneussent leurs fautes, et en eussent fait la penitence requise, elles furent derechef excommuniées. Le decret du Concile, qui fut ensuite envoyé aux deux Roys, est inseré tout à long dans Gregoire de Tours au Livr. 10. chap. 16. qui ajouste au chap. 17. que Basine et Chrodielde se pourveurent devant le Roy Childebert, et au chap. 20. qu'un Concile se tenant à Mets par l'ordre de ce Roy, à sa priere on leur pardonna : la sentence d'excommunication fut levée : Basine revint au Monastere : et le Roy assigna un autre lieu à Chrodielde pour y demeurer.

III. Il faut rapporter au temps de nostre Archevesque la vie de deux grands Saints, tous deux de Gascogne, les Autheurs n'ont pas specifié le lieu. Le premier est S. Amand[1], qui prescha le premier l'Evangile dans la ville de Gand[a], qui pour cette raison l'honore comme son

a Du Chesne hist. Fr. To. 1. fragm. de rebus pie gestis Dagoberti.

1. Outre le passage des *Gesta Dagoberti* indiqué en marge par Lopès, voir :

1° *Chronic. Fredeg.* (*Rec. des Hist. des Gaul.*, etc., t. II, p. 437);

2° *Vita S. Sigeberti Regis Austrasiæ*, Auctore Sigeberto Monacho Gemblacensi (*ibid.*, p. 598), où il est dit qu'Amand était venu du pays d'Aquitaine « *Ex Aquitaniâ oriundus* »;

3° *Vita beati Pippini ducis* (*ibid.*, p. 606). Cette chronique porte : « *Hic eximiæ sanctitatis antistes ex nobilibus Aquitaniæ fuerat oriundus.* »

Apostre, fut Evesque d'Utrecht au Pays-Bas, mourut le 6. de Fevrier, et fut ensevely dans une Abbaye, qui porte son nom entre les villes de Tournay et Valentiennes. Surius en a escrit la vie à ce mesme jour. L'autre est saint Goar[1], duquel on peut aussi lire la vie chez le mesme Surius au 6. jour de Juillet. Il estoit Prestre, et s'estant

1. Goar abandonna l'Aquitaine sa patrie pour se rendre au pays de Trèves où il mena la vie solitaire. — *Gloriosus Christi confessor, S. Goar, ex Aquitaniâ in agrum Trevirensem profectus...* — Sur la rive gauche du Rhin, à l'endroit sanctifié par les mortifications du glorieux confesseur, s'éleva un village assez important appelé Saint-Goar, et vulgairement *Saint-Guner*. Notre Saint fit de nombreux miracles, pendant sa vie et après sa mort : aussi fut-il bientôt honoré d'un culte spécial par les populations rhénanes. Le diocèse de Trèves en célèbre la fête le 6 juillet.

COUVERCLE DU TOMBEAU DE SAINT GOAR.

D'après un dessin tiré des *Bollandistes*, et réduit par M. C. DE FAUCON.

Saint Goar avait vingt-quatre ans environ quand il quitta sa patrie. Comme il était né en 495, il dut arriver sur les bords du Rhin vers l'an 519. Il vécut encore sept ans et mourut l'an 525, comme on peut le lire dans la table chronologique de Brower. Un bras du saint se conserve dans l'église de Saint-Castor, à Coblentz; le reste du corps est à Darmstadt.

Le couvercle de son tombeau, reproduit par Papebrock, dans les *Acta Sanctorum*, représente le Saint, un oratoire dans la main

retiré au Dioceze de Treves, y vescut tres-saintement et ne peut jamais estre persuadé à prendre l'Archevesché de ceste Ville. Il fit tant par ses saintes exhortations, qu'il obligea Rusticus qui en estoit Archevesque à une penitence de sept ans. La Chronique de Sigebert le met l'année 600.

IV. Il ne se trouve aucun nom des Archevesques de Bourdeaux, depuis Gondegisile jusqu'à Sicharius, au temps de l'Empereur Louis le Debonnaire, qui est un intervalle d'environ deux cens ans[1]. Ou la negligence des Escrivains de ce temps, ou les desolations arrivées à la Ville nous en

gauche, un dragon infernal sous les pieds, entouré de quatre anges dont deux tiennent une porte de ville au-dessus de sa tête couronnée d'un nimbe.

On peut consulter sur la vie de saint Goar : Cointius, *in Annal. Eccl. Francorum,* t. III, p. 208; Wandelbertus, *Martyrolog. metr.,* VI julii; Usuardus; Sigebertus, *in Chronico,* anno 600; *Manuscriptum Ultrajectinum* S. Salvatoris; Mabil., *in notis ad vitam S. Goaris;* Baillet; Christophorus Brower; Surius; *Acta Sanctorum,* julii tomus II, dies sextus.

1. Jean Columbi et Mabillon ont essayé de placer trois évêques entre Gondegisile et Sicaire; le *Gall. christ.,* t. II, col. 795 et 796, combat ces deux auteurs : « Johannes Columbi in noctibus Blan- » calandanis vult *Antonium* quemdam sedisse sub Childeberto » Francorum rege, cui successit *Frontonius* ex archipresbytero; » idque se eruisse profitetur ex c. 6 vitæ S. Eparchii. Aliundè » Mabillonius ad annum 581. num. 12, suspicatur *Nicasium* priùs » episcopum Encolismensem, ad sedem Burdigalensem transiisse » post Gundegisilum.

» Quod spectat ad Antonium vel Aptonium et Apthonium com- » memoratum in vitâ S. Eparchii die 1. Julii apud Surium, ubi » dicitur Eparchium Burdigalæ mortuum suscitasse, et ab Episcopo » hujus urbis Antonium fuisse ordinatum, asserit Lopesius mendum » irrepsisse, et pro Antonio legendum esse Leontium. Sed potiùs » dicendum est istum Antonium fuisse episcopum Encolismensem, » ut ostendemus agendo de hujus urbis episcopis, cujus posteà » successor fuit Frontonius ipsius archipresbyter. » (Consule *Vitam S. Eparchii,* t. II, Bibliothecæ novæ, Labb., c. 519.)

« Ad conjecturam nostri Mabillonii respondemus hæc verba : » *Nicasius tùm temporis Ecolismensis episcopus, in civitate Burdi*

ont osté la connoissance, non pas qu'il n'en y ait eu, et que la Religion n'y ait pas tousjours esté florissante. Car dans cét intervalle, Bourdeaux a donné des Saints à l'Eglise, comme S. Sadroc, autrement S. Sacerdos, qui ayant esté eslevé par S. Capuan, Evesque de Cahors, non pas Caprian, comme le nomme la Vie des Saincts du Pere Girard, ensuitte ayant mené une vie Religieuse à Sarlat, il fut appellé à l'Evesché de Limoges apres la mort d'Aggeric : et apres s'estre dignement acquitté de son Ministere, s'en revint mourir à Sarlat dans l'Abbaye des Religieux qu'il avoit gouvernée. Le Martyrologe Romain

» *galâ, ecclesiam sacri ordinis in honorem S. Eparchii devotè* » *constituit,* minimè significare Nicasium sedem mutasse, et ex » episcopo Ecolismensi factum fuisse metropolitanum Burdiga- » lensem; neque id consequi ex particulâ tunc. Cæterùm verisimile » est in variis cladibus quas Burdigala passa est, præsertim à Sara- » cenis Hispaniæ dominis, periisse omnia vetera monumenta » ecclesiarum. » (*Vide continuatorem Fredegarii*, c. 128.) Le *Gallia* commet une petite erreur, il faut lire 108. C'est dans le chapitre 108 qu'il est parlé de la prise de Bordeaux par les Sarrasins; et, d'ailleurs, le continuateur Frédégaire s'arrête au chapitre 117.

Depuis l'impression du *Gallia,* on a constaté l'existence d'un archevêque de Bordeaux inconnu jusqu'à ce jour; il se nomme *Veravulfus.* Il figure dans les *addenda,* t. II, p. 1541.

On lit à cette page : « Inter archiepiscopos Burdigalenses, » locus dandus est Veravulfo qui an. 769, Romano concilio subscripsit. »

L'abbé Darras (*Hist. génér. de l'Église,* t. XVII, p. 422) fournit les détails suivants sur cette découverte :

« La liste des archevêques de Bordeaux publiée dans le *Gallia christiana* présente une lacune de deux siècles, depuis l'an 590 jusqu'en 816. Il convient aujourd'hui d'y inscrire à la date de 769 le nom de Veravulf, tel qu'il se trouve cité dans un fragment des actes du concile de Latran découvert en 1735 par Gaëtano Cenni, et commenté par Mansi dans une dissertation spéciale intitulée : *Concilium Lateranense Stephani (aliàs IV) anno 769 nunc primum in lucem editum ex antiquissimo codice Veronensi ms.,* Rome, 1735. Cette dissertation a été réimprimée intégralement dans le volume supplémentaire que Mansi a ajouté à l'édition des conciles de Coleti. »

fait mention de ce Sainct, le 4. de May. Baronius dans ses Notes dit qu'il florissoit environ l'an 515. et qu'il fut le 30. Evesque de Limoges : mais Mrs. de Scte. Marthe[a] ne le comptent, avec plus de raison, que le 25. et apres l'année 660. que vivoit S. Capuan[1].

V. Environ ce mesme temps, sous le Regne de Dagobert, et de Clovis II. son fils, vivoit Sainct DIDIER, Moine de la Ville de Blaye, Disciple de S. Seguiran, Abbé de l'Ordre de S. Benoist, lequel Ordre fut encores honnoré de Sct. Mommol, ou Mommolin Abbé de Fleury, à qui la France est obligée des Reliques de S. Benoist : et qui apres une tres-saincte vie, revenant d'un Pelerinage qu'il avoit entrepris dans son extreme vieillesse, mourut à Bourdeaux au Monastere de Scte. Croix de l'Ordre de S. Benoist, l'an 5e du Regne de Clovis II. et l'an de grace 652. Il y fut enseveli, et on en solemnise tous les ans la memoire le 8. jour d'Aoust, avec un grand concours de peuple, de la Ville, et des environs, qui vient faire honneur à ses Reliques[2].

Il faut adjouster à ces Saincts, une saincte fille de Bourdeaux nommée HILDEMARCHE, qui apres y avoir tres-sainctement gouverné un Monastere de filles, fut

a Sammart. Gal. Christ. to. 2. in Ep. Lemov.

1. Ce passage est légèrement en désaccord avec le *Gallia christ.* (*Eccl. Lemov.*, t. II, col. 505-506.) On lit à cet endroit : 1° que saint Sacerdos, « issu de l'une des premières familles de Bordeaux, *primoribus Burdegalæ,* fut le 26e évêque de Limoges ; 2° qu'il ne mourut pas à Sarlat ni dans l'abbaye de Calviac, mais en s'y rendant : *ad Deum migravit in itinere.* »

2. Voir sur ces divers personnages : Delurbe, *Chron. bourd.*, f° 9 v° ; — Dom Devienne, *Hist. de Bordeaux*, 2e part., p. 16 ; — et sur saint Mummolin en particulier : *Narré véritable de la vie, trespas et miracles de Monseigneur S. Mommolin,* par J. Darnal, prestre, docteur ès sacrés décrets, religieux en l'abbaye Sainte-Croix de Bourdeaus. Bourdeaux, Sim. Millanges, in-12 ; — *Saint Mummolin, patron des Bordelais,* par l'abbé J.-B. Pardiac, Bordeaux, 1855.

obligée par un advertissement du Ciel, de se transporter dans la Normandie aupres de S. Wandregisile Abbé, qui l'establit pour la conduitte d'un Monastere de Vierges à Fescam, ce qu'elle fit avec beaucoup de loüange[1]. Ce fut environ l'an 646. que S. Oüen ou Audoenus estoit Archevesque de Roüen. Tellement que si nous avons perdu le nom de nos Archevesques depuis Gondegisile, l'espace de 200. ans, au moins avons-nous conservé durant ce temps le nom de ces Saincts, qui font honneur à la Ville.

I. Regressus Diaconus *(Valdo)* cum muneribus et consensu civium ad Regem properat, sed nihil obtinuit. Tunc Rex data præceptione jussit, Gundegisilum Santonicum Comitem cognomento Dodonem, Episcopum ordinari, gestumque est ita.

Igitur quia optimè vos novimus statuta Canonum percurrisse, ac Regulæ plenitudinem continere, ut qui in talibus excessibus videntur deprehendi, non solum excommunicatione, verumetiam pœnitentiæ satisfactione debeant coerceri : ea de re addentes cum venerationis cultu, summæ aviditatis dilectionis instinctum, indicamus ea quæ definistis, nos concordanter vestræ sententiæ consentire, quoadusque in Synodali Concilio Kal. Nov. pariter positi debeamus consilio pari tractare, etc. Greg. Tur. Hist. Franc. l. 9. c. 41.

II. Hæc Childebertus Rex audiens, Legationem ad Gunthchramnum Regem direxit, ut scilicet Episcopi conjuncti de utroque Regno, hæc quæ gerebantur, sanctione Canonica emendarent. Ob hanc causam Childebertus Rex mediocritatis nostræ personam cum Ebregesisilo Agrippinensi, et ipso urbis Pictavæ Merovæo Episcopo jussit adesse, Guntheramnus vero Rex Gundegisilum Burdegalensem cum Provincialibus suis eo quod ipse Metropolis huic urbi esset. *Idem lib. 10. c. 16.*

Quibus tot Capitalibus agnitis facinoribus, nec refrænatis sed jugiter magis auctis criminibus, nobis eisdem dicentibus, ut abbatissæ pro culpa veniam peterent, aut quod male directum fuerat, emendarent, et nolentes hoc facere sed magis de ejus intersectione tractarent, quod publicè sunt professæ, reseratis à nobis et recensitis Canonibus, visum est æquissimum eas usquequo dignam agerent pœnitentiam, à communione privari, et Abbatissam suo loco permansuram restitui. *Ibid.*

IV. Traditus est puer Sacerdos S. Capuano Caturcensi Episcopo viro inter

1. On lit dans le *Gallia christ.* (t. II, *Instrum. Eccl. Burdig.*, col. 326) :

Authenticæ probationes pro parthenone S. Eulaliæ in civitate Burdegalensi vulgò S. Eulalie. Ex vitâ S. Wannigi confessoris act. SS. ord. sæculi II, t. II, f° 973.

« In Fiscanensi loco templum fideliter construe; completum » autem templum sanctis virginibus commendabis quibus Childe» marcham Burdegalensem virginem, ibique multarum virginum » matrem inclytam, abbatissam præponere curabis. »

præsules Aquitaniæ præcellenti, ut eum literis et Christiana institueret disciplina. Sic igitur jam nominis dignitate, parentum nobilitate, dono regio, sanctique Præsulis magisterio dilectus Domini Sacerdos decoratus est in infantia, unde venerabili Capuano, sub cujus degebat magisterio admodum charus erat, et ei semper assistens, doctrinam quam ab eo hauriebat, in suo pectore recondebat. Memoratus autem Capuanus Episcopus per angelicam admonitionem ordinavit eum Levitam. *In vetusto exemplari Vitæ sancti. Sacerdotis apud Sammarth. in Episc. Caturcensibus.*

V. Sanctus Desiderius Monachus ex Castello Blaviæ discipulus S. Siguiranni Abbatis Relig. Ordinis S. Benedicti in Logorensi Monasterio Diœces. Bituricensis claruit sub Dagoberto, Clodovæo 2° ejus filio. *Martyrol. SS. ord. S. Bened. ad 19. Octob.*

Mummolus Abbas Floriacensis Religiosæ vitæ instituto atque sanctitate mirabilis, inter alia quæ Galliæ beneficia contulit, venerandæ sunt Reliquiæ sancti Benedicti Abbatis. Ut vitæ suæ dignam coronidem adderet licet annis gravis, celebre tunc Religionis ergo iter ingreditur. In reditu cum in morbum incidisset, Burdigalæ diem clausit extremum in Monasterio sanctæ Crucis ordinis Scti. Benedicti, ubi ex præscripto regulæ ordinis ejusdem hospitio à Fratribus honorificè ut merebatur exceptus fuerat. Obiit anno 5. Clodovei Regis hoc nomine secundi. *Proprium sanct. Diœc. Burdig.*

Erat nunc temporis apud Burdegalim urbem virgo Christi Hildemarcha cujusdam Monasterii sanctimonialium sanctissima gubernatrix, ad quam quidam vir Dei, Monachus et Diaconus nomine Sindardus, cum propter utilitatem servorum Dei in illas partes mitteretur, causa hospitii declinare solitus erat. Cui illa intimavit, in visu se esse commonitam, ut tellurem adiret Rothomagensem, virumque Dei Wandregisilum inviseret, atque sub illius regimine divinis pareret edictis. Quæ ad Christi famulum perveniens ab illo ad illustrissimum virum Waningum perducta est. Is vero prædictum Cœnobium Fiscamnum per testamenta tradens beato Wandregisilo, ejus suasu Religiosissimæ Virgini tradidit gubernandum. *Ex vita sancti Wandregisili Abbatis, apud Duchesnium, inter fragmenta de rebus pie gestis Dagoberti sub Clotario tertio.*

SICHARIUS XII. ARCH.

SICHARIUS estoit Archevesque de Bourdeaux l'an 816. puis que cette année l'Empereur Louis le Debonnaire, luy envoya un exemplaire des Decrets du Concile d'Aix la Chapelle, tenu de son temps, et soubs le Pape Estienne IV. contenus en 145. Chapitres, concernant particulierement la Police de l'Eglise, la forme de vie des Ecclesiastiques et des Religieux: Adalelme (celuy peut-estre qui fut son successeur) le luy porta avec une Lettre de l'Empereur, comme le rapporte P. Sirmond au 2. Tom. des Conciles de la France; par laquelle Lettre l'Empereur luy escrivoit d'assembler les Evesques de la Province, afin de procurer l'observation de ces saincts Decrets[1].

II. Ce mesme Archevesque alla trouver cét Empereur pour obtenir de luy des lettres de protection et d'immunité, conformes à celles que l'Empereur Charlemagne son pere

1. La diète synodale d'Aix-la-Chapelle introduisit d'importantes réformes dans la règle des chanoines et des religieuses. (V. Labb., *Concil.*, t. VII, p. 1437; Mansi, t. XIV, *append.*, p. 380; Pertz, *Monum.*, t. III; *Legum*, t. I, p. 197.)

La lettre latine citée plus bas, d'après Sirmond, dit que Sichaire n'ayant point assisté au synode, l'Empereur lui en communiqua les décisions; elle nous apprend aussi que Louis le Débonnaire fit rédiger les actes synodaux dans son propre palais, afin de surveiller le travail des copistes.

Dans les discussions qui surgirent, à la fin du dernier siècle, entre le Chapitre et les curés, ceux-ci prétendaient faire remonter au synode d'Aix-la-Chapelle l'institution d'un Ordre de chanoines réguliers à Saint-André de Bordeaux.

avoit accordées à l'Eglise de Bourdeaux, aux Monasteres, Chapelles, et lieux qui en dependoient, ce que l'Empereur luy accorda, et nous rapporterons ces Lettres de Protection à la derniere partie de cét ouvrage, et les biens que fit l'Empereur Charlemagne son pere à l'Eglise de Bourdeaux[1].

Environ le temps de cét Archevesque, Sainct URBICIUS natif de Bourdeaux, florissoit à Huesca en Espagne. Il estoit Religieux de l'Ordre de S. Benoist. Il retira des mains des Sarrasins, et conserva les corps de S. Just et de S. Pasteur Martyrs d'Alcala, et mourut l'an 804. le 15. jour de Decembre[a] comme l'a escrit François d'Aynsa en sa vie, au liv. 2. des Antiq. de la Ville d'Huesca au ch. 33.

a Apud Sammart. in prol. ad Arch. Burdig.

I. Ludovicus divina ordinante Providentia Imperator Augustus venerabili in Christo Sichario Archiepiscopo in Domino salutem. Sacrum et venerabile Concilium divino nutu nostroque studio in Aquisgrani Palatio nuper aggregatum, in quo multa ob propagandam Ecclesiasticam dignitatem, præcedente, et succedente gratia Christi, diligenter tractata atque instituta sunt, tuam nullatenus credimus latere Sanctitatem. Sed quia contigit eidem sancto et venerabili Concilio, tuam non interfuisse Paternitatem, ad tuam destinare decrevimus Beatitudinem, per præsentem missum nostrum nomine Adalelmum, formulam Canonicæ institutionis ab eodem sacro conventu, ex Sanctorum Patrum sparsim digestis sententiis collectam atque in unum congestam. Quam etiam idcirco penes palatium nostrum diligenter scribi fecimus, ut nihil in se scriptorum vitio depravationis aut detruncationis habens, ad te usque, incolumis perferretur. Quapropter volumus atque decernimus, ut juxta Metropolitanæ sedis tibi canonicè collatam dignitatem, nostræque authoritatis sanctionem, Diœceseos tuæ Episcopos et cæteros Ecclesiæ Prælatos tempore et loco congruenti ad te accersere facias, et his coram Capitulatim memoratam institutionis formulam prælegi jubeas etc. *Apud Sirmondum. To. 2. Conc. Gal. ex M. S. Aquitanico.*

1. Lopès analyse en effet cette pièce dans la troisième partie de son livre, ch. IV, p. 125 (anc. édit.), et il en imprime *in extenso* le texte latin au ch. IX, p. 377 de la même partie. On en trouve une traduction dans l'*Histoire de Bordeaux*, par D. Devienne, 2e part., p. 19. — Lecointe, *Ann.*, t. VII, assigne à cette pièce la date 814. (V. *Gall. christ.*, t. II, col. 796.)

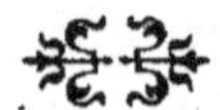

ADALELME XIII. ARCH.

ADALELME fut le successeur de Sicharius. Il en est parlé dans le 3. Capitulaire de Louys le Debonnaire, au ch. 1. où cét Empereur ordonna sur la fin de l'année 828: qu'il se fairoit des Conciles dans quatre Villes de son Royaume, où se rendroient les Metropolitains avec leurs suffragans. Quatre Metropolitains à Mayence : quatre à Paris : cinq à Lyon : et quatre à Tholose. Ceux-cy estoient Nothon, Barthelemy, Adalelme, et Aiulphe. Comme Nothon estoit Archevesque d'Arles : Barthelemy, de Narbonne : Aiulphe ou Aigulphe de Bourges; c'est une suitte qu'Adalelme l'estoit de Bourdeaux. Neantmoins Mrs. de Scte. Marthe, qui n'ont pas obmis les autres trois, ont obmis de mettre Adalelme au Catalogue de nos Archevesques[1]. L'Ordonnance de l'Empereur fut envoyée aux Metropolitains avec une Lettre Circulaire à son nom, et au nom de Lothaire son fils, qui a esté mise au commencement du 6e Concile de Paris assemblé l'année suyvante 829. soubs le Pape Gregoire IV. et contient le nom des mesmes Metropolitains. Le pere Sirmond dans ses Notes sur ce Concile dit : Que toutes les Provinces du Royaume furent designées, la Novempopulanie exceptée, dont il n'est fait aucune mention. On n'en peut donner de

1. Le *Gallia christiana* (t. II, col. 796) mentionne avec Lopès le nom d'Adalelme. Il place encore au temps de cet archevêque, sous la date de 848, une invasion des Normands, dont notre auteur ne parle pas, et rapporte, d'après l'*Annalista Bertinianus,* que les Juifs avaient ouvert par trahison l'une des portes de la ville aux barbares.

raison plus apparente, si ce n'est qu'elle estoit lors comprise soubs la Metropole de Bourdeaux : et ne faisoit point dans l'ordre Ecclesiastique une Province separée de la Province de Bourdeaux : qui est la mesme raison pour laquelle elle a esté pareillement obmise dans le Testament de l'Empereur Charlemagne.

Statuimus atque decrevimus cum consultu Sacerdotum cæterorumque fidelium nostrorum, hujus rei gratia, ad placandum scilicet contra nos nobisque subjectos Domini furorem, Conventus eorumdem Episcoporum in quatuor imperii nostri locis congruentissime fieri. 1º Scilicet in Moguntiacensi urbe, etc. Quarto etiam apud Tolosam urbem, quo simul conveniant Notho, Bartholomæus, Adalelmus, Agiulphus cum suffraganeis suis. *Epist. Lud. Pii Imper. in Concil. Paris.* VI. *et Cap.* III. *ejusdem Imper. apud. Sirmond. tom.* 2. *Conc. Gall.*

FROTARIUS XIV. ARCH.

FROTARIUS estoit Archevesque de Bourdeaux l'année 860. durant laquelle se tint le Concile de Toul au Village de Tussi, soubs le Pape Nicolas I. et soubs les Roys Charles le Chauve, et Lothaire, le 22. Octobre. Il s'y trouva des Evesques de quatorze Provinces, au nombre de 57. Douze Metropolitains y assisterent parmy lesquels se trouve soubscript Frotarius Archevesque de Bourdeaux. Neantmoins ou il n'y assista pas en personne, ny luy ny Rodulphe Archevesque de Bourges, ou ils n'y assisterent pas au commencement. Parce qu'il se trouve une Lettre d'Hincmar Archevesque de Reims, qu'il leur escrivit au nom de ce Concile, comme à ceux qui estoient les Metropolitains, et les Archevesques des deux premieres Villes du Royaume d'Aquitaine : et les prioit de vouloir escouter les plaintes du Comte Regimond contre le Comte Estienne, qui ayant espousé la fille de Regimond, ne la traitoit pas comme sa femme : et terminer ce different par l'advis des Evesques leurs suffragans, et des plus grands Seigneurs de la Province[1].

Six ans apres, soubs le mesme Pape Nicolas I. et l'an 27. du Regne de Charles le Chauve l'an 866, le 18. Aoust, se tint le Concile troisiéme de Soissons, où il assista et soubscrivit avec 35. Evesques[2]. Il consulta ce Pape touchant la

1. Voir sur cette curieuse affaire, *Hincmari archiep. Remensis litteræ*. (*Rec. des Hist. des Gaules,* t. VII, p. 524 et suiv.)

2. Lire à ce sujet : 1° *Rec. des Hist. des Gaules,* t. VII, p. 93 *(Ann. Bertin)*.. Les annales de saint Bertin, que nous avons eu

Penitence qu'il falloit imposer aux usurpateurs et detenteurs des biens Ecclesiastiques : qui luy fit la response inserée au Decret de Gratian, dont nous rapporterons une partie : et nous trouvons parmy les Lettres de ce grand Pape, une Lettre qu'il escrivit pour ce sujet aux Seigneurs et autres Habitans de l'Aquitaine, pour les obliger à rendre les biens de l'Eglise qu'ils avoient usurpés. L'année suyvante 867. un Concile s'estant assemblé à Troyes par l'Ordre du mesme Pape Nicolas I. touchant la destitution qui avoit esté faite autrefois d'Ebbon Archevesque de Reims : Frotarius s'y trouva, et y soubscrivit avant Vulfadus Archevesque de Bourges, qui avoit succedé à Rodulphe.

II. Quelques années apres, Vulfadus Archevesque de Bourges estant decedé, comme les infestations des Normans continuoient, et que la Ville de Bourdeaux, à cause de sa scituation, se trouvoit toujours exposée à leurs ravages : Frotarius qui avoit desja passé à l'Evesché de Poictiers, fut pourveu par le moyen de l'Empereur Charles le Chauve, qui le consideroit, de l'Archevesché de Bourges : et le Pape Jean VIII. authorisa ou accorda cette Provision par plusieurs Lettres qu'il escrivit, tant à l'Empereur qu'aux Suffragans, et au Clergé du Dioceze de Bourges, et au mesme Frotarius. Declarant n'avoir eu autre motif de cette translation; que la grande desolation où estoit la Ville et Dioceze de Bourdeaux, où à peine se trouvoit-il des Fidelles, sans pourtant vouloir déroger, comme il dit, à la Police des anciens Canons, qui deffendoient de passer d'un Evesché à un autre.

déjà l'occasion de citer, s'appellent ainsi du nom du monastère de Saint-Bertin, où elles furent écrites. Elles commencent en 741 et finissent en 882. Copiées d'abord par les soins d'Héribert Rosweid, de la Compagnie de Jésus, elles furent imprimées par Duchesne, dans le troisième volume des écrivains français; 2° *Hincmari arch. Remensis, epist.* (ibid., p. 529); *Caroli Calvi, epist.* (ibid., p. 554).

III. Neantmoins cette translation qui se fit l'année 876. n'agrea pas au Concile de Pontigoin en Bourgoigne, qui y fut tenu la mesme année, en presence de l'Empereur Charles le Chauve. On allegua qu'elle estoit faite contre les Canons, mais on n'y prononça point, et Frotarius soubscrivit au Concile, sans marquer l'Eglise[a], ny de Bourdeaux ny de Bourges, dont il estoit Archevesque. Et l'année 878. le Pape Jean VIII. l'invitant de se rendre au Concile qui devoit se tenir à Troyes en sa presence, et en presence du Roy Louis le Begue, successeur de Charles le Chauve, le qualifie Archevesque de Bourges[b], et luy tesmoigne le deplaisir qu'il avoit eu de l'empeschement donné à son entrée dans la Ville de Bourges par le Marquis Bernard[1], auquel le Pape escrivit[c] sur ce subjet. Le Concile se tenant, et Frotarius n'y estant pas encores arrivé, le Pape luy escrivit derechef de s'y rendre avec ses suffragans. Il y a grande apparence qu'il s'y rendit (quoy que son nom ne se trouve point entre les souscriptions de ce Concile) et que sa translation fut jugée legitime. Parce que ce Comte ou Marquis l'ayant accusé d'avoir voulu livrer la Ville de Bourges aux Ennemis du Roy; le Pape escrivit à ce Comte de venir au Concile[2], parce que l'Archevesque disoit se vouloir purger devant luy de cette calomnie : et ce Comte ayant refusé de venir fut excommunié, tant comme rebelle à son Roy, et detenteur des biens de l'Eglise : que pour l'injure qu'il avoit faite à Frotarius son Archevesque. Tout

a Frotarius Archiepis. consensi et subscripsi. — *b* Epist. 99. et 104. — *c* Ep. 105.

1. Bernard II reçut la Septimanie (864) de Charles le Chauve qui lui donna aussi le comté de Poitiers (867); il se révolta contre son roi (877), s'empara du Berry (878); assiégé et pris dans Mâcon par Louis et Carloman (879), il fut mis à mort. (Voir *Recueil des Hist. des Gaules,* t. VII, p. 23, 87, 101, 108, 114, 115, 124, 132, 136, 137, 147, 551.)

2. Pour le concile de Troyes, voir *Rec. des Hist. des Gaules,* t. VII, p. 95, 96, 214, 439, 529, 588, 591.)

cecy est tiré des differentes Lettres de ce Pape[1], dont je rapporteray les clauses principales à la fin de ce Chapitre, parce que de leur lecture, on jugera que la Translation de Bourdeaux à Bourges ne fust pas obtenüe par cet Archevesque, afin de passer à une plus digne Chaire, puis que Bourges ne l'estoit pas (Frotarius n'estant encores qu'Archevesque de Bourdeaux, ayant precedé à celuy de Bourges au III. Conc. de Soissons) mais pour les excursions continuelles des Normans dans la Ville et Dioceze de Bourdeaux, ce qui avoit esté une raison legitime, au Pape et à l'Empereur pour faire le changement. Tellement qu'il n'y a point de lieu d'en inferer le moindre droit pour la Primace de Bourges. Peut-estre auroit-il esté l'origine de la prétention, de ce que longtemps apres luy, n'y ayant point eu d'Archevesques de Bourdeaux : l'authorité des deux Metropoles Bourdeaux et Bourges, se trouva unie dans la personne d'un seul.

Apres le Concile de Troyes II. Frotarius demeura toujours Archevesque de Bourges. Il se trouve une lettre de ce Pape[a] qui luy est adressée en cette qualité, et à d'autres Evesques, pour agir contre ceux qui avoient usurpé les biens de l'Eglise de Tours : comme encores une autre de ce mesme Pape l'année 882. adressée à l'Abbé Hugues, où il l'avertit de se separer de la Communion de

a Ep. 121.

1. L'affaire de Bernard est également racontée par J. Besly.

Lopès omet plusieurs conciles auxquels assista Frotaire. Les voici avec leurs dates :

Concile d'Aix-la-Chapelle	862
— de Soissons	862
— de Pitres	864
— de Toussy	866
— de Vermerie	869
— d'Attigny	870
— de Douzy en Remois	871
— de Châlon-sur-Saône	875

Jean Archevesque de Rouën, Adalard de Tours, et Frotaire de Bourges. Il n'en dit point la cause : mais comme il l'avertit à mesme temps d'éviter aussi la Communion de Formosus, quy estoit son Ennemy et qui fust Pape quelque temps apres; il donne à connoistre, que la raison pour laquelle il les traita de la sorte, estoit qu'ils entretenoient société avec Formosus son Ennemy[1]. M. de Sainte Marthe rapporte un tiltre de la donation qu'il fist d'une terre à l'Abbaye de Beaulieu[2], datée du mois de Juin de

1. Le *Gallia christiana* soutient, contrairement à l'opinion dont J. Besly s'est fait l'écho (*op. cit.*, p. 42), sans néanmoins l'embrasser, que Frotaire ne revint jamais à Bordeaux. — *Cœterum errant qui volunt Frotarium tunc ad pristinam sedem, scilicet Burdigalensem redire coactum fuisse.*

Il est certain, en effet, qu'en 882 le pape Jean VIII, dans sa lettre à l'abbé Hugues, mentionnée par Lopès, désigne Frotaire sous le titre d'archevêque de Bourges. — *Frotarium archiepiscopum Bituricensem appellat.* (*Gall. christ.*, t. II, col. 32.)

Lopès glisse rapidement sur l'excommunication de Frotaire, dont il est parlé dans cette même lettre. Le *Gallia (ibid.)* se demande comment un prélat jusque-là si bien vu de Jean VIII avait « encouru la haine de ce pape. » — *Fatemur præsulem hunc in præfati summi pontificis odium incurrisse (quo pacto nescimus).* — J. Besly (*op. cit.*, p. 42) suppose que, sommé par le Pape de retourner à Bordeaux, Frotaire n'avait pas tenu compte de cette injonction. « Peut-être, dit-il, que Frotaire refusa de retourner à Bourdeaux » et que pour sa desobéissance il fust ainsi chastié. »

Comme on l'a vu, Lopès attribue à un autre motif la rigueur de Jean VIII contre Frotaire, lequel ne mourut du reste pas plus à Bourges qu'à Bordeaux, mais à Plaisance, en se rendant au tombeau des Apôtres. (*Gallia christ.*, t. II, col. 34.)

2. L'abbaye bénédictine de Beaulieu (diocèse de Limoges) était située aux bords de la Dordogne, à cinq milles de Turenne; elle remonte au IXe siècle. — *Saltem anno primo regnante Carolo gloriossimo rege, hoc est* (840 vel. 841). — On y gardait le corps de sainte Félicité. C'est pourquoi l'héroïque martyre était regardée comme la patronne du monastère. (Voir *Gall. christ.*, t. II, col. 601 et suiv. — Voir aussi (*ibid.*, col. 33) l'indication de plusieurs diplômes royaux concédés à Frotaire par Charles le Chauve et Carloman.) Ces pièces sont tirées des *Preuves de l'Histoire de la Maison d'Auvergne,* par Baluze, et des *Annales* de Mabillon.

l'année 889. ou il se qualifie et se signe Archevesque de Bourges.

I. Hincmarus Remorum Episcopus Reverendissimo Bituricensium Archiepiscopo et Carissimo Fratri Rodulpho, et Frotario Fratri et honorabili Burdegalensium Archiepiscopo cum omnibus Provinciarum vestrarum Episcopis etc. Sancta Synodus vos qui Primarum sedium Regni Aquitanici estis ad hanc causam definiendam cum Coepiscopis vestris et Principibus ac terræ illius primoribus eligere studuit, quorum diffinitioni sine suo periculo, et excommunicationis invectione quisquis vobis obtemperare distulerit, evadere non valebit. *Ex Epist. Hincmari. in fine. Sub calcem hujus Concil. Tullensis apud Tusiacum, apud Sirmond. Tomo 3. Concil. Gall.*

Frotario Burdegalensi Archiepiscopo de viro nefando Burgando nomine etc. *Tum expositis ipsius excessibus et ipsorum sociis.* De quibus jubemus, cum ad pœnitentiam reverti acceleraverint, uno anno extra Ecclesiam Dei consistere. 2. anno ante fores Ecclesiæ sine communione maneant. 3. Ecclesiam Dei ingrediantur, et inter audientes adstent sine oblatione, non manducantes carnem neque bibentes vinum præter Natalis et Resurrectionis Dominicæ dies. 4. anno si his prioribus 3. annis fructuosus fuerit pœnitentiæ labor, communioni fidelium restituantur, totaque mentis intentione spondentes se talia ulterius numquam facturos, corpus et sanguinem Domini suscipere mereantur, et usque ad 7. annum tribus in hebdomada diebus, sine esu Carnium et vini potatione maneant pœnitentes. 12. qu. 2. de viro nefando.

Nicolai Papæ Epistola 63. ad Aquitanos data mense Decembri indictione XV. Audivimus quosdam vestrorum, quod non optabamus, ita contra Deum efferri, ut Ecclesias ejus et diversa pia loca deprædari non timeant, et res ei pertinentes distrahere non recusent. *Apud Sirm. Sup. an. 866.*

Subscriptiones Concilii Tricassini 1. Sub. Nic. 1. apud Sirm. ib.

Hincmarus Remorum Episcopus.	Herardus Turonum Episcopus.
Venilo Rotomagensis Episcopus.	Frotarius Burdigalensis Episcopus.
Hegilo Senonensis Episcopus.	Wolfadus Bituricensis Episcopus.

II. Quia Pietatis vestræ testimonio [*Super exterminio Burdegalensis Provinciæ*] Comprovincialium quoque Præsulum literas convenire sicu rebamur, nuper cognovimus, secundum pietatis vestræ Religiosissimum libitum, Burdegalensis Diœcesis episcopum, fratrem scilicet nostrum Frotarium in Bituricensem Ecclesiam Cardinalem fieri decernentes, Metropolitanæ dignitatis privilegio iterato munire decrevimus. Joan. VIII. Ep. VIII. ad Carolum Calvum Imperat. V. Kal. Nov. Ind. X.

Frotarium Reverendum Archiepiscopum probis moribus actibusque præclaris et ad lucrum animabus hominum conferendum idoneum esse comperimus, ne talis tantusque vir otio quo prodesse aliis valeat, minime vacet, ejusdem sanctæ Bituricensis Ecclesiæ cui subestis, ei pastoralem curam Apostolica authoritate committimus, et in ipsa eum incardinandum necessario esse censemus. Id. Ep. IX. ad clerum, plebem, et ordinem Bituricensem.

Ecce ne de civitate ad civitatem Episcopi transmigrent sancti Canones provide sanciunt. Sed si hujusmodi sanctiones sine ulla discretione vel dispensatione ducimus observandas, nullam compassionem fratribus exhibemus, quos gentilium gladio passos, causa fidei Christianæ servandæ videmus egentes, angustiatos, afflictos hac illacque palantes incedere, præsertim cum nonnulli eorum ita sint Dei gratia illustrati, ut non solum scientia sed et moribus, non solum verbo sed et exemplo plurimos valeant erudire, de quorum numero, quia Frotarius Burdegalensis dudum Antistes ut testatur vestra fraternitas, exstat etc. id. Ep. 10. ad Episc. Provinciæ Bituric. *Idem scribit Ep. 37. ad ipsum Frotarium.*

III. Vos Paterno increpamus affectu præsertim de causa Frotarii venerabilis Episcopi, cui, ut audimus, vestri homines iter civitatis suæ, ne ad sedem suam ingrederetur, temerarie clauserunt. Id. ad Bernardum Marchionem. Ep. 105.

Repulsa mora præsentiam tuam cum prædictis suffraganeis nobis et Sanctæ Synodo citissime exhibe. Sic tamen instructus ut cum de mutatione contra Canones sedium et de aliis excessibus quod non optamus patrum regulis feriri possis, impetitus fueris, causa justitiæ intercedente inlæsus et innocens recedere valeas. Privilegium atque scripturas de sedium mutatione si qua à nobis vel prædecessoribus nostris habere sic fatemini vobiscum sine mora deferre studeas. Id. Ep. 112. ad Frotarium Archiep. Burdigalensem.

Ecce jam dictus Episcopus [*Frotarius*] nobis, nostro et filio præfato Regi gloriosissimo super hoc [*traditione Civitatis Biturigæ*] reclamare studuit, dicens se velle in omnibus tibi, et tuis de universis objectis contra tui et sui Senioris infidelitatem justitiam facere. Id. Ep. 115. ad Bernardum Comitem.

Bernardum Sacrarum rerum Ecclesiasticarum pervasorem, Regiæque à Deo ordinatæ potestati contradicentem, à proprio Archiepiscopo Frotario, cui et civitatem et omnia quæ habuit sustulit tertio, vocatum, et à Corpore et Sanguine Domini nostri Jesu Christi alienum decernimus. Id. Ep. 120.

IV. Inter hæc ab omni se consortio Formosi anathematizati optamus separare, Joannis Archiepiscopi Rodomensis, Adalardi Turonensis, Frotarii Bituricencis. Id. ep. 305. ad Hugonem Comitem.

ALDEBERT XV. ARCH.

ALDEBERT estoit Archevesque de Bourdeaux au temps de Guillaume surnommé le Bon, Comte de cette Ville : car son seing se trouve dans une donation, que ce Comte fit à l'Abbaye de Saincte-Croix de Bourdeaux, des Eglises du Taillan[1] et de Soulac[2] dans le dioceze, avec leurs appartenances : et il est enoncé

1. Sur l'église, la paroisse, la maison noble et le pont du Taillan, voir Baurein (*op. cit.*, t. II, p. 147 et suiv.)

2. Nous avons raconté (t. I, p. 190) la légende de Soulac. On trouve dans *Sainte Véronique, son tombeau et son culte à Soulac* (p. 158-247), l'histoire complète de l'antique sanctuaire de *Notre-Dame-de-la-Fin-des-Terres*. L'auteur suppose qu'avant la construction de l'église actuelle, au XIIe siècle, il y avait eu d'abord à Soulac une basilique *Léontienne* remplacée par un édifice roman dans les années qui suivirent la donation faite à l'abbaye de Sainte-Croix. (Voir les chapitres intitulés : *Pèlerinage annuel voué par les populations Médocaines; — Le pape Clément V et Pey Berland, bienfaiteurs de Notre-Dame de Soulac.*) Ce sanctuaire eut à souffrir pendant les guerres de religion. Le cardinal de Sourdis, qui le visita le 20 mars 1612, pourvut à ses besoins les plus urgents, « en attendant nos ordres, dit-il, pour la réparation de ladite eglize. » Au XVIIIe siècle, Notre-Dame de Soulac se trouva en présence d'un ennemi plus redoutable que les Normands et les huguenots; le sable des dunes l'envahit. Le 16 février 1744, « trente propriétaires, manants et habitants composant la majeure partie de la paroisse de Soulac, assistés de M. Joseph Blanc, prêtre, docteur en théologie, curé de ladite paroisse », signent l'acte d'abandon, disant que : « quoique ladite église ne puisse être, de longues années, détruite par les sables de la mer que les vents ont jetés autour, ils s'y sont cependant eslevés de façon à en boucher l'entrée et à même empêcher le service divin. » (*Op. cit.*, p. 243.) Il fut question de démolir un monument qui devait disparaître tôt ou tard « pour en

L'ÉGLISE DU VIEUX SOULAC EN 1860
d'après une eau-forte de M. L. DROUYN. *(R. c. de Bord.)*

dans ce Tiltre, que le Comte rétablist ce Monastere, qui avoit esté destruit par les Payens, qui n'estoient autres que

transporter les matériaux ailleurs. Mais le projet desdits habitants étant venu à la connaissance de Messieurs de la Chambre de Commerce de Bordeaux, ils auroient représenté à Monseigneur le Ministre que la cage du clocher de ladite église estoit une balise absolument nécessaire pour la navigation. » (*Ibid.*, 244.) En conséquence, l'État fit offrir aux habitants « la somme de *dix mille livres* pour les indemniser desdits matériaux »; c'est ainsi que l'église de Soulac fut conservée... « En 1756, douze ans après la cession, il ne fallait rien moins que deux attelages employés toute l'année aux frais du baron d'Arès, pour sauver le moulin qui dominait l'église et servait de signe aux navigateurs, aussi bien que le clocher..., puis vient le silence de la mort. Le murmure de l'Océan, la voix de Dieu, retentit seule sur les ruines saintes. Et pourtant que la piété se console! Dieu voulut épargner aux échos de Notre-Dame les blasphèmes et les délires de l'orgie révolutionnaire. » (*Ibid.*, p. 245.) Vers 1800, la nef tout entière avait sombré sous les dunes. Heureusement, quelques années plus tard le caprice des vents remit à découvert les berceaux des voûtes. Il fut possible alors d'en mesurer les proportions grandioses. On lit dans les *Comptes-rendus de la Commission des monum. et docum. historiques* (an. 1846-47, p. 8): « Malgré son état de ruine, malgré les sables des dunes sous lesquelles elle avait autrefois totalement disparu et dont les mouvements en ont rendu au jour seulement quelques parties, cette église est encore, non seulement par son effet pittoresque, mais aussi par l'ampleur de son style, une des plus remarquables de la fin de la période romane. Des différences de niveau et des caractères architectoniques bien tranchés accusent deux époques différentes, l'une pour le corps du bâtiment qui est roman, l'autre pour l'abside qui est du XIVe siècle. »

« Corps de l'église 33 mètres de long sur 18 de large, divisé en trois nefs : celle du centre de 7 mètres de large, les deux autres de 4^{m}50, non compris l'épaisseur des piliers... L'abside, de même largeur que la nef centrale, 7 mètres; profonde de 11 mètres... L'abside s'élève de plus de 9 mètres au-dessus du corps de l'église. »

Le texte ajoute : « Souvent la Commission s'est occupée de rechercher s'il ne conviendrait pas d'entreprendre le déblayement de ce monument. Mais elle a fini par s'arrêter devant les difficultés, les dangers même qu'il y aurait à mettre à découvert des parties enfouies depuis des siècles dans le sable. » Cette œuvre est maintenant un fait accompli, grâce à l'énergique persévérance du regretté cardinal Donnet. — Voir aussi dans Baurein (*op. cit.*, t. I, p. 28 et

les Normans. Mrs de Marca et de Scte. Marthe ont escrit que cela arriva l'an 900. neantmoins il semble que ce fut plus tard. Premierement, parce que comme porte ce Tiltre, il n'y avoit que des vieillards qui se souvinssent, qu'autresfois il y avoit eu un Monastere hors la ville, et une Eglise soubs le nom de Scte. Croix : et les deux desolations des Normans n'estans arrivées qu'aux années 848. et 864. il y auroit eu des personnes, qui pouvoient s'en souvenir, autres que des vieillards. 2. Parce qu'on dit[a], que ce Comte fit Guillaume Sance le Duc de Gascogne, son heritier, en reconnoissance de ce qu'il l'avoit osté de prison, où l'avoient mis ses Ennemis. Or comme ce Guillaume estoit encores Duc l'année 977. ainsi que Mr. de Marca[b] le prouve d'un Tiltre de quelque donation qu'il fit au Monastere de la Reolle, il semble plus croyable, que Guillaume le Bon, auquel succeda Guillaume Sance, ne fut Comte de Bourdeaux qu'apres l'année 900. apres laquelle il faudra placer nostre Archevesque.

II. Quelques uns avec Besly ont revoqué en doubte ce Tiltre de donation faite par ce Guillaume le Bon, qu'ils disent n'avoir jamais esté[1] : et par consequent il faudroit oster Aldebert du nombre des Archevesques, d'autant que son nom ne se trouve que dans ce Tiltre. Leur grande raison est, la barbarie des seings, et de la Latinité de ce Tiltre : et qu'il n'y avoit point des Comtes particuliers à Bourdeaux, mais qu'elle obeyssoit à celuy qui estoit le Duc ou Comte de toute la Gascogne[2]. Mais ces raisons ne sont

a Une charte de Condom. — *b* Histoire de Bearn. l. 3. c. 4.

suiv.) une longue et savante dissertation sur Notre-Dame de Soulac, et dans la *Revue cathol. de Bordeaux,* 1er avril 1883, la description des ruines par M. L. Drouyn. — Notre gravure les représente telles qu'elles étaient en 1860.

1. Voir J. Besly (*op. cit.*, p. 141).

2. Mabillon et le *Gallia christiana* partagent le sentiment de Lopès sur l'authenticité du titre de fondation (restauration) de

pas assez fortes pour destruire la verité d'un instrument escrit et coppié sur un Original, il y a plus de 400 ans, et la vérité d'une donation, par le moyen de laquelle (comme l'a bien jugé Mr. de Marca) le Monastere de Scte. Croix de Bourdeaux gagna l'Eglise de Soulac en Medoc, contre le Monastere de S. Sever[1], à qui le Duç Bernard Guillaume l'avoit donnée : d'autant que celuy de Scte. Croix estoit fondé en Tiltre plus ancien, qui estoit le Tiltre de la donation faite par le Comte Guillaume le Bon : et le Pape Gregoire VII. prononça pour la possession du Monastere de Scte. Croix. J'adjousteray encores cette raison tres-pertinente : qu'il y a une Bulle du Pape Alexandre III. dattée de l'an 1164. qui confirmant à ce Monastere diverses donations qui luy avoient esté faites par les Ducs de Gas-

l'abbaye de Sainte-Croix, et sur la qualification de *comte de Bordeaux* attribuée à Guillaume le Bon. (*Gallia christ.*, t. II, col. 798, D. E.) — Voir la traduction d'une partie du titre en litige, dans l'*Histoire de Bordeaux*, par Dom Devienne, 2ᵉ part., p. 22.

1. « L'abbaye de Saint-Sever, Ordre de saint Benoît, est située sur l'Adour, à six lieues nord-ouest d'Aire, dans la ville de ce nom. On appelle cette ville *Cap de Gascogne*, soit parce que c'est là que commence la Gascogne proprement dite, soit parce qu'on y tenait autrefois les Etats de la Novempopulanie, dont l'abbé de Saint-Sever était *viguier* ou président. » (Du Tems, *op. cit.*, t. I, p. 501.) L'abbaye de Saint-Sever disputa longtemps à sa rivale de Sainte-Croix de Bordeaux la possession de Notre-Dame de *Finibus terræ* qu'elle prétendait tenir de Guillaume Sanche. (Voir dans l'*Hist. de Béarn*, par de Marca, l. III, ch. VIII, p. 224, la concession ducale.) C'est la pièce que Besly oppose à l'acte, apocryphe d'après lui, de Guillaume le Bon. Dom Abadie a écrit une notice fort curieuse concernant les droits que la donation de Guillaume conférait à l'abbaye de Sainte-Croix, sur le prieuré de Soulac. (V. *Sainte Véronique*, etc., p. 149 et suiv.) Les contestations n'en continuèrent pas moins jusqu'au pontificat de saint Grégoire VII. Dans une lettre à Arnaud, abbé de Saint-Sever (Lopès ne la cite point), ce pape adjuge définitivement Soulac à l'abbaye bordelaise. Un concile tenu à Bordeaux sous Goscelin, en 1079, confirme la sentence; les actes de ce concile se trouvent dans le fonds bénédictin de Saint-Germain-des-Prés.

cogne, fait mention de celle, que luy avoit faite ce Comte, qu'il appelle expressement le fondateur de ce Monastère. Il y a de l'apparence que le tesmoignage de cette Bulle de 400. ans, est preferable à quelques foibles conjectures, et raisons des Escrivains de ce temps.

III. Pource qu'ils reprenent dans les seings, et dans la Latinité; Besly rapporte comme veritable un instrument, dont les seings sont encores plus barbares. La Latinité n'est pas meilleure dans plusieurs chartes anciennes, ou l'on s'est mis moins en peine des parolles, que des choses. Quelques fautes qui se sont glissées dans cét instrument, qui n'est qu'une copie, n'alterent pas les choses essentielles. Pource qui est d'un Comte particulier à Bourdeaux, on n'avance rien qui le detruise. Siguin qui fust tué par les Normans, s'appelloit Duc de Gascogne, et Guillaume qui fust prins par les mesmes Normans, bientost apres, n'est appelé que Duc de Bourdeaux[1]. Le mesme Besli dans son Histoire de Poictou allegue un tiltre, qui dit, que le Roy Charles le Chauve establit des Comtes dans toute l'Aquitaine, qui en estoient comme les Gouverneurs : et Guillaume le Bon aura esté dans la ville de Bourdeaux, un Successeur de ces Comtes. Nous en verrons un autre exemple dans la vie de l'Archevesque suivant.

I. Regnante Guillelmo Comite qui vocatur Bonus; in Civitate Burdigalensi, convocavit Majores domus suæ quodam die, et ait ad illos : date mihi Consilium, de hoc quod vobis loqui volo. Audio quod per multas regiones construuntur Monasteria ad servitium Dei faciendum in Ordine Monáchale, et volo ut cogitetis et dicatis, in quo loco dederitis mihi Consilium, ut pro redemptione animæ meæ, vel omnibus adjutorium facientibus, construatur unum Monasterium intus civitatem aut foras. Erat autem juvenis eloquentissimus de nobili genere literis eruditus, cujus nomen vocabatur Trencardus. Locutus est coram omnibus dicens. Non est convenientia, ut tam perfecta Provincia, sicut ista est, sit extranea à consortio Monachorum. Audivimus à multis senibus dicere, quod foras civitate in oratorio quod est in honore S. Crucis ædificatum, ab antiquis temporibus

1. Le *Gallia christiana* (t. II, col. 798) s'en tient absolument, sur la difficulté soulevée par Besly, à l'argumentation de Lopès qu'il se borne à résumer.

fuisset habitatio Monachorum non parva sed à Paganis est destructa, et est in mea hæreditate, et fuit antecessoribus parentibus meis, et si tibi et omnibus placet, ut reædificare velis, hoc quod ad me pertinet ad servitium Dei faciendum ego derelinquam. Placuit hoc consilium Comiti, et omnibus qui mihi aderant, scientes quod per voluntatem Dei evenisset. Venit Comes Guillelmus et cœpit ædificare et perseveravit. Cum perfecta esset ædificatio Monasterii, constituit XIII. Monachos et Abbatem XIV. cui nomen Elis in servitio Dei perseverantes, et congregans omnes Principes Burdegalensium, et vocavit matrem suam nomine Entregodis et uxorem suam Arenburgis, et venerunt ante altare quod est in honore Sanctæ Crucis ædificatum, et dixit coram omnibus Guillelmus filius Raimondo comiti : do istas terras cum ista vinea et Ecclesia sancti Hilarii de Hortellano, cum ei pertinente, et villa quæ vocatur Solaco, cum oratorio sanctæ Dei genitricis Mariæ, cum Aquis dulcis, de mara Salissa usque ad mare dulcia, cum Montaneis, cum Pineta, cum piscatione etc. Actum ibi. Signum Guillelmo Comiti. Signum Aldeberti Archiepiscopi. S. Ociando. Signum Aikarel. Signum Adais. Signum Alaide. *ex Chartular. antiquo Monasterii sancte Crucis Burdig.*

II. Gregorius VII. Lib. 6. Registri. Epist. 24. an. 1078.

Bertrando Abbati Monasterii S. Crucis et Fratribus. Ecclesiam S. Macharii de Fratrum nostrorum Consilio, Monasterio vestro adjudicavimus, et quod Willelmus Bonus quondam Burdegalensis Comes Fundator ejusdem Monasterii rationabiliter eidem Monasterio concessit, Ecclesiam S. Michaelis extra urbem Burdigalæ supra Garumnam Fluvium sitam etc. Non. Febr. Indictione XIII. Pontif. an. 6. *Ex Chartular. antiqno eodem.*

III. *Ex orig. Nobiliac. apud Beslium in Hist. Pictonum. c. 1.* Signum Ermerigo. Signum bone Comite, Signum Dolinus. Signum Hermedrinno. Signum Ermentræus. Signum Gacilone.

Ex M. S. Cod. de Gestis Consulum et Præsulum Engolismensium. Helia decedente Hooliba Pontifex suscepit Cathedram, Carolus Calvus congregato Concilio, Aquitaniam per Comites disposuit. an. 860. *Beslius in probat. c. 11. Hist. Pictonum.*

Quidam de Aquitania venientes Normannos inter Burdigalam et Santones eruptionem his diebus fecisse, retulere ; et nostros id est Christianos pedestri cum eis prælio congressos, et miserabiliter, nisi quos fuga eripere potuit, peremptos, in quo bello comprehensum Ducem Vasconum Siguinum et peremptum etiam jurando testati sunt. *Lupus Abb. Ferrariensis ad Guenilonem Episc. ep. 31.*

Eodem anno Normanni Burdegalim urbem cœperunt, et Ducem ejusdem Guillelmum noctu. *Fragment. chron. Fontanell. an. 848.*

GAUFRIDUS PREMIER DU NOM XVI. ARCH.

GAUFRIDUS ou GOTHEFREDUS I. du nom. estoit Archevesque de Bourdeaux, l'an 982. auquel il se trouve avoir sousbcrit[1] avant Adon Archevesque d'Auch, au titre de la fondation de l'Abbaye de Saint Sever en Gascogne[2], que fist Guillaume Sance, Duc de Gascogne, de l'advis des Archevesques et Evesques de ses Estats, et des Principaux de tous ses Comtés de Gascogne, de Bigorre, de Bourdeaux, d'Agen, de Fesensac ou de Letoure. Le titre est rapporté tout au long par M. de Marca, l. 3., hist. de Bearn. ch. 8. et nous en pouvons tirer une raison, pour montrer que Bourdeaux estoit un Comté particulier, que nous avons dit avoir esté legué

1. « Ut patet ex originali quod ex archivo hujus monasterii relatum est in lib. III, cap. 8, et nono *Hist. Benearnii.* » (*Gall. christ.*, t. II, col. 798.)

2. Voici, d'après la charte de la fondation de Saint-Sever (Marca, liv. III, ch. VII et VIII, et le *Cartulaire de Condom*, mss. Lacutère), la première origine de l'abbaye de Cap de Gascogne : à l'approche des Normands, le duc Guillaume fit vœu, sur le tombeau de Saint-Sever, de construire un grand monastère à la place de « la petite église qui couvrait les ossements du glorieux martyr, s'il remportait la victoire. » (J.-J. Monlezun, *Hist. de la Gascogne*, etc., t. I, p. 378 et suiv.) Il l'obtint en effet. « Le duc certifia que le glorieux Saint-Sever parut dans cette bataille, porté sur un cheval blanc, revêtu d'une armure éclatante, abattant et tuant ces corsaires. » (Voir aussi P.-H. Dorgan, *Hist. des Landes*, p. 155.) En souvenir de cette protection miraculeuse, le duc éleva le monastère du Cap de Gascogne, sous le vocable de saint Sever.

par Guillaume le Bon, à Sance Guillaume Duc de Gascogne.

Ego Guillelmus Sancius Comes cogitans dies antiquos et cupiens sicut primitus devoveram ibi famosissimum Monasterium construere, convocavi Archiepiscopos Auscencem et Burdegalensem, et cunctos Episcopos, qui sub mea ditione erant, et Seniores cunctorum Comitatuum, scilicet Vasconorum, Begorrensium, Burdegalensium, Agennensium, Fezacensium sive Lactoratensium etc. Signum Vuillelmi Sancii Comitis qui hanc chartam fieri jussit. Signum Urracæ Comitissæ. Signum Bernardi Guillelmi filii ejus. Signum Sancii filii ejus. Signum Godefridi, Burdegalensis Archiepisc. Signum Adonis Auscitani Archiepiscopi. Signum Centulii Gastonis etc. *Ex Tabulis fundationis Monasterii S. Severi in Vasconia apud Petrum de Marca hist. Benear. l. 3. c. 8.*

GOMBAUD XVII. ARCH.

GOMBAUD semble avoir esté successeur de Gaufridus I. du nom; d'autant qu'il se trouve avoir consacré Aldouin Evesque de Limoges l'an 992[1]. assisté d'Hugues Evesque d'Angoulesme, Frotaire de Perigueux et Ebbon de Saintes et l'an 994. il fust present a la Translation du Corps de S. Martial[2]. La Chronique

a L. 1. c. 4. apud Sammarthan. In Archiepisc. Burd.

1. Gombaud était déjà archevêque de Bordeaux en 989. Cette année même, il fut présent au synode de Charroux, en Poitou. Les actes de ce synode se trouvent dans Labbe, *Concil.*, t. IX, p. 733. (V. *Gall. christ.*, t. II, col. 719.)

« On seroit porté à croire, dit d'autre part l'abbé Baurein, qu'un Gombaud, archevêque de Bordeaux, qui présida, vers l'an 989, au concile de Charroux, dans le diocèze de Poitiers, étoit de l'ancienne maison des seigneurs de Lesparre. On n'a point, à la vérité, des preuves positives de ce fait; mais, à bien examiner la chose, elle ne paroît pas dépourvue de vraisemblance. Seroit-il en effet surprenant que les seigneurs de Lesparre, qui ont fait quantité de pieux établissements dans l'étendue de leur seigneurie..., qui d'ailleurs ont fait paraître leur munificence envers l'église-matrice..., eussent eu un fils, qui, élevé dans l'état ecclésiastique, eût été nommé archevêque de Bordeaux, dans un temps surtout où le choix des archevêques étoit au pouvoir des chanoines de cette même église? Les Seguin, les Andron, les Cabanac, originaires du pays bourdelois, et qui, dans l'espace d'un peu plus d'un siècle, succédèrent d'assez près à l'archevêque Gombaud, prouvent que dans ce temps-là on n'alloit pas toujours chercher au loin ce qu'on pouvoit trouver auprès. » (*Var. bord.*, t. I, p. 143.)

2. C'est pendant cette cérémonie que l'archevêque de Bordeaux implorant l'intercession de saint Martial contre le *mal des ardents*, s'écria : O Martial!... la tradition de nos anciens pères nous a transmis que vous aviez reçu le don des grâces avec les autres

de Maillezais de Pierre le Moine, rapporte, qu'estant allé avec quelques-uns de ses suffragants a la Cour de Guillaume Duc d'Aquitaine, pour y traitter des affaires, concernant le bien de l'Eglise, il fut invité de consacrer avec eux, l'Eglise de Maillesais, ce qu'il fit[1].

Je ne m'arreste pas à marquer les fautes de la Chronique de Bourdeaux, et de ceux qui l'ont suivie : qui a obmis le nom de plusieurs Archevesques : qui a placé Gombaud l'an 1041. qui le fait Successeur de Geoffroy, appellé de Loriole, qui neantmoins ne fust Archevesque qu'apres luy. Oyhenart, et Mrs. de Sainte-Marthe les ont conneuës, et ne les ont point suivies : mais ceux cy semblent s'estre mécontez apres Besli, ayant creu que l'Archevesque Gombaud, estoit le mesmes que Gombaud, fils de Sance Garcies, Frere de Sance et de Guillaume Sance, Ducs ou Comtes de Gascogne, lequel fust marié : et apres la mort de sa femme, fût Evesque de Gascogne[2].

apôtres..., etc. (Voir Baluze, *Histor. Tutel.*, append., col. 386; — Migne, *Patrolog.*, t. CXLI, col. 115; — Cirot, *op. cit.*, p. 7.) Il est encore fait mention de cet archevêque dans une charte de Saint-Seurin de Bordeaux. (*Gall. christ.*, t. II, col. 799.)

1. Voici le texte de la *Chronique de Maillezais* (l. I, ch. IV) où ce fait est rapporté :

« Paucis diebus evolutis, plerique episcoporum ad curiam ducis » (Guillelmi III Aquitaniæ) adveniunt, ac de communibus ecclesiæ » sanctæ utilitatibus, præsente principe, disserentes, nonnulla idonea » decreta statuunt. Inter quos Burdegalensis archiepiscopus, voca- » bulo Gumbaldus, cum aliquibus suffraganeis suis aderat, quem » princeps consilio conjugis, quoniam religionis amicus ferebatur, » ad dedicandum Malleacense cœnobium invitat. Consentit ipse... » (V. Labbe, t. X, *Concil.*, p. 604.)

L'histoire des origines de l'abbaye et de l'évêché de Maillezais est racontée par du Tems (*Le Clergé de France*, t. II, p. 516). D. Chamard en traite également dans son livre intitulé : *S. Martin et son monastère de Ligugé* (p. 118). Voir aussi le *Gall. christ.*, t. II, p. 1363.

2. Le *Gallia* pense avec Lopès que le fils de Sance Garcies ne fut jamais archevêque de Bordeaux, mais qu'après la mort de sa femme il devint évêque de Bazas (977-992). Hugues, son fils, lui succéda.

II. Il paroist au contraire que ce Gombaud estoit decedé avant Gaufridus. et qu'il ne fust point Archevesque de Bourdeaux. 1. Parce que le Comte Guillaume son Frere, dans le titre de la fondation qu'il fist de l'abbaye de S. Sever l'an 982. auquel Gaufridus soubscrivit, faisant mention de tous ses autres parens et alliez ausquels il deffendoit de rien faire contre cette fondation, ne parle aucunement de son Frere. 2. Le Duc Guillaume estant mort l'an 983 et ayant laissé deux enfans encores fort jeunes, sçavoir, Bernard et Sance, Guillaulme leur cousin germain print la conduite des affaires, qui eust esté plustost remise à Gombaud leur Oncle, s'il eut esté encores vivant : puisque le Duc Guillaume son frere des son vivant l'avoit associé au gouvernement, comme l'a prouvé M. de Marca, au l. 3. de son histoire de Bearn. au ch. V. 3. Hugues fils de Gombaud, premierement Abbé de Condom, puis Evesque d'Agen et de Basas apres son Pere, dans une donation qu'il fist l'an 1011. à l'Abbaye de Condom, declare qu'il la faisoit pour le repos de son ame et de celle de ses parens, sçavoir, Garcies Sans Comte, Guillaume Sans Comte, et Gombaud Evesque, et Guillaume Comte etc. Or il n'eust pas manqué de le qualifier Archevesque s'il l'eust veritablement esté, et non pas seulement Evesque comme il le nomme. La méprise de ces Autheurs sera arrivée, de ce que Gombaud dans la donation qu'il fist avec son frere Guillaume, du

On lit dans le *Chronicon Vazatense :* « Gumbaldus seu ut alii » Gimboleus, à fratre Guillelmo ad ducatum adcitus, Hugonem » filium genuit, deinde, uxore mortuâ, præfuit multis episcopatibus » *ob pœnuriam præsulum, ut Burdigalensi, Agennensi et Vazatensi, an. 977.* »

Le *Chronicon* partage donc l'erreur de Besly et des Sainte-Marthe au sujet de Gombaud de Bordeaux.

Voir sur le Gombaud de Bazas, O'Reilly, *Hist. de Bazas,* p. 167; voir aussi Monlezun, *Hist. de la Gascogne,* t. I, p. 390 et suiv.; *Cartul. de Condom,* Marca, l. III, ch. V; *Spicil. de D. d'Achéri,* t. XIII; *Gall. christ.,* t. II, col. 799.

Monastere de Squirs ou de la Reolle[1] à l'Abbaye de Fleury, l'an 977. se qualifiant Gombaud Evesque de Gascogne : ils ont creu que l'Evesché de Gascogne, n'estoit autre que l'Archevesché de Bourdeaux. Mais l'Evesché de Gascogne en ce temps, désignoit specialement les Eveschez d'Aire et de Bearn. comme la justifié M. de Marca, au ch. 8. qui rapporte un titre de l'Eglise S. Seurin, de la prise de possession faite par Odon, l'an 1032. du Comté de Bourdeaux, ou se trouve le seing de Raimond Evesque de Gascogne, auquel temps neantmoins Gaufridus II. estoit Archevesque de Bourdeaux.

II. Interdicens etc. ut nullus Archiepiscopus nec Episcopus, nec ego nec filius meus, vel nepos, neque pronepos, aut stirps, aut successor, aut propinquus, aut extraneus etc. præsumat de reditibus, rebus, vel chartis Monasterii etc., quomodocumque et occasione movere. *Ex dictis tabulis fundat. Monast Sancti Severini.*

Pro redemptione animæ meæ meorumque parentum, id est Garciæ Sans Comitis, et filii sui Sans Garciæ Comitis, et Guillelmi Sans Comitis et Gombaldi Episcopi, et Guillelmi Comitis, et Garciæ Comitissæ. *Ex chartario Condomiensi apud. P. de Marca l. 3. hist. Benearn. c. 12.*

Ego Gumbaldus Episcopus Vasconiæ et frater meus Willelmus Sancii Dux Vasconum. *E Tabul. Monasterii de Regula apud eundem. c. 5.*

S. Raimundus Episcopus Vasconensis. *Ex Chartario S. Severini Burdig. apud eundem. c 16.*

1. La Réole porta le nom de *Squirs* jusqu'à l'arrivée des Bénédictins dans cette ville. Elle prit alors celui de *Regula* (Règle) dont on a fait Réole. On lit à ce sujet dans la *Chronique de Bazas* : « Anno » Domini circiter 564, aliquot circiter annis postquam sanctus » Maurus in Gallias venisset, urbi *Regulæ* nomen inditum est, cùm » anteà *Squirs,* ut dicunt, appellaretur, quia monasterium ejus, in » quo jam anteà monastica disciplina sub speciali instituto florebat, » primùm in Aquitaniâ sancti Benedicti regulam suscepit. »

Gauban (*Histoire de la Réole,* p. 545) cite un long extrait de la charte de Guillaume Sanche en faveur de l'abbaye de Saint-Pierre de La Réole.

SIGUIN XVII (XVIII). ARCH.

SIGUIN fut le successeur de Gombaud[1]. La Chronique d'Aimar de Chabanais[2], qui vivoit environ ce temps-là, dit qu'il avoit esté Moine, que l'an 1010. il consacra Arnaud Evesque de Perigueux, à saint Benoist de Nantuëil[3]; et l'an 1016. Geraud de Limoges[4] nepveu d'Aldoüin Evesque de Limoges, dans

1. L'épiscopat de Siguin commença vers l'an 998. (*Gallia christ.*, t. II, col. 799.) En 1004, sous l'épiscopat de Siguin, Aimoin, moine de Fleury, auteur de l'*Histoire des Francs* jusqu'à la seizième année du règne de Clovis, accompagna Abbon, son abbé, au monastère de La Réole. (V. *Hist. littér. de la France,* t. VII, p. 216 et suiv.)

Voir sur la vie et le martyre de saint Abbon, *Hist. littéraire de la France,* t. VII, p. 159; l'histoire de ce même saint, par l'abbé J.-B. Pardiac, et Gauban (*op. cit.*, p. 38).

Mgr Cirot *(Hist. de la Gr. Sauve)* place encore sous le pontificat de Seguin la naissance de saint Gérard, fondateur de cette abbaye; mais l'*Hist. littér. de la France* (t. VII, p. 622) ne le fait naître qu'en 1025.

2. Aymar, moine de Saint-Cybar d'Angoulême, vivait du temps du roi Robert, il acheva sa chronique l'an 1028. Le P. Labbe l'a publiée au tome II de sa *Bibliothèque des manuscrits,* p. 151. On en trouve le texte dans le *Rec. des hist. des Gaules* (t. VIII, p. 232).

3. Nanteuil-en-Vallée *(Nantolium in Valle)* était une abbaye du diocèse de Poitiers, fondée par Charlemagne. — Voir pour son histoire: *Chron. Malleac.* et *Gall. christ.* (t. II, col. 1292); Du Tems (*op cit.*, t. II, p. 469).

Voir sur Arnaud de Périgueux un passage du *Gall. christ.* (col. 1458) rectifiant une date de la Chronique d'Aymar. Voir aussi J. Besly (*op. cit.*, p. 95).

4. Le *Gallia christiana* (t. II, col. 799), accepte cette date, mais à la colonne 512 du même volume, où se trouve la notice sur Geraud, évêque de Limoges, il place l'intronisation de ce prélat au mois de novembre 1012. Voir aussi J. Besly (*op. cit.*, p. 96 et suiv.).

la Ville de Poitiers, où il fut assisté de Gislebert Evesque de Poitiers, Arnaud de Perigueux, Islo de Xaintes, et Grimoard d'Angoulesme. Un manuscrit de Bernard de Gui Evesque de Lodeve, que Besly et de sainte Marthe alleguent, rapporte que l'annee 1023. Guillaume [qui depuis fust Duc d'Aquitaine soubs le nom de Guillaume le Gros] par l'ordre de son Pere Guillaume, absent, fit consacrer à saint Jean d'Angeli, Jordan Evesque de Limoges, par Islon Evesque de Xaintes et Helies (comme lisent M[rs] de sainte Marthe[a]) ou par Halon (comme Besli a leu[b]). Mais comme, selon Aymar, qui vivoit en ce temps, le successeur de Seguin fut Arnaud ou Acius, qui estoit Archevesque l'an 1026. il faut rapporter cette consecration à Seguin, qui estoit encores vivant l'an 1023, et dire que Seguin s'appelloit encores Helies, au moins si on veut soustenir le manuscrit de cét Evesque de Lodeve, qui a vécu trois Siecles apres Aimar. Au reste, c'est la consecration pour laquelle Gauslen Archevesque de Bourges, et fils naturel du Roy Hugues Capet[1], excommunia le Limosin, pour avoir esté faite sans son authorité.

a In Gallia Christ. in Episcop. Lemovic. — *b* In probat. capitis 19. Hist. Pictav.

Quod ille ut perficeret [*voluntatem Patris Guillelmi*] Jordanum in Angeliacum perduxit, ubi Sabbatho mediæ Quadragesimæ Diaconus et Presbiter ordinatus, sequente Dominica consecratus est Episcopus ab Islone Santonensi, et Helia Archiep. Burdegalensi. et tribus aliis Bosone scilicet, Arnoldo et Isemberto Episcopis. *Codex M. S. de gestis Pontif. authore Bernardo Guidonis Episcop. Lodev. apud Sammarth: tom. 2. Gall. Christ. in Episc. Lemovic.*

1. (Voir t. I, p. 274, note 1). Le prince Gauslinus entra d'abord dans le monastère de Fleury. Quand on voulut l'élever à la dignité d'abbé, sa naissance parut un obstacle sérieux. — *Quam tamen dignitatem haud facilè consecutus est, quod non esset legitimo conjugio natus.* (*Gall. christ.*, t. II, col. 39.) — L'opposition fut encore plus vive lorsque le roi Robert, son frère, le désigna pour succéder à Dagbert sur le siège archiépiscopal de Bourges; mais enfin, dit la Chronique d'Aymar : « la volonté du roi prévalut. » — *Regis voluntas prævaluit, et Dei nutu, in sedem susceptus est.*

ARNAUD I. OU ACIUS XVIII. ARCH.

ARNAUD ou ACIUS fust le successeur de Seguin, suivant la Chronique d'Ademar l'an 1026[1]. mais il ne vescut pas long temps[2], comme rapporte la mesme Chronique, et un fragment de l'His-

1. Lopès commet ici une erreur de date relevée par le *Gallia* (t. II, col. 800) :

« En l'année 1022, Arnaud était déjà archevêque de Bordeaux, s'il faut ajouter foi à une charte du monastère d'Uzerche, dans laquelle on lit : *Notum sit omnibus... quod ego Arnaldus archiep. Burdegal. dedi Deo et S. Petro Usercæ, ecclesiam S. Vincentii de Barciaco (Barchiac), in manu domni Ildeberti abbatis...* Actum an. Dom. M. XXII. indict. XV. epacta XI. — *Legi debet indict.* V. »

2. En effet, la Chronique d'Aymar, citée par les frères Sainte-Marthe et le *Gallia* (t. II, col. 800), dit qu'Arnaud mourut bientôt après son avènement *(statim moritur)*, lequel aurait eu lieu l'an 1022. Mais comme, de l'aveu de tous, Gaufridus II, son successeur, ne fut pas élu avant 1027, on suppose qu'entre Arnaud et Gaufridus II se place Islon, auquel le *Gallia* (t. II, col. 800) consacre une notice que nous résumons dans les lignes suivantes :

« Cet archevêque, naguère encore inconnu, souscrivit en 1024 les lettres d'Hugon de Liziniac, qui traitaient de la fondation d'un oratoire en l'honneur de Marie. Ces lettres furent données la veille des nones de mars, indiction VII. » — Vide Mabill. ad eumdem annum, 54.

Nous estimons que l'épiscopat d'Islon fut court; aussi n'est-il pas mentionné dans la *Chronique d'Aymar* qui fait succéder Gaufridus à Arnaud ou Acius : « Siguino, inquit, Burdegalensi » archiepiscopo mortuo, succedit Acius, qui statim moritur, et » in ejus locum a Sanctio duce Aquitaniæ et Vasconiæ, qui con» ventum apud Blaviam congregaverat, Gaudefridus ordinatur. » Labbe fait la même citation en termes un peu différents. (Voir t. II, *Bibl. novæ*, p. 174 in fine ; — *item Gall. christ.*, t. II, col. 800.)

toire d'Aquitaine. Il a esté obmis par de Lurbe, Robert et Chenu.

Selon Baluze *(fragments manuscrits)*, Islon, évêque de Saintes, ne fut pas archevêque de Bordeaux. Mais Arnaud, archevêque de cette ville, étant devenu infirme, Islon, sans quitter son siège, aurait administré notre archidiocèse. — *Baluzius putat illum esse Islonem Sanctonensem episcopum qui rexit alio vivente, sed paralytico.* (V. *Gall. christ.*, *Animadvers.*, in t. II, col. LXVI.)

L'opinion de Baluze est-elle inacceptable? Arnaud étant mort au lendemain de son avènement *(statim moritur)*, et la vacance s'étant prolongée jusqu'en 1027, Islon, évêque de Saintes, administra peut-être par délégation l'église de Bordeaux. Ce qui nous permettrait, d'ailleurs, d'élever un doute sur l'existence de l'épiscopat d'Islon de Bordeaux, c'est :

1° Que la charte d'Uzerche, sur laquelle on fonde toute la chronologie d'où est né ce débat, présente elle-même un caractère douteux. Le *Gallia* en convient (voir t. II, col. 800, note A) et cette difficulté, qui n'a pu le faire changer d'avis, lui crée un certain embarras :

« *Ratio dubitandi de sinceritate instrumenti hujus est quod Userchensis abbas an. 1022, non esset Ildebertus. — Sed potuit fieri donum hoc in manu abbatis alius, quam Userchensis.* »

2° Que l'existence simultanée de deux évêques du même nom, l'un à Saintes, l'autre à Bordeaux, donne à réfléchir. On se demande comment le moins considérable des deux nous est si bien connu, tandis que le métropolitain n'aurait laissé pour ainsi dire aucune trace.

GAUFRIDUS II. OU GODEFRIDUS XIX. ARCH.

ACIUS estant decedé bien-tost apres Siguin, Guillaume Duc d'Aquitaine, et Sance Guillaume Duc de Gascogne s'assemblerent avec les Evesques de la Province à Blaye[1], Ville lors possedée par Hilduin comte d'Angoulesme, où s'assembloient les deux Etats de Gascogne et d'Aquitaine, pour y traitter de leur affaires communes; et d'un commun consentement fust éleu Archevesque de Bourdeaux, GODEFRIDUS ou GAUFRIDUS II. du nom François de nation. M. de Marca[a] écrit que ce fust l'an 1028. mais il se trouve dans les Archives de l'Abbaye de sainte Croix, un titre de donation, faite par Guillaume Duc de Gascogne [c'est Sance Guillaume] de l'Eglise de S. Macaire[2] et d'autres biens en faveur de l'Abbaye Sainte Croix de Bourdeaux dattée de l'année 1027, et qui fust passée soubs cét Archevesque.

a L. 3. Sup. c. 13.

1. Besly rapporte (*op. cit.*, p. 138) l'élection de Geoffroy (Gaufridus II), élection qu'il dit avoir eu lieu « environ l'an 1028 »; il ajoute : « Delurbe, en sa *Chronique bourdeloise,* dit que ce fut l'an 1037, mais il se trompe, puisque Aymar de Chabanais en parle, lequel finit son histoire l'an 1028. » Nous ferons observer que Delurbe se trompe doublement, et commet un anachronisme d'un siècle. Le Geoffroy de Loriole qu'il confond avec le Geoffroy II dont il s'agit ici, ne monta sur le siège de Bordeaux que vers l'an 1136.

2. Le *Gallia christiana* reproduit ce titre aux *Instrumenta* (t. II, § IV, col. 268) avec des variantes tirées d'une charte de Henri III, roi d'Angleterre.

II. L'année 1028. il assista avec dix Evesques[1] à la Dedicace de l'Eglise S. Sauveur de Limoges, selon la Chronique de Geoffroy, Moine de S. Martial de Limoges, raportée par le Cardinal Baronius à la mesme année. Les mesmes Archives de Sainte Croix fournissent un tiltre de donation faite par Ama Comtesse de Perigord, d'une terre entre Dordoigne appellée de Medrins, en faveur de l'Eglise de Soulac. Le titre fust passé l'an 1043. sous le Roy Henry, et soubs Geoffroy Archevesque de Bourdeaux, qui y est qualifié, une personne doüée d'une Sagesse incomparable, et de tres-bonnes mœurs. Son nom est encores énoncé dans la Donation que firent entre ses mains, en faveur du Chapitre de l'Eglise Metropolitaine, les Ducs ou Comtes de Gascogne, Sance Guillaume, et apres luy Berenger ou Belenger, de la troisiéme partie du droit Seigneurial

1. Ces dix évêques sont mentionnés dans la biographie de Jordan, évêque de Limoges. (*Gall. christ.*, t. II, col. 514.)

Nous complétons la vie de Geoffroy II par les détails suivants, empruntés à Baurein et au *Gallia :*

« En 1030, il consacra l'église de Saint-Paul, située dans un bourg de la Saintonge, *in pago Santonico, in vicaria Christoliensi, apud Botavellam*... Islon, évêque de Saintes, Arnaud, évêque de Périgueux, et Rohon, évêque d'Angoulême, étaient présents à cette cérémonie.

» En 1030, en présence du vénérable Gaufridus, archevêque de Bordeaux, avec le consentement de Guillaume, comte de la même ville, Arnaud, fils de Erlande et de Jarsinde, vendit à Gombaud, abbé de Sainte-Croix, tous les droits et bénéfices qu'il possédait à *Lodor-les-Arcs, — in villa Lodoris de Arcubus usque ad mare.* »

« Il paroit par un titre du onzième siècle, qui existe dans un cartulaire de l'abbaye de Sainte-Croix de Bordeaux, qu'un ancien village appellé *Lodors*, qui étoit situé dans les Graves, aux environs de l'église de Saint-Vincent, portoit aussi la dénomination d'Arcs, *villa Lodoris de Arcubus.* » (Baurein, *op. cit.*, t. II, p. 313.)

« En 1037, sur les conseils de Gaufridus, Alduin, seigneur de Barbezieux, fonda à Barbezieux même, de concert avec son épouse Girberge, un monastère qu'il donna au bienheureux Hugues, abbé de Cluny. On lit, en effet, dans la charte de fondation : *primas fundamento apposuit petras Godefridus...* »

de la Monnoye, que je rapporteray à la troisiéme partie de ce traitté. Il mourut le 10 juillet, et fust ensevely au milieu du chœur de l'Eglise S. Seurin lez Bourdeaux[1].

I. Siguino Burdegalensi Archiepiscopo mortuo, succedit Acius, qui statim moritur et in ejus locum, à Sanctio Duce Aquitaniæ et Vasconiæ, qui Conventum apud Blaviam congregaverat Gaudesfridus ordinatur. *Item.* Siguino Burdegalensi defuncto Archiepiscopo et Arnaldo post eum ordinato, et non longe post vitam privato, Dux Aquitaniæ Vuillelmus et Dux Vasconiæ Sancius aggregato Conventu apud Blaviam constituerunt Archiepiscopum Gothefridum natione Francum, moribus honestum, qui ibidem consecratus est à suffraganeis Episcopis. *Fragmentum Hist. Aquit. et Ademarus in Chronico.*

Ego Vuillelmus gratia Dei Comes Aquitaniæ simul et Dux Vasconiæ, et uxor mea Remberga consideramus gravitudinem peccatorum nostrorum et reminiscimur bonitatem Dei dicentis, Date Eleemosinam, et ecce omnia munda sunt vobis etc. Propterea damus et concedimus Cellam Beati Laurentii, ubi pretiosum Beati Macarii tumulatum Corpus requiescit, cum decimis, et justitiis et cum consuetudinibus in terra et in mari. Et hæc datio facta est Gombaudo Abbate, Ecclesiæ Burdigalensis Archiepiscopo Godofredo. *Ex Tabul. Monast. S. Crucis. Burdig.*

II. Ego Ama Comitissa Burdegalensis seu Petrogoricæ patriæ etc. Do quandam meam hæreditatem cuidam Monasterio constructo in honore sanctæ Mariæ de finibus terræ *(de Soulac.)* in supplementum inopiæ; Ipsa hæreditas est inter Dordoniam, et vocatur Medrins, quam si quis abstulerit, immitem habeat Matrem totius sæculi conditoris. Hæc donatio facta in anno M. XLIII. Incarn. Dom. Francorum Henrico Rege regnante. Præsidente Godefrido incomparabili luce sapientiæ ac morum honestate refulgente Sedi S. Ecclesiæ Burdegalensis. DomnoGombaldo Abbate assistente. Monasteriis, imprimitus sanctæ Crucis et Sanctæ Mariæ cui datur hereditas et S. Macharii. *Ex Tabul. eodem.* VI Idus Julii obiit Godefridus Archiepiscopus. *Necrolog. parvum in lib. qui dicitur Vilosus. in Tabul. Eccl. Burdig.*

1. Il ne reste aucune trace de cette sépulture (Voir Mgr Cirot, *op. cit.*, p. 331.)

ARCHIMBAUD[1] XX. ARCH.

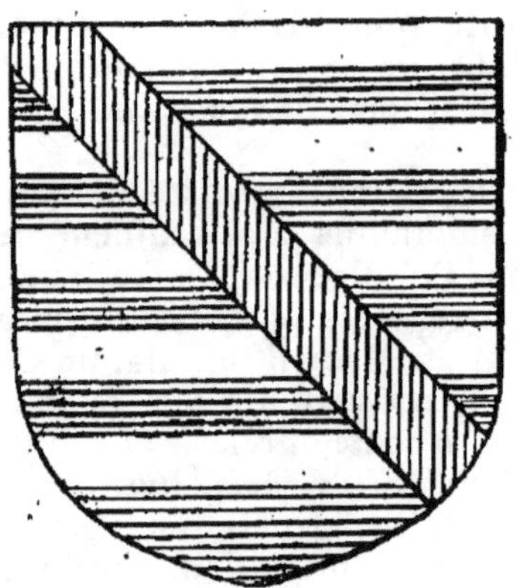

Burelé d'argent et d'azur de 10 pièces
à la bande de gueules brochant sur le tout.

ARCHIMBAUD succeda à Geoffroy[2], et assista comme Archevesque à la Dedicace de l'Abbaye Nostre-Dame de Xaintes[3], avec plusieurs autres Prelats du Royaume l'an 1047. Besly au ch. 26. de son Histoire des Comtes de Poitou rapporte un tiltre de

1. A partir de cette époque, nos archevêques ont des armoiries. Nous donnerons celles qui nous sont connues (dessins de M. E. Piganeau). L'usage du blason date des Croisades. Cependant l'auteur des *Noms, qualités, etc., des chev. de l'ordre du S.-Esprit* (de La Court, 1668, p. 57) affirme que «Noé avoit donné pour armes à ses enfants, Sem et Japhet, *l'escu d'azur au lion rempant d'or*, etc.»

2. En 1044, Archimbaud, après avoir rempli avec zèle la charge d'abbé de Saint-Maixent, fut élu archevêque de Bordeaux. Il garda toutefois, après son élection, l'administration de son ancienne abbaye. Comme il était tout puissant auprès du comte Guillaume et de son épouse Ermensende, il en obtint de nombreuses faveurs pour saint Maixent. (V. *Gallia*, t. II, col. 802; Besly, *op. cit.*; Samm., t. I, p. 203.)

3. Monastère de bénédictines dans le faubourg «des Dames»,

quelque donation faite par Guillaume VI. Duc d'Aquitaine, à l'Abbaye Saint Florent de Saumur l'an 1054. à laquelle Archimbaud souscrivit comme Archevesque[1]. Le mesme rapporte un autre titre, au ch. 27. daté de l'année 1068, duquel il conste qu'il fust déposé de l'Archevesché, demeurant neantmoins un des deux principaux Conseillers de Guy (c'est Guillaume VII) Duc d'Aquitaine[2], et ce titre est

fondé par Geoffroy, comte d'Anjou, et par Agnès, comtesse d'Aquitaine, sa femme. « L'on y établit des chanoines, dit du Tems (*Clergé de France*, t. II, p. 382), pour donner aux religieuses les secours spirituels. » Les actes relatifs à l'abbaye de Notre-Dame se trouvent dans le *Gall. christ.*, t. II, *Instrum.*, col. 457, 478 et suiv.

1. Plaçons ici un détail négligé par Lopès : « La *Chronique de Maillezais* (1059) parle d'Archimbaud, à la fois archevêque et abbé, au sujet de la translation du corps de saint Maixent dans un nouveau sépulcre. (Voir *Gall. christ.*, t. II, col. 802.)

L'abbaye de Saint-Maixent est située dans la ville de ce nom, sur la Sèvre. « Elle doit son origine, dit du Tems (*op. cit.*, t. II, p. 445), au bienheureux Agapit, qui bâtit un oratoire en l'honneur de saint Saturnin de Toulouse dans le lieu de sa retraite. » Agapit eut pour successeur Maixent, célèbre par ses miracles au temps de Clovis. Ce roi fonda une abbaye sous le vocable de son protecteur. On lit dans une ancienne charte de Saint-Maixent : *Igitur Clodovis tempore abbatia nostra proprie sumsit exordium.* (V. *Gall. christ.*, t. II, c. 1245.)

La cérémonie de l'élévation et de l'ostension du corps de saint Maixent, à laquelle assista l'archevêque de Bordeaux, avait eu lieu sans doute après le départ des Normands. Notre ville honora-t-elle saint Maixent avant l'épiscopat d'Archimbaud? Nous l'ignorons. « En rentrant dans sa ville épiscopale, dit Mgr Cirot (*op. cit.*, p. 285), le prélat voulut y consacrer le souvenir de cette translation, par la fondation ou par l'agrandissement d'une église dédiée au saint confesseur. »

2. « Il (Guillaume VII) se plaisoit à pourvoir aux plaintes de ses » sujets, et à leur faire administrer la justice, ayant à cette fin » estably des prevosts qui alloient sur les lieux pour faire droit aux » parties, et ces commissaires n'estoient pas des petits compagnons, » mais de grands seigneurs, et parmi ceux-là l'on remarque... » *Archambaud, l'archevêque,* sire de Sainct-Maixant, appelé *l'arche-* » *vêque,* parce qu'il l'avoit esté de Bordeaux. » (Jean Besly, *op. cit.*, p. 160.)

souscrit, Archembaud Archevesque de saint Maixant, pour ce qu'il estoit Abbé et Seigneur de cette Ville, mesmes avant son élection à la dignité Archiepiscopale : et peut-estre sa deposition ou abdication fust elle volontaire[1], puis qu'il demeura Abbé, et eust un employ si considerable aupres de ce Duc.

II. Au temps de cét Archevesque, florissoit Austindus ou Ostendus Prestre de Bourdeaux[2], qui par ses grands merites fust promeu à l'Archevesché d'Auch. Il presida l'an 1060. a un Concile tenu à Jacca, Ville du Royaume d'Arragon, pour le restablissement de la discipline Ecclesiastique fort alterée dans ce Royaume. Sa Sainteté le rendit encores plus illustre que l'Episcopat, puis qu'apres une digne administration de son Dioceze durant plusieurs années, il passa à une meilleure vie le 25. de Septembre, auquel jour l'Eglise d'Auch en solemnise la memoire, comme d'un grand Saint.

I. Anno Incarn. 1068. etc. contigit ut quibusdam aliis necessitatibus suis præpeditus [*Guido Dux Aquitanorum*] causam nostram duobus suis fidelibus, Archembaldo videlicet Archiepiscopo jam deposito, atque Goffrido de Rupeforti tractandam examinandamque committeret. etc. Testes qui affuerunt, nomina sunt hæc etc. Goffridus de Rupeforti : Archenbaldus Archiepiscopus de Scto. Maxentio. *Apud Beslium. Hist Pictav. c. 27.*

II. Jaccæ in Hispania in ditione Ramiri Regis, Episcoporum Conventus habitus an. 1060. Sanctii Aragonii, Paterni Cæsaraugustani, Arnulphi Rotensis, Guillelmi Urgelitani, Heraclii Bigerronum, Stephani Olorensis, Gometii Calagurritani, Joannis Lectorensis, Austindo Auscitano Archiepiscopo actionum præside. Sacrorum ritus qui temporum injuria depravati erant restituti. Sacerdotum mores novis institutis exculti, iisque mandatum ne alio more quam Romano precarentur. *Joan. Marian. l. 9. de Reb. Hispan. c. 5.*

1. Le *Gallia (ibid.)* est pour la démission volontaire : «*Nàm etsi depositus appelletur in præfatâ chartâ, ex eâdem tamen constat ipsum semper gratiâ valuisse apud Aquitaniæ ducem.*» La raison ne nous paraît pas décisive.

2. *Urbis Burdegalensis indigena, ut ipse ait in chartâ fundationis ecclesiæ Nogarolensis.* (*Gall. christ.*, t. I, col. 980.) Voir aussi Boll., *Act. sanct.*, t. VII, septemb., p. 139 et suiv.

ANDRON XXI. ARCH.[1]

ANDRON fut Archevesque de Bourdeaux du vivant d'Archimbaud demis de l'Archevesché : mais il ne le fust point long temps, puisque son predecesseur comme nous avons veu, l'estoit encores l'an 1054[2]. et Goscelin son successeur l'estoit l'an 1060[3]. il mourut le 31. jour d'Octobre.

II. Kal. Nov. obiit Andro Archiepiscopus. *Necrolog. Lib. supra dicti Tabul. Eccles. Burdig.*

1. Lopès ne dit rien de la vie d'Andron, il ne mentionne que sa mort, d'après l'*Obituaire* de Saint-André. Les frères Sainte-Marthe attestent que les *Archives de Saint-Seurin* font mention de cet archevêque. Le *Gallia* s'en étonne, car, Lopès, qui sans doute eut sous la main toutes les chartes de cette église, n'en cite aucune pour démontrer l'existence de l'épiscopat d'Andron (t. II, col. 802).

O'Reilly (*Hist. de Bazas*, p. 426) suppose qu'Andron était de la même famille qu'Andron, abbé de Sainte-Croix, vers 1130, et Pierre Andron, maire de Bordeaux, en 1218. C'est de la même maison qu'étaient issus les *Andron*, seigneurs de Lansac, dont l'ancien hôtel subsiste encore à l'extrémité de la rue du *Cerf-Volant*. (Voir Baurein, *Var. bord.*, t. I, p. 201, 242, 247, 248; t. II, p. 159, 160, 301; t. IV, p. 139, 196.) — La seigneurie de Roquetaillade étant tombée *en quenouille*, Jeanne de La Mothe, dame de Roquetaillade, sœur de Jean de La Mothe-Noaillan, épousa, en 1522, Grimon Andron de Lansac. — Le château de Roquetaillade, restauré par M. Viollet-le-Duc, appartient encore à la famille Andron, dont M. le marquis de Mauvezin est le dernier descendant.

On a vu (t. I, p. 47) que dame Jacquette Andron de Lansac fonda le couvent de l'*Annonciade* à Bordeaux.

2. Le *Gall. christ. (ibid.)* dit en 1059.

3. Le *Gallia* dit en 1059. L'épiscopat d'Andron fut donc bien éphémère; c'est pour cette raison, d'après le *Gallia (ibid.)*, que la *Chronique de Maillezais* le passe sous silence.

GOSCELIN XXII. ARCH.

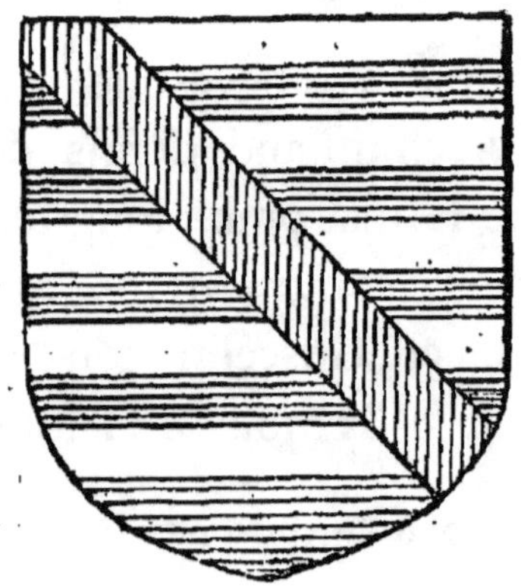

Burelé d'argent et d'azur de 10 pièces à la bande de gueules brochant sur le tout.

GOSCELIN ou Gotcelin fut le successeur d'Andron, encores du vivant d'Archimbaud, contre ce que porte la Chronique de Maillesais, qui le fait successeur d'Archimbaud, ostant Andron du nombre de nos Archevesques. Il estoit de la noble Maison de Parthenay en Poictou, fils aisné de Guillaume Seigneur de Parthenay[1]. Il fut esleu Tresorier de l'Eglise de Poictiers, à la recommandation de Guy Geffroy, autrement Guillaume VII. Duc d'Aquitaine, par la mort de Guillaume Evesque d'Angoulesme. Suivant un Tiltre des Archives

1. « Guillaume Ier, dit M. Léon Palustre (*Hist. de Guil. IX,* t. I, p. 80, note), eut pour successeur *nominal* son fils aîné Josselin, deuxième du nom, archevêque de Bordeaux, homme illustre, tellement vénéré de sa famille, que, pour honorer sa mémoire, elle prit le nom de *l'Archevêque;* mais en réalité, Simon, sous le titre de vidame, était le véritable seigneur de Parthenay. » Lopès ne s'arrête pas à la fable du prétendu mariage de Goscelin. Le *Gallia christ.*

de l'Eglise S. Seurin, il estoit Archevesque l'année 1060[1]. C'est à sa priere que le mesme Duc confirma un celebre Decret, qu'à l'advenir aucun fils de Prestre, de Diacre, ou de sous-Diacre, ou qui ne seroit pas nay de legitime mariage, ne seroit admis aux Canonicats de S. Hilaire de Poictiers[2].

II. Comme ce fut de son temps que Berengarius apres avoir revoqué son Heresie, touchant la presence reelle du Corps de Jesus-Christ au S. Sacrement de l'Autel, continuoit neantmoins de l'insinuer en France; nostre Archevesque pour empescher que ce venin ne se glissast dedans la Province, assembla un Concile de ses Suffragans à S. Maixant[a] en Poictou; où Berengarius luy-mesme vint faire sa Profession de Foy[3], et l'erreur y fut condamnée

a Chronicum Maleac.

(t. II, col. 805-806) en fait voir l'invraisemblance. Du Tems (*op. cit.*, t. II, p. 196, note) se borne à dire : « Il est faux que cet archevêque ait été marié et que le Pape donna en conséquence à ses descendants le surnom de Parthenay-l'Archevêque. Ce surnom paraît leur être venu de ce que Goscelin, comme l'aîné de sa famille, portait le nom de la terre de Parthenay, au nom de laquelle on a ajouté, pour cette raison, celui d'archevêque. » (V. aussi J. Besly, *op. cit.*, p. 160.)

1. D'après le *Gallia (ibid.)*, il assista comme archevêque à l'assemblée de la noblesse d'Aquitaine de l'an 1059.

2. Le texte du diplôme se lit aux *Instrumenta* du *Gallia* (t. II, col. 271, VIII); il porte formellement que Goscelin fut le principal instigateur du décret de réforme. — *Ex petitione canonicorum præfatæ ecclesiæ, et præcipuè domini Gosleni venerabilis Burdegalensis archiepiscopi.* — Voir en particulier dans le *Recueil des Hist. des Gaules* (t. XI) plusieurs ordonnances des papes et des évêques, des décrets de conciles, des lois émanant de l'autorité civile contre les profanateurs du célibat ecclésiastique.

3. Bérenger, natif de Tours, niait le dogme de la *présence* réelle. Il ne cessa durant trente ans d'abjurer son erreur et d'y revenir. Le concile de Saint-Mexent, auquel présida Goscelin, eut lieu, d'après la *Chronique de Maillezais,* dont le *Gallia* partage l'opinion, non pas en 1073, comme l'écrit Lopès, mais en 1075.

On sait que Bérenger retomba dans l'hérésie et ne se rétracta définitivement qu'en 1080, dans un concile tenu à Bordeaux, dans l'an 1073. non pas sur la fin de Juillet comme a escrit de Lurbe, mais le 25. jour de Juin.

III. Ayant esté commis avec Amatus Legat du S. Siege, pour juger sur le divorce entre Guy Geoffroy ou Guillaume VII. Duc d'Aquitaine, et Aldearde de Bourgoigne, et estans allez pour cét effet à Poictiers, avec plusieurs autres Prelats l'an 1074. ils y furent grandement excedez par Isembert, Evesque de cette Ville[1] : pour raison de quoy Isembert fust cité à Rome par le Pape Gregoire VII. et ceux, par qui il avoit fait faire ces excez, furent excommuniés, et Goscelin fust invité de faire le voyage, s'il le pouvoit. Isembert ayant encores mesprisé un interdit de Gerauld Evesque d'Hostie Legat du S. Siege, fust excommunié, jusqu'à ce qu'il se fust representé au Concile, que le Pape devoit tenir à Rome la premiere semaine du Caresme. Tout cecy se tire de plusieurs Lettres de ce Pape, d'où il se tire pareillement, que Goscelin fust à Rome, non pas seulement apres cette action, comme escrivent Messieurs de Ste. Marthe, mais l'annee auparavant, comme il conste d'une

l'église Saint-André, le 9 octobre 1080. (Voir L. Palustre, *op. cit.*, p. 156.)

Ce fait est l'un des plus glorieux et peut-être le plus consolant de nos annales. Comment Lopès et le *Gallia* ne le mentionnent-ils ni l'un ni l'autre à la date de 1080, comme le veut la *Chronique de Maillezais,* ou bien à celle de 1079 que préfèrent les *Observationes prœviæ in... concilia de multiplici Berengarii damnatione,* etc.? (Voir *Rec. des Hist. des Gaul.*, t. XI, p. 530.)

1. « Hildebrand donc, dit Grégoire VII, entreprit la connoissance » du divorce, et donna la commission à Aymé, évesque d'Oléron, et » à Goscelin de Parthenay, archevesque de Bourdeaux, successeur » d'Archambaud de Saint-Mexent, et thésaurier de Sainct-Hilaire de » Poictiers, où ils s'assemblèrent l'an 1074, indict. 12 ; la *Chronique* » *de Maillezais* dit 1075. Isembert II, évesque de Poictiers, soit » qu'il fust induict par le duc, soit pour son intérest particulier, fit » forcer les portes de l'abbaye par ses gens, qui maltraitèrent si bien » les commissaires et ceux de l'assemblée qu'ils furent contraincts » de fuir hastivement pour mettre leur vie en asseurance. » (J. Besly, *op. cit.*, p. 152.)

lettre de ce Pape aux Chanoines de S. Hilaire de Poitiers, dattée du Concile Romain, l'Indiction 12. au mois de Mars, où il leur escrit, comment Goscelin Archevesque de Bourdeaux, present au Sinode, les avoit favorisez : et les Lettres qu'il escrivit tant à Isembert qu'à Goscelin, au subjet de cette action, sont datées du mois de Septembre, l'Indiction treiziesme. Il semble neantmoins que Goscelin fut à Rome une seconde fois, parce que le Pape escrivant à Amatus son Legat l'an 1078. au mois de Mars, luy declare, que Goscelin estant venu à Rome, l'avoit fait souvenir du different qui estoit entre les Abbayes de Sainte Croix et de S. Sever, pour l'Eglise de Soulac, dont il luy renvoye la connoissance.

IV. Estant revenu à Bourdeaux, il y tint un Concile le 15. d'Octobre l'an 1079. ou il confirma l'Abbé de Ste Croix dans la possession de l'Eglise de Soulac contre les pretentions de l'Abbé de S. Sever. Il se justifie par un Tiltre de l'Abbaye de la Grand Seauve que j'ay leu, et dont je rapporteray la date dans les preuves, qu'il se tint un second Concile à Bourdeaux le 6. d'Octobre l'année suivante 1080. ou nostre Archevesque avec les Legats du S. Siege, avec plusieurs Archevesques et Evesques, en presence de Guillaume Duc d'Aquitaine, confirma S. Geraud et ses Religieux dans la possession du lieu de la Seauve, avec tous ses droicts, et appartenances qui leur avoient esté accordées. Ce Sainct y avoit esté appellé quelque temps auparavant, et y vescut avec une tres-grand Saincteté, tellement que depuis sa mort, on luy a tousjours rendu les honneurs d'un bien-heureux, et les peuples y viennent en foule pour y reverer son corps, qui repose derriere le grand Autel dans une Eglise que les Religieux de S. Benoit, depuis la reforme, c'est à dire, depuis 10. ans, ont rendu un edifice des plus beaux, aussi bien qu'un Monastere des plus agreables de leur Ordre dans ce Royaume, ainsi qu'il l'estoit anciennement[1]. Trois mois apres au mois de Janvier, il se tint un Concile à Xaintes, auquel presiderent Amatus Evesque d'Oleron et Hugues Evesque de Die, Legats du

1. Géraud (Gérard), natif de Corbie, était arrivé dans les bois de la Grande-Sauve *(Silva-Major)*, en 1079; l'année suivante il obtint de Goscelin et des légats apostoliques la permission de fonder un monastère. (Voir pour les chartes relatives à cette fondation, *Gall. christ.*, t. II, *Inst.*, col. 314, 315 et suiv.). — Pour l'histoire de saint Gérard et de notre célèbre abbaye de l'*Entre-deux-Mers*; consulter : le *Cartulaire de la Grande-Sauve*; — Lisiard, *Vit. S. Arnulf.*, c. XVIII; — *Chron. Mall.*; — Mabill., *Obs. præv. ad vit. S. Ger.*; — Mgr Cirot, *Hist. de l'abbaye et congrégation de N.-D. de la Grande-Sauve en Guienne*, 2 vol. in-8o.

L'histoire de cette abbaye, par Mgr Cirot, présente un vif intérêt. Lire tout spécialement la légende du *couteau* de saint Gérard, la description de l'église, de l'abbaye, l'inventaire des reliques, l'état des confréries, le nécrologe, les détails relatifs à la bibliothèque, aux manuscrits, la description de la ville qui formait autrefois deux paroisses, Saint-Jean et Saint-Pierre; enfin, l'énumération des églises ou prieurés qui relevaient de La Sauve, soit dans notre diocèse, soit dans les diocèses d'Agen, de Périgueux, de La Rochelle, d'Aire, de Cahors, de Reims, de Beauvais, de Soissons, de Châlons, d'Orléans, de Sens, de Mons et jusqu'en Espagne et en Angleterre. Nous devons à l'obligeance de M. l'abbé Gaubert, curé d'Omet, la communication de deux intéressants manuscrits, l'un sur les *antiquités de La Sauve*, l'autre sur l'*organisation civile, judiciaire et économique* de cette localité, maintenant si modeste, et qui, dans les beaux jours de son abbaye, possédait jusqu'à « 57 bancs de bouchers », et des bourgeois en assez grand nombre pour déployer dans les rues de la ville une procession pénitentiaire organisée comme suit : En 1249, l'abbé Bertrand de Saint-Loubès, prononça une sentence contre les habitants, et ordonna entre autres choses « que trois cents bourgeois de la rue » Saint-Jean, et trois cents de la rue Saint-Pierre, assisteront en » chemise aux processions que les religieux feront ès trois festes » suivantes, il i adjoute, qu'il sera à son choix d'y faire venir ceux » qu'il lui plaira, par où il fait voir qu'il y avoit plus de six cents » bourgeois dans La Sauve, autrement il n'i eut pas eu à choisir, » outre qu'il n'est pas probable que tous fussent coupables. »

Pour la partie monumentale, consulter le bel ouvrage de M. Leo Drouyn, *Choix des types les plus remarquables de l'architecture au moyen âge dans la Gironde*. On sait que la splendide église

S. Siege[1]. Goscelin y assista, et y soubscrivit apres eux, et apres luy, Gartmond Archevesque de Vienne, Richard Archevesque de Bourges, et Rodulphe Archevesque de

abbatiale de La Sauve fut démolie peu à peu à partir de l'année 1818; à cette date, le Conseil municipal de la commune ayant choisi de préférence l'église actuelle pour les exercices du culte, sous prétexte que l'entretien en serait plus facile et moins coûteux, l'abbatiale fut vendue pour la somme de 6,000 fr.; le nouveau possesseur l'exploita comme une carrière. Chapiteaux, bas-reliefs, sculptures de tous genres, tombés sous le marteau des casseurs de pierres, servirent à paver nos belles routes de La Benauge; quelques débris formant des manteaux de cheminées, des bancs, des auges, des montants de portes, se voient çà et là dans le bourg actuel; d'autres sont encastrés dans des murs de clôture. M. E. Piganeau a dessiné pour la *Société archéologique de Bordeaux* plusieurs bas-reliefs provenant de clefs de voûtes; le plus beau représente le sacrifice d'Abraham. Depuis l'achat des ruines par le cardinal Donnet, le vandalisme a cessé; ce qui reste de l'église et du cloître permet d'apprécier la magnificence de l'édifice élevé au moyen âge.

Pendant les années qu'il passa dans l'établissement de la Grande-Sauve en qualité d'aumônier de l'École normale, M. l'abbé Durassier entretenait pieusement un parterre de lis sur la tombe du grand cénobite.

La fête de saint Gérard se célèbre dans le diocèse avec office propre, le 5 avril; la légende de la VIe leçon rappelle qu'en 1847 les reliques du Saint, mises en sûreté pendant la Révolution, furent transportées de nouveau dans le monastère.

L'abbaye de La Sauve fut une de celles où les croisés se rendirent après le concile de Clermont pour se préparer à la guerre sainte, faire leur testament et leur confession. On cite parmi les chevaliers pénitents: Raymond de Cambes, Vivien de Rions, Bernard de Benauge, etc. Cette même abbaye, dans les bâtiments de laquelle l'École normale primaire a remplacé depuis quelques années le collège des Jésuites, fut, dès l'origine, un foyer d'où rayonna l'instruction publique: « Amanieu de Lamothe, Béraud de Benauge, les seigneurs de Moissac, de Blanquefort, de Camarsac et de tous les environs, confièrent leurs enfants à saint Gérard, de sorte qu'il se vit bientôt entouré d'une nombreuse jeunesse. » (Mgr Cirot, *Hist. de la Grande-Sauve*, t. I, p. 292.)

1. Le concile de Saintes mit le monastère de Saint-Pierre de La Réole, que revendiquait l'évêque de Bazas, sous la juridiction de l'abbaye de Fleury-sur-Loire. (V. *Gall. christ.*, t. II, col. 805.)

Tours, Aimar Evesque d'Angoulesme, Hugues de Langres, et Raimond de Bazas[1].

V. Nous avons rapporté au ch. 11. de la premiere partie, le jugement qu'il prononça l'an 1081. entre le Chapitre Metropolitain et celuy de S. Seurin touchant le droit de cimetiere[2]. Il estoit encores Archevesque, l'année 1085. comme il conste du reglement qu'il fit touchant les oblations de l'Eglise de Comprian[3], datté de cette Année, dont nous avons parlé au ch. 8. de la premiere partie de ce traité. Il mourut le 19. jour de Juin, et l'an 1086. selon la Chronique de Maillesais, et fut enseveli dans l'Eglise nostre Dame de Luçon.

I. *Charta cujusdam census solvendi S. Severino ab Ecclesia Berbezillensis Principatus ex Tabul. S. Severini cujus data*. Hæc autem chartula composita fuit, an. ab Incarn. Dom. M. LX. Philippo Rege regnante, et Guillelmo Aquitaniæ Duce rebelles triumphante, et Goscelino populum sibi commissum catholicè docente.

Ex petitione Canonicorum Ecclesiæ præfatæ *(Sancti Hilarii)* et præcipuè Domni Gosleni venerabilis Burdigalensis Archiepiscopi, et ejusdem Ecclesiæ Thesaurarii etc. determinando confirmamus, et confirmando determinamus, ut ab hac die in perpetuum, nullus cujuslibet Presbiteri filius vel subdiaconi, aut alicujus clerici, nullus quoque spurius, id est, qui non est de legitimo matrimonio natus fiat unquam in Ecclesia supradicta quomodo libet Canonicus. *Ex archi. Sancti Hilarii Pictav.*

III. Legato nostro Amato Episcopo Elorensi et Magistro tuo Gozelino Archiep. Burdig. una cum cœteris Religiosis viris pro faciendo divortio Guillelmi Pictavensis Comitis et propinquæ suæ, quam pro uxore tenebat, his, inquam, sub Apostolica obedientia pro negotio tam gravi, tam Christianæ Religioni necessario conlegatis, conventum illorum per milites tuos nefariè perturbasti, quippe qui perruptis Monasterii Claustris et foribus, in concessum irruentes, Archiepiscopum et Legatum nostrum multa turpitudine dehonestaverunt, reliquos vero, minis, convitiis ac verberibus

1. Le *Gallia* rapporte sous les dates suivantes 1060, 1068, 1077, 1078, 1081, un certain nombre de faits qui ne se trouvent pas dans Lopès. Signalons en passant l'acte par lequel Goscelin (circ. 1068, fors. 1080) se fit céder l'église de Saint-Émilion par Olivier, vicomte de Castillon, en chassa les moines, et établit à leur place des chanoines réguliers. (V. *Gall. christ.*, t. II, col. 323, *Inst.*; — Guinodie, *Histoire de Libourne*, t. II, p. 280.)

2. Voir t. I, p. 322 et 323, texte et notes, ainsi que D. Devienne, *op. cit.*, 2e part., p. 25.

3. Église et prieuré de Biganos. (V. Baurein, *op. cit.*, t. III, p. 359, 372, 378.)

multisque contumeliis afflixerunt. Unde Apostolica tibi authoritate præcipimus, ut ad festivitatem S. Andreæ præsentiam tuam super his responsurus nostro conspectui exhibere nullatenus prætermittas. *Gregor. VII. l. 2. Ep. 2. Isemberto Pictavensi Episc. Tiburi IV. Id. Sept. Indict. incipiente 13.*

Si eum ad nos venturum cognoveris *(Isembertum)* tu ipse si queas ad Apostolorum limina fatigationis cursum non refugias. *Id. Gozelino Burd. Arch. Ep. 4.* ib.

Quoniam interdictus à Legato nostro Giraldo Ostiensi Episcopo obedire contempsisti, concilium nostro præcepto congregatum violenter conturbasti etc. Te a communione Corporis et Sanguinis Domini nostri Jesu Christi separamus, usque ad futuram Synodum quam Deo annuente in 1. Hebdomada Quadragesimæ celebraturi sumus. *Greg. Isemberto. l. 2. Ep. 23. Dat. Romæ XVI. Kal. Dec. Indict. 13. item de eadem re Ep. 24. Gozelino Arch. et Guill. Duci Aquit.*

Quod cum apud nos in publico Concilio ventilatum fuerit, Gozelino Burdigal. Archiep. causam vestram cum quibusdam aliis defendente etc. Data Romæ in Synodo 16. Kal. april. Indict. XII. *Gregor. VII. l. 1. Ep. 54. Canonicis Sancti Hilarii.*

Gozelinus Archiep. Burdeg. confrater noster veniens ad limina Apostolorum duxit nobis ad memoriam qualiter olim actum sit de discordia monasterii S. Crucis et S. Severi etc.; censuimus causam illam ante te et confratrem nostrum Hugonem Diensem Episcopum diligenter esse retractandam, ita ut uterque auditores, legitimum, Deo auxiliante, huic negotio finem imponatis. *Greg. VII. l. 6. Epist. 24. Amato Elorensi Episc. in vasconia. Dat. Rom. VIII. Id Mart. Indict. 2.*

IV. Acta est supra dicta confirmatio in Burdigalensi civitate, in Concilio an. ab Incarn. Dom. M. LXXX. Indict. III. Epact. XXVIII. Non. Oct. VIII., an. Gregorii VII. Papæ, Philippo in Francia regnante. S. Guillelmi Aquitaniensis ducis. Confirma hoc Deus. Ego Amatus S. Sedis Apostolicæ Legatus, confirmo. Ego Hugo sanctæ sedis apost. Legatus confirmo. Ego Gocelinus Burdig. Archiepiscopus, præsente concilio, concedo et confirmo. S. Rodulphi Turonensis Archiep. S. Guillelmi Ausciencis Archiepiscopi. S. Bosonis Sanctonensis episcopi. S. Ademari Engolismensis episc. S. Guillelmi Petragoricensis episc. S. Raymundi Vazatensis Episcop., S. Hugonis Bigorrensis Episcopi. S. Donaldi Agennensis Episcopi etc. *Ex Chartulario Monasterii sylvæ majoris.*

Ordo ille subscriptionum Bitur. Archiepisc. post Burdigalensem, petitus est à Beslio in probationibus C. 27. hist. comitum Pictav. Ex Tabulario Monasterii Regulensis.

V. Anno ab incarn. Dom. 1085. Philippo Gallorum Rege regnante, Guillelmo totius Aquitaniæ Duce Ego Gotcelinus Metropolitanæ Burdegalensis Ecclesiæ Archiepiscopus etc. *Ex Tabul. Eccles. S. Severin. In lib. inscripto. Sanctius Comes.*

XIII. Kal. Julii obiit Gaucelinus Archiepiscopus et Petrus de Burdegala. *Necrolog. Eccles. Burd. in lib. vil.*

AMATUS XXIII. ARCH.

AMATUS fust le Successeur de Gotcelin, apres que le Siege eut vaqué environ deux ans. Car il conste d'un Tiltre de l'Eglise de S. Seurin, que Simon Evesque d'Agen tenoit, l'an 1088. la place de l'Archevesque. Il avait esté Evesque d'Oleron, et le Pape l'avoit fait un de ses Legats[1] dans l'Aquitaine, et en Espagne, en laquelle qualité il avoit presidé, comme nous avons veu, à un Concile de Bourdeaux, au Concile de Saintes, et depuis à celuy de Poitiers, pour le divorce du Duc Guillaume VII. avec Aldearde de Bourgoigne. Il avoit encores excommunié dans un autre Concile tenu à Gironne en Espagne, Guiffroy Archevesque de Narbonne. Apres la mort de Goscelin, tenant un Concile à Bourdeaux l'an 1088. le 4. Nov. comme rapporte la Chronique de Maillesais, et un Tiltre du Monastere de S. Maixant ches Messieurs de Ste Marthe, il fust esleu Archevesque de cette Ville[2], et s'aquita tres-dignement de sa charge, sans abandonner celle de Legat Apostolique.

1. Le *Gallia* (t. II, col. 806) rapporte une bulle d'Urbain II, qui se trouve dans *Baronius,* an. 1096. Il y est dit qu'Amat avait été *destiné* par Grégoire VII, son prédécesseur, à la légation de Gaule. Le *Gallia* en conclut que l'archevêque Amat venait de Rome; il rapporte en outre l'opinion d'Étienne Baluze qui voit dans notre Archevêque le moine du Mont-Cassin, appelé Amat, dont parle Pierre-le-Diacre dans le livre des *Hommes illustres* de cette abbaye, ch. XX.

2. Le *Gallia* (t. II, col. 806-807) oppose à cette assertion de la *Chronique de Maillezais,* adoptée par Lopès, un passage d'une lettre d'Adémar, évêque d'Angoulême, d'où il résulterait que l'élection d'Amat eut lieu non à Bordeaux, mais à Saintes.

II. Il tint un autre Concile à Bourdeaux l'an 1093. Assista à celuy de Clermont soubs le Pape Urbain II. l'an 1095. assemblé pour la conqueste de la Terre Saincte, et la mesme année se trouva à la benediction de l'Eglise Sainct Martial de Limoges, et de la Cathedrale S. Estienne de la mesme Ville : comme aussi l'année suivante 1096. à la consecration de l'Eglise Metropolitaine de Bourdeaux, qui fut faite par ce Pape. l'année 1097[1]. il fut present au Concile de Nismes, tenu le 12. de Juillet, où le Roy Philippe I. fust absous de l'Excommunication encouruë, à cause du rapt de Bertrande de Montfort, femme de Foulques Comte d'Anjou, que ce Roy avoit espousée du vivant

1. Urbain II venait de Saintes (voir sur l'itinéraire d'Urbain II *Hist. littér. de la France,* t. VIII, p. 524-527); le duc d'Aquitaine lui fit les honneurs de son beau palais de *l'Ombrière* (voir sur le palais de l'Ombrière, ainsi appelé de la belle allée d'ormes qui lui servait d'avenue du côté de la Garonne, *Archiv. hist. de la Gironde,* t. XII, p. 124, une eau-forte de M. L. Drouyn avec figures par M. J. de Verneilh; — *Comm. des Monum. hist.*, étude et plan par M. Rabanis; — Bosch. des Portes, *op. cit.*, t. I, p. 402; Bernadau, *Viographe bord.*, p. 190; — L. Palustre, *op. cit.*, t. I, p. 272.)

Inutile de rappeler que l'église consacrée par Urbain II n'était pas notre cathédrale gothique. M. L. Drouyn a reconstitué le plan de la basilique disparue. (V. t. I, p. 182.) Les débris de cet édifice, découverts il y a peu d'années et réunis par M. Sansas, permettent de supposer qu'il était d'une grande richesse et probablement décoré de fresques.

« La démolition du mur extérieur du cloître nous révèle de plus en plus la splendeur et la magnificence de l'église qui a précédé celle que nous voyons aujourd'hui. On trouve en quantité innombrable des débris de colonnettes, de voussoirs, de frises, de chapiteaux, de consoles sculptées avec le plus grand soin, et tous recouverts de peintures variées. La diversité des dessins est infinie et semble présenter même des époques distinctes par la nature du travail...

» Toutes ces sculptures ont été peintes des couleurs les plus vives.

» Le monument auquel elles appartenaient ne peut être que l'église cathédrale détruite avant la construction de celle qui frappe nos yeux; car, ainsi que nous l'avons fait remarquer dans d'autres circonstances, des pierres identiques à celles que nous signalons

de Berte sa femme legitime. C'est de son temps que Guillaume VIII. Duc d'Aquitaine confirma au Chapitre de l'Eglise de Bourdeaux, le don du Seigneuriage de la Monnoye et autres biens[1], que je raporteray à la troisiesme partie. Il mourut l'an 1101.[2] suyvant la Chronique de Maillesais, et le 22. jour de May.

I. Anno M. XXCVIII. Regnante Philippo Gallorum Rege etc. Factum est hoc, 3. Non. Decembris Simone Agennensium Episcopo locum Burdegalensis Archiepiscopi tenente. *Ex Tabul. Eccl. Sancti Severini Burdig.*

Hoc donum feci apud Santonas quando Synodus vel concilium fuit factum, in quo Amatus Archiep. Burdegalæ civitati datus est nolente Comite. Anno. ab Incarn. Dom. M. LXXXVIII. Ind. 12. *Tabula Chirographorum Monast. Sancti Maxentii apud Sammarthanos.*

II. XI. Kal. Jun. obiit Amatus Archiepiscopus atque legatus. *Necrolog. suprad. libri. in Tabul. eccles. Burd.*

ont été employées comme matériaux dans la construction du mur sud de l'église actuelle, au-dessus des arcades plein-cintre qui forment la partie intérieure de la nef.» (Sansas, *Le Progrès*, 1865, t. VI, p. 40). Ces précieux débris se trouvent actuellement au musée de la rue des Facultés. Nous en avons fait prendre une photographie.

1. Entre autres le privilège de charger un vaisseau de toutes sortes de marchandises sans payer aucun droit depuis Langon jusqu'à la mer. (V. *Gall. christ.*, t. II, col. 808.) Ce qui n'était pas un mince avantage attendu la multiplicité des taxes locales, péages, coutumes, etc., auxquels étaient soumises les diverses marchandises, et surtout le vin, pendant le parcours sur la rivière entre Langon et Royan. (V. Franc. Michel, *Hist. du Comm. et de la Navig. à Bordeaux*, ch. IX, p. 217 et suiv.)

2. Le *Gallia (ibid.)* a des motifs de croire que la mort d'Amatus n'arriva peut-être qu'en 1102. Voir *(ibid.)* quelques détails omis par Lopès. C'est sous l'épiscopat d'Amatus que l'église de Saint-Michel passa de la juridiction du Chapitre Saint-André sous la dépendance immédiate de l'abbaye de Sainte-Croix. (V. la charte, *Gall.*, t. II, *Instrum.*, § XV, col. 276.) L'abbaye de Sainte-Croix avait alors une grande importance. (Lire à ce sujet D. Devienne, *op. cit.*, 2e part., p. 28 et suiv.) Nous ne reviendrons pas sur la question du cimetière de Saint-André (v. t. I, p. 323). Une copie de la bulle accordée par Urbain II en 1099 se conserve aux *Archiv. départ.*, G. 267. Pour les œuvres d'Amat et leur traduction, voir *Hist. littér. de la France*, t. IX, p. 226, 233; — D. Ceillier (*op. cit.*, t. XIII, p. 552 et suiv.) — *Rec. des Hist. des Gaul.*, t. XII, p. 373, 402, etc.

ARNAUD II. XXIV. ARCH.

ARNAUD II. du nom, autrement appellé Arnaud Guiraud, ou Arnaldus Geraldi[1], fut esleu Archevesque de Bourdeaux apres la mort d'Amatus, mais il ne fut pas si tost sacré. Car Besli raporte un Tiltre, de l'Abbaye S. Jean d'Angeli de l'année 1102. où le Siege estoit encores vaquant, et un autre de l'année 1103. où Arnaud n'est qualifié qu'Archevesque esleu[2]. C'est luy qui l'année 1110. par l'authorité du S. Siege, fit de l'Eglise S. Emilion, à sept lieuës de Bourdeaux, un Monastere de l'Ordre de S. Benoist, où est maintenant un Chapitre Collegial, composé de dix Chanoines avec le Doyen, l'Eglise ayant esté secularisée[3]. Le premier Abbé de ce Monastere s'appelloit Aimon. L'an 1120. il condamna

1. Arnaud était fils de Géraud, seigneur de Cabanac. (Voir sur cette famille un texte du Cartulaire de la Grande-Sauve cité par le *Gallia*, t. II, col. 809, et Baurein, *op. cit.*, t. III, p. 108 et suiv.) Cabanac se trouvait dans l'archiprêtré de Cernès. « La paroisse, dit Baurein, est éloignée de deux à trois lieues des ports de Podensac et de Castres où l'on apporte les denrées pour les embarquer. »

La famille Arnaud Guiraud possédait « hors les murs au derrière du *Fort Louis* (Baurein, *op. cit.*, t. IV, p. 68), une maison avec enclos qui devint plus tard l'hôpital de la Contagion. » (V. *Chr. de Darnal.*)

2. La charte entière, dont Lopès ne cite que quelques lignes, se trouve dans Besly *(Probat. hist. comit. Pictav.)*, et dans le *Gallia* des frères Sainte-Marthe, t. I, p. 209.

3. Le monastère de Saint-Émilion existait depuis le VIIIe siècle, car le solitaire breton qui l'avait fondé mourut en 767.

Avant cette époque, il y avait, « sur l'emplacement occupé par le cimetière qui couvre tout le plateau de La Magdeleine » (voir L. Drouyn, *Guide du Voyageur à Saint-Émilion*, p. 144), une

le Prieur et les Moines de S. Macaire, de l'Ordre de S. Benoist à rendre obeissance à l'Abbé de Ste Croix de Bourdeaux : et le Pape Calixte II. confirma son Ordonnance l'an 1123[1]. L'année auparavant 1122. il appaisa le procez qu'avoit fait le Chapitre, touchant la construction de l'Eglise et de l'Hospital S. James de Bourdeaux, qu'il jugea devoir estre soubmis à ce Chapitre. Nous en avons rapporté le jugement au ch. II. de la premiere partie. Guillaume IX. Duc de Guyenne, avoit fondé cét Hospital à l'honneur de S. Jacques, auquel il avoit une particuliere devotion. Cét Archeyesque mourut le 29. jour d'Avril[2].

II. Ce Guillaume fut le dernier Duc d'Aquitaine et Comte

petite église appelée Sainte-Marie de Fussignac. (*Gall. christ.*, t. II, col. 881.) On ne sait à quelle époque remonte cet édifice. Quelques auteurs prétendent que la villa d'Ausone, connue sous le nom de *Lucaniac,* se trouvait non loin de là. (Voir aussi pour l'histoire religieuse et civile de Saint-Émilion : Mabillon, Souffrain, Jouannet, de Laborde, Guadet, R. Guinodie, *Histoire de Libourne*; *Comm. des Monum. hist. de la Gironde,* an. 1849-50, p. 10 ; L. Drouyn, *op. cit.*, et *la Guienne milit.*, t. II, p. 390 et suiv.)

D'après M. Drouyn, la construction de la partie romane de la collégiale est des commencements du XIIe siècle, époque à laquelle l'archevêque Arnaud Guiraud substitua des religieux, qu'il fit venir du monastère bénédictin de l'Esterp, aux chanoines réguliers qui, selon l'expression du *Gallia,* menaient la vie *séculière.* — *Seculariter viventes.*

L'église collégiale se compose, dit M. Drouyn : « 1° d'une nef à trois travées, précédées, à l'ouest, d'un porche recouvert par le clocher; 2° d'un vaste chœur formé de trois nefs, divisées en trois travées pour chaque nef; 3° d'une abside à cinq pans pour la nef centrale seulement. » (*Guide,* p. 29.)

En 1306, Clément V sécularisa le Chapitre de Saint-Émilion; ce Chapitre compta parmi ses doyens des personnages remarquables, notamment Arnaud de Pontac, évêque de Bazas, et François de Sourdis.

1. Voir *Gallia christiana,* t. II, col. 809, et Dom Devienne, *op. cit.,* 2e part., p. 28.

2. En 1124, il avait donné les revenus des églises de Saint-Denis-de-Piles et de Saint-Georges-de-Guîtres au monastère de Saint-Martin-de-Tours. (*Archiv. hist. de la Gironde,* t. XII, p. 318.)

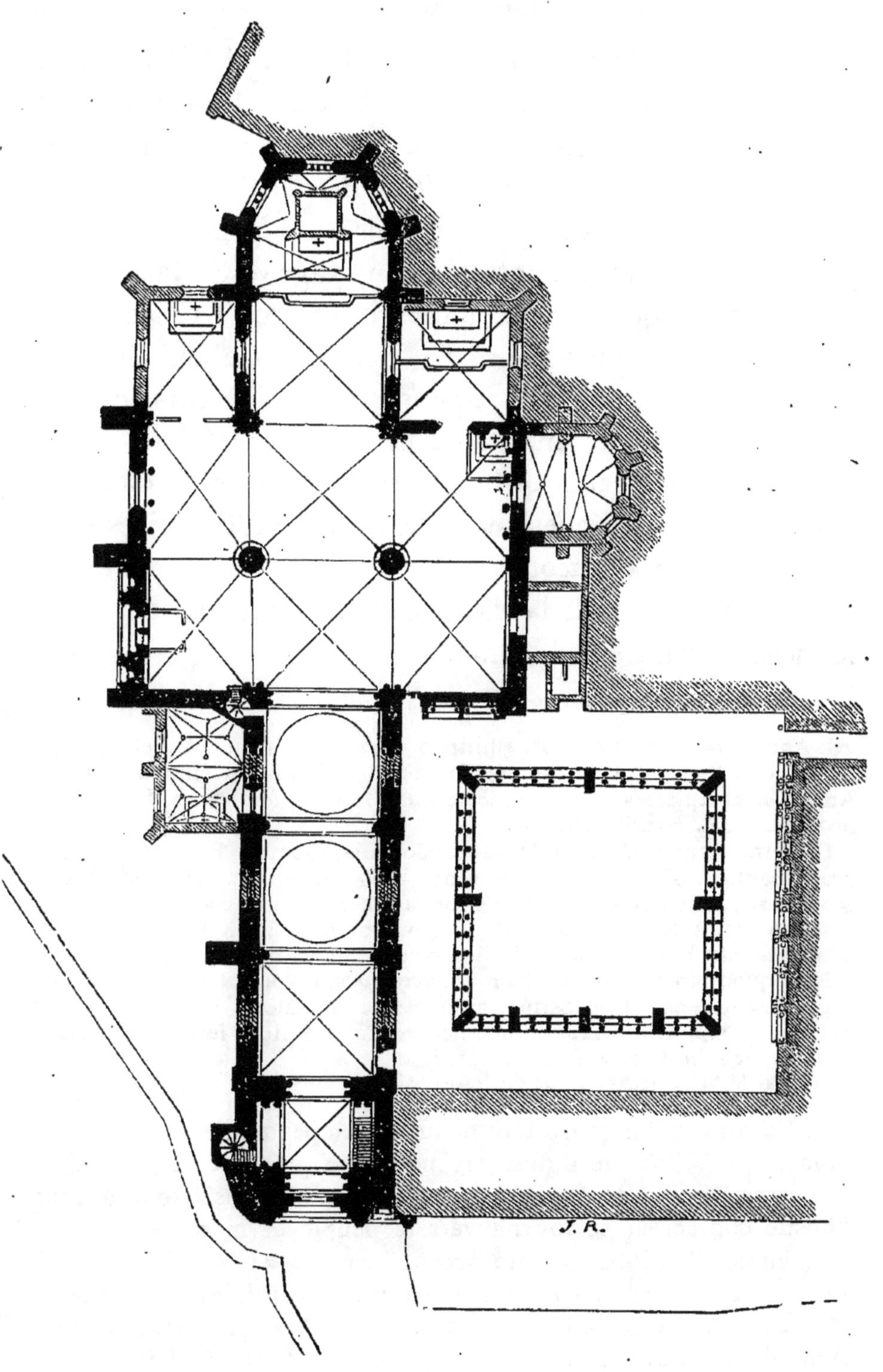

PLAN DE L'ÉGLISE ET DU CLOITRE DE SAINT-ÉMILION.

(Commis. des Monum. hist.)

de Poitou, IX. de ce nom, qui ayant favorisé Pierre Leon Anti-Pape, sous le nom d'Anaclet, contre Innocent II. le veritable Pape, fut enfin ramené à son devoir par les sollicitations et les remonstrances de S. Bernard[1] : en telle sorte que s'estant reconneu, il voulut faire une penitence exemplaire de ses fautes, et entreprit le voyage de S. Jacques en Galice, dans lequel voyage[a] il mourut environ l'année 1136, et fut enseveli dans l'Eglise S. Jacques[b]. Ce qui est plus asseuré, que tout ce qu'on rapporte de ses differents voyages en Hierusalem, et en Italie, et de sa mort l'an 1157. comme l'a bien remarqué le Cardinal Baronius, dans ses Annales Ecclesiastiques, en cette année 1136. qui estime, comme il y a beaucoup d'apparence, qu'on a confondu dans la vie d'un seul, la vie des autres Saints qui ont porté le mesme nom de Guillaume.

a Abbas Sugerius in gestis Ludov. VII. num. 2. 6. — *b* Chronic. mauriniac. l. 3.

I. Anno 1102. Paschali PP. Philippo rege Francorum, Willelmo Duce Aquitaniæ. Ramnulpho Episcopo Santonensi, Burdigala viduata pastore, Amato Archiepiscopo obeunte. *Ex Tabul. Angeriac. apud Beslium in prob. Cap. 28. Histor. Pictav.*

Coadunati sunt in Capitulo sancti Joannis, Domini Ramnulphus Dei gratia Santonensis Episcopus, et venerabilis Arnaldus nondum Archiepiscopus, sed in Archiepiscopum electus, atque nobilissimus Willelmus Dux Aquitanicus. Actum est anno ab Incarn. Domini, M. C. III. Papa præsidente Pascali, Rege Regnante Philippo cum Ludovico filio. *Idem.*

Nam quod prædictam Capellam [*Sancti Jacobi*] confrater noster Willelmus Burdegalensis Præpositus, animæ suæ consulens, in Parochia quæ erat Juris Canonicorum ipsis Canonicis contradicentibus fecerat. *Ex Libro Villoso dicto In Archiv. Eccles. Burdig.*

III. Kal Maii obiit Arnaldus Guir. Archiepiscopus.

1. La conversion de Guillaume fut accompagnée de circonstances dramatiques. Comme il disait la messe, en présence de l'inflexible duc dans l'église de Parthenay, saint Bernard saisit tout à coup l'hostie consacrée, se tourna vers le peuple et marchant droit à Guillaume, il lui dit avec un accent inspiré : « Nous t'avons prié, tu nous as méprisé : voici maintenant que le Fils de la Vierge, le chef et le maître de l'Église que tu persécutes vient à toi. » (Voir Arn. de Bonnev., coll. Guizot, p. 368 ; — *Hist. de Cit.*, t. III, liv. IV, ch. XX ; — Fleury, *Hist. de l'Église,* t. XIV, p. 447 ; — Darras, *item,* t. XXVI, p. 347 ; — *Cartul. de l'abbaye roy. de N.-D. des Chatelliers,* p. VII-VIII.)

GAUFRIDUS III. XXV. ARCH.[1]

GAUFRIDUS III. du nom surnommé de Loriole ou[a] de Loroux[2], fut Archevesque apres Arnaud Guiraud, environ l'an 1135. Il avoit esté Chanoine de l'Eglise Metropolitaine, et fut pour son grand sçavoir et rares vertus, éleu à cette dignité d'Archevesque.

a. De Oratio *(sic)*.

1. *Avant Gaufridus III se place un archevêque de Bordeaux nommé Gérard de Blaye, mentionné par le Gall. christ.*, t. II, col. 810; —*Recueil des Hist. des Gaules*, t. XII, p. 84. *Lopès l'a rayé de nos diptyques, le regardant comme un usurpateur. Il est néanmoins incontestable que Gérard passa de l'évêché d'Angoulême sur le siège archiépiscopal de Bordeaux et qu'il eut de son vivant un successeur à Angoulême. L'ambition avait jeté ce prélat dans le parti de l'anti-pape Anaclet. Gérard sut gagner la faveur de Guillaume d'Aquitaine. Fort de l'appui de ce prince, il se fit nommer légat du pape schismatique. Enfin, Guillaume lui donna le siège de Bordeaux, malgré les protestations des évêques de la Province.* (V. *Gall. christ.*, t. II, col. 1001; — Du Tems, *op. cit.*, t. II, p. 198). *Gérard mourut l'an 1136, comme un réprouvé selon les uns* (Ernald., *Vita S. Bernard.*, lib. 2, c. 39, et J. Besly, *op. cit.*, p. 204); *dans les meilleurs sentiments, s'il faut en croire l'Hist. des Évêques d'Angoulême*, ch. XXXV. *Saint Bernard était son adversaire déclaré* (v. *epist.* 126 et *alib.*). —*Consulter sur Gérard, Vit. S. Bernard., in edit. dom. Johan. Mabil.*, lib. II, c. VI-XXXVI. —*Lire surtout les deux articles que lui consacre le Gallia : 1° aux biographies des archevêques de Bordeaux*, t. II, col. 810; *2° à celles des évêques d'Angoulême*, col. 993 et suiv. *Cette dernière notice est longue et très intéressante.*

Voir deux faits relatifs à ce prélat dans le Gallia christ., t. II, col. 810, *et dans* Baurein, *Variét. bord.*, t. I, p. 241.

2. Le *Gallia*, corrigeant Lopès, nous invite à lire *Laureole*, d'où vient *Loroux*. Loroux était un monastère cistercien du diocèse d'Angers, tandis que Loriole était situé dans celui de Tours.

Pierre surnommé le venerable Abbé de Clugni a fait son Eloge et recommande en luy une amitié constante, une grande politesse, une prudence singuliere, et une ame détachée des choses de la terre. Saint Bernard n'en dit pas moins dans une lettre qu'il luy adressa avant qu'il ne fust Archevesque, contre l'Anti-Pape Pierre Leon. Il fit l'année 1137. le mariage du Roy Louys le jeune, avec la Princesse Eleonor, fille heritiere de Guillaume IX. Duc d'Aquitaine, qui luy porta en dot ce grand Duché avec le Comté de Poictou[1] et la mesme année ce Roy luy accorda et ce à ses suffragans, l'exemption du droit de Regale, avec la liberté des Elections, dont j'ay rapporté le titre au long au ch. 3[2].

II. L'année 1140. ou environ, voulant introduire la Reigle de S. Augustin dans le Chapitre de l'Eglise de Bourdeaux, suivant la volonté du Pape et du Roy qui l'ordonnoit, et taschoit de l'introduire dans les autres Chapitres du Royaume, croyant que par ce moyen, Dieu en seroit mieux servi et plus honoré; il eust des grandes contradictions de la part de plusieurs Chanoines qui ne pouvoient donner les mains à cette innovation, en telle sorte qu'on en vint à des excommunications, et que l'Archevesque s'absenta de la Ville, l'espace de 5. ans. Ces desordres continuerent jusqu'à l'année 1145. que S. Bernard avec Alberic Legat du S. Siege passant à Bourdeaux, termina ce different à l'amiable, reünit le Chapitre à l'Archevesque, et persuada les Chanoines à prendre la Regle, soubs laquelle ils demeurerent jusqu'au temps du Pape Clement V. Je rapporteray à la 3e partie la determination

1. Voir sur ce mariage, t. I, p. 294 et 367-368; — *Hist. des Gaul.*, t. XIII, p. 1, vignette; — *ibid.*, t. XII, p. 84; — *Gall. christ.*, t. II, col. 812, p. 84; — D. Devienne, *op. cit.*, 1re part., p. 23; — Nettement, *Suger et son temps*, p. 117 et suiv., etc.

2. Voir aussi Delurbe, *Chron.*, fo 13, vo.

de S. Bernard[1] avec l'Ordonnance du Roy Louis le Jeune, qu'il fit publier pour ce suject.

III. Il se trouva l'année 1148. au Concile de Reims tenu à la presence du Pape Eugene III. en partie contre Gilbert de la Porrée Evesque de Poictiers, qui estoit accusé de n'avoir pas des sentimens Catholiques touchant le Mystere de la tres-Ste. Trinité. S. Bernard disputa contre luy: mais l'explication qu'il donna à ses propositions fit voir qu'il n'estoit pas fort coupable, et qu'hors quelque façon de parler, sa doctrine estoit entierement orthodoxe. Il y fut assisté de l'Archevesque qui estoit son particulier amy, et qui l'année suivante, trois jours apres avoir consacré Helies Evesque d'Agen, tint un Concile à Bourdeaux, où Gilbert assista avec Bernard Evesque de Xaintes, et Raymond de Perigueux. Le Tiltre que rapportent Mrs de Ste. Marthe où il est fait mention de ce Concile, marque l'année de sa celebration 1149, et c'estoit l'année 14me, que nostre Gaufridus estoit Archevesque, d'où j'ay eu sujet de dire qu'il commença de l'estre environ l'année 1135[2].

IV. L'année 1150. il assista à un accord passé entre l'Abbé de la Couronne proche d'Angoulême et l'Abbesse de Fontevraux, et y soubscrivit avec Gilbert Evesque de Poitiers, Hugues d'Angoulesme et Raymond de Perigueux, suivant le Tiltre qu'en rapportent Mrs. de Ste. Marthe dans sa vie[3]. L'année suivante 1151. il fut present avec le mesme Gilbert à l'arrest prononcé par le Roy Louïs le Jeune Duc de Guyenne, en faveur de l'Abbaye de Maillesais, que Sebran de Chabot pretendoit luy estre soubsmise, et luy mesme ajousta une Declaration à cét Arrest dattée de

1. Voir cette pièce aux *Archiv. dép.*, G. 268, original parchemin (lat.), hauteur 17 centimètres, largeur 28; en assez bon état, vestiges des sceaux qui manquent.

2. Voir *Gall. christ.*, t. II, col. 813 et 1177.

3. *Ibid.* — Sammarth., t. I, p. 212.

l'année 16. de son Episcopat. La mesme année il presida au Concile de Baugency sur Loyre assemblé pour la dissolution du mariage entre le Roy Louys le Jeune, et la Reyne Eleonore[1], qui bientost aprés espousa Henry Duc de Normandie, qui fust Roy d'Angleterre, et Louys espousa Constance fille du Roy de Castille. Cette suitte d'actions et d'années depuis l'année 1135. où se trouve toujours le nom de Gaufridus Archevesque, sans qu'il y paroisse aucune vacance de Siege, fait connoistre l'erreur de la Chronique de Bourdeaux qui distingue deux Gaufridus[2]: l'un qui receut le don de la Regale : l'autre qui presida au Concile de Baugency, et place entre deux, un Bertrand Archevesque l'an 1138. lors que sans difficulté le 1. estoit vivant suivant le Tiltre que nous avons allegué de Mrs. de Ste. Marthe, de la date duquel Tiltre jusqu'au Concile de Baugency ny ayant pas eu un intervalle de deux ans, et sans aucun vestige de vacance, il n'y a point lieu de faire deux Gaufridus Archevesques differents, comme l'a escrit[a] le sçavant du Chesne, qui n'avoit pas leu ces Tiltres allegués, sur tout celuy de l'an 1151. qui est marqué le 16. de son Pontificat, et fut l'an de la dissolution de ce mariage. Par consequent le mesme Archevesque Gaufridus assista au mariage qui ne se fit que l'an 1137. environ 15. ans avant la dissolution.

V. Il y a encores erreur dans la vie qui nous reste du

a In notis ad bibliot. cluniac.

1. Sur le funeste divorce de Beaugency, voir *Éléonore de Guyenne*, par L. de Villepreux, p. 38 et suiv. On trouve dans les notes de cette savante étude tous les renseignements bibliographiques relatifs à ce malheur national, dont la conséquence presque immédiate fut de livrer pour trois siècles la Guyenne aux Anglais.

2. Delurbe (*Chron.*, f° 13, v°). Suivant la remarque de Lopès, André Duchesne (notes) commet la même erreur quand il dit : *Celebres fuerunt hujus nominis duo Burdegalæ archiepiscopi tempore Petri Venerabilis, etc.*

Roy Louys le jeune composée par l'Abbé Suger, où nostre Archevesque, au nombre 29. où il est traité de ce Concile, est appelé Lanfredus, et il est dit que le Roy sur le scrupule qu'on luy donna de son affinité avec Eleonor, fit assembler avec plusieurs Evesques, *quartum Lanfredum Burdegalensem*. Je juge qu'il faut lire, *et Legatum Gaufridum*. En effect, il se justifie par une petite Chronique de nos Archives, qu'il a esté veritablement Legat du S. Siege, et en cette qualité il aura présidé à ce Concile de Baugency[1]. Il entretint tousjours une grande alliance avec l'Abbé Suger ce fameux Ministre d'Estat, et nous avons encores cinq de ses Lettres qu'il escrivit à cét Abbé[2]. Les Papes Lucius II. l'an 1143. et Anastase IV. l'an 1154. luy adresserent des Bulles confirmatives du don de la Regale, que j'ay rapportées au ch. 3. La mesme année 1154. il fit à Poitiers les funerailles de Gilbert son amy, Evesque de

1. Le *Gallia* (t. II, col. 814) cite et paraît approuver cette opinion de Lopès.

2. Ces lettres offrent de l'intérêt au point de vue politique. L'archevêque entretient l'abbé-ministre de l'état des fortifications de notre ville, de la mort récente du nommé Martin, « gardien de la *Tour de Bordeaux* » (prévôt de Bordeaux), etc. :

« Martinus autem qui deputatus fuit custos turris Burdegalensis, » de novo viam universæ carnis ingressus est. Turris ipsa sicut ab » eodem Martino acceperamus et per nostros quos ad videndum » misimus pro certo cognovimus omnino imparata est et de munitione et de victuali etiàm; quoniam sicut ipse Martinus sæpè » nobis conquestus est, nec ipse, nec cæteri qui cùm eo erant » clientes procurationem prout oporteret, habere poterant : indè » quoque dicebat quatuordecim libras quæ illi altero anno promissæ » fuerant, se fideliter expendisse et ad turris munitionem et ad suam » atque eorum qui secum erant supplendam necessitatem. Nunc » quoque eo defuncto, qui ibi remanserunt, minùs idonei videntur » ad custodiendum. Sed et domus illa de quâ credimus vos audisse, » nondum est ibi ædificata, cum tamen pernecessaria esset. » (*Rec. des Hist. des Gaul.*, t. XV, p. 515.)

Voir encore sur Geoffroy de Loroux, *Archiv. hist. de la Gir.*, t. X, p. 519; t. XV, p. 28; t. XVIII, p. 13.

Poitiers, avec les Evesques de Xaintes, d'Angoulesme et de Perigueux. Il fonda encores l'Abbaye de Plaine Selve au Dioceze de Bourdeaux[1]. Il mourut l'an 1158. et le 18. jour de juillet fut enseveli dans la Chapelle Nostre

ABSIDE DE L'ÉGLISE DE PLÈNE-SELVE (BLAYAIS).

Dessin de M. MARIONNEAU.

1. L'abbaye de Sainte-Marie-Madeleine de Plène-Selve *(Plana-Silva)*, dans l'archiprêtré de Blaye, Ordre des Prémontrés, n'est plus qu'une ruine. (V. *Comptes-rendus de la Comm. des Monum. hist.*, an. 1852-53, p. 8; — *Gall. christ.*, t. II, col. 892; — Du Tems, *op. cit.*, t. II, p. 263.)

Dame qui est aux allées du Chœur de l'Eglise Metropolitaine[1].

I. Venerabili et præcordiali Gaufrido Burdegalensi Archiepiscopo. Inter varias pectoris mei curas, ingessit se aliquando cogitatio de amicitia: invenit nulli supponendum, pene omnibus præferendum quantum ad se, illum illum certe meum Burdegalensem Archiepiscopum, quem non dignitas Pontificalis non sublimitas temporalis mihi in spirituali et vero amico associavit, sed animus terrena spernens, cœlestibus inhians, mores compti, prudentia singularis, amicitia constans, et vere Christus ipse ad universa mutui amoris primordia se medium exhibens indivisibiliter conjunxit. *Petrus Venerab. Ab. l. 4. Epist. 12.*

Bernardus, Ep. CXXV. ad Magistrum Gaufridum de Loratorio. Gratiam habes apud Deum et homines : habes scientiam, habes spiritum libertatis, habes verbum vinum et efficax et sale conditum : nec oportet te pro tantis viribus sponsæ Christi deesse in tanto discrimine, cum sis amicus sponsi.

Universis Aquitaniæ Pontificibus cum Archiepiscopo suo Gaufrido astantibus, Ludovicus est puellæ nomine Ænorde legali vinculo sociatus. *Chronicon Mauriniacense.*

III. Episcopus [*Gilbertus*] præmissam summi Pontificis sententiam reverenter excipiens, Archidiaconis suis in gratiam receptis, cum ordinis integritate et honoris plenitudine ad propriam Diœcesim remeavit. Otto Frising. c. 56.

Gaufridus Dei gratia Burdig. Archiep. etc. Die tertia, à consecratione fratris nostri Heliæ Agennensis Episcopi apud Burdegalam celebrata est Sinodus, cum jam dictus Episcopus Pictaviensis [Gislibertus] una cum cæteris Comprovincialibus illuc advenisset, ibidem in præsentia nostra assistentibus fratribus nostris Bernardo Sanctonensi, Raymundo Petragoricensi Episcopis etc. actum est hoc 4. Kal. Sept. juxta locum Sabluncelli, Dom. Incarn. 1149. Ind. 12. Ep. 9. Rom. Pontif. D. Eugenio Papa 3. Ludovico Rege Francorum et Duce Aquitanorum. Episcopatus vero nostri anno decimo quarto. *Ex Chartul. Pictaviensis Eccles. Apud Sammarthanos., in Archiep. Burdig.*

IV. Factum hoc apud Fontebraldum in manu Dom. Gaufridi Burdigalensis Archiep. qui et ipse, hoc id vice Metropolitana et sigillatis literis suis

1. Geoffroy de Loroux fut un grand prédicateur. (Consulter l'*Hist. litt. de la Fr.*, t. XII, p. 541 et suiv.; — C. Oudin, t. II, p. 1153 et suiv.; — L'abbé Bourgain, *la Chaire française au XIIe siècle*; — *Biblioth. nat.*, ms. lat. 13374, f° 1). Ce manuscrit ne porte pas de nom d'auteur, mais on distingue sous les ratures les noms des propriétaires auxquels il a successivement appartenu. M. Michelant a bien voulu le mettre à notre disposition par l'intermédiaire de notre jeune et savant ami, M. Émile Du Règne.

D'après l'auteur de la *Monographie de Saint-André de Bordeaux*, l'un des trois modillons qu'on voit à la cathédrale, à la cinquième travée du nord, derrière le massif contre lequel est appuyée la chaire, serait *Geoffroy de Loroux*; les deux autres représenteraient Éléonore et Louis le Jeune, ou bien Henri d'Anjou, second mari de cette princesse.

confirmavit etc. An. ab incarn. Dom. 1150. indict. 10 Ep. 20. *Ex Magno Chartario Fontebraldi apud eosdem.*

Ego Gaufridus Dei gratia Burdig. Archiep. etc. *Tum declaratur decretum Regium in gratiam Monasterii Maleac.* Firmatum est autem scriptum hoc et datum Sabluncellis. Dom. Incarn. 1151. Ep. 12. Indict. 15. etc. Episcopatus vero nostri an. 16. *Apud Beslium in Probat C. 17. Histor. Comitum Pictaviensium.*

V. Ut istius rei veritas posset veracius indagari, die martis ante Festum Pascatis Floridi, in Castro Baugenciaci. Hugonem Archiepiscopum Rotomagensem et quartum Lanfredum Burdegalensem cum pluribus suis coepiscopis et Baronibus Franciæ fecit solemniter convenire. *Ex Sugerio. In gestis Ludov. VII. Regis. n. 20.* Quod sufficienter probato. [*Quod se cognatione contingebant*] In præsentia prælatorum, fuit inter eos per consensum partium matrimonium dissolutum. *Ibid.*

xv. Kal. Aug. obiit Gaufridus Archiepiscopus atque Legatus. *Necrolog. Eccles. Burd. in lib. vill.*

Petrus Bonon. Canonicus sepultus est ante sepulturam Dom. Gaufrid. Archiepiscopi, videlicet in Capella Beatæ Mariæ. *Necrologium Eccles. Burdig.*

RAIMOND I. LE XXVI. ARCH.

De gueules au chef d'argent,
au lion d'azur brochant sur le tout.

Apres la mort de l'Archevesque Gaufridus, le Chapitre procedant à l'Election de son Successeur, et les Chanoines ne pouvant s'accorder[1], remirent leur droit d'elire, pour cette fois, aux Evesques d'Angoulesme, de Poitiers, de Perigueux et d'Agen. Comme ils procedoient à l'Election, survint Henry II. Roy d'Angleterre[2], qui sollicita puissamment pour faire eslire un Jean Sechius Regent au College de Poitiers. Mais comme il estoit peu versé dans la connoissance des sainctes Lettres, les Evesques n'y eurent point esgard, et donnerent leurs suffrages à RAIMOND, qui estoit Evesque de Perigueux, et que Robert et Mrs de Ste

1. Voir *Gall. christ.* (t. II, col. 815 et 816) le texte emprunté aux *Gestes* des évêques d'Angoulême, et la note B au bas de la colonne 815.

2. Qui, par son mariage avec Aliénor, était devenu duc d'Aquitaine.

Marthe nomment Raymond de Maiolo[1]. Il a esté obmis dans la Chronique de Bourdeaux. C'est à luy que le Pape Adrian IV. adressa la Bulle, que nous avons dans nos Archives confirmative du Privilege accordé par le Roy Louïs le Jeune, touchant les Elections et la Regale, ainsi qu'avoient fait ses Predecesseurs[2]. Il ne tint le Siege que deux ans, estant mort l'an 1160. le 22. de Decembre, et fut enseveli dans l'Eglise Metropolitaine[3].

Adrianus Raymundo etc. Data Tuscul. IV. Kal. Jun. *Bulla ejusdem tenoris cum illis quas attulimus cap. 3.*

XI. Kal. Jan. obiit Ramundus Archiepiscopus. *Necrolog. Lib. Vill. ex tab. Eccles. Burd.*

1. Raimond de Maïolio, *aliàs Marolio* (Mareuil), était évêque de Périgueux en 1147, c'est lui qui avait consacré l'église de Cadouin (Ordre de Cîteaux) en 1144. (Voir *Gall. christ.*, t. II, col. 1467.)

2. Cette bulle se conserve aux *Arch. dép. de la Gir.*, Archevêché, G. 267.

3. Raymond fut enseveli au pied du grand autel, du côté du midi. Il avait fondé deux anniversaires dont les honoraires étaient considérables, notamment quatre livres de monnaie bordelaise, un tonneau de vin pur logé en bois neuf, etc. La dame India de Quinsac était tenue d'acquitter cette dette envers le Chapitre. (Voir *Obit. Saint-André*, p. 8; — Item, *Archiv. hist.*, t. XVIII, p. 58.)

HARDOUIN XXVII. ARCH.

HARDOUIN Doyen du Mans fut esleu l'an 1160. à la place de son Predecesseur. Il ne tint le Siege Archiepiscopal que trois ans, et mourut à Montpellier à la Cour du Pape, dit le supplement de Sigibert[1]. C'estoit le Pape Alexandre III. qui ayant quitté l'Italie à cause de l'Empereur Frideric, vint se refugier en France, et aborda proche de Montpellier. Ce fut l'année 1162. en laquelle mourut Hardouin à Montpellier, non pas l'an 1163. (comme dit ce supplement) car le Pape tint un Concile à Tours cette année, au mois de may et n'y revint pas à Montpellier[2]. Le jour de son decez fut le 4. jour de juillet[3].

IV. Non. Julii obiit Ardouinus Archiepiscopus.

1. Vid. Robertum de Monte in *Append.* ad Sigibertum. (V. p. 215.)
2. Le *Gallia* (t. II, col. 816) penche pour la date préférée par Lopès. — *Uti contendit Lopesius non contemnendis fultus rationibus.*
3. S'il fallait en croire Delurbe (*Chron. bourd.*, f° 14), Hardouin aurait « esté, par mandement du Pape, envoyé en exil, et en icelluy mort ».

BERTRAND I. LE XXVIII ARCH.

BERTRAND Premier du Nom, Evesque de Lectoure[1] et Legat du S. Siege fut fait Archevesque l'année 1162. (non pas 1163.) suivant un ancien Tiltre de l'Abbaye de Ste. Croix que je rapporteray. Il soubsmit et unit à cette Abbaye l'Eglise de S. Michel de Bourdeaux, et le Pape Alexandre III. en confirma la possession à cette Abbaye l'an 1164[2]. et le mesme ordonna l'an 1166. que la part que prenoit l'Archevesque dans l'Eglise de Soulac, appartenant à cette Abbaye, cederoit au profit du Chapitre, durant la vacance du Siege. Ce Tiltre est datté du 4me de son Pontificat, d'où nous pouvons tirer un argument qu'il fut fait Archevesque dés l'année 1162. Il excommunia quelques Habitans de Lege, pour avoir mal traité un Chanoine de la Metropolitaine, et troublé le Chapitre dans la possession de l'Eglise de ce lieu, qu'il luy avoit donnée[3] : les obligea de se soubmettre

1. Est-ce bien Bertrand, évêque de Lectoure? (Voir les observations du *Gallia*, t. II, col. 817-818.)

2. L'église Saint-Michel était placée sous la juridiction des abbés de Sainte-Croix depuis le temps de Goscelin. Alexandre III ne fit que confirmer de nouveau cet état de choses, à la suite de la rébellion des moines de Saint-Macaire, contre ladite abbaye. (Voir *Gall. christ.*, t. II, col. 816.)

3. On lit dans Baurein (*op. cit.*, t. III, p. 124): « Le Chapitre de Saint-André de Bordeaux qui avoit anciennement la propriété de la *seigneurie de Lège*, et qui la tenoit de la libéralité des ducs de Guyenne, avec tous les droits qui leur appartenoient, jouissoit, entr'autres, de celui de la pêche dans le bassin d'Arcachon. » (Voir aussi *Archiv. hist. de la Gir.*, t. IV, p. 4.)

et d'aller à Rome pour se faire absoudre de leur excez. L'Acte est dans les Archives du Chapitre datté de l'année 1169. Indiction II. Epacte I. avec le Sceau de cét Archevesque. L'année 1170. il accompagna avec plusieurs autres Evesques et grands Seigneurs d'Aquitaine, Eleonor fille d'Henry II. Roy d'Angleterre, qui alloit en Espagne, espouser Alphonse IX. Roy de Castille. Il y a erreur[a] dans Mariana Historien d'Espagne, qui l'appelle Bernard[1]. Le Pape Alexandre III. luy accorda et à ses Successeurs, le pouvoir de porter le Pallium aux festes de S. Amand et de S. Seurin[b]. Papirius Masson rapporte des Lettres d'Hildebert[2] qu'il tint un Concile à Angoulesme, où presidoit Roger Legat du S. Siege. Le jour de son decez fut le 18. jour de decembre.

a Lib. XI. hist. C. XI. — *b* In notitia Episcop. Galliæ.

Alexander etc. Ecclesiam Sti Michaelis extra urbem Burdegalam supra Garumnam Fluvium sitam etc. Non. Febr. indict. XIII. Pontif. an. 6. *Ex Tabul. S. Crucis Burdig.*

Bertrandus Dei gratia Burdeg. Archiep. Stæ sedis Apostolicæ Legatus, et Bertrandus Abbas S. Crucis omnibus tam præsentibus quam etc. Procedente tempore de communi assensu et consilio Ecclesiarum B. Andreæ et Sanctæ Crucis in hunc modum pacis et concordiæ invenimus, ut de cætero sine aliqua contradictione omnia quæ ad eamdem Ecclesiam *(de Soulac)* pertinent tam interius quam exterius in oblationibus scilicet et salinis et terris et justitiis et Sporlis et censu villæ, et aliis, exceptis lineis pannis et cordis per medium inter nos et Successores nostros dividantur etc. Complacitum etiam et statutum, maxime cum qui præcesserunt Archiepiscopi hoc ita fecisse noscantur, ut Abbate vel Archiepiscopo noviter ordinatis, Archiepiscopus ad Ecclesiam Stæ Crucis accedat, capitulum intret, et cum annulo Archiepiscopi, Abbas ejusdem Ecclesiæ qui pro tempore fuerit, ipsum Archiepiscopum super his quæ apud Solacum habet investiat, et Archiepiscopus de tutela et protectione sua eumdem Abbatem et Ecclesiam Stæ Crucis versa vice reinvestiat etc. Quando vero sedes Burdegalensis vacaverit, ad mensam Canonicorum sedis Burdegalensis

1. D'après le *Gallia (loc. cit.)*, c'est une erreur de copiste qu'explique la ressemblance des noms. Bertrand est encore appelé Bernard dans la charte de la dédicace de l'église de Saint-Amand-de-Boixe, dans l'*Histoire de l'Église Gallic.*, par le P. Fontenay, liv. XXVII, etc. (Voir aussi *Arch. hist. de la Gir.*, t. XV, p. 29.)

2. Vide t. X, *Conc. Lab.*, col. 1451, et *Epist.* Hildeb. cenom. episcop. nov. editionis.

provenient, quæ in usus Archiepiscopi provenire solent etc. Actum hoc atque firmatum et ab omni conventu S. Crucis concessum videntibus et audientibus P. Blaviensi Archid. Bertrando. Milone. Arnaldo Lamberti etc. multisque aliis nostris Ecclesiæ nostræ Sti Andreæ Canonicis etc. An. ab Incarn. Dom. M. CLXVI. Ep. XVII. Concur. V. Indict. XIV; Regnante Ludovico Rege Francorum, Henrico Rege Anglonem Ducatum Aquitaniæ obtinente, Episcopatus vero nostri anno IV°. *Ex Tabul. Eccles. Burdig. in lib. vill.*

xv. Kal. Januar. obiit Bertrandus Archiepisc. atque Legatus. *ibid.*

GUILLAUME I. LE XXIX. ARCH.

GUILLAUME Premier du nom, surnommé le Templier, Abbé de Rading en Angleterre[1], fut esleu Archevesque en presence d'Henry Roy d'Angleterre et Duc de Guyenne l'an 1173. L'année suivante 1174, il consacra l'Eglise Parroissielle Saincte-Eulalie de Bourdeaux, et depuis, unit la Cure[2] au Chapitre de l'Eglise Metropolitaine, qui jouïssoit, il y avoit long-temps (ainsi que porte le Tiltre) du droit de Cimetiere, et des Sacremens dans cette Eglise, et le Pape Alexandre III. authorisa cette union. Le Tiltre fut soubscrit du Doyen, de trois Archidiacres, du Secretain, de six Prestres, deux Diacres, et deux Sous-Diacres tous Chanoines de l'Eglise de Bourdeaux; d'où on peut connoistre que l'introduction de la Regle de S. Augustin, faite par l'Archevesque Gaufridus, n'avoit rien alteré aux Canonicats ny aux dignités de cette Eglise.

La mesme année 1174. Geraud Archevesque d'Auch, Legat du S. Siege, de l'avis de nostre Archevesque, et de plusieurs autres, prononça en faveur du Chapitre, sur quelques devoirs ausquels estoient obligés le Prieur et

1. Guillelmus abbas Radigensis factus est archiepiscopus Burdegalensis. (Robert. de Mont. *Append. ad Sigibertum, Hist. des Gaul.*, t. XIII, p. 317.) — Robert, le plus connu des continuateurs de la chronique de Sigebert de Gemblours, était abbé du Mont-Saint-Michel; c'est pour cela qu'on l'a surnommé Robert-du-Mont.

2. Voir *Archiv. dép.*, G. 270, à la date de 1178, la confirmation de l'union de l'église Sainte-Eulalie au chapitre de Saint-André; — *it., Arch. hist.*, t. IV, p. 7.

Religieux de S. Jammes. Nous avons rapporté le jugement au Ch. XI. de la premiere partie. L'an 1179. il assista au Concile General de Latran, appellé le III. tenu à Rome à la my-Caresme par le Pape Alexandre III. où se trouverent 300. Archevesques ou Evesques. Il consacra Henri de Sulli Archevesque de Bourges [1]. Le Chapitre de la Metropolitaine luy est obligé de la quatriesme partie de la grand dixme de Barsac [2], à cinq lieües de Bourdeaux, qu'il luy donna, apres l'avoir acquise de Rostand de Landiras. Il estoit encores vivant l'an 1182. Le jour de son decez fut le 15. de Septembre.

I. In qua (Ecclesia) ab antiquo jure accipiebat Tricesimam, sepulturam et confessionnes. Dat. indict. VII. an. Domini 1176. Ep. VII. Alexand. III. Summo Pontif. *qui dictam donationem confirmavit Anagniæ II. Kal. Mart. Bulla expressa. In Arch. Ecclesiæ Burdig. extat. verumque instrumentum.*

II. XVII. Kal. Octob. obiit Guillelmus Archiep. *Necrol. Eccles. Burdig.*

1. Il ne le fit, suivant le *Gallia* (t. II, col. 57), qu'avec le consentement du Chapitre de cette église, et, suivant une lettre d'Etienne, évêque de Noyon, au pape Honorius, qu'après avoir formellement reconnu la *primatie* de Bourges. (Voir le texte latin de cette lettre importante dans le *Gallia* (*loc. cit.*, note.)

2. Voir Baurein (*op. cit.*, t. II, p. 159 et suiv.). Il y avait à Barsac, au dernier siècle, un curé bizarre et peu communicatif qui refusa, paraît-il, à l'auteur « toute espèce de renseignements au sujet de sa paroisse. » L'article de Baurein sur Barsac n'en est pas moins très curieux; il est même un peu vif sinon hardi concernant « quantité d'évêques qui donnoient volontiers des églises à des monastères placés dans des diocèses étrangers. » (*Ibid.*, p. 161.)

HELIES I. LE XXX ARCH.

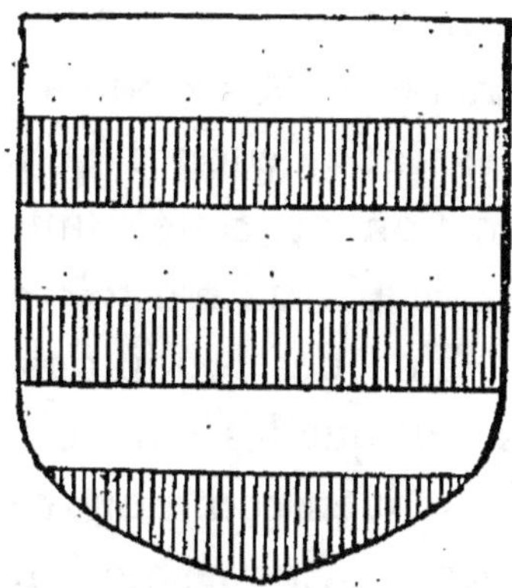

Fascé d'argent et de gueules de 6 pièces.

HELIES de Malemort Premier du nom, de l'ancienne et noble maison de Malemort[1] dans le Limousin (dont le premier Seneschal pour le Roy de France fut un Seigneur de cette famille) fut esleu Archevesque l'an 1182[2], à laquelle dignité ses

1. Voir dans les *Hospitaliers de S.-Jean de Jérus.*, par H. de Marquessac, une description de la vallée, du bourg, du château de Malemort et des montagnes d'Obazine, avec gravures.

2. C'est une erreur. Lopès, qui n'a pas fixé de date à la mort de Guillaume le Templier, le suppose mort dans le courant de l'année 1182. Or cet archevêque vivait encore en 1187. A cette époque il donna l'église de Saint-Pierre de Lussac à l'abbé de Faise. (V. *Gall. christ.*, t. II, col. 819.) On sait que l'abbaye de Faise, dans l'archiprêtré de Libourne, fut fondée en 1137 (*Gall. christ.*, t. II, col. 887) ou peut-être en 1133 (v. Du Tems, *op. cit.*, t. II, p. 259, note) par Pierre, vicomte de Castillon. Les ruines de Faise subsistent encore. (V. *Comptes-rendus de la Commis. des Monum. hist.*, an. 1853-54, p. 6 et 7.)

merites adjouterent la qualité de Legat du S. Siege dans l'Aquitaine. Six ans apres son election, l'an 1188. il proceda à l'execution des Lettres Apostoliques, pour la Secularisation de l'Eglise S. Seurin, que le Pape luy avoit adressées, et la Secularisation en fut faite suivant la forme prescripte par le Pape Clement III. Le Tiltre que nous avons rapporté au Ch. XI de la premiere partie, contenant l'accord entre le Chapitre Metropolitain et celuy de S. Seurin, passé l'année 1222. enonce qu'il y avoit pres de 40. ans avant l'execution de cette Bulle faite par Helies Archevesque, que la regularité n'estoit plus observée dans ce dernier Chapitre. Une des conditions, suivant la Chronique de Bourdeaux, fut que les Chanoines de cette Eglise ainsi secularisée vivroient en commun, ce qu'ils executerent durant plusieurs années[1]. Le mesme Tiltre enonce l'union qui leur fut faite par le mesme Archevesque de l'Eglise de Montussan, moyenant une redevance de l'Eglise Metropolitaine.

II. Quelques differents s'estans meüs entre cét Archevesque et le Chapitre; enfin ils compromirent entre les mains de Bertrand Evesque d'Agen et d'Henry Evesque de Xaintes, qui l'année 1195. le jour de Sainte Radegonde en presence de plusieurs personnes remirent les esprits divisez, obligerent l'Archevesque d'embrasser tous les Chanoines[2],

1. « Jusqu'au xve siècle les *actes* eurent lieu dans le réfectoire de l'église de Saint-Seurin contigu aux cloîtres. » (Cirot, *op. cit.*, p. 83.) Voir sur la sécularisation de ce Chapitre : *Gall.-christ.*, t. II, col. 819 ; — *Arch. dép., ch. Saint-Seurin*, n°s 397-398 ; — *Chron. bourd.*, f° 15.

2. Le texte latin et le *Gallia (loc. cit.)* se contentent de dire : « Helias canonicos recepit *ad osculandam manum suam.* » — Cette affaire entre l'archevêque et le Chapitre est des plus curieuses au point de vue des droits respectifs et des prétentions des deux pouvoirs archiépiscopal et capitulaire. Lopès y revient dans la 3e partie, en invoquant une bulle que le *Gallia* (t. II, col. 820) mentionne d'après lui. Dom Devienne (*Hist. de Bordeaux*, 2e part., p. 40-41) la raconte avec quelques détails.

et deposer tout le mal talent[1] qu'il pouvoit avoir contre eux : conserverent le Chapitre dans la possession de ses libertés, sur tout pour l'Election des Chanoines : et que l'Archevesque ne pourroit agir contre eux par censures Ecclesiastiques, que dans l'ordre et forme judiciaire et dans le Chapitre. Mrs. de Ste Marthe ont escrit que l'année 1202. il ordonna que le Chapitre auroit le droit d'eslire son Doyen, ils ne disent point d'où ils l'ont apprins : mais je feray voir à la 3me partie que le Pape Lucius III. dés l'année 1181. confirma le Chapitre dans la jouïssance de ce droit qu'il possedoit auparavant.

III. L'Année 1197. il consacra dans l'Abbaye de la Couronne, au Dioceze d'Angoulesme, Raymond de Chasteau-Neuf Evesque de Perigueux, assisté des Evesques Jean d'Angoulesme, et Geraud de Cahors, et suivant la Chronique de S. Estienne de Limoges[2], il mourut l'an 1206[3]. Le jour de sa morr fut le 19. de Mars. Cette Chronique rapporte que la mesme année, le Siege fut mis devant Bourdeaux par le Roy de Castille. Il y a de quoy s'estonner que ny la Chronique de Bourdeaux, ny nos Historiens François, ny Mariana dans l'Histoire d'Espagne n'en ayent pas dit un mot. J'ay neantmoins leu la mesme chose, escrite à la fin d'un vieux Breviaire, escrit à la main seize ans apres ce Siege, lequel Breviaire a esté conservé dans l'Eglise Sainte Colombe de cette Ville.

1. *Mal talent.* Terme vieilli qui est encore dans la première édition du *Dictionnaire de l'Académie* et qui ne se trouve plus au XVIIIe siècle que parmi les gens qui avaient encore la tradition du XVIIe : Animosité, mauvaise volonté contre quelqu'un. (E. Littré, *Dict. de la lang. franç.*)

2. V. Besly (*op. cit.*, p. 141).

3. Le *Gallia* (*Animadv.*, col. XXI) ajoute : « Id Baluzius confirmat ex epist. Innocentii, 191, lib. X, et 93 lib. XIII. — Helie fut enseveli au monastère de la Grande-Sauve. » (*Gall. christ.*, t. II, col. 820.)

I. Timore Domini præ oculis habito, Ecclesiam ipsam juxta domini Clementis Apostolici formam in statu consueto, et à Quadraginta annis ibi continue observato ordinare curavit, in statu videlicet Canonicorum secularium, quem per prædicti temporis spatium conservatum agnovit. *Litteræ compositionis utriusque Capituli ex Tabul. Eccles. Burdig.*

II. Bertrandus Dei gratia Agennensis et Helias Santonensis Episcopi universis etc. Noverit Universitas vestra, quod Dominus Helias Burdigalensis Archiep. et Stephanus Decanus et Capitulum Sti Andreæ super querelis suis quas habebant ad invicem, nostro se arbitrio subjecerunt etc. Similiter universis Canonicis omnem iram et indignationem benigno animo de mandato nostro remisit, singulis ad manum suam osculandam receptis, omnes querelas suas tunc sibi competentes toto tempore vitæ suæ remisit et statum Ecclesiæ totum in ea positione atque possessione et integritate perseverare et esse concessit, in qua erat temporibus suis scilicet Domini Bertrandi et Dom. Guillelmi quondam Archiepiscorum Burdegalensium, et in qua ipsum tempore consecrationis suæ invenit, ita quod omnia quietè et pacificè possideant omnibus diebus vitæ suæ, salva dignitate, et episcopali jure tâm sibi quam suis successoribus etc. Nos vero Canonicam institutionem sequentes inhibuimus, ne idem Archiepiscopus aliquem Canonicorum Sancti Andreæ absque manifesta rationabili causa, et sine ordine judiciario, vel post legitimam appellationem vel extra Capitulum aut Ecclesias eorum, interdicti vel excommunicationis sententia præsumat innodare. Factum est hoc, An. ab Incarn. Dom. M. C. XCV. in festo Beatæ Radegundis Reginæ præsentibus Dominis O. Abbate Sancti Joannis Angeliacensis etc. *Ex Tabul. Eccles. Burd. in lib. vill.*

Canonici proposuerunt morem Ecclesiæ Sti Andreæ talem esse, quod cum ipsa Canonicis indiget, Capitulum in aliquos Canonicandos convenit. Postquam Capitulum in aliquem Canonicandum convenit, Archiepiscopus impedire non debet. Sic in Privilegiis Romanorum Pontificum sibi indultis continebatur. *Ex eod. instrumento.*

III. XIV. Kal. April. obiit Helias Archiepiscopus hujus Ecclesiæ. *Necrolog. Eccles. Burd. supra dictum.*

An. 1206. obsessa civitas Burdeg. à Rege Hispano. *In Breviario manuscripto. ad usum Eccl. S. Columbæ Burdig.*

GUILLAUME II. LE XXXI. ARCH.

GUILLAUME II. du nom que Mrs de Ste Marthe appellent Guillaume de [a]Gebennis[1], et un ancien Livre de nos Archives [b]Guillaume Amanieu, fut le Successeur d'Helies l'année 1207[2]. La mesme année, le jour de S. André, il donna au Chapitre la Cure de Sainte Eulalie d'Embarés, et environ l'an 1210. regla quelques differens entre le Chapitre et le Prevost de la Baronie de Leige qui appartenoit au Chapitre, auquel il conserva les droits de chasse, de pesche, de coste, de naufrage, et autres droits Seigneuriaux. Il alla l'an 1212. au secours d'Alphonse surnommé le Petit Roy de Castille, avec plusieurs des plus Nobles et des plus vaillans du Royaume, contre les Sarrasins. Mais ce Roy ayant fait la Paix avec ses ennemis, sans la participation des François, ils s'en retournerent mescontents[3].

a Guillelmus de Gebennis.
b Guillelmus Amanevi. *Amanevi. In Necrolog. memorato.*

1. De Genève. (*Gall. christ.*, t. II, col. 820.)

2. Le *Gallia,* dans les *Animadv.*, in tom. II, col. XXI, ajoute : « Ipsum consecravit Innocentiûs papa III, ex ejusdem summi pontificis epistolâ ad eum scriptâ nonis Febr. pontificatûs anno XIV, in *Chartul. Bituric. Archiep.*, fol. 60. »

Ici trouverait place la mention de la lettre de Philippe-Auguste à Innocent III, pour le prier d'obliger l'archevêque de Bordeaux à reconnaître la primatie de Bourges. Nous avons longuement parlé de ce document t. I, p. 342 et 359.

3. L'évêque de Nantes accompagna Guillaume en Espagne. Le récit de cette expédition, qui se termina par la victoire de *Navas Tolosa,* se trouve dans la chronique d'Albéric, moine de l'abbaye

II. Il escrivit avec les Evesques de Bazas et de Perigueux au Pape Innocent III. pour l'extirpation de l'Heresie des Vaudois, et l'an 1215. l'Archevesque de Bourges ayant voulu faire action de Primace dans le destroit de l'Archevesque de Bourdeaux, en fut empesché, et obligé de se retirer, tant par nostre Guillaume, genereux defenseur des droits de sa dignité[1], que par l'Evesque de Poitiers : et pour raison de ce, ils furent tous deux appelés par le Pape Innocent au Concile General de Latran IIII. qu'il estoit sur le point de tenir. La Bulle que nous en avons, est datée du 18me. de son Pontificat. Il ne fut neantmoins rien arresté du vivant de ce Pontife. Sous le mesme Archevesque se donna la Sentence Arbitrale entre les Chapitres de S. André et de S. Seurin l'an 1222. dont j'ai parlé au Ch. XI. de la 1. Partie. Mathieu Paris escrit que l'an 1226.

des Trois-Fontaines (*Rec. des Hist. des Gaul.*, t. XIII), et dans la lettre du roi de Castille au pape Innocent III (lib. XV, *Epistolarum Innocentii papæ*, 182, col. 179.) — Voir aussi Darras (*op. cit.*, t. XXVIII, p. 278).

Guillaume était d'humeur belliqueuse : « Ce furent sans doute les talents (militaires) de cet archevêque, dit D. Devienne (*op. cit.*, 2e part., p. 43), qui déterminèrent Henri III, roi d'Angleterre, à adresser à tous les prélats, abbés, comtes, barons, chevaliers et à tous ses fidèles, une charte par laquelle il accorde à Guillaume, archevêque de Bordeaux, la sénéchaussée et la garde de ses terres de Poitou et de Gascogne. » (Vid. *in collect*. Rimerii, t. I, p. 216; *Chart*. Henric. Ang. reg. die 28 Mart. 1227.) Lopès garde le silence sur le dévouement de l'archévêque de Bordeaux au roi d'Angleterre. « Guillaume, dit D. Devienne *(loc. cit.)*, fut fortement sollicité, mais en vain, par le roi de France de prendre son parti dans la guerre qu'il eut contre les Anglais en 1225. »

En effet, selon Mathieu Paris, les frères Sainte-Marthe et le *Livre des Gestes de Louis VIII*, l'archevêque de Bordeaux reçut Henri III avec honneur et servit loyalement sa cause. A la mort de ce prélat, le roi d'Angleterre « fit écrire au doyen et au Chapitre de Saint-André d'élire un pasteur qui ne fut suspect ni au roi ni à son conseil? » (D. Devienne, *op. cit.*, 2e part., p. 43; — *Gall. christ.*, t. II, *Animadv.*, col. XXII.)

1. Voir t. I du nouveau Lopès, p. 277.

Romain Cardinal de S. Ange, Legat du S. Siege tenant un Concile à Bourges contre les Albigeois, où assisterent les Archevesques de Lion, de Reims, de Roüen. de Tours et d'Aux, le nostre n'y peut assister, d'autant qu'il estoit pour lors à Rome[1].

1. Guillaume mourut probablement à la Grande-Sauve, le jour des ides de septembre 1227. *(Necrol. maj. silv.)* Une statue en pierre, représentant ce prélat, se voyait dernièrement encore dans l'abbaye. (*Gall. christ.*, t. II, col. 822.)

GERAUD. XXXII. ARCH.

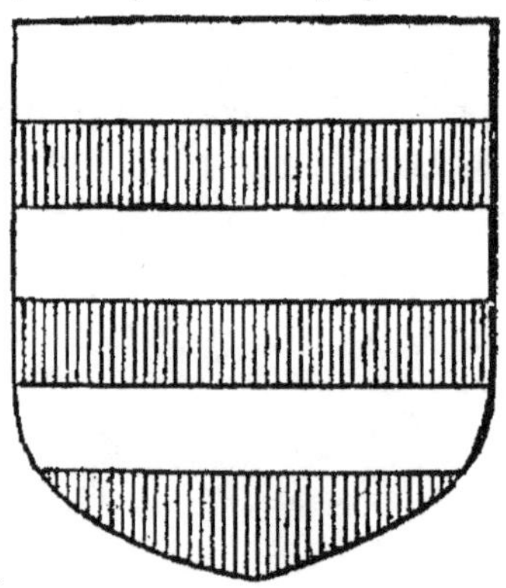

Fascé d'argent et de gueules
de 6 pièces.

GERAUD de Malemort cousin d'Helies, de Doyen qu'il estoit de la Metropolitaine, fut esleu Archevesque l'an 1227[1]. un peu avant Noel, et bien tost apres se rendit à Toulouse à un Concile, qui y estoit assemblé. L'année suivante 1228. il fut envoyé par le Roy S. Louys, Ambassadeur en Angleterre[2]. Je trouve neantmoins que la mesme année le Mardy avant la feste de S. Jean Baptiste, il composa à Bourdeaux un different que le Chapitre avoit avec un Olivier de Bençac.

1. On lit dans le *Gallia* (*Animadv.*, in t. II, col. XXII) : *Consecratus fuit vi bullæ Gregorii IX quæ exstat in chartulario Bitur. archiepisc.*, f° 58. (Voir la bulle, *ibid.*)

2. Dix-sept ans plus tard, il alla porter à Henri III les plaintes des habitants de la Guyenne cruellement opprimés par Simon de Montfort et le comte de Leicester. Il avait eu l'occasion, quelques années auparavant, de faire parvenir aux oreilles du roi d'Angleterre des doléances du même genre. — (Voir sur cette période si doulou

L'année 1230. les PP. Jacobins furent establis à Bourdeaux par la liberalité d'Amanieu de Coulomb, et de son fils, Bourgeois de Bourdeaux : sauf les droits du Chapitre S. Seurin dans le Territoire duquel est le Monastere[1].

II. Ce fut l'année 1232. dans laquelle tombe l'année 5me du Pape Gregoire IX. que ce Pape donna la Sentence provisionnelle, touchant la Primace contestée entre les Archevesques de Bourges et de Bourdeaux, dans laquelle si le premier par provision obtint que de 7. en 7. ans

reuse de l'occupation anglaise : *Arch. hist. de la Gironde*, t. III, p. 102, 105, 106; — *Gall. christ.*, t. II, col. 823; — *Ibid., Instrum.*, col. 289; — D. Devienne, *op. cit.*, p. 36 et suiv.; — Venuti, *Dissert. sur les anc. monum.*, p. 164 et suiv.; — L. Drouyn, *Essai hist. sur l'Entre-deux-Mers*, Bord., 1872.)

1. D. Devienne (*op. cit.*, 2e part., p. 45) parle en ces termes de l'établissement des Dominicains à Bordeaux : « Quoi qu'en dise la chronique, il ne paraît pas qu'ils aient eu de fondateur proprement dit. » L'historiographe de l'Ordre, Bernard de Guy, assure que Géraud de Malemort fit construire leur première église sur le territoire de la collégiale de Saint-Seurin (v. Cirot, *op. cit.*, p. 108), « à l'ouest de la tour de Tropeyte. » (*Comm. des Monum. hist.*, an. 1847-48, p. 4; — Baurein, *op. cit.*, t. IV, p. 82, 84, 355.) « Cette église, qu'il ne faut pas confondre avec l'église actuelle de Notre-Dame ou Saint-Dominique, dit M. L. Drouyn (*Bord. vers 1450*, p. 355), était située sur le bord occidental de la rue de *Burga*. Cet emplacement correspond à celui occupé par le trottoir et la chaussée pavée des allées de Tourny, devant les maisons placées entre les rues *Gobineau* et du *Château-Trompette*. »

L'église des Jacobins, détruite au commencement du XVIIIe siècle, renfermait de nombreux monuments funéraires. La sépulture de la famille de Pontac se trouvait dans la chapelle de Saint-Thomas.

Le couvent (v. *Arch. hist. de la Gir.*), dont le célèbre Simon de Montfort fit bâtir une partie, « était au sud-est de l'église. Les allées de Tourny ont été percées sur l'emplacement de ces constructions » (L. Drouyn, *op. cit.*, p. 355); une aile de ce vaste édifice servait de résidence aux Rois d'Angleterre; on la désignait sous le nom d'*appartement royal*.

Il résulte d'un texte de Bernard de Guy, cité par le *Gallia* (*Animadv.*, col. XXII), que les Dominicains voyaient dans Géraud de Malemort un ami sincère, et qu'un membre de cette famille, entré dans leur Ordre, refusa l'archevêché de Bordeaux.

l'espace de cinquante jours, il pourroit visiter le Dioceze et Archevesché de Bourdeaux; ce fut avec des restrictions si particulieres, que le Pape donna bien à connoistre par sa Bulle, qu'il ne vouloit rien decider absolument, et que la Primace pretenduë de Bourges sur toute l'Aquitaine n'avoit jamais esté veritable. Car en premier lieu, il ordonna que la Consecration de l'Archevesque de Bourges ne se fairoit que par l'Archevesque de Bourdeaux, qui pour cét effet seroit reçeu Processionnellement au son des cloches, seroit defrayé allant et revenant aux despens de l'Archevesque de Bourges, et demeurant à sa maison durant trois jours. 2. Qu'il seroit reçeu avec les mesmes honneurs, allant une seule fois en sa vie au Concile qui se tiendroit à Bourges, sans neantmoins estre tenu aux Constitutions de ce Concile. 3. Que l'Archevesque de Bourdeaux seroit en toutes façons independant de celuy de Bourges. 4. Que celuy cy, durant sa visite ne pourroit rien ordonner, mais que s'il y avoit quelque chose qui deubt estre corrigée, il s'adresseroit aux Evesques suffragans de Bourdeaux pour le corriger : à leur deffaut à l'Archevesque de Bourdeaux, et apres tout au S. Siege. La lecture de la Bulle qui n'a point paru jusqu'à present, faira mieux voir les choses. Le stile d'un Historien ne me permet pas d'y faire toutes les reflexions necessaires : je laisse ce travail à M^r^. la Brousse, qui est sur le point de mettre au jour un second ouvrage contre les pretentions de Bourges, pour servir de Couronne à celuy qu'il a desja fait[1].

1. Comme correctif des assertions de Lopès, voir dans les *Archiv. hist. de la Gironde* (t. XII, p. 325) une bulle du 8 mars 1238, par laquelle le même Grégoire IX mandait à Géraud « qu'il avait ordonné jadis que les archevêques de notre ville seraient tenus d'assister une fois dans leur vie aux conciles de Bourges, et que l'archevêque de Bourges ayant convoqué un concile, *il vient de désigner* des commissaires chargés de le forcer, si cela est nécessaire, d'y assister en personne ou de s'y faire représenter. » — Voir une autre bulle, t. XV, p. 538.

III. La Chronique de Bourdeaux rapporte que l'an 1240. l'Archevesque de Bourges, apres cette Sentence provisionsionnelle, ayant envoyé ses Delegués dans la Province de Bourdeaux, le Clergé de Bourdeaux s'y opposa en telle façon, que ces Delegués furent obligez de se retirer. L'an 1245. nostre Archevesque fut au Concile General de Lyon sous le Pape Innocent IV[1]. où se trouverent 140. Archevesques ou Evesques, et qui fut particulierement assemblé contre Frederic II. Empereur, et pour le secours de la Terre Saincte[2]. Ce Pape l'année suivante 1246. lui donna le pouvoir d'instituer un Sous-Doyen et un Soubs-Chantre, dans l'Eglise Metropolitaine, ce qui fut deslors executé. L'année suivante 1247[3]. il receut dans la ville, les PP. Cordeliers, qui y furent establis et fondés par Pierre de

1. On conserve aux *Archiv. départ.*, *Archev.*, G (dans la vitrine du Musée), une bulle d'Innocent IV, adressée à l'archevêque de Bordeaux, en l'année 1244.

2. Voir *Archiv. hist. de la Gironde* (t. XV, p. 32).

3. C'est aussi l'opinion de l'*Hist. littér. de la France* (notice sur Géraud de Malmort) et de la *Chron. bourd.* (f° 16 v°). Toutefois le *Gallia* (t. II, col. 820) place cette fondation sous l'épiscopat de Guillaume de Genève, en 1227.

« En 1228, ajoute le *Gallia* (*ibid.*, col. 822-823), sur la demande des frères Mineurs, il consacra le cimetière de Maucaillou *(apud Malum-Calculum)*, situé sur les limites de la paroisse de Saint-Michel. *(Ex chartulario S. Crucis.)* De ce fait et d'une autre charte de Sainte-Croix, on peut, ce semble, induire que le couvent des Franciscains fut commencé en 1227. » (Voir sur cette fondation *Gallia christ.*; *Instrum.*, col. 288; — D. Devienne, *op. cit.*, 2e part., p. 44.)

Les Cordeliers ou *Frères-Mineurs* ont donné leur nom à la rue des *Menuts*, appelée dans les titres latins *rua Minorum*. « Personne n'ignore, dit Baurein (*op. cit*, t. IV, p. 184), que les possessions de ces Religieux bordoient ci-devant presque tout un côté de cette rue, et que c'est dans leur terrein qu'ont été bâties, depuis quelques années, la plupart des belles maisons qui ennoblissent en quelque sorte ce quartier. » — (Voir aussi L. Drouyn, *op. cit.*, p. 354; — sur la famille de Pierre de Bordeaux, dont le duc d'Épernon se glorifiait de descendre, lire Baurein, *op. cit.*, t. I, p. 408, et *alibi passim*.)

Bourdeaux Gentilhomme et Bourgeois de la ville. Mr. le Duc d'Espernon dernier mort, le reconneut pour un de ses Autheurs, aux Armes qui paroissent encores aux vitraux d'une Chapelle du Cloistre, où ces Peres tiennent leur Chapitre : d'Or à une Croix de Sable chargée de cinq coquilles d'argent, qui sont les Armes de la noble Maison des Grailli Captaux de Buch, d'où il estoit descendu.

IV. Ce Seigneur desdommagea le Chapitre pour le droit de Cimetiere qu'il pouvoit exiger pour la nouvelle construction de ce Monastere, comme il est enoncé dans un ancien escrit que je raporteray, et d'où il resulte que ce droit s'estendoit jusques dans la Paroisse de S. Michel de la Ville. Mrs de Ste Marthe ont escrit que ce fut soubs luy l'an 1251. que fut commencé le bastiment de l'Eglise Metropolitaine, suivant un ancien Livre des Statuts de Bourdeaux, qui neantmoins ne sont point venus à ma connoissance. J'en ay parlé au Ch. 3. de la 1. partie. Il mourut apres l'année 1256[1]. ayant longuement et digne-

1. Les frères Sainte-Marthe ont induit Lopès en erreur. Ce n'est pas en 1256 que mourut Géraud. Cette année, il est vrai, au témoignage de Mathieu Paris, « il tomba dangereusement malade au point que l'évêque d'Herefort s'était déjà fait accorder par le roi d'Angleterre le siège de Bordeaux qu'il croyait vacant. » (V. Math. Par., ad an. 1256; — *Hist. littér. de la France,* loc. cit.; — *Gall. christ.*, t. II, col. 824.) Géraud vécut jusqu'en 1259 *(ibid.)*. La chronique dominicaine de Bernard Guy *(Guidonis)* le fait mourir en 1261 ou 1262, et dit qu'il fut enseveli dans le monastère de La Couronne, au diocèse d'Angoulême. (*Gall. christ., Animadv.,* in t. II, col. XXII.)

Sous l'épiscopat de Géraud eurent lieu :

1° En 1231, la consécration de l'église de la Grande-Sauve. (Voir *Gall. christ.*, t. II, col. 823; — *Ibid., Instrum.*, col. 288; — Cirot, *Hist. de la Grande-Sauve,* t. I, p. 149);

2° Une réforme sévère imposée au Chapitre de Saint-André par une bulle d'Innocent IV (1245?). « Aucun chanoine ne sortira qu'avec un compagnon et avec la permission du doyen, etc. » (V. D. Devienne, *op. cit.,* 2e part., p. 47.) A titre de compensation peut-être, le même pape accorda l'an 1247, aux chanoines de Saint-

ment servi l'Eglise, tant comme Doyen de l'Eglise de Bourdeaux, qu'en qualité d'Archevesque.

I. Actum est hoc anno Domini M. CC. XXVII. Paulo ante Nativitatem Domini, quando Dominus Decanus fuit electus in Archiepiscopum. *In Tabular. Eccles. Burdig. in lib. Vill.*

Geraldus Dei gratia in Burdig. Archiepiscopum consecratus universis Christi fidelibus etc. Testes fuerunt VV. Decanus. Magister R. Thesaurarius, VV. Sacrista. A. de Romafort, Hugo. P. Gumbaut. VV. de Ludedon Canonici. Actum est anno M.CC.XXVIII. 3a. Feria ante festum Sti Joannis Baptistæ.

II. Gregorius Episcopus servus servorum Dei. Venerabilibus Fratribus Bituricensi et Burdegalensi Archiepiscopis salutem, et Apostolicam benedictionem. Cum vobis et Ecclesiis vestris quæstio quam hactenus habuistis super jure Primatiæ, quam tu frater Bituricensis Archiepiscope in Provincia Burdegalensi te habere dicebas gravamen attulerit laboribus et expensis, et majus afferret in posterum, si eam ulterius protrahi partium contentione contingeret. Nos futurorum gravaminum casibus volentes occurerre providemus, ut Burdegalensis Archiep. ad consecrationem Bituricensis Archiep. vocatus accedat Bituricas cum suffraganeis Bituricensis Ecclesiæ consecraturus eundem. Qui processionaliter, pulsatis Campanis prima vice recipiatur ibidem. Et postquam Burdigalensis Bituricensem ingredietur Diæcesim, in expensis à Bituricensi provideatur eidem eundo et redeundo, et morando in domibus Archiepiscopi per tres dies, moram ulterius non facturus. Vocatus præterea Burdegalensis ad Concilium Bituris celebrandum veniat semel in vita sua, et recipiatur pulsatis Campanis processionaliter, nisi fuerit alia vice receptus, et procurabitur sicut in adventu ad consecrationem Bituricensis Archiepiscopi superius est expressum. Constitutiones tamen Concilii, Burdegalensis recipere minime teneatur. In præmissis autem coactionem sedi Apostolicæ reservamus, quæ per conservatores idoneos hoc faciet conservari. Sanè in causis quæ coram Burdegalensi Archiepisc. tam suæ Diœcesis quam Provinciæ tractabuntur, à Burdig. ad Bituricen. ex causa legitima poterit appellari, illis exceptis in quibus Burdegalensis, actoris aut rei partibus fungeretur, quia tunc erit ad sedem Apostolicam appellandum. In Causis vero ad Bituricensem per appellationem delatis, ipse jurisdictionem habeat prosecutioni negotii competentem, Persona Burdegalensis Archiepiscopi prorsus excepta. Ad hæc Bituric. Burdegalensem Provinciam, de septennio in septennium si voluerit visitabit; ad quod, dies habeat 5o. ita quod si egreditur Provinciam antequam numerum 5o. dierum in visitatione perficiat, usque ad aliud septennium propter hoc Burdegalensem Provinciam non intrabit, nisi per aliquos de Burdegalensi Provincia fuerit impeditus, quominus poterit ipsam Provinciam per eos dies visitare. Cæterum in visitatione prædicta

André, le privilège de ne pouvoir être cités, pendant dix ans, devant aucun tribunal qu'en vertu de lettres apostoliques mentionnant expressément l'église de Bordeaux. (*Archiv. hist. de la Gir.*, t. XV, p. 167.)

Enfin, le 2 novembre 1254, le pape Alexandre IV exempta nos chanoines de payer aucun droit pour l'expédition des titres les concernant, à moins que les lettres apostoliques ne portassent expressément cette clause. (*Ibid.*, p. 169.)

Bituricensis ante se si voluerit faciet crucem ferri, celebrare ac prædicare valebit. Pulsatis campanis recipietur processionaliter, et ipse per supradictos. 50. dies procurationes inter Diæceses dividendas recipiet, in Ecclesiis ad quas eum contigerit declinare. Porro in eos qui procurationem negaverint, et in illos qui visitationem impediverint supradictam, censura congrua Bituricensis utetur. Verum si qua manifesta occurrerint corrigenda, Bituricencis primo Diæcesano, deinde Burdegalensi denunciabit ut corrigat, et demum Sedi Apostolicæ ut per eam, quæ per eos correcta non fuerint corrigantur. Cum autem ab Archiepiscopo Burdegalensi ac nonnullis Prælatis Burdegalensis Provinciæ Bituricensi Archiepiscopo olim scriptum sit, Aquitaniæ Primati, sic de cætero scribatur eidem. Sed ipse in eandem Provinciam et personas ipsius, ultra quam in superioribus est expressum, nihil jurisdictionis attentet, in omni casu persona Burdigalensis Archiepiscopi libera reservata, cujus electio per sedem confirmatur à qua Pallium recipit, et cui fidelitatis exhibet juramentum. Datum Reate XV. Kal. April Pontificatus nostri anno V. *Ex eod. Tabul. ibid.*

IV. Hic est tenor literæ à quo habemus Territorii, Cemeterii, et Ecclesiæ literam sigillatam sigillo conventus, juxta datam scripturæ cum literis Secretarii Domini Capitalis. Universis præsentes literas inspecturis F. Guilhermus Gardianus Conventus Fratrum Minorum Burdegalæ salutem in Domino sempiternam. Noveritis quod Dominus Petrus de Burdegala dedit cambium et recompensationem Capitulo Sti Andræ Burdegalæ de censu et dominio quod dictum Capitulum habebat in illo loco quod Fratres Minores volunt habere pro Cemeterio et pro Ecclesia construenda, et dedit hoc dictus Dominus Petrus Fratribus Minoribus pro sua anima et suorum. Nos vero debemus in illo loco pro cujus censu ipse dedit cambium, Cemeterium et Ecclesiam fabricare, in cujus rei testimonium eidem præsentes literas concessimus sigilli nostri robore confirmatas. Datum Burdegalæ an. 1247. in crastinum B. Martini. *Exarata sunt hæc in Antiphonario antiquo Conventus majoris obser. Burdig.*

PIERRE I. LE XXXIII. ARCH[1].

PIERRE Premier du nom, que Mrs de Ste Marthe appellent *de Roscida Valle*[2]. succeda à Geraud de Malemort. Il estoit Camerier et Chapelain du Pape, Vice-Chancelier et Aumosnier du Roy de Navarre. Les Chanoines n'ayant peu s'accorder dans leur Election apres le decez de Geraud de Malemort, dont les uns avoient esleu Forthon Archidiacre de Xaintes, Chapellain du Pape; les autres Hugues Prieur des Jacobins de Bourdeaux. L'affaire ayant esté portée au Pape Urbain IV. il esleut pour Archevesque, Pierre son Camerier, personne doüée de toutes les qualités necessaires à cette grande charge. La Bulle que nous en avons dans nos Archives est datée de Viterbe du 23. de Mars, la premiere année de son Pontificat et de la grace 1261[3]. Trois ans apres, l'année 1264. le 26. de Juin le Chapitre composa avec les PP. Carmes pour raison du Monastere qu'ils avoient fait bastir dans son destroit, ainsi que je l'ay rapporté au Ch. XI. de la premiere partie[4]. Ce ne fut pas neantmoins

1. Pas d'armoiries; cependant, on garde aux *Archives départementales* un contre-sceau de Pierre Ier (1263) représentant une tête mitrée; il reste peu de chose du champ ouvragé, mais on reconnaît que l'archevêque y figurait debout.

2. *De Ronceval* (voir *Gall. christ., Animadv.*, col. XXII).

3. D'après le *Liber recognitionum* de Sainte-Croix, le siège était vacant encore « *annis 1260, 62 et 63.* » (V. *Gall. christ.*, t. II, col. 824.) Mais il est certain qu'en 1262 *(ibid.)* le nouvel archevêque écrivit au pape Urbain IV au sujet de la *Primatie* et qu'il présida la même année le concile de Cognac.

4. Voir t. I, p. 329, texte et note.

cette année qu'ils furent premierement fondés, comme l'ont escrit Mrs de Ste Marthe apres de Lurbe dans sa Chronique : mais long-temps auparavant, la premiere fois environ l'année 1100. à l'endroit qu'on appelle encores, *Lous Carmes Vieils,* lequel lieu est à present incorporé en partie dans le Monastere des Relligieuses de l'Annonciade [1] : la deuxiéme fois, au lieu où ils sont maintenant l'an 1217. par Gaillard Seigneur de la Lande, ou mourut S. Simon Stoch, le 6me. General de leur Ordre, et y fut enseveli l'an 1250. comme on peut voir plus au long dans les additions de la Chronique Bourdeloise à la fin [2]. Nostre Archevesque mourut le 11. jour de Janvier l'an 1269 [3]. et fut enseveli dans la Chapelle Nostre Dame qui est aux allées du chœur [4].

Obiit Petrus Archiepiscopus Burdig. III. Id. Jan. an. Domini M.CC.LXIX. et est sepultus in Capella beatæ Mariæ sive ante ipsam. *Necrolog. antiquum Eccles. Burdig. in Arch. Capituli.*

1. Sur l'époque de l'arrivée des Carmes à Bordeaux et leur établissement dans cette ville, voir *Lopès,* t. I, p. 10 et 47 ; — Delurbe, *Chron. bourd.,* f° 17 ; — *Gall. christ.,* t. II, col. 825 ; — D. Devienne, *op. cit.,* 2e part., p. 50.

2. Voir *Hist. littér. de la Fr.,* t. XIX, une notice sur S. Simon Stock. Le corps du Saint repose dans le tombeau de l'autel de N.-D. du Mont-Carmel. Cet autel date de quelques années. La chapelle est due à la générosité du chanoine Boyer, directeur de l'association du Scapulaire. En 1806, ce saint prêtre fit démolir à ses frais les murs qui divisaient alors en trois compartiments la chapelle dédiée depuis à N.-D. du Mont-Carmel. (V. *Mémorial des Curés,* an. 1806.)

3. Lire une longue note dans les *Animadv.* du *Gallia,* t. II, col. XXII. Cependant (v. *ibid.,* col. 825) il résulterait d'un acte du cartulaire de Sainte-Croix que le siège était vacant en 1268.

4. Voir l'*Obituaire, Archiv. hist.,* t. XVII, p. 7.

SIMON. XXXIV. ARCH.

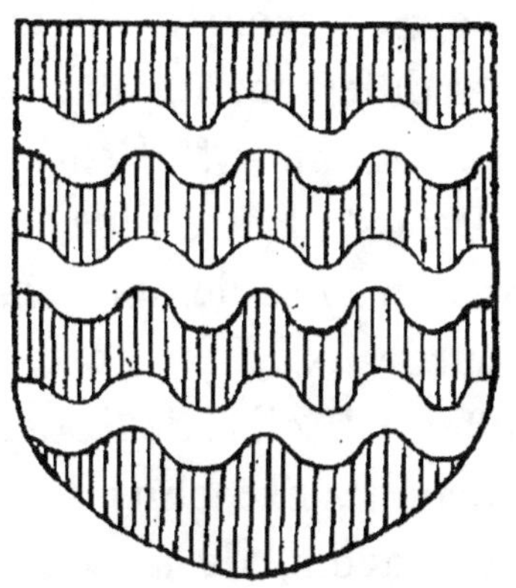

De gueules à 3 fasces
entées et nébulées d'argent.

Après la mort de Pierre, l'Archevesché demeura vacant jusqu'à l'année 1275. comme il appert des hommages de la Ville de S. Emilion, et d'un du Seigneur du Tiran, rendus au Roy d'Angleterre comme Duc de Guyenne, le 1. de l'année 1273. le 2. l'année 1275. qui tous enoncent la vacance du Siege en ce temps, et sont contenus avec plusieurs autres en un Livre qui m'a esté communiqué par Mrs les Tresoriers Generaux de cette ville soubs la Cote B. L'annee 1275. le Siege fut rempli de la personne de SIMON de Rochechoüart fils d'Aimery, Vicomte de Rochechoüart, premierement Chanoine de l'Eglise de Limoges, ensuite Doyen de celle de Bourges, Evesque de Limoges, enfin Archevesque de Bourdeaux. Une ancienne Chronique de S. Martial rapporte qu'il fut sacré la mesme année au mois de Septembre, et qu'il fit son entrée dans la Ville avec beaucoup de pompe et de solemnité[1].

II. Il se pourveut l'an 1277. avec le Chapitre S. Seurin devant le Roy de France Philippe le Hardi, contre divers excez commis par le Seneschal de Gascogne pour le Roy d'Angleterre, et par les Maire et Jurats de Bourdeaux dans la Sauveté et Bourg de S. Seurin, et pour la reparation des torts que ce Seneschal avoit fait à ses Droits et Privileges, sur lequel differrent les parties transigerent, on satisfit pour les excez commis à S. Seurin, et l'Archevesque fut retabli dans ses Droits[2]. Entre plusieurs articles de cette Transaction, je rapporteray seulement ces deux qui concernent l'Eglise de Bourdeaux. Le 1. est, que pour reparer l'injure qu'avoit soufferte l'Eglise de Bourdeaux dans l'injure faite à l'Eglise S. Seurin, les excedans donneroient deux cens livres tournoises pour avoir, de la rente de cette somme, deux Cierges, qui brusleroient continuellement devant le grand Autel. Le 2. que le Seneschal pour le Roy d'Angleterre s'obligea de payer à l'Archevesque la somme de 9000. livres Bourdeloises en divers termes, pour compenser les fruits et les revenus que ce Roy ou ses Officiers avoient prins durant la vacance du Siege qui appartenoient à l'Archevesque, sans doute à cause de l'Exemption et Immunité de la Regale. Cette transaction fut passée entre les

1. Voir sur cette élection, une chronique manuscrite de saint Étienne et une lettre de Grégoire X, datée de Beaucaire (*Gall. christ.*, t. II, col. 826, et aux *Animadv.*, col. XXII), une charte de Saint-Seurin et une lettre d'Édouard Ier, roi d'Angleterre.

2. Ces excès furent graves. Le senéchal avait fait sonner la cloche de l'Hôtel-de-Ville pour ameuter le peuple contre le Chapitre de Saint-Seurin. Mobiliers, provisions de bouche, argent, livres, tout ce qui se trouvait dans la Sauvetat fut dispersé; les arbres et les vignes furent arrachés; la foule se porta chez le chantre et chez plusieurs chanoines, etc. (V. *Livre des Bouillons*; — D. Devienne, *op. cit.*, t. II, p. 53; — *Chron. bourd.*, f° 17, v°; — O'Reilly, *op. cit.*, liv. XIV, p. 318 et suiv.)

Parties dans l'Abbaye de Ste Croix. Le Doyen de l'Eglise de Bourdeaux, qui pour lors estoit Boson de Boynac, y assista.

III. Le 5. d'Octobre de l'année 1279. il reçeut à Bourdeaux Eleonor Reyne d'Angleterre femme du Roy Edoüard I. Il mourut l'année suivante 1280. le 29. jour d'Octobre[1] et fut enseveli au milieu de la Chapelle nostre Dame, aux allées du Chœur de l'Eglise Metropolitaine, on y esleva mesmes son Effigie sur son Tombeau, mais il y a long-temps qu'elle en a esté ostée[2].

II. Rursus ut honor fiat Burdigalensi Ecclesiæ quæ in vituperatione dictæ Ecclesiæ Sti Severini vituperata per aliquas singulares personas existit ut supradictum est; ordinatum fuit, ut ducentæ libræ Turonenses dentur eidem pro emendis reditibus ut dictum est, ad opus duorum Cereorum coram majori altari tenendorum, qui perpetuo ardeant coram ipso. *Et infra.*

Super eo vero quod D. Archiepiscopus prædictus dicebat Dominum Regem Angliæ et suos tempore diversarum vacationum Burdigalensis Ecclesiæ indebite percepisse de bonis Archiepiscopalibus usque ad summam 20000. Librarum Turonensium, et dictus Senescallus non confitetur tantam summam perceptam fuisse. Insuper diceret Archiepiscopus quod idem D. Rex debebat eidem 700. Marcas Argenti ex compositione facta inter Bonæ Memoriæ D. Regem Angliæ, et D. Petrum Prædecessorem ipsius Archiepiscopi ratione fructuum perceptorum in vacatione præcedenti in bonis Archiepiscopalibus prout in literis sigillis authenticis et dicti D. Regis Angliæ sigillatis plenius continetur. Tandem habita legitima æstimatione et computatione prædictorum bonorum et dictarum 700. Marcarum, recognovit et confessus est prædictus Senescallus, prædictum D. Regem Angliæ, Ducem Aquitaniæ debere ac teneri dicto D. Archiepiscopo ratione prædicta in novem millibus nummorum monetæ Burdigalensis, quam promisit nomine D. Regis prædicti ipsum Regem Angliæ, Ducem Aquitaniæ debere ac teneri dicto D. Archiepiscopo ratione prædicta in novem millibus nummorum monetæ Burdigalensis, quam promisit

1. Date confirmée par l'*Obituaire* de Saint-André, par le 2e *Cartulaire* de Sainte-Croix (*Gall. christ.*, t. II, col. 826, note) et par le *Nécrologe* de Saint-Seurin (*ibid., Animadv.*, col. XXII). Cependant une charte de l'église de Cahors, portant que Gui, archevêque de Bordeaux, fut arbitre l'an 1279 entre le Chapitre et les consuls de cette ville, fait que le *Gallia* se demande (*ibid.*, col. 826, note *a*) s'il n'y a pas lieu de placer après Simon, démissionnaire ou décédé en 1279, un archevêque nommé Gui. M. Fisquet (*La France pontif.*, Bord., p. 164) suppose que ce Gui, dont parle la charte de Cahors, n'est autre que Gui de Sully, en ce temps-là archevêque de Bourges.

2. Voir t. I, p. 222.

nomine D. Regis prædicti ipsum Regem Angliæ soluturum in terminis qui sequuntur. Videlicet mille libras in proximo festo omnium Sanctorum, et alias mille libras in subsequenti festo, omnium Sanctorum et singulis festis consimilibus omnium Sanctorum sequentibus successivè mille libras usque ad completam solutionem dictarum novem millium librarum. *Extat Charta compositionis prædictæ in Tabulario Ecclesiæ Sti Severini: cujus compositionis tempus est* anno Domini 1277. Indictione V. sede Apostolica ut dicitur vacante Nonis Julii.

III. Simon de Rupecavardi Archiep. Burdig. obiit an. M. CC. LXXX. et IV. Kal. Novemb. et est sepultus in medio Capellæ Beatæ Mariæ, ubi est imago sua operata. *Necrolog. supradictum Eccles. Burdig.*

GUILLAUME III. LE XXXV. ARCH.

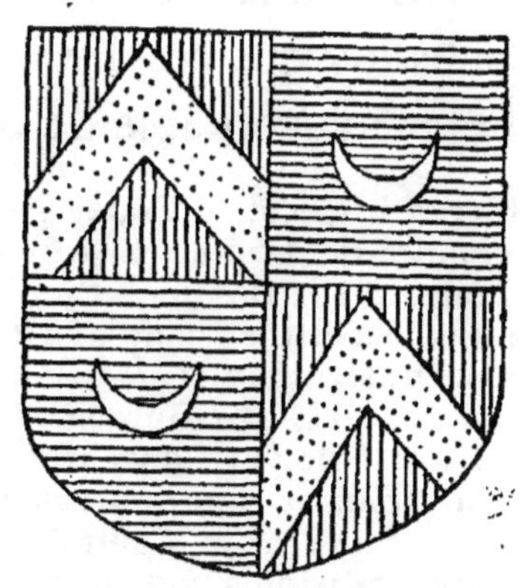

Écartelé au 1er et au 4e de gueules
au chevron d'or,
au 2e et 3e d'azur au croissant d'argent.

GUILLAUME III. du nom fut le successeur de Simon. Il se trouve un accord passé entre luy et le Chapitre pour la Jurisdiction dans la Ville et Faux-Bourgs datté de l'année 1285[1]. Deux années avant, sçavoir l'année 1283. s'estoient rendus à Bourdeaux plusieurs personnes de toute la Chrestienté, pour voir le duel arresté entre Charles de Valois et Pierre d'Arragon pour le Royaume de Sicile, qui neantmoins ne se fit point, Pierre n'ayant point comparu publiquement au jour arresté, quoy que quelques Historiens Espagnols ayent escrit le

1. L'épiscopat de cet archevêque est révoqué en doute par le *Gallia* (t. II, col. 827). On verra plus loin que de l'aveu de Lopès le siège était encore vacant en 1287, c'est-à-dire sept ans après la mort du prédécesseur. Du reste, suivant la remarque du *Gallia (loc. cit.)* « nullus de eo (Guillelmo) locutus videtur antè Sammarthanos, nisi fortè Oihenartus, designans eum per G. »

contraire[1]. Le Siege estoit vacant l'an 1287. suivant le Tiltre contenant la concession qui fut faite par le Chapitre aux PP. Augustins pour la construction d'un Monastere. La permission leur fut donnée à la priere de Robert Bournel, Evesque de Bathe et de Wils en Angleterre et Chancelier du Roy Edoüard I. que de Lurbe, et apres luy Chenut, ont mis au rang des Archevesques de Bourdeaux, et disent que c'est soubs luy que ces Peres furent establis à Bourdeaux, contre la teneur veritable de ce Tiltre[2].

Universis præsentes literas inspecturis Frater Henricus de Lobanhevo Prior domus Fratrum Heremitarum Ordinis S. Augustini de Burdegala et Conventus ejusdem loci salutem in Domino. Cum venerabile Capitulum Burdeg. sede vacante nobis dederit et concesserit licentiam habendi et construendi Ecclesiam seu Oratorium et Cimeterium in Parochiis Ecclesiarum suarum S. Eulaliæ et Sti Elegii Burdeg. in loco appellato apud Mirallum. Noveritis quod nos Prior et Conventus prædicti pro nobis et successoribus nostris promittimus et confirmamus nos soluturos et reddituros singulis annis in perpetuum dicto Capitulo vel ejus mandato 30. Libras monetæ Burdeg. annuæ pensionis, videlicet 15. Libras in crastinum Nativitatis B. Joan. Baptistæ, et alias 15. Libras in crastinum Nativitatis Domini. Promittimus pro nobis et successoribus nostris prædicto Capitulo quod nos vel successores nostri aliquem Parochianum vel Parochianam alicujus Ecclesiarum ipsius Capituli in ecclesia seu Cemeterio prædictis non recipiemus nec recipi faciemus ad Ecclesiasticam sepulturam, nec ad Ecclesiastica sacramenta nisi de ipsius Capituli vel Capellani, cujus Parochianus seu parochiana extiterit, consensu, exceptis confessionibus et penitentiis in quantum nobis licet eas recipere. Quæ omnia et singula supradicta nos dictus Prior promittimus, et ad Sta Dei Evangelia corporaliter tacta juramus pro nobis et successoribus nostris tenere, facere complere et inviolabiliter observare, et non contra facere, vel venire in posterum aliqua ratione. Et præmissa

1. « Ledit Charles se trouve au jour assigné audit Bourdeaus, et demeure en armes audit champ de bataille, attendant ledit Pierre d'Arragon, compétiteur, lequel n'ayant comparu aucunement, ledit Charles ayant publiquement requis acte de sa présence et attente, se seroit retiré, comme victorieux à la grande honte dudict d'Arragon : ores que aucuns historiens Espaignols ayent escrit que ledit d'Arragon avoir comparu en habit desguisé et après le départ dudict Charles avoir demandé à Jean de Gresly, seneschal de Guyene, acte de sa comparition. » (*Chron. bourd.*, f° 18.) D'après ces mêmes historiens, Pierre d'Aragon craignait de tomber dans un piège que lui aurait tendu le roi de France. — (Voir sur ce duel historique, dont le vainqueur devait gagner le royaume de Sicile, Sponde, *Annales*, t. I.)

2. Voir ce titre *apud Sammarth.*, t. I, p. 217.

omnia Priores dictæ domus successores nostri, qui pro tempore fuerint, jurabunt, eidem Capitulo ad eorum vel mandati sui requisitionem tenere et inviolabiliter observare. Promittimus insuper eidem Capitulo nos infra proximum festum Nativitatis B. Joan. Baptistæ per Priorem nostrum Provincialem, infra duos annos à 1. festo Navit. B. Joan. Baptistæ continuè computandos per Priorem nostrum Generalem præmissa omnia et singula per nos promissa et concessa per suas patentes literas facere confirmari, et nos Prior et Conventus prædicti pro nobis et successoribus nostris supponimus nos et successores nostros super præmissis jurisdictioni et coercitioni Archiep. Burdegalensis qui pro tempore fuerit et venerab. Decani Burdegal. qui nunc est et qui fuerit in futurum, renunciantes expressé pro nobis et successoribus nostris omnibus privilegiis impetratis et impetrandis nostro ordini concessis seu concedendis, et omnibus auxiliis et beneficiis eorum. Supplicantes Rever. in Christo Patri Domino Roberto Dei gratia Bathonensi et Vellensi Episcopo, illustris Regis Angliæ Cancellario, ad cujus preces et instantiam dicta licentia per dictum Capitulum nobis et successoribus nostris data extitit et concessa, et eidem Capitulo, ut ipsi sigilla sua unâ cum sigillis nostris præsentibus apponant. Nos verò Episcopus et Capitulum supradicti ad preces et instantiam dictorum Prioris et Conventus sigilla nostra una cum sigillis ipsorum Prioris et Conventus præsentibus, duximus apponenda in testimonium et probationem perpetuam omnium præmissorum. Super præmissis vero factæ sunt duæ litteræ ejusdem tenoris, quarum unam habuit dictum Capitulum, alteram vero habuit Prior et Conventus prædicti. Datum XII. Kal. Januar. an Dom. M. CC. octuagesimo septimo.

HENRY I. LE XXXVI. ARCH.

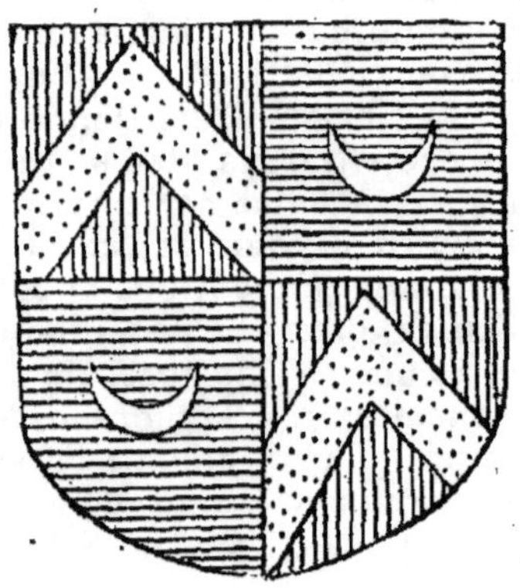

Écartelé au 1er et au 4e de gueules
au chevron d'or,
au 2e et 3e d'azur au croissant d'argent.

HENRY I. du nom surnommé de Gebennis, estoit Archevesque de Bourdeaux l'an 1289[1]. auquel, suivant Justel dans l'Histoire Genealogique de la maison de Turenne, il fust nommé par Marguerite de Turenne Dame de Bergerac et de Gensac, Protecteur de son testament, avec le Roy de France, et le Seneschal de Gascogne pour le Roy d'Angleterre Duc de Guyenne. Mrs de Ste Marthe rapportent un Tiltre[2] de l'Abbaye de Fontevraux, d'où il appert qu'il y fut reçeu comme amy non pas comme Archevesque l'an 1293. Néantmoins j'ay

1. Nous savons par une lettre d'Edouard Ier, roi d'Angleterre, que l'élection de l'archevêque Henri, *son parent,* eut lieu cette année même, et non en 1294, comme l'écrit Delurbe (fo 18 vo), d'ordinaire assez mal renseigné sur la chronologie du moyen âge. (Voir *Gall. christ.*, t. II, *Animadv.*, col. XXII.)

2. Vide Sammarth., t. I, p. 217.

leu un Tiltre de reconnoissance[1] passé en faveur de l'Abbaye de Ste Croix l'an 1292. sur la fin de Janvier. 10. *Exitus Jan.*[2] auquel il est fait mention que le Siege estoit vacant. Sponde a faict mention de cét Archevesque au 1. Tome de la continuation des Annales Ecclesiastiques, l'an 1308. nomb. VII. au subjet d'un desmelé qu'il eut avec Gautier Evesque de Poitiers. Mais il s'est trompé aussi bien que de Lurbe, le faisant predecesseur immediat de Bertrand qui fut le Pape Clement V. d'autant que le successeur d'Henri fut.

1. Par ce titre, l'archevêque déclarait renoncer aux droits de *procuration,* c'est-à-dire à la taxe imposée pour subvenir aux frais de ses visites. (Voir ce titre imprimé, d'après l'autographe, dans les pièces justificatives du *Gallia,* t. II, col. 294.)

2. Dom Devienne (*op. cit.*, 2e part., p. 57) dit : « Lopès se trompe lorsqu'il prétend avoir vu un titre de l'abbaye de Sainte-Croix, qui prouve que le siège de Bordeaux vaquait en 1292. » Il est certain que le siège n'était pas vacant à cette date, mais nous croyons sans peine que Lopès avait eu sous les yeux le titre dont il parle. Les actes de l'abbaye de Sainte-Croix paraissent avoir été tenus, à cette époque, avec un peu de négligence ; on a vu combien certaines dates écrites au hasard, embarrassent nos meilleurs chronologistes.

BOSON XXXVII. ARCH.

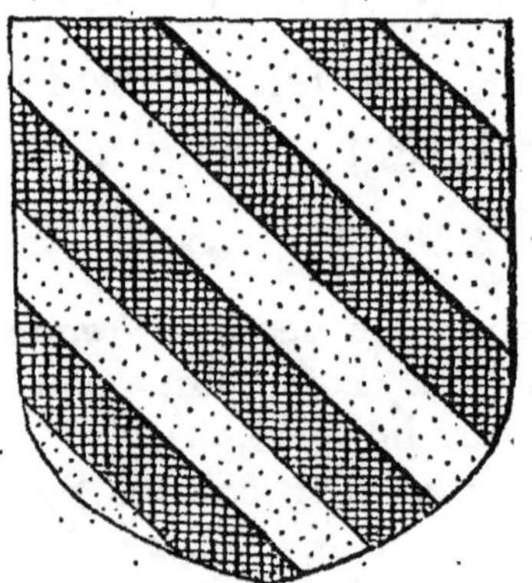

D'or à quatre bandes de sable.

BOSON de Salhanhac ou Salignac, que Oyhenart, et Mrs. de Ste. Marthe nomment Rosinus. Nous avons dans nos Archives, l'instrument contenant son Eslection qui se fit l'année 1296[1]. où il est seulement nommé Boson de Salhanhac. Il avoit esté Chanoine de l'Eglise Metropolitaine, et Archidiacre de Medoc, et ensuite Evesque de Comminges[2].

1. Cette pièce, qui n'est connue que par Lopès (voir *Gall. christ.*, t. II, col. 828), n'existe plus. Boson n'avait pas encore pris possession du siège en décembre 1297 *(ibid.)*; mais en 1299, un diplôme de Philippe IV (le Bel), roi de France (voir *ibid., Instrum.*, col. 295), est adressé à l'*archevêque* et à tout le clergé de Bordeaux, sans toutefois désigner l'archevêque par son nom; le siège n'était donc pas vacant en 1299.

2. En admettant que le Boson que l'on trouve en 1300 sur le siège de Comminges soit le même que celui de Bordeaux, on n'explique le passage de cet archevêque sur un siège de moindre importance que par l'état misérable de l'église de Bordeaux à la fin du XIIIe siècle. (Voir *Gall. christ.*, t. II, col. 829)

BERTRAND II. LE XXXVIII. ARCH.

QUI FUT

LE PAPE CLEMENT V.

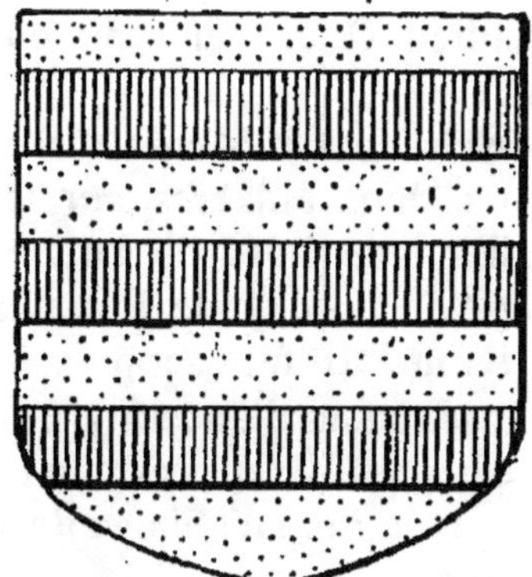

D'or à trois fasces de gueules.

BERTRAND de GOUT[1] Second du nom, d'une tres-noble famille de Gascogne, non pas comme porte la tradition fabuleuse alleguée par Pierre Louet autheur recent dans son Histoire de la

1. « Vers 1200, vivait un cadet de Biscaye, appelé Don Alonzo Lopez et apanagé de Villandrando, lequel eut deux fils. Don André, le plus jeune de ces fils, ayant petite part au patrimoine, passa en France à la suite de Madame Blanche de Castille, s'arrêta en Guienne, et là fit si bien qu'il acquit une seigneurie près de Bazas, en un lieu qui, de son nom, s'appela et s'appelle encore Villandraut. Un demi siècle ne se passa pas que le manoir de Villandraut, porté dans la maison de Goth par la fille ou la petite-fille du même André, vit naître le fameux Bertrand de Goth, qui fut pape sous le nom de Clément V. » (Jules Quicherat, *Biblioth. de l'École des Chartes*, t. I, 2e sér., 1844, p. 119.)

La maison de Goth, éteinte peu après dans la ligne directe, se

Guyenne, estoit fils de Beraud Seigneur de Villandraud au Dioceze de Bourdeaux, et frere d'Arnaud Garsie Gout

perpétua dans la branche des marquis de Rouillac, qui prirent le titre de ducs d'Épernon, se disant substitués à ce duché, et finirent eux-mêmes à la fin du xviie siècle.

« Goth de Rouillac portait d'or à trois fasces de gueules. » (P. Ménestrier.)

Amanieu, baron de La Mothe, seigneur de Roquetaillade, etc., ainsi que le prouve l'*Histoire généalogique des grands Officiers de la Couronne,* t. II, avait épousé Elips ou Elpide de Goth, sœur du pape Clement V. De ce mariage naquirent trois enfants : Gailhard fut fait cardinal, Amanieu II et Bertrand continuèrent la lignée. (Ms. Goua de Langon.)

Non loin des propriétés de *La Mothe* et du *Moutha,* dont l'une est dans Langon, l'autre dans Mazères, sur les limites de Langon, de Mazères et de Roaillan, au bord du ruisseau de Bergosse, était autrefois un monastère de l'ordre de Fontevrault, fondé, dit-on, par Éléonore de Guienne. Il fut supprimé longtemps avant la Révolution. L'église et les murs d'enceinte ne furent démolis qu'au commencement de ce siècle. Il en reste encore quelques ruines connues dans le pays sous le nom d'abbaye de *La Rame;* un moulin voisin porte le même nom.

C'est dans cette abbaye que fut inhumé, en 1308, Amanieu de La Mothe, seigneur de Langon et de Roquetaillade, beau-frère du pape Clément V, et père du cardinal Gailhard de La Mothe. *(Chron. Vazat.)*

La *Chronique de Bazas* (voir *Archiv. hist.*, t. XV, p. 35) considérant que Bertrand de Goth avait demandé à être enseveli dans la collégiale d'Uzeste, en infère que cet archevêque était né à Uzeste et non à Villandraut, comme l'affirment MM. Sainte-Marthe, t. I, p. 218, le *Gallia,* t. II, col. 829, et Baurein (v. *op. cit.,* t. III, p. 249.) — Voir aussi dans la *Ruche catholique* les arguments sérieux qu'oppose M. l'abbé Corbin à M. F. qui place à Uzeste le berceau de Clément V.

Uzeste, d'après un vieux document bénédictin de La Réole, aurait été fondé par la famille de Goth, en souvenir des vastes domaines que celle-ci possédait autrefois à Uzès en bas Languedoc. Uzeste signifierait donc le petit Uzès... *Parvam Trojam.* (V. O'Reilly, *Hist. de Bazas,* p. 226.)

Quel que soit le lieu de la naissance de Bertrand de Goth, il faut regarder avec Lopès comme « une tradition fabuleuse » ce qu'on lit dans quelques auteurs, savoir : « que ses parents étaient pauvres au point de ne pouvoir subvenir aux frais de son éducation, et « l'en-

CHATEAU DE VILLANDRAUT. — Dessin de M. E. PIGANEAU

Vicomte de Lomagne, suivant la Chronique de Bertrand[1] de Guy. Comme durant la guerre entre la France et l'Angleterre, sa maison, soustenant le parti de l'Anglois comme Duc de Guyenne, eut souffert plusieurs dommages par Charles de Valois frere du Roy de France, le Pape Boniface VIII. ennemy du Roy Philippe le Bel, le connoissant pour cette raison aliené de ce Roy, l'esleva aux charges Ecclesiastiques, et de Chanoine qu'il estoit et Secretain de l'Eglise de Bourdeaux, luy procura l'Evesché de Comminges, et quelque temps apres l'Archevesché de Bourdeaux l'année 1300. un peu avant Noel.

II. Le Pape Boniface estant decedé et apres luy le Pape Benoist XI. y ayant grand different entre les Cardinaux François et Italiens, pour l'Election d'un successeur; par le moyen[2] du Roy Philippe le Bel, duquel il estoit auparavant ennemi, il fut esleu Pape soubs le nom de Clement V.

voyaient aux champs, pour y exercer l'emploi le plus vil; mais Bertrand... se sentant une violente inclination pour l'étude, allait tous les jours à pied à Bazas, qui est éloigné d'Uzeste de deux lieues, portait un morceau de pain pour son dîner, et le mangeait sur le bout du banc d'un cordonnier. » (D. Devienne, *op. cit.*, 2e part., p. 57, 58.)

1. Lire Bernard au lieu de Bertrand. — *Bernard* surnommé *Guidonis,* soit comme fils de Gui, soit comme né au château de la *Guionie* ou plus exactement de la Guyonne, à cinq ou six lieues de Limoges. (*Rec. des Hist. des Gaules,* t. XIX, p. XXIII, préf.)

2. Le *Gallia (loc. cit.)* traduit littéralement cette expression de Lopès. Les frères Sainte-Marthe (t. I, p. 218) avaient ajouté : « Ce prélat, d'humeur ambitieuse, voyant s'offrir à lui l'occasion d'obtenir le pontificat suprême, se réconcilie facilement avec le roi de France, par l'intermédiaire du cardinal d'Ostie. »

Jusqu'à ce jour Bertrand de Goth s'était montré d'une raideur excessive à l'égard de Philippe le Bel, surtout le mercredi avant Pâques de l'an 1302, où il déclara qu'il n'était pas tenu au serment de fidélité envers le roi de France pour son archevêché de Bordeaux. (Voir *Gall. christ.*, t. II, col. 830.) La pièce manuscrite se trouve aux *Archiv. départ.*, G. 245, Archevêché. — Voir l'exemplaire dudit hommage et serment aux *Instrum.* du *Gallia* (t. II, col. 300, § XLII).

l'année 1305[1]. comme il vaquoit actuellement en qualité de Metropolitain, à la visite du Dioceze de Poictiers[2], ayant l'année auparavant commencé la visite de sa Province, dont tous les procez verbaux sont relligieusement conservez aux Archives de l'Archevesché de Bourdeaux[3]. Les Histo-

1. Le 5 juin, veille de la Pentecôte. (*Gall. christ.*, t. II, col. 830.) Le *Gallia* ajoute : *Quœdam objecta circà hæc solvit Baluzius in notis ad vitas paparum Avenion.* C. 624. (*Ibid.*, note *a.*)

2. C'est à Luzignan en Poitou qu'il reçut, le 20 juin 1305, la nouvelle de son élection. (Voir Rabanis, *Comm. des Monum. hist.*, 1846-47, p. 53, et *Archiv. départ.*, G. 264.)

3. (Voir *Archiv. dép.*, série G. 264, f°s 3 à 15 v°.) — *Visite archiépiscopale et tournée pastorale avec séjour et gîte aux frais des églises, commencée le 17 mai 1304 par Bertrand de Goth, archevêque de Bordeaux, dans les diocèses suffragants de son archevêché.*

L'original est perdu. La copie de ces visites, qui se garde aux *Archives départementales* (G. 264), est une traduction du latin faite au XVIe siècle, « traduction souvent très fautive des noms et des localités », dit M. Rabanis (*ibid.*, p. 72).

MM. l'abbé Lacurie *(Dissertation sur l'entrevue de Philippe le Bel et de Bertrand de Goth)*; Rabanis (*Entrevue de Clément V et de Philippe le Bel à Saint-Jean-d'Angély*, loc. cit., p. 49 et suiv.); Er. Renan *(la Papauté hors de l'Italie)*, et le marquis de Castelnau d'Essenault *(Clément V et ses récents historiens)* veulent établir, d'après cette copie, que la fameuse entrevue de Saint-Jean-d'Angély n'a pu avoir lieu à l'époque indiquée par le florentin Villani. (*Hist. Florentine*, etc., lib. VIII, cap. LXX.)

M. Jules Delpit, dans sa réponse à M. de Castelnau (*Revue des Bibliophiles,* 3e an., n° 1, p. 9), soutient qu'on ne peut rien conclure d'une traduction « aussi inexacte qu'incomplète et n'ayant aucun caractère d'authenticité légale. »

Quoi qu'il en soit d'une entrevue au sujet de laquelle on discutera probablement encore, les historiens les plus sérieux, y compris MM. de Sainte-Marthe (t. I, p. 218) et le *Gallia* (t. II, col. 830) s'accordent à dire que Bertrand fit au roi Philippe le Bel certaines promesses accompagnées de serment. — *Si Regis operâ cathedram apostolicam adipisceretur.* (Sammarth., t. I, p. 218 A.) — Voir les six clauses de ce prétendu pacte dans Dom Devienne (*op. cit.,* 2e part., p. 59 et 60).

Tel est aujourd'hui l'état de la question. Avant d'imprimer cette note nous avons eu la curiosité bien légitime de connaître l'opinion de l'homme le plus compétent de France, Dom P. Piolin, le nouvel

riens du temps ont rapporté au long les circonstances de cette Election, sans qu'il soit besoing de m'y estendre, ny à la reconciliation qui se fit entre luy et le Roy par l'entre-

éditeur du *Gallia christiana*. Nous avons donc pris la liberté de demander au savant continuateur de Denis de Sainte-Marthe ce qu'il pense : 1° de la fameuse entrevue de Saint-Jean-d'Angély ; 2° des six promesses qu'aurait faites Bertrand de Goth au roi de France, de l'aveu même du *Gallia*. Voici la réponse de Dom Piolin :

« Pour mon compte je regarde l'entrevue de Clément V et de Philippe le Bel à Saint-Jean-d'Angély comme une fable. Je ne puis rechercher les notes que j'ai là-dessus, parce que mes papiers sont dans des caisses .... et déposés loin d'ici : *mais je suis sûr d'avoir trouvé des preuves qui m'ont complètement convaincu.*

» Je me propose de *modifier entièrement le texte de mes devanciers sur ce point dans son supplément*. Déjà même cette partie est rédigée.

» Outre la carte des *visites*, je suis frappé du silence de l'*Art de vérifier les dates*. Je crois qu'il n'aurait pas manqué de signaler le fait s'il avait cru à un pacte quelconque entre le futur pape et le roi. »

La carte des *visites* de Bertrand de Goth a fourni des arguments aux historiens qui font de ce prélat un homme rapace et fastueux ; il est certain que plus d'un prieur regardait comme une lourde charge l'honneur de recevoir « le seigneur archevêque et son train » ; par exemple celui de Cénac, près Dome, en Périgord, « lequel blessa Hélie de Bosco, chapelain dudit seigneur », et celui de Comblé, en Poitou, « qui s'enfuit en apprenant l'arrivée de l'archevêque » (G. 262, f° 7) ; mais on lit, en retour, dans le même journal : « qu'au Bugue, l'Archevêque, en considération de la piété du monastère, remit *la procuration* à l'abbesse et paya de sa bourse tous les frais de dîner, de gîte et de séjour. » D'après M. Er. Renan *(la Papauté hors de l'Italie)*, Bertrand de Goth serait devenu plus somptueux encore et plus exigeant depuis son élévation au souverain pontificat, et les haltes de sa cour dans les monastères étaient « l'équivalent d'un pillage. » Un extrait d'une lettre, cité par M. Boutaric *(Clément V, Philippe le Bel et les Templiers)*, prouve combien ce pape réprouvait de pareils abus commis par les gens de sa suite. Il résulte, d'ailleurs, de l'examen attentif des *Registres caméraux de l'Archivio segreto Vaticano*, concernant les années 1307, 1308 et 1309, registres publiés par M. Faucon, que Clément V était frugal, économe, ne recherchait nullement les objets de luxe et très peu les objets d'art, au moins pour son usage et son agrément personnels. — Voir M. Faucon, les *Arts à la cour d'Avignon sous Clément V et Jean XXII* (1307, 1334), dans les *Mélanges d'archéologie et d'histoire de l'École française de Rome*, 1881.

mise du Cardinal d'Ostie. Je rapporteray seulement à la fin, le decret que les Cardinaux luy envoyerent avec leurs Seings et leurs Sceaux concernant son Election, faite à Perouse l'an 1305. au mois de Juin, que nous avons conservé dans nos Archives, avec plusieurs Bulles de ce Pape contenant plusieurs concessions qu'il fit durant sa vie tant au Chapitre qu'à l'Archevesque[1].

III. Ayant reçeu les nouvelles de sa promotion, il vint à Bourdeaux, et y reçeut l'hommage que luy rendit Pierre de Bourdeaux le 24. de Juillet, pour les Fiefs qu'il possedoit à Bourdeaux et en Cairies, assisté d'Amanieu Seigneur de Lebret et d'Arnaud Garsias de Gout frere du Pape[2]. Le Decret de son Eslection ayant esté leu dans l'Eglise Metropolitaine; il y print le nom de Clement V. De là estant venu à Lyon, où il convoqua tous les Cardinaux, il y fut coronné dans l'Eglise S. Just, en presence du Roy Philippe le Bel. Mais durant la joye de cette solemnité, les plus belles fortunes de la terre estant pour l'ordinaire traversées de quelque disgrace, une muraille s'escroulant pour le grand

1. Plusieurs de ces bulles se gardent aux *Archiv. départ. de la Gironde,* G. 264, en particulier les bulles de 1308 et de 1309, conférant des pouvoirs très étendus aux archevêques de Bordeaux.—Voir aussi dans les *Archiv. hist. de la Gir.*, t. XIX, p. 499, une bulle datée d'Avignon, donnant pouvoir à maître Pierre Labatut d'ériger en collégiales les églises paroissiales de Sainte-Marie d'Uzeste et de Saint-Martin de Goth, récemment transférée dans le château de Villandraut.

Lire encore dans le *Livre des Bouillons* diverses faveurs accordées par le Pape Bordelais à ses compatriotes, notamment celle de ne pouvoir être traduits devant aucun juge en dehors de Bordeaux en vertu de lettres du Saint-Siège ou des légats, à moins que ces lettres ne le permettent expressément. — Voir d'autres bulles de Clément V dans les *Archives historiques du Poitou* (t. X, p. 107, 133, etc.); —dans le grand Bullaire, dans Baronius et dans le premier volume du nouveau Lopès, p. 345.

2. Voir la pièce aux *Archiv. départ.*, Archev., G. 245, et *Archiv. départ.*, t. XIII, p. 213.

concours du peuple qui estoit venu à feste, ecrasa de sa ruine un grand nombre de personnes, entre autres Jean Duc de Bretagne et Gaillard de Gout frere de Sa Sainteté. Les deux freres du Roy qui tenoient les resnes du cheval du Pape furent blesses, et le Pape mesme en danger de sa vie. Il fit en cette ville de Lyon une promotion de huict nouveaux Cardinaux, parmi lesquels il y en avoit quatre Bourdelois, Arnaud de Canteloup, Guillaume Arcufat, Arnaud de Pelegruë, Raimond de Gout, ses parens et alliez, ces deux derniers chanoines de l'Eglise de Bourdeaux, et Pierre Arnaud Abbé de Ste Croix de Bourdeaux.

IV. Il donna l'absolution au Roy Philippe, que le Pape Boniface VIII. avoit excommunié : transporta le Siege de Rome en Avignon : tint le Concile General de Vienne l'an 1311. où assisterent plus de 300. Evesques, où l'ordre des Templiers fut abrogé[1], les Heresies de Pierre Jean, des Dulcinistes, des Beguards et des Beguins furent condamnées, et la resolution prinse pour le secours de la Terre Sainte. C'est luy qui prononça sur le different ancien de la Primace entre les Eglises de Bourges et de Bourdeaux, qui secularisa le Chapitre de la Metropolitaine comme nous verrons à la 3me partie. Enfin apres beaucoup de travaux prins au Gouvernement de toute l'Eglise, venant d'Avignon à son pays natal, pour y prendre un air favorable à ses infirmites, il mourut en chemin à Roquemadour[2] sur le

1. Lire sur ce concile (XVe œcuménique) et sur l'affaire des Templiers : Héfélé, *Hist. des Conc.*, t. IX, p. 405 et suiv. ; — De Castelnau *(op. cit.)*, et surtout dans l'étude de M. Boutaric sur *Clément V*, etc., la charte qui prouve que le pape ne fut pour rien dans l'incarcération des Templiers et déplora cette mesure, — *quod dolentes referimus*. — (*Archiv. nationales, Trésor des Chartes*, reg. XLIV.)

2. Aujourd'hui Roquemaure (diocèse de Nîmes). Ne pas confondre avec Rocamadour (Lot).

ABSIDE ET CLOCHER DE L'ÉGLISE COLLÉGIALE D'UZESTE.

(Comm. des Monum. hist.)

Rosne l'année 1314. le 19. Avril, auquel jour, il se celebre annuellement un Service pour luy dans l'Eglise de Bourdeaux[1]. Son corps fut porté apres sa mort dans l'Eglise d'Uzeste[2] au Dioceze de Bazas où il avoit fondé un Chapitre, comme aussi dans l'Eglise de Villandraut, dont les Chanoinies comme celles d'Uzeste sont toutes à la presentation du Seigneur de Villandrault, qui est present Mr. François de Salomon President au Mortier au Parlement de Bourdeaux. Il y a une Epitaphe gravée sur le

1. « Anniversarium bone memorie domini Clementis pape, quinti, qui fuit anteà Burdigale, hinc vocatus Bertrandus de Guto, debet fieri XII Kalendarum maii, et obiit anno Domini millesimo ccc° XIIII°.

» Et hujusmodi anniversarium debet fieri solempniter, omnibus campanis pulsatis, sicut meliùs et solempnius fieri poterit annuatim in perpetuum ipsa die. » (*Archiv. hist.*, t. XVIII, p. 92, *Obit. Saint-André.*)

En 1314, Clément V, tout en demandant à être enseveli dans l'église Sainte-Marie d'Uzeste, avait légué au Chapitre de Saint-André *mille florins* d'or pour cet anniversaire. (*Arch. hist. de la Gironde,* t. XVIII, p. 91.)

2. « Où son sepulchre fust dressé de jaspe, d'albastre, et de marbre blanc richement elabouré; et y a demeuré jusques en l'an 1568 qu'il fust ruyné par les huguenots. » (*Chron. bourd.*, f° 23.) « Placé autrefois au milieu du chœur, ce tombeau a été relégué dans un *redent,* contre le mur méridional de l'église. » (*Comm. des Monum. hist.*, an. 1847-48, p. 20.) — Comme nous l'avons dit (t. I, p. 141), la statue qui décore le pilier central de la porte nord de Saint-André représente Clément V.

Sur l'église de N.-D. d'Uzeste et celle de Villandraut, pourvues l'une et l'autre d'un Chapitre séculier par Clément V, lire *Sammarth.*, t. I, p. 219; et pour la charte de fondation le *Gallia,* t. II, *Instr.*, col. 302. — La description de l'église d'Uzeste se trouve dans les *Comptes-Rendus de la Comm. des Monum. hist.*, an. 1849-50. Nous empruntons à ce recueil notre vue de l'abside; pour Villandraut, voir la description et les magnifiques eaux-fortes de M. Leo Drouyn. (*Guyenne militaire,* t. I, p. 37 et suiv.) — Nous avons parlé ci-dessus de la *vigne* du pape Clément et du château de Pessac, que Bertrand de Goth « avait fait construire, dit Bernadau (*Le Viogr. bord.*, p. 366), par le Giotto, célèbre architecte et peintre italien. »

marbre du tombeau de Clement V. que je rapporteray plus bas[1].

MESSE DE CLÉMENT V. — Souvenir d'une visite de ce Pape à l'église Saint-Seurin de Bordeaux. — Dessin de M. LACOUR.

1. Voir un *fac-simile* de l'inscription complétée et restituée par M. L. Drouyn dans la savante étude de M. le Mis de Castelnau sur Clément V, p. 34. — M. E. Piganeau (voir *Société archéologique*,

II. Sanctissimo Patri et D. D. Bertrando Archiep. Burdig. Divina Providentia in Pontificem summum electo miseratione Divina Joannes Tusculan. Theodericus Civitatis Papalis, Leonardus Alban., Petrus Sabinensis, Frater Joannes Portuensis. Nicolaus Ostiensis, et Velletrensis Episcopi, Joannes SS. Marcellini et Petri, Fratrer Robertus S. Potentianæ, Gentilis Sti Martini in montibus, Gualterus tit. S. Sabinæ S. Rom. Ecclesiæ Presbiteri. Neapoleo Sti Hadriani, Landulprius S. Angeli, Guillelmus Sti Nicolai in Carcere Tulliano, Franciscus S. Luciæ in Silice, Jacobus S. Georgii ad velum aureum, Franciscus S. Mariæ in Cosmedin. Ricardus S. Eustachii, et Lucas S. Mariæ in via lata Diaconi Cardinales, Pedum oscula Beatorum. Recordatus est Dominus misericordiæ suæ et plebem suam non despexit in finem, quia dum prolixæ vacationis Romanæ et per consequens quodammodo universalis Ecclesiæ respexisset incommoda, et longa illius ex variis causis suspiria cognovisset, in tempore accepto exaudivit eam, et in die salutis misertus est ejus. Sanavit quidem, quia commota erat, commotiones ipsius, et vidua, per electionem Canonicam generoso sponso oblata, speciosa facta est, et sicut crapulatus à vino ac à somno dormiens excitata surrexit, et ubi desperabat magis, ut Lucifer est exorta. Unde serenus dies illuxit nobis et Sti Spiritus illustratus ardore populis qui orbati Patre gradiebantur, in tenebris tanquam quoddam sidus apparuit, quod fulgore proprio velut Stella Matutina coruscans, cunctos fideles irradiat suæ lumine claritatis. Dudum siquidem eadem Rom. Ecclesia per mortem S. memoriæ D. Benedicti PP. Undecimi pastoris solatio destituta, Nos Theodoricus Civitatis Papalis, Leonard. Albanus, Petrus Sabin., F. Joannes Portuen. Nicolaus Ostiens. et Velletren. Episcopi, Joan. SS. Marcellini et Petri. F. Robertus S. Potentianæ, Gentilis S. Martini in montibus Tit. Presbiteri, Neapoleo Sti Hadriani, Landulphus Sti Angeli, Guillelmus S. Nicolai in Carcere Tulliano, Franciscus S. Luciæ in Silice, Jacobus Sti Gregorii ad velum aureum, Franciscus Caietanus S. Mariæ in Cosmedin, et Lucas S. Mariæ in via lata diac. Cardinales una cum venerabilibus Patribus Joan. Tusculano Episc. Matthæo S. Mariæ in Porticu. et Ricardo S. Eustachii diac. Cardinal. apud Perusium sumus pro substituendo Pontifice conclave Palatii, in quo idem D. Benedictus mortis suæ tempore morabatur ingressi, et tandem dictis Tuscul. Episc. Matthæo et Ricardo Diaconis nec non fratre Gualtero S. Rom. Eccles. Presbitero Cardinali, qui absens postmodum supervenit, et prædictum intravit conclave, ex manifestis infirmitatum causis ut asserebant idem conclave, egressis et hinc extra illud morantibus, certis ex nobis votorum nostrorum scrutatoribus et inquisitoribus voluntatum eorumdem scrutatorum electis per viam scrutinii, ad electionem de vobis hac die Sabbathi Vigilia Pentecostes processimus in hunc modum. Quia Primo per deputatos ad id inquisitores scrutatorum ipsorum, et deinde per ipsos scrutatores singulorum nostrum, votis inquisitis secreto et mox in communi etiam publicatis, compertum extitit quod in universo eramus XV. Cardinales in Conclavi manentes, et qui deposueramus in scrutinio vota nostra, quodque nos Alban. Sabinen. Portuens. et Ostiens. Episcopi. Joan. F. Robertus Prsæbiteri, Neapoleo, Landulphus, Guillelmus et Franciscus Caietanus Diac. Cardinales prædicti, vos in eodem Scrutinio

t. V, 3ᵉ fasc.) a reproduit cette inscription dans son état actuel. — La basilique de Saint-Seurin de Bordeaux conserve un souvenir de ce pape ; c'est le bas-relief sculpté au-dessus d'une porte aujourd'hui murée qui se trouvait près de l'ancien jubé. M. Jouannet (*Musée d'Aquit.*, t. III, p. 191) l'intitule : *la Messe de Clément V.*

in summum nominaveramus et elegeramus Pontificem. Quo comperto nos Theodericus Civitatis Papalis Episcopus, F. Gentilis Presbiter, Franciscus Jacobus et Lucius Diac. Cardin. præfati accessimus juxta morem ac subsequenter de voluntate et speciali mandato nostris, Venerab. Pater Francisc. Caietanus prædictus suo nomine, et omnium nostrum, forma subscripta vos elegit nihilominus in Romanum Pontificem et Pastorem. In nomine Patris et Filii et Spiritus Sancti, ad honorem Dei et B. Mariæ semper Virginis Matris ejus, Ego Franciscus S. Mariæ in Cosmedin. Diac. Cardin. Venerabilem Patrem Dominum Bertrandum Archiepisc. Burdigal. nomine meo et omnium qui eum in summum Pontificem elegerunt et nominaverunt, consenserunt et accesserunt, eligo in summum Pontificem et Pastorem. Quam electionem Cantico divinæ laudis præcantato fecimus secundum morem Clero et populo solemniter publicari. Pie igitur Pater electioni hujusmodi vestrum dignemini præbere consensum. In prædic torum autem testimonium et irrefragabilem fidem ea in præsentis decreti scripturam redigi fecimus et nostris nec non dictorum Joan. Episcopi Tusculani. F. Gualteri S. Rom. Ecclesiæ Presbiteri, et Ricardi S. Eustachii Diac. Cardin. sigillis et subscriptionibus communiti. Actum et datum Perusii. an, Dom. 1305. Indict. III. Non Jun.

Ego Joan. Tuscul. Ep. Electioni factæ de vener. Dom. Bertrando Archiep. Burdig. in summum Pontificem consentio et eam approbo atque gratam habeo et acceptam, ipsumque licet absentem in summum Pontif. recipio et recepi nec non meum sigillum huic decreto apponi feci.

Ego Theodericus Civit. Papalis Episc. post publicatum scrutinium accessi et electionem communem fieri volui de vener. Patre D. D. Bertrando Archiep. Burd. in sum. Pontif. et factæ Electioni de eodem Archiep. consensio et consensi, ipsumque licet absentem in summum Pontif. recipio et recepi, nec non meum sigillum etc.

Ego Leonardus Alban. Episcop. Vener. Patrem. D. Bertrandum. Archiep. Burd. in scrutinio nominavi et elegi in summum Pontif. et Electioni de eo in sum. Pontif. factæ consentio et consensi et ipsum D. B. electum recipio licet absentem in sum. Pontif. et recepi, et huic decreto sigillum meum apponi feci.

Ego Petrus Sabin. Episc. Venerabilem etc. *Ut supradictus.*

Ego Joannes Portuensis et S. Justinæ Episc. Vener. etc. *Ut suprad.*

Ego F. Nicolaus Ostiensis et Velletrensis Episc, etc. *Ut supradicti.*

Ego Joannes Tit. SS. Marcellini et Petri, Presbiteri Cardinalis venerabilem etc. *Ut supradicti.*

Ego Frater Robertus S. Prudentianæ Presbiter Cardinalis venerabilem, etc. *Ut supradicti.*

Ego Frater Gentilis titulo S. Martini in Montibus Presbiter Cardin. post publicatum scrutinium accessi, et electionem communem fieri volui de Ven. Patre D. Bertrando Archiep. Burd. in sum Pontificem, et factæ electioni de eodem Archiep. consentio et consensi, et ipsum licet absentem in sum. Pontif. recipio et recepi, nec non sigillum meum huic decreto apponi feci.

Ego F. Gualterus S. Rom. Eccles. Presbiter Cardinalis Electioni factæ de Ven. Patre D. Bertrando Archiep. Burdig. in sum. Pontif. consentio, et eam approbo. gratam habeo et acceptam, ipsumque licet absentem in summum Pontif. recipio et recepi, nec non meum sigillum huic decreto apponi feci et subscripsi.

Ego Neapoleo S. Adriani Diac. Card. Ven. Patrem D. Bertrand, Archiep. Burdig. in scrutinio nominavi et elegi in summum Pontificem, et Electioni de eo in sum. Pontif. factæ consentio et consensi et ipsum D. Bertrandum electum recipio licet absentem in sum. Pontif. et recepi et huic decreto etc.

Ego Landulphus Sti Angeli Diac. Card. Ven. Patrem etc. *Ut suprad.*

Ego Guillelmus S. Nicolai in Carcere Tulliano Diac. Cardin. Venerabilem etc. *Ut suprad.*

Ego Franciscus S. Luciæ in Silice Diac. Cardin. post publicatum scrutinium accessi et electionem communem fieri volui de Vener. Patre D. Bertrando etc. *Ut suprad.*

Ego Jacobus Sti Georgii ad velum aureum Diac. Cardin. post publicatum scrutinium etc. *Ut suprad.*

Ego Franciscus S. Mariæ in Cosmedin Diac. Cardin. Venerab. Patrem D. Bertrand. Archiep. Burdig. in scrutinio nominavi, et elegi etc. *Ut supra.*

Ego Ricardus S. Eustachii Diac. Cardin. Electioni factæ de Vener. Patre D. Bertrando Archiep. Burd. in Summum Pontificem consentio et eam approbo atque gratam habeo et acceptam, ipsumque licet absentem etc. *Ut supra.*

Ego Lucas S. Mariæ in via lata Diac. Card. post. publicatum scrutinium accessi, et electionem communem fieri volui de Vener. Patre D. Bertrando Arch. Burd. in sum. Pont. et factæ electioni de eodem Archiep. consensio et consensi, ipsumque licet absentem in summum Pontif. recipio et recepi, nec non meum sigillum huic decreto apponi feci. *In Cartophyl. Eccles. Burdig. servatur cum sigillis appensis.*

III. Promisit et juravit *(Petrus de Burdegala)* ad Sancta Dei Evangelia eidem Domino electo et successoribus suis in Ecclesia Burdig. et eidem Ecclesiæ se semper esse fidelem. *Ex Tabular. Arch. Burdig.*

IV. « HIC JACET

» *Fælicis Recordationis Dominus Clemens Papa V.*
» *Fundator Ecclesiarum Collegiatarum de Uzesta et de*
» *Vilhendraudo, qui obiit apud Rupem Mauram Nemausensis*
» *Diœcezis. Die XX. Aprilis, Pontificatus sui IX. Portatus*
» *vero ad istam Ecclesiam Beatæ Mariæ de Uzesta.*
» *an. Domini M. CCCXIV. Augusti 17. et sepultus an.*
» *Domini 1359.* »

CLÉMENT V

ET SON INFLUENCE SCIENTIFIQUE, LITTÉRAIRE ET ARTISTIQUE[1].

« Clément, dit l'*Histoire littéraire de la France,* était lettré; on ne voit pas cependant que l'ambition littéraire l'ait sérieusement tourmenté. Ses bulles, écrites dans le style pompeux et diffus du temps, sentent moins l'approche de la Renaissance que celles de Boniface VIII. C'est surtout comme canoniste que Clément désira vivre et qu'en effet il vécut[2]. » On sait qu'il chercha dans les décisions du concile tenu à Vienne, du 13 octobre 1311 au 6 mai 1312, les éléments du *Septième des Décrétales,* appelé ensuite *les Clémentines* et qui est maintenant connu sous ce nom. Rendues exécutoires par Jean XXII en 1317, les Clémentines ont joui pendant tout le moyen âge d'une vogue considérable. Elles ont été maintes fois commentées; les éditions s'en sont multipliées, et l'on trouvera, dans l'introduction de leur plus récent éditeur, Friedberg, l'indication des principaux manuscrits qui les contiennent, ainsi que l'examen des questions les plus importantes qu'elles soulèvent. Nous nous contenterons d'y renvoyer le lecteur[3].

Clément avait étudié à Orléans. Le 27 janvier 1306, il érigea dans cette ville une Université *ad modum studii generalis Tolosani;* il fit de même à Pérouse, le 8 septembre 1307. Montpellier le vit s'occuper avec sollicitude de son antique et célèbre école. Par la bulle *Deus scientiarum* (8 septembre 1309), Clément V réglementa les études médicales[4]. Il fixa le maximum des dépenses que les nouveaux docteurs devraient faire pour la solennité de leur doctorat au chiffre de 3,000 livres tournois d'argent. (Bulle *Quùm sit nimis absurdum*). A diverses reprises l'Université de Paris éprouva les effets de l'intérêt que le Pape portait à l'instruction de la jeunesse studieuse[5].

Mais de toutes les tentatives de Clément V, celle qui aurait eu les plus féconds résultats littéraires, si elle avait été poursuivie, c'est assurément celle qu'il fit pour activer en Occident l'étude du grec et des langues orientales. Le concile de Vienne avait décidé qu'on ouvrirait des écoles publiques destinées à l'enseignement des langues orientales dans un grand nombre de cités d'Italie, comme à Bologne, à Rome, et partout où la curie

1. Nous avions demandé quelques notes sur ce sujet à M. Paul Bonnefond, de la Bibliothèque de l'Arsenal. Notre jeune et savant compatriote a pris la peine de rédiger une dissertation dont cet appendice renferme à peu près la substance.

2. *Histoire littéraire de la France,* t. XXVIII, p. 310.

3. Friedberg, *Corpus Juris canonici,* Lipsiæ, 1881, t. II, in-4°.

4. *Histoire littéraire de la France,* t. XXVIII, p. 312.

5. Toutes les bulles concernant cette Université sont énumérées dans l'ouvrage de M. Ch. Jourdain, *Index chronologicus chartarum pertinentium ad historiam universitatis Parisiensis,* 1862, in-f°, p. 79 et suiv.

romaine pourrait résider. « Il devait y avoir, dit M. Gidel, dans chacune de ces villes, deux maîtres chargés d'enseigner la langue grecque, et de travailler à traduire en latin les livres écrits dans la langue de Constantinople. S'il est vrai de dire que le texte imprimé des décrétales ne fait mention que des langues hébraïque, chaldaïque et syriaque, il faut savoir que la langue grecque est désignée dans le texte manuscrit du décret (Rome, 1751). C'est ce qu'affirme Joseph Caraffa dans un ouvrage intitulé : *De professoribus Gymnasii Romani* [1].

Par malheur, cette réforme fut bientôt abandonnée. Elle ne produisit pas tous les effets qu'il était permis d'en attendre. Burston affirme cependant que le mouvement philologique qu'elle imprima se fit sentir jusque dans la Grande-Bretagne. En France, si les décisions du concile de Vienne eussent sérieusement été mises en pratique, on peut dire que les progrès des études orientales auraient été devancés de deux siècles.

Clément V aimait les récits de voyages lointains. Le prince arménien Héthoum, seigneur de Gor'igos, ayant pris l'habit des Prémontrés au couvent de l'Épiphanie, dans l'île de Chypre, vint ensuite à Avignon rendre visite au Pape, qui lui fit un accueil très bienveillant. Le religieux raconta à Clément tout ce qu'il savait sur les divers royaumes de l'Asie, et notamment sur les Tartares, le Soudan, l'Egypte et Babylone. Ce récit parut si intéressant au souverain pontife, qu'il engagea Héthoum à le mettre par écrit. Celui-ci s'étant retiré dans un couvent de son ordre, à Poitiers, le dicta en français à Nicolas Falcon, qui le traduisit en latin et le présenta à Clément V en août 1307. Sur ce texte latin fut faite une version française, en 1351, par le frère Jean le Long d'Ypres. La traduction latine a été publiée un grand nombre de fois; la version de Jean le Long l'a été en 1529, dans le curieux recueil, imprimé en caractères gothiques, sous le titre de l'*Hystoire merveilleuse, plaisante et recreative du grand empereur de Tartarie, seigneur de Tartres, nommé le grand Can* [2].

Toujours poussé par son amour du merveilleux, Clément érigea aussi un archevêché à Pékin en faveur du missionnaire Moncorvin, qui prit le titre de *Cambalicensis episcopus* et qui évangélisa ces contrées pendant quarante-deux ans, à ce que rapportent Paulsen et Huc [3]. Le pieux missionnaire fit, pendant ce temps, de nombreuses remarques, qu'il a consignées dans un manuscrit récemment découvert à la Bibliothèque nationale et cité par M. Wylie, de Shang-Haï [4].

Clément V aimait aussi les beaux-arts. Les châteaux de Villandraut, de Roquetaillade, de Budos, de la Trave, de Fargues ont été construits par ce pape ou par sa famille [5].

Nous devons à Clément V l'achèvement de l'église Saint-André et la construction du chœur de la collégiale d'Uzeste, où ce pape voulut être enseveli.

Avant d'être archevêque de Bordeaux, Clément V avait occupé le siège épiscopal de Comminges. Là encore se fit sentir son amour éclairé des arts, et M. de Castelnau rappelle que la cathédrale actuelle et le cloître de Saint-Bertrand de Comminges sont en partie son œuvre [6].

Arrivé au souverain pontificat, Clément V vécut quelque temps à Lyon,

1. Ch. Gidel, *les Études grecques en Europe depuis le IVe siècle après J.-C. jusqu'à la chute de Constantinople* (1453), dans son volume intitulé *Nouvelles Études sur la littérature grecque et moderne*, Paris, 1878, in-8°.

2. Ed. Dulaurier, *Historiens des Croisades, Documents arméniens*, t. I, p. 469.

3. Paulsen, p. 93; Huc, *le Christianisme en Chine*, 1859.

4. *On the nestorian tablet of Si Ngan Fou*. (1856, Journal of the American oriental socie Ve vol. p. 275.)

5. Leo Drouyn, *la Guienne militaire*, t. I, p. 36 et suiv.

6. Mis de Castelnau d'Essenault, *Clément V et ses récents historiens*, 1880, in-8°, p. 30.

sans autre garantie que son autorité spirituelle. Cette position qui le tenait presque à la merci du roi de France ne pouvait durer indéfiniment. Le nouveau pontife alla donc, en 1307, se fixer à Avignon, que possédait la maison d'Anjou de Naples, toujours fidèle aux évêques de Rome. Il installa sa cour au couvent des Dominicains, où il reçut une hospitalité large et magnifique[1].

Plus tard, il appela Giotto à Avignon. « Clément V, dit Vasari, ayant été peu après créé pape à Pérouse, par suite de la mort de Benoît XI, Giotto fut forcé d'aller avec ce pape à Avignon pour y faire quelques ouvrages. Dans ce voyage, il fit non seulement à Avignon, mais dans d'autres endroits de la France, des tableaux et des peintures à fresque d'une grande beauté, lesquelles plurent infiniment au pontife et à toute la cour. Quand il les eut terminés, le pape le congédia affectueusement et avec de riches présents, en sorte qu'il retourna à la maison non moins riche qu'honoré et fameux. Et, entre autres choses, il emporta avec lui le portrait du pape, qu'il donna ensuite à Taddeo Gaddi, son disciple. Ce retour de Giotto à Florence eut lieu en 1316.[2] » Les œuvres qu'exécuta alors le célèbre peintre sont malheureusement perdues. On en a conclu qu'il n'était pas venu à Avignon; mais le texte de Vasari est d'une précision trop grande pour qu'il soit permis de révoquer en doute sa véracité. Ainsi, en dépit des arguments de MM. Crowe et Cavalcaselli[3], on doit s'en rapporter à lui jusqu'à ce qu'un texte précis vienne démontrer la fausseté de cette allégation. Quant à l'appui que M. Faucon veut tirer du silence des registres caméraux[4], en faveur de la thèse soutenue par les deux historiens de la peinture en Italie, elle nous paraît illogique. Ce silence ne prouve qu'une chose, c'est que Giotto n'est pas venu à Avignon pendant les années dont ces registres nous font connaître les comptes; il n'infirme en rien la possibilité du séjour de ce peintre dans cette ville à une autre époque.

On le voit, sans avoir été un Léon X, Clément V ne fut pas davantage cet ambitieux vulgaire, ce pape à demi barbare, avide de plaisir et d'argent que certains chroniqueurs se sont plu à nous peindre.

1. Achard, *Dictionnaire historique des rues et places publiques d'Avignon*, 1857, in-8°, *passim*.

2. Vasari, cité par l'*Hist. litt. de la France*, t. XXIV, p. 627.

3. J. A. Crowe et G. B. Cavalcaselli, *A new history of painting in Italy from the second to the sixteenth century*. London, 1854, t. I, p. 271.

4. V. p. 248, note.

ARNAUD II. LE XXXIX. ARCH.

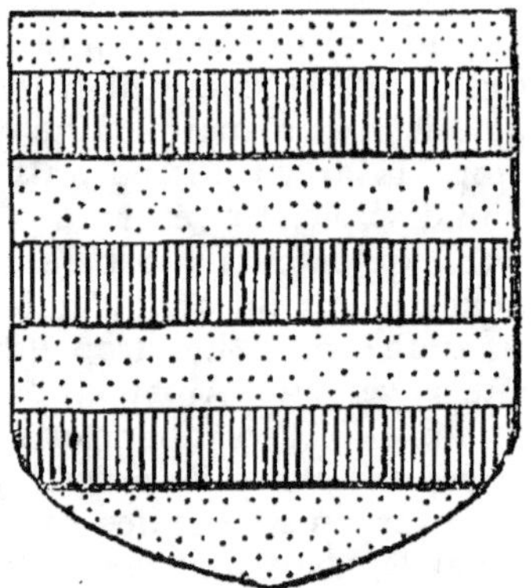

D'or à trois fasces de gueules.

ARNAUD de Canteloup II. du nom[1] proche parent du Pape Clement V. fust esleu Archevesque, incontinant apres sa promotion au Pontificat, et la Bulle de Pape touchant la Primace luy fut adressée en cette qualité[2]. Mais comme il eust esté fait, la mesme année, Cardinal du Tiltre de S. Marcel, et Camerier de l'Eglise Romaine; son neveu fut substitué à sa place. De Lurbe a escrit que ce fut luy qui achepta les Seigneuries de Montravel et de Belver, et les unit à l'Archevesché. J'ay veu neantmoins des Tiltres plus anciens dans les Archives de l'Archevesché, d'où il

1. Erreur typographique dans la première édition de Lopès. Il faut lire Arnaud III.

2. Voir la bulle dans le *Gallia*, t. II, col. 262, *Instrum.* Nous l'avons donnée *in extenso* dans le tome Ier de la présente édition de Lopès, p. 284, 285. — Lire les variantes *(ibid.)*, p. 360, 361, 362, 363.

appert que les Archevesques de Bourdeaux en estoient Seigneurs avant ce temps[1]. Il pourra estre vray qu'il y

RUINES DE LA TOUR DE MONTRAVEL.

Dessin de M. DUTHIL.

1. Le fait est certain pour Belvès, car en 1304, Bertrand de Goth, passant à Belvès en Périgord, avait acquis cette seigneurie de G. de Biron. (V. de Gourgues, *Dict. top. de la Dordogne.*)

Sur Montravel, consulter aux *Archiv. départ. de la Gironde :* 1° un grand nombre de pièces qui ne sont pas encore inventoriées ; 2° *ibid.* G. Archev., 140, un registre in-folio (papier) contenant les documents relatifs à la seigneurie de Montravel, de 1382 à 1743 (hommages, dénombrements, aveux, baux à ferme, contrats de vente, d'achat ou d'échange, etc.) ; 3° l'*Essai historique sur Montravel,* par M. l'abbé Delpeyrat, annoncé il y a quelques années et malheureusement resté inédit. — Voir *Archiv. dép.,* G. Archev., 82, les noms des vassaux de la terre de Montravel tenus à rendre

aura fait des acquisitions, et les aura ensuite unies à la Mense Archiepiscopale. Il mourut l'an 1310.

l'hommage, — *inflexis genibus manibusque complosis existentes, sine zonâ, gladio, cucufâ et caputio.*

En 1614, le gouverneur de la ville et du château de Montravel se nommait Nicolas de Cazenave. Ce fut à la prière de François de Sourdis, dont il était l'ami, que Nicolas de Cazenave, écuyer, avait quitté la Gascogne où sa branche, issue de l'ancienne maison béarnaise de ce nom, était fixée depuis la fin du XVe siècle. Mêlé d'une façon active aux événements qui agitaient nos provinces pendant les premières années du règne de Louis XIII, il eut à subir plusieurs fois les violences des protestants, qui, le 12 décembre 1621, vinrent piller et incendier sa maison noble de la Gorce, conduits par le marquis de Théobon, gendre de Pierre d'Escodeca de Boesse, marquis de Pardaillan.

On peut lire à ce sujet un article publié par le *Chroniqueur du Périgord et du Limousin,* t. I, p. 222, sous le titre : « un épisode des guerres de religion en Périgord. »

On trouve à la suite de ce travail la plupart des lettres du cardinal de Sourdis au gouverneur de Montravel. M. Maurice Mercier, descendant, par sa mère, de Nicolas de Cazenave, a bien voulu nous communiquer l'autographe d'une de ces pièces qui se garde dans les archives de Mme de Cazenave de Libersac, sa parente. Nous en reproduisons un *fac-simile.*

Le propriétaire des ruines de Montravel est aujourd'hui M. Maurice de Tholouze.

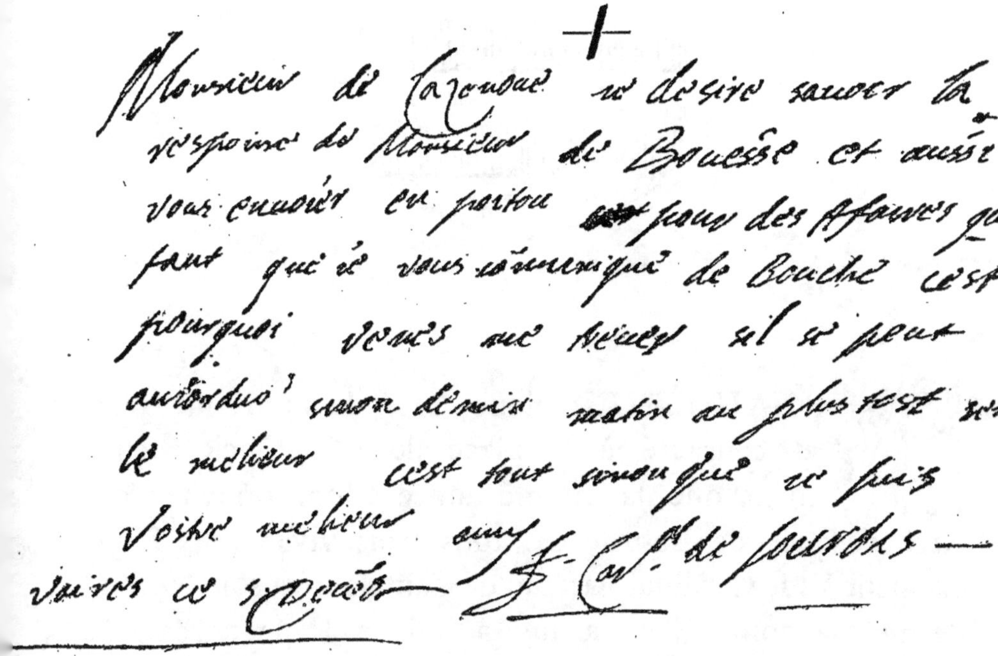

+

Monsieur de Cazenave je desire savoir la responce de Monsieur de Bouesse et aussi vous envoier en poste pour des affaires qu'il faut que je vous comunique de bouche c'est pourquoi venes me treuver s'il se peut aujourd'huy sinon demain matin au plustost sera le meilleur c'est tout sinon que je suis vostre meilleur amy F. Card. de Sourdis

[illegible] ce 5 d'aoust

Fac-simile d'une lettre (sans date) du Cardinal de SOURDIS à Nicolas de CAZENAVE, gouverneur de Montravel.

ARNAUD III. LE XL. ARCH.

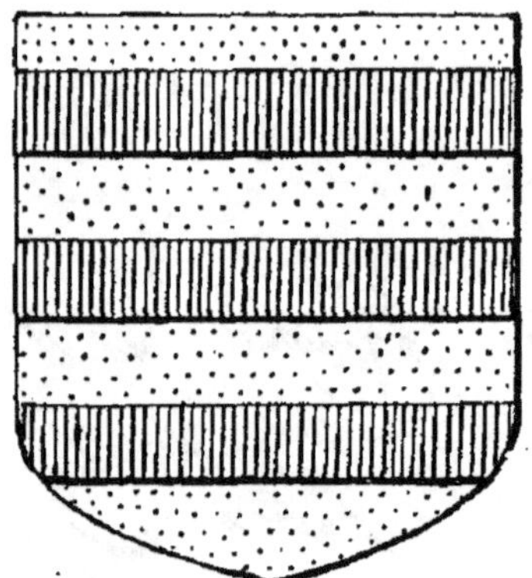

D'or à 3 fasces de gueules.

ARNAUD de Canteloup, III. du nom[1] fut esleu et consacré à la place de son Oncle, tellement que la mesme année 1305. on vit trois Archevesques de Bourdeaux, tous trois vivans, le Pape Clement V: le Cardinal Arnaud de Canteloup et son Neveu, de mesme nom. C'est à luy à qui ce Pape adressa la faculté d'unir les Benefices de son Dioceze l'an 1309. que j'ay rapportée au Ch. 3. de cette partie. Il se trouva present au Concile de Vienne l'an 1311. et l'année 1319. il reçeut

1. Lire Arnaud IV. — Arnaud de Canteloup appelé *Arnaldus Frigerius* de son nom de famille. Il était originaire du bourg de Canteloup ou de Saint-Loup, au diocèse de Bordeaux. — *Municipium Cantalupense, aliàs Sancti Lupi.* — (*Gallia purpurata*, p. 372.) — Baurein (*op. cit.*, t. I, p. 186, et t. II, p. 344) compte deux villages de *Canteloup*, l'un dans la paroisse de Gradignan, l'autre dans celle de Saint-Estèphe (Médoc). — Voir aussi Aubery, *Hist. des Cardinaux*, t. I, p. 393.

dans l'Eglise de Bourdeaux le 24. jour d'Avril un jour de Dimanche le serment de l'Evesque de Luçon nouvellement institué[1], comme il a esté dit dans ce 3. Chapitre, ainsi

ARNAUD DE CANTELOUP.

(Hist. des Card. Français). — Le crayon de ce portrait s'est trouvé dans les manuscrits de M. MASSON, archidiacre de Bayeux.

que le luy avoit rendu l'an 1318. le 2 de Juillet, Fort Evesque de Poitiers, suivant la forme que nous avons exposée. Cette mesme année il unit dans l'Eglise Ste Co-

1. Voir, bulle d'érection de cet évêché, *Gall, christ.*, t. II, col. 389, *Instrum.*, et pour le serment, *Archiv. hist. de la Gironde*, t. X, p. 377.

lombe de cette ville, la Frairie de Ste Croix avec l'ancienne Frairie du S. Sacrement qui y estoit establie. Il tint un Concile à Ruffiac[1] au Dioceze de Poitiers l'an 1326. et mourut le 26. jour de Mars l'an 1332[2]. apres avoir esté Archevesque durant 27 ans. Il fonda une Chapelle de son nom dans l'Eglise Metropolitaine, et c'est dans la mesme Eglise qu'il est enseveli proche du grand Autel du costé du midy. Il laissa en mourant la Fabrique de l'Eglise son heritiere[3]. Chenu et Robert ont imaginé un Reginald de la Porte[4] (que le Pape Jean XXII. fit Cardinal l'an 1320.) Archevesque de Bourdeaux, qui ne le fut jamais, et ils ne se sont pas avisez de l'avoir placé à mesme temps entre les Archevesques de Bourges.

Sedit in Archiepiscopatu XXVII. annis *(Arnaldus de Cantalupo)* et obiit an. Dom. M. CCC. XXXII. VII. Kal. April. Iste instituit unam Capellaniam in Ecclesia Burdig. et instituit hæredem Fabricam Ecclesiæ et est sepultus juxta magnum altare, in dextro Cornu, inter duo pilaria Ecclesiæ, in sepultura operata in qua est imago sua de letone. *Necrolog. antiquum Eccles. Burdig.*

1. Ruffec.

2. Voir *Archiv. hist. de la Gir.*, t. XVIII, p. 65. — De plus une charte de Faise constate que le siège était vacant en 1332 (*ibid.*, col. 834). Cependant le *Gallia* (t. II, col. 834) dit : *fortasse legendum*, 1333. (Voir la raison, *ibid.*)

3. La famille de Canteloup avait son hôtel sur la place de ce nom, du côté du midi.

Le *Gallia* rapporte d'autres faits négligés par Lopès; nous mentionnerons à la date de 1324, la fière attitude d'Arnaud de Canteloup, en présence d'Edmond, frère d'Edouard, roi d'Angleterre, qui l'avait mandé à Langon.

Voir aussi dans les *Archiv. hist.*, t. XVIII, p. 65, certaines particularités piquantes sur la répartition du casuel entre les officiers du chœur et autres qui assisteraient — *usquè in finem* — à l'anniversaire d'Arnaud de Canteloup.

4. Ce Reginald était en effet archevêque de Bourges en 1320. (Voir *Gall. christ.*, t. II, col. 78.)

PIERRE II. LE XLI. ARCH.

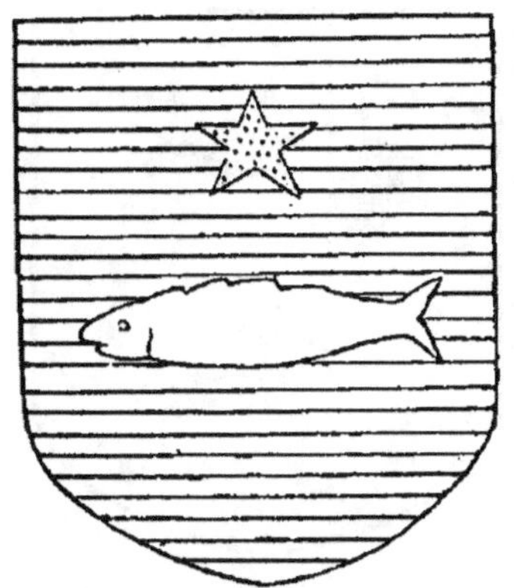

D'azur au brochet d'argent
surmonté d'une étoile d'or.

PIERRE II. du nom fut le successeur d'Arnaud de Canteloup [1]. Il se trouve une Ordonnance qu'il fit en Sinode, qui regle les Droits des Chapelains ou Curés, pour les benedictions des mariages, à cinq sols. Elle est datée du 6me de May 1337. Nous avons dans nos Archives plusieurs Tiltres de reconnoissances faites par divers particuliers en faveur du Chapitre, qui justifient qu'il estoit encores vivant l'an 1345.

Constitutio Sinodi, quod pro benedictionibus nubentium accipiantur quinque solidi per Capellanos seu Rectores. actum VI. Maii an Dom. CCC. XXXVII. *Ex lib. in quo enumerantur varia instrumenta Ecclesiæ Burdig. in Chartoph: Capituli.*

1. Son vrai nom est Pierre de Luc, il fut nommé le 28 août 1332; (voir *Archiv. départ.*, fonds de l'Archev., G. 237; — *Rymer. inst.*, t. IV. p. 551.) — On lit dans les *Animadv.* du *Gall.*, t. II, col. XXIII: «... statuit *ut festum Conceptionis* B. Virg. celebretur.» (Baluz., ms.) — Voir *(ibid.)* aux *Instr.*, col. 306, 307, une série de pièces relatives à l'épiscopat de Pierre de Luc, — et Baurein *(op. cit.)*, t. II, p. 133.

AMANIEU I. LE XLII. ARCH.

D'argent à trois têtes de corbeau arrachées de sable.

AMANIEU de Cases I. du nom fut le successeur de Pierre, l'an 1346. car comme il appert de quelques Tiltres de reconnoissance en faveur du Chapitre, le Siege estoit encores vacant cette année, sur fin du mois. Il fit plusieurs biens considerables au Chapitre, pendant le peu de temps qu'il fut Archevesque[1]. Il mourut le 9. Aoust de l'année 1348[2]. et fut enseveli au lieu de Belver dependant de l'Archevesché.

Amaneus de Casis ob. V. Id. Aug. et est sepultus in loco de Bello videre. *Necrolog. ant. Eccles. Burdig.*

1. Il lui concéda les quatre églises de Saint-Julien de Born, de Moulis, de Sainte-Hélène de la Lande et de Listrac. (Voir *Archiv. départ.*, obit. A. 23; — *Gall. christ.*, t. II, col. 835.).

2. Le *Gallia* dit qu'il mourut « au lieu même de Belvès » (voir Oihenard, *Not. Vascon.*), mais sans indiquer le 9 août, car on ne sait pas le jour de sa mort. Il vivait encore le 17 août 1348, et le 17 novembre le siège était vacant. *(Ibid.)*

BERNARD XLIII. ARCH.

D'argent à trois têtes de corbeau arrachées de sable.

BERNARD de Cases fut Esleu à la place de son frere le 7. jour du Mois de Decembre 1348. Mrs de Ste Marthe ont escrit [1] qu'il estoit encores Archevesque l'an 1357. ce qui ne se peut, parce que son successeur, comme ils l'escrivent eux mesmes, fut esleu Archevesque par le moyen du Pape Clement VI. qui estoit en Avignon, et ce Pape mourut l'an 1352. le jour de S. Nicolas à Avignon. Ce n'est donc pas luy qui reçeut à Bourdeaux Edoüard Prince de Galles, lors qu'il vint prendre l'Espée sur l'Autel de S. Seurin, allant combatre le Roy de France, mais son successeur.

1. T. I, p. 221.

AMANIEU II. LE XLIV. ARCH.

D'argent à 3 cyprès rangés et terrassés de sinople, chacun sur une motte de même.

AMANIEU de la Mote[1], Second du nom fut le successeur de Bernard. Il a esté confondu par de Lurbe, avec Amanieu de Cases. Nous avons dans nos Archives la Bulle contenant ses provisions, donnée par le Pape Clement VI. et dattée de Villeneufve d'Avignon le IV. devant les Kalendes d'Octobre, qui est le 28. jour de Septembre, la dixiesme année de son Pontificat, qui tomboit l'année 1351. C'est luy qui donna l'Espée et l'Estandard au Prince de Galles avant la journée de Poitiers[2], et c'est de son temps que le Roy Jean

1. La famille de La Mothe a donné cinq ou six évêques de Bazas, un archevêque de Bordeaux, un cardinal (au moins), elle était alliée à la famille de Goth et à tous les grands seigneurs de la contrée. Le seigneur de Roquetaillade portait le titre de *premier baron du Bazadais* et avait, par suite, le droit de tenir la bride de la haquenée de l'évêque de Bazas, le jour des entrées solennelles.

2. « 1355. Le 16 septembre audit an, le prince de Galles, fils

fut amené à Bourdeaux. Il mourut le 27. de Juin l'année 1360. et fut enseveli proche le grand Autel, du costé du midy.

Amanevus de Mota Archiep. Burdig. obiit V. Kal. Jul. an. dom. M. CCC. LX. et est sepultus juxta magnum altare Sti Andreæ à parte Meridionali. *Necrol. Eccles. Burdig.*

d'Édouard, arrive à Bourdeaux, avec belle et forte armée; et après avoir, selon l'ancienne coustume, salué sainct Seurin et sainct Aman, patrons bourdelois, et prins de la main de l'archevesque sur leur autel l'espée et l'estendard, s'achemine en Poitou pour combattre les François.» (De Lurbe, *op. cit.*, p. 25 v°.) — Une grande verrière de l'église de Saint-Seurin rappelle cet événement.

Les *Comptes de l'archevêché* nous initient aux détails les plus minutieux du voyage que fit Amanieu de La Mothe en 1357, d'Avignon à Bordeaux. Il ne quitta la Cour pontificale qu'après la bataille de Poitiers. « La caravane se composait d'une certaine quantité de personnes et de 27 chevaux. » (Drouyn, *Archiv. hist.*, t. XXI, p. VII. — *Compt. de l'archev.*)

Ces comptes (voir *Archiv. départ.*) forment huit registres in-4° (n°s 236-243). M. L. Drouyn a publié dans le tome XXI des *Archiv. hist. de la Gironde* la série du XIVe siècle à partir de l'année 1332.

Les *Comptes de l'archevêché* renferment des renseignements curieux sur le prix du vin, du blé, du papier, de la chandelle, des journées d'ouvriers, de vignerons, etc., des visites de médecins, des remèdes; on y trouve encore des menus de repas, des frais de mimes et de musiciens, etc. — Voir encore G. Archev., 236.

PHILIPPE XLV. ARCH.

PHILIPPE successeur d'Amanieu a esté obmis dans la Chronique de Bourdeaux, mais la Bulle de l'Election d'Helies son successeur justifie suffisamment qu'il a esté Archevesque de Bourdeaux[1].

1. Philippe était de la maison de Chamberlhac en Périgord. Tour à tour évêque de Sion, puis de Nice, et ensuite archevêque de Nicosie, dans l'île de Chypre, il fut enfin nommé archevêque de Bordeaux vers l'an 1360. Ni les frères Sainte-Marthe, ni Lopès, ni le *Gallia*, n'ont donné son nom de famille, qui ne nous est connu que par les *Comptes de l'archevêché de Bordeaux*. (Voir *Archiv. départ.*, G. 226.)

Nous y voyons que Philippe de Chamberlhac étant mort à *Saint-Tibéry*, en revenant d'Avignon, le 25 juin 1361 (le Chapitre n'eut connaissance du décès que le 14 juillet de la même année), le pape Innocent VI se réserva tous les biens, meubles et immeubles de ce prélat, ainsi que les revenus de l'archevêché de Bordeaux, pendant la vacance du siège, en vertu d'une ordonnance portant main-mise sur tous les bénéfices, prieurés, etc., dont les titulaires allant à la cour papale d'Avignon ou en revenant, mouraient à deux journées de voyage de cette ville; ce fut le cas de Chamberlhac, lequel du reste avait avancé au Saint-Siège 330 florins d'or au nom de son clergé pour sa part de contribution à la croisade organisée contre les *Grandes Compagnies*.

En conséquence, sur l'ordre des vicaires capitulaires, Jean de Crotta, curé de Bassens, et déjà receveur et procureur dudit archevêque, dressa l'état des sommes dues par chaque paroisse du diocèse; les chapelains de Talais, d'Escurac, de Génissac et l'abbé de Saint-Sauveur de Blaye furent exemptés de cette contribution, vu la modicité de leurs ressources. (Voir les *Comptes de J. de Crotta*, G. 237.)

Le Chapitre célébrait l'anniversaire de Philippe de Chamberlhac. On lit dans le *Nécrologe de Saint-André* les clauses de cette fondation. (*Archiv. hist.*, t. XVIII, p. 117, obit. de Saint-André.)

Il est vrai que suivant la mesme Bulle, il ne le fut que bien peu de temps. Mrs de Ste Marthe alleguent un ancien Tiltre, d'où il appert qu'il fut declaré, avec les Evesques d'Ax et de Sarlat, executeur du Testament du Cardinal Talairand Evesque d'Albe le 25. d'Octobre l'an 1360. à Avignon.

HELIES II. LE XLVI. ARCH.

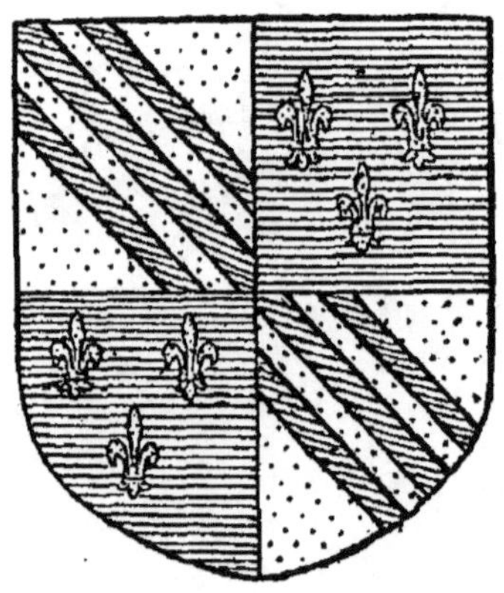

Élie de Salignac d'après D. J. Boyer : écartelé au 1er et au 4e d'or à la bande de 3 pièces de sinople (qui est de Salignac) au 2e et au 3e d'azur à 3 fleurs de lis d'or (qui est d'Estaing).

D'après Lopès : de... à la bande fuselée de sable accompagnée de deux tierces feuilles, une en chef et l'autre en pointe.

HELIES de Bremond[1], Second du nom, fut le successeur de Philippe, non pas Henry, comme ont escrit, Oyhenart et Mrs Ste Marthe apres de Lurbe dans sa Chronique. Ce qui est clairement justifié par la Bulle du Pape Innocent VI. datée d'Avignon le 24. de Septembre, l'an 9. de son Pontificat qui tombe l'année 1361. laquelle Bulle confirme l'Election d'Helies à la place de Philippe, et il se justifie encores par plusieurs Tiltres de reconnoissances de nos Archives, qu'Helies

1. Le nom donné par Lopès à cet archevêque a soulevé dans ces derniers temps deux problèmes historiques :

1° On s'est demandé, et c'est l'opinion que professa l'abbé Sabatier, devant le Congrès scientifique tenu à Bordeaux en 1861 (voir

estoit Archevesque de Bourdeaux les années 1363. 64. 65. 66. 67. et 1368. et plusieurs autres années apres. Il avoit esté avant son Election, Evesque de Sarlat.

t. II, p. 266), s'il ne fallait pas distinguer deux Hélie, dont l'un serait l'Hélie de Brémond, mentionné par Lopès, l'autre Hélie de Salignac, qui figure dans le *Gallia*, t. II, col. 836;

2° Si l'unique Hélie s'appela Hélie de Brémond.

Les Archives départementales nous permettent de trancher ces deux questions dans le sens de la négative :

1° Il n'exista qu'un seul Hélie. M. Gouget, archiviste départemental, le démontre à l'aide du tableau suivant :

1360. — *5 avril.* — Commencement de l'année (vieux style). — Fin, *27 mars.*
— *Mai.* — ......
— *27 juin.* — Mort de l'archevêque Amanieu de la Mote.
— *21 juillet.* — Le Pape transfère à Bordeaux, de l'archevêché de Nicosie, Philippe de Chamberlhac, Limousin.
— *Août, décembre.* — L'archevêque est à Avignon, à la cour pontificale, où il contribue pour sa part à la rançon imposée par les Grandes-Compagnies.
— *Janvier, février.* — L'archevêché est tenu par les vicaires généraux, et une imposition, résultant des engagements ci-dessus énoncés, est faite sur le diocèse.
— *27 mars.* — L'année 1360 finit.

1361. — *28 mars.* — Commencement de l'année. — Fin le *16 avril 1362.*
— *Avril, mai.* — ......
— *25 juin.* — Décès de Philippe de Chamberlhac à Saint-Tibéry, sur la route d'Avignon à Bordeaux.
— *5 juillet.* — Le Chapitre de Saint-André apprend sa mort.
— *11 juillet.* — Le Pape nomme archevêque de Bordeaux Hélie de Salignac, évêque de Sarlat.
— *Juillet, décembre.* — Les vicaires capitulaires administrent le diocèse.
— *10 janvier.* — Le 9 janvier, les vicaires généraux de l'archevêque (périgourdins), arrivent; le service leur est remis le lendemain.
— *23 et 28 janvier, 3 février.* — C'est ici que se place le renseignement de l'abbé Sabatier, tiré des *Bénéfices de Saint-Michel*, t. II de la 28e session du Congrès scientifique, p. 266, tenu à Bordeaux en 1862.
— *De février au 16 avril.* — Les vicaires généraux administrent au nom d'Hélie de Salignac. — L'année 1361 finit le 16 avril.

1362. — Commencement de l'année, *17 avril.* — Fin le *2 avril 1363.*
— *Avril, octobre.* — L'archevêque est absent, mais les vicaires généraux administrent.
— *22 novembre.* — L'archevêque fait son entrée dans son église cathédrale. Dans son testament, daté de 1378, il déclare qu'il veut fonder sa sépulture le jour qu'il est entré pour la première fois dans son église, *Sponsæ suæ*. Cependant, comme il mourut la même année 1378, à Libourne, le 5 mai, et que le Chapitre fit les obsèques le lendemain 6, il se trouve qu'il a deux dates d'anniversaire, celle qu'il avait fixée au 22 novembre, et celle qui résultait de l'enterrement, 6 mai 1378. Dans l'obituaire dont s'est servi Lopès, il est appelé *Helias Raymondi, archiepiscopus Burdegalensis,* avec anniversaire au 6 mai.

Il n'y a donc place, entre le 27 juin 1360 et le 6 mai 1378, pour aucun archevêque autre que ceux du Gallia.

2° Hélie était Hélie de Salignac, transféré de Sarlat, comme le dit le *Gallia* dans les biographies des évêques de cette dernière église,

II. C'est luy qui tint un Concile Provincial à Perigueux l'an 1365. un Vendredi devant le jour de Ste Cecile, et le Chapitre de la Metropolitaine y envoya un deputé. Deux ans apres, l'an 1367. il baptiza Richard (qui depuis fut Roy d'Angleterre) fils d'Edoüard Prince de Galles, dans l'Eglise S. André. Les Parrains de ce Prince furent Jacques Roy de Majorque, qui estoit à Bourdeaux en ce temps, et l'Evesque d'Agen. L'année suivante 1368. le 7. jour

t. II, col. 1516. Le registre G. 239 de nos *Archives* confirme l'opinion du *Gallia*; tout prouve, en effet, que le nouvel archevêque venait de Sarlat, et les vicaires généraux périgourdins (Foulques, Lacombe et Itier), et son procureur (R. Esclau), et les arrivées successives de prêtres du Sarladais, de diverses personnes parmi lesquelles des marchands de Sarlat, d'un chanoine d'entre-Dordogne, d'un gentilhomme et de sa famille (le seigneur de Sireuil), qui paraissent être de ses parents, etc., etc.

Comment Lopès a-t-il donc été amené à surnommer ce prélat Hélie de Brémond? C'est parce qu'il a mal lu les lignes suivantes du premier obituaire de Saint-André, obituaire dont il s'est servi pour le placement des tombeaux de la cathédrale : *Anniversarium Domini Helie RAYMONDI, archiepiscopi Burdegalensis debet fieri die septimâ mensis maii.*

Lopès aurait dû lire Hélie de *Raymond* et non pas de *Brémond*. Il était d'ailleurs tout naturel qu'Hélie de Salignac prit le nom de Raymond, car sa mère Alice d'Estaing était sœur de *Raymond*, gouverneur et sénéchal de la province de Rouergue.

Reste une difficulté provenant des armes que Lopès a relevées sur le tombeau d'Hélie; ce blason gravé depuis environ trois siècles était sans doute oblitéré, car H. Lopès n'a pu le rétablir qu'imparfaitement; la partie qu'il a cru mieux reconnaître ne se rapporte pas il est vrai aux armoiries des Salignac; elle ne ressemble pas davantage à celles de la noble famille de Brémond d'Ars, que nous eussions été heureux de rattacher à notre église métropolitaine par Hélie de Brémond; mais l'histoire nous l'interdit, ce prélat n'étant, comme on l'a vu, qu'une fiction de Lopès. Peut-être, si du moins il faut s'arrêter à l'interprétation, peu sûre en cet endroit, du Théologal, peut-être Hélie de Salignac, en sa qualité de neveu du sénéchal de Rouergue, a-t-il pris les armes des Raymond, qui d'ailleurs étaient ses armes maternelles; l'avenir nous l'apprendra.

d'Avril, il transigea sur quelque different avec le Chapitre touchant les oblations, et les permutations des Benefices qui dependoient du Chapitre. C'est encores soubs luy que le Prince de Galles retournant en Angleterre fit prester le serment de fidelité à la Noblesse de Bourdelois le 9. de Juillet l'an 1373. dans la Metropolitaine, ce qui se fit avec beaucoup de solemnité. Il se justifie par plusieurs Tiltres de nos Archives que l'Archevesché vaquoit le 9. de Decembre 1379. et encores le 23. d'Avril 1380. Helies mourut le 7. jour du mois de May, et il fut enseveli proche du grand Autel du costé du Nort dans un Sepulchre eslevé et bien travaillé. Il portoit de......... à la Bande de Sable fuselée, accompagnée de deux tierces Fueilles de Gueules, l'une en chef l'autre en pointe, comme il paroit autour du Tombeau.

I. Innocentius Episcopus servus servorum Dei etc. Postmodum vero præfata Ecclesia [*Burdigalensi*] per obitum ejusdem Philippi [*Archiepiscopi*] qui extra Rom. curiam debitum naturæ persolvit, pastoris solatio destituta, nos vacationem hujusmodi fide dignis relatibus intellecta etc. Demum ad venerabilem Fratrem nostrum Heliam Episcopum olim Sarlatensem in Archiepisc. Burdig. electum, consideratis grandium virtutum meritis, quibus personam suam divina gratia insignivit et quod ipse qui regimini Sarlatensis Ecclesiæ, hactenus laudabiliter præfuit, dictam Burdig. Ecclesiam sciet et poterit authore Domino utiliter regere et fæliciter gubernare, direximus oculos nostræ mentis etc. ipsum ad dictam Burdig. Ecclesiam transtulimus, ipsumque ei præferimus in Archiepiscopum et Pastorem etc. Datum Avenion. VIII. Kal. Oct. Pontif. nostri An. nono. *Ex Chartoph. Eccles. Burdig.*

II. Habemus quandam parvam litteram continentem qualiter Dom. Helias Burdig. Archiep. suum Provinciale concilium celebravit in Ecclesia Petragoric. in quo comparuit Dominus Regnaldus Esclau. pro Dom. Decano et Capitulo præsentis Ecclesiæ. Actum. an. Dom. 1365. die veneris ante festum B. Cæciliæ Virginis. *Ibid. in Libro varior. instrum. Capituli. f. 179.*

RAIMOND II. LE XLVII. ARCH.

RAIMOND de Roqueis Second du nom, fut le successeur d'Helies l'an 1380. et tint le Siege jusqu'à l'année 1384. comme il se justifiera par l'Election de son successeur, tellement qu'il n'y a pas lieu de placer un Urbain Archevesque l'an 1382. comm'a fait de Lurbe, s'il n'a prins Urbain pour Raimond. Il nous faut pareillement exclurre un Guillaume que Mrs de Ste Marthe ont placé entre Helies et Raimond, soubs l'Antipape Clement VII [1]. d'autant qu'il ne fut jamais reconneu pour Archevesque, et il se justifie par un Tiltre authentique des Archives du Chapitre, contenant la vente des biens qui apartenoient au deffunt Helies Archevesque, et fut faite par Augustin Evesque de Penna Thresorier du Pape Urbain VI. à Pierre de Bosco Chanoine de l'Eglise de Bourdeaux, et Archidiacre de Cernés, agissant au nom du Chapitre, au Chasteau de Lucerie au Dioceze de Salerne en Italie l'an 1384. Il se justifie, dis-je, que Raymond succeda immediatement à son predecesseur Helies.

II. Il y eust à l'entrée de cét Archevesque quelque different entre luy et le Chapitre, de ce que cét Archevesque voulut faire son entrée dans le Palais Archiepiscopal sans les solemnitez accoustumées [2], et donner la Benediction au

1. Le *Gallia* (t. II, col. 837) le mentionne également sous le nom de Guillaume IV; toutefois, les *Comptes de l'archevêché* n'en disent rien. Il est vrai que ces *Comptes* sont reliés avec un certain désordre et qu'il en manque beaucoup.

2. Voir D. Devienne, 2e part., p. 71; — Cirot, *op. cit.*, p. 77.

Peuple avant sa Consecration. Il mourut le 15. jour du mois de Mars[1], et fut enseveli proche du grand Autel, du costé du Midy.

I. Reditus etc. qui à dicta die obitus Præfati quondam Domini Heliæ Archiepiscopi usque ad diem provisionis dicti quondam Rev. Patris D. Raymundi immediati successoris sui et immediati prædecessoris Francisci moderni Archiep. Burdig. an. 1384. Ind. VII. 16. Septemb. Pontif. Urbani VI. an. VII. *In Chartophyl. Eccles, Burdig.*

II. Instrumentum appellationis per Syndicum Capituli interjectæ à Domino Raymundo Burdig. Archiep. qui voluit primo suo adventu intrare domos Archiepiscopales omissis solemnitatibus in talibus fieri assuetis et dare benedictiones absque eo quod esset consecratus. Actum an.Dom. 1380. Nov. 27. *Ex libro instrumentorum Eccles. Burdig.*

Raymundus de Roqueriis Archiep. Burdig. sepultus juxta magnum altare à parte Meridionali. *Necrolog. Eccles. Burdig.*

1. Lopès commet ici une erreur; il se fixe sur le jour où le Chapitre célébrait le deuxième anniversaire de ce prélat. (*Obit. Saint-André,* G. 305). Or le premier anniversaire de Raymond de Roqueis (voir *Obit.* A, 12) avait lieu le 20 juin, l'archevêque étant mort le 19; cette dernière date est confirmée par le livre des *Comptes de l'archevêché,* G. 236.

Raymond de Roqueis est donc mort le 19 juin 1384.

FRANÇOIS LE XLVIII. ARCH.

FRANÇOIS I. du nom, fut esleu à la place de Raymond[1]. Il estoit Archevesque de Benevent en Italie, et fut transferé le 23. jour d'Aoust à l'Archevesché de Bourdeaux par le Pape Urbain VI. suivant la Bulle que nous en avons dans nos Archives. Ce fut luy qui ayant esté envoyé en Ambassade vers le Roy d'Arragon, par le Duc de Lencastre Gouverneur de Guyenne, apres le depart du Prince de Galles son frere, fut arresté prisonnier par ce Roy, et bien tost apres eslargi par droit de represailles, suyvant de Lurbe en sa Chronique l'an 1387. qui adjouste que l'année 1389. il y eust un combat entre cinq Cavaliers François, et autant d'Anglois dans la grande place de S. André[2], presant le Duc de Lancastre. Nostre Archevesque mourut cette mesme année.

Urbanus Episcopus servus servorum Dei etc. Præfata *(Burdigal.)* Ecclesia per obitum Raymundi Archiep. etc. Pastoris solatio destituta, nos etc. Post diligentem deliberationem Vener. Fratrem nostrum Franciscum Episcopum, olim Archiepiscopum Beneventanum in Archiep. Burdig. electum consideratis grandium virtutum meritis, quibus personam suam Dominus insignivit etc. ipsum Franciscum electum à vinculo Beneventanæ Ecclesiæ cui tunc præerat, etc. Ipsum ad eandem Burdig. Ecclesiam, authoritate Apostolica transtulimus etc. Datum in Castro Luceriæ Salernitanæ Diæcæsis, X. kal. Sept. Pontif. nostri. an. VII. *Bulla cum Plumbo in chartophyl. Eccles. Burdig.*

1. Il résulte d'un texte gascon (1386) qu'à cette époque il y avait à Bordeaux deux archevêques : Guillaume, qui tenait pour le roi de France Charles VI, et François I pour le roi d'Angleterre, lequel se disait aussi roi de France. (Voir *Gall. christ.*, t. II, col. 838-39.)

2. Voir *Chron. bourd.*, f° 30 v°; — Froissart, t. III, c. 46-47; — *Gall. christ.*, *Instrum.*, col. XXIII.

FRANÇOIS II. LE XLIX. ARCH.

CARDINAL.

FRANÇOIS II. du Nom surnommé Hugocionio[1], natif du Duché d'Urbin en Italie, tres-sçavant Canoniste et Jurisconsulte, fut premierement Chanoine de l'Eglise de Bourdeaux, et apres la mort de son Predecesseur, fut esleu Archevesque par le moyen du Pape BONIFACE IX. sur la fin de l'année 1389. lequel Pape avoit esté Chanoine et Secretain de l'Eglise de Bourdeaux, appellé Pierre, ou Perrin Tomacellus avant sa promotion. La connoissance que ce Pape avoit du sçavoir et de la prudence de nostre Archevesque, le luy fit choisir pour son Nonce, non seulement dans la Gascogne, mais encores dans les Royaumes de Castille, de Leon, d'Arragon et de Navarre, pour les contenir ou les rappeller à son obeyssance contre l'Anti-Pape Clement VII[2]. Il luy donna mesmes le pouvoir de dispenser touchant le mariage d'Henry Roy de Castille avec Cathe-

1. Dans les *Archives de l'hôpital de Libourne* (Ai), il est appelé François (Hugocio), François de Marme. Ni Lopès, ni le *Gallia* ne donnent ce nom de famille, qui d'ailleurs est inconnu.

Le duc de Lancastre désigne François «*archivesque pour les gens de Sainte-Église et pour la clergie*», dans une charte de concession donnée à Saint-Seurin de Bordeaux, aux trois États de Guyenne, le 22 mars 1394. (V. *Liv. des Bouillons*, p. 260.)

2. Robert de Genève, élu pape par quinze cardinaux, sous le nom de Clément VII, alors que déjà le Saint-Siège était occupé par Urbain VI, donna lieu au schisme d'Occident (1378). Ce schisme dura trente-neuf ans, c'est-à-dire jusqu'à l'élection de Martin V, en 1417.

rine sa cousine remuée de germain, fille du Duc de Lencastre. Comme la Bulle de cette concession peut beaucoup servir à l'Histoire de ce temps, où le Schisme estoit plus allumé, et où les Contendants taschoient d'attirer

RESTES D'UNE FONTAINE DE L'ANCIEN HOPITAL VITAL-CARLES.

(Musée des Archives municipales.)

à soy le plus de Princes qu'il leur estoit possible pour se maintenir, je la rapporteray tout au long[1]. Ce fut

1. Cette bulle se trouve aux *Archives départementales* (G. Arch., an. 1391).

l'année 1390. un an apres l'Election de nostre Archevesque, que Vital Charles Chantre et Chanoine de l'Eglise de Bourdeaux fonda le Grand Hospital de la Ville, appellé de S. André[1].

II. Apres la mort du Pape Boniface VIII. arrivée l'an 1404. le Pape Innocent VII. son successeur à Rome, qui s'appelloit avant sa promotion, Cosmatus Melioratus, et avoit esté Prevost de l'Eglise S. Seurin les Bourdeaux[2], connoissant son merite, et voulant reconnoistre les travaux qu'il avoit prins pour soustenir le party des Pontifes seans à Rome, l'honnora l'an 1405, de la dignité de Cardinal, soubs le Tiltre des Quatre Couronnés, le 12. jour de Juin. Il en reçeut la nouvelle estant à Bourdeaux le 16. de Juillet ensuivant, et en fit incontinent avertir le Chapitre et luy fit dire qu'il[a] ne le vouloit pas recevoir que par son advis, comme le rapporte un Regestre Latin de l'Eglise Metropolitaine de ce temps.

III. Il partit de Bourdeaux[3] quelque temps apres sa

a Qualiter ipse non intendebat recipere sine consilio Capituli.

1. Voir t. I, p. 226. — La famille de Carles, autrefois propriétaire du château de Figeac, a sa sépulture à Saint-Émilion. On lit sur le tombeau des inscriptions récentes dont M. l'abbé Célérier, curé de la paroisse, a bien voulu nous communiquer le texte. La deuxième porte qu'un Vital de Carles, décédé le 15 juin 1821, « annonçait toutes les vertus de son patron et parent Vital de Carles, fondateur de l'hôpital Saint-André. »

2. Voir Cirot de La Ville, *op. cit.*, p. 125.

3. « Et deinceps non rexit ecclesiam Burdigalensem, nisi ut *administrator perpetuus.* (*Gall. christ.*, t. II, col. 839.) — Il est pourtant question de lui dans le livre des *Registres de la Jurade.* — Pour le rôle politique de ce prélat, voir H. Ribadieu, *Hist. de la Conquête de la Guyenne par les Français,* p. 136. — Les *Comptes de l'Archevêché,* G. 240, regist. in-4°, f° 231, nous fournissent un curieux renseignement sur l'équipage du cardinal Hugotion :

« 1414. Dépenses faites pour les chevaux de l'Archevêque : le » 1er décembre, pour la fête de Saint-Éloi, acheté une livre de » cierge en cire pour faire brûler dans l'église Saint-Éloi à cause de

promotion au Cardinalat. Mais apres la mort d'Innocent, ayant sceu que Gregoire XII. avoit esté eslevé à Rome au Souverain Pontificat, à condition de le quiter lors que l'Anti-Pape Benoist, qui l'avoit promis, en fairoit le mesmes : la ville de Savone en Italie ayant esté choisie pour y terminer amiablement ce Schisme si dangereux à l'Eglise, il s'y en alla avec un grand nombre de Theologiens et de Canonistes, et de la à Sienne, ou estoit Gregoire, pour l'obliger à tenir sa parole. Mais voyant que ny Benoist, ny Gregoire n'estoient pas bien portés pour la Paix et la reünion, il les abandonna et se joignit aux Cardinaux de l'un et de l'autre party qui avoient indit un Concile à Pise [1], afin d'esteindre ce Schisme par la deposition de Benoist, et de Gregoire, et par l'Election d'un nouveau Pontife.

IV. Le College des Cardinaux, connoissant son sçavoir et sa vertu, l'envoya, [quoy qu'il fut bien infirme et avancé dans l'aage] en qualité de Legat vers les Roys de France et d'Angleterre, pour les exciter de contribuer à cette reünion, de quoy il s'acquita avec succez l'année 1408 [2]. Nous avons dans le Regestre allegué un sommaire de la

» la maladie desdits chevaux, et acquitté le vœu fait par le palefre-
» nier; achat de sang de dragon et autres choses nécessaires pour
» faire des médecines pour le cheval qui était malade d'un pied. »

1. Le concile de Pise, en 1409, avait pour but de mettre un terme au *Grand Schisme*, on y déposa les deux papes rivaux, Grégoire XII et Benoît XIII ; Alexandre V fut nommé à leur place, mais cette élection ne fit que prolonger la durée du schisme, en ajoutant aux deux premiers un troisième prétendant.

2. Voir Od. Renaldi, *Annal. eccl.*, t. XVII ; — *Item* Walsingham, dans le *Gallia*, t. II, col. 840, note *a*.

Cette même année 1408, il assista à l'entrée solennelle de Charles VI à Paris. « Le dimanche dix septiesme jour de mars, le » roy entra à Paris, et fut receu à moult grande joye. Il y avoit trois » cardinaux, c'est à sçavoir celuy de Bar, de Bordeaux et d'Espagne. » (Jehan Juvenal des Ursins, *Hist. de Charles VI, roi de France*, éd. Buchon, p. 443. — Voir aussi Monstrelet, *Chron.*, éd. Buchon, p. 96.)

Harangue qu'il fit sur ce subject au Roy d'Angleterre, de laquelle il print pour son Theme ces paroles, que dit un fils des Prophetes de la part d'Helisée au Roy Jehu[a]. *Verbum mihi ad te ô Princeps.* Il declara au Roy d'Angleterre, qu'il venoit à luy de la part des Cardinaux, qu'il ne luy portoit point un vase d'Huile materiel, comme ce fils des Prophetes l'avoit porté à Jehu, mais un Huile spirituël[b], non pas un Huile de deception ou de flaterie, mais un Huile de sçavoir et d'eclaircissement, dans une matiere obscure comme estoit celle de l'Union de l'Eglise, à cause des sinistres informations que les ennemis de cette union taschoient d'en donner etc.

V. Ayant accompli la charge de sa Legation, il vint à Pise au Concile, où furent deposez Benoit et Gregoire, et le Cardinal de Milan fut esleu Pape, qui fut nommé Alexandre V. et pour raison de cette Election, on fit à Bourdeaux des grandes rejouissances, et une Procession Generale qui commança dans l'Eglise Metropolitaine, le Dimanche 18. jour d'Aoust, l'an 1409. Gregoire qui depuis sa deposition ne s'appelloit qu'Ange de Corrario, et par derision, *Errorius,* en haine de ce que nostre Cardinal avoit abandonné son party, le priva de son Archevesché et nomma à sa place Jean de Mont-Ferrand Chantre et Chanoine de l'Eglise de Bourdeaux, que Mrs de Ste Marthe ont mis au nombre des Archevesques[1]. Mais ses Bulles furent rejettées non seulement par le Chapitre, mais par tous les Ordres de la Ville : et il fut arresté dans une assemblée generale tenuë le 22me de Septembre suivant, en presence du Conseil du Roy d'Angleterre, que l'on continueroit de reconnoistre le Cardinal François, pour veritable Archevesque, ainsi qu'il est rapporté au long dans ce

a 4. Reg. 9.

b Non oleum malignæ deceptionis, nec oleum blandæ adulationis sed oleum scientiæ et rectæ informationis seu clarificationis.

1. Voir *Sammarth.*, t. I, p. 222.

Registre : où pareillement est rapportée la mort du mesme Jean de Mont-Ferrand, arrivée le 12 Aoust de l'an 1410. qui fut le mesme jour enseveli dans l'Eglise Metropolitaine.

VI. François vescut encores jusqu'à l'année 1412. qu'il mourut à Florence, le 19. d'Aoust[1], suivant Ciaconius[2], et son Corps fut porté à Rome, et enseveli dans une Chapelle de l'Eglise Nostre-Dame la Neufve soubs Jean XXIII. le successeur d'Alexandre, avec l'Epitaphe que je raporteray à la fin. Oihenart et Mrs de Ste Marthe ont encores ajousté aux Archevesque de Bourdeaux un Guillaume[3] successeur de Jean de Mont-Ferrand, qui tint l'Archevesché, soubs le Pape Alexandre V. Mais ce Pape estant mort l'an 1410. et le Cardinal François l'an 1412. tousjours reconneu à Bourdeaux pour le veritable Archevesque, nous avons raison de ne pas mettre ce Guillaume, non plus que Jean de Mont-Ferrand, au nombre de nos Archevesques.

I. Bonifacius Episcopus servus servorum Dei. Venerabilibus Fratribus Francisco Archiep. Burdeg. et Joanni Episcopo Aquensi in Castellæ et Legionis ac in Arragoniæ et Navarræ Regnis nec non in partibus vasconiæ Apostolicæ sedis Nuntiis salutem et apostolicam Ben. Et si conjunctio Copulæ conjugalis in 3. consanguinitatis gradu, sit à sacris Canonibus interdicta, tamen Apostolicæ sedis benignitas circumspecta nonnumquam rigorem juris, mansuetudine temperans super his providè quandoque dispensat, præsertim cum conditione personarum et locorum ac temporum qualitate diligenter inspectis id in Deum viderit salubriter expedire. Exhibita siquidem nobis nuper pro parte charissimi filii nostri Henrici Regis et

1. Le *Gallia* (t. II, col. 840) dit le 12 août. Nos *Archives départementales* (G. Arch., 240) portent le 14 août; elles nous apprennent aussi *(ibid.)* que la nouvelle de cette mort arriva à Bordeaux le 26 août.

2. Ciaconius, dominicain espagnol, auteur de l'ouvrage intitulé : *Vitæ et gesta, Rom. Pont. et cardin.* — Malheureusement cette précieuse histoire, disposée par ordre alphabétique, s'arrête à la lettre E.

3. Nous avons constaté déjà l'existence de ce Guillaume sous l'archevêque précédent. Une pièce du 12 septembre 1590, relevée par M. L. Drouyn (*Rev. cath. de Bord.*, 16 nov. 1882), la mentionne également.

charissimæ in Christo Filiæ nostræ Catherinæ Reginæ Castellæ et Legionis illustrium, petitionis series continebat, quod olim ipsi non ignorantes se tertio consanguinitatis gradu fuisse conjunctos, ad obviandum cædibus et aliis discriminibus guerrarum, inter eorum progenitores et communes consanguineos et amicos ipsorum progenitorum consanguineorum, et amicorum, interveniente tractatu, matrimonium invicem contraxerunt per verba legitimè de præsenti, carnali nondum copula consecuta. Cum autem sicut eadem petitio subjungebat, ipsi Henricus et Catherina in hujusmodi Matrimonio remanere licitè nequeant, dispensatione super hoc Apostolica non obtenta, pro parte ipsorum Henrici et Catherinæ fuit nobis humiliter supplicatum, ut cum ipsi à devio damnati et perversi Schismatis quo quondam Joannes Rex Castellæ et Legionis dicti Henrici Regis genitor involutus dum vixit tenebatur, damnationis filio Roberto Antipapa Gebennensi justo Dei judicio condemnato, et ejus sequacibus damnabiliter adhærendo, saniori ducti consilio omnino recedere et ad nostram et Rom. Ecclesiæ obedientiam proponant cum humilitate redire, eos ab excommunicationis sententia quam propterea incurrerunt absolvi mandare, et alias super hoc ut dicti Henricus et Catherina in hujusmodi matrimonio sic contracto remanere valeant providere de opportunæ dispensationis gratia misericorditer dignaremur. Nos igitur qui cunctorum Christi fidelium tranquillitatem et pacem ac animarum salutem desiderabiliter affectamus, ac hujusmodi necibus et discriminibus libenter quantum cum Deo possumus, obviamus, ex præmissis et aliis causis nobis expositis hujusmodi supplicationibus inclinati, Fraternitati vestre, de qua in his et aliis specialem in Domino fiduciam obtinemus per Apostolica scripta committimus et mandamus, quatenus vos vel alter vestrum si est ita, dictaque Catherina propter hoc rapta non fuerit, ipsos Henricum et Catherinam, postquam ad nostram et dictæ Rom. Ecclesiæ obedientiam et devotionem cum effectu redierint ut præfertur à dicta excommunicationis sententia absolvatis hac vice authoritate nostra in forma Ecclesiæ consueta, injunctis eis inter alia sub virtute juramenti præstandi, per eos et eorumdem utrumque, quod similia de cœtero non committant, nec facientibus præbeant auxilium, consilium vel favorem, et pro modo culpæ pænitentia salutari, et aliis quæ de jure fuerint injungenda. Et demum cum ipsis Henrico et Catherina si vobis expediens videatur, quod hujusmodi sit dispensatio concedenda, super quos vestras conscientias oneramus, ut impedimento quod ex consanguinitate hujusmodi provenit non obstante, matrimonium invicem de novo contrahere, et in eo postquam contractum fuerit remanere liberè et licitè valeant, Apostolica authoritate dispensetis, prolem suscipiendam ex eis legitimam decernendo. Datum Romæ apud Sanctum Petrum VIII. kal. Oct. Pontif. nostri an. 2. *Bulla duplicata in Plumbo in chartoph. Eccles. Burdig.*

VI. EPITAPHIUM.

Cardinei qui summus honor, qui gloria cœtus Alta fuit, parvo sub marmore clauditur isto. Hicque Coronatos vir sanctus Quatuor, annos Hic titulum tenuit nulli virtute secundus. Spiritus egregiis meritis præclarus in astris Francisci residet, cœlique locatur in aula. Obiit anno dom. MCCCCXII. mense Augusto.

DAVID L. ARCHEVESQUE.

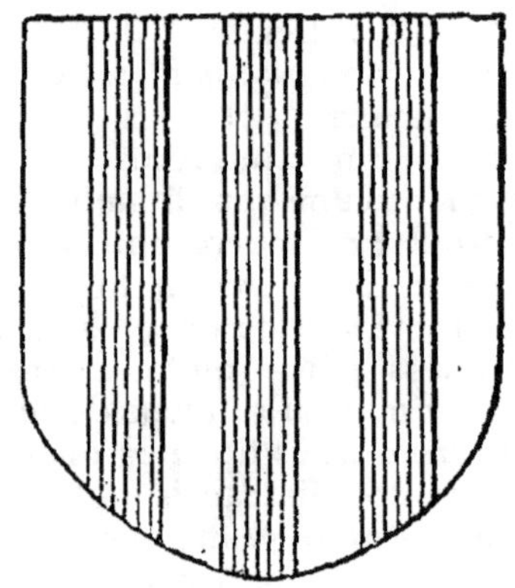

D'or à 3 pals de gueules.

APRES la mort du Cardinal François, l'Archevesché fut vacant jusqu'a l'année 1414[1] que (DAVID de MONT-FERRAND) fut esleu Archevesque, non pas l'an 1416. comme a escrit de Lurbe et tous les autres apres luy. Ce qui se justifie par plusieurs Tiltres de reconnoissances de ce temps en faveur du Chapitre, et d'autres Seigneurs de Fiefs à Bourdeaux, à la fin desquels Tiltres on avoit accoustumé de mettre le nom de l'Archevesque soubs lequel les Tiltres se passoient, ou de marquer la vacance, si le Siege estoit vacant. Tellement que s'il est vray ce que rapporte de Lurbe, qu'apres la mort de François, Jacques Eubio de Tolede surnommé le Grand, à cause de sa Vertu et de sa Doctrine, qui estoit de l'Ordre des PP. Augustins, refusa la dignité d'Archevesque

1. Le *Gallia* dit (t. II, col. 840), d'après une charte de Sainte-Croix, jusqu'au 17 mai 1413.

de Bourdeaux, qui luy fut offerte; ce doit estre l'année 1413. non pas 1415. comme de Lurbe l'escrit[1].

II. David estoit Cousin de Jean de Mont-Ferrand, de la tres-Noble Famille de Mont-Ferrand dans le Bourdelois, dont les Seigneurs ont l'honneur d'estre les premiers Barons de ce Pays. Il avoit esté Chanoine de l'Eglise Metropolitaine, et fut mesme appellé à l'Evesché de d'Ax[2] le 19. d'Octobre 1408[a]. L'année 1416. le 22. jour de Septembre estant venu dans l'assemblée du Chapitre : il confirma en presence du Doyen et des Chanoines, l'Election de Bertrand la Cropte Evesque de Sarlat faite par le Chapitre de Sarlat. De son temps suivant la Chronique de Bourdeaux fut renversée par un tremblement de terre une partie de la Voute de la Nef de l'Eglise Metropolitaine l'année 1427. le jour de la Purification[3]. Il vescut jusqu'a

a Regestre capitulaire de ce temps.

1. V. *Chron. bourd.*, f° 33, et Gaufreteau, t. I, p. 8.

2. Le *Gallia* (t. II, col. 840) emprunte ce renseignement à Lopès et regrette que David ne figure pas dans le catalogue des évêques de d'Acqs (Dax).

3. M. le marquis de Castelnau a contesté ce fait (voir t. I, p. 147, notes). — Cependant, les Archives capitulaires de cette époque contiennent certains documents desquels il semble résulter que, pendant le xve siècle et les premières années du xvie, les voûtes de la cathédrale nécessitèrent constamment, soit des réparations considérables, soit la construction de contreforts, pour en empêcher de nouveau la chute :

9 mars 1478 (*Regist. capit.*, G. 285). — Ordonné que la tour qui est devant le grand portail de Saint-André, par lequel on va vers le Peugue, sera démolie, afin d'établir les fondements de l'arche qui doit soutenir, dans les cloîtres, la voûte de l'église (f° 153).

26 juin 1479. — Le Chapitre demande à Rome d'accorder, pour les réparations, une indulgence au moins aussi grande que celle concédée à l'église de Saintes (f° 155).

31 mars 1514 (*Regist. capit.*, G. 271). — François Ier promet, par lettres, au Chapitre de subvenir aux frais de réparation des voûtes.

Voir encore dans Xaupi, *Dissertation sur l'édifice de l'église primatiale, etc.*, l'historique des contreforts élevés à cette époque au nord et au sud de l'église.

la fin de l'année 1429[1]. suivant les Tiltres que nous avons parlé, et il appert de semblables Tiltres que l'Archevesché vaqua toute l'année 1430. les Tiltres passez durant cette année se trouvant dattés *Sede Archiepiscopali vacante,* d'autant que son Successeur qui fut confirmé comme nous verrons sur la fin de 1430. ne fut consacré que l'année suivante.

II. Anno Domin. M. Quadringentesimo sexto decimo Apostolica sede vacante, die vero 22. Septembris. Rev. in Christo Pater Dom. David Archiepiscopus Burdig. existens in Capitulo Ecclesiæ Burdig. convocatis et præsentibus dominis Decano et Canonicis ipsius Ecclesiæ confirmavit Electionem factam per Capitulum Ecclesiæ Sarlatensis de Dom. Bertrando La Cropta, quem elegerant in eorum Episcopum. Bernardus de Feriard retinuit instrumentum ad perpetuam rei memoriam, *In Tabular. Eccles. Burdig. in lib. Villoso dicto in fine.*

1. Un texte de Baluze, rapporté par le *Gallia* (*Animadv.*, t. II, col. XXIV, nous apprend que David mourut à Londres le 31 mai. Mandé par le roi d'Angleterre à la suite de troubles survenus à Bordeaux, l'Archevêque était parti quoique malade pour aller défendre ses compatriotes. D'autre part, nous lisons dans les *Archiv. hist. de la Gironde,* t. VII, p. 456, que le 16 mars 1429, le Chapitre de Saint-André accorda cent livres à l'Archevêque pour son voyage en Angleterre et décida que Jean André, vicaire perpétuel de Sainte-Eulalie, désigné pour accompagner ce prélat, serait compté comme présent pourvu qu'il entretînt un prêtre chargé de le remplacer. Le 14 mars 1430, le Chapitre donne à David de Montferrand les *cent francs* votés l'année précédente (*ibid.*, t. VIII, p. 308). Le surlendemain 16 mars, l'Archevêque met à la voile (*ibid.*, t. VII, p. 412). Le 4 juin, le bruit de sa mort se répand déjà dans la ville, toutefois le Chapitre ne reçut la nouvelle positive de cette mort que le 3 août. (Voir la pièce aux *Archiv. départ.*, G. Archevêché, 240.) — On peut lire dans les *Archiv. hist. de la Gir.*, t. VII, p. 412, 432, 433, 435, 437, 440, 445, 451, et t. XIII, p. 24 et 200, d'intéressantes particularités sur le Chapitre, en particulier la décision capitulaire citée dans notre t. I, p. 176, par laquelle ledit Chapitre décrète, le 30 avril 1429, la construction d'un campanile. — Voir encore sur les prétentions de l'Archevêque en ce temps-là, D. Devienne, *op. cit.*, t. I, p. 74; sur l'exemption de l'abbaye de Sainte-Croix de la juridiction de l'Ordinaire, *ibid.*, p. 24, 25, et *Gallia christ.*, t. II, col. 840, 841. — Quant à l'état politique du pays bordelais, au temps de David de Montferrand, lire le *Mémoire historique,* de Baurein, *sur l'esprit et la forme du gouvernement de la ville de Bordeaux pendant le temps qu'elle étoit assujettie aux rois d'Angleterre.* (*Var. bord.*, t. IV, p. 238, 290.)

PIERRE III. LE LI. ARCH.

OU

S. PEY BERLAND.

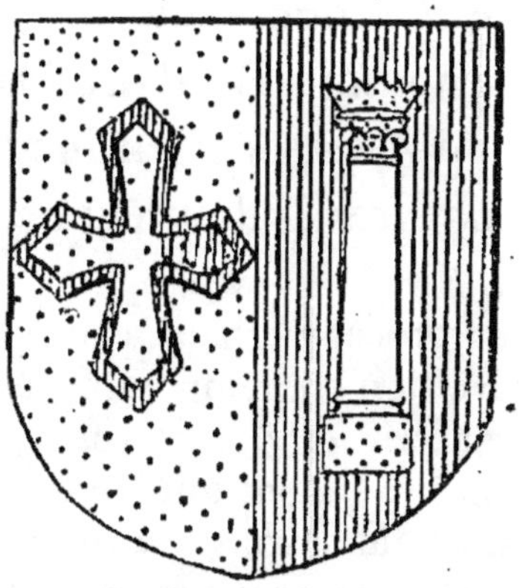

Parti, au 1er d'or, à la croix vidée et cléchée, sommée sur son chapiteau d'une couronne d'or, 2[d] de gueules, à une colonne d'argent, la base et le chapiteau de même[1].

La place de David de Mont-Ferrand decedé, ne fut pas si tost remplie, et il y eut des grandes contestations touchânt son successeur, jusqu'à ce que le Chapitre se détermina enfin à une personne de son Corps, qui estoit Pierre Berland que le Pape Martin V. confirma, suivant la Bulle que nous en avons dans nos Archives[2], où

1. Voir le sceau de Pey Berland au bas d'un *vidimus* du 14 février 1451/2, *Archiv. des B.-Pyrénées,* E. 485 (communiqué par M. J. Delpit). — Nous en donnons un fragment p. 312.

2. L'original (parchemin) est aux *Archiv. dép.*, G. 1, Archev.). Les sceaux manquent. Lopès en cite plus loin, § 1er, les principaux passages. — Voir aussi *Archiv. hist.*, t. XV, p. 558; *ibid.*, t. VI, p. 155, supplément de l'interrogatoire qui relate des faits très édifiants.

il est qualifié de Successeur de David de Mont-Ferrand, tellement que je ne mets point au rang de nos Archevesques, Pierre de Foix Cardinal du Tiltre de S. Estienne au Mont Celien que Mrs de Ste Marthe y ont mis. Et parce que Pierre Berland a esté un des plus dignes Archevesques de Bourdeaux, il ne sera point hors de propos, de m'estendre un peu plus sur sa vie, ainsi que l'ont attestée plus de cent personnes devant les Evesques commis pour s'en informer, dont les procez verbaux sont religieusement conservés aux Archives de l'Eglise Metropolitaine[1].

II. PIERRE surnommé BERLAND estoit natif de la Parroisse S. Pierre d'Avensans[2] en Medoc à cinq lieuës de Bourdeaux, fils de pauvres Laboureurs de ce lieu[3], mais qui

1. Une partie de ces procès-verbaux existe encore; le manuscrit paraît être une transcription contemporaine de l'enquête originale; la même main a transcrit cinq interrogatoires faits par divers commissaires. Les témoins étaient tous interrogés sur une série de vingt-cinq questions. Nous avons pu nous convaincre que les questions sont les mêmes que posait le pape Pie II, dans un bref de 1463. (Nous revenons plus loin sur ce bref.) Ajoutons que cette pièce a été récemment communiquée à la Société des Archives historiques de la Gironde, par M. le marquis T. de Puifferat, et imprimée dans le tome III de la collection; l'original est la propriété de M. E. Lalanne; c'est un registre en parchemin de douze feuillets entiers non chiffrés et de deux feuillets lacérés qui ont servi de couverture, et sur lesquels on lit: *Verteuil. Inquisition sur la sainte vie de saint P. Berland; appartient à M. Emile Lalanne. Communiqué par M. le marquis Théobald de Puifferat.*

2. Dans le petit village de Saint-Raphaël, « au milieu de la lande », à dix kilomètres de l'église d'Avensan.

3. On lit dans Baurein (*op. cit.*, t. II, p. 78) : « Pierre Berlan étoit né de parents pauvres : on adjoutera qu'il ne les respecta pas moins et qu'après les avoir honorés pendant leur vie, il donna des marques publiques de son attachement filial en fondant des anniversaires pour le repos de leur âme; savoir, une messe les mercredis de chaque semaine dans l'église d'Avensan, où son père avoit été enseveli, et une autre tous les mardis dans l'église de Moulix, où sa mère étoit inhumée. *In ecclesiis de Avensano*, dit-il lui-même, *ubi est pater meus sepultus, et de Molinis, et ibi est mater mea sepulta.* »

dez son bas aage, donna des marques de ce qu'il seroit un jour, dans la grande inclination qu'il avoit à la vertu, et

SACRE DE PEY BERLAND. — 4e BAS-RELIEF D'AVENSAN.
Dessin de M. E. PIGANEAU.

Les églises d'Avensan et de Moulis possèdent chacune un souvenir du Bienheureux : la première, des bas-reliefs représentant la vie de saint Pierre, patron à la fois de la paroisse d'Avensan et du plus illustre de ses fils; la seconde, le tombeau de la mère de Pey Berland :

1° Les bas-reliefs d'Avensan sont au nombre de quatre. M. E. Piganeau les a dessinés pour la Société Archéologique. Nous résumons, d'après le manuscrit, la description qu'il en donnera dans le prochain fascicule de cette Société :

« ...... Dans le premier nous reconnaissons le Christ nimbé suivi de trois personnages, il tient de la main gauche la boule du monde surmontée d'une croix avec panonceau; de la main droite, il paraît appeler à lu

aux Lettres. N'estant encores que petit enfant gardant les brebis de son pere, il alloit secretement à une lieüe delà,

deux personnages dans une barque, le premier nimbé, c'est le Sauveur donnant à saint Pierre la direction de la barque spirituelle, c'est-à-dire de son Église. Le second nous montre le Christ donnant à saint Pierre, accompagné de saint André, son frère, les clefs du royaume des Cieux. — Le bas-relief suivant, le plus original des quatre, nous représente le martyre du chef des apôtres. Un personnage assis sur un siège élevé, une jambe croisée sur l'autre, coiffé d'un bizarre bonnet à l'orientale, coiffure que l'on retrouve sur la plupart des sculptures religieuses du xve siècle, paraît donner des ordres à quatre bourreaux qui attachent à une croix, la tête en bas, le Saint revêtu d'une longue robe. Les deux bourreaux supérieurs tirent avec effort et en sens inverse la corde qui lie les pieds du patient. Celui de gauche surtout (la droite du spectateur) a une expression remarquable d'ironie.

» Dans le quatrième bas-relief nous voyons un Souverain Pontife reconnaissable à sa tiare, posant sur la tête d'un évêque agenouillé la mître épiscopale, en présence de plusieurs personnages, clercs ou cardinaux, dont l'un tient la crosse du nouveau prélat. Ce dernier sujet ne serait autre que le pape Martin V, remettant à Pey Berland lui-même les insignes de l'épiscopat. Pey Berland, élevé au siège archiépiscopal de Bordeaux, aurait voulu, sans doute, gratifier sa paroisse natale d'un souvenir de sa promotion. »

2° Au temps de Baurein, on découvrit dans le cimetière de Moulis un tombeau « sur lequel étoit gravée une crosse ». L'auteur des *Variétés bordelaises* se demande si ce tombeau « ne seroit pas celui » de la femme qui avoit eu un fils élevé à la dignité épiscopale ». Devenu archevêque, Pey Berland, comme l'atteste le témoin Léonard Sigoniis (p. 453, *enquête*), fit exhumer le corps de sa mère et le transféra dans l'église même de Moulis, près de l'autel de la Vierge. En 1851, les caractères gothiques de l'inscription qu'il fit graver sur la pierre tombale attirèrent l'attention de M. Fabre, maire de la commune. M. Fabre promit à son fils, alors très jeune latiniste, divers engins de chasse que celui-ci désirait ardemment, s'il parvenait à déchiffrer l'inscription ; elle fut bientôt déchiffrée, et M. Garnier, instituteur de la commune, en présenta le texte à la Commission des Monuments historiques.

En 1858, l'inscription à peine lisible fut rétablie par ordre du cardinal Donnet au verso de la pierre. La voici : *Hic jacet in providentiâ mater illustrissimi domini archiepiscopi Pey Berland.* — Lire sur l'église de Moulis, *Comm. des Monum. hist.*, an. 1848-49, et dans le *Bulletin de la Soc. arch. de Bordeaux*, t. V, 1er fascicule, la remarquable étude de M. E. Piganeau.

L'opinion qui fait naître Pey Berland de parents pauvres a été contestée. En 1851, dans un rapport adressé à la Commission des Monuments historiques, M. Garnier a démontré par divers titres

apprendre à lire à escrire[1], ce que ses parens ayant reconnu, voulant seconder les desseins du Ciel sur ce fils unique qu'il leur avoit donné, trouverent le moyen de l'envoyer à Bourdeaux[2], où il apprint la Grammaire. De là estant allé à Toulouse, il fit de si grands progres et dans la piété et dans les Lettres, qu'il surpassa bien tost tous ses compagnons, et attira sur luy l'admiration de ses Condisciples et de ses Maistres. Ayant prins les degrés de Bachelier en Droit Canon, à Toulouse, il revint à Bourdeaux, où l'Archevesque, qui estoit Francois second du nom, connoissant son merite, le voulut prendre pour son Secretaire, et l'amena avec luy au Concile de Pise[3], et le fit pourvoir estant absent, d'un Canonicat dans l'Eglise Metropolitaine

que, vers le milieu du xive siècle, les ancêtres du Bienheureux possédaient déjà de vastes tènements dans les paroisses d'Avensan, de Moulis, etc. Du reste le testament du Bienheureux prouve qu'il avait reçu de sa famille un honnête patrimoine.

1. Pey Berland n'oublia jamais Raymond de Bruges (de Burgiis), le maître charitable qui lui avait donné les premières leçons; « il fonda, dit Baurein, dans l'église Saint-Michel de Bordeaux, où ce maître écrivain avoit été enseveli, une messe pour le repos de son âme qui devoit y être célébrée tous les vendredys de l'année. Il chargea de l'acquit de cette fondation le prieur du collège de Saint-Raphaël et lui recommanda de faire ce qu'on appelloit pour lors des *visitances,* c'est-à-dire des prières solemnelles sur la sépulture de ce maître écrivain : *Et visitare sepulturam Magistri Remundi de Burgiis, qui me instruxit ad scribendum.* — Il donna pour cet effet à ce prieur un bourdieu, c'est-à-dire un bien de campagne que Pey Berland avoit acheté dans la paroisse de Saint-Caprasi : *Unum bordile quod emi in Parochiâ sancti Caprasii.* » (Baurein, *op. cit.*, t. II, p. 79.) Le prieur de Saint-Raphaël ayant mis plus tard de la négligence à s'acquitter de cette dette, le Chapitre lui rappela ses obligations.

2. Un tableau de la fin du xviiie siècle, qui se voit dans la pauvre chapelle de Saint-Raphaël d'Avensan (voir plus loin), représente la scène du départ du jeune berger. Pierre a déposé sa houlette; il serre les mains de sa mère et lui fait de tendres adieux ; à ses pieds jappe un chien noir, tandis que l'ange Raphaël indique au nouveau Tobie le chemin de Bordeaux.

3. En 1409. (*Gall. christ.*, t. II, col. 841.)

le 2 d'Octobre 1410[1]. François estant decedé, il fit un voyage en Hierusalem pour y visiter les Sts Lieux, et ayant satisfait à sa devotion, il revint à Bourdeaux pour le service de son Benefice.

III. Il fut pourveu à son retour de la Cure de Boliac[2]

ÉGLISE DE BOULIAC AU XVe SIÈCLE. — (Comm. des Monum. hist.)

1. Date reproduite par le *Gallia*. Nous lisons de plus dans un registre de l'archevêché, G. 1 :

Juin 1413. — « Bulle du pape Jean XXII ordonnant à l'official de Bordeaux d'investir Pey Berland, chanoine de Saint-André, chapelain des Carmes et curé de Bouillac, du canonicat et de la prébende rendue vacante par la promotion de Pélegrin. » — *Item, Archiv. hist.*, t. VIII, p. 325.

1419. — « Nomination de Pey Berland aux fonctions de secrétaire du Chapitre avec la permission pour lui de desservir l'église de Bouliac les jours de fête, sans encourir la retenue pour ses absences. » (G. Arch., 284.)

28 juin 1427 (f° 51). — « Le Chapitre nomme Pey Berland adjoint au trésorier de l'église Saint-André, Me Vincent du Rive... P. Maynard, sous-chantre, lui assigne une stalle dans le chœur de ladite église du côté gauche. »

(Le temps et l'humidité ayant blanchi l'écriture de ce registre jusqu'à le rendre illisible, nous n'avons pu suivre Pey Berland, chanoine, jusqu'à l'époque de sa promotion à l'épiscopat, 1430.)

2. Cette paroisse comprenait alors Bouliac, Quinsac et Lormont. (Testam. de Pey Berland.) L'enquête pour la canonisation (p. 461) relate ce que fit le Bienheureux pour l'embellissement de son église de Bouliac. — Voir dans les *Comptes-rendus de la Comm. des Monum. hist.*, an. 1854, la description de cette église fortifiée

proche de Bourdeaux, et se comporta, et dans le Canonicat et dans la Cure avec tant d'edification, qu'il donnoit au prochain, et par sa Doctrine et par sa Ste vie, que l'Archevesché venant à vaquer, dans le trouble de plusieurs competiteurs puissans qui aspiroient à cette dignité, il fut lEseu, quoy que contre son gré, par les suffrages de sa compagnie, au mois d'Aoust, et fut confirmé avec beaucoup de joye par le Pape Martin V. qui l'avoit prins en affection, estant Secretaire du Cardinal François. La Bulle de sa confirmation est du 16. d'Octobre l'an 13. du Pontificat de Martin, qui tomboit l'an 1430. Il fut ensuite consacré et presta serment entre les mains de ce Pape, que nous avons dedans nos Archives[1].

IV. C'est dans la fonction de cette grande charge que Pierre Berland, fit paroistre avec plus d'eclat, les rares qualites de son ame. Il n'eust rien plus à cœur que de faire la visite de son Dioceze, y conserver et remettre la Discipline Ecclesiastique, nonobstant les troubles et mouvements de la guerre continuelle qui estoit entre les François et les Anglois. Il instruisoit luy mesmes durant la Visite, il administroit les sacremens, il faisoit reparer les Eglises ruinées, et aidoit à les reparer et à les orner, Il aymoit fort la priere, estoit fort assidu aux Offices divins de son Eglise, et outre l'Office d'obligation, il recitoit tous les jours à genoux les sept Pseaumes Penitentiaux, se confessoit presque tous les jours, et apres sa confession celebroit avec une grande devotion le S. Sacrifice de la Messe[2]. Sa dou-

dont les créneaux ont été détruits vers 1840. — Baurein (*op. cit.*, t. II, p. 80-81) énumère quelques fondations du saint prélat en faveur de son ancienne cure; il ne la desservait plus sans doute en 1430, car la bulle de Clément lui donne le titre de chanoine, mais non celui de curé.

1. D. Devienne (*op. cit.*, 2e part., p. 76) en donne la traduction.

2. Lire les dépositions des témoins dans les procès-verbaux de l'enquête.

ceur et son affabilité luy attiroit les cœurs de tout le monde, et il s'en servit heureusement en plusieurs rencontres où elle estoit necessaire pour reünir les esprits de la Ville, qui en son temps estoient fort partagés d'inclination pour la France ou pour l'Angleterre[1].

Il garda exactement la vertu de continence[2], et pour cela maceroit continuellement son Corps, ne quitta jamais le Cilice, non pas mesme dans ses maladies[3], jeunoit rigoureusement trois jours de la semaine, le Mercredy, Vendredy et Samedy, et depuis le jour de S. André jusqu'à Noel. Les deux nobles et fortes passions qu'il eut durant sa vie, furent pour les Lettres, et pour les Pauvres. C'est à sa sollicitation que le Pape Eugene IV. l'an 1441. institua

1. La noblesse, la bourgeoisie surtout tenaient à rester sous la domination de l'Angleterre. Les religieux mendiants étaient favorables, en général, à la cause française; le gardien des Cordeliers entretenait des intelligences avec Charles VII; on pense qu'il ne fut pas étranger à la conspiration de Pierre Achard et de Mathieu Olivier contre les Anglais. — Voir *Catalogue des Rôles gascons*, t. I, p. 218; — D. Devienne, *op. cit.*, 2e part., p. 78, — et dans l'*Hist. de la Conquête de la Guyenne par les Français*, de M. H. Ribadieu, le ch. IV du liv. I, où il est traité «des intelligences du roi de France dans la ville de Bordeaux». (L'ouvrage de M. Ribadieu renferme à notre avis la meilleure histoire de Pey Berland publiée jusqu'à ce jour).

2. Léonard de Segoniis, interrogé sur ce point au cours de l'enquête, répondit (ce témoin avait été pendant vingt ans attaché à la personne de l'Archevêque en qualité d'aumônier) :

« Quod ipse (Petrus) nunquam consortium suspectum habuerit cum aliquâ muliere, nec unquàm vidit quod aliqua mulier quantumcumque nobilis esset, cameram suam intraverit, nec dictus Petrus Episcopus permiserit... Et ultrà dixit quod dum comes de Outinton (le comte de Huntington) venit ad præsentem civitatem Burdegalensem, hospitatus fuit in domo suâ archiepiscopali et dormivit in camerâ ipsius Petri Archiepiscopi cum uxore suâ propriâ, *et ob id dictus Petrus à post noluit dormire in dicto lecto, nec cameram habitare, sed fecit sibi ædificari cameram alteram quam habitabat, et ibi dormiebat.* »

3. Voici la déclaration du même témoin à ce sujet: «Un jour » m'ayant conduit à Lormont, il me fit, sous le sceau de la confes- » sion, une confidence qu'il me défendit de jamais révéler à » personne, il m'avoua qu'il portait un cilice et le jour et la nuit.»

la Celebre Université de Bourdeaux à l'instar de celle de Toulouse[1]. Il en fut le premier Chancelier suivant son institution : apres sa mort ce devoit estre le premier Archidiacre de l'Eglise Metropolitaine, qui est celuy de Medoc, comme il l'à tousjours esté jusqu'à present. Il en dressa luy mesmes les premiers Statuts avec l'Evesque de Bazas et l'Administrateur de l'Abbaye Ste Croix[2]. La mesme passion pour les Lettres luy fit fonder l'année 1442. un college dans cette ville appellé de S. Raphael, où devoient estre eslevez douze pauvres Escoliers[3], avec un Prieur,

1. Voir t. I, p. 10, note. — M. H. Ribadieu (*op. cit.*, p. 141) pense que Pey Berland créa l'Université de Bordeaux pour réagir contre les tendances gallicanes qu'avait manifestées l'Université de Paris en 1438, époque où le clergé de France, trop complaisant pour le roi Charles VII, rédigea la *Pragmatique sanction de Bourges.* — Le *Catalogue des Rolles gascons,* t. I, p. 43 et 49, nous apprend qu'en 1312 il existait à Bordeaux un professeur en droit. Mais l'Université ne date que de Pey Berland. — Voir dans le t. X. des *Archiv. hist.*, p. 396, le sceau de l'Université, dont la matrice en argent était gardée dans un coffre à triple serrure, déposé dans la sacristie du couvent des Carmes. Il a été employé depuis 1441 jusqu'en 1793, et c'est d'après une de ses empreintes en cire rouge, ordinairement enfermée dans une petite boîte de ferblanc, que M. Leo Drouyn l'a dessiné et que M. Roques l'a gravé.

SCEAU DE L'ANCIENNE UNIVERSITÉ DE BORDEAUX.

2. L'évêque de Bazas, l'archidiacre de Cernès et l'abbé de La Sauve furent chargés de la conservation des statuts de l'Université. (*Archiv. hist. de la Gironde*, t. XV, p. 50.)

3. « Dont six seront natifs de Médoc et les autres du Diocese de » Bourdelois, ô la charge toutesfois qu'au bout du temps d'estude » en dessus prefix, ou plustost, si lesdits escoliers sont d'aage, et le

pour estudier l'espace de dix ans en Theologie et au droit Canon, en veuë dequoy il fit plusieurs biens à ce College. Les Seminaires y sont maintenant entretenus[1].

VI. Pour les Pauvres, il en avoit un soing tout particulier. La charge de son Aumosnier, estoit d'aller par toute la Ville, s'informer des necessites des pauvres honteux, des prisonniers, des familles incommodées, des vefves, et des orphelins, que nostre Archevesque sur son raport ne manquoit pas de secourir incontinant de ses revenus[2]. Il fonda mesmes un Hospital aux Faux-bourg de S. Seurin pour y recevoir les Pauvres, et luy fit plusieurs

» desirent, ils seront tenus de se faire Prestres et servir à l'Église. » (Delurbe, *Chron. bourd.*) — Voir dans le testament de P. Berland les preuves de la sollicitude du saint Archevêque pour cet établissement, et dans les *Archives départementales* un registre contenant l'état des revenus du collège Saint-Raphaël.

1. M. de Gaufreteau (*Chron.*, t. I, p. 13) critique dans les lignes suivantes la transformation du collège Saint-Raphaël en séminaire diocésain :

« Despuits, le seminaire a esté mis audit college, après que le » concile de Trente fut tenu, et suivant l'ordonnance et decret » d'yceluy : tellement, que la fondation dudit archevesque, fonda- » teur dudit college a esté annullée : sur quoy, plusieurs font » doubte si cela se pouvoit, et si un aultre college pouvoit estre » justement subrogé à celuy de Sainct-Raphael, contre l'intention » du fundateur d'yceluy. Sur cette question, les uns disent ouy, les » aultres non. Mais, quant à moy, j'ay grand peur que le grand » reveneu dudit college, soit qu'il s'appelle de Saint-Raphael » ou du seminaire, luy faira perdre le nom, et l'abolira tout à » faict. »

2. Lire dans les *Fragments d'enquête* (*Archiv. hist.*, t. III, p. 455) les pieux stratagèmes de son inépuisable charité : « Il avait acheté un grenier pour les pauvres et pris à leur intention des meuniers à sa solde ; il en logeait une foule dans son palais et tous les jours il en avait six ou sept à sa table. Quand les cadavres des victimes de la bataille du 1er novembre 1450, connue sous le nom de « Male journade » ou mauvaise journée, arrivèrent à Bordeaux, le tendre Archevêque fut saisi d'une immense douleur ; il passa près de deux jours et de deux nuits en prière et sans voir personne. » (*Ibid.*, p. 462.)

biens pour leur entretien[1]. Nonobstant cela, comme Dieu à coustume de multiplier les biens que l'on donne aux pauvres pour l'amour de luy, il en restoit encores à ce Prelat pour faire des presens considerables à plusieurs Eglises, pour y donner des Calices, des Ciboires d'argent et d'autres riches Ornements[2] : pour

STATUE DE NOTRE-DAME-DE-LA-ROSE A SAINT-SEURIN.

1. « C'est auprès de l'église de Saint-Martin du Mont-Judaïc, et immédiatement au couchant de la place qui est au devant de cette église, qu'était situé l'hôpital que Pierre Berland, archevêque de Bordeaux, fonda dans le fauxbourg de Saint-Seurin. Il ne subsiste plus depuis longtemps. » (Baurein, *Var. bord.*, t. II, p. 189.)

2. L'église d'Avensan possède un calice qu'elle tient de lui; nous avons eu la consolation d'en faire usage une fois pour le saint sacrifice. La collégiale de Saint-Seurin garda jusqu'à la Révolution un missel et un ornement sacerdotal que lui avait légués Pey Berland. (V. *Archiv. hist.*, t. VII, p. 123.) On connaît la dévotion du Bienheureux à la T.-S. Vierge. Un titre sur parchemin (v. Cirot, *op. cit.*, p. 335) nous apprend que le 24 août 1444, il consacra, dans la même basilique, l'autel de la chapelle où l'on vénérait la statue de Marie, la plus ancienne du diocèse après N.-D. de Soulac. Il avait fait présent à la vierge de la *Fin-des-Terres* « d'une lampe d'argent, qui devoit être allumée nuit et jour sans discontinuer. » (Baurein, *op. cit.*, t. I, p. 38.) Il con-

fonder une Chartreuse à Vauclaire au Dioceze de Perigueux : pour fonder une Chapelle dans sa Maison Paternelle[1] : pour fonder un Obit annuël dans l'Eglise Metropolitaine,

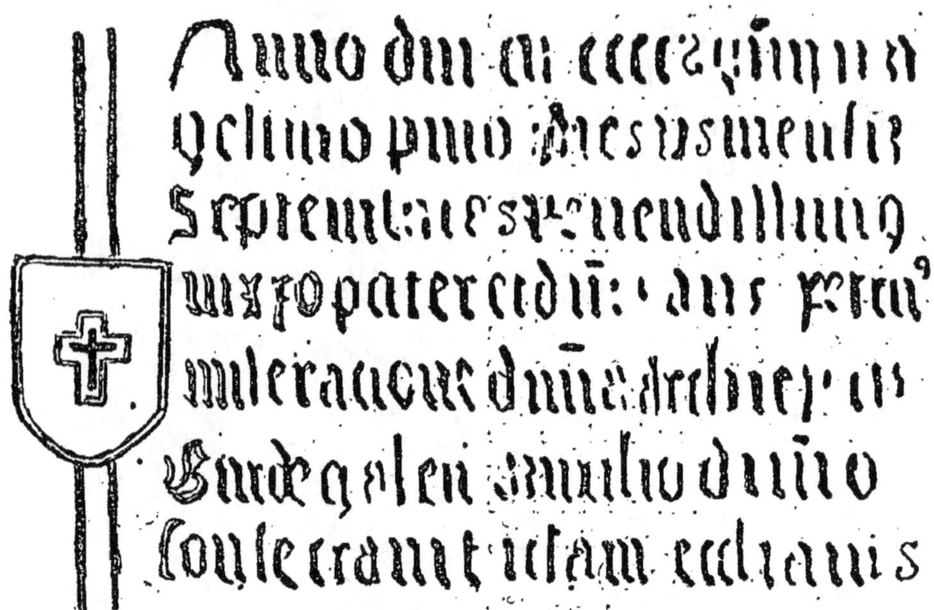

INSCRIPTION COMMÉMORATIVE DE LA CONSÉCRATION DE L'ÉGLISE DE LORMONT PAR PEY BERLAND ARCHEVÊQUE DE BORDEAUX. (E. PIGANEAU.)

sacra l'église de Lormont, comme l'indique la plaque commémorative dont M. E. Piganeau a relevé le texte ; et l'on pense que le bas-relief que nous reproduisons est encore une de ses pieuses libéralités.

1. Cette chapelle, dont nous avons eu la bonne fortune d'obtenir un dessin par l'intermédiaire de M. Marcelin Clauzel, forme un quadrilatère allongé devant lequel règne un porche ; la façade est surmontée d'un humble campanile : une petite cloche s'y balance en plein air. La maison presbytérale destinée au chapelain est en face, à l'ombre d'un chêne plusieurs fois séculaire. Saint-Raphaël est un lieu de pèlerinage. Chaque année, le 16 juillet, quatre ou cinq mille personnes, accourues de tous les points du Médoc, y viennent prier et faire la procession autour de la chapelle en chantant des cantiques. Le trésor de Saint-Raphaël est la médaille miraculeuse dont la garde est confiée de père en fils, depuis le xve siècle, à la plus honorable famille du hameau. M. l'abbé Pinsan, curé de la paroisse, a bien voulu nous la confier pour nous permettre d'en faire prendre un dessin exact.

CHAPELLE SAINT-RAPHAEL. — PAROISSE D'AVENSAN (MÉDOC). — Dessin de Mlle M. de S. A.

et la Messe matutinelle de la tres-Ste Trinité qui s'y chante tous les Dimanches : pour y donner plusieurs beaux Ornemens, et pour eslever ce grand et superbe Clocher proche de la mesme Eglise, dont j'ay suffisamment parlé à la premiere partie[1].

BAS-RELIEF EN ALBATRE REPRÉSENTANT L'ADORATION DES MAGES.

Don présumé de PEY BERLAND à l'église de Lormont. — (Dessin de M. E. PIGANEAU.)

1. Voir t. I, p. 176 et suiv. — Nous ajouterons quelques détails : On ignore le nom de l'architecte de la tour de Pey-Berland ; un registre, écrit de la main de cet Archevêque (voir *Regist. capit.*, in-4°, 29 feuil., G. 284, et *Archiv. hist.*, t. VII, p. 412), nous apprend, il est vrai, que le 8 juin 1425, le Chapitre avait appelé « Colin Trenchant, maître en géométrie », aux fonctions de *maître de l'œuvre;*

VII. Pendant la celebration du Concile de Basle, l'an 1438. non pas 1451. comme à escrit de Lurbe, la Guienne

mais on ne peut en conclure, comme l'a fait le rédacteur de la table chronologique des *Archives histor. de la Gironde,* que Colin Trenchant ait dirigé les travaux de la tour; le maître de l'œuvre n'était nommé que pour une année. Avant Colin Trenchant nous trouvons, en 1421 (*Archiv. départ.*, G. 241), Guillaume Géraud, nommé *magister operis* et *fabrice,* aux appointements de *cent guyennois d'or,* valant vingt-cinq sous de la monnaie courante à Bordeaux; il est donc à croire qu'à moins d'avoir été réélu plusieurs fois, Colin Tranchant n'était plus en charge au commencement des travaux, lequel se fit attendre; car, dix ans après le vote de 1429 ordonnant la construction du campanile, le Chapitre délibérait encore sur une question relative au déblaiement du terrain. Le 27 mai 1438 il décida que la maison habitée par le chanoine Pierre de Béarn serait démolie, vu que l'emplacement qu'elle occupait serait peut-être nécessaire. — *Quia forsan dicta domus esset pro istâ constructione necessaria* (*Arch. hist.*, t. VII, p. 451-452.) — Ajoutons que dans le registre en question, aucun architecte n'est désigné. On lit en effet : « ... quod campanile novum perficeretur juxtà formam traditam *per magistrum*, etc. »

TOUR PEY-BERLAND
AVANT LA DESTRUCTION DE LA FLÈCHE.
Dessin de M. l'abbé MÉTIVIER.

n'estant pas encores reünie à la Couronne, le Roy de France Charles VII. ayant fait assembler à Bourges plusieurs Prelats et Seigneurs de son Royaume, il s'y rendit et s'opposa avec l'Evesque de Perigueux à la Pragmatique

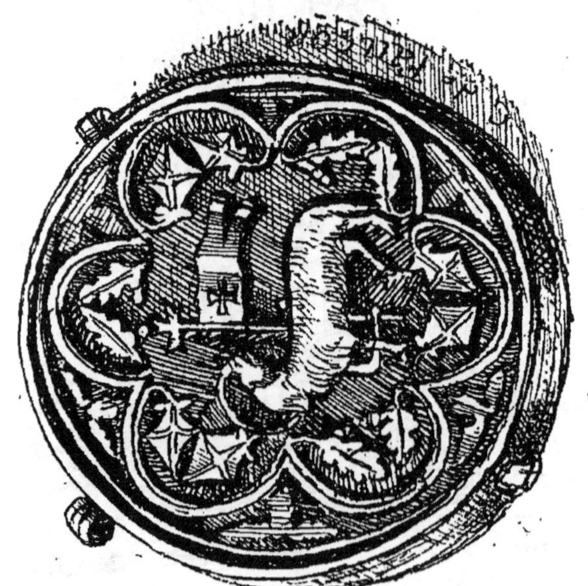

MÉDAILLE DITE DE PEY-BERLAND, CONSERVÉE A SAINT-RAPHAEL (MÉDOC). — Dessin de M. Charles de FAUCON.

« Depuis 1753, dit Bernadau (*Viog. bordelais*, p. 222), il n'y avait pas de cloches à Pey-Berland. Celles de Saint-André étaient dans un des deux clochers de cette église. Aussi nos faiseurs de calembours disaient qu'on voyait à la cathédrale trois clochers et deux cents (sans) cloches. Le gardien de ce clocher, pour tirer quelque profit de son titre de sonneur honoraire, percevait autrefois une petite redevance sur les cabarets établis dans la paroisse. Tout le vin qui s'y vendait au détail, devait être préalablement *crié* du haut du clocher de Pey-Berland. »

Sanction, soustenant l'authorité du Pape contre quelques Reglements de la Pragmatique[1]. Chenut dit[a] que le Roy le fit asseoir à la main gauche, donnant la droite à l'Archevesque de Bourges, en quoy, dit il, le Roy eust esgard à l'Eminence de la Primace de Bourges, autrement on eut observé le rang de l'ordination. Mais cet Autheur s'est trompé en ce point comme en plusieurs autres, et sans recourir à sa Primace pretenduë, dont il ne falloit plus parler depuis la decision de Clement V. il ne faut pas s'estonner si l'Archevesque de Bourges qui estoit Henry d'Avaugour fut placé au lieu le plus honorable, puis que c'estoit en sa Ville que se tenoit l'assemblée, et qu'il estoit plus ancien en son ordination, estant Archevesque dez l'année 1423. comme l'ont monstré Mrs de Ste Marthe, et Pierre ne le fut que l'année 1431.

VIII. Ayant esté prié par les trois Estats de la Guyenne, d'aller en Angleterre l'an 1443[2]. pour y representer l'Estat

a In Archiep. Bituricencibus.

1. Voir *Chron. de Gaufreteau,* t. I, p. 18.

2. D'après le journal de Thomas Beckington, ce voyage eut lieu en 1442. Lire dans le beau livre de M. H. Ribadieu (p. 151 et suiv.) les détails de cette négociation de Pey Berland; le départ solennel de l'Archevêque avec un docteur en droit canon et un *trompette* nommé Robert, etc., etc.

Nous trouvons en outre, dans un registre de nos Archives départementales, que le vicaire de Sainte-Eulalie accompagna Pey Berland et que l'archidiacre de Médoc avait donné cent livres à l'ambassadeur pour ses frais de voyage. Sur les instances de l'Archevêque le roi d'Angleterre envoya mille hommes, sous les ordres de Sommerset, pour défendre Bordeaux contre les Français. Encore simple chanoine, Pey Berland jouissait de la confiance de Henri VI, qui, le 13 juillet 1423, le nomma membre de la Cour de Souveraineté de Guyenne (v. *Archiv. hist. de la Gir.,* t. XVI, p. 199); toutefois, son dévouement aux Anglais ne l'empêchait pas de s'armer contre eux pour défendre la justice, témoin sa brillante expédition en faveur d'Élie de Bourdeilles, évêque de Périgueux et son suffragant, qu'il délivra des mains des insulaires. « L'archevêque » de Bourdeaux Pierre Berland, vray homme de Dieu et réputé pour

de la Province, et demander du secours, il entreprint pour l'amour de son païs cette Ambassade assez espineuse, mais depuis que le Roy Charles VII. se fut rendu le Maistre de la Guyenne, et que la Ville Bourdeaux destituée de secours, eut capitulé[1], il jura avec tout le Clergé l'obeissance au Roy, et y demeura fermement attaché. Il signa le traité, qui fut passé le 12. jour de Juin l'an 1451. et confirmé huict jours apres par le Roy à S. Jean d'Angely[2]. Jean Comte de Clermont fut estably Gouverneur pour le Roy, de la Province, qui laissa dans Bourdeaux pour son Lieutenant Olivier de Coitivy, grand Seneschal de Guyenne,

» sainct, apprint le danger où se trouvoit nostre Evesque, et » secondant la noblesse qui estoit desja aux champs pour l'enlever, » il conduit si adextrement l'entreprise qu'ils le retirent de leurs » mains à Lybourne, le jettent dans un bateau, et conduisent heu- » reusement à Bourdeaux. L'archevesque accompagné de son clergé » et du corps de la ville le vint accueillir au port, le mena à l'arche- » vesché, le festina par plusieurs jours avec les principaux de la » ville. » (V. Jean Dupuy, l'*Estat de l'Église du Périgord depuis le Christianisme,* p. 146; — *Item,* Du Tems, *op. cit.*, t. II, p. 592.)

1. C'est le 30 juin 1451 que « mondit seigneur de Dunois envoya un des hérauts du roy devers les habitants de ladite cité de Bordeaux, pour les sommer et requérir de luy apporter les clefs d'icelle ville. (Gilles le Bouvier, p. 462.) — Voir sur l'entrée mémorable de Dunois à Bordeaux, H. Ribadieu (*op. cit.,* p. 243, 244), et les chroniqueurs français Jehan Chartier, Berry, Mathieu de Coucy et Jacques du Clercq. — L'archevêque Pey Berland, entouré de son Chapitre, reçut dans la cathédrale le représentant du roi. « En entrant dans le chœur (Rib., *op. cit.,* p. 252), les Français plantèrent au milieu de l'église, près du lutrin, l'une des deux grandes bannières aux armes du roi Charles que portaient, devant Dunois, le grand écuyer Saintrailles et le sire de Montaigu. »

2. Consulter *Livre des Bouillons* et *Archiv. hist. de la Gir.*, t. XII, p. 442. — Voir le traité de Saint-Jean-d'Angély dans l'*Hist. de Bord.,* par D. Devienne, p. 327 et suiv., notes. — Pey Berland signa ce traité. (V. *Livre des Privilèges,* p. 42; — lire encore d'intéressants détails dans La Colonie, *Hist. curieuse et remarquable de la ville de Bordeaux,* t. I, p. 380 et suiv.) — On trouve une copie de ce même traité dans le *Cartulaire de l'abbé Baurein* (recueil de pièces du XVe siècle qui se garde aux *Archives municipales*).

duquel nostre Archevesque reçeut des fort mauvais traitements, jusqu'à estre chassé de son Palais Archiepiscopal[1] : mais le Clergé et le Peuple ne peurent pas souffrir cette injure faite à leur Pasteur, et le remirent contre son gré dans sa premiere dignité, qu'il reprint sans tesmoigner aucune aigreur contre ceux qui estoient les Autheurs de ce mauvais traitement.

IX. Enfin se voyant chargé d'années et de travaux, ses grandes infirmités luy ostant le moyen de vacquer continuellement comme il eut souhaité à la fonction de sa charge, il fit une cession de son Archevesché entre les mains

1. Lopès n'assigne aucune date aux persécutions qu'endura l'Archevêque de la part de Coëtivy, qui ne lui pardonnait pas son ancien attachement au roi d'Angleterre. Le *Gallia christ.* (t. II, col. 842) les place à l'année 1453 ; mais, comme le remarque fort bien M. H. Ribadieu (*op. cit.*, p. 405, note), c'est une erreur, car un document contemporain prouve que le sénéchal, fait prisonnier par Talbot, lors de la reprise momentanée de Bordeaux par les Anglais en 1452, et conduit en Angleterre, ne revint en Guyenne que deux ans après la bataille de Castillon et la seconde entrée des Français dans notre ville.

M. Ribadieu ajoute *(ibid.)* « ce n'est que dans l'année 1455 ou en 1456 que purent se produire les mauvais procédés dont l'archevêque Pey Berland fut l'objet. » Nos Archives départementales semblent contredire cette assertion; en effet, le *Regist. de l'Archev.*, G. 311, f° 131, donne à comprendre que bien avant cette époque le saint Archevêque, tracassé probablement par l'administration Française de Bordeaux, songeait à se démettre. On lit dans ce registre : « le vendredi 7 juillet 1452, ... Pierre Berland, archevêque de Bordeaux, à genoux devant l'autel, les mains jointes, en présence de tout le Chapitre réuni, jure de ne pas abandonner son archevêché et de vivre et mourir en union avec son Chapitre. » — D'autre part, les mêmes Archives (G. 245) contiennent un *vidimus* du rétablissement de l'Archevêque *dans ses biens et honneurs,* en 1451. On le voit, Coëtivy n'attendit pas d'être revenu d'Angleterre pour chagriner Pey Berland. Il avait commencé le lendemain du jour où le chancelier des Ursins l'avait établi, pour la première fois, sénéchal de Guyenne, au nom du roi de France; cependant, nous le dirons plus loin, la démission de l'Archevêque ne fut un fait accompli qu'en 1456.

d'Alain[1] Cardinal Legat du S. Siege l'an 1456. et bien tost apres quittant son Palais à son successeur, se retira dans son College de S. Raphael qu'il avoit fondé, ou il passa le reste de ses jours en prieres en devotions et penitences continuelles, jusqu'à la fin de l'année 1457. qu'il rendit son ame à Dieu, le 17. de Janvier dans la Chambre principale de ce College[2]. Il fit un testament avant mourir[3], qui n'est qu'une derniere dispositions de ses biens qui luy restoient, en faveur des Pauvres et des Eglises. Cette Clause est asses particuliere, qu'en cas qu'il ne se trouvat point d'estudiants, pour le College qu'il establissoit, il laissoit son ame, pour son heritiere d'une bonne partie des biens qu'il avoit assignez à ce College, entendant qu'ils seroient distribuez aux Pauvres, aux Captifs et à des filles à marier.

X. Toute la Ville accourut en foule à la mort de ce S. Prelat. Son Corps fut porté avec grande pompe dans l'Eglise Metropolitaine, et fut enseveli derriere le Maistre Autel joignant le tombeau de S. Macaire[4]. Il se fit plusieurs

1. Notons en passant que le cardinal Alain (de Coëtivy) était le frère d'Olivier de Coëtivy, sénéchal de Bordeaux, l'adversaire de Pey Berland. — Lire aux pièces justificatives, § IX, la bulle du pape Calixte III, acceptant la démission de Pey Berland et confirmant le choix de Blaise de Greelle, que le Chapitre avait élu pour lui succéder.

2. « La chambre où ce saint prélat décéda, subsistoit encore lors » du transport de ce seminaire dans le lieu où il est à présent (en » face de l'eglise Sainte-Eulalie); nous pouvons assurer l'avoir vue » très souvent, et nous pouvons attester qu'elle annonçoit par sa » simplicité, celle dans laquelle ce bienheureux Archevêque avoit » été élevé et dans laquelle il persévéra pendant tout le cours de » sa vie. » (Baurein, *op. cit.*, t. II, p. 274.)

3. Il en existe une copie aux Archives de l'Hôtel-de-Ville de Bordeaux (petit in-f° 27 p. papier, sous la cote : *Testament de Pey Berland, archevêque de Bourdeaux, pour servir au Chapelain d'Andernos*). L'original est à la Bibliothèque nationale. — Voir le codicille, *Archiv. hist. de la Gironde,* t. VI, p. 122.

4. Voir t. I, p. 217, 218.

merveilles sur son Sepulchre, et les fidelles y porterent leurs Offrandes durant quelques années, dont il paroit encores quelques vestiges[1], en telle sorte qu'à l'instance du Clergé et du peuple de la Province, mesmes du roy Louys XI. le Pape Sixte IV. commit Raimond Evesque de Bazas, Raoul Evesque de Perigueux et l'Evesque de Sarlat l'an 1481[2]. pour faire les enquestes necessaires de sa vie, et des miracles qu'il avoit operes devant et apres sa mort, et ensuite proceder à sa Canonization. L'Enqueste fut faite et signée, nous en avons les proces verbaux qui justifient assez de la Sainteté de ce Prelat, mais le Roy Louys XI. estant decedé l'an 1483. cette instance cessa, et le Chapitre s'employa inutilement durant quelques années à la Canonization de ce bien heureux Archevesque.

I. Martinus Episcopus etc. dicta Ecclesia [*Burdig.*] per obitum David Archiep. vacante etc. dilectum filium Petrum electum Burdig. tunc Canonicum ejusdem Ecclesiæ et in Sacerdotio constitutum, vitæ ac morum honestate decorum, in Spiritualibus providum, et Temporalibus circumspectum, aliisque multiplicium virtutum donis, prout fide dignorum testimonio juvari percepimus, insignitum, dreximus oculos etc. Datum Rome apud Sanctos Apostolos. XVII. Kal. Novemb. Pontific. nostri anno Tertio Decimo. *Ex chartoph. Eccles. Burdig. Bulla cum plumbo.*

IX. Callistus Episcopus etc. Vener. Fratri Petro Madicensi, olim Burdig. Archiep. etc. Personam tuam nobis et apostolicæ sedi devotam, tuis exigentibus meritis paterna benevolentia prosequentes, et illa tibi libenter concedimus quæ tuis commoditatibus fore conspicimus oportuna. Cum itaque nuper tu ex certis et rationalibus causis regimen et administrationem Ecclesiæ Burdig. cui tunc præeras per certum procuratorem tuum ad hoc à te specialiter constitutum in manibus dilecti filii nostri Alani titulo Sanctæ Praxedis Presbiteri Cardin. Legati nostri sponte et libere cesseris, nos cessione hujusmodi intellecta eaque admissa, et ratam habentes et ex aliis causis etc. Ad provisionem ipsius Ecclesiæ Burdig. sic per cessionem hujusmodi vacantis de persona dilecti filii Blasii Greelle electi Burdig. motu proprio ac de fratrum nostrorum consilio etc. Præficiendo eum illi in Archiepiscopum etc. Nos ne propter cessionem ipsam nimium dispendium patiaris, volentes tibi, de cujus persona Ecclesiæ Madicensi tunc vacanti hodie providimus præficiendo te illi in Archiepis-

1. Voir à l'appendice. — Pour l'inscription tumulaire de Pey Berland, par M. Jules Mar., voir *Bibliothèque de l'école des Chartes,* 2e sér., t. IV, p. 67.

2. L'affaire commença bien avant 1481 et se poursuivit sous Charles VIII; plus tard, en 1522 *(Reg. capit.)*, le Chapitre essaya de la reprendre, mais sans succès.

copum et Pastorem, ut statum tuum juxta Pontificalis dignitatis exigentiam tenere valeas, de alicujus subventionis auxilio providere etc. Tibi pensionem annuam viginti Piparum vini boni et mercabilis ac viginti Piparum Frumenti vendibilis et quadringentorum scutorum auri cugni Regis Franciæ boni et justi ponderis super fructibus, reditibus et proventibus mensæ Archiep. Burdig. etc. annis singulis tibi quoad vixeris etc. Per dictum Blasium electum et successores suos Archiep. Burdig. etc. persolvendam etc. Datum Romæ apud S. Mariam Majorem. an. Incarn. Dom. 1456. Octavo. Kal. Pontif. nostri an. 2. *Ex chartoph. Eccl. Burd.*

Instituo facio et ordino hæredem animam dilectam. Ita quod 3 pars dictorum bonorum distribuatur in 4. partes pro anima mea, videlicet in Missis celebrandis, pauperibus studentibus in Theologia. vel in jure Canonico, Puellis maritandis, pauperibus, infirmis incarceratis vel captivis. *Ex ultimo testamento Petri Berlandi quod asservatur in Archiv. Collegii Seminarii Burdig.*

FRAGMENT DU SCEAU DE PEY BERLAND

PEY BERLAND

SON TOMBEAU, SON CULTE. — PROCÈS DE CANONISATION.

On lit dans le testament du B. Pey Berland : « Je veux que » la sépulture de mon pauvre corps soit faite dans la » susdite église de Bordeaux, mon épouse, devant la » chapelle de saint Blaise, et contre l'*Armarium* où » repose le très sacré corps de N.-S.-J.-C., dans la partie exté- » rieure » (c'est-à-dire derrière l'autel).

Nous avons décrit (t. I, p. 217) le tombeau de Pey Berland. Depuis le jour de la sépulture, on ne cessa d'y accourir en foule : des miracles s'opérèrent; aussi la reconnaissance publique, devançant le jugement de l'Église, décerna-t-elle au saint prélat un culte populaire et tout spontané, dont nous retrouvons encore des traces dans nos archives départementales.

Delurbe (*Chron. bourd.*, f° 28) ne parle qu'à la date de 1481 du procès de canonisation de Pey Berland. L'affaire remonte beaucoup plus haut.

Les pièces relatives au culte et au procès de Pey Berland se trouvent dans un registre capitulaire in-folio de 165 feuillets. (*Archiv. dép.*, G. 285.) Ce registre contient les délibérations du Chapitre Saint-André depuis le mois de mars 1464 jusqu'au 20 novembre 1480; les dix-huit premiers feuillets sont déchirés par le milieu. MM. Gouget et Brives-Cazes en avaient extrait quelques documents qui se trouvent disposés par ordre chronologique dans le tome X des *Archives historiques de la Gironde,* p. 407 et suiv. Aujourd'hui, grâce à l'analyse du registre entier que M. Ducaunès-Duval vient d'achever après tant de fatigues, nous pouvons compléter ce premier travail et suivre à l'aide de textes, dont plusieurs sont inédits, la marche du procès.

Sur la couverture de l'inventaire du registre G. 285, le spirituel archiviste a laissé tomber ces deux quatrains tout gaulois :

« Si fors y eut de mauvais passe-temps
» Lorsque feust faict ce maudict repertoire,
» Qu'oncques humain ne s'est ennuyé tant
» Que quand le fis sans en avoir de gloire.

» Or, saichent tous et presens et futeurs,
» Combien de fois feust maudict cet ouvrage
» Feust commencé beaucoup à contre-cœur
» Et feust fini sans avoir davantage. »

M. Duval a vite oublié les ennuis dont il se plaint en homme toujours aimable : au plaisir que laisse après elle la difficulté vaincue s'est jointe aussitôt, pour le dédommager, la satisfaction plus douce encore d'avoir rendu « par ce maudict répertoire » un service réel à la science historique.

SÉRIE DES PIÈCES RELATIVES AU TOMBEAU DE PEY BERLAND, A SON CULTE ET AU PROCÈS DE CANONISATION

Contenues dans le *Registre capitulaire* G. 285 et le tome X des *Archives historiques de la Gironde.*

§ 1er. — *Tombeau et culte de Pey Berland.*

21 novembre 1464, f° 11. — Dominique de Cans, receveur des offrandes *ad tumbam bone memorie domini Petri Berlandi*, feu archevêque de Bordeaux, prélèvera six écus qu'il distribuera à l'avocat du Roi et au syndic et procureur du Chapitre au Parlement.

14 janvier 1465. — Supplique au Chapitre en faveur de Michel Hubert, détenu au pain et à l'eau pour avoir dérobé la cire offerte sur le tombeau de Pey Berland, f° 15. — *Ibid.*, f° 17, l'official du Chapitre se transportera à Saint-Seurin pour faire une enquête à l'occasion d'un vol de cire fait sur le tombeau de Pey Berland.

Le 20 février 1465. — Le Chapitre applique une partie des offrandes faites sur le tombeau de Pey Berland au payement d'une somme due à l'aumônier de l'ancien archevêque Blaise de Gréele (*Archiv. hist.*, t. X, p. 107.)

Le 24 avril 1465. — Mathieu Picavet, cordonnier, demeurant sur la paroisse de Saint-Michel, fait un codicille à son lit de mort pour payer un homme chargé d'accomplir, sur le tombeau de Pey Berland, un vœu qu'il avait omis d'accomplir lui-même. — Voir le texte en gascon dans les *Archiv. hist. de la Gir.*, t. XIII, p. 65. — On y lit : « *Si platz à Diu, à la » berge Maria et à mossen Pey Berland de la donar salut et que posca aver » bie et force, etc.* »

12 juin 1466. — Comptes présentés par de Cans des offrandes déposées sur le tombeau de Pey Berland : recette, 377 liv.; dépensés, 311 liv, la différence de 66 liv. est affectée à diverses dépenses pour ce service (f° 19).

2 septembre 1466. — Le Chapitre, afin de pourvoir aux dépenses des vendanges, ordonne de vendre 2 *quintaux* des offrandes de cire faites au tombeau de Pey Berland.

16 juin 1467. — Comptes des offrandes (f° 35).

26 février 1470. — Malgré la requête de l'évêque de Dax, en faveur de Pierre Gombaud, accusé de vol de cire sur la tombe de Pey Berland, et qui s'était échappé de prison, le Chapitre décide que ledit Gombaud sera ramené dans sa prison en attendant une sentence définitive.

26 mars 1471. — Le frère Laurent Juilly est condamné à deux ans de prison et au pain et à l'eau pour vol de cire sur la tombe de Pey Berland (fº 64).

12 février 1474. — A la suite d'une procession assez tumultueuse, le Parlement, les Maire et Jurats, les Chanoines de Saint-André et de Saint-Seurin et tout le clergé de la ville prêtent serment sur le missel et la croix de Pey Berland au tombeau du saint Archevêque (fº 117).

14 mars 1474. — Vente de deux quintaux de cire provenant des offrandes déposées sur le tombeau de Pey Berland. Le produit sera partagé entre les chanoines.

2 mai 1476. — P. de Coutures, prêtre, est nommé gardien du tombeau de Pey Berland (fº 131).

19 novembre 1478. — L'écolâtre est chargé de recevoir les offrandes déposées sur le tombeau (fº 150).

22 avril 1479. — Guillaume de Vieux-Monde est chargé de la garde du tombeau.

9 septembre 1479. — L'écolâtre prend sur la tombe de Pey Berland 16 liv. pour le chapelain et les clercs qui font l'office pendant les vendanges.

24 novembre 1479. — L'écolâtre receveur qui voudra ouvrir le tronc où sont renfermées les offrandes aura avec lui un chanoine.

8 février (vieux style) *1479.* — Il est constaté que les recettes excèdent les dépenses de 23 liv. 33 ardits.

4 avril 1480. — Il est donné, à titre d'aumône, à une femme pauvre qui veut se marier, 5 livres prises sur le tombeau de Pey Berland.

En 1486, sont mentionnés les produits de nombreuses oblations faites sur le tombeau de Pey Berland.

§ 2. — *Procès de Canonisation.*

16 avril 1467. — Il est ordonné d'envoyer le procès de Pey Berland fait par l'évêque de Bazas, commissaire à ce nommé par le Saint-Siège, vers le Grand-Chantre à Toulouse, le priant d'insister auprès dudit évêque de Bazas, pour que, le procès scellé, il en fasse la relation au Souverain-Pontife (fº 32.)

5 mai 1467. — Le serviteur de Raymond de Thumériac porte au Chapitre le procès de Pey Berland, tendant à sa canonisation, clos et scellé par l'évêque de Bazas, accompagné d'une invitation à l'Archevêque, de la part de l'évêque commissaire, à en écrire directement au Pape; en présence du refus que fait l'évêque de Périgueux de continuer à s'en occuper, le Chapitre renvoie le tout, pour aviser, entre les mains de l'Archevêque.

4 juin 1467. — L'Archevêque a l'intention d'aller vers le Roi, ayant avec lui un ou deux chanoines, pour lui porter le procès de Pey Berland (fº 34).

Août 1467. — Sur la proposition du doyen d'envoyer au Roi, qui s'y intéresse, le procès de canonisation de Pey Berland, il est ordonné que Arnaud Bonneau, qui s'est déjà occupé de cette affaire et qui a même connu Pey Berland, ira à Rome afin d'obtenir, au nom du Roi, commission du Pape pour poursuivre cette canonisation et en remettre le rapport au Roi. 40 écus, prélevés sur la tombe dudit Archevêque, sont donnés à Arnaud Bonneau pour son voyage (f° 38).

Item. — Le Chapitre envoie vers le Roi les chanoines Bonneau et Sirigay pour lui porter le procès de Pey Berland, avec une lettre collective pour le remercier de l'intérêt qu'il daigne prendre à l'affaire d'une canonisation si désirée par l'Église de Bordeaux.

22 septembre 1471. — En ce qui concerne la canonisation de Pey Berland, pour qui le Roi a une dévotion particulière, Arnaud est chargé de traiter cette affaire avec Louis XI, à qui il a déjà remis le dossier des titres. Il est ordonné que Arnaud Bonneau partira le plus tôt possible, afin d'aller vers le Roi, et qu'il aura un écu par jour pendant son absence (f° 81).

24 septembre. — Le Chapitre maintient ses droits de présence à Pierre de Sirigay, envoyé à Rome par le Roy afin de poursuivre la canonisation de Pey Berland (f° 42).

18 octobre 1471. — Le Roi désirant la canonisation de Pey Berland, envoie un héraut d'armes vers le Chapitre afin d'avoir le dossier dudit Archevêque et le récit de ses miracles; le Chapitre adresse des remerciements au Roi pour l'intérêt qu'il prend à cette affaire, et répond que, conformément à la lettre du Pape, Arnaud Bonneau est déjà parti pour aller vers Sa Majesté, porteur des pièces réclamées : il est délibéré que trois écus seront donnés au héraut d'armes et que les lettres du Roi seront publiées dans toute la ville et dans toutes les chapelles du dehors, afin d'avoir la relation de tous les miracles faits par Pey Berland — *si quæ fecit,* — et l'envoyer au Roi comme il le demande; il est de plus ordonné « que dimanche prochain il sera fait une procession générale au couvent des Carmes pour publier les lettres du Roi » (f° 83).

5 novembre 1471. — Le Captal de Buch ayant informé le Chapitre que le Duc envoie à Rome des ambassadeurs pour faire hommage au Pape, dit qu'il serait bon que le Duc entretînt en même temps le Souverain Pontife de la canonisation de Pey Berland. Le Chapitre décide que attendu que le Roi a les pièces de la canonisation vers lui, et qu'il a promis de la poursuivre à ses frais, ce serait lui faire injure de s'adresser à une autre personne, il est donc inutile d'écrire au Duc pour cette affaire : mais l'on remerciera le Captal de Buch de l'intérêt qu'il porte à l'Église de Bordeaux (f° 70).

6 avril 1475. — (Le dossier avait été égaré). Le doyen lit au Chapitre des lettres du Roi relatives à la canonisation de Pey Berland; il est décidé qu'on écrira de la part du Chapitre à l'évêque de Bazas et à l'évêque d'Albi pour savoir de ce dernier où se trouve le dossier que le Roi lui avait confié afin qu'il le portât à Rome et dont on n'a plus eu de nouvelles.

11 avril 1475. — Les lettres adressées auxdits évêques sont lues en Chapitre, et il est ordonné qu'elles seront apportées par le prêtre André, lequel est en même temps chargé d'extraire des actes des notaires de Toulouse, tout ce qui a trait audit procès, et de l'apporter en bonne forme : 15 écus, provenant de la vente des offrandes déposées sur le tombeau, sont donnés au messager (f° 118).

27 juin 1475. — Lettre de l'évêque (d'Albi?) disant qu'il a livré le dossier au Pape, lequel l'a remis à un cardinal nommé dans ladite lettre; il est ordonné que le Chapitre écrira au Roi sur cette affaire et à Jean de Ferraturis, qui est à la cour romaine, afin de hâter la conclusion dudit procès.

31 octobre 1475. — Il est ordonné d'envoyer vers le Roi pour poursuivre ladite cause, Arnaud Bonneau qui s'en est déjà occupé, et, en cas de récusation, Ramond de Furnes, sacriste.

16 novembre 1475. — Il est donné à R. de Furnes 100 écus, s'il consent à aller vers le Roi et ensuite à la Cour romaine pour l'affaire de la canonisation; de plus, il aura la procuration du Chapitre, afin de pouvoir s'engager au nom de celui-ci, jusqu'à la somme de 500 écus, dans le cas seulement où il obtiendrait du Pape l'indulgence pour l'Église de Bordeaux; et, si le Roi ne veut pas contribuer aux frais de ladite canonisation, Ramond de Furnes rentrera à Bordeaux (f° 126).

16 janvier 1475. — Le sacriste R. de Furnes écrit au Chapitre que le Roi est mécontent de ce que l'on n'a pas donné assez d'argent pour les frais de voyage et de séjour à Rome; il est décidé de faire observer au Roi que lui-même doit fournir au sacriste ce qui lui est nécessaire pour le voyage de Rome.

23 janvier 1475. — Le sacriste fait la relation de son voyage vers le Roi, et dit qu'il a livré la copie du procès à Baudinot d'Agès.

En 1480, le Chapitre fait donner un marc d'argent au héraut que le Roi avait envoyé demander le procès-verbal relatif à Pey Berland.

En 1481, un chanoine est député vers le Roi, et les évêques de Sarlat et de Poitiers sont priés de s'occuper activement de cette canonisation.

Juin 1483. — Les États de Guyenne votent la somme de 3,500 livres tournois à répartir entre les diverses communautés de la province. Cadillac s'imposa pour 27 livres 10 sous. Les offrandes furent partout généreuses. Gaufreteau (*Chron.*, t. I, p. 30) n'est donc pas dans le vrai quand il dit que la cause de l'abandon du procès de canonisation « consiste » qu'estant besoing de faire une grande despense pour executer cette » poursuite, personne ne voulut mettre la main à la bourse. »

23 mars 1486. — Charles VIII disait dans ses *Lettres patentes relatives aux privilèges royaux de l'Université de Bordeaux :* « Pierre Berland..., » lequel, pour les grans vertuz, merites, devocion et bon exemple de vivre » qui estoit en sa personne, on croit piteusement estre sainct. » (*Livr. des privilèges,* p. 261.)

16 septembre 1491. — Le même Charles VIII faisait recommander aux commissaires qu'il envoyait à Rome de presser la canonisation de Pey Berland.

(Une table des *Registres capitulaires* qui manquent, constate que ces registres contenaient plusieurs autres renseignements sur cette affaire.)

Les démarches de l'Église de Bordeaux furent bien accueillies à Rome. Le Saint-Siège introduisit la cause de Pey Berland. Nous avons deux bulles et deux brefs collationnés sur les originaux qui se gardent aux Archives du Vatican. Ces copies authentiques nous ont été communiquées par M. le chanoine de Laborie; elles sont munies du sceau des Archives du Sacré-Palais et certifiées conformes par le Sous-Archiviste du Vatican, lequel a signé comme suit : *Prof.* D. PETRUS BALAU, *Subarchiv. S. Sedis.*

Voici l'énoncé des quatre pièces :

1° Une bulle de Pie II aux évêques de Périgueux et de Bazas, en date de 1462 ;

2° La même bulle aux mêmes prélats, en date du 4 des calendes de mai 1463. A cet exemplaire sont jointes vingt-cinq questions devant servir de base à l'enquête ;

3° Un bref de Sixte IV à Louis XI, en date du 27 août 1472. Le Pape fait connaître au Roi que jusqu'à ce jour, il n'a rien reçu d'authentique *ut requiritur* touchant les vertus et les miracles de Pey Berland. *Nos autem nihil adhùc de meritis ac miraculis ejusdem quod authenticum sit, ut requiritur, habuimus ;*

4° Un bref d'Innocent VIII daté de l'an 1485. Ce bref, adressé aux évêques de Bazas, de Sarlat et de Dax, concerne les témoins à citer pour la constatation des miracles.

Dans ces dernières années, M. le chanoine de Laborie a tenté de louables efforts pour appeler de nouveau l'attention du Saint-Siège sur la mémoire de Pey Berland. Une supplique en latin, rédigée par notre vénéré collègue et portant la signature du Cardinal-Archevêque, de Mgr le Coadjuteur et des Membres du Chapitre, a été ou sera prochainement déposée aux pieds du Saint-Père ; on y lit : « Omni, citrà memoriam, tempore, à populo hujus » urbis et diœceseos, propter singulares et heroïcas virtutes, miran- » dam sanctitatem et innumera propè ad ejus sepulchrum patrata » miracula, *Sanctum* habitum fuisse et *Beatum* semper appellatum. »

BLAISE LII. ARCH.

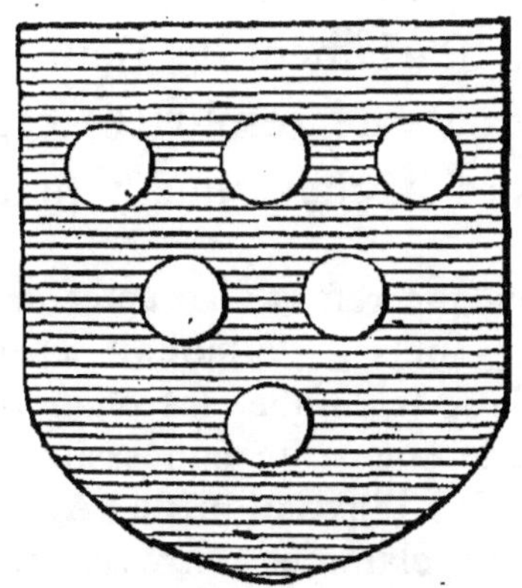

D'azur à six besans d'argent.

BLAISE de Greelle ou Regnier fut esleu Archevesque du vivant de Pierre Berland, et fut confirmé par le Pape Calliste III. le 23. de Septembre 1456. Il estoit lors Soubsdiacre du Dioceze de Clermont. Juvenal des Ursins Archevesque de Reims assisté de Jean de Mailly Evesque de Noyon et de Guillaume Chartier Evesque de Paris le consacra ensuite dans l'Abbaye S. Denis en France. C'est soubs luy, que le Chapitre avec ses dependans, fut déclaré exempt entierement de la Jurisdiction des Archevesques, par une Bulle expresse du Pape Pie II[1]. l'an 1458. pour les causes

1. Le Chapitre payait une pension de dix florins d'or à la Chambre Apostolique pour cette *exemption :* « Le 15 décembre 1471 il est ordonné de prendre à cet effet, sur les recettes des anniversaires, la somme de 22 livres. » (*Regist. capit.*, G. 285, f° 86.) — Voir *Archiv. dép.*, G. 271, les débats concernant la bulle de Pie II. D. Devienne, (*op. cit.*, 2e part., p. 79 et suiv.) expose longuement cette affaire.

legitimes contenuës dans la Bulle que je raporteray au long à la 3. partie.

II. L'an 1462. le Roy Louys XI. vint à Bourdeaux où il fit solemniser les nopces de sa sœur Magdelaine avec Gaston de Foix[1], et y institua et dota la Confrairie des Nautonniers, appellée de Monthuzet à l'honneur de la Vierge[2]. La mesme année le 12. Novembre se tint la premiere Seance du Parlement de Bourdeaux, dont l'establissement avoit desja esté resolu et accordé par le Roy Charles VII[3]. Nostre Archevesque y presta le serment de

On y voit que l'Archevêque refusa d'accepter ladite bulle et rédigea des mémoires dans lesquels il l'attaquait « par le fond et par la forme. » Satisfaits de leur triomphe, les chanoines firent de bonne grâce à Blaise de Gréelle une petite concession. On lit dans le *Reg. capit.*, G. 286, f° 45 : « Sur l'invitation de l'Archevêque, le Chapitre consent à ce que les chapelains et autres clercs puissent porter le capuce orné de fourrures noires (f° 45).

« On doute si c'est cet Archevêque qui fonda les chapelains de l'église de Saint-Blaise de Cadillac, qui fut érigée en église collégiale l'an 1494. » (Bellet, ms., p. 151.)

1. *Regist. capit.*, G. 285.

2. « Sur quoy est à noter : 1° que le Roy fut nommé, *in capite libri*, le premier confraire; 2° est à noter que cette confrairie fut appellée de Montusset, parce qu'elle se voua aux prières de la Vierge honorée en la chapelle et église de la parroisse de Montusset, à une lieue de la ville de Blaye. » (Gaufreteau, *Chron.*, t. I, p. 24.)

« Estant porté par l'institution qu'aucun de ladicte ville ne pourra faire estat de la navigation, qu'il ne soit enrollé en ladicte frairie. » (Delurbe, f° 36 v°.)

3. Voir pour les détails de cette solennité C.-B.-F. Boscheron des Portes *(Hist. du Parlem. de Bord.).* L'institution d'un Parlement était promise aux Bordelais par un article du traité du 12 juin 1251. Le retour des Anglais et la reprise de Bordeaux par les nôtres à la suite de la bataille de Castillon ajournèrent l'exécution de ce projet. Jusqu'en 1462, la Guyenne dut recourir au Parlement de Paris; cependant, afin de faciliter l'expédition des affaires, le roi déclara « qu'il enverrait, une fois en deux ans, un président et quatre conseillers du Parlement de Paris, pour connaître et décider de leurs appellations de sentences définitives et interlocutoires. » (*Op. cit.*, t. I, p. 8.) Ces assises extraordinaires s'appelaient les

Conseiller, comme aussi trois Conseillers Clercs qui furent Jacques du Loup, Guillaume Pelart, et Henry Faraignes[1].

grands jours. — Lire dans le tome IX des *Archiv. hist. de la Gir.* les affaires intéressantes déférées à cette juridiction en 1456 et 1459. — Lire aussi dans les *Légistes bordelais,* par M. Brives-Cazes, les résistances des juges d'église aux légistes laïques arrivés en Guyenne à la suite des armées de Charles VII. « La situation, dit l'auteur, ne devait pas cependant rentrer de sitôt dans un état normal, grâce à l'opiniâtreté de l'archevêque Blaise de Gréelle, tout ancien avocat au Parlement de Paris qu'il eût été. » (*Op. cit.,* p. 16.)

On aurait tort cependant de croire qu'avant l'occupation de la Guienne par les Français la prépondérance des pouvoirs ecclésiastiques, s'il est permis d'employer ce mot, n'éveillait pas fréquemment les susceptibilités des juridictions civiles. C'est une sorte d'axiome en histoire, qu'au temps des Anglais « les gens d'église gouvernaient tout. » La preuve du contraire se trouve dans le tome IV des *Registres de la Jurade 1414-1422,* dont M. H. Barckhausen nous a fait l'honneur de nous communiquer les épreuves.

La nomination de l'Archevêque à la dignité de Conseiller est regardée, par M. Boscheron des Portes (*op. cit.,* t. I, p. 24), comme une habileté de Louis XI, car, dit-il, « Blaise de Gréelle, demeuré en dehors de cette compagnie, eût continué ses luttes de plaideur obstiné. » — Les archevêques de Bordeaux se prétendirent dans la suite conseillers de droit du Parlement. Ce droit fut contesté pendant un certain temps. (*Ibid.,* p. 24, note.)

1. Voir dans le *Gallia,* t. II, col. 843, et *Instrum.,* col. XXIV, quelques autres faits. — Le *Gallia,* non plus que Lopès, n'indique pas la date de la mort de Blaise : il dit seulement *(ibid.)* « cette même année (1467) il mourut ou *céda la place* à un autre ».

ARTUS LIII. ARCH.

Écartelé le 1er et le 4e de gueules à 7 mâcles d'or 3, 3, 1, au lambel de 3 pendants d'argent qui est Montauban, au 2e et 3e d'argent à la guivre de 3 tours en pal couronné d'or, issante de gueules, qui est Milan.

ARTUS de MONTAUBAN fut esleu Archevesque apres le decez de Blaise, qui arriva sur la fin de l'année 1463[1]. Il estoit fils de Guillaume de Montauban, et de Bonne, Niepce de Bernabo Viscomte, Seigneur en partie du Duché de Milan, et fille de Charles Viscomte, privé de son Estat par son Cousin Jean Galeas Viscomte, et ce Charles avoit espousé Beatrix d'Armagnac sœur de Jacques et de Bernard Comtes d'Armagnac et de Perdriac. A raison de ces grandes alliances, outre les armes de la maison paternelle, qui estoient de Gueulles à neuf Macles d'or posées en pal au lambel d'argent de quatre pendants, qu'il portoit au premier, et au quatriesme : au second et 3e il portoit contre-esquartelé d'argent au Lyon de Gueulles, qui estoit Armagnac, et de Gueulles au

1. Lire 1467. (*Gallia christ.*, t. II, col. 844.)

Leopard Lyonné d'or qui estoit Rodez, à cause de sa grand-mere, et sur le tout, d'argent au Guivre ou serpent d'Azur de trois tours en pal, couronné d'or, à l'issant de gueulles, qui estoit Milan à cause de sa Mere. Mrs de Ste Marthe ont mis les Armes de Milan au 3e. et 4e. et ont obmis celles d'Armagnac. Il se justifie neantmoins et par quelques vitraux de la Nef de nostre Eglise, et par un tableau que nous avons où cét Archevesque est peint à genoux devant un Crucifix, et au pied duquel sont escrits quelques vers à l'honneur de la Croix, que c'estoient là ses armes, ainsi que je les ay raportées et blasonnées, car elles s'y sont encores assez bien conservées.

II. Il s'estoit adonné aux armes avant sa promotion, et s'estoit acquis les bonnes graces de François I. Duc de Bretagne. Depuis ayant trempé dans la funeste mort de Gilles de Chantocé frere de ce Duc[1], touché des sinistres accidens qui estoient arrivés aux coupables, pour expier sa faute, il print l'habit des Celestins, et professa durant quelques années la vie Religieuse aux Monasteres de Mante et de Marcoussi. Il en fut retiré par le Roy Louis XI. qui l'aimoit, et qui à la consideration de son frere Jean de Montauban Admiral de France, et Mareschal de Bretagne, le fit eslire Archevesque de Bourdeaux, où il fit son entrée solemnelle, comme nous l'avons dit au ch. 2. de cette partie, le 18. de Novemb. l'an 1466[2]. Quatre ans apres,

1. Le long martyre de Gilles de Bretagne a défrayé les chroniques. Arthur n'y fut pas étranger, ou pour mieux dire, il en fut le plus cruel agent. On sait que les complices de ce long assassinat furent tous frappés par la main divine; à cette vue, Arthur qui, jusque-là, s'il faut en croire Alain Bouchard, avait été «confit dans le venin de libertinage et d'impiété», courut s'enfermer dans un cloître de Célestins aux environs de Paris. (Cet ordre, qui jusqu'à la Révolution avait la garde du sanctuaire de Verdelais, était une création du pape Célestin V.)

2. Voir plus haut, p. 40, et le manuscrit *Archiv. départ.*, G. 285, f° 27. — Pendant la vacance du siège, le 10 avril 1465, le

il reçeut à Bourdeaux Charles Duc de Guyenne frere du Roy Louïs XI. qui y fit une entrée magnifique le 10. d'Avril 1470[a 1]. l'Archevesque avec tout le Clergé luy furent au devant jusqu'au Chasteau de Lombriere. A l'entrée de la porte Royale de l'Eglise Metropolitaine il adora la Croix qu'on luy presenta, fust revestu d'un Surplis Aumusse et Chappe comme un Chanoine, et de là fut conduit jusqu'au grand Autel, par l'Archevesque. Il y fit sa priere et de la fut mené à la Chapelle S. Martial, au devant de laquelle estoit un Fautueil de drap d'or sur un theatre eslevé, garny de riche tapisserie, où il fit le serment accoustumé et le reçeut pareillement des trois Estats de la Province. Il estoit accompagné du Prince de Navarre son nepveu fils du Comte de Foix, et de sa sœur, du Captal de Buch, du Baron de Montferrand, du Seigneur de la Lande et de l'Evesque d'Angers son Chancelier. Mais comme le dueil n'est pas beaucoup esloigné de la joye; ce Duc mourut deux ans apres au Chasteau du Ha[2] à Bourdeaux, le 12. de May 1472. et fut ensevely au Chœur de la Metro-

a Regist. Cap. de cette année.

Chapitre avait décidé « que l'argent du sceau archiépiscopal, perçu par Gaillard Martin, sacriste, pendant la vacance du siège, serait distribué aux vingt chanoines : chacun desdits chanoines reçut trois francs et dix *ardits* et Gaillard Martin eut dix francs pour ses gages. » (*Regist. capit.*, G. 347, f° 3.)

1. Voir pour les détails *Archiv. hist. de la Gironde,* t. XII, p. 18.

2. Lire sur ce château, dont il ne reste plus qu'une tour servant de prison, Baurein, *op. cit.*, *passim.* ; — L. Drouyn, *Bordeaux*, *etc.* ; — Gaufreteau donne une singulière étymologie du mot *Hâ :* « est à noter que celuy (château) de Trompette fut ainsin appellé, parce que touts les matins des jours ouvriers, un homme appelloit les massons et ouvriers à l'edifice, avec le son d'une trompette. Et l'aultre, receut le nom du Hâ, parce que lorsqu'on porta la nouvelle audit seigneur roy Charles VII, de l'achevement du chasteau, il s'escria trois fois, par rejouissance : « Ah ! ah ! ah ! il est donc achevé, ce chasteau ! » (Gaufreteau, *Chron.*, t. I, p. 19.)

politaine[1] : l'Abbé de S. Jean d'Angeli fut soupçonné de sa mort. Deux ans avant y avoit esté ensevely Gaston de Foix son beau frere, mort d'un éclat de Lance, dont il fut blessé dans un Carrousel à Libourne[2].

III. Par le decez de Charles, la Guyenne fut de rechef reünie à la Couronne, et le Roy la mesme année confirma l'Erection de l'Université de Bourdeaux, qui avoit été instituée par le Pape Eugene IV[3]. Nostre Archevesque vescut encores jusqu'à la fin de l'année 1478. d'où il faut corriger Robert et Mrs de Ste Marthe qui le font mort l'année 1468. Il donna des beaux ornements à son Eglise, et mourut à Paris sur la fin du mois de Mars 1478. et y fut enseveli au Couvent des PP. Celestins, dont il s'estoit rendu un des principaux bienfacteurs.

1. Voir t. I, p. 289.
2. Voir *Chron. bourd.*, fo 37 vo.
3. Voir *Chron. bourd.*, fo 36 vo. — On trouvera d'autres faits concernant cet Archevêque : 1o dans le registre G. 285; 2o dans le *Gallia*, t. II, col. 844.

ANDRE LIV. ARCH.

CARDINAL.

Écartelé au 1er et 4e d'argent, au lion coupé de gueules et de sinople, armé, lampassé et couronné d'or qui est d'Espinay; au 2e et 3e de gueules à 7 mâcles d'or, 3, 3, 1, au lambel de 3 pendants d'argent, qui est Montauban, sur le tout, d'azur à 3 fleurs de lys d'or au cotice de gueules qui est Bourbon.

LES nouvelles de la mort d'Artus furent sceües au Chapitre le 10. jour d'Avril[a], et le Roy ayant escrit en faveur d'ANDRE d'ESPINAY nepveu du deffunct, qui avoit esté fait Chanoine de la Metropolitaine le 8. d'Octobre 1478. le Chapitre qui n'estoit lors qu'au nombre de XI. Chanoines (la peste qui estoit lors fort grande à Bourdeaux en ayant esloigné tous les autres) l'esleut d'un commun accord, à la recommandation du Roy[1]. Il estoit de la noble maison d'Espinay en Bre-

a Registre Capit. de ce temps.

1. Voici un extrait des *Actes capitulaires* concernant cette élection :

(G. 285, fo 153). — Le samedi 10 avril, veille de Pâques, le grand chantre vient annoncer la mort d'Arthur de Montauban, décédé à Paris. — ... Le

tagne[1], et eut trois freres presque à mesme temps, l'un Evesque de Nantes, un de Mirepoix, un troisiesme de Die, Jacques d'Espinay son oncle Evesque de S. Malo et de Rennes, et de sa mesme maison, Charles Evesque et Comte de Dol.

II. Ayant esté confirmé Archevesque par le Pape Sixte IV. Thibaud un sien frere Doyen de N. Dame de

doyen de Sainte-Marie de Cléry apporte une lettre du Roi désignant André d'Espinay à la nomination du Chapitre comme archevêque de Bordeaux; il est répondu que, dans cette affaire, tout en observant les coutumes, on s'empressera de faire la volonté du Roi. — Le 15 avril, préparatifs pour l'élection du futur prélat. Mes Claude Dupuy et Pierre Ammodins, notaires apostoliques, sont constitués pour dresser les actes. — Le 19 avril, le sous-maire et les jurats viennent notifier au Chapitre l'ordre du Roi d'avoir à nommer comme archevêque André d'Espinay, toute autre élection devant être cassée; le Chapitre répond que la procédure ordinaire sera suivie et la volonté du Roi respectée. — Le 23 avril, élection à l'unanimité d'André d'Espinay, licencié ès-lois, chanoine de Saint-André; après le *Te Deum*, chanté depuis la chapelle de Saint-Émilion jusques au grand autel, Bernard d'Ambilla, archidiacre de Blaye et président du Chapitre, proclame l'élection, et est chargé d'aller la notifier au nouvel archevêque. — Le 9 septembre, Théobald d'Espinay, doyen de N.-D. de Cléry, frère du seigneur archevêque, présente les bulles apostoliques conférant l'investiture audit archevêque et prend possession du siège au nom de celui-ci (fo 156). — Le 4 avril, notification au Chapitre d'un acte annonçant l'entrée de l'archevêque dans sa province ecclésiastique (fo 160).

1. « La maison et famille des sires et marquis d'Épinay a toujours esté tenuë et estimée l'une des plus nobles, anciennes, grandes, meilleures, riches, authorisées, et aussi bien alliée qui soient au pays et duché de Bretagne, estant marquée de tous les signes qui doivent être *celles*, qui meritent tenir rang entre les grandes et illustres. » (Fr. Aug. du Paz, *Hist. généalog. de plusieurs maisons de Bretagne*, Paris, 1619, p. 263.)

On ignore, même en Bretagne, si André naquit au château d'Épinay ou bien à celui de Landal; ces deux châteaux existent encore, et sont très remarquables; le dernier était le douaire de Bonne Visconti, épouse de Guillaume de Montauban, dont était né Béatrix de Montauban, épouse de Richard d'Épinay, qui fut le père du cardinal. Par leur alliance avec les Visconti, les d'Épinay étaient devenus parents du roi de France, ce qui explique la grande amitié de Charles VIII pour l'archevêque de Bordeaux.

André d'Épinay avait été d'abord prieur de Saint-Martin-des Champs, de l'ordre de Cluny, à Paris, puis, d'après du Paz, archevêque d'Arles, l'an 1476. *(Ibid.)* Cette dernière assertion est erronée.

Clery vint à Bourdeaux avec les Bulles, et print possession de l'Archevesché le 1. jour d'Octobre l'an 1479. et l'an 1482. l'Archevesque fit son entrée dans la Ville avec les solemnités que nous avons ailleurs rapportées[1]. Trois ans apres, l'an 1485. il assista aux Estats Generaux du Royaume assemblez à Tours, à l'entrée du Regne de Charles VIII. L'année 1488. il donna son consentement à l'institution

ANDRÉ D'ÉPINAY

d'après une peinture de grandeur naturelle qui se garde à l'archevêché de Lyon.

(Communiquée en photographie par M. le comte de PALYS).

Le portrait sur toile qui se voit à l'archevêché de Bordeaux est du commencement du XVIIIe siècle; Le cardinal y est représenté beaucoup plus jeune que dans celui de Lyon. Nous ne connaissons que deux portraits gravés d'André d'Épinay; l'un à la Bibliothèque nationale (genre Duchesne), l'autre d'Honervogt, 1649. *(Sommaire des Card. français.)*

des quatre Chanoines Semiprebendés, qui fut obtenuë du Pape Innocent VIII. pour l'Eglise Metropolitaine[2]. Le

1. Voir plus haut, p. 44; — *item*, P. Frizon, *Gallia purpurata*, p. 531.

2. « Quatre prêtres choristes, habiles dans l'art de la musique,

Roy qui le consideroit beaucoup, et l'avoit employé en plusieurs importantes affaires, luy obtint un Chapeau de Cardinal le 14 de May 1489. qu'il receut soubs le Tiltre de S. Martin des Monts, mais il ne fut jamais appellé, que Cardinal de Bourdeaux[1].

III. Il accompagna le Roy Charles VIII. au voyage d'Italie, et se trouva à la

SCEAU DU CARDINAL D'ÉPINAY

attaché à une bulle d'indulgences pour les bienfaiteurs des religieuses de Ste-Claire de Moulins. — Mars 1492.

(Communiqué par M. le comte de PALYS).

Un autre sceau pareil, mais non écorné comme celui-ci, se garde aux Archives nationales.

sont nommés à cet effet, et le Chapitre leur ordonne de chanter des messes au grand autel pour appaiser l'*ire* de Dieu.» (*Actes capit.*, G. 275.)

1. Charles VIII avait utilisé l'influence d'André d'Épinay sur les barons et seigneurs de Bretagne, quand il préparait la guerre contre le duc François II. (V. du Paz, *op. cit.* — Lire également quelques détails sur la vie politique de ce prélat, dans l'*Histoire des Cardinaux*, par Aubery, t. II, p. 566, 568.)

bataille de Fournoüe, que le Roy gagna fort glorieusement l'an 1495. Il s'y trouva non pas armé comme le Cardinal Brissonet, mais revestu Pontificalement, la Croix à la main, toujours au costé du Roy[1]. C'est luy qui fit bastir le grand Escalier du Palais Archepiscopal. Il fut encores esleu Archevesque de Lyon l'an 1499. mais il ne jouit pas long temps de cét Archevesché, estant mort à Paris le 10. Nov. de l'an 1500. il fut enseveli aux Celestins comme son oncle, proche la Chapelle des Ducs d'Orleans, avec l'Epitaphe que je mettray ici-bas[2].

IV. De son temps l'an 1494. fut erigé le Chapitre de Cadillac[3] par les liberalités de Gaston Comte de Foix, de Candalle, de Lavaur et de Benauges. L'Erection fut confirmée par le Pape Alexandre VI. avec les formalités ordinaires. Les Ducs d'Espernon Seigneurs de Cadillac en ont augmenté les revenus, et ont voulu estre ensevelis dans

1. Le patriotisme bordelais eut à cœur de consacrer par un monument le souvenir de cette victoire. L'ancienne porte du Cailhau, devenue la porte du Palais, est un arc de triomphe en l'honneur de Charles VIII. La statue de ce roi, déposée aujourd'hui au musée des antiques, s'y voyait dans la niche centrale, regardant la rivière. (V. *Comm. des Monum. hist.*, an. 1845-46, p. 42.) Du côté de la ville était un bas-relief, actuellement mutilé, représentant la bataille, le cardinal y figurait en habits pontificaux et la croix à la main.

2. Son testament est aux Archives nationales (*Célestins* de Paris. — *Fondations,* LL. 1505). M. le comte de Palys a bien voulu transcrire le passage d'ailleurs très bref qui intéresse les églises de Bordeaux et de Lyon; il lègue à celles-ci « respectivement » : *quantùm rationabiliter satis esse et sufficere debeat ut mihi pro animâ meâ celebrent vigilias et commendationes cum unâ missâ defunctorum.*

3. Chapitre de Saint-Blaise dont l'église sert aujourd'hui d'église paroissiale sous le vocable de Saint-Martin, en souvenir de l'ancien sanctuaire du même nom qui se trouvait au milieu du cimetière actuel de Cadillac. Le savant chanoine Bellet, membre de l'ancienne Académie de Bordeaux, dont les œuvres manuscrites se gardent à la Bibliothèque de la Ville, faisait partie du Chapitre de Saint-Blaise.

l'Eglise du Chapitre dans une belle Chapelle[1] qu'y fit bastir, Jean Louys de la Valette (qui avoit espousé Marguerite de Foix heritiere de la Maison de Candalle) et sous un superbe Mausolée de Marbre qu'il y avoit fait eslever.

I. Unanimiter et concorditer elegimus in Archiep. Burdigal. Dominum Andream d'Espinay Licentiatum in legibus fratrem et concanonicum nostrum. *Regist. cap. Burdig. illius temporis.*

III. EPITAPHIUM.

« *Hic jacet Rev. Pater in Domino Dominus Andreas*
» *d'Espinay Archiepiscopus Lugdunensis et Burdigalensis,*
» *Primas Franciæ et Aquitaniæ, zelator et benefactor Ordinis*

1. D'après l'inscription gravée sur une plaque de marbre noir au-dessus de la porte monumentale par où l'on entre dans l'église, cette chapelle fut terminée en 1606. Le *Registre* de l'église de Saint-Martin de Cadillac donne la liste des huit membres de la famille d'Épernon qui reposent encore dans cette nécropole, où je descendis tout enfant en 1843. Les anciens cercueils ont disparu. Les patriotes les détruisirent le 18 avril 1793 pour en retirer le plomb dont le poids, en y comprenant celui du caveau des chanoines, ne s'éleva qu'à 1,650 livres; le tout fut converti en balles. Le mausolée de marbre mentionné par Lopès s'élevait au milieu de la chapelle d'Épernon; il fut également détruit en vertu d'une délibération de la municipalité de Cadillac (2 novembre 1792). La Renommée de bronze fut transportée à Paris. — Voir dans la *Société arch. de Bordeaux* une photogravure de ce chef-d'œuvre, et pour l'histoire de la démolition du mausolée, lire la notice de M. Delcros aîné sur la ville de Cadillac. Consulter encore sur Cadillac : *Archiv. départ.*, section des *Archives communales* antérieures à 1790, A-A-I; — *item*, L. Drouyn, *Guyenne milit.*, t. II, p. 255 et suiv.

On sait comment les d'Épernon devinrent seigneurs de Cadillac. Le château de Cadillac était primitivement le château de Benauge. Celui d'Arbis, qui porte aujourd'hui ce nom, ne date que de la fin du XVe siècle; il fut bâti par Gaston III, seigneur de Cadillac. Les premiers seigneurs de Cadillac furent probablement les Paulin et les Léonce qui, pendant les IVe et Ve siècles, possédaient d'immenses domaines dans le pays d'Entre-deux-Mers. Les *Bordei* ou Bordeaux leur succédèrent. Ils bâtirent le château de Saint-Jean vers la fin du Xe siècle et restèrent en possession de la seigneurie de Benauge jusqu'en 1253, époque où Henri III, roi d'Angleterre, s'en empara

» *Cælestinorum, qui obiit Lutetiæ ad Turriculas 10. die*
» *Novemb. an. 1500.* »

et en fit présent à l'un de ses vassaux, Jean de Grailly. En 1381, Archambaud de Grailly, oncle du célèbre captal de Buch, épousa la comtesse Isabelle de Foix; depuis cette époque les Grailly ajoutèrent le nom de Foix à leur propre nom. Isabelle eut cinq enfants. L'un d'eux, François de Foix, maria sa petite nièce, Marguerite de Foix, au duc d'Épernon. C'est ainsi que le vieux château des Bordei et des Grailly-Foix devint le château d'Épernon. Les fondements de l'édifice actuel furent jetés en 1598. Avant la construction du *castellum* primitif, dont on a peut-être fait par corruption Cadillac, cette petite ville s'appelait Saint-Jean. (Voir les détails dans le *Regist. de l'église Saint-Martin de Cadillac*, p. 1-6.)

JEAN LV. ARCH.

Blasonné par Lopès, p. 334.

JEAN de FOIX fut esleu successeur du Cardinal d'Espinay à la recommandation du Roy Louis XII. et fut confirmé par le Pape Alexandre VI. à l'aage de 18. ans l'an 1501[1]. Il estoit fils de Jean Comte de Benauges, Captal de Buch, Vicomte de Castillon, et de

1. « Ce prélat, qui ne fut consacré que vers l'année 1512, employoit des évêques *in partibus* pour exercer ses fonctions. » (Baurein, *op. cit.*, t. II, p. 334.)

Ces évêques s'appelaient *portatifs*; l'auxiliaire de Jean de Foix nous est connu par l'inscription gravée sur le mur d'un bas côté de l'ancienne église Saint-Remy :

« Le clair mirouer de sagesse et prudence,
» Que l'on nommoit Pierre de Sidounence,
» Lequel pendant qu'en ce monde étoit vif
» Avoit état d'Evêque portatif;
» Et à bon droit mis au très saint lieu
» De Jean de Foix Révérend Père en Dieu,
» De cette ville Archevêque sacré,
» A ce saint lieu et Temple consacré,
» L'an après mil et cinq cent le douzième
» Du jour de may que l'on compte seizième. » *(Ibid.)*

Catherine fille de Gaston IV. Comte de Foix et Vicomte de Bearn, et eut pour ses freres, Gaston pere des Comtes de Candalle, Jean Vicomte de Meille, d'où viennent les Comtes de Curson. Anne sa sœur espousa Ladislas Roy d'Hongrie, et il eut pour ses nepveux Christophle et François Evesque d'Aire, qui ont tant merité des belles Lettres, sur tout le dernier tres-sçavant aux Mathematiques, pour lesquelles il a fondé une Chaire au College Royal de Bourdeaux. C'est soubs cét Archevesque que fut rebastie la voute de l'Eglise, qu'un temblement de terre avoit renversée l'an 1427. ses armes en font foy qui paroissent à la clef de cette voute proche du grand Orgue. Ce sont les armes, et de sa maison et des Alliances Royalles de sa Maison avec Navarre et Espagne, et parce qu'elles sont fort riches, et marquent la Noblesse de nostre Archevesque; il ne sera point hors de propos de les blasonner. L'Escu est party. Le premier est écartelé ou coupé de quatre quartiers[a]. Au 1. de Gueulles à huict rays d'escarboucle, accollé et pommeté d'or, qui est Navarre : au 2. d'or à 3. pals de Gueulles qui est de Foix : au 3. d'or à 2 vaches de Gueulles passant, accolées, accornées et clarinées d'Azur qui est Bearn : au 4. d'Azur à 3. fleurs de lys d'or, 2. 1. à la bande componée d'argent et de Gueulles, qui est Evreux, et sur le tout, d'or à deux Leopards Lyonnés de Gueulles armés, et lampassez d'Azur, qui est Bigorre. Le second, écartelé en sautoir[b], au 1 et 4. d'or à quatre pals de Gueulles qui est Sicile : au 2. de Gueulles au Chasteau sommé de trois tours crenellées d'or qui est Castille : au troisiéme d'argent au Lyon de pourpre, armé et lampassé de Gueulles qui est Leon.

II. C'est soubs cét Archevesque qu'Odet de Foix,

[a] Autrement aux chaisnes d'or mises en pal, bandé fassé barré et orlé ou aux chaines martelées.

[b] Autrement d'or à 4 pals de Gueulles qui est Sicile, flanqué à dextre de Gueulles au Chasteau sommé de 3. Tours etc. et à gauche d'argent au Lyon etc.

Vicomte de Lautrec fit son entrée solemnelle à Bourdeaux sur la fin de l'année 1512. et que l'année 1521. le 18. de Juillet, furent establies à Bourdeaux les Religieuses de l'Annonciade, et fondées par Jaquette Dame de Lansac, femme d'Alexandre de S. Gelais Ambassadeur pour le Roy en Espagne et en Suisse. Et depuis, la Maison de Lansac en a tousjours esté reconnuë pour la Fondatrice. Elles sont soubs la direction des PP. Cordeliers, et reçeurent Ste Jeanne sœur du Roy Charles VIII. et premiere espouse du Roy Louys XII. pour l'Institutrice de leur Ordre. Le Chapitre donna son consentement à l'Edifice du Monastere, moyenant une redevance de 40 sols qu'elles payent toutes les années. C'est encores soubs luy, que les PP. de la Mercy s'establirent en cette Ville, et consentirent pareillement à une redevance envers le Chapitre; nous en avons parlé au dernier Ch. de la 1. partie[1].

1. On a donné plus haut dans les notes des détails relatifs à ces diverses fondations; nous placerons ici quelques lignes sur la chapelle de N.-D. d'Arcachon, qui date de cette époque, et sur N.-D. de Verdelais dont le diocèse est redevable à la piété de la famille de Foix.

1528. — « En cette année, dit Gaufreteau (t. I, p. 53), le susdit » frère Thomas (*ibid.*, p. 44) cherchant les lieux les plus solitaires de » la Guienne, fut visiter la coste de la mer, vers le captalat de Buch, » et, estant arrivé en un lieu qu'on appelle *Arcaixon,* ainsin nommé » parceque c'est le milieu de l'arc qui se fait par les deux pointes » de Oissen e de cap de *Finis-Terræ,* il y bastit une chapelle de » bois de pins, dans les montagnes de pignadas, lieu affreux et » sauvage, laquelle se void encores aujourd'huy et s'appelle Nostre-» Dame d'Arcaixon, parceque le sainct homme i mit dedans une » image de Nostre-Dame, qu'il trouva par cas d'avanteure, au bord » de la mer, que quelque bris de naufrage y avoit jettée, ou peut » estre par miracle. Il voulut qu'elle fût bastie de bois et non de » pierre, afin d'estre remuée facilement de lieu en aultre; parce qu'en » cette coste là, les orages et les vents remuent souvent les sables, » et, aplanissant les montagnes, relevent les valées. Cette chapelle » est en tres grande veneration, notamment des mariniers, lesquels » avant monter sur mer, s'ils sont du pais, y vont faire leurs

III. Le Roy François premier, passant à Bourdeaux à son retour d'Espagne, il le receut avec les ceremonies que j'ay rapportées au long à la premiere partie[1]. Il donna à l'Ordre des PP. Minimes, qui commençoient à s'establir en France, et que S. François de Paule luy avoit particulierement recommandés, une place dans la ville, où estoit un Monastere desert qui autrefois avoit appartenu à des Relligieuses dites de S. Augustin où de Ste Monique. Il mourut jeune à Cadillac le 25. jour de Juin 1529[2]. et fut ensevely à Langon dans l'Eglise des PP. Carmes[3].

» prieres; et, s'ils sont estrangers, à leur abord à la Teste de Buch, » y viennent rendre grâces, parce qu'ils sçavent que, lorsque le » sainct homme arriva en ce lieu, en intention de bastir ladite » chapelle, comme il eut veu deux navires affolés d'un grand temps, » en cette coste .... et portés des courants sur les dangers, » s'estant jetté à genoux et faict son oraison à Dieu pour ceux qui » estoient batus des vents et heurtés des sables, la mer se calma » incontinent à la veüe d'un grand nombre de personnes. »

Le pèlerinage de N.-D. de Verdelais qui, d'après quelques historiens, remonte au XIe siècle, avait été remis en honneur, en 1390, par la famille de Foix. Isabelle de ce nom, à la suite du miracle du *pied de la mule,* bien connu des pèlerins, édifia la chapelle. Plus tard, le cardinal de Sourdis confia le pèlerinage aux Célestins. Gaufreteau, l'ennemi systématique de toutes sortes de religieux, blâme cette mesure : « 1622. — Le Cardinal-Archevêque y met les Celestins et » l'oste aux curés. Tellement qu'on put dire que les curés batent le » buisson, et les moynes prennent la proye, car ils ne se forment » jamais que là où il y a un gaing et lucre certains et abondants, » de même que les vespertillons et souris-chauves s'attachent qu'aux » quartiers de lard les plus gros. » (Gauf., t. II, p. 116.) — Voir à la Bibliothèque de la Ville : *La Guide des Pèlerins de Nostre-Dame de Verdelais, contenant plusieurs cantiques propres à chanter dans le batteau,* par le R. P. Claude Proust. Bordeaux, Simon de la Court, in-18, 1700.

1. Voir longs détails dans le *Regist. capit.* G. 286.

2. Entre sept et huit heures du matin. (*Reg. cap.*, G. 286, f° 177.)

3. Le dimanche suivant *(ibid.),* il était mort le vendredi.

L'église des Carmes de Langon renfermait un grand nombre de tombeaux de famille. (V. *Archiv. commun. ant. à 1790,* G.G. 7 et G.G. 8.)

GABRIEL LVI. ARCH.

CARDINAL.

Écartelé au 1er et 4e d'or au lion d'azur qui est Gramont, au 2e et 3e d'argent au chef danché d'azur qui est Mucidan.

Un mois apres la mort de Jean de Foix Archevesque, le Chapitre s'estant assemblé[a] au nombre de 24. Chanoines, neuf d'entreux esleurent Bertrand de Goulart de Brassac Chanoine et Secretain de l'Eglise de Bourdeaux et President aux Enquestes, mais la pluralité des suffrages l'emporta en faveur de GABRIEL de GRAMMONT, qui fut esleu le 14. de Juillet de l'an 1529. et çà ésté le dernier Archevesque esleu par les suffrages du Chapitre[1]. Il estoit de la tres-Noble maison de

a Regist. Capitul. de ce temps.

1. *Archiv. départ.*, G. 286, f° 181.

Nous avons rappelé (p. 35, note) que le Concordat de Bologne entre Léon X et François Ier enlevait aux Chapitres le droit d'élire les évêques. Le roi de France eut beaucoup de peine à vaincre

Grammont[1], fils de Roger de Grammont grand Seneschal de Guyenne, et Ambassadeur à Rome pour le Roy

l'opposition que firent à ce nouveau régime les Parlements et l'Université; on se flattait que l'ancien état de choses serait bientôt rétabli : dans cet espoir, plusieurs Chapitres continuèrent de nommer aux sièges vacants; celui de Bordeaux choisit Gabriel de Gramont par 15 voix contre 9. L'élection est certaine. Le *Gallia* (t. II, p. 847) qui pourrait, dit-il, « la révoquer en doute parce qu'elle est contraire au Concordat », l'admet néanmoins sur l'affirmation de Lopès, lequel assure en avoir lu les actes dans les registres capitulaires. Vers 1750, ces mêmes registres furent communiqués à l'abbé Xaupi. Il est encore certain, d'après les archives du Vatican, que le Pape donna des bulles à Gabriel de Gramont, deux mois après l'élection faite par le Chapitre ; mais, ajoute le *Gallia,* « je lis que cette élection fut cassée par le Saint-Siège en 1530; peut-être n'y eut-il qu'une démission volontaire. Quoi qu'il en soit, Gabriel de Gramont céda le siège de Bordeaux à son frère Charles et fut lui-même créé cardinal. » Devons-nous ranger ce prélat parmi les Archevêques de Bordeaux? Les frères Sainte-Marthe, Lopès, le *Gallia* ne s'y refusent point. Telle n'est pas l'opinion de l'abbé Xaupi. Lire son opuscule intitulé : *Dissertation sur l'élection à l'archevêché de Bordeaux faite par le Chapitre Primatial de Saint-André en 1529, en faveur de Gabriel de Gramont,* in-4°, Bordeaux, 1751.

Cette dissertation a été réfutée par les auteurs du *Gallia,* dans une lettre du 29 juillet 1752 insérée au *Mercure de France* du mois de novembre de cette année.

1. Cette famille, qu'il ne faut pas confondre avec les Gramont de Belgique, de Muret et de Franche-Comté, tire son nom de la seigneurie de *Gramont,* dans la Basse-Navarre. Elle se divisa plus tard en deux branches, les Gramont d'Aure et les Gramont Caderousse. C'est de la première qu'était issu l'Archevêque de Bordeaux. Le cardinal Gabriel était grand diplomate : on garde à la Bibliothèque nationale le *Recueil des lettres* relatives à ses diverses ambassades. Il conseilla, comme on sait, à Henri VIII de répudier sa femme, Catherine d'Aragon, tante de Charles-Quint. L'ambassadeur croyait servir les intérêts de la France et faire épouser au roi d'Angleterre la duchesse d'Alençon. Gabriel de Gramont n'eut pas à se réjouir d'avoir sacrifié la morale catholique à la diplomatie; car, au lieu de la duchesse, Henri VIII prit pour femme Anne de Boulen. Ainsi le nom de Gabriel de Gramont, évêque de Tarbes en ce temps-là, se rattache assez malheureusement au schisme de la Grande-Bretagne.

Louis XII. et d'Eleonor de Bearn, et avoit esté cultivé avec beaucoup de succez dans l'estude de toutes les belles Lettres.

II. Son merite, son esprit, sa noblesse luy gaignerent bien-tost le cœur du Roy François I. en telle sorte, qu'ayant esté Evesque de Comminges, puis de Tarbe, ensuite Archevesque de Bourdeaux, il fut fait Cardinal du Tiltre de Ste Cecile par le Pape Clement VII. à la recommandation de ce Roy le 19. de Decembre 1529. Il fut encores Evesque de Poitiers, et Archevesque de Toulouze. Il accompagna Marguerite Reine de Navarre sœur du Roy allant en Espagne travailler à la liberté de son frere. Il fut Ambassadeur à Rome et en Angleterre pour des affaires de la premiere importance. C'est luy qui negocia avec beaucoup d'adresse le mariage de Catherine de Medicis avec Henry II. encores Duc d'Orleans dans l'entreveuë qui se fit à Marseille entre le Pape et le Roy. Il mourut en revenant de Rome proche de Toulouse le 15. de May 1554[1]. et fut porté dans la sepulture de ceux de sa Famille, à Bidache au Dioceze d'Acqs.

1. Au château de Balma. (*Gall. christ.*, t. II, col. 847.) Peut-être le 24 ou le 26 mars *(ibid.)* au lieu du 15 mai, et 1534 au lieu de 1554.

Le 7 avril 1526 (*Regist. capit.*, G. 286), « Gabriel de Grammont, encore évêque de Tarbes, avait été nommé chanoine prébendé et ensuite pourvu de la dignité de doyen. » Il garda ce dernier titre jusqu'à sa mort; car on trouve dans le même *Registre*, G. 286, f° 262, que le 12 août 1534, « Antoine de Châteauneuf fut élu doyen du Chapitre à la place de Gabriel de Grammont, décédé. » Cependant, le *Gallia* (t. II, col. 855-858) ne l'a pas inscrit sur la liste des doyens de Saint-André.

CHARLES LVII. ARCH.

Écartelé au 1er et 4e d'or au lion d'azur qui est Gramont, au 2e et 3e d'argent au chef danché d'azur qui est Mucidan.

CHARLES de GRAMMONT frere aisné de son predecesseur, auquel il survesquit, fut Evesque de Comminges, ensuite d'Aire, puis Archevesque de Bourdeaux du vivant de son frere l'an 1530[1]. Il se tint fort assidu à son Dioceze, et gouverna la Guyenne soubs

1. L'élection de Charles de Gramont souleva des difficultés au sein du Chapitre. Le 7 juin 1530, lorsque Sauvat de Pommiers s'y présenta pour annoncer que ce prélat avait été transféré du siège d'Aire à celui de Bordeaux, en vertu d'une bulle de Clément VII, le sacriste Bertrand de Goulard de Brassac, qui avait obtenu neuf voix au scrutin précédent, déclara s'opposer à ladite élection. Le Chapitre passa outre. (V. *Regist. capit.*, G. 286, f° 198.) Toutefois, les partisans de Goulard de Brassac demeurèrent fidèles à leur candidat; ils affectaient de quitter l'église au moment où l'Archevêque allait donner sa bénédiction. Charles de Gramont se vit obligé d'inviter les *neuf* à cesser un pareil scandale. (*Ibid.*, f° 208.)

Le jour de la réception du nouvel Archevêque, il se produisit un

Henry d'Albret Roy de Navarre, qui en estoit le Gouverneur pour le Roy[1]. C'est luy qui fit bastir ce beau et magnifique Jubé de l'Eglise Metropolitaine[2] : ses armes

petit incident rapporté dans les *Variétés bordelaises* de Baurein, t. II, p. 233. Le Parlement, invité par l'organe de Me Sauvat de Pommiers à prendre sa « réfection en la maison archiépiscopale, à dîner, souper, icelui jour et autres qu'à chacun d'eux plaira », se montra peu touché de ces grandes politesses; il fut répondu par ladite Cour : « qu'elle seroit comme les autres jours ordinaires et » comme elle a accoustumé, et n'iroit au devant dudit archevesque » suivant les coustumes anciennes par cy devant gardées en ceste dite » ville, les stiles et coustumes des villes archiépiscopales ou y » seroit cour souveraine et mesmement de Tholoze; duquel stile a » esté certiffié par aucuns des Présidens et Conseillers de la Cour du » Parlement de Tholoze, estant de présent en cette ville, ains » seulement iront au devant dudit archeuvesque deux Présidents » et quatre Conseillers; lesquels sans huissiers iront au devant » dudit archevesque à Saint-Surin et le conduiront jusqu'à l'église » metropolitaine dudit Saint-André, et sans faire aucune harangue » si ce n'est le saluer seulement. » (V. le manuscrit *Arch. dép.*, G. 25.)

1. Il fut en effet pendant 14 ans (et non 25 comme le dit, par une erreur typographique, le *Gallia christiana,* t. II, col. 848) le gouverneur effectif de l'Aquitaine.

2. Voir t. I, p. 158. — Charles de Gramont édifia, selon l'abbé Xaupi, le contrefort style renaissance, que nécessita, vers l'an 1530, un mouvement de la voûte. Ce contrefort n'a pas été mentionné par Lopès. Xaupi en donne une description minutieuse dans sa *Dissertation sur l'édif. de l'Égl. primat. de Saint-André de Bordeaux :*

« Les piliers des arcs-boutans, qui soutiennent la nef de l'église de Saint-André de Bordeaux, sont d'une structure assez uniforme entre eux; et ils sont ornez dans le goût gothique, comme le corps de l'édifice auquel ils servent d'appui.

» Il faut en excepter néanmoins celui qui est attenant la porte Royale de l'église. Ce pilier, unique dans son espèce, est d'une structure plus moderne. Il présente trois ordres d'architecture antique, établis l'un sur l'autre, avec une exacte proportion. Le premier, qui est au rez-de-chaussée, est composite; celui du milieu l'est aussi, mais dans un goût différent; le supérieur, qui a moins de face, à cause de la retraite du pilier, est corinthien. Ce dernier est surmonté d'un fronton qui a des urnes de diverses formes pour son couronnement. Ces trois ordres ont chacun des ornemens qui leur sont propres, distribués partout avec grâce, et diversifiés avec intelligence; et ils forment conjointement un ensemble qui flatte la vue, et qui ressemble au frontispice d'une église..

» L'ordre surtout, qui est au rez-de-chaussée, a quelque chose de majestueux. Sur un stilobate, qui prend toute la face du pilier, s'élèvent deux pilastres, à chacun desquels pend un médaillon. L'architrave et la corniche

sont gravées au milieu sur la Grand-Porte du Chœur. Il portoit escartelé, au 1. et 4. d'or au Lyon d'azur qui est

CONTRE-FORT DE GRAMMONT. — Côté nord de la Cathédrale.
(Comm. des Monum. hist.)

n'ont rien de singulier; mais la frize est chargée de quatre autres médaillons. Le grand espace, qui est entre les pilastres, le stilobate et l'architrave, est décoré, à une hauteur convenable, par un carré formé en bas par des festons, aux côtés par deux petites colonnes d'ordre corinthien posées sur des consoles, et au-dessus par un entablement proportionné. Au milieu de cette espèce de cadre se trouvent les armes de la maison de Gramont. »

Nous avons donné t. I, p. 151, d'après le même auteur, la traduction des distiques latins inscrits sur ce pilier. Contrairement à M. de Lamothe, qui se dit l'écho de la tradition (voir *Comm. des Monum. hist.*, an. 1850-51, p. 10), Xaupi soutient (*op. cit.*, p. 8 et suiv.) que ce contrefort, malgré les apparences, n'est pas un monument funèbre.

Grammont, et au 2. et 3. d'argent au chef Danché d'Azur qui est Mucidan. Il avoit une grande affection pour les Lettres. Aussi est ce de son temps, que fleurissoient dans Bourdeaux les scavants André et Antoine Govea, Mathieu Cordier, George Buchanan, Elie Vinet, et Nicolas Boyer President en la Cour, si celebre pour ses decisions, et autres ouvrages[1]. C'est encores à sa persuasion que le Chapitre esleut pour son premier Theologal Vincent Cabot Professeur en Theologie le 12. de Mars 1537. qui mourut le 26. de Janv. 1565. et est ensevely en la Chap. Ste Catherine aux allées du Chœur[2]. L'année 1539. fit son entrée fort solemnelle à Bourdeaux, l'Empereur Charles-Quint[3] passant d'Espagne en Flandres, avec qui estoient les Enfans de France, et le Connestable de Montmorency. l'Archevesque mourut[4] l'an 1544. et repose à Bidasche dans la sepulture de ses Illustres Ancestres.

1. Ces noms sont trop connus pour qu'il soit nécessaire d'en faire l'objet d'une note. — Lire dans l'*Histoire du Collège de Guienne*, par E. Gaullieur, p. 47 et 109, la part que prit Charles de Gramont à la fondation dudit collège.

2. Cabot fut le premier théologal de Saint-André. (*Gall. christ.*, t. II, col. 848, et Lopès, t. I, p. 221.) Il était sans doute grand et zélé prédicateur, car on lit *Regist. capit.*, G. 286, f° 348 (1541) : « Le théologal Cabot sera pointé présent, tant qu'il se livrera à la prédication à cause de l'hérésie et du péril de l'église. »

3. D'après Delurbe (*Chron. bourd.*, f° 40 v°) Charles-Quint arriva le 1er décembre. Cependant, on lit dans le *Regist. capit.*, G. 286, f° 327, que le 29 septembre 1539, le maître de la psalette ayant invité les chantres de l'Empereur, reçoit un écu pour les dépenses.

4. « Le mercredi 15 octobre 1544, à six heures du matin, au lieu de *Sorde*, diocèse de Dax, mourut Charles de Grammont, archevêque de Bordeaux. (*Regist. capit.*, G. 286, f° 400.)

JEAN II. LE LVIII. ARCH.

CARDINAL.

Écartelé au 1er et 4e d'argent à la bande fuselée de gueules à l'orle de 6 fleurs de lys d'azur (de Bellay), au 2e et 3e d'or à l'orle de 8 coquilles d'azur, à un écusson d'argent en cœur chargé d'une roue de gueules (qui est Montigny), sur le tout d'argent à un lion d'azur, couronné, armé et lampassé d'or (qui est Vendôme).

JEAN du BELLAY Cardinal du Tiltre de Ste Cecile fut fait Archevesque de Bourdeaux apres la mort de son predecesseur, et print possession de l'Archevesché par procureur le 25. de Janvier suivant. Il estoit fils de Louys du Bellay Seigneur de Langey et de Marguerite de Tourlandry, frere de Guillaume et de Martin du Bellay, si fameux et pour les Armes, et pour les Lettres, et pour les Ambassades dont ils s'aquiterent de leur temps avec beaucoup de loüange. Il fut premierement Evesque de Bayonne en suite de Paris, et de Limoges. Le Pape Paul III. le fit Cardinal à Rome où il estoit Ambassadeur, et bien-tost apres il fut declaré Evesque d'Albe et de

Porto. Il eut apres, l'Archevesché de Bourdeaux, et il le tint comme son Administrateur, jusqu'à l'année 1553[1]. que François de Mauny en fut pourveu par la démission qu'il en avoit faite[2]. Mais celuy-cy estant mort l'an 1558. il le reprit et le retint jusqu'à sa mort. S'estant retiré à Rome, il eut l'Evesché d'Ostie, comme Doyen des Cardinaux, et le Pape Marcel II. estant decedé, il eut les suffrages de quelques Cardinaux pour le Souverain Pontificat. Il mourut à Rome aagé de 68. ans, l'an 1560. au Palais qu'il y avoit fait bastir, et fut enseveli dans l'Eglise de la Trinité du Mont, qui appartient aux PP. Minimes de ce Royaume.

1. On conserve aux *Archiv. départ.*, Archev., G. 1, la bulle de Paul III le nommant à l'archevêché de Bordeaux. Protecteur des gens de lettres, du Bellay fut chanté par les poètes du temps, entre autres par Simon Macrin :

« Non illa (Burdigala) Ausonio consule floruit,
» Illustrata magis tempore Cæsarũm
» Quam nunc præsule *Jano*
» Francisci auspiciis boni. »

(Paris, chez Robert Estienne, 1546, in-8°, p. 17.)

Paul Jove, Guillaume Budé, Sadolet, Michel de l'Hospital, Brantôme, Jacques de Thou, etc., etc., donnent à l'envi des éloges à ce lettré de la Renaissance. Son client le plus célèbre fut Rabelais, qu'il avait pourvu lui-même, étant évêque de Paris, de la cure de Meudon. Rabelais, trop souvent besogneux, recourait parfois à son bienfaiteur. Le 6 février 1547, il lui écrivait de Metz : « Certainement, Monseigneur, si ne avez de moi pitié, je ne sache que » doive faire, sinon en dernier désespoir me asservir à quelqu'un de » par deça, avec dommage et perte evidente de mes estudes. Il n'est » possible de vivre plus frugallement que je fais, etc. » (Burgaud des Marets et Rathery, *Œuvr. de Rabelais*, Paris, Didot, 1873, t. II, p. 625. —Voir aussi S. Gebarth, *Rabelais, la Renaissance et la Réforme*, p. 9.)

2. Selon Paolo Sarpi (*Hist. du Concile de Trente*, lib. IV, p. 296); Jean du Bellay aurait eu déjà pour successeur, en 1551, Jean de Montluc. Le *Gallia*, t. II, col. 848, trouve justement suspecte l'autorité de Fra Paolo, mais en revenant sur cette affaire, aux *Remarques* qui terminent son tome II, col. XXIV, il reconnaît avec Baluze (cod. MS. 191, p. 390) que le 22 avril 1551 : « *Cardinalis du Bellay hunc archiepiscopatum transcripsit Johanni de Marchescone dicto de Montluc.* »

FRANÇOIS III. LE LIX. ARCH.

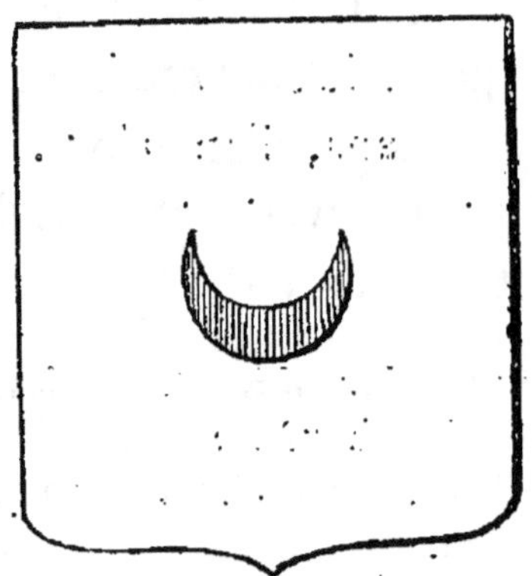

D'argent au croissant de gueules.

FRANÇOIS de Mauny III. du nom de la Noble et ancienne Maison de Mauny[1], Evesque et Seigneur de S. Brieu en Bretagne fut fait Archevesque par la demission du Cardinal du Bellay. Les Bulles luy furent expediées le 4. de Nov. 1553. et furent présentées au Chapitre le 26. d'Avril l'an 1554. et le 11. jour de Novembre de la mesme année, il fit son entrée solemnelle à Bourdeaux[2], dont nous avons parlé ailleurs, et fut harangué à la porte de la Ville par Mr de Montagne Maire de Bourdeaux[3]. le 20 de Fevrier suivant, les Archevesques de Bourdeaux furent declarés par un Edit du Roy Conseillers

1. Au diocèse de Rouen.

2. Voir ci-dessus, p. 42, et, pour la relation complète de cette entrée, *Archiv. hist. de la Gironde,* t. VI, p. 222.

3. Pierre Eyquem, seigneur de Montaigne, père du célèbre auteur des *Essais*.

nez en la Cour de Parlement, avec droit de Seance, voix deliberative et droit de rapport[1]. De son temps faisoit paroistre à Bourdeaux leur erudition, Arnaud de Ferron[2], Conseiller en la Cour, comme aussi les Alesmes[3], les Pommiers[4], les Brassacs[5], les Malvins[6], les Gautiers[7] et la Chassagne[8], les lumieres de ce Parlement. Il faut ajouster Jean Gelida[9] Principal et Antoine Muret[10] Professeur au College Royal de cette Ville. Il mourut l'année 1558. et le Cardinal du Bellay, comme nous avons dit, reprint la dignité d'Archevesque.

1. Jusque-là, comme nous l'avons dit, cette prérogative était contestée aux Archevêques de Bordeaux. (Voir Boscheron-Desportes, *Hist. du Parlement de Bordeaux*, t. I, p. 24.)

2. Ferron était natif de Vérone. Il avait été attiré en France par le cardinal de Bourbon, qui le fit recevoir conseiller au Parlement de Bordeaux. A l'âge de vingt-cinq ans, il publia son commentaire en deux livres sur la *Coutume de Bordeaux*. — Voir à la Bibliothèque de la Ville cet ouvrage précédé de *quarante-quatre pièces sur l'auteur*. — Lire aussi *Arnauld de Ferron*, par M. Peyrecave, Bordeaux, 1877.

3. Bordeaux compte trois jurisconsultes de ce nom. Jean, François et Léonard. Sur la mort de Léonard, voir *Archiv. hist.*, t. XIII, p. 313.

4. Il y eut au moins deux Pomiers. Le président (v. Bosch. des Portes, *op. cit.*, t. I, p. 62), et le conseiller (*ibid.*, t. I, p. 449; t. II, p. 124 et 184).

5. Guy Goulard de Brassac, prés. (*Ibid.*, t. I, p. 40, 73, 80, 133.)

6. Natif d'Agen (*ibid.*, t. I, p. 40, 155, etc.). — « Il laissa deux fils héritiers de sa réputation et de ses vertus. » (D. Devienne, *op. cit.*, 3e part., p. 248.) — Il fut enterré aux Jacobins. (*Archiv. hist.*, t. XIII, p. 333.)

7. Antoine et F. de Gauthier, conseillers (*ibid.*, p. 238), et *Archiv. hist.*, t. XIII, p. 182 et suiv.; t. XIX, p. 430.

8. Voir *Archiv. hist.*, t. XIII, p. 272.

9. Voir Gaullieur, *op. cit.*, p. 125 et suiv.; Jacques Busine, *Vie de Gelida*, en tête du volume : *Joannis Gelidæ, Valentini, Burdigal. ludimag. Epistolæ aliquot, etc.* La Rochelle, 1571, petit in-8o.

10. Marc.-A. Muret, poète, naquit à Muret, en Limousin, en 1526. Il excellait dans le genre de Tibulle; il fut « le précepteur domestique » de Michel Montaigne. (V. Gaullieur, *op. cit.*, p. 229.)

ANTOINE LX. ARCH.

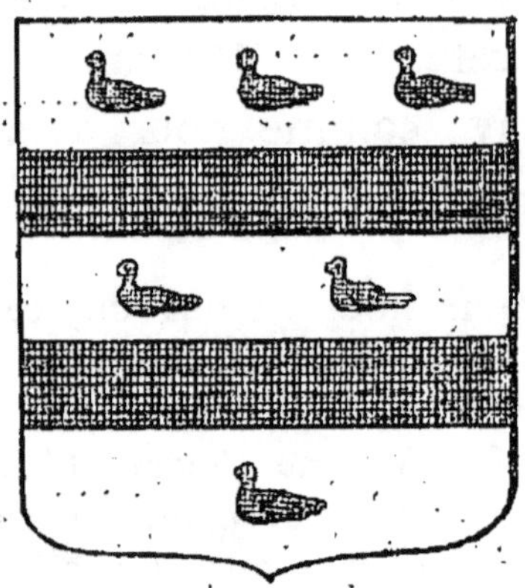

D'argent à 2 fasces de sable entre 6 merlettes de même, 3, 2, 1.

ANTOINE PRESVOST de SANSAC Abbé de N. Dame de Chastillon en Bourgoigne, de la Noble Famille de Sansac[1], fut nommé à l'Archevesché de Bourdeaux, apres la mort du Cardinal du Bellay, et en ayant receu les Bulles, en print possession par Procureur le 18. de Mars l'an 1560. La nouvelle année ne se contoit encores qu'apres le 25. de Mars. Il fut sacré au mois de Juin 1561. par les Evesques de Sarlat, de Tulle et de Grasse dans l'Eglise Metropolitaine. Tellement que je ne voids pas comme il ait peu assister l'an 1560. au Concile de Trente, ainsi que l'ont escrit Mrs de Ste Marthe, d'autant plus que les sessions de ce Concile qui avoient esté interrompues depuis l'an 1552. ne se reprirent que le 18.

1. La famille de Sansac était originaire du Poitou.

de Janvier 1562. Davantage, son nom ne se trouve point parmy les noms de ceux qui assisterent ou soubscrivirent à ce Concile. Pour le Colloque de Poissi qui se fit l'an 1561. au Mois d'Aoust, il pourra s'y estre rendu apres sa consecration.

II. Il receut à Bourdeaux le 9. d'Avril de l'an 1565. le Roy Charles IX. qui y fit une entrée tres solemnelle, et ce qui est bien à remarquer, trois cens Cavaliers armés luy allerent au devant, menant douze Nations Captives, des Grecs, Turcs, Arabes, Ægyptiens, Taprobaniens, Indiens, Canariens, Mores, Æthiopiens, Sauvages, Americains et Bresiliens, dont les Chefs le saluerent chacun en sa langue. Il fut conduit à l'Eglise Metropolitaine, soubs un Poile de drap d'or, porté par les Jurats[1]. La mesme année se fit une Procession Generale avec feu de joye pour la levée du Siege de Malthe. Et la mesme année le 10. jour de Juin mourut à Bourdeaux Mr de Burie[2] Lieutenant de Roy, et fut enseveli le 20. de Juillet dans le Chœur de l'Eglise S. André au costé droit. L'an 1573. le College des PP. Jesuites fut estably en ville, au lieu où estoit le Prieuré Hospitalier de S. James qui leur fut uni[3]. Mr Baulon Conseiller en la Cour en fut un des premiers Fondateurs. La mesme année il assista à une assemblée generalle du Clergé tenuë à Paris, et l'an 1577. à l'Assemblée Generale des Estats du Royaume à Blois[4]. L'année suivante 1578. le Roy Henry III. ayant nommé Mr de Sansac son nepveu

1. Voir t. I, p. 293, note 2.

2. « Audict an, le vingt sixiesme juin, l'entreprinse des huguenots sur la ville et chasteau Trompette est descouverte par la vigilence du seigneur de Burie. » (Delurbe, *Chron. bourd.*, f° 44.)

3. Voir à l'appendice p. 355.

4. Le *Gallia*, t. II, *Animadv.*, col. XLIV, ajoute : « Memoratur præses cum P. d'Espinay archiep. Lugdun. in declaratione cleri Gallicani facta in conventu Melodunensi translato Parisios, contrà fiduciarios illicitos et simoniacos, die 22 decembr. 1579. »

pour Gouverneur de la ville, il l'exhorta de suivre les avis et conseils de l'Archevesque son oncle, et la mesme année, la Reyne de Navarre Marguerite fit son entrée à Bourdeaux avec la Reyne sa Mere, d'où elle fut conduite au Roy de Navarre son mary[1].

III. Le Concile[2] Provincial qu'il tint à Bourdeaux, et auquel il presida est un evident tesmoignage de son zele, tant contre l'Heresie qui ravageoit la Province[3], que pour

1. Le mariage de Marguerite de Valois, troisième fille de Henri II et de Catherine de Médicis, avec Henri, roi de Navarre, qui fut plus tard Henri IV, avait été célébré six ans auparavant (18 août 1572) : « Mais, dit Gaufreteau (*Chron.*, t. I, p. 203), elle n'avoit pas encore esté conduite à son mary jusques en la présente année. C'est pourquoy, tout aussi tost que l'advis fut donné aux jurats de Bourdeaux de l'arrivée prochaine desdites roynes, ils firent aprester deux maisons navales pour conduire lesdites dames à Bourdeaux ; lesquelles leur furent envoyées à Bourg et présentées à Leurs Majestés par deux jurats et le procureur syndic de ladite ville de Bourdeaux. »

La trop célèbre Marguerite reparut, en 1581, à Bordeaux, lors de l'entrée solennelle du duc d'Anjou, « soutenue par le grand sénéchal et un chevalier des ordres du Roi et deux pages portant la queue de sa robe. » (*Regist. du Parlem.*, et D. Devienne, *op. cit.*, 1re part., p. 178.) — Elle avait également assisté, le 9 avril 1565, à l'entrée de Charles IX.

2. Voir sur ce Concile *Archiv. hist.*, t. XIII, p. 347.

3. Prévost de Sansac fit preuve d'un zèle qui ne se démentit jamais dans la lutte contre les protestants.

Le 19 juin, il écrivait au Roi :

« Sire, il est certain que en la pluspart de vostre dict duché, ont abbatu les autelz des eglises, brisé les ymages, bruslé les livres, missels et ornemenz, emporté ce qui estoit de bon, aboly la messe, chassé les prebstres et gens d'église et en leur lieu commys des ministres lesquelz font assemblées, presches, prieres, baptesmes, cenes, mariages et enterremenz à la forme de Genefve et contre l'ancienne observance de nostre eglise, publicquement, sans avoir aucung respect à vos edictz et ordonnances, et sont iceulx ministres en grand nombre et en descend journellement de Genefve à grandes trouppes et sont tellement favorisez et authorisez par armes et autrement, qu'il n'est plus en notre puissance de les empescher. » (*Archiv. hist.*, t. X, p. 62.)

A cette même date il adressait à la Reine Mère une lettre analogue (*ibid.*, p. 64). — Le 31 octobre 1567 (les religionnaires avaient

la conservation de la discipline Ecclesiastique et reformation de meurs. Le Concile se tint l'an 1582. Les Evesques

saccagé la maison de M. de Savignac de Thouars, pillé Bazas, Saint-Macaire, tenté de s'emparer du château Trompette), l'Archevêque fit remettre au Parlement une requête contre les membres de cette cour. (*Ibid.*, t. XIX, p. 317.) On sait que dès l'année 1562, d'après Gaufreteau (*Chron.*, t. I, p. 96), « la première maison où fut presché le calvinisme, dans la ville de Bourdeaux, fut celle du président au Parlement, Carle, sise en la rue Saincte-Colombe, plus bas, un peu, que le puits, à main droite, quand on va de l'eglise de Saincte-Colombe à la Rosselle. »

Ce funeste libéralisme « par lequel d'un huguenot il s'en est fait dix », selon le mot sensé de Montluc (*Regist. du Parlem.*, et D. Devienne, *op. cit.*, 1re part., p. 165), encouragea les hérétiques : leurs excès poussèrent l'irritation jusqu'à la fureur et rendirent possibles les criminels massacres de la Saint-Barthélemy. Les sanglantes journées ne commencèrent à Bordeaux que le 5 octobre 1572, par ordre du gouverneur Montferrand, d'accord avec les Jurats, dont les agents coiffés du *chapeau rouge* ne furent que trop secondés par la populace et les gens de qualité. La *Chron, bourd.* (fo 42 vo) raconte ce lugubre événement en trois lignes. Gaufreteau, qui trouve Delurbe trop « court en sa narration touchant la forme de l'exécution », ajoute (*Chron.*, t. I, p. 169) :

« Est donques à noter que plusieurs furent mis à mort et charcutés en pleine rue, de plein jour, à la veüe de touts.

» La marque pour cognoistre ces huguenots, estoit de ne porter point de croix au chapeau ou bonnet pour les hommes, et pour les femmes sur leur coiffure.

» Mais est à noter que ce n'estoit pas le menu peuple seulement qui faisoit cet horrible execution, mais aussi plusieurs des plus aparants bourgeois de la ville, procureurs mêmes et advocats. — Toutefois, en la narration de ce massacre, il ne s'en fault pas fier au livre composé par les hérétiques, qu'ils ont intitulé *le Martyrologe,* parce qu'ils couchent en yceluy plusieurs choses qui ne furent jamais pensées et moins mises à execution, pour lors; notamment quand ils parlent du massacre de Bourdeaux. Car il est certain que la cruauté et felonie qu'ils raportent, en ce livre là, ne fut jamais pratiquée pour lors en ladite ville, puisqu'il est certain qu'après que la fureur du premier et second jour fut passée, le Parlement et les Jurats firent tant envers Montferrand, qu'on se contenta de prendre touts ceux qui estoyent soupçonnés d'huguenotisme, lesquels on enferma dans les couvents des religieux, pour y estre gardés jusques à ce qu'on sceut la plus ample et expresse volunté du Roy. Mesmes est à noter que plusieurs catholiques cacherent et mirent en seureté dans leurs maisons infinis huguenots, notamment leurs voisins. »

D. Devienne (*op. cit.*, t. I, p. 170) accuse les prédicateurs, entre autres le jésuite Edmond Auger (1530-1531), d'avoir excité les

Jean Fregose d'Agen, Jean Charles de Boni d'Angoulesme, Geofroy de S. Belin de Poitiers, Nicolas de la Courbe ou le Cornu de Xaintes, François de Salignac de Sarlat, et Arnaud de Pontac Evesque de Bazas, quoy que d'un autre Province, y assisterent avec les Deputés des Evesques absens, des Eglises Cathedrales, des Abbés, et autres qui ont coustume et droit de se trouver à ces Assemblées. Il s'y resolut des forts beaux Reglemens, qui sont contenus en 36. chapitres. Il a esté approuvé du S. Siege, j'en rapporteray l'Approbation. Les Cardinaux de la Congregation pour le Concile de Trente y firent quelques notes : mais bien peu, et ne sont pas de grande consequence. Je les ay veuës en original à la marge du Concile qu'ils renvoyerent à l'Archevesque, avec beaucoup d'Eloges de sa vigilance et de sa pieté.

IV. L'année suivante 1583. il establit le Seminaire dans le College de S. Raphael, conformement aux Decrets du Concile de Trente[1]. Et l'an 1589. furent establis à Bourdeaux les PP. Fueillans dans l'Eglise et la Maison qui appartenoit aux Religieux de S. Anthoine, et depuis ils ont esté plus richement dotés par l'Union des Benefices qu'y ont fait François Cardinal de Sourdis et Henry de Bethune Archevesque. Nostre Archevesque mourut le 17. Octobre

Bordelais au meurtre « par l'amertume de leur zèle ». Nous ne trouvons rien de semblable dans les deux *Vies* du P. Auger, l'une en latin, par Nicolas Bailly, Paris, 1652; l'autre en français, par J. Dorigny, Lyon, 1716. (D. Devienne invoque le *Manuscr. de Ferrachat* et l'*Hist. de Thou,* liv. VI.) M. E. Gaullieur abonde dans le même sens : « Par de véhémentes apostrophes, il (E. Auger) accusait la mollesse du gouverneur et réclamait le massacre des huguenots. » (*Hist. du Coll. de Guienne,* p. 306.) L'insinuation est grave; M. Gaullieur nous a affirmé qu'il la justifierait par de nombreux documents dans son *Histoire,* encore inédite, *de la Réformation à Bordeaux*. Nous discuterons plus tard, s'il y a lieu, cette partie de l'ouvrage annoncé.

1. Sessio XXIII, *de Reformatione,* cap. XVIII.

1591. en sa maison Archiepiscopale ayant gouverné le Dioceze durant 31. an[1]. Il fut enseveli proche du Grand Autel. Les Funerailles s'en firent le 30. d'Octobre avec grand solemnité et concours du peuple, de qui il estoit grandement aymé, pour sa douceur, ses charités extraordinaires, le zele et la peine qu'il avoit apportée pour conserver la Ville soubs l'obeissance du Roy contre les entreprises, tant des Heretiques que des Ligueurs. De son temps firent paroistre à Bourdeaux leur erudition, les fameux Michel de Montagne qui fut Maire de la ville, Mrs d'Alesme et Florimond de Remond Conseillers en la Cour, et Pierre Charon Chanoine et Maistr' Escole de l'Eglise Metropolitaine.

III. Gregorius PP. XIII. Vener. Fratri Archiep. Burdig. Ven. Frater salutem et Apostolicam Benedictionem. Incredibiliter lætati sumus Synodum Provincialem à tua Fraternitate ad nos missam, perfectam esse tanta cum pietate, quantum et res ipsa flagitabat, et Zelus tuus pollicebatur. Quo nomine te plurimi facimus, tibi Provincialibusque tuis omnia à nobis paternæ Charitatis Officia deberi agnoscimus. Restat ut pari studio et cura

1. « Le jeudi 17 octobre 1591, messire Antoine Prévost de la maison de Sansac, arcevesque de Bordeaux, deceda en sa maison en la présent ville, sur les neuf heures du soir et sur le retour de la lune, au quatriesme accès de fiebvre tierce, apres avoir vescu quatre-vinct-cinq ans et régi le troupeau de Dieu l'espace de trente et trois ans au grand contentement des bons et sans pouvoir être reprins des méchans : aussi fut-il regretté de tous pour sa singulière vertu et bonté. » (De Cruseau, *Chron.*, t. I, p. 50.)

Darnal fait de lui ce touchant éloge :

« Ce bon archevesque estoit grandement aymé du peuple et de tous les gens d'honneur; aussi il avoit toujours tenu bon à tous les orages de la guerre..., estoit du plus affable naturel qu'on aye veu, grand aumosnier, ne faisant aucune réserve; les malades de la ville envoyoient ordinairement querir de son pain, pour se remettre en appetit, à l'archevesché. Il en faisoit donner avec telle franchise qu'il estoit admiré; il fut pleuré et regretté autant que jamais prelat fut; car il ne fut jamais hay de personne, ny ne refusa de faire plaisir, lorsqu'il en avoit le moyen. » (*Chron. bourd.*, p. 104.) — Voir son testament dans les *Archiv. hist. de la Gironde,* t. XIX, p. 526 et suiv.

operam des ut quæ piè sanctèque decreta sunt quam diligentissimè serventur, sic enim et Dei gloriæ inservietur, et Disciplina Ecclesiastica magna cum dignitate et fructu retinebitur. Id vero te pro tua singulari prudentia facturum esse non dubitamus. Cætera quæ ad Synodum pertinebunt, præscribent Fraternitati tuæ S. Rom. Ecclesiæ Cardinales, dubiorum Sacri Concilii Tridentini interpretes, qui decreta ipsa diligentissime considerabunt. Adsit semper fraternitati tuæ divina gratia ad sui nominis gloriam, Catholicæ Religionis amplitudinem, commissi tibi gregis salutem. Datum Romæ apud S. Petrum sub annulo piscatoris die 3. Dec. an 1583. Pontif. nostri an. 12.

FONDATION

DU PREMIER COLLÈGE DES JÉSUITES APPELÉ COLLÈGE DE LA MAGDELEINE AUJOURD'HUI LYCÉE NATIONAL.

1571-1572.

L'UNE des grandes œuvres de Prévost de Sansac à Bordeaux fut l'établissement du collège de la *Magdeleine*. Il en est parlé dans toutes nos chroniques[1]. En 1588, les Jésuites envoyèrent à Rome, pour être déposé dans les Archives du généralat, un mémoire latin où sont racontées les origines de cette fondation; il est intitulé : *Brevis historia de initiis collegii Burdigalensis Romam missa* (1588). On en garde une copie aux Archives départementales de la Gironde. Le *Brevis historia* est revêtu d'un caractère officiel; il n'existe pas de récit plus authentique des commencements du collège de la Magdeleine; aussi ne saurions-nous mieux faire que de le résumer en ce qu'il a d'essentiel :

I

En 1569, les premiers de la ville, inquiets de voir les progrès de l'hérésie, le manque de bons prédicateurs et la dépravation des écoles, songèrent à appeler des Jésuites. Un noble Portugais nommé Leythan, ami dévoué de ces religieux, engagea quelques citoyens de Bordeaux, en particulier M. de Baulon, qui possédait une immense fortune et n'avait pas d'enfants,

1. Voir Delurbe, f° 46 v°; — Darnal, f° 48 v°; — Gaufreteau, t. I, p. 163, 173, 271, 272; — *Journal de Syrueilh, Archiv. hist. de la Gironde*, t. XIII, p. 274. — Voir aussi *Comm. des Monum. hist.*, an. 1853, p. 18; — *it.* an. 1666. *Estat de l'establissement, situation et revenus du collège des Peres Jésuites de la ville de Bourdeaux, dont ils ont rendu compte à M. François de Vivez, etc., commissaire departy par Sa Majesté ès generalitez de Guyenne ayant receu ordre de Sa Majesté de visiter les colleges de l'archevesché de Bourdeaux et d'en dresser les procès-verbaux tant de fondation que de leurs revenus.* (*Archiv. municip.* GG., carton du *Collège de la Magdeleine.*)

Il avait d'abord été question, non point de fonder un collège à part, mais d'unir l'établissement projeté au *collège de Guienne*, et en ce cas, dit Darnal (*Chron. bourd.*, f° 48 v°), « Messieurs des Chapitres de Sainct-André et Sainct-Seurin, offroient de donner le revenu de deux prébandes annuellement. » — Voir aussi une lettre écrite de Rome en 1569, par Arnauld de Pontac « à Monsieur de l'Ange, Conseiller du Roy, en sa cour de Parlement de Bourdeaux. » Cette lettre, imprimée à la fin du XVIe siècle, a été signalée par M. P. Tamizey de Larroque. On pensait dès cette époque à confier le collège de Guyenne aux Jésuites.

à fonder un collège dont la direction serait confiée aux Pères de la Société. L'esprit du mal suscita des obstacles qui, pour le moment, arrêtèrent l'entreprise. Vers la fin de 1571, Prévost de Sansac, de plus en plus effrayé des dangers qui menaçaient la foi catholique à Bordeaux, fit venir de Toulouse le père Edmond Auger[1]. L'éloquence de ce prédicateur enflamma le zèle des Bordelais, et la fondation d'un collège de jésuites fut de nouveau résolue. Quelques membres du Parlement se mirent à l'œuvre de concert avec le vénérable archevêque. Le conseiller François de Baulon promit une rente annuelle[2] pour subvenir aux besoins des professeurs et une somme considérable destinée à la construction du collège[3].

Dans les premiers jours de l'année 1572, une députation se rendit auprès du Roi pour lui demander l'autorisation de commencer les travaux. Gaspard de Coligny, l'un des chefs du parti calviniste, s'y opposa de tout son pouvoir; il essaya de persuader à Charles IX que, s'il avait l'imprudence d'accéder aux désirs des catholiques de Guienne, c'en était fait de la Monarchie. « Bordeaux était proche des Pyrénées, les Jésuites, tous étrangers, pourraient bien quelque jour livrer le pays à l'Espagne, etc. »

Le Roi donna en partie satisfaction à Coligny : il permit de bâtir le collège dans une moitié de l'enclos du prieuré de Saint-James[4] et d'user pour les besoins du culte de la chapelle de la Magdeleine d'où le collège des Jésuites a tiré son nom; mais avec cette réserve que tous membres de la Compagnie employés dans le futur établissement seraient de nationalité française. (La restriction fut levée à la mort de Coligny.)

Baulon fit aussitôt construire, à ses frais, sept classes dans la vigne du prieuré. Dès le 21 octobre, le collège était déjà pourvu de huit professeurs et ne comptait pas moins de quatre cents élèves. — *Octo docere*

1. Nous avons mentionné (p. 352) deux *Vies* du célèbre jésuite. Le *Journal de Syrueilh* (*Archiv. hist.*, t. XIII, p. 274) fait de lui cet éloge :

« L'an mil cinq cent soixante-unze, Monsieur Aymond a presché tout du long de l'an, en ceste » ville de Bourdeaulx où il a faict un grand fruict, car il a reduict, par ses doctes sermons et » exhortations beaucoup d'huguenaux et retenu beaucoup de catholiques ne se dévoier et les a » grandement confirmés en la vraye et saincte religion catholique, apostolique et romaine.

» Ce bon personnage employe tout son temps ou à son étude ou à la prédication ou à ouyie » de confession et à visiter et exhorter les malades. Brief il n'est jamais ocieux et toutjours » agent et occupé en bonnes et sainctes œuvres, et sa vie est conforme à sa parole. »

2. La rente était de 2,000 livres provenant d'un capital de 24,000 livres tournois, placé au denier douze sur l'hôtel de ville de Paris. (Voir Archiv. de la Ville, sér. GG., cart. 298, mss. : *Estat de l'establissement, fondation et revenu du collège des Pères Jésuites de la ville de Bourdeaux.*)

3. Cette somme nous est inconnue.

4. » Sa Majesté bailla commission à Monsieur l'Arcevesque de Bourdeaulx, Monsieur de La « Ferrière, second président, et à Messieurs de Malvin, de Baulon et de Lange, conseillers du « Roy en ceste court de parlement.

» En vertu de laquelle commission lesdicts Seigneurs ont estabii ledict college au prieuré de » Sainct-Jamme où il y a grand espace et grand logis tant pour ledit prieur et autres personnes » ecclésiastiques que pour lesdites Jésuites. » (*Journ. de Sirueilh, ibid.*) — « Le 12 de juin 1574, Dussaut, avocat general, a remontré que le collège de ceux de la Compagnie de Jesus a esté estably en cette ville dans les préclotures du prieuré de Saint-Jacques, à la poursuite du clergé et autres bons catholiques de ce diocèse, par commandement exprès du Roy et en vertu de ses lettres patantes du premier may 1572, verifiées en la Cour le 9 dudit mois, du consantement du titulaire et possesseur dudit prieuré. » (*Regist. secrets du Parlem. de Bord.*, copie des *Archiv. de l'Hôtel de Ville*, f° 288.) — Voir Bibliothèque de la Ville, n° 27749, *Extrait des lettres patentes des rois Charles IX* (février 1573) *et Henri IV* (1603) *pour l'établissement des Jésuites à Bordeaux, avec des réflexions.* Bordeaux, J. Chappuis (sans date), in-12. — On lit dans les premières: *Connaissant l'importance dudit collège et évident profit qui en revient à nous et à nos sujets du pays et duché de Guyenne, avons loué, confirmé, ratifié et émologué... tant la fondation, construction et établissement dudit collège que l'union dudit prieuré conventuel et électif de S. Jacques faite audit collège de nos vouloir et consentement* (p. 2). — Suit (p. 6) le *Procès-verbal fait par les Commissaires de la Cour en exécution de cet édit.* Le procès-verbal est signé de tous *les religieux dudit collège.* Le *P. Martin*

incipiunt quadringentis auditoribus adventantibus [1]. L'année suivante, le Recteur et le Chancelier l'agrégèrent à l'Université de Bordeaux dont il fut admis à partager tous les droits et privilèges. En 1574, afin d'assurer le recrutement des classes dans l'avenir, on adjoignit au grand collège une école de grammaire. L'œuvre était solidement assise et paraissait à l'abri des coups de la fortune, quand la mort du conseiller Baulon faillit entraîner sa ruine [2]. Élie de Baulon, frère du défunt et son héritier, fit opérer la saisie du collège, meubles, argent, etc.; ce qui força les Jésuites à soutenir contre cet adversaire intraitable un procès long et coûteux. Réduits à l'indigence, les Pères allaient quitter la ville; à ce moment, MM. de Lange, de Malvin, de Plessis, de Merle, du Sault, de la Roche de Ram et quelques autres obtinrent pour eux la partie du prieuré que la Compagnie ne possédait pas encore. Les jurats s'émurent, le *Conseil des Trente* et le *Conseil des Cent,* tour à tour convoqués, furent appelés à donner leur avis. N'ayant pu réussir à faire annuler cette donation, « les ennemis » essayèrent d'enlever du moins au collège les revenus de la propriété de Saint-James, sous prétexte de les affecter au soulagement des pauvres. Leur tentative échoua. Charles IX étant mort sur ces entrefaites, ils recommencèrent leurs manœuvres, à Lyon, auprès de Henri, comte d'Anjou, qui revenait de Pologne, pour succéder à son frère.

Les années 1576, 1577, 1578, furent paisibles: les Jésuites les employèrent à l'achèvement du collège et à la restauration de l'église de Saint-Jacques dont ils finirent par se rendre les uniques possesseurs (jusque-là diverses confréries et des prêtres séculiers avaient conservé le droit d'y tenir certaines réunions et d'y célébrer leurs offices).

II

François de Borgia, qui vint à Bordeaux au mois de janvier 1572, prit-il une part active à l'établissement du collège de la Magdeleine? On n'en saurait douter. Est-ce pendant le séjour du Saint dans notre ville que la première idée de cette fondation vint à l'esprit des Bordelais? Telle n'est pas l'opinion la plus ancienne et la plus commune; il est facile de s'en

Roulle (Ronelle), dont nous parlons plus loin, a signé le 9ᵉ (p. 7). — Les lettres patentes de Henri IV ont trait à la fondation du noviciat. Quant aux *réflexions,* au nombre de quatorze, elles sont dans un sens favorable aux Jésuites et se terminent par ces mots : *Si des crimes étrangers pouvoient leur attirer les disgrâces de la Cour, il leur restera toujours la consolation de leur innocence personnelle.* — Voir aussi dans la *Commission des Monuments historiques,* an. 1853-54, p. 18 et suiv., la description du prieuré de Saint-James, ses revenus, ses charges et la construction de la voûte qui réunissait la Magdeleine audit prieuré (cette voûte, construite en 1588 et fermée pendant les troubles, fut rétablie en 1603) et toute la suite de l'histoire du collège de la Magdeleine jusqu'à l'expulsion des Jésuites et l'annexion de leur ancien établissement, en 1772, au collège de Guyenne, qui prit le nom de *Collège Royal.*

1. Voir dans le *Journal de Sirueilh (ibid.)* et dans l'*Estat de l'establissement, etc.,* de longs et curieux détails sur le programme du nouveau collège.

2. M. de Baulon mourut le 4 janvier 1474. Les Jésuites, qui ne purent obtenir le droit de l'enterrer dans leur église, vouèrent à leur bienfaiteur une éternelle reconnaissance; tous les ans ils célébraient un service pour le repos de son âme, le 19 juillet : « Ils conservent, dit Gaufreteau (*Chron.*, t. I, p. 173), le pourtraict d'yceluy sur le hault de la cheminée du refectoir dudit college »; il ajoute (*ibid.*, p. 271) que devant ce portrait *in purpurâ* ils disent « se levant de table, en particulier, le *de profundis.* » — Voir sur les difficultés auxquelles donna lieu la concession du prieuré de Saint-James aux Jésuites, divers mémoires de la série GG., carton 298, aux *Archiv. municip.*, et en particulier le chap. XXI de l'*Hist. du coll. de Guienne,* par M. E. Gaullieur, peu bienveillant, il faut le dire, envers le collège de la Magdeleine. — Voir aussi *Archiv. hist. de la Gironde,* t. XVIII, p. 377 et 382.

convaincre : 1° le *Brevis historia,* rédigé pour les archives de la Maison Mère à Rome, ne dit rien à cet égard de François de Borgia[1] ; 2° à cent ans d'intervalle, deux jésuites, le P. Nicolas Bailly et le P. Jean Dorigny, ont eu l'occasion de raconter les commencements du collège de la Magdeleine

LE P. EDMOND AUGER

(Dèn Eerw : P. EDMONDVS AVGERIVS vân Societeyt Jesu)

d'après une gravure flamande extraite de CORNELIUS HAZART. *Kerckelicke Historie, etc.*

« Le Père Edmond Auger estoit celui qui opera fort audit establissement. »
(Darnal, *Chron. bourd.,* f° 48 v°.)

1. Et cependant il cite avec une pieuse reconnaissance les noms de ceux qui de près ou de loin concoururent à l'œuvre du collège : MM. Leytan, de Baulon, le P. Auger, de Malvin, etc.; et, tandis que dans l'hypothèse, le nouvel établissement aurait dû s'appeler *Collège Borgia,* le saint ne figure pas même dans la liste des principaux fondateurs. On se borne à rappeler que M. de Lange eut l'honneur de lui donner l'hospitalité. « *D. Angelum qui Patrem Franciscum Borgiam, bonæ memoriæ, hospitio exceperat.* »

dans la *Vie du P. Auger;* le chanoine François de Syrueilh, signataire du contrat passé le 18 août 1572 entre « le sieur de Baulon et le principal des Jésuites » fut également amené (lire son journal que nous avons cité plus d'une fois) à relater les faits antérieurs au contrat; or, ni Bailly, ni Dorigny, ni Syrueilh ne parlent de l'intervention de saint François de Borgia; 3° le P. Antoine Verjus[1] et les Bollandistes (t. V du mois d'octobre et dixième jour de ce mois) gardent même silence : silence d'autant plus extraordinaire de la part des Bollandistes que leur chapitre X, énumérant les collèges de la Compagnie établis sous le généralat de saint rançois[2], oublie précisément celui de Bordeaux.

Un examen attentif du *Brevis historia* nous en donne la raison. En effet, au terme de ce mémoire, dès la fin de l'année 1571 (il est vrai, comme on l'a vu, que le contrat ne fut signé que vers le milieu de l'année suivante), M. de Baulon avait déjà promis la somme nécessaire pour la construction des bâtiments, et la rente annuelle destinée au personnel[3]. Or, à cette date, saint François de Borgia n'était pas encore à Bordeaux. Nous savons par les registres secrets du Parlement (1564-1573) que le 21 janvier 1572, il se trouvait encore à Bayonne avec le cardinal Alexandrin[4], et qu'il n'entra dans nos murs que le 26 dudit mois[5]. A son arrivée, dit la *Chronique bourdeloise* (Darnal, f° 49 v°) le Saint « approuva grandement l'establissement dudict collège[6]. » L'œuvre était donc résolue en principe, les engagements pris, les fonds assurés par M. de Baulon le jour où saint François reçut l'hospitalité chez M. de Lange.

Tout cela paraît incontestable; mais un manuscrit du P. Martin Rouelle, jeune professeur au collège de la Magdeleine en 1574, et qui fut dans l'intimité du Saint, raconte les choses différemment.

Le travail du P. Rouelle est daté du 24 août 1616; il traite des vertus de saint François de Borgia, en vue du procès de canonisation qui se termina, comme on sait, cinquante-quatre ans plus tard. Dans le dernier para-

1. Antoine Verjus (la *Vie de S. François de Borgia,* dédiée au Roy, à Paris, M DC LXXII, pas de nom d'auteur ni dans le titre, ni dans le privilège, la dédicace au Roy est signée V. J.); — au livre second, § CLVII, p. 391, 393, l'auteur raconte le passage de François de Borgia *par plusieurs provinces de France, avec des peines et des dangers extrêmes durant les rigueurs de l'hyver et par des chemins écartez, les autres estant tous occupez de divers partis des rebelles;* mais il ne fait aucune mention de la halte du Saint à Bordeaux. — Sacchini (*Hist. societ. Jesu,* art. 3, sive Borgia) n'attribue aucune initiative au Saint. Le P. Prat a écrit deux ouvrages où il traite des commencements du collège de Bordeaux : 1° *Maldonat et l'Université de Paris au* XVIe *siècle,* p. 333; 2° *Recherches sur la Compagnie de Jésus au temps du P. Coton,* t. IV, p. 264, il est absolument muet sur ce point.

2. Ce chapitre est intitulé : *Auctus collegiorum numerus, etc.*

3. Sub finem anni 1571... è senatu viri delecti, Religionis Patriæque amantes, cum R. Archiepiscopo, rem *serio* sunt agressi; atque is, quem dixi, *D. Franciscus Baulonus censum annuum quo viginti quinque è Nostris alerentur, se daturum pollicetur, et ad ædificandum, bonam pecuniæ summam.* »

4. « Le 21 janvier 1572 sont venu en la cour le procureur et advocats generaux, lesquels ont remonstré avoir été advertis qu'il y a trois jours que le cardinal Alexandrin, neveu et légat de Nostre Saint Père le Pape, est arrivé à Bayonne; à cette cause s'il plaît à la Cour elle deliberera de la forme qu'on tiendra à son entrée en cette ville suivant la volonté du Roy, sur quoy le premier president Largebaston a dit que samedy dernier le sieur de Saint-Suplice... » (*Regist. secret du Parlement de Bordeaux,* copie des *Archiv. municip.,* f° 229.)

5. « Il entra à Bordeaux le 26 janvier 1572 par la porte S. Julien et fut recuëilly au prieuré de Sainct-Julien, qui estoit lors basti hors la ville... »

« Et faut noter icy ce qui a esté obmis par M. de Lurbe, que en la compagnie dudict cardinal et legat estoit François de Borgia, allié du duc de Lerme, general de la Société des Jésuites, lequel accompagnoit ledict legat en son Embassade. » (Darnal, *Chron.,* f° 49 et v°.)

6. Darnal, qui dans cette affaire donne à François de Borgia un rôle de simple *approbateur,* avait déjà dit (f° 48 v°) : « Le Père Edmond Auger *estoit celui qui opera fort audit establissement.* »

graphe, à propos « de la réputation de sainteté » dont jouissait pendant sa vie l'admirable général, le P. Rouelle dit : « Revenant d'Espagne, il descendit à Bordeaux chez M. Jean de Lange, conseiller au Parlement royal ; cet homme, d'une rare éloquence et de grand jugement, fut si frappé de la haute vertu de François, lui, son épouse et les autres Conseillers, qu'ensemble, *ils commencèrent à penser* à établir un collège ; ils en demandèrent l'autorisation à notre saint général, leur hôte, et comme ils avaient sous la main un fondateur...... cette demande fut agréée[1] ».

Il ressort évidemment de ce texte : 1° que l'idée première de la création du collège naquit dans la maison de M. de Lange, sous les yeux ou plutôt sous l'influence de François de Borgia ; 2° qu'en sa qualité de général de la Compagnie, le Saint donna son consentement à ladite création.

L'opinion du P. Martin Rouelle se concilie malaisément avec celle qui jusqu'à ce jour semblait avoir été l'opinion commune. Elle n'admet sur la question du collège aucun acte, aucun projet, aucune ouverture antérieure à la venue de saint François de Borgia ; pour le P. M. Rouelle, tout, même la pensée d'établir ce collége, daterait du moment où le saint Général honora de sa visite l'hôtel de M. de Lange... *Ut... de collegio Burdegalensi cogitare cœperint.*

Malgré les difficultés qu'elle soulève, cette manière d'exposer le fait prit de la consistance au XVIIe siècle ; en 1672, un an après la canonisation de l'illustre fils de saint Ignace, elle avait entièrement prévalu. Le P. Adam, auteur de l'*Abrégé de la Vie de saint François de Borgia*, publié à Bordeaux, nous montre (p. 148) M. de *Boulon (sic)* s'offrant directement au Saint pour fonder le collège[2]. Les poètes de la *Magdeleine* se firent

1 « Rediens ex Hispaniâ, Burdigalæ hospes fuit Domini Joannis Angeli... qui itâ viri sanctitate permotus fuit, unà cum ejus uxore et alii senatores, *ut de collegio Burdigalensi erigendo cogitare cæperint, postulaverint, invento fundatore... et obtinuerint à suo sancto hospite.* » — Le manuscrit se trouve aux *Archives départementales*. Sur notre demande il nous a été communiqué par M. Roborel de Climens.

2. « M. Ferron, président au Parlement, ayant logé le Saint dans sa maison, qui était à la rue *Neuve*, les domestiques observèrent que tout le temps qu'il demeurait en sa chambre, il était ou en prière ou prosterné contre terre... » Au reste, M. de Baulon, conseiller au Parlement fut si ravi de l'entretien qu'il eut avec ce grand Saint, *qu'il s'offrit à lui pour fonder un collège de Jésuites à Bordeaux* ; le Saint accepta avec joie. (*Abrégé de la vie de S. François de Borgia, duc de Candie... et troisième général de la Compagnie de Jésus, canonisé par le pape Clément X, le 12 d'avril de l'année 1671, par le P. Jean Adam, de la Compagnie de Jésus.* — Bordeaux, par J. de la Court 1672, p. 148-150.)

L'espace nous manque pour discuter ici l'assertion du P. Martin Rouelle. Nous aimerions à la croire fondée. Le collège de la Magdeleine a rendu de si grands services à Bordeaux (il le sauva peut-être du protestantisme) qu'il est tout naturel de voir dans cette création, vraiment providentielle, l'œuvre d'un grand saint. Nous tenons d'ailleurs d'un savant Jésuite, historiographe de sa province, que le P. Martin Rouelle est une autorité dans l'Ordre.

Nous n'oserions dire de même, en cette matière, du P. Adam. Prédicateur et controversiste avant tout, le P. Adam, originaire de Limoges, ne paraît pas toujours bien renseigné sur notre histoire locale ; il altère l'orthographe du nom si connu de M. de Baulon qu'il change en Boulon, *et fait du conseiller de Ferron, un* « président au Parlement » ; *de plus, à l'encontre du P. Rouelle lui-même, il affirme que saint François de Borgia reçut l'hospitalité chez M. Ferron,* « *dans sa maison qui était située rue* Neuve » *et dans une chambre* « *qu'on a toujours appelée depuis ce temps là* chambre de Jésus ou des Jésuites ». *(Or il descendit chez M. de Lange.) — Nous supposons dans ce qui précède que le P. Adam a voulu parler d'Arnauld de Ferron et non de son père, Jean de Ferron, ou de l'un de ses deux frères, car ils ne furent magistrats ni l'un ni l'autre, ou de sa veuve, née Marthe de Valliers, qui lui survécut, ou bien de quelqu'un de ses enfants (car il en avait, contrairement à l'assertion de M. Peyrecave,* op. cit., *p. 22). Cela résulte d'une reconnaissance d'un grand jardin... faite par la veuve d'Arnauld de Ferron, tant en son nom personnel* qu'en celui de ses enfants. — *La pièce se trouve dans le livre terrier des rentes des bénéficiers de Saint-Pierre.* (Archiv. départ., *G, n° 559, p. 11.*) — *Or, le 26 janvier 1572, date de l'arrivée de saint François de Borgia à Bordeaux, Arnauld de Ferron n'était plus de ce monde depuis neuf ou dix ans ; il mourut en effet, d'après Lamothe* (Notes pour servir à la biographie

les échos de la tradition nouvelle. L'un d'eux présage une durée sans fin à cette institution, parceque, dit-il, elle est « l'œuvre de Borgia » [1]. L'événement démentit la prophétie; deux siècles plus tard le collège n'existait plus. A la suite du célèbre *Compte-rendu des constitutions des Jésuites,* lu par l'avocat général Pierre-Jules Dudon devant les chambres assemblées, les 13 et 14 mai 1762, les Pères furent chassés de leur collège de la Magdeleine, en attendant leur expulsion du Royaume et la dissolution momentanée de la Société par le bref du 21 juillet 1773 [2].

des hommes utiles et célèbres de la ville de Bordeaux, *Paris, Derrache, 1863, p. 26), le 28 mai 1562, ou plutôt, d'après Boscheron des Portes* (Hist. du Parlem. de Bordeaux, *t. I, p. 118) et l'acte ci-dessus, le 28 mai 1563. — Toutefois, le P. Adam est dans le vrai quand il place l'hôtel de Ferron dans la rue* Neuve. *M. Ch. Marionneau, qui a recueilli beaucoup de notes sur les anciennes habitations historiques de cette rue, a bien voulu nous communiquer la suivante : « La maison d'Arnauld de Ferron se voit encore dans le fond d'une cour, dont l'entrée se trouve entre la maison n° 17, occupée par un serrurier, et celle d'un fabricant de caisses, sur la droite, en venant du cours d'Alsace-et-Lorraine. »*

1. Voir à la Bibliothèque de la Ville un recueil de poésies latines provenant de l'ancien collège des Jésuites. Le poème est intitulé : *Collegio Burdigalensi Societatis Jesu Vaticinium perennitatis ex auctore S. Francisco Borgia ;* nous en extrayons quelques vers :

Ædes mobilibus nunquam committit arenis
Vir sapiens, vento ne quatiente ruant,
Sed stabili æternâ imponit fundamina rupi,
Ut ne, vel mundo dissiliente, cadant.
Gaude igitur certâ spe Burdigalense Lyceum ;
Borgia te fausta condidit ipse manu.
Borgia nunc divos cui cœlum adscribit honores,
Clara olim virtus, quem super astra tulit,
Borgia doctrinis simul et virtutibus arcem
Te posuit, mundi sperne timere vices.
Terrâ tremat, ventique fremant, mare sæviat undis :
Te regit irato fortior orbe manus !

2. Les 2, 3 et 4 mai 1775, sous l'épiscopat du prince Ferd.-Max. Mériadec de Rohan, une assemblée des évêques de la province de Bordeaux se tint dans l'hôtel du gouvernement de la ville, rue Porte-Dijeaux, où résidait alors Mgr l'Archevêque, « attendu que le palais archiépiscopal ayant été démoli n'était pas habitable. » Les députés « regardèrent comme un acte de justice de leur part de rendre aux membres de cette Société le même témoignage que leur avait rendu l'*assemblée générale du clergé de France en 1761.* » (Voir *Archiv. dép. de la Gironde.*)

FRANÇOIS IV. LE LXI. ARCH.

CARDINAL.

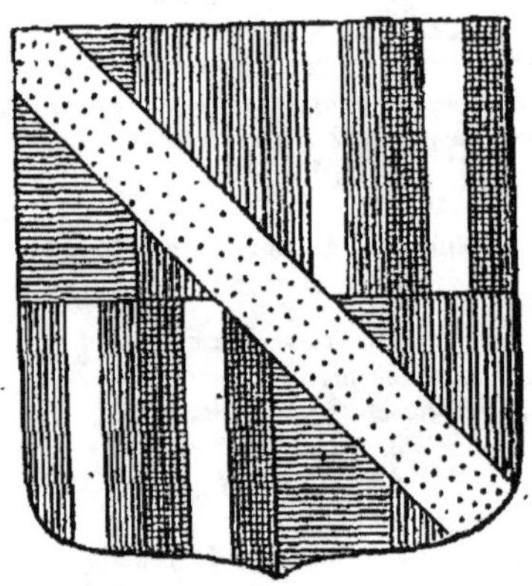

Écartelé au 1er et 4e parti d'azur et de gueules,
au 2e et 3e parti au 1er de gueules à un pal d'argent, sur le tout à la bande d'or
(d'après l'écusson qui se voit sur la façade de l'église Saint-Bruno.)

Lopès blasonne comme suit les armes du Cardinal :
d'azur et de gueules à la bande d'or brochant sur le tout.

FRANÇOIS d'Escoubleaux de Sourdis Quatriesme du nom, fut fait Archevesque de Bourdeaux par la nomination du Roy Henry IV. apres une longue vacance de l'Archevesché[1]. Il estoit fils aisné de François d'Escoubleaux, Marquis d'Alluye, Sei-

1. Le siège était encore vacant le 21 avril 1598 (*Gall. christ.*, t. II, *Animadv.*, col. XXIV). Cependant, d'après M. Fisquet (*op. cit.*, p. 286) et M. Ravenez (*Hist. du cardinal de Sourdis*, p. 13) — ce dernier déclare tenir ce renseignement de M. de Pichard) — le roi Henri IV aurait nommé un successeur à Prévost de Sansac, dès le 1er janvier 1592.

Cet ecclésiastique, appellé *Jean le Breton*, n'obtint jamais ses bulles.

M. de Pichard était bien informé; on trouve, en effet, dans les

gneur de Sourdis et d'autres Places, Chevalier de l'Ordre (du S. Esprit), Gouverneur pour le Roy, de Chartres et Pays Chartrain : et d'Isabeau Babou de la Bourdaisiere[1]. Son Pere l'avoit destiné aux Armes comme l'aisné de la Maison, et il fit un voyage à Rome en qualité de Comte de la Chappelle : mais Dieu l'ayant destiné à un plus glorieux employ dans son Eglise, comme à son retour de Rome on luy eust donné la Domerie d'Aubrac en Roüergue[2], il print incontinent l'habit Ecclesiastique, et le Roy Henry IV. reconnoissant son riche naturel, et ses belles qualités, le recommanda au Pape Clement VIII. pour le faire Cardinal, ce qu'il fit le 3. du mois de Mars 1598. Il est assez remarquable qu'huit jours avant qu'il ne receut la nouvelle de sa Promotion au Cardinalat, un pauvre Prestre s'estant presenté à luy, luy demandant quelque secours, il se despoüilla sa Soutane neusve pour le couvrir, apres luy avoir donné l'Aumosne.

II. Les Bulles de l'Archevesché luy furent expédiées l'an 1599[3]. Il en print possession par Procureur le 8. de Janvier 1600. En suite estant venu à Bourdeaux[4], il ne

Archives historiques de la Gironde, t. XVII, p. 504, « une lettre de Henri IV, aux religieux de l'abbaye d'Aubrac, les engageant à recevoir favorablement *Jean Lebreton*, auquel François de Sourdis a cédé leur abbaye en échange de l'archevêché de Bordeaux » (25 avril 1598).

1. Sa mère était la tante de Mme de Beaufort (Gabrielle d'Estrées); par là s'explique l'intérêt que portait le roi Henri IV à la famille d'Escoubleau.

2. Voir *Archiv. hist. de la Gironde*, t. XVII, p. 501, 502, 503, et *Archiv. départ.*, G. Archev. 254, les lettres de Gabrielle d'Estrées, de Mme Babon de la Bourdaisière et de Henri IV, tendant à assurer au jeune d'Escoubleau, alors abbé de Saint-Jouin-les-Marnes (diocèse de Poitiers), la possession de l'abbaye d'Aubrac.

3. Le 3 des nones de juillet. Elles furent présentées au Chapitre, au nom du Cardinal, par P. Fattier, le 24 février 1600. (*Regist. capit.*, G. 291.)

4. Il y entra le 8 mars et fut harangué par l'archidiacre de Blaye; l'avant-veille, une députation du Chapitre s'était rendue à Blaye pour saluer le nouvel Archevêque. (*Regist. capit.*, G. 291, f° 9.)

voulut pas qu'on luy fit d'entrée, mais au lieu de l'entrée il voulut faire une Procession Generale le 12. de Mars 1600[1]. un jour de Dimanche, où il porta le S. Sacrement, le Parlement y assista en Robes Rouges, et tous les Corps de la Ville. Bourdeaux n'eut jamais un Prelat plus zelé au culte de Dieu ny plus charitable à l'endroit des pauvres. C'est soubs luy que s'establirent en Ville, ou y bâtirent des Eglises, et en partie à ses despens, les PP. Minimes, les Fueillans, les Carmes Deschaussez, la Maison Professe et le Noviciat des PP. Jesuistes, les Capucins, les Religieuses de Scte Ursule et de Nostre Dame, les Carmelites, et les PP. Celestins à nostre Dame de Verdelais, 7. lieuës au delà de Bourdeaux[2]. Il fit introduire la reforme dans l'Abbaye Ste. Croix, sous la direction des PP. Benedictins de la Congregation de St Maur, et donna au College des Seminaires qu'avoit commencé d'instituer son Predecesseur, l'Eglise de S. Paul, unissant la Parroisse à celle de S. Christofle, ayant le consentement du Chapitre, et du Chapitre S. Seurin qui y avoit de l'interest, et fit d'autres biens à ce College.

III. Son grand et incomparable ouvrage fut le bastiment et l'establissement de la Chartreuse dans un endroit où

1. *Regist. capit.*, G. 291, f° 9.

2. On a déjà rencontré dans cet ouvrage des notes relatives à ces diverses communautés. Outre celles que mentionne Lopès, nous signalerons comme fondées par le même cardinal les suivantes :

1° *Les Dames de la Miséricorde,* chargées des pauvres honteux ;

2° *Les Frères de Saint-Jean-de-Dieu,* qu'il installa à l'hôpital Saint-Pierre, dans la sauveté de Saint-Seurin ;

3° *Les Prêtres irlandais,* qu'il établit dans l'église Saint-Eutrope, autrefois Notre-Dame-de-la-Place ;

Voir sur cette église, située en face de l'abside de Saint-André, la notice accompagnée de dessins, par M. Émilien Piganeau. (*Société archéol. de Bordeaux,* t. VI, 3° et 4° fasc.) ;

4° *Les Religieuses de Saint-Dominique* ou *Catherinettes.* (Voir t. I, p. 50.)

personne ne s'imaginoit, qu'il peut jamais reüssir en son entreprise. C'estoit un marais, ou plustot une cloaque où se déchargeoit quantité d'eaux venant des Landes, d'où les malignes vapeurs qui s'eslevoient, causoient souvent la peste, et plusieurs maladies à la Ville. Tout le monde l'en dissuadoit, croyant la chose impossible. La Reyne Mere Marie de Medicis luy ayant représenté estant à Bourdeaux,

DÉVELOPPEMENT DU CHŒUR DE L'ÉGLISE SAINT-BRUNO

(Comm. des Monum. hist.)

que cette cloaque engloutiroit toute la despense qu'il y pourroit faire et sans fruit; il luy dit qu'il avoit reservé cent mille livres pour cette dépense, qu'il esperoit que Dieu en beniroit le dessein, et que si le succés ne répondoit pas à ses esperances, il auroit cette consolation d'y avoir recherché la gloire de Dieu, et l'utilité publique. Cette réponse fut si agreable à la Reine Mere, qu'elle luy dit, Mon Cousin, vous meritez que le Roy vous fasse du bien, je le prieray de vous en faire. Madame, dit le Cardinal, si vous m'en procurez, Sa Majesté aura la satisfaction de sçavoir que je ne l'employeray qu'aux Eglises et aux Hospitaux. Il reüssit enfin dans son dessein, et batit au milieu de ce marais, avec une dépense et magnificence Royale, une Chartreuse des plus belles du Royaume, à laquelle aboutissoient depuis le Jardin de son Palais Archiepiscopal, des longues allées, bordées de beaux arbres, de canaux profonds et larges des deux costez, par où s'epuisent les eaux de dehors : changeant des lieux inaccessibles pleins de fossez et d'abismes d'eau, en un lieu des plus agreables, et qui contribuoit beaucoup, tant à la santé qu'à l'ornement de la Ville. Il fonda dans cette Chartreuse un Hospital à l'honneur S. Charles, et consacra tout ce grand ouvrage sous le nom de la Vierge, comme le marquoit ce distique Latin, gravé sur la porte d'un petit Dôme basti à une entrée de ces Allées[1].

« *Templa, Domus, Latices, Horti, Cartusia, Sylvæ,*
» *Surrexêre tuis Virgo sub auspiciis.* »

IV. La dépense qu'il y fist n'empeschoit pas ses aumônes continuelles à toute sorte de pauvres : il fit paroître en sa vie une grande inclination à les secourir. Ayant apris à Rome, où il estoit l'an 1622. qu'il y avoit grande disette dans la Ville et Dioceze de Bourdeaux; il écrivit à M. Miard son Vicaire General et Intendant de sa Maison, qu'il ne manquast pas de distribuer aux pauvres, tous les grains qui se trouveroient à l'Archevesché. « Je vous prie (luy » ecrivit-il de sa main, ce sont les termes de sa lettre que

1. Le 25 mars 1620, il invita le Chapitre à la consécration de l'église des Chartreux. (Voir sur cet édifice, t. II, p. 26, le poème intitulé : *Carthusiæ Burdegalensis encænia*... (dédié à François de Sourdis). Auctore Guilielmo Hegato, Academiæ Burdigalensis in artibus doctore.

Burdigalæ apud S. Millangium (1621).

ANCIENNE PORTE DU CHŒUR DE L'ÉGLISE SAINT-BRUNO
ACTUELLEMENT A SAINT-ANDRÉ.

» j'ay leuë) appaiser l'ire de Dieu tant que vous pourrez, » et au lieu de vendre mon Bled, donnez-le en aumône, » apres avoir fourni ma Chartreuse. La plus grande partie » distribuez-le pour les honteux des Parroisses, et partie à » la porte, en pain ce mois d'Avril et May, qui est ordinai» rement la grande disette. Si j'en ay a Libourne ou » S. Emilion, faites le distribuer aux pauvres Parroisses » affligées, et de plus donnés de l'argent aux pauvres. Tout » ce que vous donnerez, je le trouve bon, secourez les » pauvres, mesmement les pauvres Curez et tous ceux de » mon Dioceze, et n'épargnez rien au nom de Dieu, faites » moy ce plaisir. »

V. Il s'est trouvé en des glorieux emplois. Il baptiza à Paris le Duc d'Orleans second fils d'Henry IV. l'an 1607. assista à Paris à l'assemblée des Estats Generaux l'an 1614. où il fit la Predication à leur ouverture, et print pour Theme ces paroles de S. Pierre, *Deum timete, Regem honorificate*. Il fit à Bourdeaux dans son Eglise le Mariage de Madame de France avec l'Infant d'Espagne, qui fut depuis le Roy Philippe IV. et fut assisté par les Evesques de Rieux et de Bazas Diacre et Sousdiacre. Le Duc de Guise la fiança en vertu de la procuration qu'il avoit de ce Prince[1]. Il estoit sur le point de faire la ceremonie pour l'Infante d'Espagne avec le Roy Louys XIII. sans un accident arrivé au Palais à la sortie d'un Gentil-homme prisonnier, pour lequel il s'estoit interessé à la priere de Mr. de Themines, et en avoit mesmes eu la parole et l'ordre de la Reyne Mere, qui avoit donné sa grace au criminel. Le Concierge ayant esté tué sans dessein, quoy qu'il fut

1. Ajoutons que se trouvant à Paris, l'an 1610, au moment de l'assassinat d'Henri IV, il accourut en toute hâte auprès du roi, et supposant qu'il n'était pas mort, il lui donna l'absolution *sub conditione.* (*Gall. christ.*, t. II, col. 851.)

Le pape Paul V écrivit au Cardinal une longue lettre, dans laquelle il déplore la fin tragique du roi de France. *(Ibid.)*

d'intelligence pour la liberté du prisonnier, et cette mort ayant fait grand esclat, le Cardinal fut obligé de s'absenter, mais il se justifia bien-tost, et accompagna le Roy à son retour de Poitiers, et fit beaucoup de biens à la vefve et aux enfans du deffunt[1]. Il fut tousjours en grande consideration aupres des Papes Clement VIII. Paul V. Gregoire XV. et Urbain VIII. et assista à l'Election de Leon XI. et de Paul V. Il se trouva encores à l'Assemblée Generale du Clergé à Paris l'an 1625. où il harangua le Roy.

VI. On doit à sa Pieté le retablissement de l'Ordre et de la Discipline Ecclesiastique dans le Dioceze, qui s'estoit relaschée durant les guerres, et les mouvemens de l'Heresie[2].

1. Ce que Lopès appelle un accident est la grosse affaire du sieur de Hautcastel, longuement racontée dans les chroniques. (Voir notamment Gaufreteau, t. II, p. 64 et 65; de Cruzeau, t. II, p. 196 et suiv.) — On sait que le concierge de la prison, où était détenu le sieur de Hautcastel, ayant été tué par un des cinquante gentilshommes de l'escorte du Cardinal, celui-ci fut obligé de quitter Bordeaux. L'exilé ne rentra que l'année suivante (16 mai 1616) dans sa ville métropolitaine. Gauffreteau semble dire que la fondation de la Chartreuse fut une sorte de monument expiatoire. On lit en effet dans sa *Chronique*, t. II, p. 65: « Enfin l'orage s'accoisa, e cette » petite saillie jeta les fondements de la Chartreuse, par l'advis e » commandement de Rome. » Rien de plus faux: cinq ans auparavant, le Cardinal communiquait son projet à Marie de Médicis. (D. Devienne, *op. cit.*, 2e part., p. 129). Cependant, il faut remarquer avec l'auteur des *Comptes-rendus de la Comm. des monum. hist. de la Gironde*, année 1852-53, p. 13, que l'idée première de cet établissement appartient à Blaise de Gascq, d'une famille bazadaise, lequel, encore simple novice dans l'ordre des Chartreux, donna, par un acte du 4 septembre 1608, une somme considérable pour la construction du couvent dont il fut le premier prieur.

2. Emporté par le zèle et peut-être aussi par la jeunesse, il manqua souvent de modération, soit dans son langage, soit dans ses actes; de là, « malgré les instances du Chapitre qui se rendit en » corps auprès du cardinal pour lui conseiller *grand'prudence » et douceur* » (*Regist. capit.*, G. 292, f° 131), plusieurs conflits avec le Parlement, par exemple dans l'affaire Hautcastel, avec M. de Roquelaure, gouverneur de Bordeaux, dont il avait prié la femme de se conformer aux ordonnances qu'il avait fait afficher « pour

Les beaux Reglemens qu'il a faits sur ce subjet sont imprimés, et plusieurs Evesques s'en sont servis comme de modele à ceux qu'ils ont establis dans leurs Diocezes. Nostre Illustre Cardinal les avoit ordonnés sur les Regle-

» avertir les femmes qui entroient dans les églises chargées de » poudres, espoictrinées et débraillées, de se couvrir avec une » écharpe. » L'affaire alla très loin, et valut au Cardinal une lettre assez dure de la part de la reine Marie de Médicis :

16 février 1613.

Mon cousin, ayant appris ce qui s'est passé entre vous et le sieur de Rocquelaure sur le subject des observations ausquelles vous désiriez obliger la dame de Rocquelaure en ses habitz et ornemenz et en la forme de couvrir son chef lorsqu'elle est dans l'église, je n'ay peu estre que très déplaisante de veoir que des subjectz si faibles et sy frivolles soient capables d'apporter de la confusion et du desordre entre personnes de telle qualité et dont il pourroit arriver de très grandz prejudices au bien du service du Roy, Monsieur mon filz, et au repos de toutte la province.

J'approuve bien que vous teniez la main par vostre auctorité que les femmes se comportent à l'église avec la modestie et bienseance convenable, tant en leurs actions que en leurs habitz et de les y exhorter en touttes occasions, mais de les y contraindre jusques à scandalle, specialement celles de la qualité de ladicte dame de Rocquelaure, je ne l'approuve pas entierement et me semble que vous pouvez tollerer en elle des libertez plus particulieres qu'aux autres, veu mesmement que l'on m'a asseuré que d'elle-mesme, elle est assez moderée en ses habitz et ornementz. Je vous prie donc d'y apporter quelque temperament et de ne vous attacher pas sy particullierement à ces formalitez que le scandale ou la suitte en puisse alterer la bonne intelligence qui doibt estre entre vous et ledict sieur de Rocquelaure, et par consequent le bien du service du Roy, mondit sieur et filz, et repos de ses subjectz.

J'ai receu du contentement d'entendre que le corps du Parlement se soit entremis d'accommoder cest affaire. Mais n'estimant pas (convenable) que tant de personnes s'en entremettent, j'ay commandé au sieur de Chezac, premier president, de vous veoir tous deux et d'adviser aux moyens d'assoupir ce different et de remettre les choses en l'estat qu'elles estoient auparavant, à quoy je vous prie de vous disposer de vostre part comme chose qui importe au bien du service du Roy, mondit sieur et fils.

Et sur ce je prie Dieu, mon cousin, qu'il vous ayt en sa saincte garde.

Vostre bonne cousine.

MARIE.

(PHELYPEAUX).

Fait à Paris, ce XVIe jour de février 1613.

(*Archiv. hist.*, t. XIV, p. 429.)

Les plus graves difficultés que rencontra le Cardinal lui vinrent de son Chapitre. Les *Actes de l'archevêché*, G. 227, 228, 235, 259, 295, 296, etc., et les *Registres capitulaires*, G. 291, 292, 293, 294 et

mens establis par S. Charles Borromée, Cardinal Archevesque de Milan, la vie duquel il s'estudia particuliement

295, n'en fournissent que trop de preuves. Les principaux griefs du Chapitre contre le Cardinal furent :

1° La démolition de deux autels « qui estoient dans la nef de l'église » Sainct-André de Bordeaus, sans le consentement du Chapitre et chanoines » de la dicte eglise » (De Cruzeau, *Chron.*, t. I, p. 294 (1602), *Regist. capit.*, G. 291, f° 91).

2° L'ordonnance prescrivant le surplis à la romaine qui alluma dans le Chapitre une longue et vive guerre, dont le chanoine prébendé Pierre Peyrissac fut le héros.

3° La prétention du Cardinal d'enlever au Chapitre son droit d'exemption et d'évoquer les procès qu'il avait avec lui, devant le conseil du Roi, au lieu du Parlement de Bordeaux.

4° *Regist. capit.*, G. 291, f° 9. — Les articles proposés par le Cardinal concernant la vénération du Saint-Sacrement dans l'église et la célébration des offices suivant le cérémonial romain.

Le Chapitre répond que si le tabernacle est pauvre, le Cardinal en est un peu la cause, puisqu'il n'a pas encore payé les 80 escus d'entrée que les archevesques ont toujours payés à la fabrique de l'église; quant au cérémonial romain, il n'est usité dans aucune église de France, le texte n'en est en vente nulle part, le Chapitre continuera donc à suivre l'ancien pontifical.

5° L'obligation que ledit cardinal veut imposer au Chapitre, nonobstant les privilèges de celui-ci, de se conformer aux prescriptions du concile de Trente, touchant la résidence (*Regist. capit.*, G. 292, f° 9).

6° Le Cardinal ayant exprimé la volonté de commander dans l'église lorsqu'il officie, « le Chapitre lui oppose la bulle des privilèges à lui concédés par Paul V, et répond que rien ne sera innové » (*ibid.*, G. 292, f° 130).

7° Contestation suivie d'une entente, au sujet de la place du trône du Cardinal, « lequel trône est sur le point d'arriver » (*ibid.*, G. 292, f° 158).

8° Refus par les chanoines de céder le pas à l'évêque de Vannes, pour les obsèques du maréchal d'Ornano, que ce prélat devait célébrer avec l'autorisation du Chapitre, en place du Cardinal (*ibid.*, G. 293, f° 5).

9° Refus d'assister, sur l'invitation du Cardinal, à la cérémonie de la béatification de saint Ignace, en l'église des PP. Jésuites, « tant pour l'occupation du service de l'église un jour de dimanche, que pour le sujet de ladite procession qui n'est pour aucune nécessité ni cause publique » (*ibid.*, G. 293, f° 78).

10° « Contrairement aux ordres du Cardinal, le Chapitre ordonne que les enfants soient baptisés à l'autel de saint Martial et non à celui de saint Martin » (*ibid.*, G. 291, f° 81).

On le voit, le cardinal de Sourdis n'eut guère moins à lutter que saint Charles Borromée son modèle. Cependant, il est bon d'ajouter que le plus grand nombre des faits mentionnés ci-dessus proviennent des *Registres capitulaires;* sans vouloir révoquer en doute l'impartialité du Chapitre, il est naturel de supposer que, dans la manière d'arranger les récits, le rédacteur avait quelque tendance à donner raison aux chanoines ses collègues.

d'imiter[1]. Pour donner plus de poids à ces Reglemens, il tint un Concile Provincial à Bourdeaux au mois de Septembre l'an 1624. auquel assisterent Claude Evesque d'Agen, Anthoine d'Angoulesme, Michel de Xaintes, Henry Louys de Poitiers, François de Perigueux, Antoine de Condom, Henry de Maillesais son frere, et Emery de Luçon[2]. Il

1. En 1601, François de Sourdis avait obtenu du cardinal de Sainte-Cécile, neveu du pape Grégoire XIV, le rochet que saint Charles portait quand il reçut un coup d'arquebuse; cette relique fut exposée à Saint-André le jour où le Chapitre de la cathédrale célébra pour la première fois la fête de l'archevêque de Milan. C'était le 27 décembre 1610. (Voir le récit dans la *Chron.* de Darnal, f° 78, et de Cruzeau, *op. cit.*, t. II, p. 93, 94.)

En 1622, le Cardinal en confia la garde aux religieux de sa nouvelle Chartreuse, où le *rochet* resta jusqu'à la fermeture des églises.

Pendant la Révolution, M. Fostin, conseiller à la Cour des Aides de Bordeaux, le conserva pieusement, et le remit, en 1805, à Mgr d'Aviau. Il est exposé, depuis cette époque, sur l'autel de saint Charles, dans la cathédrale. D'après un usage qui remonte au cardinal de Sourdis, cette relique miraculeuse est portée solennellement dans la chambre des archevêques de Bordeaux, quand ils sont en danger de mort. (Voir pour les détails, les *Mémoires inédits de Bertheaud,* secrétaire de François de Sourdis, et l'abbé Sabatier, *Nouveaux mélanges,* p. 218 et suiv.)

2. Les actes en sont insérés dans le tome XVe des *Conciles* de Labbe. Le texte manuscrit se trouve aux Archives départementales de la Gironde. Tout récemment, M. Ducaunnès-Duval l'a transcrit et inséré dans le tome XVII des *Archiv. hist.*, p. 377.

Le concile de 1624 ne fut pas approuvé dans son entier par le Saint-Siège. Les historiens bordelais ont commis à cet égard une erreur importante. Il suffit pour s'en convaincre de voir les corrections faites sur le manuscrit par la S. Congrégation du concile de Trente, et maintenues par celle-ci, malgré les instances du cardinal de Sourdis. Les lignes suivantes, empruntées à l'éditeur des *Actes (loc. cit.),* démontrent clairement ce que nous avançons :

Lorsque ce concile fut terminé, les actes en furent envoyés à Rome pour y recevoir l'approbation du Saint-Siège.

Peu de temps après, le 25 janvier 1625, le cardinal Barberini, neveu du pape Urbain VIII, écrivit au Métropolitain de Bordeaux une lettre, où, après avoir loué sa piété et son zèle, il l'informait que le Saint-Père avait fait remettre le texte du concile à la Sacrée Congrégation, interprète du concile de Trente, avec ordre d'en hâter la révision.

Pendant que la Sacrée Congrégation se livrait à ce travail, le cardinal de mourut enfin plein de merites apres une si digne administration de sa charge. Une funeste hydropisie luy avança la mort le 8. jour de Fevrier l'an 1628. dans son Palais Archïepiscopal, n'ayant pas encores atteint l'an 53e. de son aage. Il fut plaint generalement du Clergé et du Peuple[1]. Son Corps fut porté à la Chartreuse où il repose, et son

Sourdis assistait à l'assemblée générale du clergé de France, commencée le 23 mai 1625. Quoiqu'il n'eut pas reçu de Rome le texte approuvé ou corrigé de son concile, l'archevêque de Bordeaux le communiqua, tel qu'il avait été arrêté en assemblée conciliaire, aux évêques réunis à Paris. Ceux-ci jugèrent que les mesures prises par le concile provincial de Bordeaux pourraient servir de modèle aux autres prélats pour la réforme de leurs diocèses, et que, « par l'approbation de tout le clergé du royaume, ce concile méritait de tenir lieu de concile national. » (*Collection des procès-verbaux des Assemblées générales du clergé de France*. Paris, 1768, t. II, p. 488.) Pour satisfaire aux désirs des évêques, les décrets du concile de 1624 furent imprimés à Paris, au mois de septembre 1625, et, chose digne de remarque, sans mention de l'approbation du Saint-Siège.

Cependant la Sacrée Congrégation avait achevé l'examen dont elle avait été chargée. Douze décrets entièrement supprimés, trente-cinq modifiés, les uns par addition, les autres par substitution, tel fut le résultat; il fut notifié, avec les raisons qui le motivaient, au cardinal de Sourdis.

Celui-ci crut devoir présenter aux réviseurs quelques observations dans le but d'obtenir la conservation du texte primitif. A la prière du Cardinal, la Sacrée Congrégation voulut bien se livrer à un nouvel examen, mais il n'aboutit qu'au maintien de ce qui avait été d'abord statué.

De cet ensemble de faits, il résulte que les actes du concile tenu à Bordeaux, en 1624, n'ont pas été imprimés tels qu'ils sont sortis des mains du Saint-Siège. Les éditions faites à Bordeaux, en 1728, et à Luçon, en 1850, reproduisent en effet purement et simplement l'édition originale de 1625. Celle de 1728 est même particulièrement fautive, en ce qu'elle assimile les décrets de 1624 à ceux de 1583, sous le rapport de l'approbation. Le titre est conçu en ces termes : *Decreta Conciliorum provincialium, annis 1583 et 1624, Burdigalæ celebratorum, à Sancta Sede Apostolica approbata.*

La même erreur a été commise par D. Devienne dans son *Histoire de l'Église de Bordeaux* (p. 132).

1. Une lettre autographe de l'évêque de Saintes (*Archiv. départ.*, G. 13, *Act. de l'archev. de Bord., le Siège vacant*), adressée aux vicaires capitulaires, contient les lignes suivantes sur le cardinal défunt :

« Jay eu de la peyne a retenir mes larmes en vous faizant la pre-
» sente pour responce a celle qu'il vous a pleu mescrire sur le
» subiect du decez de Monseigneur l'Illme Cardinal nre pere commun
» dont les regrets sespandent parmy tous les gens de bien. Je ne
» manqueray par toute lestandue de mon dioceze, de faire joindre
» nos foibles prieres aux vostres plus puissantes pour le salut et

cœur et ses entrailles demeurerent à l'Eglise Metropolitaine son Espouse, et reposent devant la grand porte du chœur de cette Eglise[1], où il voulut qu'elles fussent ensevelies pour une plus grande marque de son humilité, afin d'estre foulé apres sa mort aux pieds de tout le monde[2]. Outre l'Obit

» repos de mondit Seigneur, duquel les merites seront a jamais en » mon souvenir.

» De Xainctes, ce 25 fév. 1628.

» † MICHEL, *E. de Xainctes.* »

En 1619, Mgr François de Sourdis avait été pourvu en commende de l'abbaye de Saint-Laumer de Blois; il introduisit dans cette abbaye la réforme dite de *Saint-Maur,* comme on peut le voir dans l'*Histoire du royal monastère de Sainct-Lomer*, publiée en 1869 par M. A. Dupré, d'après le manuscrit de la Bibliothèque de Blois. La nouvelle congrégation fut très reconnaissante du bien que lui fit l'archevêque de Bordeaux.

« Ce prélat, dit l'historiographe de Saint-Laumer, a trop peu vescu, » puisqu'une partie de ses desseins pour le monastère de Sainct- » Lomer n'a esté exécutée. Je ne doute pas pourtant que, comme » la divine Providence prend garde à l'estendue de la charité avec » laquelle nous faisons nos actions, qu'ainsy, ayant esgard à l'affec- » tion qu'il avoit pour le bien du monastère de Blois, il n'en ait » esté éternellement récompensé après sa mort, qui eut lieu l'an » 1628, au mois de febvrier. » (*Hist. de l'abbaye de Saint-Laumer,* édit. de 1869, p. 301) :

1. Son corps fut porté sans pompe à la *Chartreuse,* escorté par douze clercs tenant des flambeaux à la main. « Une large avenue, dit L.-W. Ravenez (*op. cit.*, p. 562), unissait le palais archiépiscopal au monastère. Mais le duc d'Épernon l'avait fait fermer ce jour-là, et le funèbre cortège fut obligé de s'engager dans des chemins boueux et quasi impraticables. » — « L'inimitié des grands, dit à ce sujet Gaufreteau (*op. cit.*, t. II, p. 158), se faict paroistre au prejudice de la charité. » (Voir sur la crypte de l'église de la Chartreuse, *Comm. des Monum. hist.*, an. 1852-53, p. 20.) Le buste du Cardinal, que nous reproduisons, se voyait dans l'église jusqu'à la Révolution Française; à cette époque il fut jeté dans un puits, d'où M. Rabanel, premier curé de Saint-Bruno, le retira pour le placer sur un petit socle dans un vestibule latéral de l'église, en attendant qu'on lui trouve un lieu plus apparent et plus honorable.

2. « Le cardinal de Sourdis avoit ordonné que son cœur fut enterré soubs la cloche de Sainct-André qui appelle au service

Annuel qu'il a fondé en cette Eglise, il luy fit present d'une riche argenterie, de plusieurs beaux Ornements qu'on fait servir aux Festes les plus solemnelles, et sur lesquelles paroissent ses armes. Il portoit, Party d'Azur et de Gueulles à la bande d'or brochante sur le tout.

VII. Avant de passer à son successeur, je feray mention

BUSTE DU CARDINAL F. DE SOURDIS

Dans l'église de Saint-Bruno. — (Comm. des Monum. hist.)

divin devant la grande porte du chœur. » (Gaufreteau, *op. cit.*, t. II, p. 158.) La pierre nue qui le recouvre se voit au pied des marches du sanctuaire; elle se distingue par sa couleur bleu foncé du reste du dallage; on y fait chaque année une absoute le jour des morts.

Le théologal Gilbert Grymaud prononça l'oraison funèbre qu'il dédia à H. de Sourdis, frère du Cardinal et son successeur sur le siège de Bordeaux. (Voir Biblioth. de la Ville, *Oraison funèbre de feu*

d'une fille de Bourdeaux morte en grande odeur de Sainctteté au Monastere des Carmelites de la Mere de Dieu à Paris. Elle s'appelloit Catherine de Jesus nasquit l'an 1589. Le nom de son pere estoit Charles Nicolas Bourgeois de cette Ville. Dez son enfance elle eut une devotion particulière pour Ste Catherine de Sienne, sur la vie de laquelle elle eut un grand soing de se mouler. Elle print l'habit de Carmelite au Monastere de l'Incarnation à Paris l'an 1608. le jour de S. Barthelemy, y fit profession un an apres, le jour de S. Augustin. Et jusqu'au jour de sa mort qui arriva le 19 Fevrier 1623. la vie qu'elle mena dans le Cloistre, ne fust qu'un tissu continuel de Jeusnes, de Prieres, de Mortifications et de Penitences, avec une soûmission entiere à la Regle, et un destachement admirable de toutes les choses de ce monde, pour se tenir tousjours unie à Jesus-Christ. Sa vie a esté escrite par la Mere Magdeleine de S. Joseph premiere Prieure du premier Monastere des Carmelites à Paris.

Monseigneur le cardinal de Sourdis, archevesque de Bourdeaux et primat d'Aquitaine, par G. Grimaud, Foresien, prestre, docteur en théologie de la Faculté de Paris, chanoine théologal de l'église de Bourdeaux. — A Bourdeaus, par Pierre de la Court, 1628.)

Le testament du Cardinal ainsi que le codicille sont imprimés dans les *Archiv. hist. de la Gironde,* t. I, p. 109. Il en existe une copie à l'archevêché de Bordeaux.

SCEAU DU CARDINAL F. DE SOURDIS.

HENRY II. LE LXII. ARCH.

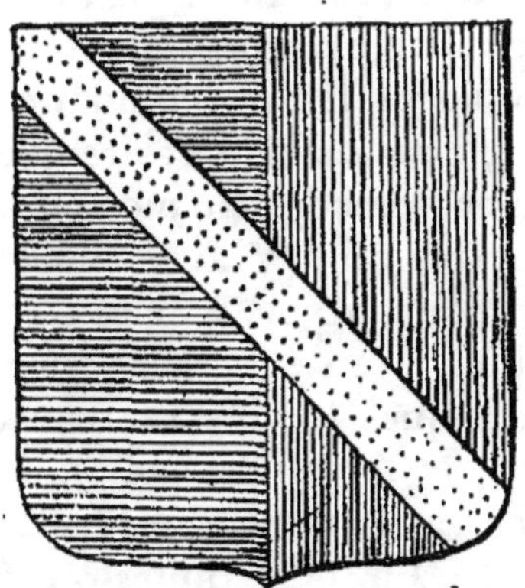

Parti d'azur et de gueules
à la bande d'or brochant sur le tout.

HENRY d'ESCOUBLEAUX de SOURDIS Second du nom, Frere puisné du Cardinal de Sourdis, fut pourveu de l'Archevesché de Bourdeaux le 16. Juillet 1629. en print possession par Procureur le 17. Aoust 1630[1]. et le 2. du mois de Decembre suivant arriva en cette Ville, où il ne voulut point qu'on luy fit d'entrée, il vint seulement à l'Eglise S. André, où il fut reçeu par le Chapitre, et presta le serment accoustumé, apres lequel il celebra au Grand Autel le S. Sacrifice de la Messe[2]. Il fut durant sa vie, Abbé de Royaulmont, de la

1. *Archiv. départ. de la Gironde*, G. Archev. 13 (anc. répertoire.)

2. Les jurats proposèrent à l'Archevêque de ne point faire d'entrée solennelle à cause du « déplorable estat auquel la peste et la disette de bled ont réduit la ville. » (Voir *Archiv. munic., délibération de l'hostel de ville lorsque Monseigneur est entré à Bordeaux, le 27 novembre 1630*). L'Archevêque répondit aux délégués de la jurade chargés de lui demander de ne pas exiger qu'on lui présentât

grand Seauve, de Samblanceaux, de S. Join, de Mauleon, de Ste Croix de Bourdeaux, du Sard, Doyen de S. Emilion, etc. Il avoit esté fait Evesque de Maillesais à l'aage de 18. ans. Le Cardinal son frere le sacra à Paris chez les

« le poisle » et qu'on tapissât les rues de la ville, mais qu'il voulût bien « se contenter de leur bonne volonté pour ce regard ou du moins qu'il différât cette cérémonie à un autre temps plus commode : « Que son particulier dessein, venant à Bordeaux, n'estant » que pour servir et soulager les incommodités du peuple autant » qu'il luy sera possible, nous devions croire que si son entrée leur » apportoit la moindre incommodité du monde, il seroit très éloigné » de la desirer; mais parce qu'il y a en plusieurs lieux certains » honneurs qui passent pour droicts à ceux de sa condition en tels » rencontres, il seroit bien aise de ne point faire de tort. Toutefois, » veu le mauvais estat auquel la ville se trouve à present, il est » consent de le différer, et lorsqu'il seroit à Bourdeaux, où il se » rendroit lundy, Dieu aidant, il feroit plus particulierement » entendre à Messieurs les Jurats ce qui estoit de son intention sur » ce subject. »

Quand on lui conduisit à Lormont le bateau qui devait le transporter dans sa ville archiépiscopale, « ledit sieur Archevêque » remercia les délégués de la jurade de leur bonne volonté et les » assura, comme il avait déjà fait à leurs collègues, qu'il seroit bien » marry que son arrivée en cette ville leur tournast a aucune incom- » modité, mais aussi qu'il se promettait tant de leur bonne affection » envers l'Eglise et son particulier, qu'ils ne voudroient pas qu'il » derogeast aux honneurs et droicts qui estoient deus et qu'on a » rendus a ses prédecesseurs, a quoy il renonceroit bien volontiers » en son particulier, sans le blasme et reprise qu'il en recevrait de » ses successeurs et de tous les prelats du royaume; et ainsi lesdits » sieurs jurats se devoient contenter, que, pour n'incommoder pas » la ville au temps de son arrivée a cause de la maladie contagieuse » qui l'affligeoit et ses autres necessités, il remettoit la solennité » de son entrée a un autre temps plus commode. »

Voir dans les *Regist. secrets du Parlem.* (11 janvier 1631) la délibération concernant les honneurs que recevra l'Archevêque de la haute assemblée :

« A esté arresté, que suivant les lettres patentes du Roy Henry Second, registrées en ladite cour, octroiées a feu messire François de Mauny, quand il vivoit archevesque dudit Bourdeaux, par lesquelles tant luy que ses successeurs archevesques sont créés conseillers clercs de laditte cour; ledit sieur de Sourdis sera reçu premier conseiller clerc de laditte cour, et prêtera le serment en icelle estant près du siège ou les archevesques ont

PP. Chartreux l'an 1623[1]. et bien-tost apres il en fut declaré le Coadjuteur.

II. Comme sa memoire est encores fraische parmy nous, nous nous souvenons d'avoir admiré en luy un esprit vif, un grand cœur, plein de grands desseins, un homme nay pour des grandes choses. Le Cardinal de Richelieu le voulut avoir avec luy au Siege de la Rochelle, laquelle s'estant renduë, il reçeût le Roy à l'entrée de la Ville, et dit devant luy la Messe le jour de Toussaints l'an 1628. dans l'Eglise Ste Marguerite, apres l'avoir reconciliée, et en avoir osté les prophanations de l'Heresie[2]. Ensuite ayant accompagné le Roy au voyage de Piemont l'an 1629. il fut employé pour le retablissement de la Foy dans la Vallée de Pragelas, et pour l'institution des Pasteurs qui seroient commis à la conduite des ames. Il fut fait Commandeur de l'Ordre[3], l'an 1633. avec les Cardinaux de Richelieu et de la Valete, les Archevesques de Narbonne et de Paris.

III. Il fit paroistre sa grande resolution pour soustenir la gloire de son Ministere sur la fin de la mesme année 1633. dans le desmeslé qu'il eut avec le Gouverneur de la Province, des Officiers duquel ayant esté maltraité dans la

accoustumé se seoir. A ces fins sera iceluy sieur Archevesques mandé par le greffier. Ce faict ledit sieur de Sourdis, archevesque dudit Bourdeaux, estant venu dans la chambre du Conseil, après avoir salué la Cour sest allé mettre à la place des archevesques, et estant debout et descouvert, ayant la main sur la poitrine, a faict et presté le serment de premier conseiller clerc de laditte Cour, promis et juré de garder et observer les edits et ordonnances royaux, arrests et reglements de la Cour, rendre l'honneur deu a icelle et tenir ses déliberations secrettes; et à l'instant le sieur de Loppes, doyen des Conseillers, sest levé de sa place, et prenant ledit sieur Archevesque, l'a installé au grand bureau de la grande chambre. »

1. Le dimanche 19 mars. (*Gall. christ.*, t. II, col. 853.)

2. Sur la prise de la Rochelle... et la joie qu'elle causa dans tout le Royaume, voir le *Carmen triumphale* de Jean.-O. Dusault, avec une magnifique gravure représentant le triomphe de Louis XIII. On lit dans le ciel : *Venator urbium* (Bord., G. Millanges, 1628.)

3. De l'Ordre du Saint-Esprit : la réception des dignitaires ecclésiastiques, désignés ici par Lopès, eut lieu à Fontainebleau, le 14 mai 1633. (*Gall. christ.*, t. II, col. 853.)

fonction actuelle de sa visite dans les Parroisses de la Ville, lesquels arresterent son carrosse : et quelques jours apres du Gouverneur mesmes, presque à l'entrée de son Palais Archiepiscopal, il fulmina des censures d'excommunication contre les coupables, mit la Ville en interdit, et l'affaire ayant esté portée au Pape et au Roy, le Gouverneur ayant eu ordre d'attendre la decision de cét affaire dans une de ses maisons hors de la Province, apres une grande discussion, par l'authorité du Pape, les coupables furent obligés d'aller recevoir l'absolution des censures fulminées, au Bourg de Coutras dans le Dioceze, à l'entrée de l'Eglise du lieu, et la recevoir de nostre Archevesque, qui la leur donna publiquement le 20. de Septembre 1634. en presence des deputés du Clergé et du Parlement[1].

IV. L'Année suivante 1635. il presida à l'Assemblée

1. L'affaire d'Henri de Sourdis avec le duc d'Épernon était la conséquence de la jalousie de ce dernier contre l'Archevêque. (Voir dans D. Devienne, *op. cit.*, 1re part., p. 229, les griefs du duc d'Épernon.)

C'est sur la place Saint-André que le gouverneur s'était livré à des voies de faits contre la personne de l'Archevêque, « ce qui » auroit occasionné le prélat d'excommunier sur le champ ledit gou- » verneur, et entrant dans l'église Sainct-André, auroit fulminé de » nouveau l'excommunication, et mettant la ville en interdit, auroit » transporté le Sainct-Sacrement en la chapelle de l'archevêché. » (Gaufreteau, *op. cit.*, t. II, p. 179.) « La ville et chasteau de Cadillac, » appartenant au duc sieur d'Espernon, furent également interdits. » (Voir *Archiv. départ.* et *Archiv. hist.*, t. XVIII, p. 427 et suiv.)

Le théologal Gilbert Grymaud porta les doléances du Chapitre devant le Parlement. (Voir son discours dans D. Devienne, *op. cit.*, 1re part., p. 240.)

Le même théologal, accompagné d'un chanoine de Saint-Seurin, se rendit à Paris, au nom du Chapitre, pour instruire le Roi de cette affaire. Sa Majesté exila le gouverneur excommunié, dans son château de Plassac.

Les habitants de Bordeaux se partagèrent en deux camps; il y eut des pamphlets pour et contre et des écrits de conciliation, tels que : *le Catholique désintéressé* ou *discours sur les troubles qui sont arrivez entre Monseigneur le duc d'Epernon... et Monsei-*

Generale du Clergé tenuë à Paris, et bien-tost apres, ayant esté ainsi jugé necessaire au bien de l'Estat, il fut obligé de monter sur l'Armée Navale, et accompagner le Comte d'Harcourt à la reprise des Isles Ste Marguerite et S. Honnorat en Provence, que les Espagnols avoient grandement fortifiées, et que la valeur de ce Comte, avec les conseils de nostre Archevesque, en chasserent l'an 1637 [1]. Ce succez

gneur de Sourdis, archevêque de Bourdeaux, sans nom d'éditeur, 1624. (Bibl. de la ville.)

« Les religieux, dit Gaufreteau (*op. cit.*, t. II, p. 194), estoyent aussi divisés : les Carmes et les Cordeliers tenoyent le parti de l'Archevesque, et les Minimes et Feuillants, et une partie des Capucins, celuy du duc d'Espernon.

» Le clergé ne se divisa jamais dans ses obeissances. Pour le peuple il estoit pour l'Archevesque, et les autres bourgeois de condition pour Monsieur d'Espernon. Quant au sexe feminin, non-seulement le devot, dedans et dehors le cloistre, mais aussi le conjoinct, il estoit tout à faict pour l'Archevesque. Qu'ainsin ne soit, un certain, de la suite dudit gouverneur, homme de consideration, s'estant un beau jour trouvé parmi une compagnie de damoiselles de condition, comme on eut mis sur le tapis cette querelle relevée, et qu'il eut declamé en faveur dudict sieur gouverneur contre l'Archevesque, une fille de chambre, qui faisoit cuire un plein poilon d'empoix, lui jetta ledict empoix à travers ses bottes, et de plus, fut hué de tout le reste de la compagnie de ces femmes, et contraint de se retirer sans dire mot, aultrement il eut souffert un plus grand affront, dont il ne pouvoit tirer raison contre des femmes. »

Après une assez longue résistance, le duc d'Epernon se soumit. Richelieu, qui ne voulait consentir à lui accorder sa grâce, fut touché, dit-on, par cette remarque de Mgr de Cospéan, évêque de Lisieux : « Monseigneur, si le diable étoit capable de faire à Dieu » les satisfactions que le duc d'Épernon offre à l'Archevêque de » Bordeaux, Dieu lui feroit miséricorde. »

On infligea comme pénitence au duc octogénaire de faire amende honorable à l'Archevêque, à genoux, devant la porte de l'église de Coutras ; l'absolution lui fut accordée par Henri de Sourdis lui-même, le 20 septembre 1634. D. Devienne en rapporte la formule, *op. cit.*, 1re part., p. 248. (Voir le récit de ces événements, dans les *Mémoires du Clergé*, édit. de 1716, t. VII, p. 1193-1239.)

1. Le 9 avril 1636, l'Archevêque de Bordeaux avait été nommé « chef du conseil du Roi en l'armée navale, près du sieur comte d'Harcourt, et directeur général du matériel de l'armée. » Dès le début de l'expédition de Provence éclata le fameux conflit entre Henri de Sourdis et le maréchal de Vitry. Le maréchal fut écarté et l'Archevêque, maintenu par le Roi dans son commandement,

et sa grande intelligence luy firent continuer par l'ordre du Roy des semblables emplois, où il acquit beaucoup de loüange, et avoit un soing particulier de l'entretien des Hospitaux de l'Armée, où il assistoit la Noblesse incommodée, de ses biens, et tous les autres pauvres, de tres considerables aumosnes. Ces emplois entreprins pour le bien de l'Estat ne luy osterent pas le soing de son Dioceze. Absent qu'il estoit de corps, il y avoit son cœur et son esprit, il y fit sentir ses charités durant les necessités publiques.

V. Il appella dans son Dioceze, pour y travailler à son

assura le triomphe de nos armes. (Voir Gaufreteau, *op. cit.*, t. II, p. 203.)

Les troupes françaises furent moins heureuses en Espagne; après le combat de Guettary, Henri de Sourdis ayant brûlé la flotte espagnole, le prince de Condé entreprit le siège de Fontarabie, qu'il fut contraint de lever à la suite d'un sanglant échec. L'Archevêque paya de sa personne, et la marine, dont il était chargé, demeura constamment victorieuse. On lit dans l'*Inventaire des Archives de Blaye* (GG. 6):

« Le 7 septembre 1638, le siège de Fontarabie est levé; se distinguèrent entre autres, M. de Lavalette, le duc de Saint-Simon, » gouverneur de Blaye, et Henry de Sourdis, lequel a combatteu » plus vaillamment que tous les autres, et par plusieurs fois a » deffaict tous les vaisseaux Spaniols et Dunquerquois et autres, et » s'est tousjours rendeu maistre de la mer. »

La défaite qu'il subit devant Tarragone, le 20 août 1641, mit fin à la carrière maritime du belliqueux Archevêque; une lettre de Rome (*Archiv. départ., Regist. capit.*, G. 255) l'avait déjà blâmé d'avoir pris les armes. Des intrigues de cour attirèrent sur lui la digrâce de Richelieu, qui le relégua dans la ville de Carpentras, et ce ne fut qu'à la mort du Cardinal, arrivée le 4 décembre 1642, qu'il put rentrer dans son diocèse.

Voir sur la vie militaire de ce prélat: 1° Eugène Sue, *Correspondance de Henri d'Escoubleau de Sourdis, archevêque de Bordeaux*, 3 vol. in-4°, Paris, 1839; 2° *ibid.*, t. III, p. 117, le curieux *Mémoire théologique pour la défense des prélats qui portent les armes*; 3° plusieurs documents inédits qui se conservent aux Archives départementales de la Gironde.

Le nom de l'Archevêque-Amiral est resté légendaire parmi les

absence, les deux freres Eustache et Jean Baptiste Gault, tous deux de la Congregation de l'Oratoire, tous deux d'une singuliere pieté, et de grande erudition, leur procura à tous deux l'Evesché de Marseille. Le premier mourut apres sa nomination, et le second un an apres sa Consecration, dans les emplois d'un charitable Pasteur, et dans une tres grande reputation de Sainteté[1]. Il procura le basti-

marins de la basse Gironde. Ils chantent encore à la mémoire de Henri de Sourdis les couplets suivants :

BAL SAINTONGEAIS ET CANTATE MATELOTE.

Air : *J'enlève, j'enlève, j'enlève.*

L'Archevêque de Bordeaux
Est un fier homme.
Il en est de plus dévots
Mais non de plus matelots
Dans l'église de Rome,
De Rome *(bis).*

Voilà le bal, voilà le bal,
Voilà le bal au Cardinal
Que nous dansons en ronde
Au bas de la Gironde!

C'est Escoubleau de Sourdis
Le nom qu'il porte :
Au combat s'il en vaut dix,
Il n'est pas sourd, cadédis!
Ni ne va de main morte.

Bon pied, bon œil, Dieu merci,
Tête vaillante,
Le Turc, l'Espagnol transi
Et le Huguenot roussi,
Savent si je le vante.

Richelieu sait qu'il est bon
A la bataille,
Et, que le duc d'Epernon
En soit satisfait ou non,
Avec eux on s'en raille,
S'en raille *(bis).*

Voilà le bal, voilà le bal,
Voilà le bal au Cardinal
Que nous dansons en ronde
Au bas de la Gironde!

(Extrait d'un recueil de *Chansons maritimes,*
donné en prix à l'école de Brest.)

Dans une autre cantate en l'honneur du *Chevalier Paul,* né à Marseille, on lit :

Sous l'Archevêque de Bordeaux
Il eut l'honneur, sur nos vaisseaux,
D'être le premier des rivaux
Du grand Duquesne.

1. Eustache Gault seconda l'Archevêque dans l'administration du diocèse; nommé à l'évêché de Marseille en 1639, il mourut à Bazas, le 13 mars 1640, avant l'arrivée de ses bulles. Jean-Baptiste, son frère, avait obtenu la cure de Sainte-Eulalie, il y fit un bien immense. Toutefois les vertus de ce bon prêtre qui, devenu plus tard évêque de Marseille, y mourut le 23 mai 1643, ne désarmèrent point la verve anti-monastique de M. Gaufreteau. Ce chroniqueur prétend

ment de l'Hospital General de la Manufacture[1]. Soubs luy furent establies à Bourdeaux les Religieuses de la Visitation de Ste Marie, celles de S. Benoit, les sœurs de S. Joseph

être l'écho des sentiments du Chapitre, du clergé bordelais et même des habitants de la paroisse, quand il fait le procès, dans les lignes suivantes, aux religieux de l'Oratoire :

« En cette année 1634, les Pères appelés *de l'Oratoire* furent introduicts dans la ville de Bourdeaulx par l'autorité de l'Archevêque, qui leur fit résigner la cure de l'église paroissielle de Sainte-Eulaye, de ladite ville, à quoy le Chapitre de Sainct-André s'opposa, d'aultant que cette cure depend dudit Chapitre. Et les paroissiens en murmurèrent, disant que ladite cure ne se pouvoit conférer à un corps *in genere*, et en vindrent jusque là, qu'ils en firent leurs plaincte et remontrance audit Archevêque, par la bouche du président demeurant en cette paroisse. Mais nonobstant toutes ces remontrance et plaincte, il en fallut passer par là. » (Gaufreteau, t. II, p. 188.)

1637. — « Maistre Pierre Palisse, chanoine en l'église métropolitaine de Sainct-André et directeur du seminaire de Sainct-Paul, estant decedé, l'Archevesque baille la direction dudit seminaire au curé de Saincte-Eulaïe, un des Pères de l'Oratoire. De quoy le clergé murmure, croyant qu'ils ne se veuillent ancrer audit lieu et s'y fondre tout à faict, en faisant perdre le séminaire qui a esté establi pour une fin si utile à l'Eglise. Et plusieurs ecclesiastiques voyant que ces Pères, en si peu de temps, avoyent attrapé tant de bénéfices, equivoquèrent sur ce mot, et au lieu de : *Pères de l'Oratoire*, les nommèrent *Pères de l'Atrapatoire.* » (*Ibid.*, t. II, p. 226.)

On sait qu'à deux reprises, en 1634 et 1639, les Oratoriens demandèrent aux jurats d'être chargés de la direction du collège de Guienne. (Pontellier, *Cont. de la Chron. bourd.*, p. 14.) Leur première demande échoua, devant l'opposition déclarée du duc d'Épernon. (Voir Gaullieur, *op. cit.*, p. 421.) L'historien du collège de Guienne insinue (*op. cit.*, p. 422) que les Jésuites empêchèrent la deuxième d'aboutir. (Voir sur E. et J.-B. Gault, A. Perraud, *l'Oratoire de France au* XVIIe *et au* XIXe *siècle*, in-12. Paris, 1866, p. 251 et suiv.)

1. Voir t. I, p. 52, notes. — Nous ajouterons un petit détail tiré de la *Chronique de Pontellier*, p. 15 : « Le 24 may 1639, l'Archevêque ayant fait connaistre aux jurats qu'il avoit fait venir un architecte, pour commencer à bastir dans un fons appartenant à la ville, l'hopital des métiers, que la demoiselle de Brezets avoit desiré par sa dernière disposition estre estably dans cette ville, ayant destiné à cet ouvrage une grosse somme quelle avoit fait mettre ès mains de défunt Monsieur le cardinal de Sourdis..., la ville accepta moyennant une récompense équivalente à la valeur de ce fons... à quoy pourtant il n'a pas encore esté satisfait ».

pour la conduite des Filles Orphelines, et les Filles de la Magdeleine, comme aussi les Peres de la Doctrine Chrestienne à Cadillac[1]. Il avoit projetté des grands desseins, tant pour le lustre de son Eglise, que pour le bien de son Dioceze, où il s'estoit retiré. Mais estant allé à Paris pour

HENRI DE SOURDIS, ARCHEVÊQUE DE BORDEAUX.

(Comm. des Monum. hist.)

1. On lit dans le *Registre de l'église Saint-Martin de Cadillac*, p. 13 : « L'ordre des Doctrinaires est dû au bienheureux César de Bus, né à Cavaillon, comtat Venaissin, en 1544. Les Doctrinaires furent appelés à Cadillac par Jean-Louis de Lavalette, duc d'Épernon.

assister à l'Assemblée Generale du Clergé, il y mourut au mois de Juin l'année 1645 [1]. et l'Assemblée dont il estoit un des Presidens fit ses honneurs funebres au Couvent des

En 1636, le duc donna à leur collège une rente annuelle de 1,527 livres 15 sols 6 deniers. »

Voici un extrait de l'acte de fondation dudit collège qui se conserve aux *Archiv. départ.* (*Ville de Cadillac,* reg. BB. 7) :

« Le 14 janvier 1636, passé devant Capdaurat, notaire à Cadillac : les Pères *Doctrinaires* résideront à Cadillac, au nombre de huit, dont trois seront employés à faire classes, lire, écrire en latin et en français avec les rudiments grecs et latins et les déclinaisons, et aussi classes de grammaire, enseignant les prétérits, la syntaxe et autres règles nécessaires pour rendre leurs élèves congrus en langue latine, leur donner les principes de la poésie latine, et les instruire aux autres préceptes de la langue grecque selon la portée de chaque classe. »

En 1782, le collège était en pleine décadence, le P. Bonefoux, supérieur général des Doctrinaires, ayant exprimé le désir de lui rendre sa prospérité d'autrefois, les jurats de Cadillac allouèrent aux professeurs une pension de 400 livres (voir *ibid.*). Cette subvention n'empêcha pas le collège de tomber définitivement en 1790 (voir *Regist. de Saint-Martin*).

1. Le 18 juin, âgé de cinquante et un ans (*Gall. christ.*, t. II, col. 854) Denys de la Barde, évêque de Saint-Brieuc, prononça son oraison funèbre dans la chapelle des Augustins, à Paris, le 14 juillet. Le Chapitre reçut la nouvelle de sa mort cinq jours après, le 23 juin. (*Archiv. départ.*, G. Archev. 233, f° 297.)

Nous trouvons dans les *Archiv. départ.* quelques détails sur les événements qui suivirent la mort de l'Archevêque :

« Le Chapitre fait apposer le sceau sur les archives de l'archevêché et sur la galerie où sont les tableaux légués à ses successeurs par le cardinal François de Sourdis. » (*Ibid.*, G. Archev., f° 297.)

16 janvier 1646. — « Le Chapitre s'oppose à l'enlèvement des tableaux légués par le cardinal de Sourdis, et que le marquis, son beau-frère, voulait faire emporter. » (*Ibid.*)

Il est inutile de rappeler, que, comme son prédécesseur, Henri de Sourdis fut presque toujours en guerre avec son Chapitre. Dès son arrivée (1630), le doyen d'Arche, blessé de voir l'Archevêque donner le pas aux abbés sur le Chapitre, se leva et « fit » franchement et haultement remontrance, luy disant que s'il » leur bailloit cette place, ils s'en iroyent, comme de fait, il print » congé, et touts ceux de son corps, qui estoyent là, chanoines

Augustins, et son Corps fut porté à Joüi proche de Paris, qui appartenoit à son frere le Marquis de Sourdis, et fut mis dans la sepulture de ses ancestres.

» et dignités, se levèrent et le suivirent. » (Gaufreteau, t. II, p. 164.)

Les *Registres de l'Archevêché* (citons entre autres les séries G. 229, 233 et 297) parlent souvent de procès, etc.

Enfin, en 1644, c'est-à-dire l'année qui précéda la mort de Henri de Sourdis, un arrêt du Conseil d'État, mit fin aux discussions des deux parties et régla les droits et devoirs de chacune d'elles.

HENRY III. LE LXIII. ARCH.

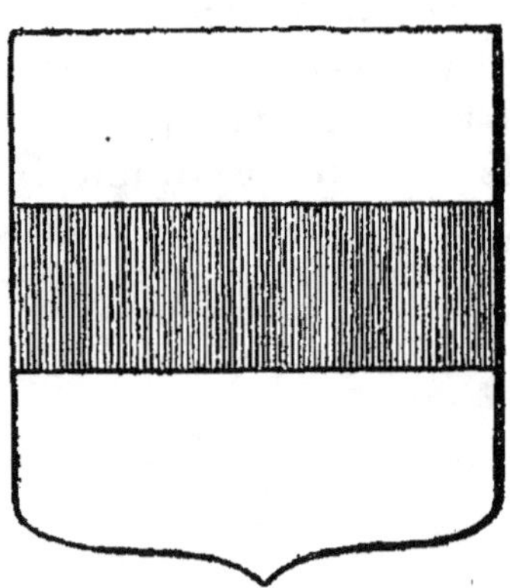

D'argent à une fasce de gueules.

HENRY de BETHUNE Troisiesme du nom, Abbé de Mauleon et de Cormeri, de la tres-Noble et tres-ancienne Maison de Bethune, qui a porté des Empereurs et des Roys, second fils de Philippe Comte de Selles et de Charrots, Chevalier de l'Ordre, et de Catherine le Bouteiller de Senlis :. Nay à Rome le mois d'Aoust l'an 1604. pendant que son pere y estoit Ambassadeur pour le Roy Henry IV. aupres de Clement VIII[1]. Nommé dés l'année 1610. grand Aumosnier du Duc d'Orleans second fils de ce Roy, fut Evesque de Bayonne l'an 1626[2]. et trois ans apres Evesque de Maillesais[3] par la

1. Son parrain fut le cardinal Aldobrandini, neveu du Pape ; sa marraine, la duchesse de Sforza. (*Gall. christ.*, t. II, col. 854.)

2. Ou 1627 *(ibid.)*. Il ne résida point à Bayonne, car il fut appelé au siège de Maillezais avant l'arrivée de ses bulles et même avant d'avoir été sacré. *(Ibid.)*

3. Le 22 mars 1629. (*Gall. christ.*, *Animadv.*, col. XLIV.) — Pendant qu'il était évêque de Maillezais, son vieux père, Philippe

demission d'Henry de Sourdis, et fut sacré à Paris dans l'Eglise des Feuillants, le jour des Roys l'an 1630. par Jean François de Gondy Archevesque de Paris, assisté de Philippe Cospean Evesque de Nantes, et d'Emeri de Bragelone Evesque de Luçon. Estant sacré, il vint incontinent à son Diocese de Maillesais qu'il gouverna l'espace de 18. ans avec une vie tres exemplaire, n'obmetant aucun devoir, d'un vigilant et charitable Prelat, visitant continuellement son Dioceze, et ne cessant de l'instruire et par sa Doctrine, et par ses actions[1]. Il fit paroistre combien il estoit zelé defenseur des droits et immunités de l'Eglise Gallicane, à l'Assemblée Generale du Clergé, à Mante l'an 1641. où il assistoit au nom de la Province de Bourdeaux, et d'où il aima mieux souffrir de se voir esloigné avec l'Evesque de Basas, que de rien accorder, contre les droits et immunités de l'Eglise.

II. La connoissance de sa haute vertu attira sur luy les yeux du Roy Louys XIV. pour le nommer de l'avis de la Reyne Regente sa Mere, à une dignité si Eminante, comme estoit l'Archevesché de Bourdeaux, le 20. de No-

de Béthune, comte de Selles et frère du célèbre ministre Sully, lui adressa plusieurs lettres dont les autographes, au nombre de sept, existent aux Archives départementales de la Gironde. (G. Archev. 257.) Écrites dans l'intervalle de 1642 à 1646, ces lettres roulent principalement sur les embarras d'argent où se trouvait alors le jeune prélat et sur les dettes qu'il avait contractées au grand déplaisir de son père, obligé de les payer.

1. Ne pourrait-on pas conclure de la lettre suivante écrite à l'évêque de Maillezais, par son homme d'affaires, que, vers la fin, Henri de Béthune résidait peu dans son pauvre diocèse. Cet homme d'affaires, nommé Normandin, lui mande, en effet, de Fontenay, en bas Poitou, le 20 février 1645 (même liasse G. 257) :

« J'ai fait ouvrir la sacristie et la bibliothèque. Dans la première, » les rats commençoient à faire dommage, et non la pluie; ils avoient » passé, je ne scay comment, dans la plus haute des tirètes, où se » mettent les chapes, et y avoient laissé des marques; mais, de » bonne fortune, il n'y avoit point d'ornements dans celle-là... »

vembre 1646[1]. Il en obtint les Bulles, et en print possession par procureur le 1. de Septembre 1648[2]. et l'année suivante il vint à Bourdeaux le 6. de May 1649. et le 9. qui estoit le jour de Translation de S. André, un Dimanche, il vint dans

1. Nous trouvons aux Archives départementales de la Gironde (G. Archevêché 260), la *Copie des lettres du Roi à la Cour de Rome pour l'archevêché de Bordeaux* (datées du 21 et non du 20 novembre) :

« Très-Saint Père, comme nous n'avons point d'object qui occupe plus serieusement nos pensées que l'advancement de la gloire de Dieu et que nous n'avons point de plus grands désirs que de voir les principales charges de son Eglise dignement administrées, nous avons cru que pour remplir l'archevêché de Bordeaux à présent vacant par la mort de Mgr Henry Descoubleau, dernier titulaire d'yceluy, nous ne pouvions faire de plus digne choix que de nostre amé et féal conseiller en nostre Conseil d'Estat, Messire Henry de Béthune, ci-devant évêque de Maillezais, tant pour sa naissance, l'integrité de sa vie, que pour sa doctrine et sa piété, dont il a donné de si bonnes preuves, que son exemple et l'estime que nous faisons de sa personne et de sa vertu... Ces raisons, Très-Saint Père, nous obligent par l'advis de la Reyne Régente, notre très-honorée Dame et Mère, de vous le nommer et présenter, à ce qu'il plaise à Votre Sainteté de le pourveoir dudit archevêché et luy en faire expédier toutes les bulles, dispenses et provisions apostoliques nécessaires et ce, conformément aux mémoires, aux supplications et aux procurations qui vous en seront présentées. En nous accordant la prière que nous présentons à Vostre Sainteté, Elle nous fera un plaisir fort agréable et nous prierons Dieu cepandant, Très-Saint Père, La vouloir longuement et heureusement conserver au bon régime et gouvernement de sa saincte Eglise.

» Escrit à Paris, le 21 jour de novembre 1646. Ainsi signé au bas :

» Vostre bon et dévot fils le Roy de France et de Navarre, LOUIS, et plus bas, DE GUENEGAUD. »

2. De l'avis de son promoteur (Lopès) le Chapitre, inflexible en ce temps-là sur les questions d'étiquette, refusa d'abord d'accepter ces bulles. On lit dans les *Actes capitulaires*, à la date du *mardy 1er septembre 1648* (G. 177, f° 573) :

Ce mesme jour, s'est présenté au Chapitre Monsieur Mathurin Sauvestre, prieur, curé de Bressuire, au nom et comme procureur de Illustrissime et Reverendissime Henry de Béthune, archevesque de Bourdeaux et primat d'Aquitaine. Lequel a dict et remontré avoir charge et procuration dudict seigneur archevesque de pourter et notifier au Chapitre l'original des bulles à lui octroyées par N. S. P. le Pape Innocent Xe, de l'archevesché dudict Bourdeaux.

Ensemble de présenter à la Compagnie une des bulles du mesme Sainct Père et une lettre dudict seigneur Archevesque qui s'adressoit au Chapitre.

Et ce faict ayant laissé lesdictes bulles sur le bureau du Chapitre là présent, ensemble sa procuration, seroit sourty.

Par quoy, lecture faicte de toutes lesdictes pièces, M. le Promoteur ayant requis que la bulle adressante au Chapitre ne debvoit estre receue comme contraire aux privilèges, exemptions et immunités dudict Chapitre, confir

l'Eglise Metropolitaine, et fut installé dans son Trosne Archiepiscopal, apres avoir presté le serment accoustumé dans la Sacristie, ayant pour lors refusé de faire son entrée solemnelle, la Ville se trouvant mal'heureusement plongée dans les desordres d'une Guerre intestine. Il semble que Dieu presentoit cette occasion à sa charité. Il s'interessa

mées par tant de Papes, de Roys et plusieurs arrest des cours soubveraines, et partant quelle fust rendue audict sieur Sauvestre, procureur.

Et que la bulle de promotion dudict seigneur Archevesque avec la procuration fussent enregistrées.

Le Chapitre eue délibération, octroye acte audict Sauvestre de la présentation desdictes bulles et procuration, et faisant droit aux réquisitions de M. le Promoteur, ordonne que ladicte bulle de promotion et procuration seront enregistrées, et que ladicte bulle adressée au Chapitre seroit remise audict sieur Sauvestre par Monsieur le Saindicq, lequel luy fera entendre les raisons pour lesquelles le Chapitre ne la peult recepvoir.

Et ensuite le Chapitre a prié M. le Doyen de respondre aux civilités dudict seigneur Archevesque, au nom du Chapitre.

Le mercredi 7 mai, M. le Doyen « ayant représenté que Mgr l'Archevesque est de present en ceste ville, lequel il convient aller saluer:

» Par quoy eue délibération. Le Chapitre ordonne que tous Messieurs s'assambleront demain, heure de neuf heures du matin, en ceste église, pour aller tous en corps, avec leurs robes et bonnets, saluer ledict seigneur Archevesque, et le sieur Doyen est prié de porter la parole pour tout le corps.

» Le Doyen dict que le Chapitre sabvoit les raisons pour lesquelles Mgr l'Archevesque n'avoit pas annoncé son arrivée. Il fit cependant sabvoir au Chapitre quyl desiroit aller le dimanche 9 mai à l'eglise S.-André pour la grand'messe.

» Monseigneur fit son entrée le dimanche 9 mai à l'eglise S.-André, mais non une entrée solennelle.

» Le Chapitre décida qu'en attendant cette entrée solennelle par la porte royale, on irait attendre ledict Archevesque à la petite porte sous le grand orgue, pour le conduire dans le chœur et à la sacristie, *où il fict le serment particulier pour la conservation des droicts et immunités du Chapitre.* » (*Actes capit.*, G. 277, f° 624.)

Un mois après son arrivée, le 6 juin 1649, il exposa dans une lettre à Mazarin les motifs qui l'avaient empêché de se rendre plus tôt à Bordeaux :

« Monseigneur, j'eusse souhaité que la maladie de feu Monsieur de Béthune, mon père, et ensuite sa mort, n'eussent empesché mon arrivée en ceste ville au temps que je m'estois mis en chemin pour ce subject, affin de tascher par mon entremise d'arrester les desordres qui i estoient et en ceste province; mais comme il a pleu à la divine providence d'en ordonner autrement, ainsi la même a voulu, heureusement pour moy, que je service de mediateur pour les esteindre qui s'en alloient croissant de plus en plus. J'ay donc travaillé utilement en cette affaire, si importante pour le service de Leurs Majestés, lequel j'ay eu en vue en tout ce bon œuvre...... » (*Archiv. hist. de la Gironde*, t. II, p. 46.)

pour remettre l'union dans les esprits divisez, et s'y employa avec tant de vigueur, que la Paix fut retablie[1]. Mais nos trop grandes offenses nous empescherent de jouyr long-temps du bon-heur de cette Paix.

1. Pour le rôle politique de Henri de Béthune pendant la Fronde à Bordeaux et le zèle qu'il déploya pour la cause du Roi, voir les lettres de ce prélat au cardinal Mazarin. (*Archiv. hist. de la Gir.*, t. II, p. 46 et 62; t. III, p. 292 et 402; t. IV, p. 444; t. VI, p. 427.) — Nous lisons dans cette dernière lettre datée du 24 octobre 1650 :

« Monseigneur..., toutes les occasions, autant qu'il est possible, doivent estre ostées aux esprits de ce païs, malheureusement si inconstans et si faciles à retomber dans les désordres, auquel inconvenient si considérable V. E. pouvoirra avec sa prudence accoustumée.

» Et comme quelques ecclésiastiques et religieux durant les troubles se sont oubliés tellement dans leur devoir, ainsi que V. E. en a connaissance, qu'au lieu de porter les peuples dans la paix et dans l'obéissance de Leurs Majestés, ils ont beaucoup contribué à les mettre dans le désordre, je les ay envoié quérir les uns apres les autres, comme aussi les provinciaux et superieurs des maisons religieuses, et après leur avoir remontré combien Dieu avoit été offensé et le Roy desservi en ce malheureux rencontre, je leur ai ordonné d'avoir doresnavant une meilleure conduite, conformément à l'obligation qu'il ont à Dieu et à l'obeissance qu'il doivent rendre à l'authorité royale, soit dans les confessions, soit dans les conversations et mesme dans les predications, ce qu'ils m'ont promis de faire; a quoy je tiendrai la main, ma plus forte passion étant de tesmoigner toute ma vie et en toutes occasions mon zèle pour le service et l'authorité de Leurs Majestés. »

La lettre qu'on vient de lire est postérieure à la paix de Bourg et à l'entrée de Mazarin à Bordeaux; mais la guerre éclata de nouveau sous le nom d'*Ormée;* elle s'étendit même assez loin sur les deux rives de la Garonne au-dessus de Bordeaux. On lit dans les *Archives communales de la ville de Langon* (CC. 2) :

« En 1651, le prince de Conti estant arrivé dans ceste province, au mois de septembre, et les Bordelais ayant recommencé la guerre et attiré plusieurs autres villes à leur party, la ville de Langon se trouva la seule le long de la rivière qui refusa hautement de signer l'*union* comme préjudiciable au service du Roy et au bien de l'Estat... La ville eut à endurer le séjour de plusieurs régiments, entre autres le régiment de *Galapian,* composé de 400 hommes, lesquels demeurèrent trois mois, vivant à discrétion, frappant et assommant les habitants dès qu'ils paraissaient sur les murs et pillant tout ce qu'ils trouvaient. »

Au milieu du soulèvement presque général, l'Archevêque demeura fidèle à la cause royale. « Il excommunia, dit D. Devienne (*op. cit.*, 1re part., p. 462), tous ceux qui portaient les armes contre le Roi et défendit à tous les prêtres de les absoudre. »

III. C'est au gouvernement de cette Archevesché qu'il continuë de faire paroistre avec plus d'eclat sa pieté, sa vigilance, son zele contre les Heretiques, et ses autres perfections. Il receut le Roy à Bourdeaux et l'harangua à l'entrée de l'Eglise Metropolitaine, revestu de ses Ornements Pontificaux assisté du Chapitre en Chapes le 6. d'Octobre 1650[1]. Il a deux fois assisté et presidé aux Assemblées Generales du Clergé tenuës à Paris ez années 1655[2]. et 1665. avec beaucoup de loüange, et conduit maintenant son troupeau avec tous les soings d'un Pasteur Evangelique, et nous avons subjet de nous loüer de la bonne intelligence dans laquelle il est, et a tousjours esté avec le Chapitre.

1. « Le 5 octobre 1650, le roi Louis XIV fait son entrée à Bordeaux, à deux heures de l'après-midi; parti de Bourg, accompagné de la Reine Régente, sa mère, et du duc d'Anjou, son frère, de Mademoiselle, du cardinal Mazarin, du duc de Joyeuse, des maréchaux de la Meilleraie et de Villeroy, il est reçu par l'Archevesque, escorté des évêques d'Alby, Dol, Utique, Bazas, Sarlat et Perigueux. » (*Actes capit.*, G. 277, f° 744.)
2. 7 septembre 1665. « Départ de l'Archevêque pour Paris, afin d'assister à l'assemblée générale du clergé. » (Archev., G. 297, f° 1193.)

Ici finit l'*Histoire des Archevesques de Bourdeaux*, par H. Lopès.

CONTINUATION

DE L'HISTOIRE DES ARCHEVÊQUES DE BORDEAUX.

Le nombre des Archevêques de Bordeaux, depuis Henri de Béthune jusqu'à Mgr Guilbert inclusivement, est de onze, Pacareau et Lacombe non compris. Nous empruntons la fin de la biographie de H. de Béthune et celle des six Archevêques suivants au livre intitulé *le Clergé de France,* par l'abbé Hugues du Tems, vicaire général de Bordeaux et d'Acqs, et chanoine de l'église métropolitaine de Saint-André de Bordeaux, t. II, p. 236-240. Cet historien, que Baurein cite fréquemment et qu'il appelle « un auteur estimé » (*Variét. bord.,* t. II, p. 434), nous a paru le continuateur naturel de Lopès. Du Tems était fier de son titre de chanoine de Bordeaux. (Lire dans les *Archiv. hist. de la Gironde,* t. XI. p. 190-191, sa lettre au Chapitre de Saint-André, 5 juin 1781.) — Voir aussi, dans le *Dictionnaire des anonymes* de Barbier (no 20478), la notice de l'abbé Bouilliot sur l'historien du *Clergé de France.*

A partir du moment où s'arrête l'abbé Du Temps, nous continuons nous-même, en quelques lignes, faute d'espace, la vie de nos Archevêques :

HENRI DE BÉTHUNE (SUITE).

Il mourut le 11 mai 1680[1], à l'âge de soixante-seize ans, après avoir institué le Chapitre son héritier. Il fut enterré à Saint-André, et son cœur fut porté à la maison professe des Jésuites à laquelle il avait légué sa bibliothèque. De son temps les Minimettes et les Filles de la

1. Voir *Archiv. départ.,* G. Archev. 17, la relation de cette mort ; — G. 261 et 262, différentes pièces relatives à la succession de l'Archevêque. — Voir aussi l'arrêt du Parlement constatant que le défunt avait constitué les Jésuites légataires de sa bibliothèque. — Lire encore *Archiv. départ.,* série E, notaires, Giron, no 298, liasse 24, le *Testament* de ce prélat et

Foi s'établirent à Bordeaux. La modération dont ce prélat donna l'exemple, pendant les troubles de la Fronde, déplut aux factieux qui le chassèrent de la ville où il ne revint qu'à la fin de l'orage.

l'inventaire de ses meubles et tableaux, etc. — Lopès prononça l'oraison funèbre de Henri de Béthune. (Voir Biblioth. de la Ville, *Oraison funèbre à l'honneur de feu Monseigneur Messire Henry de Béthune, archevêque de Bordeaux, primat d'Aquitaine, prononcée le 25 mai 1680, par V.-M. M. Hierome Lopes, chanoine théologal de l'église de Bourdeaux, professeur en théologie et un des vicaires généraux, le siège vaquant :* à Bourdeaux, par G. de la Court, imprimeur du roy et de Monseigneur l'Archevêque, 1680, in-4°, 24 pages.)

Henri de Béthune fut enseveli par ordre du Chapitre entre MMgrs de Canteloup et de Sansac; son cœur fut transporté, selon son désir, à la maison professe des Jésuites; à cette occasion, il y eut deux nouvelles oraisons funèbres, l'une par le P. Capdepas, l'autre en latin par le P. Guibert. *(Actes capit.)*

A cette époque vivait Louis Machon, curé du Tournes, près Langoiran; il dédia, le 29 janvier 1654, à Mgr Henri de Béthune, son *Apologie pour Tertullien.* (Voir les deux études fort curieuses de M. Raymond Céleste sur cet apologiste de Machiavel et de la politique de Richelieu. Bordeaux, 1882-1883.) Il y aurait beaucoup à dire sur l'orthodoxie de Machon et sur le défaut de caractère de cet écrivain d'ailleurs assez remarquable.

L. D'ANGLURE DE BOURLEMONT.

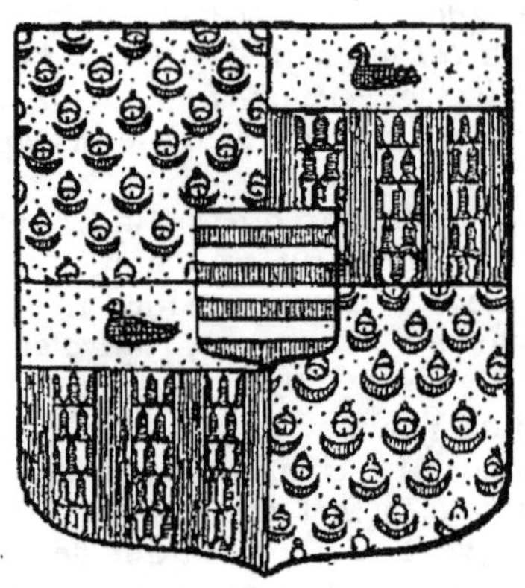

Écartelé au 1er et 4e d'or semé de grillets d'argent
soutenus de croissants de gueules, qui est d'Anglure;
au 2e et 3e de gueules à 3 pals de vair au chef d'or chargé d'une merlette de sable,
qui est Châtillon;
sur le tout d'argent et de gueules de 8 pièces, qui est Bourlemont.

Louis d'Anglure de Bourlemont, frère de Charles-François, évêque de Castres, puis archevêque de Toulouse, étoit fils de Claude, marquis de Sy, comte de Bourlemont, prince d'Amblise, dans le Hainault, et d'Angélique, fille de Louis Dyacette, comte de Chateauvilain et d'Anne d'Aquaviva, des ducs d'Atry, au royaume de Naples. Il refusa les évêchés de Tournay, de Lavaur et de Carcassonne et fut sacré à Rome en 1679, pour l'évêché de Fréjus. Le roi le nomma archevêque de Bordeaux, le 6 septembre 1680. Louis mourut le 9 novembre 1697, âgé de soixante-dix ans[1]. Il avoit été vingt-deux ans à Rome en qualité

1. Voir *Archiv. départ.*, *Regist. capit.*, G. 299. — Entrée de Louis d'Anglure de Bourlemont, nouvellement nommé. — Bulle d'Innocent XI appelant cet Archevêque au siège de Bordeaux.
G. 300. — Mort de Mgr d'Anglure de Bourlemont; embaumement du

d'auditeur de rote pour la France et plénipotentiaire de Sa Majesté pour le traité de Pise. Ce prélat étoit aussi abbé de

STATUE DE SAINTE ANNE. — (Voir la description t. I, p. 149, note 1.)
Dessin de M. J. de VERNEILH.

corps de l'Archevêque, il est exposé pendant trois jours dans la grande salle du palais archiépiscopal.

G. 301. — « Autorisation accordée à M. l'abbé de Bourlemont de faire mettre une pierre de marbre à l'endroit de la sépulture située sous la corde de la petite clocle. »

l'Isle de Médoc et de la Grasse. Il confia la direction du séminaire des Ordinands aux Prêtres de la congrégation de la Mission, qui, depuis leur établissement, n'ont cessé de justifier la confiance qu'on leur accorde. Ces vertueux Directeurs ont succédé à la congrégation du Clergé, fondée en 1643, par Jean de Fonteneil, archidiacre du Médoc, pour former de bons prêtres et faire des missions dans les paroisses du diocèse[1].

1. L'épiscopat de Mgr de Bourlemont fut marqué par le retour à la foi d'un grand nombre de protestants. (Voir dans la *Vie de Marie Deymes*, rééditée par l'abbé J.-H. Castaing, p. 33 et 34, note, une intéressante statistique.) Le même pontife encouragea beaucoup la dévotion à sainte Anne, toujours populaire dans l'église de Saint-André. (Voir *la Vie et les Miracles de sainte Anne, mère de la Sainte-Vierge...*, in-18. Bordeaux, chez de la Court, 1690.) C'est un manuel à l'usage de la confrérie de la *Sainte-Famille*, que Mgr Louis d'Anglure de Bourlemont avait placée sous le patronage de sainte Anne. — Lire à la Bibliothèque de la Ville plusieurs livres de piété publiés à Bordeaux, qui témoignent de l'importance du mouvement religieux en ce temps-là.

A. BAZIN DE BEZONS.

D'azur à 3 couronnes ducales d'or.

Armand Bazin de Bezons, fils de Claude, conseiller d'État ordinaire, ancien intendant de Languedoc, l'un des quarante de l'Académie Françoise, et de Marie Targer, étoit frère de Jacques, maréchal de France, et de Louis, mort intendant de Bordeaux le 9 septembre 1700. Il étoit évêque d'Aire lorsque le Roi le nomma à l'archevêché de Bordeaux[1], le 29 mars 1698, sur le refus de Henri de Thiard de Bissy, évêque de Toul, puis de Meaux, et cardinal. Ce fut lui qui procura l'établissement de l'hôpital des Enfants Trouvés dans cette ville, en 1715. Il assista à plusieurs assemblées du clergé, et fut admis dans le Conseil de Régence[2].

1. Voir *Archiv. départ.*, *Regist. capit.*, G. 301, détails sur l'arrivée de ce prélat à Bordeaux, et dans le *Recueil des Ordonnances, Mandements, etc. des Archevêques de Bordeaux*, 1848, in-8°, ses lettres pastorales.

2. Dans l'*Assemblée provinciale de Messeigneurs les Evêques de la province de Bordeaux, tenue par ordre du Roy, dans le palais archiépiscopal,* Mgr de Besons parla du grand exemple d'obéissance que Fénelon venait de donner à l'épiscopat, en condamnant lui-même, après le Saint-Siège, son livre intitulé : *Explication des maximes des Saints sur la vie intérieure,*

De son temps, le couvent de la Magdeleine, destiné dans son origine à des pénitentes, fut rebâti, au commencement de ce siècle, par M. Duval Tersis. M. de Bezons devint archevêque de Rouen au mois d'avril 1719, et mourut à Gaillon le 8 octobre 1721. Il posséda aussi les abbayes de la Grasse et de Ressons.

par Messire François de Salignac Fénelon, archevêque, duc de Cambray. A Paris, chez Pierre Aubouin, Pierre Emery, Charles Clousier, 1697. — La constitution d'Innocent XII qui condamne ce livre est du 12 mars 1699. L'assemblée provinciale s'ouvrit le 1er juin de cette même année. Le lendemain, « Monseigneur l'Archevêque, dit le procès-verbal (*Archiv.* » *départ.*, G. Archev. 36), a proposé le sujet de cette assemblée et a expliqué » tous les articles sur lesquels on devoit délibérer, avec beaucoup de force » et de netteté, ce qui a donné occasion à l'assemblée de faire plusieurs » reflexions. Il a parlé du mandement de Monseigneur l'archevêque de » Cambray par lequel il a luy-même condamné son livre, et toute l'assem- » blée a beni Dieu pere de Notre-Seigneur Jesus-Christ, qui a donné » à Monseigneur l'archevêque de Cambray ce cœur fort et docile que » Salomon demandoit à Dieu et dont ce prélat avoit besoing pour se » vaincre luy-même et pour condamner sincèrement les erreurs conte- » nues dans son livre, malgré l'attachement et la jalousie qu'ont d'ordinaire » les autheurs pour leurs opinions; tous unanimement ont loué Dieu, » le Dieu de toute consolation, qui les a consolés dans la douleur que » leur causait le malheur d'un confrère qui en courant après l'idée » trompeuse d'une perfection chimerique dans la vie interieure, s'estoit » escarté des sentiers anciens marqués aux fidèles par Jésus-Christ, qui » est luy-même la voye, la verité et la vie; cette consolation est d'autant » plus grande, que l'on a lieu d'espérer que l'exemple d'une soumission » si publique et si sincère ramènera dans les justes bornes de la vie » mystique, tous ceux qui s'en estoient ecartés en s'attachant aux » sentimens outrés contenus dans le livre et condamnés par Sa Sainteté, » de sorte qu'ils peuvent dire dans cette occasion, ce que saint Léon disait » autrefois : que la verité de la foy n'est jamais plus efficacement defendue, » que lorsque la fausse opinion est proscrite et condamnée par ses propres » sectateurs, *tunc fructuosissimè fides defenditur cum à suis sectatoribus* » *opinio falsa damnatur.* »

DE VOYER DE PAULMY D'ARGENSON.

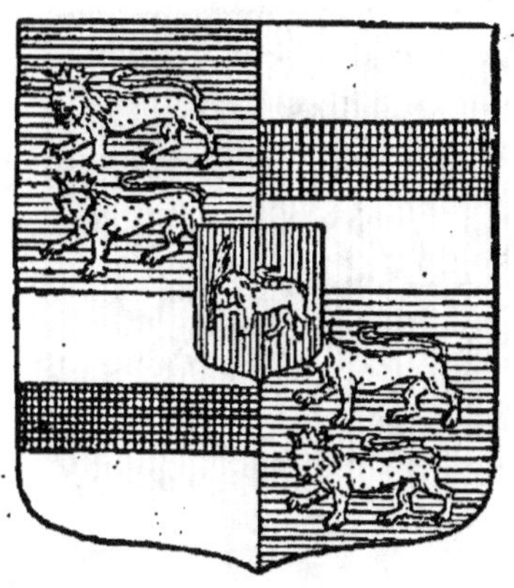

Écartelé au 1er et 4e d'azur à 2 lions léopardés d'or passant l'un sur l'autre, couronnés de même, armés et langués de gueules, qui est le Voyer d'Argenson; au 2e et 3e d'argent à une fasce de sable, qui est Gueffault; sur le tout de gueules à un lion passant d'argent tenant de sa patte dextre une palme de même, qui est de Paulmy.

François-Élie de Voyer de Paulmy d'Argenson, étoit fils de René, comte d'Argenson, maître des requêtes, puis conseiller d'État et ambassadeur de Venise, et de Marguerite Houlier de la Poyade, dame de Rouffiac. Il fut d'abord doyen de Saint-Germain-l'Auxerrois, évêque de Dol en 1702, ensuite archevêque d'Embrun, puis archevêque de Bordeaux en 1719[1]. Il prêta serment de fidélité au Roi le 16 juin 1720. Les décrets des conciles provinciaux, tenus à Bordeaux en 1583 et 1624 furent réimprimés par son ordre en 1728, avec les ordonnances synodales du diocèse. Ce prélat mourut à Bordeaux le 25 octobre de la même année, dans la soixante-quinzième année de son âge, étant aussi abbé de Preuilly en Touraine.

1. *Archiv. départ.*, G. Archev. 301. — M. d'Argenson présente ses bulles. Le Chapitre consent à les enregistrer, tout en protestant contre la clause portant création d'un pénitencier dans l'église (1720).

F.-H. CASAUBON DE MANIBAN.

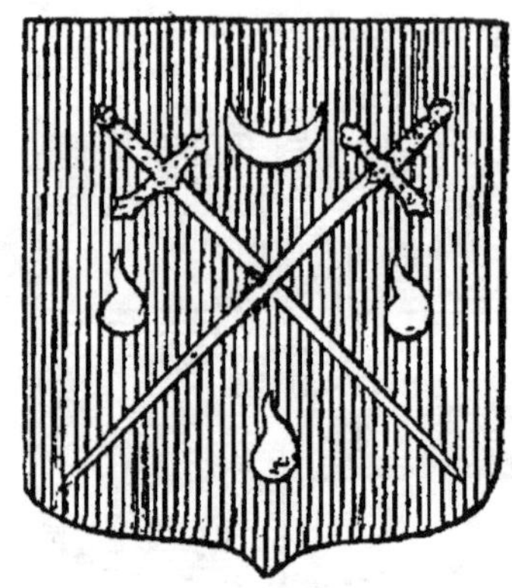

De gueules à 2 épées d'argent en sautoir garnies d'or la pointe en bas, accompagnées d'un croissant d'argent en chef et d'une larme de même dans chacun des 3 autres cantons.

François-Honoré Casaubon de Maniban, fils d'un conseiller au Parlement de Toulouse, conçut dès sa plus tendre jeunesse le dessein de se consacrer à Dieu. Il entra chez les Chartreux malgré sa famille, qui obtint un arrêt pour l'arracher à sa solitude; mais rien ne put vaincre son penchant pour l'état ecclésiastique : le zèle et l'application qu'il fit paroître au séminaire de Saint-Sulpice, annoncèrent le bonheur du troupeau qui seroit confié à ses soins. Il devint grand archidiacre de Toulouse, fut pourvu de l'abbaye de Sandras le 15 août 1712, et de l'évêché de Mirepoix le 8 janvier 1721, mais ses vertus éminentes devoient se montrer sur un plus grand théâtre. Nommé à l'archevêché de Bordeaux en 1729, il vint prendre possession de son siège et commença ses fonctions pastorales par une retraite générale[1],

1. *Archiv. départ.*, G. 302. — Lettre adressée par M. de Maniban pour annoncer au Chapitre qu'il est élevé au siège archiépiscopal de Bordeaux (1729).

dans laquelle il édifia autant par ses exhortations que par la ferveur de sa piété. Ce digne pasteur tint son synode tous les ans, fit souvent la visite de son diocèse, partagea ses revenus avec les pauvres et mourut le 29 juin 1743, âgé de cinquante-neuf ans. La mort de M. de Maniban fut une calamité publique, lès pauvres surtout marquèrent sensiblement la douleur dont les pénétroit la perte de leur père commun : ils se réunirent et firent célébrer un service aux Cordeliers pour le repos de son âme[1]. La reconnoissance des uns, l'admiration des autres, le respect et l'amour de tous, consacreront à jamais la mémoire de cet illustre prélat.

On lit dans les *Annales* de Bernadau, p. 119 :

21 novembre 1730. — « M. de Maniban, évêque de Mirepoix, fait son entrée solemnelle en qualité d'archevêque de Bordeaux. Depuis 1554, aucun de ses prédécesseurs n'avoient joui des honneurs de la grande entrée. Plusieurs l'ont demandée inutilement dans la suite. Ce prélat est un des plus vertueux qui aient occupé le siège de Pey Berland, dont il fut l'émule. »

1. Bernadau fait de lui cet éloge : « Nous avons remarqué dans nos *antiquités bordelaises,* que c'est peut-être le seul de tous ceux de ce siècle, qui ait fait rapetasser ses habits, pour pouvoir en donner de tout neufs aux pauvres. » (*Annales,* p. 119.)

L'annaliste ajoute (*ibid.*, p. 139) au sujet de la mort du saint Archevêque :

29 juin 1743. — « La cloche de l'Hôtel-de-Ville annonce le décès de M. de Maniban, soixante-seizième archevêque de Bordeaux, dont il avait édifié le diocèse pendant quinze ans. Malgré l'éclat des vertus de ce prélat, on n'honora pas son convoi des distinctions que l'étiquette attachait à sa place, parce que cette même étiquette avait été violée. On observe à la marge du registre municipal, que pas une cour, ni paroisse n'assista à cet enterrement, excepté le Chapitre de Saint-André, attendu qu'il n'y avait pas eu d'invitation de la part de la comtesse de Clermont, sœur du défunt. »

L.-J. D'AUDIBERT DE LUSSAN.

D'or au lion de gueules.

Louis-Jacques d'Audibert de Lussan, entra dans la congrégation des prêtres de Saint-Sulpice, et professa plusieurs années dans le séminaire d'Angers. Il étoit vicaire général de Saint-Omer lorsque le roi le nomma archevêque de Bordeaux, sur le refus de M. l'évêque de Périgueux. Il fut sacré le 22 avril 1744, et prit possession l'année suivante[1]. M. de Lussan apporta, en venant dans son diocèse, les lettres-patentes qui assuroient l'existence à la communauté des filles du Bon-Pasteur dont on devoit les commencements à M. le comte de la Tresne. Il contribua à l'établissement des écoles de charité[2] et de la maison de force. Il

1. *Regist. capit.*, G. 304. — « Députation envoyée à Blaye pour complimenter Mgr d'Audibert de Lussan, nouvellement nommé archevêque de Bordeaux. L'Archevêque fait son entrée dans la ville. Le Chapitre Saint-Seurin le félicite le premier. Protestation du Chapitre de Saint-André qui méconnaît ce droit au Chapitre de Saint-Seurin. L'Archevêque, sur la demande du Chapitre de Saint-André, en fait l'observation à celui de Saint-Seurin (1745).

2. Il confia l'éducation des garçons aux Frères des *Écoles chrétiennes*, qu'il avait fait venir à Bordeaux, de concert avec l'intendant Louis-Urbain Aubert de Tourny. »

rendit, en 1769, un décret portant le démembrement de l'immense territoire de Saint-Pierre de Quinsac d'Embarès[1], et l'érection de trois nouvelles paroisses sous le nom de Notre-Dame-du-Bec, de Saint-Jacques d'Embarès et de Saint-Louis de Montferrand, avec la réserve d'en ériger une quatrième sous l'invocation de Saint-Vincent-de-Paul. Ce prélat mourut subitement le 15 novembre 1769, après avoir gouverné avec beaucoup de modération pendant vingt-cinq ans environ. Il étoit abbé de Froidmont depuis 1748.

1. L'Archevêque ayant fait le démembrement sans consulter le Chapitre, ce dernier réclama. (Voir aux *Archiv. départ.*, G. Archev. 235, un mémoire intéressant, du 24 janvier 1769.)

F.-M. MÉRIADEC DE ROHAN.

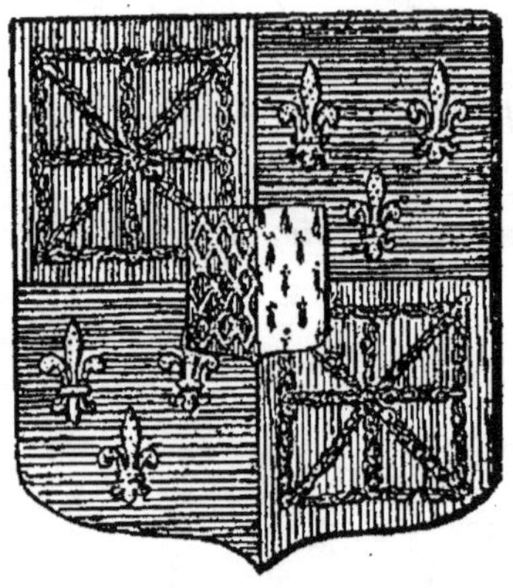

Écartelé au 1er et 4e de gueules aux chaînes d'or posées en sautoir, croix et orle, qui est Navarre ;
au 2e et 3e d'azur à 3 fleurs de lys d'or (de France) ;
sur le tout parti au 1er de gueules à 9 mâcles d'or (de Rohan) ;
au 2e d'hermines (Bretagne). — *Façade ouest de l'Hôtel-de-Ville.*

Ferdinand-Maximilien Mériadec, né le 7 novembre 1738, d'Hercule Mériadec, prince de Rohan-Guémené, duc de Montbazon en Touraine, pair de France, comte de Montauban en Bretagne, etc., et de Louise-Gabrielle-Julie, princesse de Rohan-Soubise, ancien prieur et docteur de la maison et société de Sorbonne, grand prévôt de l'église de Strasbourg, abbé de Mouzon, nommé à l'archevêché de Bordeaux le 26 décembre 1769, a été sacré dans l'église de Sorbonne le 8 avril suivant, par le prince Louis de Rohan, son frère, coadjuteur de Strasbourg, assisté des évêques de Poitiers et de Vabres. La transaction passée au sujet des quartières[1], est un témoignage de son amour pour la

1. Autrefois les revenus ecclésiastiques étaient possédés en commun. « Lors de leur division, dit Baurein (*op. cit.*, t. II, p. 38), il en fut accordé un *quart* à l'Évêque..., et les autres trois quarts furent adjugés au clergé et

paix. L'arrêt qu'il a obtenu du conseil, au mois d'octobre 1770, dans la cause du soi-disant curé de Pian, est un monument précieux de son zèle pour le maintien de la juridiction ecclésiastique. Il a pris possession personnelle de son siège le 5 mai 1771. Occupé pendant son séjour à Bordeaux de tout ce qui pouvoit intéresser le bien de son diocèse, il a consommé le démembrement du territoire d'Embarès par un décret du 14 août 1771; portant érection d'une quatrième paroisse sous le titre de Saint-Vincent-de-Paul de l'Espéron, avec la réserve d'une redevance annuelle de 1,200 livres au profit du curé de l'église matrice; mais la sagesse de cette opération n'étoit pas à l'abri des contradictions et des manœuvres de l'intérêt. Le curé d'Embarès, loin de se soumettre à son équitable prélat, a formé opposition à l'enregistrement des lettres-patentes confirmatives de son décret, duquel il a en même temps interjeté appel comme d'abus. Malgré tous les sophismes de l'appellant, il est intervenu, le 11 août 1772, un arrêt du Parlement qui déclare n'y avoir abus dans le décret dont il s'agit, et qui, sans s'arrêter à l'opposition formée à l'enregistrement des lettres-patentes, ordonne qu'elles seront enregistrées pour être exécutées suivant leur forme et teneur; condamne de plus la partie adverse en l'amende et aux dépens.

M. le prince Ferdinand vient de publier un nouveau catéchisme plus exact et plus étendu que celui de ses prédécesseurs. Tandis que dans un temps de calamité il donnoit à son troupeau les plus grands exemples de bienfaisance, il s'occupoit des moyens de faire cesser la disette des ministres de la religion, et de former de bons prêtres pour son diocèse[1]. Désirant de parvenir bientôt à l'exécution de ses louables projets, il a conçu le dessein de reconstruire et de doter le séminaire de Saint-Raphaël. Son zèle pour cet important objet ne s'est pas borné à faire assigner au profit de son séminaire une pension

distribués à un chacun, suivant sa dignité et son rang. De là le mot quartières qui a toujours été donné dans ce diocèse à cette prestation, à laquelle les églises paroissiales ont été assujetties envers les Archevêques. »

1. Lire aux Archives départementales, la *Circulaire sur les Conférences ecclésiastiques, adressée par S. Altesse Mgr de Rohan, archevêque de Bordeaux, à MMrs les Curés* (13 août 1773).

de 7,000 livres sur le collège de Guyenne par le dix-septième article des lettres-patentes portant suppression du collège de la Magdeleine; il a présenté requête au Roi et a obtenu, le 22 août 1773, deux brevets par lesquels Sa Majesté consent à l'extinction et suppression des menses conventuelles et offices claustraux des abbayes de Saint-Sauveur de Blaye et de Notre-Dame de Guîtres, de Saint-Romain de Blaye et de Saint-Vincent de Bourg, pour les revenus qui en dépendent être employés tant à la dotation du séminaire de Saint-Raphaël de Bordeaux, et en bourses et demi-bourses en faveur des jeunes ecclésiastiques qui s'y destinent aux ordres sacrés, qu'en pensions gratuites pour les prêtres du diocèse, qui, par leur âge ou leurs infirmités, sont hors d'état de remplir utilement les fonctions du saint Ministère, et aux autres charges et conditions qui seront jugées convenables et nécessaires. Déjà la procédure est achevée, et M. le prince Ferdinand ne tardera pas à mettre la dernière main à ses opérations[1].

1 Bordeaux lui doit le palais qui fut le Château-Royal sous la Restauration et qui sert aujourd'hui d'Hôtel-de-Ville. (Voir t. I, p. 172.) Mgr de Rohan fut nommé le 4 février 1781 à l'archevêché de Cambrai, qu'il administra jusqu'à la Révolution. Ayant refusé le serment constitutionnel, il dut partir pour l'exil, et passa les mauvais jours à Munster. Sous l'Empire, il devint premier aumônier de l'Impératrice Joséphine, et, plus tard, de Marie-Louise; il mourut à Paris, le 30 octobre 1813.

FIN DU SUPPLÉMENT A L'*Histoire des Archevêques*

emprunté au *Clergé de France*, par Hugues Du Tems.

J.-M. CHAMPION DE CICÉ.

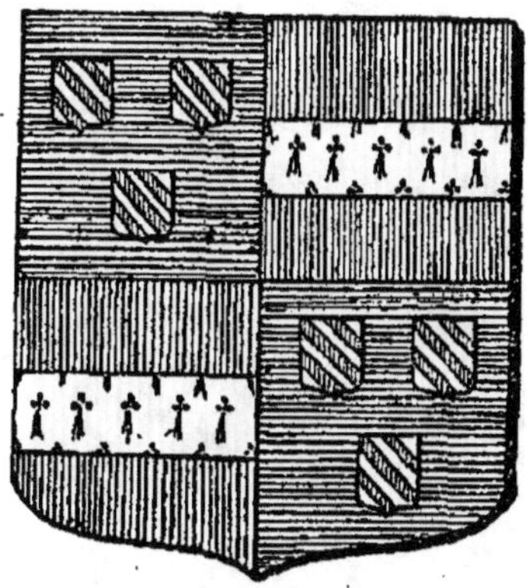

Écartelé au 1er et 4e d'azur à écussons bandés d'argent et de gueules
(ou d'argent à 3 bandes de gueules);
au 2e et 3e de gueules à une fasce d'hermines.

Jérôme-Marie Champion de Cicé naquit à Rennes en 1735. Il fut nommé archevêque de Bordeaux le 4 février 1781. En 1789, son clergé le choisit pour le représenter aux États généraux. Louis XVI le nomma garde des sceaux le 4 août de cette même année; Mgr de Cicé donna sa démission le 21 octobre (Fisquet, *op. cit.*, p. 385). Il refusa le serment et quitta la France. De Londres, où il résida presque toujours, il administrait le diocèse par l'intermédiaire de ses vicaires généraux, dont l'un, l'abbé de Langoiran, fut un martyr de la foi [1]. Après le Concordat, il résigna, conformément aux volontés de Pie VII, son titre d'archevêque de Bordeaux (8 octobre 1801), qu'il changea, le 9 avril 1802, pour celui d'archevêque d'Aix, et le 22 août 1810, il mourut à Aix, âgé de soixante-quinze ans. On l'inhuma dans sa cathédrale.

1. Pendant l'exil de l'Archevêque légitime, il y eut à Bordeaux deux évêques constitutionnels.

Le 23 mars 1791, une assemblée réunie à la cathédrale, sous la présidence de Guadet, élut Pacareau. (Voir pour les détails de la cérémonie Aurélien Vivie, *Histoire de la Terreur à Bordeaux*, t. I, p. 61.) Pacareau fut sacré le 3 avril suivant par Jean-Pierre Saurine. Il mourut le 5 septembre 1797, âgé de quatre-vingt-six ans, et fut inhumé dans le caveau de la cathédrale; quelques années plus tard, M. Barrès fit enlever de nuit les restes du prélat schismatique.

A Pacareau succéda Lacombe qui fut évêque d'Angoulême après le Concordat et mourut dans cette dernière ville, le 7 avril 1821.

C.-F. D'AVIAU DU BOIS DE SANZAY.

De gueules au lion rampant la queue fourchée et passée en sautoir.
Sous l'Empire il ajouta comme comte archevêque :
au franc quartier d'azur à la croix pattée d'or.

Charles-François D'Aviau du Bois de Sanzay naquit le 7 avril 1736, au château de Sanzay, en Poitou; ce n'est que le 9 août 1802 qu'il fut nommé archevêque de Bordeaux par le premier Consul. Depuis le 4 avril 1789, jusqu'au jour où le Souverain Pontife demanda leur démission à tous les membres de l'épiscopat français, Mgr d'Aviau garda le titre d'archevêque de Vienne : il mena, durant les mauvais jours, sur la terre étrangère, l'existence d'un confesseur de la foi. (Voir sa Vie, par l'abbé Lyonnet. Paris, Lecoffre, 2 vol. in-8°, 1847.) Il mourut à Bordeaux des suites d'un accident (le feu avait pris aux rideaux de son lit) le 11 juillet 1826, âgé de quatre-vingt-dix ans. Son corps repose dans l'église Saint-André.

J.-L.-M. LEFEBVRE DE CHEVERUS.

D'argent à la croix anchrée de sable.

Jean-Louis-Madeleine LEFEBVRE DE CHEVERUS naquit à Mayenne, le 28 juin 1768. Ordonné prêtre à Paris, le 18 décembre 1790, il refusa le serment et se vit contraint de passer en Angleterre, de là en Amérique, où il devint le premier évêque de Boston. Le 13 janvier 1823, Louis XVIII l'appela malgré ses résistances au siège de Montauban, dont il prit possession le 28 juillet 1824. Deux ans plus tard (30 juillet 1826), il était nommé successeur de Mgr D'Aviau, de sainte mémoire, et le pape Grégoire XVI le proclama cardinal dans le consistoire du 1er février 1836. Il mourut le 19 juillet de la même année; quelques jours auparavant il avait eu le pressentiment de sa fin prochaine : « A peine monté au faîte des honneurs, disait-il, je vais en descendre et les échanger avec la tombe. » Son monument funèbre, inauguré le 30 juillet 1849, se voit dans la nef de la cathédrale (côté nord), sous l'arceau de la première travée à partir du transept.

FERDINAND DONNET, CARDINAL-ARCHEVÊQUE.

FRANÇOIS DE LA BOUILLERIE, COADJUTEUR.

D'azur à la bande d'or,
accompagnée en chef d'une rose d'argent
et
en pointe d'une tour de même.

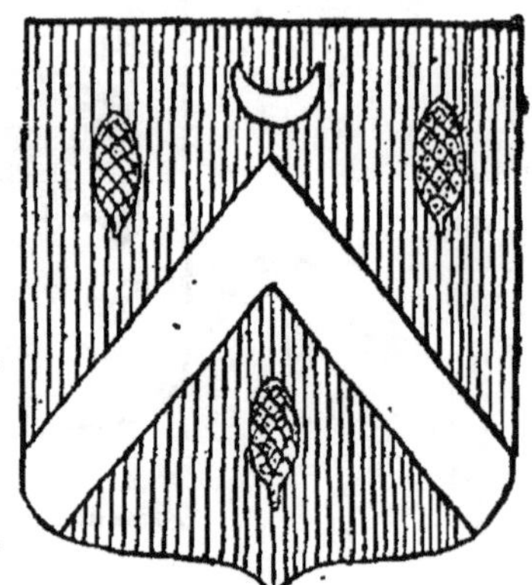

De gueules à un chevron d'argent,
accompagné de 3 pommes de pin d'or
et
d'un croissant d'argent en point du chef.

Ferdinand-François-Auguste DONNET naquit à Bourg-Argental, le 16 novembre 1795. Ordonné sous-diacre le 28 juillet 1818 et diacre le 6 mars 1819, il reçut la prêtrise le lendemain. Tour à tour vicaire de la Guillotière à Lyon, desservant d'Irigny, missionnaire, curé de Villefranche, il fut nommé coadjuteur de Nancy avec future succession, par ordonnance royale du 22 février 1835. Appelé le 30 novembre 1836 à recueillir l'héritage du cardinal de Cheverus, il entra le 2 juillet 1837 dans cette ville de Bordeaux, dont il devait rester pendant quarante-sept ans le pasteur et le père. Sa vie demanderait des volumes. Le moment n'est pas encore venu de l'écrire; nous sommes trop près de sa mort, arrivée « le samedi 23 décembre 1882, à trois heures moins un quart du matin ». Le diocèse l'a pleuré selon l'étendue de son amour et de sa reconnaissance. Il repose dans un caveau provisoire à côté de Mgr de la Bouillerie, son coadjuteur, qui l'avait devancé de cinq mois dans la tombe!

Mgr de la Bouillerie, que le cardinal Donnet appela de Carcassonne pour le soulager dans ses dernières années et lui succéder un jour, était né à Paris le 1er mars 1810. Ordonné prêtre en 1840, il fut nommé presque aussitôt vicaire général de Mgr Affre, archevêque de Paris; le 6 février 1855 il fut désigné pour le siège épiscopal de Carcassonne. (Voir les détails de sa vie et l'analyse de ses œuvres dans l'*Étude biographique et littéraire, etc.*, par M. l'abbé Léopold Falcou, et dans l'oraison funèbre prononcée par Mgr Mermillod. Bordeaux, Duthu, 1883.)

Le 8 mai 1872, Mgr Donnet le demanda pour coadjuteur au Souverain Pontife Pie IX; le 3 juin suivant, le Pape agréait la supplique du vénérable Cardinal; peu de temps après, l'ancien évêque de Carcassonne arrivait à Bordeaux avec le titre d'archevêque de Perga. Dans notre ville, comme à Rome, à Paris, à Carcassonne, il fut l'Ange de l'École et l'Ange de l'Eucharistie.

La mort le surprit le 8 juillet 1882, au lendemain d'un pèlerinage à Verdelais où il venait de déposer une dernière couronne sur le front de la Reine du Ciel.

Mgr GUILBERT[1]

ARCHEVÊQUE NOMMÉ DE BORDEAUX.

Mgr Guilbert est né à Cerisy-la-Forêt (Manche), le 12 novembre 1812. Ordonné prêtre le 17 décembre 1836, il fut successivement professeur au petit séminaire de Coutances, supérieur de celui de Mortain et curé-doyen de Valognes. C'est dans cette dernière paroisse qu'il reçut la nomination qui l'appelait à l'évêché de Gap (16 mai 1867). Un décret du 2 septembre 1879, confirmé par la cour de Rome le 22 du même mois, le transféra sur le siège d'Amiens. A l'heure où nous écrivons ces lignes il vient d'être désigné pour l'archevêché de Bordeaux. Le choix du Souverain Pontife avait devancé la pensée même du chef de l'État. Mgr Guilbert est un savant et un écrivain. Par sa douceur et sa modération, il continuera parmi nous le règne paternel du prince de l'Église, que la voix populaire avait surnommé « le bon Cardinal ».

1. Les armes de Mgr Guilbert, comme archevêque de Bordeaux, ne sont pas encore exécutées. L'évêque d'Amiens portait : d'or à la croix de sable, fleuronnée de gueules et chargée en cœur du monogramme du Christ d'argent, et pour devise : *Crux spes.*

TROISIESME PARTIE

DU CHAPITRE DE L'EGLISE DE BOURDEAUX

De gueules semé de fleur de lys d'or à un Saint-André de carnation attaché sur une croix en sautoir alaisée d'or et surmontée d'une couronne de comte de même perlée d'argent. (Vitrail de la cathédrale : dans un autre vitrail, le champ est d'azur.)

CHAPITRE I

L'Establissement du Venerable Chapitre de l'Eglise de Bourdeaux.

Ces trois choses ne doivent point estre separées, l'Evesque, l'Eglise où il tient son Siege, et le Chapitre dont les Chanoines qui le composent, sont comme les Freres, et le Conseil nay de l'Evesque. C'est pourquoy le mesme Siecle qui a veu des Evesques, a veu des Eglises Cathedrales, où les Evesques faisoient leurs principales fonctions, et leur residence, qui estoient, ainsi que les appellent les Canons, les Eglises Majeures, les

Eglises Matrices, les Eglises Meres de toutes les autres. Le mesme Siecle a veu les Assemblées des Prestres, et autres Ecclesiastiques qui assistoient les Evesques dans leurs fonctions, et leur servoient de Conseil dans les plus importantes affaires de leur Dioceze. Ces Ecclesiastiques immatriculés dans l'Eglise Cathedrale, y prenant quelque portion des offrandes des Fideles pour leur subsistance, et subjets aux Canons et Loix Ecclesiastiques, sont ceux qui ont spécialement conservé le nom de Chanoines, qui au temps des Empereurs Charlemagne, et Louis le Debonnaire, estoit encore commun aux autres Ecclesiastiques, comme on peut le voir aux Capitulaires de ces Empereurs, et au Concile d'Aix la Chapelle, depuis le Chapitre 115. Peut-estre que l'affectation particuliere du nom ne sera pas si ancienne; mais l'establissement des Chanoines en effet, comme celuy des Eglises Cathedrales, est une suitte de l'establissement des Evesques. Leurs sources ne sont pas beaucoup esloignées : ou plutost ce ne sera qu'une mesme source, du Prelat, de son Siege et de son Conseil : et cette source sera l'institution des Apostres, qui remplissant les devoirs de la Mission, qu'ils avoient reçeuë de leur Maistre, ou par eux-mesmes, ou par leurs Disciples, ordonnoient des Evesques dans les Cités principales, où ils avoient presché l'Evangile, y consacroient des lieux au culte de Dieu, où le peuple peut s'assembler, pour y entendre la voix de ses Pasteurs, et assister à leurs sacrifices, et instituoient à mesme temps des Prestres, qui seroient comme le Senat des Evesques, les ayderoient de leurs Conseils, et sanctifieroient ces lieux sacrés, avec des continuelles loüanges de Dieu, qui sont les deux plus importants et des plus honorables emplois des Chanoines[1].

1. Voir Louis Thomassin, *Ancienne et nouvelle discipline de l'Église* (Ed. André, t. II, p. 490 et suiv.); — D. Bouix, *Tractatus de Capitulis*, p. 2 et seq.

II. Il ne faut point chercher d'autre institution des Chanoines de l'Eglise de Bourdeaux. Le Chapitre, qui n'est autre chose que l'Assemblée des Chanoines, ou des premiers Ecclesiastiques de la premiere Eglise du Dioceze, a commencé avec l'Archevesque. Ce Chef n'a point esté sans ses membres, ny ce Prelat sans son Conseil. Il a eu des Freres dés le commencement afin de le soulager, tels et en tel nombre que les pouvoit fournir et entretenir une Eglise naissante, à qui la persecution ostoit la liberté de se reigler et de se policer comme elle a fait dans la Paix. Dans cette Paix de l'Eglise, le nombre des Chanoines de l'Eglise Metropolitaine n'estoit pas moindre de vingt-quatre. Cela est declaré dans un ancien Tiltre de l'année 1145. que je rapporteray au Chap. 4. parlant de l'introduction de la Reigle de S. Augustin, où il est dit qu'il y avoit pour lors 24. Chanoines dans l'Eglise de Bourdeaux, et que c'étoit leur nombre accoustumé. Ce nombre considerable s'est encores depuis accreu pour une plus grande majesté de cette Eglise. A present ils sont 26. quelques Prebendes Canoniales ayant esté authentiquement supprimées par le S. Siege, ou pour l'entretien d'une Psallete, ou pour l'Erection de quatre Chanoines Semi-prebendés. Le premier de ces 26. est le Doyen, qui preside à toutes les Assemblées du Chapitre, et qui est le premier de cette Eglise apres l'Archevesque, et a dans le Chœur une Chaire Decanale à la teste du Chapitre.

III. Le Chapitre composé de ces 26. Chanoines, a tousjours esté un corps venerable, et de nom et d'effect. Les graces singulieres qu'il a receuës en divers temps, des Papes et des Roys, celles qui ont esté accordées à cette Eglise, et dont nous avons parlé, et dont toute la gloire rejaillit sur les Chanoines, sont les marques de l'estime qu'en ont fait et les Papes et les Roys. On ne pouvoit parler avec plus d'honneur et d'estime de cette compagnie, que le Pape Eugene IV. en a parlé dans une Bulle adressée au Chapitre, le 12. Janvier 1441. où il declare, « *que les » Chanoines de S. André ont tousjours esté les bons » enfans de l'Eglise, qu'ils ont toujours esté affectionnés » au S. Siege. Qu'il loüoit la sincerité de cette Foy, et ce » qu'ils avoient fait jusqu'alors pour la conservation de » son authorité, et du Siege Apostolique.* » Ce qui rend encores ce Chapitre digne d'une particuliere veneration, est d'avoir eu des Chanoines que leur merite a eslevez aux Charges les plus eminentes de l'Eglise Catholique, et dont je feray icy un petit denombrement,

LES PAPES

Les Papes qui ont esté Chanoines de l'Eglise de Bourdeaux sont Clement V. et Boniface IX. dont nous avons suffisamment parlé aux vies des Archevesques.

LES CARDINAUX.

Arnaud de Pelegruë Chanoine de la mesme Eglise, proche parent du Pape Clement V. qui le crea Diacre Cardinal, du Tiltre *Stæ Mariæ in Porticu.* l'an 1305. Il fut fait Legat contre les Venitiens qui s'estoient saisis de la Ville de Ferrare, du Domaine de l'Eglise, et il gagna sur eux une bataille à Francolin, avec la mort de 6000. Venitiens, et les obligea de demander pardon au Pape qui le leur accorda, et la Ville de Ferrare fut restituée à l'Eglise.

Raimond de Gout nepveu du mesme Pape, fils de son frere, creé Cardinal à mesme temps que le precedent, du Tiltre *Stæ Mariæ novæ*. Ciaconius a escrit qu'il mourut en Avignon sous le Pape Jean XXII.

a Un vieux Cartulaire de nostre Chapitre enonce qu'il est enseveli dans l'Eglise S. Estienne d'Agen.

Nous avons parlé des Cardinaux, Arnaud de Canteloup, François de Hugociono, et André d'Espinay dans leur vie.

LES ARCHEVESQUES.

Les Archevesques de Bourdeaux esleus du Corps du Chapitre ont esté Gaufridus III, Geraud de Malemort, Boson de Salignac, Amanieu de la Mothe, François Hugocionio, David de Mont-Ferrand, Pierre Berland et André d'Espinay.

a Est sepultus in Ecclesia Sti Stephani de Agenno. *Necrolog. vetus Eccl. Burdig.*

LES EVESQUES.

D'Agen.

Bertrand l'an 1185. mourut le 4. jour du mois d'Aoust.

II. Non. Aug. obiit Bertrandus Agennensis Episcop. Canonicus hujus Ecclesiæ. *Ex lib. Vill. in Tab. Eccles. Burdig.*

Helies de Chastillon, consacré Evesque par Gaufridus III. Archevesque le 1. jour de Septembre 1149. fut un des Evesques delegués par le Pape Eugene III. pour la dissolution du mariage, entre le Roy Louys le Jeune, et la Reyne Eleonor ou Alienor. Mourut le 5. de Janvier.

Nonis Januarii obiit Helias Agenn. Episcopus. *Ex libro supradicto.*

De Perigueux.

Pierre, auquel il se trouve une Lettre escrite par Pierre de Blois, estoit Archidiacre de l'Eglise de Bourdeaux, mourut l'an 1169. le 10. d'Avril.

IV. Id April. Obiit Petrus primum Archidiaconus ejus Ecclesiæ postea Petragoricencis Episcopus. *Ex eod. lib.*

De Xaintes.

Bernard qui vivoit l'an 1167. mourut le 18. de Decembre.

XV. Kal. Janv. obiit Bertrandus Santonensis Episc. *Ex eod lib.*

D'Angoulesme.

Heraclius duquel fait mention Gregoire de Tours, au l. 5. de son Hist. au ch. 37. et qu'il appelle Prestre de l'Eglise de Bourdeaux, il vivoit l'an 579.

Ecclesiæ Burdigalensis Presbiter. *Gregor. Turon.*

De Luçon.

Ladislas ou Lancelot du Fau Scolastique et Chanoine de l'Eglise de Bourdeaux, l'an 1514. Son Ayeule Maternelle, estoit Jeanne de Bourbon, fille naturelle de Charles I. Duc de Bourbon, mourut le 13. de May 1524.

De Bazas.

Jean Bonaldy, que Robert nomme Jean Goual, Chanoine et Soubsdoyen de l'Eglise de Bourdeaux, l'an 1486. a fondé quelques Anniversaires, comme le precedent dans cette Eglise.

Arnaud de Pontac l'an 1573. si fameux pour sa rare Doctrine, et intelligence dans les sainctes Lettres, grand oncle et Parrain de M[r] le Premier President Arnaud de Pontac qui est aujourd'huy, et qui administre une Charge si Auguste, avec une Approbation generale de tout le monde.

Geraud de Podio Secretain et Chanoine de la mesme Eglise, ensevely en la Chapelle Ste Catherine, dont j'ay parlé au ch. 7. de la 1. partie.

D'Acqs.

Pierre la Colre, avant l'année 1368. fut ensevely à Lunel au Dioceze de Nismes.

Petrus la Colra Episcopus Aquensis XVII. Kal. Maii est sepultus in Ecclesia de Lunello Dioces. Nemausensis. *Necrolog. an. 1368. Eccles. Burd.*

Pierre de Bosco l'an 1397. Valsinguam escrit qu'il alla en qualité de Legat vers le Roy d'Angleterre, Il fit faire une partie de ces grands vitraux, qui sont au chœur de l'Eglise de Bourdeaux, son image, son nom et ses armes y paroissent. Il portoit d'Azur au Lyon d'or, au chef de Gueulles, chargé d'un Echiquier de trois traits d'argent et d'azur, De Lurbe l'a confondu avec celuy qui donna au Chapitre la Baronnie de Vertueil en Medoc, mais celuy-cy quoy que de mesme nom, ne vescut que bien long-temps apres, et ne donna cette Baronnie que l'an 1489. comme nous verrons.

Pelerin de Fabo obmis par M[rs]. de Ste Marthe, et par les autres qui ont fait le Cathalogue des Evesques d'Acqs. Neantmoins il se justifie par un ancien Registre de l'Eglise Metropolitaine, qu'il estoit Evesque d'Acqs, qu'il mourut le 22. Juillet 1408. et que ses heritiers luy firent faire un Service solemnel à S. André, l'année suivante. Il est enseveli dans l'Eglise Nostre Dame d'Acqs.

Bertrand de Boyrie, de la Noble Famille de Poy. Assista au Couronnement de Jean d'Albret Roy de Navarre, et de Catherine de Foix sa femme, qui se fit à Pampelonne le 1. de Janvier 1494. Il avoit esté Doyen de l'Eglise de Bourdeaux.

Jean de la Marthonie Archidiacre de Medoc, et Chanoine de la Metropolitaine l'an 1516.

Gaston de la Marthonie, Chanoine et Thresorier de la mesme Eglise, personnage tres-sçavant, qui avoit enseigné la Jurisprudence à Toulouse et Cahors. Fait Evesque l'an 1519. Meurt l'an 1555.

Jean Jacques Dusault, 2. fils de Charles Dusault Advocat General au Parlement de Bourdeaux, et d'Agnes Godin, petite fille du Chancelier Olivier, et petite niepce du Cardinal de Godin, Chanoine de l'Eglise de Bourdeaux et Doyen de S. Seurin, nommé à l'Evesché d'Acqs l'an 1600. par le Roy Henry IV. assiste à Paris l'an 1614. à l'Assemblée des Estats, meurt l'an 1623. fut ensevely dans son Eglise, comme son successeur.

Philibert Dusault consacré Evesque d'Acqs, du vivant de son oncle, dont il avoit esté nommé le Coadjuteur. Il fut grandement charitable à l'endroit des pauvres, fit present de la Chapelle d'argent à son Eglise, et fonda les Matines, mourut au mois de Novembre 1638.

De Limoges.

Pierre Viroald Doyen de l'Eglise de Bourdeaux, bien versé aux Lettres, qui alla à Rome au nom du Chapitre pour le droit de Cimetiere, et en fut investi dans le Concile par le Pape Urbain II. comme nous avons dit au dernier Chapitre de la premiere partie. Il fut Evesque de Limoges environ l'annee 1100.

D'Amiens.

Geoffroy de la Marthonie, nepveu de Mondot de la Marthonie, Premier President au Parlement de Bourdeaux, puis à celuy de Paris, fut fait Evesque d'Amiens l'an 1577. assista au Concile de Reims l'an 1588. mourut l'an 1617.

DE MIREPOIX.

Jean d'Espinay, Chantre et Chanoine de l'Eglise S. André, frere du Cardinal d'Espinay Archevesque de Bourdeaux, fut Evesque de Mirepoix, ensuite Evesque de Nantes. 1493.

DU PUY.

Armand de Bethune nepveu de Messire Henry de Bethune Archevesque, Chanoine de S. André, à present Evesque de Nostre Dame du Puy en Auvergne, sacré Evesque à Paris par son oncle l'an 1665 [1].

III. Cum fueritis semper boni nostri Ecclesiæ filii, et ostenderitis summam erga nos, et Sedem Apostolicam devotionem, laudamus vestræ fidei sinceritatem et commendamus bona opera vestra, quæ circa conservationem authoritatis nostræ et dictæ sedis hactenus ostendistis. Bulla Eugen. IV. 12. Januar. an. 1441. *Ex Tabular. Eccles. Burdig.*

1. A cette liste nous ajouterons deux personnages qui ont illustré le Chapitre sans avoir cessé d'en faire partie, le chantre et chanoine Vital Carles (v. t. I, p. 227) et le doyen Thibaud d'Agès (*ibid.*, p. 224).

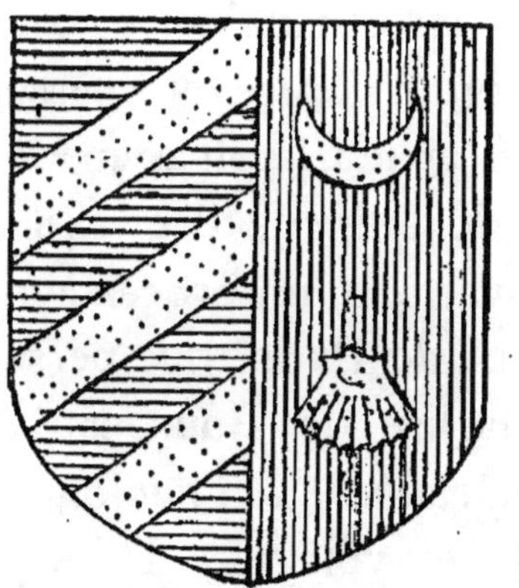

Vital Carles portait (d'après Lopès) parti au 1er d'azur à 3 barres d'or, au 2e de gueules à un croissant d'or vers le chef et une coquille aussi d'or vers la pointe.

Thibaud d'Agès portait losangé d'argent et d'azur sans nombre (armes de la famille d'Agès, vieux manuscrits).

« En Guyenne, dans les juridictions même civiles, de nombreux chanoines de Saint-André occupaient au XIVe et au XVe siècle des postes importants. Ainsi, en 1442, Guillaume Bec, chanoine, était nommé par le roi d'Angleterre juge général des appels en la cour de Gascogne. » (Voir à cette date Bréquigny cité en note par M. Brives-Cazes, les *Légistes bordelais*, p. 16.)

CHAPITRE II

La reception des Chanoines, et leur aggregation au Corps du Chapitre.

LA Reception des Chanoines et leur Aggregation au Corps du Chapitre ainsi establi, ne se fait pas sans quelque Ceremonie, lors qu'il arrive qu'on y reçoit et aggrege quelqu'un, par la resignation, demission ou decez de son predecesseur, ou par quelqu'autre sorte de vacance. Il est à remarquer qu'on n'y reçevoit personne qui ne fust ou Noble ou Gradué, et le Chapitre en donna une declaration publique le 7. de Juin de l'an 1481. et l'avoit soustenu vingt ans auparavant, en un procez concernant son exemption au Parlement de Paris, que personne n'estoit receu Chanoine dans l'Eglise de Bourdeaux, s'il n'estoit Noble, ou s'il n'estoit Gradué en Theologie, ou dans le Droict Canon ou Civil : et voicy les Principales Ceremonies qui s'observent à la reception et installation.

II. Celuy qui desire estre reçeu, va voir tous Messieurs les Chanoines Capitulans avec le Bonnet, accompagné d'un Chanoine. Et apres leur avoir rendu visite, il se presente au Chapitre, qui apres avoir veu ses tiltres necessaires, le fait entrer dans la Chambre Capitulaire, où se mettant à genoux devant le President de l'Assemblée : le President le revest d'un Surplis, luy met le Bonnet sur la teste, et l'Aumusse sur le Bonnet, et le plus ancien Chanoine le conduit de la sorte au Chœur de l'Eglise, accompagné du Greffier et des Huissiers du Chapitre, et l'ayant publiquement installé, il le ramene à la Chambre Capitulaire. Il se remet à genoux devant le President, et ayant osté le Bonnet, il fait la profession de foy, ensuite preste le Serment que je rapporteray à la fin. S'il est promeu à quelque ordre sacré, il ajouste un serment particulier pour les secrets du Chapitre pour estre un des Chanoines Capitulans, à mesme temps qu'il est promeu aux Ordres Sacrés. La Profession de Foy et le serment estant fait, il est receu *Ad osculum Pacis,* et on luy assigne sa place au Chapitre comme on a fait dans le Chœur.

Si le Chanoine receu n'est pas encores promeu aux Ordres Sacrés, il n'entre point en Chapitre, ny ne monte aux hautes Chaires du Chœur, mais demeure tousjours aux basses Chaires, et du costé qu'estoit son predecesseur, sans pouvoir monter aux autres, quand mesmes il auroit un Office, un Personat, ou une Dignité[1], jusqu'à ce qu'il ait pris ces Ordres, et qu'il en ait exhibé les Lettres au Chapitre. Il donne quand on le reçoit, dequoy avoir un Pluvial à la Fabrique de l'Eglise. Il demande d'estre escrit sur le Livre de la Pointe[2], pour avoir part aux distributions manuelles[3],

1. Dans un Chapitre, l'office, le personnat et la dignité sont choses différentes. La *dignité* est un titre avec juridiction (D. Bouix, *op. cit.,* p. 68). Le *personnat* est également un titre — *titulus beneficialis* — il donne droit à une préséance, mais sans juridiction *(ibid.)*. L'*office* est un titre auquel est attaché un certain emploi, mais sans juridiction ni préséance *(ibid.* et Ferraris. — *Beneficium,* n° 26 ; — Barbosa, *de Cas.,* c. 4, p. 14 et seq.).

2. Le livre de la *Pointe* était le registre sur lequel le Chanoine désigné sous le nom de pointeur *(punctator)* inscrivait un point à la suite du nom de celui qui était absent ou qui sortait indûment pendant l'office. Le pointeur prêtait serment de faire son devoir en toute conscience : il se tenait constamment dans le chœur *cum suo libro et calamo.* (Bouix, *op. cit.,* p. 121 et seq.)

3. Les *distributions* se distinguaient des revenus du bénéfice appelés *gros fruits.* D'après Benoît XIV (*Instr. eccl.,* 207, § 7), l'usage en remonte à saint Yves de Chartres, qui mourut en 1115. Cet évêque (epist. 219) imagina de faire distribuer un pain aux chanoines présents à l'office, « afin d'engager par cet attrait sensible

ce qu'on a coustume de luy accorder toujours gratuitement. Pendant qu'il est aux basses chaires, il cede aux autres Chanoines qui sont apres luy, s'ils ont les Ordres sacrez; mais s'il s'y fait promouvoir, il prend incontinent le rang de sa Reception.

IV. La vacance du Canonicat arrivant, ou par mort,

ceux qui ne seraient pas touchés de la douceur du pain céleste. » —*Ut quos panis interni dulcedo non movebat, panis corporis refectio provocaret.* — « Ménage, dit Bernadau (*Ann.*, p. 180), fait venir le mot *choine* du nom de *canonicus,* c'est-à-dire pain de chanoine ». En 1552 *(Act. capit.)*, le Chapitre de Saint-André décida que le doyen aurait droit à deux portions, l'une comme doyen, l'autre comme chanoine. Il y avait quatre sortes de distributions. (Voir André, *Cours de droit canon., etc.*, t. III, p. 109.) On sait que le Concile de Trente (Sess. XXII *de Refor.*, cap. 3) avait fixé le total des distributions en nature ou en argent au tiers des revenus du Chapitre. Cette question des distributions quotidiennes, aujourd'hui supprimées, soulève un cas de conscience pour les chanoines qui touchent une pension de l'État. (Voir D. Bouix, *op. cit.*, p. 154 et seq.) — On garde aux Archives départementales les statuts du Chapitre de Saint-André en trente articles, les voici :

1316-1410. — Statuts, Règlements. — Statuts de l'église Saint-André : 1° Les membres du Chapitre jureront de ne retenir pour leur usage personnel aucune portion des dîmes. 2° Ils devront tenir eux-mêmes fidèlement compte de leurs absences. 3° Chaque chanoine devra avoir au chœur un chapelain ou clerc « suffisant non bénéficier » qui assiste à toutes les heures canoniales. 4° Le Chapitre doit se tenir tous les jeudis après prime. 5° Les produits de la vendange seront partagés entre les chanoines résidants. 6° S'il vient à vaquer quelque place au Chapitre, outre les places de portier, de prieur de Saint-Julien ou d'aumônier, les chanoines donneront successivement leur avis, suivant leur ordre d'ancienneté, sur la collation de la fonction vacante. 7° Tous les baux à cens seront faits par le Chapitre Saint-André pour une année. Ils seront payés à la Saint-Barnabé. 8° Deux chanoines tiendront un grand rôle et un rôle pour les blés. Ils rendront leurs comptes trois fois l'an. 9° Le chanoine député pour affaires par le Chapitre de Saint-André ne perd aucun de ses droits. Le Chapitre le tient pour présent. 10° Après deux mois d'absence les chanoines perdent tous droits aux fruits accordés aux chanoines résidants. 11° Chaque chanoine, à sa mort, reçoit le produit de sa première année, à savoir : soixante livres bordelaises. 12° Les chanoines devront résider dans la Sauvetat pour avoir droit aux fruits de leur prébende. Quand une maison canoniale viendra, par une cause quelconque, à être libre, le chanoine le plus élevé en dignité déclarera, le premier, s'il l'occupera. 13° Le Chapitre peut en assemblée générale modifier, ajouter ou retrancher certains articles de son règlement. 14° Les chanoines ou le prêtre ou clerc qui les remplacent doivent assister à tous les offices. S'ils manquent à ces devoirs, ils perdent deux deniers à

ou par démission entre les mains du Chapitre, ou par quelque permutation entre les mains de l'Archevesque; si le Chanoine possedoit une maison, elle vacque et vient à l'option des Chanoines les premiers en dignité, qui la demandent au Chapitre s'ils la desirent, et quittent la leur s'ils en avoient, qui vient pareillement à l'option des Cha-

matines, un à tierce, un à la grand'messe, deux à vêpres. Ils devront se trouver à l'office au premier psaume et à la messe à la première oraison et y rester jusqu'à la fin; les jours de fêtes leur absence leur fera perdre le double de ce qui est précédemment fixé. 15° Les nouveaux chanoines prébendés doivent donner à l'église une chape de procession d'une valeur de cinquante livres. Le doyen nouvellement nommé doit en donner une d'une valeur de cent livres bordelaises. 16° On ne peut changer de canonicat ni de prébende sans l'agrément du Chapitre. Cet assentiment doit être donné en Chapitre général. 17° Tout chanoine est tenu de laisser à l'église de quoi fonder un anniversaire qu'on célèbrera pour sa mémoire. 18° Le Chapitre est obligé de faire célébrer une messe pour les chanoines morts hors de la ville. 19° Toute maison canoniale en mauvais état sera réparée aux frais de la succession du chanoine décédé qui l'occupait ou avec l'argent du chanoine qui la cède. 20° Pour éviter que les chanoines ne s'écartassent des devoirs qui leur étaient tracés, on donnait primitivement aux prébendiers quatre escartes de blé, un tonneau de vin clairet, une pipe de vin rouge et soixante sous pour la cuisine. Au lieu de cette prébende, les chanoines recevront dorénavant quinze deniers par jour et trente deniers les fêtes annuelles et doubles. Toutefois leur portion congrue ne pourra excéder vingt-cinq livres. 21° De la Trinité à l'Avent on dira une messe en l'honneur de la Vierge le samedi, et une de saint André le jeudi. 22° Tout chapelain institué dans l'église par testament devra jurer au Chapitre obéissance et promesse de bien accomplir ses devoirs. 23° Les portiers doivent assister à prime, à tierce et à vêpres, ils perdent quatre deniers chaque fois qu'ils manquent à un de ces offices. 24° On lira les statuts du Chapitre à chaque chanoine nouvellement reçu. Il jurera sur les évangiles de les observer et de les garder. 25° Ces nouveaux statuts n'abrogeront les anciens que dans les dispositions contraires aux nouvelles qu'ils pourraient renfermer. 26° Les chanoines sont tenus à une continuelle résidence. Ils partageront entre eux le vin proportionnellement au temps de service qu'ils auront passé à l'église. 27° Tout chanoine assistant au Chapitre qui se tiendra tous les jeudis après prime recevra douze deniers. 28° Les chanoines qui occupent des maisons sur lesquelles il y a des anniversaires fondés, doivent payer annuellement une rente au receveur à peine d'être privés de leur portion sur les autres anniversaires. 29° A chaque réception de chanoines, les deux portiers recevront une tunique ou un manteau avec capuchon, ou bien six francs. 30° Le Chapitre se réserve la collation du prieuré de Saint-Julien, des prébendes et des offices de portiers. (1316-1410.)

(Voir aux Archives du Chapitre actuel l'*Ordonnance* de Mgr d'Aviau portant érection d'un Chapitre dans l'église cathédrale métropolitaine de Saint-André, ensemble les statuts et règlements dudit Chapitre.)

noines, qui les suivent. Le temps de l'option dure un mois entier durant la vacance, et il est necessaire d'estre present pour opter, et d'estre actuellement en residence : autrement on n'est point receu à cette option. C'est la coustume du Chapitre qui s'observe fort religieusement, comme aussi de conserver aux Resignataires la maison Canoniale qui leur aura esté resignée en Cour de Rome avec le Canonicat, sans que jamais on ait veu que les maisons ainsi resignées avec le Canonicat ayent esté sujettes à l'option.

V. La residence rigoureuse des Chanoines commence au jour de S. Barnabé le unziéme de Juin, et dure une année entiere, pendant laquelle ils sont obligez d'assister à tous les offices, afin de bien apprendre ce qui s'y pratique, sans avoir qu'un mois de congé, et jusqu'à ce qu'ils soient dans l'année de leur Rigoureuse, ils ne participent point aux gros fruicts, qui se partagent à tous les autres Chanoines. Celuy qui commence sa Residence rigoureuse, se presente aux premieres Vespres de la Feste de S. Barnabé, à celuy qui Preside au Chœur, avec le Greffier du Chapitre, et luy demande acte de ce qu'il se presente à sa rigoureuse, et s'oblige à mesme temps de fonder en cette Eglise un anniversaire, et donner pour cét effet la somme necessaire, en cas qu'il demeure Chanoine l'espace de trois ans, et nomme une caution solvable pour cét anniversaire. Il demande un acte semblable à la premiere Assemblée du Chapitre. L'année de sa Rigoureuse estant expirée; il demande pareillement acte de ce qu'il y a satisfait, suyvant les Statuts et Coustume du Chapitre. Il n'y a que le Theologal qui jouysse des gros fruicts dés le premier jour de sa reception, et il n'attend point le jour de S. Barnabé comme les autres Chanoines, parce que sa Charge l'oblige dés le jour qu'il a esté reçeu, à une residence continuelle[1]. C'est ce qu'il y a

1. Le Chapitre tenait au principe de la résidence. En 1471, pendant les Grands Jours de Libourne, on écrivit pour demander en

de plus considerable dans la reception des Chanoines, et aggregation au Corps du Chapitre. Ceux qui composent aujourd'huy ce Venerable Corps sont : Venerables Messieurs Maistres

Estienne de Mullet de Voluzan, Conseiller en la Cour de Parlement, Doyen.
Jacques Allaire, Archidiacre de Cernez.
Arnaud Lacrompe, Chantre.
Estienne Martini, Secretain.
François Chastain, Soubs-Chantre.
Jean Jacques Dusault, Prieur de Comprian.
Pierre Moreau.
Pierre Frapereau.
Jean Duteil.
Pierre Caron.
Hierosme Lopes Theologal.
Charles Mosnier.
Leonard Massiot.
Leonard la Joumard.
Jean Deschamps.
Alphonse Boucault.
Arnaud Cortade.
André Gombaud.
Ignace Saintout.
Simon Cortade.
Henry Boursiquot.
Jean Olivier Dusault.
Arnaud Arquie.
Nicolas Combabessouze.
Charles Bernada.
Jean Geai.

I. Non est consuetum quod in ista Ecclesia debeat recipi aliquis in Canonicatum et præbendam, nisi fuerit Nobilis vel Graduatus. *Regist. an. 1481. in Arch. Eccles. Burdig.*

Quod dicta Ecclesia Burdegalæ à primatio tempore Santi Petri de personis Religiosis fundata extiterat, in qua nullus in Canonicum nisi sit

faveur de Pierre de Lubersac « dispense de la résidence à laquelle cet ecclésiastique était obligé par sa prébende ». Le Chapitre fit cette réponse digne des anciens Spartiates : « nos statuts s'y opposent formellement » — *quòd si rumperetur statutum, esset destructio ecclesiæ.* (*Regist. capit.*, G. 285, f° 67.) En temps de peste, la vérité nous force à le dire, les chanoines de Saint-André manquèrent parfois d'héroïsme; il leur arrivait de prendre la fuite; il est vrai que le 15 mars 1527, ils assurèrent le service du chœur par l'institution des quatre chanoines semi-prébendés; lesquels avaient défense de quitter la ville pendant la durée du fléau. On lit dans les *Actes capitulaires,* G. 286, à la date du 10 mars 1527 :

« Le Chapitre, après avoir constaté que le service divin est bien négligé, rappelle que depuis longtemps et même encore aujourd'hui la peste ravage la ville et est la cause du départ de presque tous les chanoines et de la suspension du service divin. Pour y remédier, le Roi, l'Archevêque et le Chapitre se sont adressés à Rome pour obtenir une bulle supprimant deux canonicats prébendés et les remplaçant par quatre canonicats semi-prébendés, sous certaines réserves, entre autres la *défense de s'absenter* pendant la peste; on installe sous ces conditions, le 15 mars, quatre chanoines semi-prébendés. »

(La première institution des semi-prébendés date de 1428. Voir p. 328.)

Nobilis seu in altero jurium Graduatus admittebatur. *Charta Tabular. Eccles. Burdig.*

II. Ego N. Canonicus Præbendatus Ecclesiæ Burdigalensis promitto et juro quod statuta, observantias, et privilegia Ecclesiæ prædictæ pro posse servabo, et expressè exemptionem concessam per Dominum nostrum Pium Papam eidem Ecclesiæ. Jura et honorem ipsius pro mea possibilitate defendam. Nec illius bona alienabo, alienata autem ad jus et proprietatem ejusdem Ecclesiæ revocabo, bonum et legale Consilium Capitulo dabo, nec illud aut secreta ipsius alicui in ejus præjudicium revelabo.

Salvo jure nostro et quolibet alieno recipimus vos in Canonicum et Fratrem, si et in quantum tenemur de jure et consuetudine nostræ Ecclesiæ, cum ista protestatione, quod si in ista præbenda aliquem alium probabiliter appareat contradicere, quod neutrum tenebimur recipere ad fructus ipsius præbendæ nisi fuerit declaratum per eum ad quem pertinet, quis eorum potior sit in jure.

⚜⚜⚜⚜⚜⚜⚜⚜⚜⚜⚜⚜⚜⚜⚜⚜⚜⚜⚜⚜⚜⚜⚜⚜⚜⚜⚜⚜⚜

CHAPITRE III

Les Dignitez et autres Benefices de l'Eglise de Bourdeaux, ses Officiers, et les Ecclesiastiques qui y rendent du service.

AYANT parlé des Chanoines qui sont le Corps du Chapitre, il est a propos de parler des autres Titulaires, Beneficiers, et Ecclesiastiques, qui appartiennent au Corps de l'Eglise de Bourdeaux, où sont destinez à son service. Et à commencer par les Dignitez, Offices ou Personats, outre le Doyen[1], il y en a neuf

1. On appelait doyen *(decanus)*, dans les monastères, un religieux chargé par l'abbé de la direction de dix moines. (Voir Thomassin, *op. cit.*, t. II, p. 313.) Lorsque la discipline monastique fut appliquée aux collèges des chanoines, les Chapitres mirent à leur tête un doyen. (*Ibid.*, t. III, p. 245.) « La juridiction, les droits et les fonctions des doyens varient selon les divers usages des différentes églises. » (André, *op. cit.*, t. III, p. 126.) Le doyen de la Primatiale était un grand personnage. Gaufreteau nous parle d'un doyen du commencement du XVIe siècle qui menait d'abord un train de cardinal, mais que l'adversité rendit plus modeste :

1507. — « En cette année, il y avoit dans l'eglise metropolitaine » Sainct-André, à Bourdeaux, un doyen qui estoit si delicat, » qu'allant à ladite eglise, pour assister aux offices, et lorsqu'il » partoit de sa maison, qui n'en estoit esloignée que de trente ou » quarante pas seulement, il montoit sur son mulet. Mais, oultre » cela, il estoit si pompeux aussi, qu'il portoit les chemises de » toile-baptiste, et couchoit dans des linceuls de mesme estofe. » Mais, est à noter, que Dieu ne prenant pas plaisir à cela, luy » donna un coup de fouet, qui fit plus avisé ledit doyen. Car il » permit que touts ses benefices, notamment son doyené, luy » fussent impetrés, tellement, qu'estant devenu pauvre, il fut

Sçavoir, l'Archidiacre de Medoc, premier Archidiacre, et Chancelier nay de l'Université de Bourdeaux. L'Archidiacre de Cernez, que cette Université choisit pour un de ses conservateurs Apostoliques, avec l'Evesque de Bazas

ANCIEN DOYENNÉ DE BORDEAUX.

Dessin de M. J. DE VERNEILH. (*R. c. d. B.*)

» contraint d'aller à Rome, à beau pied, et comme dict le proverbe, » sans *lance,* pour plaider, la où enfin il gagna touts ses procès et » fut remis en pocession de touts sesdits benefices, et estant de » retour à Bourdeaux, il n'alla plus sur son mulet aux offices, ni ne » porta les chemises de baptiste, ni ne coucha dans des draps si » deliés qu'il faisoit auparavant. » (*Chron. bourd.*, t. I, p. 42.)

On a pu se convaincre qu'il éclatait souvent des conflits entre le palais archiépiscopal et le doyenné. Même en temps de paix, le doyen se tenait sur la défensive :

1628. — « En cette année, Monsieur le Cardinal Archevêque de » Bourdeaux bastit son portal de l'archevêché, ainsi que la galerie, » avec l'auditoire de l'officialité, au dessoubs d'ycelle. Mais comme » laditte galerie, qui aboutissoit d'un bout à la rue qui va de Sainct- » André à l'hospital, estoit si haulte et relevée, qu'elle comendoit » tout à faict dans le jardin du doyené, vis à vis ladite rue, entre » deux, le doyen fit hausser la muraille de sondit jardin ; par ce » moyen, empescha qu'il ne fut veu, lorsqu'il se promenoit en » yceluy ; ce qui n'agrea pas audit sieur Cardinal, ainsin qu'on dict, » parcequ'il vouloit tout voir et tout ouyr. » (Gaufreteau, *Chron. bourd.*, t. II, p. 160.)

et l'Abbé de la Grand'Seaulve. L'Archidiacre de Blaye, le Chantre, le Thresorier, le Secretain, le Sous-Doyen, l'Archidiacre de Fronsac, et le Soubs-Chantre. Ces Dignitez sont d'une institution tres-ancienne. Le Sous-Doyen et le Sous-Chantre ne furent instituez qu'au temps que le Chapitre observoit la Reigle de S. Augustin. L'Autheur en fut l'Archevesque Geraud de Malemort l'an 1246. en suitte d'une Bulle du Pape Innocent IV. dattée du 25. d'Avril, la quatriéme année de son Pontificat. L'Archidiacre de Fronsac est au lieu et place du Me. Escole que le Cardinal de Sourdis supprima au mois de Fevrier l'an 1620. en la personne de Mr. Jacques Miard, luy donnant pour le destroit de cét Archidiaconé, les Archiprestrez de Fronsac, et entre la Dordogne. Au reste, tous ces Dignitaires sont installez comme les Chanoines, et avec les mesmes Cerimonies; et donnent comme les Chanoines, à la Fabrique dequoy achepter un Pluvial. Le premier Dignitaire apres le Doyen, qui se trouve en Chapitre, ou à son deffaut le plus ancien Chanoine les installe. Ils ont la preseance au Chœur sur les Chanoines : mais ils n'entrent point au Chapitre, et ne prennent nulle part à ses revenus, et n'ont aucune sorte de Jurisdiction dans l'Eglise s'ils ne sont actuellement Chanoines. Mais ils ont des Cures dans le Dioceze unies à leurs dignités, comme le Doyen.

II. Il faut mettre apres les Dignitaires, les quatre Chanoines Semiprebendés qui furent institués le 28. de Janvier l'an 1488. par le Pape Innocent VIII. par Bulle expresse et authentique, dans laquelle il supprima deux prebendes Canoniales, erigeant à leur place ces quatre Chanoines Semiprebendés, dont les titulaires portent l'Aumusse, et sont assis aux hautes chaires du Chœur apres les Chanoines. Ils doivent estre experts en Musique faire les offices pour les Chanoines, les assister à certains jours quand ils officient. Leurs obligations sont au long inserées dans la Bulle de leur erection, à laquelle le Cardinal d'Espinay, qui estoit lors Archevesque de Bourdeaux donna son consentement. Ils ont part aux gros fruicts dés le jour qu'il sont receus : parce que leur residence rigoureuse est continuelle comme celle du Theologal. Ils sont installés par le plus ancien Chanoine en reception qui se trouve au Chapitre, promettent d'observer ponctuellement la Bulle de leur institution, comme aussi de garder l'exemption du Chapitre, comme font les Dignitaires sans faire d'autre serment, et n'assistent non plus que ceux-cy aux assemblées Capitulaires.

III. Ce sont les Benefices dont les Titulaires ont droit de s'asseoir aux hautes chaires du Chœur. Pour le bas Chœur, le premier est l'Aumosnier qui a la Cure de Cestas à deux lieües de la Ville, et qui neantmoins, pour faire sa residence à sa Cure, n'a pas coustume de venir à cette Eglise. Il est appelé aux appeaux Sinodaux, le premier apres les Dignitaires, et fournit toutes les années vingt-quatre francs pour les hosties qui se consomment dans la mesme Eglise[1]. Apres luy est le Curé ou Vicaire perpetuel de la Majestat, qui a un petit detroit dans la Sauvetat, où il administre les Sacremens, mais dont la principale fonction est l'administration du Sacrement de Baptesme, non seulement a ceux qu'on luy porte des Paroisses de la Jurisdiction du Chapitre, mais de toute la Ville et Dioceze, comme nous avons

1. Cestas ou mieux Sestas (*ad Sextum,* au sixième mille romain de Bordeaux) eut au XVIIIe siècle un curé célèbre, l'abbé Jaubert, traducteur d'Ausone. (Voir dans Baurein, *op. cit.*, t. II, p. 394, 397, un article sur la paroisse de *Saint-André de Sestas.*) L'auteur y traite de la culture des Landes et du bois qu'on apporte de cette paroisse chaque semaine à Bordeaux; il ajoute « on peut se servir des *bouviers* qui l'y conduisent pour faire parvenir les lettres à Sestas. » Au temps de Baurein, l'*aumosnier* de Cestas ne desservait plus la paroisse, mais il en était resté le « curé primitif et le gros décimateur. » *(Ibid.)*

dit à la premiere partie[1]. Il y a huict Prebandiers qui viennent apres luy, qui font l'Office aux festes simples, et jours de Ferie, et aux petites heures. Je ne parle pas d'un grand nombre de Chapellains, qui par la fondation de leurs Benefices sont obligés d'assister aux Offices et Heures Canoniales.

IV. Outre ces Titulaires, le Chapitre gage un bon nombre de Choristes tous portant des surplis, pour mieux faire l'Office Divin dans cette Eglise, et n'espargne rien pour avoir des bons Musiciens, et une Musique convenable à la sainteté et à la Majesté de son Eglise, comme il a maintenant : et pour laquelle le Chapitre entretient huict Enfans de Chœur avec un Maistre de Psallete, qui est le premier des Choristes, et un Soubsmaistre pour vaquer avec plus de soing à l'institution de ces enfans[2]. Il y a encores un

1. Voir t. I, p. 316, note 1.

2. Nous avons parlé de la musique de Saint-André (t. I, p. 48, 55, 56, etc.). On la demandait à Saint-Éloi pour célébrer la nomination des nouveaux jurats. Le Chapitre l'envoyait dans les paroisses de son district aux grandes occasions. Quelquefois même, le capitaine Maillard, dont Charles IX admira le bataillon scolaire, la fit concourir aux fêtes qu'il organisait. (*Actes capit.*, G. 288.) En 1768 (*Act. capit.*), le Chapitre échangea plusieurs lettres avec le contrôleur général au sujet des musiciens de l'église que l'on voulait faire tomber sous le coup de la capitation. Jaloux de la réputation et de la dignité du bas-chœur, il décida, le 10 avril 1618, qu'il y aurait à l'avenir « des musiciens plus suffisants et recommandables par leurs mœurs » (*Regist. capit.*, G. 294), et en 1764 il prononça l'expulsion d'un organiste qui « s'était attaché au service du spectacle. » Le 16 octobre 1611, « le maire et les jurats avaient fait placer au milieu du chœur le pupitre de bronze surmonté de l'aigle », promis par eux, « en raison de la galerie que le Chapitre avoit laissé construire pour ouyr la prédication. » (*Regist. capit.*, G. 293, f° 90.) Le maître de la psallette était choisi parmi les clercs. En 1657, le Chapitre ayant admis un homme marié, l'indignation fut générale (voir Gaufreteau, *Chron.*, t. II, p. 235), et, malgré le Doyen qui le protégeait, ledit maître « plia son linge » à la satisfaction « de toute la ville, et notamment des ecclésiastiques. » (*Ibid.*, p. 250.) Il était d'usage d'accorder un certain droit au chef de musique sur le vin

Sous-Tresorier gagé par le Thresorier, pour avoir soing des ornemens de l'Eglise, comme aussi deux Sous-Secretains gagés par le Secretain, pour orner les Autels, sonner les Offices, et faire les autres fonctions où la charge les oblige. Le Thresorier et Secretain les presentent au Chapitre pour les agreer, et le Chapitre leur donne la permission de porter le surplis dans l'Eglise, et leur fait part de quelques distributions qui se donnent aux Choristes.

V. Dans la mesme Eglise et par la permission du Chapitre, une ancienne Confrairie de treize Prestres appellée la Societé de la Treizene, composée de Chanoines et d'autres Titulaires de cette Eglise ou de la Ville, fait ses Services apres l'Office du Chœur, ez jours qu'ils ont accoustumé suivant leur fondation. Cette societé fust premierement instituée par l'Archevesque Geraud de Malemort l'an 1237. dans l'Eglise Nostre Dame de la Place, à present de S. Eutrope et fut authorisée et confirmée par Pierre Berland Archevesque qui luy donna des Statuts le 14. de

qui « se criait » du haut de la tour Pey-Berland. Le maître de chapelle exagérait volontiers ce droit. Le chanoine de Peyrussac le lui fit sentir. — On lit dans le *Regist. capit.*, G. 294, f° 130, an. 1618 : « Le sieur de Peyrussac ayant voulu faire publier la vente de son vin *au haut du clocher*, selon la coutume, et le maître de la psallette s'y étant opposé, le Chapitre « lui remonstre que *si, pour le passé lesdits chanoines ont voulu donner quelque honesteté au maître de psalette pour ladite publication, ça esté de gratis, et n'engage pas l'avenir.* »

Deux ans plus tard, M. de Peyrussac (car c'est bien lui croyons-nous) eut le plaisir de trouver en faute l'audacieux maître de chapelle. « En cette année 1620, dit Gaufreteau (*Chron. bourd.*, » t. II, p. 104), le maistre de salete de Sainct-André ayant en un » certain desjeuner qu'il fit aux musiciens, fait manger un chat » apresté, à guise de lapin, fut chassé à la poursuite de Monsieur » Perissac. » — Depuis le commencement de ce siècle, la cathédrale n'a cessé d'avoir des maîtres de chapelle de haut mérite, Pujol, Andrevi, Servat, de Craywainkel, Larroque, et, pour ne pas oublier les vivants, MM. le baron d'Echeverry et l'abbé Sursol, ces deux *Frà-Angelico* de la musique d'église.

Fevrier 1440. entre lesquels celuy-cy est assez considerable, qu'un des Confreres arrivant à mourir, avant de procéder à l'aggregation de son successeur, tous les autres Confrères sont obligez de dire chacun sept Messes basses, et en chanter ensemble sept hautes, pour l'ame du deffunt, apres quoy ils procedent à l'aggregation.

VI. Je diray encores que depuis l'establissement du Seminaire ou College de S. Raphael de cette Ville, fait par l'Archevesque Antoine de Sansac l'an 1583. conformement aux Constitutions du Concile de Trente en la session 23. au chap. 18. tous les Escoliers du Seminaire se rendent à cette Eglise aux jours du Dimanche et autres festes de l'année, comme aussi aux Processions et Sermons, en surplis, et servent de Sous-Diacres, d'Acolytes, et y font les autres fonctions Ecclesiastiques ausquelles on les applique, comme ces Constitutions les y obligent.

Ce sont tous les Ecclesiastiques qui portent le surplis dans l'Eglise Metropolitaine. Outre lesquels le Chapitre a deux Huissiers qui portent la Robe et le bonnet, et ont chacun leur masse d'argent, estant obligez de se trouver presque à tous les offices avec leurs livrées : ils doivent estre Clercs tonsurés. Ce sont deux Offices ausquels le Chapitre en Corps pourvoit quand ils arrivent à vaquer.

CHAPITRE IV

L'institut des Chanoines de l'Eglise de Bourdeaux[1].

On distingue en general deux sortes d'institut, ou forme de vie de ceux qui dans l'Eglise se devoüent plus estroitement au service de Dieu, que le reste des fidelles : les Clercs, autrement, les Ecclesiastiques : et les Moines, autrement, les Religieux. Le premier institut est celuy des Chanoines de l'Eglise de Bourdeaux, et mon dessein est de faire voir en ce Chapitre que leur institut n'a jamais esté un institut Monastique, contre l'erreur grossiere et inveterée du vulgaire, qui ne jugeant presque jamais, que suivant les apparences, ne juge presque jamais avec verité[2]. Ce n'est pas que nous ne devions avoir de la veneration pour les Moines ou les Religieux. Leur institut est Sainct. C'est un institut Apostolique, dont les Peres Grecs et les Latins, les Denis[a], les Eusebes[b], les Basiles[c], les Chrisostomes[d], les Ambroises[e], les Hieromes[f], les Augustins[g], et les Paulins[h] ont voulu estre les Panegy-

1. Voir aux *Archiv. départ.*, G. *Actes capit.* 267, 268, 269, les pièces (parchemin, latin) relatives à la constitution du Chapitre de Saint-André.

La thèse que Lopès soutient dans ce chapitre fut violemment attaquée par les vicaires perpétuels de Bordeaux, en 1787. (Voir en particulier la *Réponse au Mémoire du Chapitre de S. André,* rédigée par le chanoine Pacareau, qui depuis... Le Chapitre riposta par un écrit intitulé : « *Lettre d'un Hermite* à *MM. les douze curés, vicaires perpétuels de la ville de Bordeaux* ». (Biblioth. de la Ville, nº 27957, 65.)

a Ecclicæ Hierar. c. 6. — *b* Ecclicæ Hist. l. 2. c. 16. — *c* De Instit. Monachor. Serm. 2. — *d* Hom. 69 in Matt. — *e* Epist. 25. lib. 3. ad Eccl. Vercellensem. — *f* Epist. 22 ad Eustoch. — *g* In Psal. 132. — *h* Epist. 3.

ristes. Mais nous avons apris du Chap. 12me du Concile d'Aix la Chapelle, tenu sous le Pape Estienne V. et l'Empereur Louis le Debonnaire; qu'il n'estoit pas bien-seant à des Chanoines de paroistre soubs des habits de Moines, ne l'estant pas, comme ne le sont point et ne l'ont jamais esté les Chanoines de l'Eglise Metropolitaine.

II. Pour en estre persuadé, il ne faut que considerer les Chanoines, ou depuis le temps du Pape Clement V. qui donna la Bulle de Secularisation l'an 1305. ou avant ce temps. Depuis ce temps, il n'y a pas lieu de contestation : Et avant ce temps, il doit pareillement estre hors de doute, que l'institut des Chanoines de cette Eglise, estoit un institut de Clercs non pas de Moines, jusqu'à l'année 1145. La raison en est, parce que jusqu'à cette année il n'en est parlé que comme des Clercs, dans les tiltres anciens que l'on a peu conserver. Je trouve bien qu'Oriental mena son Diacre ou Archidiacre au Concile d'Arles l'an 314. Je trouve chez S. Paulin[a], un S. Exupere Prestre de l'Eglise de Bourdeaux; et chez S. Gregoire de Tours[b], un Heraclius Prestre de la mesme Eglise. Le mesme S. Gregoire[c] rapporte que c'étoit de la bouche des Clercs ou Ecclesiastiques de Bourdeaux, qu'il avoit apris que S. Seurin estoit arrivé en cette Ville venant d'Orient; mais je ne trouve point d'Autheurs anciens, qui ayent donné le moindre soubçon de Moines dedans cette Eglise : et pour le prouver encores plus efficacement,

III. Il faut seulement voir les Patentes de l'immunité accordées par Louis le Debonnaire, sur le modele de celles de son Pere, à l'Eglise Cathedrale que je rapporteray au long au Chap. 9. où l'Empereur declare qu'il renonce en faveur de cette Eglise, tout ce que le droit du fisque pourroit exiger de ce qu'elle possedoit ou possederoit à l'advenir, et

a Epist. 21. — *b* Lib. 5. Hist. Gall. c. 37. — *c* Ut ipsorum Burdegalensium Clericorum fidelis relatio profert. l. de Gloria Confes. c. 45.

ce, pour la nourriture des pauvres, et l'entretien des Clercs qui estoient employez au service de Dieu, *In stipendia Clericorum ibidem Deo famulantium*. Ce Passage est formel, et se rend encores plus fort, de ce que l'Empereur dans les mesmes Lettres, appelle des Monasteres, les Eglises de S. Seurin et S. Romain de Blaye, qui estoient soubmis a l'Eglise Metropolitaine, ce qu'il ne dit point de cette derniere Eglise, appellant, CLERCS, les Chanoines lesquels y estoient immatriculez.

IV. L'institut des Chanoines n'estoit donc pas Monastique au temps de ces Empereurs, c'est à dire sur la fin du siecle 8me. et au commencement du 9me. Leur institut fust le mesmes jusqu'à l'année 1145. et la preuve indubitable de cette verité, se prend de l'accord passé cette année entre les Chanoines de l'Eglise de Bourdeaux, et l'Archevesque qui estoit pour lors, sur l'introduction de la Reigle de S. Augustin, qui se fist dans le Chapitre. Cét acte que nous rapporterons, enonce expressement que les Chanoines de cette Eglise estoient Clercs, *Clericos suos, sedis Burdegalensis Canonicos,* et qu'au lieu de ces Clercs l'Archevesque vouloit introduire des Chanoines Reguliers. Voila donc ce qu'ils furent jusqu'à l'année 1145. et ce qu'ils ont esté depuis l'année 1305. jusqu'à present, des Chanoines, Clercs, et non pas des Moines. Il ne reste qu'à montrer quel a esté leur institut entre les années 1145. et 1305. c'est à dire, l'espace de cent soixante ans, et voir si pour s'estre sousmis pendant ce temps à la Reigle de S. Augustin, ils s'appelloient des Moines, et leur Eglise un Monastere.

V. Il faut donc sçavoir qu'au commencement du siecle douziéme, la discipline Ecclesiastique s'estant un peu relaschée, on pensa d'introduire dans les Chapitres des Eglises Cathedrales, qui devoient estre comme le modele de toutes les autres Eglises, la Reigle de S. Augustin, concernant la vie et les mœurs des Ecclesiastiques, leur conversation et leurs emplois, ainsi qu'elle est exposée au Concile d'Aix la Chapelle tenu trois cens avant, sous Louis le Debonnaire. Les Papes, les Rois, et autres Souverains s'y interesserent : plusieurs Chapitres du Royaume la receurent, et Gaufridus III. Archevesque de Bourdeaux, l'ayant voulu faire observer dans son Eglise, y trouva au commencement beaucoup de resistance : s'agissant d'une telle innovation, qui a paru dans la suite des temps, n'estre point propre à la conduite des Eglises Cathedrales, quoy qu'elle l'ait peu estre en un autre temps. Enfin apres beaucoup de contestations, S. Bernard passant à Bourdeaux, avec le Cardinal Alberic Legat du S. Siege, l'union fut rétablie entre l'Archevesque et le Chapitre, et en leur presence et en presence des Evesques d'Agen, de Xaintes et de Bazas, le Chapitre consentit à l'introduction de cette reigle, qui les obligeoit de vivre et demeurer en commun, et à d'autres devoirs portez par cette reigle, ainsi qu'elle est rapportée au Concile que nous avons allegué[1].

VI. C'est l'institut auquel se soûmirent les Chanoines de l'Eglise de Bourdeaux, que le Roy Louis le Jeune confirma, que les Papes Alexandre III. Lucius III. Innocent III. et autres Papes authoriserent, et recommanderent au Chapitre, par plusieurs expresses constitutions, et que le Chapitre observa l'espace de 160. ans. Le Chapitre *Præterea* au

1. Au XIIIe siècle, le Chapitre de Saint-André de Bordeaux était classé parmi les communautés régulières auxquelles l'abbaye de *Saint-Père* de Chartres adressait des *lettres de part* appelées *rotuli* ou *rouleaux mortuaires* pour leur annoncer le trépas de quelqu'un de ses membres. A la mort de l'abbé Guy Ier, décédé le 6 des ides d'août 1231, le porteur du rouleau funèbre chargé de réclamer des prières en faveur de l'âme du vénérable défunt fut introduit dans le Chapitre; il étala son rouleau sur lequel le chanoine chantre écrivit, comme de coutume, la mention de l'absoute et des prières faites par le Chapitre pour le repos de l'âme de Guy; cette mention s'appelait titre *(titulus)*. Il était d'usage alors d'ajouter au *titulus* un éloge en vers du moine décédé. M. l'abbé Cottereau, curé de Magny, a

titre *de Præbendis et dignitatibus* aux Decretales, indique l'observation et profession que l'on faisoit de cette Reiglë, dans les Eglises de Bourdeaux et de Toulouse. A cause de cette Profession, les Chanoines commencerent de s'appeller des Chanoines Reguliers, non pas des Moines, si on ne veut appeller de la sorte les Ecclesiastiques qui vivent en communauté, dont nous en voyons à présent bon nombre dans le Royaume qui ne sont pas Moines, ny les maisons où ils demeurent ensemble, des Monasteres.

VII. Cette verité a esté enseignée par deux sçavants hommes de nostre Siecle : par M. de Marca au liv. 5. de l'histoire de Bearn, au ch. 10. Et par M. le Maistre en son traité intitulé, *Instauratio antiqui Episcoporum Principatus l. 3. c. 6.* qui distinguent fort bien entre les Moines et les Chanoines, qui pour avoir embrassé la Reigle de S. Augustin, commencerent d'estre appellés des Chanoines Reguliers : et montrent que l'institut de ceux-cy, n'estoit point un institut Monastique. La difference de ces deux instituts a esté suffisamment declarée au Concile desja allegué d'Aix la Chappelle, lequel quoy qu'il recommande aux Chanoines d'observer la reigle de S. Augustin, de vivre en commun, de se tenir dans leur Cloistre, et faire d'autres choses ausquelles cette Reigle obligeoit, aux Chap. 113. 115. 118. jusqu'au Ch. 125. les distingue neantmoins

communiqué récemment à la *Société Dunoise* un rouleau mortuaire sur parchemin annonçant aux religieux de Saint-André de Bordeaux le bienheureux trépas de l'abbé Guy. Nous y trouvons les vers suivants que les chanoines de Saint-André mirent au bas du *titre* funéraire :

Morti Guido datus, sed fama vivicatus
Abbas Carnoti notus fuit at bona noti.
Fama boni viri, verbum, protectio cleri,
Cordis sinceri, doctus charisma doceri
Carus erat caris, notis notissimus, unde
Carior effectus Christo, sed in æthera vectus.

(*Bulletin de la Société Dunoise*, t. III, p. 238. Châteaudun, 1881.)

d'avec les Moines, aux Ch. 67. 114. et 125. et ne donne point aux Chanoines le nom de Moines, mais de Clercs; comme avoit fait auparavant le Concile de Mayence, tenu sous le Pape Leon III. et l'Empereur Charlemagne, aux Ch. 9. 10. 11. et 12. La seule lecture de ces deux Conciles aux lieux alleguez, persuadera cette difference.

VIII. De cette difference declarée par les Conciles, il est assez facile d'inferer que les Chanoines de l'Eglise de Bourdeaux, ne furent point des Moines durant l'observation de la Reigle de S. Augustin, parce qu'en l'observant, ils ne faisoient qu'observer ce que ces Conciles avoient ordonné : *Que les Chanoines Clercs vécussent Canoniquement*[a], c'est à dire, suivant la Reigle : et si leur institut n'estoit pas un institut Monastique, au temps de ces Conciles qui le leur ordonnoit; il n'estoit pas plus Monastique, estant observé 300. ans apres, comme au temps de ces Conciles. Il eust fallu que de Lurbe dans sa Chronique, et Duplex dans son Histoire, eussent bien pesé cette doctrine, plûtost que de suivre Froissart et l'opinion du vulgaire, qui ont traité l'Eglise Saint André du nom d'Abbaye, et les Chanoines, du nom de Moines et de Religieux. C'est au 1. vol. de son Histoire, ou Froissart écrit au ch. 166. *Que le Prince de Galles amena le Roy Jean apres la Journée de Poitiers à l'Abbaye S. André, où ils se logerent tous deux*[a]. Duplex, s'est imaginé que l'Archevesché estoit cette Abbaye. De Lurbe, à creu que le Doyen estoit l'Abbé, et que le Pape Clement V. fist *l'Abbé de S. André Doyen, et les Religieux Chanoines,* ce sont les termes de sa Traduction, et ces Autheurs parlent comme le vulgaire parle, et sont fort éloignez de la verité.

IX. Il est assez clair que Froissart a parlé comme le vulgaire, car au temps que le Roy Jean fust à Bourdeaux, il y avoit 50. ans que le Pape Clement V. avoit remis les

a Ut Canonici Clerici Canonicè vivant, Mogunt. c. 9. — *b* En la vie du Roy Jean.

Chanoines dans l'estat où ils estoient avant la Reigle, et qu'il les avoit secularisez. Il n'y avoit donc point d'Abbaye de S. André en ce temps. Vray-semblablement, il aura donné ce nom au lieu où le Roy fust conduit, parce que c'estoit le lieu où les Chanoines autresfois avoient vécu en commun, mais en ce poinct comme en plusieurs autres, il a parlé fort grossierement. L'Abbaye de S. André est une Abbaye imaginaire, dont on ne trouvera point que jamais quelque Archevesque, ou quelqu'autre s'en soit qualifié, l'Abbé. C'est une fable de l'Historien Duplex, que le Palais Archiepiscopal ait esté une Abbaye, une fable de M. de Lurbe, que l'Abbé fust fait Doyen, et les Religieux, Chanoines; car mesme durant la Reigle, les Chanoines ont tousjours retenu le nom des Chanoines, et les Doyens, se sont tousjours appellez Doyens. Je rapporteray les exemples de quatre Doyens, Estienne, Geraud, Guillaume, et Pierre, qui n'ont pas pris d'autre nom, suivant les actes que j'enonceray dans les preuves de ce Chapitre. Celuy-cy est assez considerable, tiré d'un ancien Livre de l'Abbaye de Sainte Croix de cette Ville, ou dans quelque donation faite à cette Abbaye : Estienne Doyen, qui fust le Predecesseur de Geraud de Malemort Doyen, environ sur la fin du siécle 12. lors que la reigle estoit en sa vigueur, s'intitule, *Estienne par la grace de Dieu Doyen de l'Eglise de Bourdeaux.* Pour le nom d'Abbé, jamais les Papes recommandant au Chapitre l'observation de la Reigle, ne l'ont donné aux Doyens, et jamais les Doyens ne s'en sont appellez.

X. Apres avoir donc prouvé, que l'institut des Chanoines de l'Eglise Metropolitaine, n'a jamais esté Monastique, ny durant, ny avant la reception de la Reigle, moins apres qu'elle a cessé; il me reste à dire, avant de conclure ce Chapitre, que, comme les mesmes Reiglements ne sont pas tousjours propres pour toute sorte de temps, et que celuy qui est jugé convenable pour un siecle, n'est pas jugé convenable pour un autre : il est arrivé, que, si on avoit estimé autres-fois, que cette Reigle estoit necessaire aux Chapitres Cathedraux; on estima ensuite qu'il estoit necessaire de les en décharger, et pour ce sujet le Pape Clement V. qui avoit esté Chanoine de cette Eglise, donna une Bulle pour la Secularization des Chanoines, dans laquelle il énonce plusieurs raisons qui l'avoient obligé à les décharger de cette Reigle : comme l'usurpation des droits et biens de leur Eglise, par des personnes puissantes, que la foiblesse des Chanoines Reguliers, qui se trouvoient en petit nombre, ne pouvoit arrester : le relaschement de la Reigle, l'impossibilité de la rétablir sans beaucoup de scandales, veu que d'ailleurs, ny luy ny ses predecesseurs, n'avoient peu la faire observer dans toute sa perfection : et la difficulté qu'il y avoit à cause de l'attachement de cette Reigle, de trouver des personnes letrées, puissantes, et telles qu'il les falloit à une Eglise Metropolitaine, et tres-insigne pour[a] instruire les autres dans l'estude des Lettres, principallement de la Sainte Escriture, en ce qui touchoit le soin et la conduite des ames, comme aussi pour deffendre, et retirer les biens de l'Eglise qu'on vouloit usurper, ou qu'on avoit usurpez.

XI. Cette constitution du Pape, se devoit executer à la mort des Chanoines Reguliers qui vivoient pour lors en cette Eglise. Elle a esté executée, on a laissé la Reigle, mais on a conservé la memoire de saint Augustin, Autheur de cette Reigle, et le Chapitre en fait l'Office Solennel le jour de sa Feste avec Octave. Pour la Chappe Canoniale qu'on appelle encores l'habit de S. Augustin, que les Chanoines portent avec un Rochet au dessous, depuis les Vespres des Morts jusqu'à la Messe du Samedy Saint,

a In litterarum scientia. præsertim Sacræ Paginæ, et aliis que ad curam pertinent animarum.

apres la benediction des Fonts; elle n'est pas plus une marque de Regularité, que le sont les Capuchons qu'ont pris depuis peu, les Beneficiers de S. Michel de cette Ville, et que portent presque tous les Ecclesiastiques à Paris. Cette forme de vestement Ecclesiastique a esté commune aux Clercs, comme aux Religieux, ainsi que l'a montré le P. du Moulinet en son discours, sur les habits anciens et modernes des Chanoines, tant Seculiers que Reguliers, imprimé à Paris, l'an 1666. chez Simeon Piger.

I. Sicut indecens est ut arma militaria more Laïcorum gestent [*Canonici.*] Ita nimium inhonestum est et valde indecorum, ut alterius propositi indumenta sibi imponant. Habitus namque singulorum ordinum idcirco in Ecclesia ab invicem discreti sunt, ut his visis, cujus propositi sit gestans, vel. in qua professione Domino militet liquido cognoscatur. Valde indecorum est Canonicum vestem Monachicam induere, nisi tamen cum veste, etiam propositum voluerit assumere. *Aquis gran. Concil. sub Stephano V. et Ludov. Pio Imper. c. 125.*

III. Ipsam sedem quæ est in honorem Sancti Andreæ et Sancti Jacobi Apostolorum cum Monasteriis sibi subjectis quæ dicuntur Blavia, etc. nec non et Sancti Severini in Suburbio Civitatis etc. *Ex Tabulario Basilicæ municip. Vide infra ad Cap. 9.*

IV. Ego Petrus Dei gratia humilis Abbas sancti Romani de Blavia universis Ecclesiæ Christi fidelibus tam præsentibus quam futuris. Notum fieri volumus quoniam cum ex Mandato Romani Pontificis Domini Eugenii, Vener. Pater D. Aubericus Ostiensis Episcopus Sedis Apostolicæ Legatus et Dominus Bernardus Abbas Claræ vallis, multæque aliæ Religiosæ et honestæ personæ versus Tolosanas partes, ad expugnandos Hæreticos hæresimque extirpandam terræ illius proficiscerentur, per Aquitaniam transeuntes, pro pace inter Dominum Gaufrid. Vener. Burdegalensem Archiep. et Clericos suos Burdeg. sedis Canonicos reformanda, rogatu ejusdem Domini Archiepisc. Burdegalam usque descenderunt, ubi et nos conveneramus. Erat autem discordia gravis et maxima, quæ etiam per multum temporis duraverat inter eundem Dominum Archiepiscopum, et Clericos suos, pro eo quia idem Dominus Archiepiscopus in eadem sede Burdigal. Canonicos Regulares qui, in communi vita et secundum Beati Augustini Regulam ibi Domino inservirent, instituere volebat, juxta voluntatem et Mandatum Rom. Pontificum Domini Innocentii, Domini Lucii, concessione vero et assensu Domini Ludovici Illustris Regis Francorum et Ducis Aquitanorum, qui authoritate Privilegiorum suorum hoc confirmaverant. Quod cum quidam de ejusdem Ecclesiæ Canonicis concessissent, cæteri qui contradicebant pro inobedientia et contumacia sua ab eodem Domino Archiepiscopo et à prædictis Rom. Pontificibus excommunicati et à susceptis Ordinibus et Ecclesiasticis Beneficiis privati diu sub sententia manserant, resipiscere nolentes. Atque ob hanc eandem dissentionem idem Dominus Archiep. extra Urbem et Ecclesiam suam per quinquennium vel eo amplius fuerat : Ecclesia laborante et per tamtum temporis à divino vacante officio. Cum ergo ad Burdig. Ecclesiam in tanta desolatione positam præfatus D. Legatus et D. Clarævallis et aliæ Religiosæ et authenticæ personæ descendissent, ibique nobis cum ipsis assistentibus ut supradictum est, cum in manu Domini Clarævallis præfati Burdegalenses Clerici posuissent se executuros, quidquid super hoc illi statuerent, et hoc idem D. Archiepiscopus concessisset, cooperante divina gratia in hunc modum Pacis et concordiæ hinc inde convenerunt. Quod Clerici qui rebelles extiterant, Canonicatum Regularem in Ecclesia Beati Andreæ; in sede scilicet Burdigalensi deinceps in perpetuum habendum et conservandum communiter concesserunt hoc modo, quod singulis qui ejusdem Ecclesiæ Canonici superstites erant decedentibus, vel si mutatione vitæ seu quolibet alio modo præbendam quam in Ecclesia illa habebant omitterent, loco eorum Regulares substituerentur per manum Burdeg. Domini Archiepiscopi etc. Sed et cum de viginti quatuor, qui numerus solet esse Canonicorum Burdigalensis Ecclesiæ nunc ad præsens positis ibi quinque Regularibus cum novem Sæcularibus qui superstites erant, quatuordecim et non plures omnes essent ejusdem Ecclesiæ Canonici, donec vel post decessum sæcularium ut dictum est, vel in vita eorumdem si cum pace et assensu ipsorum fieri posset numerus ille adimpleatur. Nihilominus ab iisdem Clericis concessum fuit ut illi 5. Regulares si Domino Archiep. et iisdem regularibus videtur ad commune refectorium cum sæcularibus venirent communiter viventes, communiter servientes etc. Actum hoc atque firmatum in præsentia et in manu Domini legati et Domini Clarævallis, videntibus et audientibus Domino Raymundo Agennensi, Domino Bernardo Xantonensi, Domino Raymundo Vazatensi Epis. Fratribus quoque nostris Baudoino Castelionensi, Guidone Cari loci, Aymone Sancti Æmiliani Abbatibus etc. Ad memoriam et munimentum rei precibus utriusque partis hanc præsentem paginam exinde fieri, et sigilli nostri munimine firmari præcepimus. Fuit vero facta hæc concordia Burdegalæ in domo Domini Archiep. Anno ab Incarn. Domini M. C. XLV. VI. Non Jul. Ep. xxv. Rom. Pontifice Domino Eugenio Papa III. Ludovico Rege Francorum et Duce Aquitanorum, prædicto Domino Auberico Legationem in Regno Franciæ obtinente. *Ex Chartophil. Eccles. Burdig.*

V. Necesse est ut Claustra in quibus Clero sibi commisso Canonice vivendum est, firmis undique circumdent munitionibus, ut nulli omnino intrandi aut exeundi nisi per portam pateat aditus. Sint etiam interius dormitoria, refectoria, cellaria et cæteræ habitationes usibus Fratrum in una societate viventium necessariæ. *Concil. aquisgran. sup. C. 117.*

VI. Ludovicus Dei gratia Francorum Rex et Dux Aquitanorum P. Præposito. Proceribus terræ et universis civibus Burdegalæ civitatis Fidelibus nostris salutem et gratiam nostram. Regiæ dignitatis est rerum Ecclesiasticarum conservationi et earum desolationibus nostræ solicitudinis affectu consulere, et de propriis facultatibus earum inopiis subvenire. Nos vero Nobilis quondam et famosæ Burdegal. Ecclesiæ tam ex Seniorum relatione quam ex scripturarum antiquitate cognoscentes dignitatem, bonas ipsius institutiones deperisse, numerum fratrum pro tenuitate possessionum et facultatum imminutum esse, sed et ipsas possessiones nunc fere ad nihilum redactas esse nec sine admiratione condolemus. Proinde procerum et fidelium nostrorum, quin imo et Ecclesiasticarum personarum freti et usi consilio didicimus et in veritate comprehendimus, prædictam Ecclesiam, in eo in quo est statu in pristinam suam dignitatem et antiquarum possessionum integritatem, nullatenus posse reformati, nisi sub obtentu religionis et bonæ conversationis vitæ in melius commutatæ. Eapropter pro Dei amore, et sanctæ Ecclesiæ honore et pro remedio animæ nostræ et piissimi Patris nostri Ludovici, pro remedio quoque animæ antecessoris nostri Guillelmi Aquitanorum Ducis Regia authoritate statuimus, et futuris deinceps temporibus tenendum decernimus, ut in jam dicta Burdig. Episcopali sede, vita Canonica teneatur, et secundum B. Augustini Regulam de cætero inibi Deo deserviatur. Volumus autem ejusdem Ecclesiæ Canonicorum justitiam in hoc conservare, ut qui ex eis modo legitimi Canonici in eadem dignoscuntur Ecclesia, stipendia sua, et reditus suos Canoniæ suæ seu bonorum suorum Canonicè acquisitorum libere et quiete in tota vita sua possideant absque omni diminutione, nisi spontanea voluntate sua proprietates suas dimiserint, et ad regularem vitam se contulerint. Vestræ ergo dilectioni intimo animi affectu suggerimus præcipientes, ut mandatum hoc nostrum benigne suscipiatis. Fratres ibidem Domino regulariter servientes fraterno affectu custodiatis, nullam eis penitus molestiam inferentes, aut à quibuslibet eisdem inferri patientes. Porro sciat dilectio vestra quia vobis mandatum hoc nostrum observantibus volumus deferre, et cum dilectione vos honorare et Ecclesiam prædictam cum ad partes illas venerimus, Domino annuente, possessionibus et facultatibus ampliare. Contemptores vero seu transgressores hujus nostri mandati, gratiæ nostræ se sciant incurrisse. *Charta annexa prædictæ compositioni.*

VIII. Decrevimus ut Canonici Clerici Canonice vivant, observantes divinæ scripturæ doctrinam etc. Et ut simul manducent et dormiant ubi his facultas id faciendi suppetit, vel qui de rebus Ecclesiasticis stipendia accipiunt et in suo claustro maneant. etc. *Concil. Mogunt sub Leone. 3. cap. 9.*

IX. Invenimus Bonæ Memoriæ Stephanum Decanum et Capitulum Sti Andreæ convenisse. *In Litteris concordiæ inter Capitulum Sti Andreæ et Sti Severini, an. 1222.*

Guillelmus Dei gratia Burdig. Archiepiscopus etc. Factum publicè in pleno Capitulo dictæ Ecclesiæ *(Sti Andreæ)* Præsentibus Geraldo Decano, A. Medulcensi, B. Sarnensi, R. Blaviensi Archid. Philippo Cantore, B. Thesaurario. G. Sacrista Burd. P. Xantonensi. R. de Sto Michaele. G. de Bolin Magistro R. et R. VV. Canonicis Presbiteris etc. *Literæ donationis Stæ Eulaliæ de Bares an 1207.*

Quoniam frequens altercatio fiebat inter Canonicos Sti Andreæ et fratres Sylvæ majoris pro decimis partiendis quas utraque Ecclesia habet in Parochia de Banals etc. In hujusmodi concordiam in Manu Geraldi Decani Sti Andreæ in platea quæ est ante Ecclesiam B. Andreæ præfati Canonici et Fratres Sylvæ majoris convenerunt.

Anno Domini 1232, infra octavas Sti Michaelis recognovit Dominus Petrus de Burdegala Miles præsente et concedente filio suo. P. Domicello se tenere quatuor domos feudaliter à Capitulo Sti Andreæ apud Areas, et investitus fuit à Guillelmo Decano, præsentibus Magistro P. Martini Sacrista, Guillelmo de Ludedon, Fortone de Sta Helena, Magistro Helia, Bosone, Guillelmo de Viridario etc. Canonicis.

Noverint universi. etc. Actum in manu Petri Decani an. 1233. testes. R. Leonis Cantor. A. Thesaurarius etc. *Hæc omnia et plura alia instrumenta similia continentur in Libro dicto vill. Tabul. Burdig.*

X. Clemens etc. Attendentes quod dicta Ecclesia propter defectum et impotentiam Canonicorum Regularium in ipsa Ecclesia existentium circa bona et jura ipsius, gravia recepit hactenus et adhuc recipit nocumenta, cum nonnulli per suam potentiam illa occupaverint et invaserint et occupent et invadant, et alias de decimis et reditibus ac aliis juribus dictæ Ecclesiæ debitis non respondeant, nec ipsa occupata restituant ut tenentur eidem, quæ quidem omnia possent contingere etiam in futurum etc. Ac indubitanter credentes quod si ex nostræ providentiæ studio de regulari fiat ipsa Ecclesia sæcularis personæ hujusmodi facilius poterunt reperiri; et quod exinde honoris et commodi eidem Ecclesiæ proveniet non modicum incrementum, et salubrius poterit in spiritualibus et temporalibus gubernari, ac in prædictis bonis et juribus manuteneri utiliter et deffendi, horum et etiam aliorum quæ rationabiliter animum nostrum movent consideratione ducti, de Fratrum nostrorum consilio Apostolica authoritate præfatam Burdegalensem Ecclesiam perpetuo constituimus sæcularem, ac de cætero Canonicos instituendos in ea fore volumus sæculares, decernentes ex nunc eadem authoritate, ipsos ad regulam Sti Augustini, in habitu, professione, et aliis observandam non adstringi et ad observantias regulares, disciplinam et statuta ejusdem regulæ et ordinis vel alio quolibet regularis status in aliquo non teneri. etc. *Bulla Papæ Clementis V. cum plumbo, data. Pesaci. V. id Nov. Pontif. an. 1. in chartophil. Eccles. Burdig.*

CHAPITRE V

La Jurisdiction Ecclesiastique du Chapitre.

Apres avoir veu quel estoit le Corps du Chapitre, c'est une suitte de parler de ses droits, et des prerogatives qui luy viennent, ou de la concession des Souverains Pontifes, ou de la Grace des Roys, ou des biensfaits des particuliers, ou de la Dignité de l'Eglise, ou d'une possession immemoriale. Je commence par un des plus beaux de ses Droits, et qui luy est plus à cœur, c'est la Jurisdiction Ecclesiastique. Touchant laquelle il est vray qu'originairement le Chapitre de l'Eglise de Bourdeaux, ainsi que tous les autres Chapitres, estoit soubmis, et le fut long temps apres, à la Jurisdiction des Evesques. C'estoient les Evesques qui estoient les Superieurs, et des Ecclesiastiques et des Moines, de quelque Ordre, et de quelque condition qu'ils fussent, et cette verité est patente dans tous les anciens Canons. Toutesfois nonobstant la dependance du Chapitre Metropolitain, de son Archevesque, il y avoit plusieurs chefs dans lesquels, suyvant les Constitutions Canoniques, les Archevesques ne pouvoient agir ny rien ordonner sans l'avis et consentement du Chapitre[1].

1. Nous avons dit que, dans la cathédrale, le Chapitre entendait « commander », même en présence du cardinal de Sourdis pontifiant. Il disposait du trésor et du mobilier de l'église; il fixait la place de chacun, même celle de l'Archevêque, et décidait quelle mître Monseigneur devait prendre en telle ou telle occasion, etc. Nous en trouvons la preuve dans le *Regist. capit.*, G. 347 :

Le 24 juillet 1467, l'Archevêque demanda au Chapitre son consentement pour aller bénir l'abbé de Guîtres et d'autres abbés à Libourne ou dans

II. S'il. s'agissoit de condamner des Chanoines, ou de prononcer contre les Eglises dependantes du Chapitre, l'Archevesque ne le pouvoit faire sans cause evidente et raisonnable sans y garder l'ordre judiciaire, ny apres une appellation legitime, ny hors de l'Assemblée Capitulaire. C'est ainsi que le reglerent les Evesques d'Agen et de Xaintes, comme je l'ay dit en la vie de l'Archevesque Helies de Malemort, l'an 1195. et l'Archevesque estant absent, il n'appartenoit qu'au Chapitre, de connoistre des causes des Chanoines, et non à son Official. Le Chapitre jouïssoit d'autres libertés et immunités, comme le declara le Pape Martin V. dont je rapporteray la Bulle, et ce conformement aux Bulles des Papes ses predecesseurs.

III. Il demeura soubmis de la sorte à la Jurisdiction de l'Archevesque, jusqu'a l'année 1458. bien tost apres la mort de Pierre Berland, et soubs l'Archevesque Blaise de Grele, auquel temps le Pape Pie II. luy accorda la grace d'une exemption fort ample, achevant en sa faveur ce qu'avoient commencé ses predecesseurs. Il declare dans la

une autre ville du diocèse. Le Chapitre accorde et décide que l'Archevêque aura le bâton pastoral et la mître qui vient après la plus belle, à la charge de la remettre en bon état.

En 1611 *(ibid.)* le Chapitre prête au Cardinal le livre recouvert de tresses d'argent, dans lequel est contenu le serment que doivent prêter le gouverneur et le maire de la ville.

Il faut rendre cette justice au Chapitre qu'il prenait un soin scrupuleux du matériel de l'église depuis « les chandelles d'enterrement, qu'il défendait aux aumôniers du Cardinal d'emporter » (*Regist. capit.*, G. 285), jusqu'au trésor et aux joyaux capitulaires qu'il faisait enfouir dans une chapelle, « de peur que les hommes d'armes du roi de France ou du duc d'Aquitaine ne les emportassent (*Regist. capit.*, an. 1472), et aux « grandes cloches » qu'il ne permettait de sonner que moyennant « caution ». On lit, en effet, dans le *Regist. capitul.*, G. 286, f° 15 :

Les grandes cloches seront sonnées pour le service du quatrième président; mais le chanoine de Lachassaigne demande une caution pour le cas où les cloches seraient rompues, auquel cas les chanoines qui ont donné l'autorisation de les sonner seraient déclarés responsables.

Bulle[1] donnée sur ce subject (que nous rapporterons) les motifs qui l'obligerent à l'octroy de cette grace, et designe les Ecclesiastiques qui en jouyroient, sur lesquels il donne toute Jurisdiction au Chapitre, avec le pouvoir d'user de toutes les Censures necessaires, sans que l'Archevesque en puisse connoistre, ny luy ny ses Officiaux. La mesme Bulle confirme aux Chanoines la liberté de tester, et le pouvoir de faire executer les Testamens des deffuncts, et ce qui est considerable, elle les dispense par expres de resider aux Benefices qu'ils pourroient avoir pendant qu'ils serviroient leurs Chanoinies. Cette Bulle fut attaquée à mesme temps qu'elle parut. Le Chapitre fut appellé au Parlement de Paris, où apres une grande discussion, le Procureur General qui s'y monstra fort contraire, estant ouy, la Bulle fut confirmée par un Arrest solemnel le 20. de Mars 1461. et l'execution de l'Arrest fut commise par des Lettres Patentes du Roy à Estienne Maleret Lieutenant du grand Seneschal de Guyenne, à qui ces Lettres ou l'Arrest est raporté, furent presentées le 19. de May l'an 1462. et il en fit l'exécution le 24. du mesme mois avec les formalitez ordinaires. Nous en avons tous les Actes dedans nos Archives.

IV. Il n'est pas besoin de rapporter les autres Arrets contradictoires que le Chapitre a obtenus, sur tout au Grand Conseil : toutes les fois qu'on a voulu attaquer cette Bulle d'exemption, le Chapitre y a tousjours esté maintenu dans ce beau droit, et en jouit aujourd'huy fort paisiblement[2], et en consequence de ce droit, il ordonne et fait

1. Voir ci-dessus, p. 319. — Le manuscrit de la bulle de Pie II se trouve aux *Archiv. départ.*, G., *Actes capit.*, 271. — D. Devienne (*op, cit.*, 2e part., p. 81) en donne la traduction.

2. Il n'en était plus de même au XVIIIe siècle, sous l'épiscopat de Mgr de Lussan. Cet Archevêque, comme on l'a vu pour l'affaire d'Ambarès (p. 405), tendait à s'affranchir de l'ingérence du Chapitre dans les affaires de l'administration diocésaine. Le 18 août 1769,

faire la visite de l'Eglise, il establit des reglemens, suivant les occasions qui se presentent, il nomme un Official et un Promoteur pour exercer à son nom la Jurisdiction sur les personnes qui en dependent, conformement à la Bulle, à la reserve des Chanoines, et des Dignitez que le Chapitre juge estant assemblé, l'instruction prealable estant faite par l'Official, et un Chanoine adjoint nommé par le Chapitre. Il appelle encores toutes les personnes dependantes de sa Jurisdiction, tant ceux qui sont du corps du Chapitre que les autres, le haut et le bas Chœur, les Curés ou Vicaires perpetuels de cette Ville, et de son detroit, pour assister aux Chapitres Generaux qui se tiennent à la feste de S. Barnabé, et à la Toussaincts, où ils entendent de la bouche du Doyen, ou de celuy qui preside au Chapitre une exhortation qu'il leur fait pour s'aquiter dignement des obligations de leur ministere.

profitant des rapports d'amitié qu'il entretenait avec le secrétaire d'État et avec le cardinal de Bernis, ambassadeur de France à Rome, il pria ce dernier de s'informer s'il avait « lieu d'espérer que Sa Sainteté voulût bien révoquer la bulle de Pie II ». (Voir une copie de la lettre de l'Archevêque aux *Archiv. départ.*, G., Archev. 235.) Le 20 septembre suivant, le cardinal de Bernis répondait : « Mon très cher seigneur... j'ai tout lieu de croire que vous réussirez... » *(Archiv. départ., ibid.)* Au préalable, Mgr de Lussan avait écrit à tous ses collègues de la province pour leur demander s'ils avaient juridiction sur leurs Chapitres respectifs ; tous les neuf, à l'exception de ceux de Poitiers et de Saintes, répondirent affirmativement. Cependant, le vieil évêque de Périgueux, Mgr de Prémeaux, qui, à la mort de Mgr de Maniban, avait refusé de lui succéder sur le siège métropolitain, ne partageait pas les illusions du cardinal de Bernis au sujet de la possibilité d'obtenir du Pape la révocation de la bulle. On en jugera par la lettre suivante, dont l'original se garde aux *Archiv. départ.*, G., Archev. 235 :

« A Château-l'Évêque, le 20 septembre 1769.

» Monseigneur,

» Je vous aurais envoyé dès il y a huit jours le certificat ci-joint, » que vous desirez, si je n'avais été en tournée de visite pour » donner la confirmation.

V. Ces Chapitres Generaux durent trois jours, le Chapitre n'en tenoit qu'un, à la feste de S. Barnabé, avant la concession de cette Bulle, mais de temps en temps on le prolongeoit durant un et deux mois, suivant la necessité des affaires occurrentes. On y traite des choses Spirituelles concernant le service de Dieu, et l'honneur de l'Eglise, aussi bien que des choses temporelles. Le President du Chapitre les ouvre par un discours de pieté qu'il fait aux seuls Chanoines Capitulans, apres avoir tous entendu une Messe solemnelle du S. Esprit, le premier jour qu'ils se tiennent. Outre ces Chapitres Generaux, il s'en tient deux ordinaires le Mardy et le Jeudi, toutes les semaines, pourveu que ces jours ne soient les jours de quelque feste. On n'avoit accoustumé d'en tenir, que les Jeudis, mais comme une Assemblée à un seul jour de la semaine n'estoit pas suffisante pour y traiter toutes les affaires qui surve-

» Du temps de Louis XIV on obtenait sans peine le renversement » des prétentions des Chapitres qui se disaient exemts de la juridic- » tion episcopale ; aujourd'huy il souffle un vent si orageux contre les » Eveques et leurs entreprises les plus justes qu'il faut s'attendre a » bien des contradictions et des difficultés infinies pour se faire » rendre justice, si tant est que l'on puisse y parvenir.

» Mais esperez-vous, Monseigneur, qu'à Rome on voudra revo- » quer la bulle du Pape qui a declaré votre Chapitre exemt? Et » supposé que vous obteniez une bulle de revocation, comment en » ferez vous usage sans que le Parlement l'ait auparavant verifiée? » Je vous vois dans bien des embarras, Monseigneur..................

» Portez vous bien toujours, Monseigneur, et que la melancholie » ne se joigne point à la plaidoyrie, ainsi le souhaite bien sincere- » ment celui qui a l'honneur d'être avec le plus inviolable et son » respectueux devoüement, votre tres humble et tres obeissant » serviteur.

» J.-C., *Evêque de Periguëux.* »

Le souhait renfermait un excellent conseil. Peut-être Mgr de Lussan eut-il le tort de ne le point goûter, au risque de voir « la melancholie se joindre à la plaidoyrie », si bien qu'ayant continué la guerre contre l'antique privilège de son Chapitre, il mourut subitement quelques semaines après (15 novembre 1769).

noient dans le cours de la semaine, on adjousta le Mardy au Jeudy par un Ordonnance d'un Chapitre General, le 12. de Juin 1410. qui portoit qu'il se tiendroit à l'advenir deux Chapitres[a] dans la semaine, ce qui a continué de se pratiquer jusqu'à present.

II. Martinus Episcopus servus servorum Dei Dilectis filiis Decano et Capitulo Ecclesiæ Burdig. salutem et aplicam ben. cum à nobis petitur quod justum est et honestum, tam vigor æquitatis quam ordo exigit rationis ut id per solicitudinem officii nostri ad debitum perducamus effectum; eapropter Dilecti in Domino filii vestris justis postulationibus grato concurrentes assensu, omnes libertates et immunitates à prædecessoribus nostris Romanis Pontificibus sive per privilegia, sive per alias indulgentias vobis et Ecclesiæ vestræ Burdigalensi prædictæ concessas, nec non libertates et exemptiones sæcularium exactionum à Regibus, principibus vel aliis Christi fidelibus rationabiliter vobis, et eidem Ecclesiæ vestræ indultas, sicut eas justè et pacificè possidetis, vobis, et per vos eidem Ecclesiæ vestræ authoritate Apostolica confirmamus et præsentis scripti Patrocinio communivimus. Nulli ergo hominum liceat, hanc paginam nostræ confirmationis et communitionis infringere, vel ei ausu temerario contraire. Siquis autem hoc attentare præsumpserit, indignationem omnipotentis Dei et B. Petri et Pauli Apostolorum ejus se noverit incursurum. Datum Florentiæ VII. Id. Aug. Pontif. nostri anno 2. *Bulla cum Plumbo appens in Chartop. Eccles. Burdig.*

BULLA PII II.

III. Pius Episcopus servus servorum Dei ad perpetuam rei Memoriam. Romana Ecclesia quam Dominus noster Jesus Christus author pietatis instituit, circa status quarumlibet Ecclesiarum et precipuè Metropolitanarum et Collegiatarum prospere dirigendarum libenter intendit, et ne personæ in eis institutæ indebitis molestiis agitentur, prout rerum et temporum qualitate pensata congruere conspicit, providet oportunè. Cum itaque sicut accepimus inter venerabilem fratrem nostrum Blasium Archiepiscopum Burdig. ex una, et dilectos Filios Majoris et Sti. Severini Burdigal. Ecclesiarum Decanos et Capitula, nec non Priorem et Collegiatos pauperum scolarium collegii Sti. Raphaelis Burdigal. partibus ex altera, de et super Visitatione, ac nonnullorum beneficiorum collatione, nec non solutione sigilli, habituque Canonicali, et loco in choro, nec non hæreditate bonorum quondam Petri[b] Archiepiscopi Burdigalensis Prædecessoris sui, ac facultate testandi, qua Decani et Capitula hujusmodi tam ex compositione quam de consuetudine hactenus usi fuerant, aliisque articulis et gravaminibus quæ in appellationibus ad nos et sedem Apostolicam per eosdem Decanos et Capitula interpositis latius exprimuntur gravis fuerit materia questionis exorta, et adhuc pendet indecisa, ipseque Archiepiscopus propterea vehementi contra ipsos Decanos, et singulares personas earundem Ecclesiarum, nec non Priorem et Collegiatos odio et rancore commotus, majorem in futurum dissentionis materiam suscitare moliatur, ex qua Ecclesiæ et Collegium hujusmodi multa verisimiliter patientur

a Fierent duo Capitula in septimana. *Regist. illius ann.*
b Pierre Berland.

detrimenta, nisi per Sedis Apostolicæ providentiam de remedio super hoc oportuno consulatur. Nos igitur ad quos pertinet super his adhibere vigilantiæ curas, attendentes quod ipsa Ecclesia Major insignis admodum et vetusta ac in Ducatu Aquitaniæ principalior ac notabilior, ac Sedi Apostolicæ immediate subjecta existit, prædictaque sancti Severini Ecclesia etiam egregia et decora reputatur, et in eadem multa corpora Sanctorum requiescunt et præsertim Sti Severini, quodque prædicti Decani et Capitula eidem Ecclesiæ Romanæ prædictæque sedi semper fideles ac devoti fuerunt et existunt, multorum Pontificum Romanorum prædecessorum nostrorum et maximè Clementis VII. qui per exemptionis privilegium Ecclesiæ Bituricensis indemnitati providit, vestigiis inhærendo, et etiam plenarie informati, quod quam plura Capitula tam Metropolitanarum, quam Cathedralium Ecclesiarum et præcipue Bituricensis et Turonensis Metropolitanarum, ac Aginnensis, Santonensis, Pictaviensis, Maleacensis, Lucionensis, Engolismensis, Petrachoricencis, Sarlatensis, et Condomiensis Cathedralium, præfatæque Ecclesiæ Burdigal. suffraganearum, ab omni ordinaria Jurisdictione Archiepiscoporum et Episcoporum exempta esse perhibentur : ac dignum imo debitum esse censentes, quod ipsorum Decanorum, Capitulorum, nec non Prioris et Collegiatorum prædictorum indemnitatibus ex benignitate Apostolica provideatur, ut demum sub ipsius Ecclesiæ Romanæ patrocinio constituti, ad tuitionem jurium Ecclesiasticorum liberius intendant, et divini cultus augmentum, in pace degentes attentius valeant procurare, ipsique Prior et Collegiati avidius studium frequentare, statumque causæ et tenoris appellationum hujusmodi præsentibus pro expressis habentes de nostra mera libertate, et de consilio et consensu venerab. Fratrum nostrorum S. R. E. Cardinalium ad laudem omnipotentis Dei, et honorem B. Andreæ Apostoli ejusdem Majoris Ecclesiæ Burdig. Patroni, et pro felici cujuslibet Ecclesiarum et Collegii gubernatione Decanos er Capitula singularesque Canonicos ipsarum Ecclesiarum et personas, Dignitates, Personatus, vel Officia, vel alia officia curata vel non curata obtinentes in eisdem, nec non Priorem et Collegiatos prædictos ac familiares ipsorum continuos commensales, nec non Vicarios perpetuos seu Capellanos Ecclesiarum Parochialium et Priores sive Hospitalarios Hospitalium ab ipsis Ecclesiis dependentium aut mensis Capitulorum et dignitatibus et personatibus ipsarum Ecclesiarum unitarum in civitate et Diæcesi Burdigalensi et alibi existentium, ac Capellanos Capellaniarum in eisdem fundatarum, aut in illis deserviendarum, Chorarios quoque præbendatos nuncupatos, in ipsis et pueros chori aliosque servitores Ecclesiarum et Collegii prædicti eisque servientes, etiam si ipsi vel eorum aliqui Parochiales Ecclesias, quarum Collatio, Institutio, præsentatio, seu quavis alia dispositio ad dictos Decanos et Capitula seu alias personas dictarum Ecclesiarum communiter vel divisim pertinent, obtineant, præsentes et posteros ipsasque Ecclesias et Collegium, nec non Salvitates, claustra et domos Canonicales ipsorum Decanorum et Capitulorum et Canonicorum et aliorum prædictorum : nec non Collegium prædictum in dictis salvitatibus vel extra consistentes, ab omni visitatione, Jurisdictione, potestate et dominio prædicti Archiep, Burdeg. ac suorum successorum Archiepiscoporum Burdig. pro tempore existentium, nec non quorumlibet aliorum ordinariorum judicum, officialium suorum præsentium et futurorum de Apostolicæ potestatis plenitudine, et ex nostra certa scientia authoritate Apostolica, tenore præsentium prorsus eximimus et totaliter liberamus, ac easdem Ecclesias, Decanos, Capitula, et Collegium, nec non personas ac alia supradicta, eidem sedi immediate dumtaxat, et in perpetuum volumus et tenore præsentium decernimus fore et esse subjecta. Itaque quod dicti Archiepiscopi et successores vel alii ordinarii judices seu eorum officiales seu judices etiam ratione delicti aut contractûs vel rei de qua ageretur, ubicumque committatur delictum, ineatur contractus, aut res ipsa consistat, non possint in dictis Ecclesiis, salvitatibus, claustris, Domibus et habitationibus, Collegio, nec non alibi contra dictos Decanos, Canonicos, Priorem et Collegiatos, personas, familiares, Vicarios, Præbendatos, Beneficiatos, Capellanos, Priores, sive Hospitalarios, Pueros, ac servitores prædictos, vel eorum aliquem, excommunicationis, suspensionis vel interdicti sententias promulgare, aut visitationis officium, legem et censuram, Jurisdictionem potestatem aut dominium quomodolibet exercere, seu procurationem exigere ab eisdem. Iidemque Decani, Capitula Canonici, Prior, Collegiati, et alii prædicti alias dignitates, personatus, administrationes, officia, Parochiales Ecclesias, aut earum perpetuas Vicarias, aut alia quæcumque beneficia Ecclesiastica obtinentes residendo personaliter respectivè in Ecclesiis et collegio prædictis, non teneantur in aliis beneficiis personaliter residere, nec ad id per Archiepiscopum aut quemvis alium compelli possint inviti, quos nos tenore præsentium tanquam præsentes esse censemus. Et nihilominus fructus, reditus et proventus ipsorum beneficiorum cum ea integritate percipiant, cum qua illos perciperent, si personaliter in dictis Ecclesiis seu Beneficiis residerent. Voluimus insuper et statuimus quod inquisitio correctio et punitio criminum et excessuum quæ per Canonicos, Priorem et Collegiatos, et personas, familiares, Vicarios, Capellanos, Prebendatos, priores, sive hospitalarios, pueros, et servitores earundem Ecclesiarum prædictos pro tempore committi contigerit, nec non omnimoda Jurisdictio et Censura Ecclesiastica in eos et eorum singulos ac salvitatibus claustris et domibus supradictis, ac etiam Collegium ac Priorem et collegiatos præfatos ac Decanos et Capitula ejusmodi etiam respective et in absentia Decanorum aut Decanatibus ipsarum Eclesiarum vacantibus, ac etiam inquisitio, correctio et punitio criminum et excessuum Decanorum præfatorum ac omnimoda Jurisdictio in eosdem ad Capitula dumtaxat hujusmodi pertineat pleno jure, quodque iidem Decani et Capitula, ac, Decanis alias absentibus vel decanatibus vacantibus Capitula hujusmodi omnimodam Jurisdictionem Ecclesiasticam authoritate Apostolica in singulis Ecclesiis prædictis excercere, et super iis etiam judices deputare sive officiales possint et debeant. Præterea statuimus et ordinamus quod testamentorum sive ultimarum voluntatum Canonicorum, et omnium et singulorum aliorum prædictorum, et executio ipsorum, ad præfatos Decanos et Capitula respectivè simili modo, pertineant. Quibus etiam Decanis et Capitulis et aliis singulis supradictis testandi liberè, serie præsentium concedimus facultatem, quodque ab ipsis Decanis et Capitulis communiter vel divisim seu Judicibus Officialibus per ipsos deputatis etiam communiter vel divisim, nisi ad sedem Apostolicam, nequeat appellari, districtius inhibentes eidem Archiepiscopo et successoribus ac Ordinariis judicibus, et eorum Officialibus et quibusvis aliis communiter vel divisim, nec ipsi seu eorum alter contra tenorem Exemptionis, liberationis, subjectionis, voluntatis et Constitutionis hujusmodi aliquid attentare præsumant. Ac decernentes, omnes et singulos processus, sententias, censuras, et pœnas quos et quas per Archiep. Judices ordinarios et Officiales prædictos seu quoscumque alios contra tenorem præsentium forsan haberi vel promulgari, nec non totum, et quidquid secus à quoquam quavis authoritate scienter vel ignoranter attentari contigerit, irrita et inania, nulliusque existere roboris et momenti. Et nihilominus Venerabilibus Fratribus nostris Archiep. Tolosano, et Adurensi ac Vazatensi Episcopis, per Apostolica scripta mandamus quatenus ipsi vel duo vel unus eorum per se vel alium seu alios præmissa omnia et singula, ubi et quando expedire viderint solemniter publicantes, ipsisque Decanis, Capitulis, Priori, et aliis personis supradictis efficacis defensionis præsidio assistentes, non permittant eos vel aliquid ipsorum contra tenorem præsentium litterarum quomodolibet molestari, aut eis injurias vel offensas irrogari, molestantes nec non contradictores quoslibet et rebelles cujuscumque Dignitatis etiam Archiepiscopalis status, gradus, ordinis vel conditionis fuerint, per excommunicationis, suspensionis et interdicti, aliasque Ecclesiasticas sententias, censuras et pœnas, et alia opportuna juris remedia, sublato cujusvis appellationis, vel diffugii obstaculo compescentes, invocato ad hoc si opus fuerit auxilio brachii sæcularis. Nonobstante Constitutione felicis recordationis Innocentii Papæ IV. Prædecessoris nostri, quæ incipit, Volentes, et aliis Constitutionibus Apostolicis contrariis nonobstantibus quibuscumque, etiam si aliquibus communiter vel divisim ab eadem sit Sede indultum, quod interdici, suspendi, vel excommunicari non possunt per literas Apostolicas non facientes plenam et expressam ac de verbo ad verbum de indulto hujusmodi mentionem. Volumus autem et decernimus, quod singuli Decani, Capitula, et Collegium hujusmodi in signum exemptionis prædictæ decem florenos auri de Camera singulis annis in festivitate B. Petri et Pauli Apostolorum præfatæ sedi seu Cameræ Apostolicæ solvere debeant et teneantur, et si in hujusmodi solutione per tres integros annos defecerint, Præsentes[a] literæ nullius sint roboris vel momenti. Nulli ergo hominum liceat hanc Paginam nostræ exemptionis, liberationis, voluntatis, constitutionis, statuti, ordinationis, inhibitionis et decreti infringere, vel ei ausu temerario contraire. Si quis autem hoc attentare præsumpserit, omnipotentis Dei, et B. Petri et Pauli Apostolorum ejus indignationem se noverit incursurum. Datum Senis, anno Incarnationis Dominicæ Millesimo quadringentesimo quinquagesimo octavo, V. Kal. Mart. Pontif. nostri anno 1°.

a Hæc clausula non habet locum in Gallia, nec fuit judicata essentialis.

CHAPITRE VI

Le Droict du Chapitre, pour la Collation des Benefices qui en dependent.

LE Droict de Collation appartient, ou à tout le Chapitre en corps, ou aux Chanoines particuliers lors qu'ils son en Semaine, au nom du Chapitre. La Collation du Doyenné et des Chanoinies appartient à tout le Chapitre en Corps, qui élit en conferant, et confere en élisant, apres les formalitez accoûtumées et prescrites par les Saints Canons. C'est un Droit dont il a toûjours joui, mesmes au temps qu'il observoit la Regle de S. Augustin, comme le declara en termes expres le Pape Lucius III. l'an 1181. le 15. de Decembre dans une Bulle souscrite de treize Cardinaux, et le Pape Gregoire IX. maintint le Chapitre en cette possession d'élire aux Chanoinies vacantes, le 12. d'Aoust 1228. et ce, sans aucune restriction, j'en rapporteray la Bulle au chapitre neufiéme. Tellement que le Chapitre est et a toûjours esté le Collateur ordinaire de toutes les Chanoinies, par un Droict qui luy est naturel, et il ne se peut faire aucune permutation de ces Chanoinies, sous quelque pretexte que ce soit, qu'avec le consentement du Chapitre, qui estant legitimement appellé, a coûtume de commettre deux Chanoines, pour assister et souscrire à la permutation que l'on veut faire. Et c'est surquoy il s'est donné divers Arrests des Cours Souveraines, qui ont conservé le Chapitre dans ce Droict, et c'est ainsi qu'il se pratiquoit anciennement, et l'Archevesque Helies reconnût ce Droit du Chapitre, dans une composition qu'ils firent ensemble le 3. d'Avril 1378. C'est ce qui se pratique maintenant, non seulement dans la permutation des Chanoinies, mais encores des autres Benefices qui sont à la Collation du Chapitre : et le Chapitre y a esté maintenu par un Arrest du Grand Conseil de l'année 1644. Ces instrumens sont aux Archives du Chapitre.

II. C'est aussi tout le Chapitre en Corps qui confere les quatre Chanoinies Semi-prebendes, à des Prestres experts en Musique, suivant la teneur de la Bulle de leur Erection, suivant laquelle il ne leur est pas permis de s'en deffaire qu'entre les mains du Chapitre. Pour la Collation des huict Prebendes du bas Chœur, elle se faisoit autresfois par les Chanoines particuliers qui les conferoient chacun en sa Semaine quand elles vacquoient : mais pour des raisons tres pertinentes, sur tout afin de mieux pourvoir au Service de l'Eglise; le Chapitre a rapellé à soy le pouvoir qu'il avoit commis aux particuliers, et les Prebendiers s'élisent maintenant à la pluralité des suffrages, comme les Chanoines Semi-prebendés.

III. Outre le droit ordinaire de conferer le Doyenné, les Chanoinies, et les Prebendes, le Chapitre a un semblable droit pour la Collation des Cures ou Vicairies perpetuelles, tant de la ville que de la campagne, qui en dependent. Le Pape Gregoire IX. dans sa Bulle déja alleguée, fait une Declaration de ce droit, d'où il paroist qu'il est fort ancien, et il fut solemnellement confirmé par un Arrest des Grands Jours du 2. Novemb. 1459. à Bourdeaux, signé de Vic, par lequel le Chapitre fut maintenu dans le droit de Collation des Cures dependantes. La Collation de ces Cures ou Vicairies perpetuelles quand elles vaquent, appartient au Chanoine qui se trouve en son rang de Semaine, qui les confere au nom du Chapitre, et en fait Tiltre, *pleno jure*, sans que les pourveus ayent besoing d'aucune autre provision, et soient subjets à pas un autre devoir, que de se presenter au Chapitre, auquel ils promettent obeissance, et jurent de garder en tout et par tout son exemption.

IV. Ces Cures ou Vicairies perpetuelles sont dans la ville. Les Cures de S. Pierre, de Ste Colombe, de S. Simeon, de S. Eloy, de S. Project, et de Ste Eulalie. Le Cardinal de Sourdis donna à la Congregation des Prestres Hybernois, le Chapitre y consentant, l'Eglise de Nostre Dame de la Place, apresent appellée de S. Eutrope, où il y avoit autrefois un Chapelain, ou Vicaire perpetuel : et sous le mesme, et par le mesme Cardinal, se fist l'union de la Cure de S. Paul, à celle de S. Christophle, le 25. de Septembre l'an 1606. du consentement du Chapitre Metropolitain, duquel dépend la premiere, et du Chapitre S. Seurin, duquel dépendoit la seconde, et les principaux Articles accordés entre les deux Chapitres, pour l'effet de cette union, furent, que la Collation de cette Vicairie perpetuelle de S. Christophle, appartiendroit alternativement aux deux Chapitres, et que Messieurs de l'Eglise Metropolitaine commenceroient, soit qu'elle vaquast par mort, soit par demission, sans que les provisions qui s'obtiendroient en Cour de Rome, ou la permutation qui s'en pourroit faire entre les mains de l'Archevesque, remplissent le tour de celuy des deux Chapitres qui seroient en rang : et neantmoins, pour voir admettre la permutation, que les deux Chapitres seroient appellés. Pour les droits honorifiques, ils furent partagés aux deux Chapitres, pour leur estre rendus alternativement toutes les années : Et pour la Jurisdiction sur le Curé, qu'elle appartiendroit aux deux Chapitres, mais qu'elle seroit exercée par prevention par leurs Officiaux : pourroit neantmoins le Curé estre mandé aux Chapitres Generaux ou ordinaires des Eglises S. André et S. Seurin, lors que les deux Chapitres ou l'un deux le jugeroient à propos. Et c'est ce qui s'observe presentement.

V. Les Cures principales de la campagne sont Ste Eulalie de Barés ou d'Embarés entre deux Mers. S. Vivien et S. Pierre de Vensac en Medoc, S. Martin de Cabanac, et Villagreins dans le Cernés, et S. Nicolas de Graves au Fauxbourg S. Julien; et à ces Cures ou Vicairies perpetuelles, il faut joindre le Prieuré Hospitalier de S. Julien, proche du Fauxbourg de ce nom, et un grand nombre de Chapelles, comme de Garsias de la Fite, Rainulphe de Blojac, Geraud de Cantalaude, Pierre de Calonges, Geraud de Podio, Jean Sartre, Jean de Saya, Vital Hanier, Pierre la Roque, Jean Martin, Pey et Marie Correges, Pierre de Cassanea, Pey Rey, Raimond de Farges Cardinal, Helies Armandi, Pey Lambert, Guillaume de Bosco et plusieurs autres qui sont toutes à la Collation des Chanoines Hebdomadiers, comme les Vicairies perpetuelles. Il y en a une qui est la Chapelle de Pierre Lacor, que possedent deux Chapellains, et que le Chapitre en Corps confere quand il arrive vacation de l'un ou de l'autre.

I. Præterea si Capitulum vestrum in aliquem Canonicandum convenerit, Archiepiscopus sine manifesta et rationabili causa non valeat impedire. Obeunte vero Decano qui pro tempore fuerit, concedimus vobis liberam facultatem eligendi Decanum in quem omnium fratrum vel majoris et sanioris partis vota convenerint. *Lucius in Bulla in qua enunciantur varia jura capituli in Chartoph. Burdig. Ecclesiæ. subscriptiones.* Ego Lucius Catholicæ Ecclesiæ Episcopus ℞; Ego Theodevinus Portuensis et Stæ Rufinæ Episcopus. ℞. Ego Paulus Prænestinus Episcopus. ℞. Ego Petrus Presbiter Cardinalis titulo Stæ Susannæ ℞. Ego Vibianus Presbiter Cardinalis Sti Stephani in Cælio monte. ℞. Ego Ardovinus Presbiter Cardin. tit. Stæ Crucis in Hierusalem. ℞. Ego Hugo Presbiter Cardin. tit. Sti Clementis. ℞. Ego Matheus Presbiter. Cardin. tit. Sti Marcellin. ℞. Ego Laborans Presbiter Cardin. S. Mariæ trans Tiberim tit. Callixti. Ego Jacinthus Diac. Cardin. S. Mariæ in Cosmedin. Ego Rainerius Diac. Cardin. Sti Georgii ad velum Aureum. Ego Gratianus S. Cosmæ et Damiani Diac. Cardin. Ego Rainerius Diac. Cardin. Sti Geogii ad velum Aureum. Ego Gratianus S. Cosmæ et Damiani Diac. Cardin. Ego Rainerius Diac. Cardin. Sti Adriani. Ego Matheus S. Mariæ Novæ Diac. Cardin. Datum Romæ apud S. Petrum per manus Alberti Stæ Rom. Ecclesiæ presbiteri Cardinalis Cancell. XVIII. Kal. Janu. indict. XV. Incarn. Dom. an. M. C. LXXXI. Pontificatus vero D. Lucii PP. III. An. 1.

III. Liceat quoque vobis in Ecclesiis vestris ministros idoneos instituere sicut rationabiliter hactenus noscitur observatum, nec Archiepiscopus absque manifesta et rationabili causa eandem institutionem infringat. *Bulla Gregor. IX. an. 1228. inferius referetur.*

CHAPITRE VII

Les Droits honorifiques et autres qui sont comme naturels au Chapitre de l'Eglise de Bourdeaux.

Les Droits honorifiques du Chapitre se peuvent considerer, eü esgard aux Lais, et aux Ecclesiastiques. Pour les Ecclesiastiques, les Chanoines de la Metropolitaine, l'Archevesque present, les precedent tous, mesmes les Abbés, en toutes les assemblées, et il fut ainsi jugé au Parlement de Bourdeaux le 25. de Fevrier l'an 1603. contre Mr. Salviati Abbé de Ste Croix, et Vicaire general du Cardinal de Sourdis. C'est pourquoy en toutes les assemblées ils tiennent le premier rang, et ils y reçoivent les premiers honneurs, ainsi qu'il fut pratiqué au Concile Provincial tenu à Bourdeaux l'an 1624. où assistoient les Deputez de tous les Dioceses Suffragants de l'Archevesché. Les mesmes honneurs leur sont deferés, l'Archevesque absent, dans toutes les Processions publiques, et aux ouvertures des Jubilés, où ils ont droit d'officier : comme ils le font privativement à tous autres, en quelque Eglise de la Ville, que se rendent les Processions, mesmes dans le Territoire du Chapitre S. Seurin, ou au Chapitre present, le Chapitre S. André donne la Benediction au Predicateur[1], tient la droite mesmes dans l'Eglise S. Seurin, et si les deux Chapitres assistent à quelque service solemnel, le seul Chapitre de la Metropolitaine fait l'Office, et le

1. Les religieux étaient obligés comme les séculiers de demander, en arrivant en chaire, la bénédiction du chanoine président. Un jour, le prieur des Jacobins ayant voulu s'affranchir de cette forma-

dernier de tous ses Chanoines va à l'Offrande, et reçoit tous les autres honneurs de l'Eglise, avant le Doyen, Chanoines et Chapitre de l'Eglise S. Seurin.

II. Le Chapitre jouït encores des droits honorifiques de Curés Primitifs dans les Cures ou Vicairies perpetuelles qui en dependent, tant dans la Ville qu'à la campagne[1]. Il y officie par ses Deputez, il y porte l'Estole, il y donne la Benediction. Les Curés de la Ville de son détroit viennent à toutes ses Processions avec les Ecclesiastiques habitués dedans leurs Eglises. Ils ont encore cette obligation particuliere, de venir tous les ans en personne, et se rendre avec Surplis et Aumusse au Chœur de l'Eglise Metropolitaine, le jour de S. Jean l'Evangeliste, et d'y assister à tout l'Office, tant de la veille que du jour, et ils se placent aux

lité, l'affaire alla jusqu'au Parlement. On lit dans les *Actes capitulaires*, 17 mars 1648 :

Les pères religieux du Chapelet estant venus en Chapitre et prié le Chapitre d'assister à la procession générale quy se rend tous les ans le jour de saint Joseph à leur couvent, ce quy leur fut accordé *de gratias* :

Et advenant le 19 dudict mois, feste de S. Joseph, la procession generalle s'estant rendue selon la coutume audict couvent du Chapelet, ung motet ayant esté chanté en musique, avec l'oraison dudict sainct, Mr le Doyen ayant envoyé chercher le prédicateur afin de prendre la bénédiction plustôt que de monter en chaire; ledict prédicateur, qui estoit prieur dudict couvent, refusa d'y venir, disant n'y estre pas obligé et se couvrant de quelques prétandues escriptions et de sa qualité de prieur.

Ce qui ayant obligé le Chapitre de prier Messieurs le Doyen et Larivière, chanoine, d'aller remonstrer à la Cour, quy estoit présente, le scandale que causoit la désobeyssance dudict prieur, quy vouloit altérer une coustume de tout temps pratiquée en ceste occasion, que le prédicateur prenoit la benediction de M. le Doyen ou du plus ancien présent au Chapitre. Veu mesme que si quelquun pouvoit s'en formaliser, ce seroit Messieurs du Chapitre de S. Seurin qui estoit présent et quyls se trouvoient dans une église de leur territoire; qu'au contraire ils avoient toujours cédé et cédoient en ce poinct de donner la bénédiction au Chapitre S. André.

M. Dubernet, premier président, manda par ung huissier ledict prieur et lui ordonna de se tenir à son debvoir, et aux coustumes anciennes, à quoy ledict prieur ayant obei, M. le Doyen, après lui avoir faict connaistre le tort qu'il avoit, luy donna la bénédiction sur le lieu même, devant la grande chapelle Nostre-Dame.

1. Voir pour le détail des honneurs auxquels avaient droit les chanoines dans les paroisses de leur ressort, *Mémoire expositif, etc.*

basses Chaires du Chœur immediatement avant les Prebandiers de cette Eglise[1].

III. Je mets encores entre les droits honorifiques du Chapitre, les Cens imprescriptibles qu'il a droit de demander, et qu'il prenoit des Abbayes, et de plusieurs autres Eglises du Dioceze, qu'il faut moins considerer comme un revenu, que comme une redevance honorable qu'elles rendoient au Chapitre de l'Eglise Matrice. J'ay mis icy le nom de ces Eglises ainsi qu'elles sont enoncées dans les Cartulaires de nos Archives : parmy lesquelles il y en a quelques-unes, dont les Curez sont obligez à quelques autres devoirs.

Cens des Eglises de l'Archidiaconé de Medoc.

Sainct Vincent de Molon. VI. D. — S. Pierre de Baus. II. D. — S. Sulpice de Vernac. VI. D. — S. Martin d'Yson. IV. D. — S. Martin de Boiset. III. D. — Nostre Dame de Gresillac. VI. D.

Nostre Dame de la Seauve, VII. sols et X. D. pour ses Eglises, qui sont : S. Leon, Bagnaux, Beauval, S. Germain, Campets, Portets, Avaron, S. Loup, Arzenats, S. Pierre de Montignac, Ste Quitere, Luchas, Cenon.

S. Pantaleon de la Tresne. VI. D. — S. Laurens d'Escures. V. sols.

1. En cas d'omission, la peine était, d'après un règlement capitulaire de 1509, l'amende, « le plongeon » dans le Peugue, par le ministère des choristes, ou la prison. On raconte qu'un certain Élie Borin, curé de Saint-Pierre, redoutait par dessus tout d'être conduit dans le Peugue par les officiers du bas-chœur. Son vicaire ayant subi cette humiliante correction le matin de la fête de saint Jean l'Évangéliste, le curé n'osa venir aux secondes vêpres; mandé par le Chapitre et craignant de s'entendre prescrire à son tour, dit le mémoire, « un bain froid en décembre », il se confondit « en actions de grâces » quand il vit que Messieurs les Chanoines se contentaient de le condamner à l'amende.

En général, le Chapitre avait le droit de citer à comparaître et d'admonester, quand il y avait lieu, les vicaires perpétuels de sa juridiction, sans en excepter le fameux curé Bonnet.

« M. Louis Bonnet, prêtre de l'*Oratoire,* est cité devant le Chapitre pour avoir usurpé les fonctions de vicaire perpétuel de Sainte-Eulalie. » (*Regist. capit.*, G. 297, f° 8.)

Admonestation du Chapitre au même Bonnet « pour sa trop grande inexactitude dans le service de sa paroisse. » (*Ibid.*, f° 185.)

S. Martin de Maladés. VI. sols. Pour ses Eglises de S. Trelodi, S. Medard, Sarminhac, au Puch.

S. Laurens de Medoc. II. sols.

S. Pierre de Vertueil. XI. sols. Pour ses Eglises de Begazans, S. Germain, Uch, Solzans, Margaux, Cizac, Cantenac.

S. Christofle de Castillon V. sols. — Grajan. XII. D. — S. Pierre de l'Isle. VI. D. et pour Sivrac. XII. D. — Montussan. XII. D. — Lo Dors. II. sols.

S. Sauveur d'Escarian uni à l'Abbaie de l'Isle, par le consentement du Chapitre. XII. D.

Dans l'Archidiaconé de Cernés.

S. Nicolas de Graves. IV. D. — S. Pierre d'Austen. III. sols. — Ste Croix du Mont. XII. D. — Barsac. XII. D. — S. Germain de Logoiran. VI. D. — S. Jean de Mota. VI. D. — S. Michel de Bautiran. VI. D. — Tholene. XII. D. — Budos, deux livres de Cire. — Du Temple de Bourdeaux. XII. D.

Dans l'Archidiaconé de Blaye.

S. Romain de Blaye IV. sols. XI. D. et pour ses Eglises S. Saturnin de Berson, S. Paul, S. Martin, S. Genis, Nostre Dame de Mascon, S. Androni, S. Pierre d'Eirans, Nostre Dame d'Estoliers, S. Pierre de Gauriac, S. Pierre de Cameillas.

S. Sauveur III. sols. VI. D. avec ses Eglises S. Pierre de Cars, Ste Luce, Ste Magdeleine de Saugeon, S. Bibian d'Arfosse. Et pour l'Eglise S. Gerons ii. sols.

S. Pierre de Salainach. II. sols. — S. Martin d'Albié. XII. D.

S. Vincent de Bourg, XI. sols. avec l'Eglise de S. Laurens.

S. Emilion, IV. sols. avec l'Eglise de S. Bibian.

Nostre Dame de Guistres, V. sols. IV. D. avec les Eglises de Fronsac.

S. Ciers de la Lande. XII. D. — S. Andreas. XII. D. — Marzanes. XII. D. — Braus. VI. D. — S. Denis sur l'Isle. XII. D. — Lanzac. XII. D. — S. Irens de Sconas. XII. D.

IV. Ce sont les Droits honorifiques du Chapitre eü esgard aux Ecclesiastiques. Eü esgard aux autres, les Chanoines qui le composent, sont censez nés Bourgeois de la Ville de Bourdeaux; et pour cette raison, toutes les fois qu'il se fait des Assemblées publiques et extraordinaires à l'Hostel de Ville pour des affaires importantes, le Chapitre est prié d'y envoyer des Deputés : et Messieurs les Jurats ont eu cette coustume d'envoyer quelqu'un de leur Corps au Chapitre, où il exposoit les motifs de la convocation de l'Assemblée, afin que le Chapitre y deliberast, et fist porter sa deliberation par ses Deputez. Dans cette Assemblée de l'Hostel de Ville, les deux Commissaires du Chapitre opinent les premiers, et sont placez au dessus de tous les autres qui y sont pareillement appellez pour y donner leur avis. La Chronique de Bourdeaux l'an 1328. donne assez à connoistre combien leur presence y est necessaire, et que c'est à eux d'y assister avant tous les autres, declarant la societé ancienne du Clergé et du Peuple au maniment des affaires de la Ville; pour l'entretien de laquelle, comme à certains jours, les Jurats se rendoient au Chapitre : aussi les Deputez du Chapitre se rendoient aux Assemblées de l'Hostel de Ville. Le Chapitre est encores prié d'envoyer des Deputez aux ouvertures du Parlement apres la S. Martin, et aux Arrest Presidentaux, et il a coustume d'y en envoyer trois du Corps, que l'on appelle avant tous les autres Corps, soubs le nom du Clergé, et ils sont assis au costé droit en entrant au parterre de l'Audiance. L'habit avec lequel les Chanoines assistent à toutes ces Assemblées, est la Robe, le Bonnet et le Chaperon, et ils se presentent avec le mesme habit, pour faire la reverence aux Roys : Ils saluënt les Archevesques et les Gouverneurs de la Province avec cét habit : Ils assistent avec cét habit aux Synodes et à la Ceremonie de la S. Jean, et generalement c'est ainsi qu'ils vont vestus à toutes les Assemblées et Actions publiques hors de cette Eglise, où ils ne portent point le surplis.

V. Outre ces Droits honorifiques, le Chapitre en a d'autres qui luy sont comme naturels, et ausquels il n'est pas besoing de s'arrester, pour luy estre communs avec les autres Chapitres Cathedraux et Metropolitains. C'est de son avis que les Archevesques indisent les Ceremonies publiques et extraordinaires, comme les Processions, etc. Et le decez des Archevesques arrivant, il declare le Siege vacant, il fait sceller les meubles et les Tiltres de l'Archevesché de son Sceau : Il en fait l'Inventaire, et pourvoit à la conduite du Dioceze, par la creation des Officiers necessaires à cette conduite. Nous avons un celebre Arrest dans nos Archives, donné à Paris soubs le Roy Philippe, Fils de S. Louis, au mois d'Avril l'an 1277. par lequel le Chapitre fut maintenu dans son droit et possession de garder les biens de l'Archevesché, le Siege vacant contre le Roy d'Angleterre Duc de Guyenne, qui l'en vouloit despouiller.

V. Visis quibusdam Privilegiis Ecclesiæ Burdigalensis pronunciatum fuit per Curiæ nostræ judicium Custodiam Bonorum, Archiepiscopalium sede Burdigalensi vacante, ad dictum Capitulum pertinere. *In Chartoph. Ecclesiæ Burdig.*

CHAPITRE VIII

Les Droicts Seigneuriaux du Chapitre de l'Eglise de Bourdeaux.

Je ne parle point des Droits Seigneuriaux qui concernent les Fiefs et la directite, dont le Chapitre jouït sur plusieurs Maisons, Terres et Possessions, tant à la Ville qu'à la Campagne, j'entends parler de deux Droits Seigneuriaux plus considerables, l'un qui regarde la Justice, l'autre la Monnoye. Pour le premier, le Chapitre a un Detroit dans la Ville, qui s'appelle la Sauveté ou Sauvetat, proche de son Eglise, comme plusieurs autres Chapitres l'ont dans le Royaume, et dans ce Detroit, il est Seigneur haut Justicier, jouyssant du Droit de Justice, haute, moyenne et basse, pour l'exercice de laquelle il a un Juge qu'il nomme, et autres Officiers necessaires, sans qu'aucun des Magistrats Subalternes de la Ville, se puissent immiscer dans la Police de ce Detroit, ny prendre connoissance des crimes qui s'y pourroient commettre, ou exercer aucune Jurisdiction sur les Artisans et autres personnes qui s'y sont habituées. C'est un Droict où le Chapitre s'est maintenu de temps immemorial, que plusieurs de nos Roys luy ont confirmé, et mesmes luy ont octroyé la permission d'enceindre et fermer cette Sauvetat, comme les Roys Charles VIII. l'an 1486. Louys XII. à Compiegne le 11. de Juin 1498. François I. à Paris le 31. de Mars, 1514. et Charles IX. à Caudebec le 2. Aoust 1563[1].

1. Voir sur la *Sauvetat* de Saint-André, t. I, p. 29, texte et note. — Le Chapitre revendiqua toujours la police de la Sauvetat. On

je rapporteray la concession du Roy Charles VIII. qui a servy comme de modele et de fondement à toutes les autres.

II. CHARLES par la grace de Dieu, Roy de France. Sçavoir faisons à tous presens et avenir, nous avoir reçeu l'humble supplication nostre amé et feal Conseiller, et nos chers et bien amés les Archevesque, Doyen, Chanoines et Chapitre de Bourdeaux, contenant qu'à l'entrée de l'Eglise dudit lieu, sont assis et scitués les Cloistres et Maison Archiepiscopale, et autres maisons appartenantes ausdits Chanoines, et gens d'Eglise estans du Corps et Chapitre de ladite Eglise, qui est terre Saincte et franche, et de l'immunité de l'Eglise, et pource que par cy-devant et chacun jour, à l'occasion de ce que ledit lieu n'est aucunement enclos de portes ne autres choses, plusieurs mauvais garçons voulans et conspirans mal de mort à l'encontre

trouve aux *Actes capitulaires* plusieurs procès qu'il eut à soutenir pour défendre ce droit : métiers, commerce, écoles, tout, dans cette petite cité, relevait de lui. Si les jurats ou le Parlement se permettaient d'y faire acte de juridiction, les Chanoines protestaient. Nous en citerons quelques exemples. — On lit dans le *Registre capitulaire,* G. 285, f° 131 :

« Le 2 mai 1476, une commission est envoyée vers le sous-maire et les jurats, à l'occasion d'une sentence de fustigation exécutée dans la sauvetat Saint-André contrairement aux droits du Chapitre. Les jurats ordonnent que ceux qui ont fait cette exécution demanderont pardon à Dieu, à Saint-André et au Chapitre. »

Ibid., G. 297, f° 324 : « Le Chapitre proteste contre l'injonction adressée aux habitants de la Sauvetat par les maire et jurats de Bordeaux d'aller au fort du Hâ garder les prisonniers espagnols, ladite Sauvetat étant exempte de la juridiction des maire et jurats ». En 1554, le 20 avril, le Parlement avait ordonné que le frère Guillaume Pierre, religieux Augustin, condamné comme hérétique, serait dégradé devant la porte de Saint-André, le dimanche entre six et sept heures du matin. Le Chapitre s'y opposa. Le Parlement, il est vrai, passa outre; mais il déclara, néanmoins, que « ladicte dégradation se ferait au lieu vulgairement appelé de la Sauvetat, *sans prejudice des droictz et privileges desdits doyen, chanoynes, etc.* » (*Archiv. hist. de la Gironde,* t. XVII, p. 228.) Le Chapitre, d'ailleurs, ne négligeait rien pour intimider les malfaiteurs dans ce modeste district, sur lequel il exerçait la haute, moyenne et basse justice. Nous trouvons dans le *Registre capitulaire,* G. 299, que « par son ordre, en 1671, un pilori fut construit sur la place de l'église, ainsi qu'un carcan ». Vers la fin du XVIIe siècle, le pouvoir civil tend, sous divers prétextes, à pénétrer dans la Sauvetat. Le *Livre des privilèges* en fournit la preuve.

d'aucunes personnes, leurs haineux et malveillans se sont efforcés et s'efforcent mettre illec leurs mauvais et damné courage à execution, pour incontinent se retirer audit lieu, sçachant iceluy estre terre Franche, et de l'Eglise pour éviter à punition et Justice, et aussi que lesdits mauvais garçons, gens larrons, ribleurs et de mauvaise vie et dissoluë, se sont aucunes fois transportés de nuit en aucunes maisons desdits Chapitre et autres estant en ladite Franchise, et illec ont prins et derobé, prenent et derobent, plusieurs choses, riblent, batent, et mutilent plusieurs personnes, dont grands maux et inconveniens se sont ensuivis, et pourroient plus ensuivre avenir, se provision n'y estoit mise. A cette cause lesdits Archevesque, Doyen. Chanoines et Chapitre, tant pour obvier à ce que dit-est, que aussi afin qu'ils puissent estre et demeurer en leurs maisons en seureté, nous ont humblement supplié et requis que nostre plaisir soit, leur donner congé et licence de clorre et fermer ledit Cloistre et maisons, de portes et barrieres ez ruës contigues et martisans lesdits Cloistres, comme és autres Eglises Metropolitaines et Cathedrales de

Le 20 septembre 1675, pour mettre un terme aux conflits qui s'élevaient à Bordeaux, entre les autorités militaires et municipales, d'une part, et les Chapitres de Saint-André et de Saint-Seurin, de l'autre, le Roi enjoint aux bourgeois qui habitent les Sauvetats ou la banlieue de la ville, d'obéir aux maire et jurats « dans toutes les fonctions militaires seulement, ainsi que les autres bourgeois et habitants de ladite ville »: (*Op. cit.*, appendice, p. 421.)

Nouveaux empiètements au XVIIIe siècle.

Le 6 août 1750, un extrait des registres du Conseil d'État porte que: les Sauvetats des églises de Saint-André et de Saint-Seurin servant d'asile aux personnes qui violent les ordonnances et les règlements sur les jeux de hasard, le Roi, tout en réservant le droit de *justice* des Chapitres de ces deux églises, décide que les maire, sous-maire et jurats de Bordeaux exerceront la *police des jeux prohibés* dans les deux Sauvetats comme dans le reste de la ville (*ibid.*, p. 558). Cependant, le 3 mars 1761, sur les réclamations des chanoines, effrayés des conséquences que pouvait entraîner l'exécution des lettres-patentes du 23 mars 1759, qui ouvrait à la police municipale les portes de la Sauvetat, le roi Louis XV décréta :

1° Qu'il confirmait tous les privilèges du Chapitre de Saint-André ;

2° Que la justice civile, criminelle et de police, serait exercée par les officiers du Chapitre dans la Sauvetat, dont les limites sont spécifiées ;

3° Que des bornes seraient plantées pour marquer ces limites, et que procès-verbal serait dressé de l'opération ;

4° Que l'hôpital Saint-André, bien qu'il soit situé dans la Sauvetat, resterait soumis à la juridiction des jurats de Bordeaux ;

5° Que, dans le cas où cet hôpital serait transféré hors de la Sauvetat, l'emplacement qu'il occupe retomberait sous la juridiction du Chapitre. (*Ibid.*, p. 602.)

nostre Royaume, et sur ce leur impartir Nostre grace et liberalité. Pourquoy Nous, les choses dessus dictes considerées, inclinant favorablement à la supplication et requeste desdits supplians, à iceux, pour causes considerations à ce Nous mouvans, Avons donné et octroyé, et par ces presentes de Nostre Grace speciale, pleine puissance et authorité Royale, Donnons et octroyons congé, licence et permission, qu'ils puissent et leur laisse faire clorre et enceindre leurdit Cloistre et Maison Episcopale, et autres maisons estant de la Franchise et ancienne closture et immunité de ladite Eglise, et y faire faire toutes et quantes fois que bon leur semblera des portes et barrieres sur les ruës des entrées et issuës dudit Cloistre, au lieu des chaisnes qui y sont, ou autres choses requises et necessaires pour ladite Closture, ainsi qu'ausdites autres Eglises de nostre. dit Royaume. Si Donnons en mandement par ces mesmes presentes au Seneschal de Guyenne, et à tous nos autres Justiciers et Officiers ou à leurs Lieutenans presens et avenir, et à chaun d'eux si comme à luy appartiendra, que de nostre presente grace, congé, licence, permission et octroy et choses susdites, ils fassent, souffrent et laissent lesdits supplians jouïr, et user pleinement et paisiblement, sans leur faire, mettre ou donner, ne souffrir est refait, mis ou donné ores ne pour le temps avenir, aucun detourbier ou empeschement en quelque maniere que soit, s'aucun leur estoit fait, mis ou donné. Au contraire le reparent, revoquent et remettent, ou fassent reparer, revoquer et remettre incontinent et sans delay au neant, et au premier estat et deu, car ainsi nous plaist-il, et voulons estre fait; et afin que ce soit chose ferme et stable à tousjours, nous avons fait mettre nostre scel à ces presentes, sauf en autres choses nostre droit et l'autruy en toutes. Donné à Bourdeaux au mois de Mars l'An de Grace mil quatre cens quatre-vingt-six, et de nostre Regne le quatriesme. Ainsi signé sur le reply par le Roy, les Comtes de Monpensier, et de Vendosme, les Sires de Curton, de l'Isle, de S. André, de Gombault, de Lasselle, Guenault et autres presens.

III. L'estenduë de ce Destroit a esté suffisamment designée par trois Bulles anciennes de trois Papes differens, d'Alexandre III. du 13. Juillet 1173. de Lucius III[1]. du 15. Decemb. 1181. et de Gregoire IX. du 12 Aoust. 1228. qui enonçeant les Droits et revenus du Chapitre, y comprenent[a] la Jurisdiction dont il jouyssoit dans la Ville, et aux Fauxbourgs, depuis un Ruisseau jusqu'à l'autre, lesquels Ruisseaux ou Lavoirs n'estoient autres que le Peauguе et la Devise[2]. C'est entre ces deux Ruisseaux qu'est

a Jurisdictionem quam habetis in urbe vestra et in suburbio ab unâ lotori usque ad aliam.

1. Voir ces deux premières bulles *in extenso* dans le tome XIII des *Archives historiques*, p. 359-364.

2. Le *Peugue*, du latin *Pelagus* (voir Baurein, t. IV, p. 18, etc.), aurait, s'il faut en croire le chanoine Bellet, une étymologie toute différente. « Ce ruisseau, dit-il (*Biblioth. municip.*, mss), a reçu son

comprinse la Justice de la Sauvetat, où le Chapitre à raison de ce Droit, fait faire les Cachetemens et Inventaires des biens des Chanoines decedés, et des Ecelesiastiques qui en dependent, comme aussi des autres personnes habituées dans l'estenduë de ce Détroit. Au reste, ce qui est considerable, ce Droit Seigneurial du Chapitre, pour la Jurisdiction temporelle est accompagné de la Jurisdiction spirituelle,

RUINES DU CHATEAU D'ECK A CADAUJAC.

Dessin de M. G. FERRÉ. (V. p. 472.)

nom des peaux qu'on y prépare avec cette eau. On lit dans les anciennes chartes *Peaugue,* comme si l'on avoit dit *Peaux, Peauxe, Peauge.* »

Quant à la *Devise,* nous trouvons dans O'Reilly (*op. cit.,* t. I, p. 67) : « Le nom primitif de la *Devise,* ruisseau fangeux, était *Devèze,* corruption du mot celtique *Douvez,* fossé sale rempli d'eau ; par suite d'une contestation qui eut lieu entre les Chapitres de Saint-André et de Saint-Seurin, sur leurs juridictions respectives, l'affaire fut soumise par le Pape aux évêques de Tarbes et de Comminges. Par leur sentence arbitrale, rendue au mois de mai 1222, le fossé *Douvez* fut assigné comme limite entre les juridictions des deux Chapitres ; depuis lors, le nom *Devèze* a été changé en *Devise,* qui signifiait dans la basse latinité limite, séparation. »

qu'il a dans ce Détroit, qui suit de l'exemption accordée par le Pape Pie II. et que les Arrest des Cours Souveraines luy ont conservée, et il y commet pour l'administration des Sacremens des personnes approuvées.

IV. Hors la Ville, le Chapitre est encores Seigneur Haut Justicier de deux Baronies. La Premiere est de Cadaujac[1] à deux lieuës au dessus de Bourdeaux, qui luy fut donnée par les Ducs ou Comtes de Gascogne avec d'autres biens, dont je parleray cy apres. La deuxieme est la Baronie de Vertueil en Medoc, dont la Justice s'estend dans quatre Parroisses, de Vertueil, de Cisac, de S. Estephe, et de Pauliac. Cette Baronie luy fut donnée le 20. d'Octobre l'an 1489. indict. 6. la 5. année du Pape Innocent VIII. soubs le Roy Charles VIII. par Pierre de Bosco, non pas (comme a escrit de Lurbe) celuy qui fut Evesque d'Acqs, et qui estoit decedé il y avoit pres de cent ans, mais celuy qui estoit Chantre et Chanoine de l'Eglise de Bourdeaux, Prevost et Chanoine de S. Seurin, et Prieur du Prieuré Hospitalier S. Jammes de Bourdeaux, où est à présent l'Eglise du College des PP. Jesuites, dans laquelle il est enseveli, et sur la tombe duquel, le Chapitre allant processionnellement en cette Eglise, les jours de S. Marc et du Lúndy des Rogations, a coustume de chanter apres la Messe qui s'y celebre, un Respons des morts avec trois Oraisons. C'est luy qui a fondé les *Salvés* ou Antiennes de la Vierge, qu'on va dire processionnellement tous les Samedis apres complies, dans la Chapelle Nostre Dame derriere le grand Autel. La fondation est assignée sur le

1. Voir sur la baronnie de Cadaujac, t. I, p. 124 et 125, note. Nous parlons à cet endroit, du château de Fougères dont les ruines se voyaient encore il y a quinze ans. Celui d'Eck, vendu par M. Eck à M. Roulle père, est connu dans les anciens titres sous le nom de château de Freytets ; il appartenait également au Chapitre de Saint-André. Le dessin que nous en donnons est de M. Gabriel Ferré, neveu de M. l'abbé Barreau, curé de Cadaujac.

revenu de cette Baronie, qu'il ordonna par son testament (cette fondation deduite, et quelques autres petites charges) estre tout employé à la celebration de son Anniversaire, apres sa mort : comme il se celebre fort solemnellement toüs les ans le septiesme jour de Novembre.

V. Pour le Droit Seigneurial de la Monnoye, il luy fut donné par Bernard Guillaume fils du Duc Guillaume Sance, confirmé en suite par Sance Guillaume son frere, par Berenger, et par Odon, tous Ducs ou Comtes de Gascogne et de Bourdeaux. Depuis, ce Duché ou Comté, estant tombé dans la famille des Ducs de Guyenne, qui pour raison de ce s'intitulerent Ducs de toute l'Aquitaine, ils tesmoignerent la mesme affection pour le Chapitre, que leurs predecesseurs, et lui confirmerent ce beau Droit qui le rend Seigneur du tiers de la Monnoye qui se fabrique au Duché ou Comté de Gascogne. Je raporteray à la fin la confirmation et donation du Duc Guillaume VIII. grand Pere d'Eleonor. La donation fut mise et scellée sur le grand Autel, la marque d'une investiture authentique, et le Duc donna ensuite le baiser de paix au Doyen et aux Chanoines.

VI. Cette Donation authentique fut encores confirmée par sa petite fille Eleonor, qui apres sa repudiation avoit espousé Henry qui fut Roy d'Angleterre. Ce Droit si bien estably, ne fut jamais contesté au Chapitre, par les Roys d'Angleterre Ducs de Guyenne: Mais leurs Officiers pour frustrer le Chapitre des avantages de ce Droit, s'estant avisez de faire fabriquer la Monnoye à Langon, le Chapitre leur fit action : et l'affaire ayant esté portée à Paris devant le Roy Philippe le Hardy; il fut donné un Arrest en faveur du Chapitre au mois d'Aoust l'an 1275. et le Roy d'Angleterre ou ses Officiers furent condamnés au payement des arrerages de la tierce partie du Droict de la monnoye qui avoit esté fabriquée mesmes hors de Bourdeaux. Je rapporteray l'Arrest, qui est fort considérable[1]. Les Roys d'Angleterre Ducs de Guyenne qui suivirent, reconneurent ce Droit, et en donnerent plusieurs Declarations en faveur du mesme Chapitre. Nos Roys rentrés en possession de Bourdeaux et de la Guyenne, ne luy ont pas esté moins favorables en plusieurs rencontres, où les Officiers de la Cour des Monnoyes[2] l'ont voulu attaquer, et le dernier Arrest obtenu contradictoirement au Conseil des Finances de Sa Majesté contre cette Cour, est de l'année 1653[3]. Le

1. La pièce est aux *Archiv. départ.*, G. *Regist. capit.* 280; elle fait partie de l'énorme dossier qui fut remis par le Chapitre, en 1701, au théologal Belot *chargé d'aller poursuivre à Paris le restablissement dudit Chapitre dans la jouissance du tiers du seigneuriage de la monnoye et obtenir le remboursement des arrérages qui lui estoient deûs.*

2. La *Cour des Monnaies* date de l'an 1551. Jusqu'à cette époque il n'y avait en France qu'une simple *Chambre des Monnaies,* instituée par Charles le Chauve. C'était une section de la *Cour des Comptes.*

A Bordeaux, le premier Hôtel des Monnaies dont l'emplacement nous soit connu, était situé (1262) près de la place Saint-Projet. (Voir *Livre des Bouillons,* p. 370.) En 1305, la *Monnaie* fut bâtie « sur la rive gauche de l'estey du Pont, entre la rue Ausone actuelle, le Peugue et la place du Palais. » (L. Drouyn, *op. cit.,* p. 426.) Cet hôtel existait encore en 1537. Quand M. de Tourny rebâtit le quartier Sainte-Croix (1752), il transporta l'atelier des Monnaies, contigu à l'ancienne *Bourse,* dans le bel édifice qu'occupe aujourd'hui le pensionnat des Ursulines.

3. Le *Dossier Belot* contient des arrêts postérieurs dont voici les dates : 1655, 1656, 1657, 1660, 1661, 1662, 1679, 1685, 1686, 1690. Vers la fin du XVIIe siècle, le droit du *tiers* et le droit de surveillance, en vertu duquel le Chapitre envoyait un délégué « *pour assister à tous les deniers ouvrés et monnoyés* » et à leur mise « *en boestes* » ainsi qu'aux *baulx et delivrance dedits deniers, ensemble la closture des boestes,* commençait à tomber en désuétude. C'est alors (1709) que les chanoines de Saint-André conférèrent au théologal Belot le soin de les défendre. Tout fut inutile : Louis XIV avait résolu d'unifier les types monétaires ; en conséquence, il fut décrété que la Monnaie de Bordeaux ferait retour au roi, moyennant une compensation allouée au Chapitre à la place de l'antique droit qu'il perdait.

Droit du Chapitre y fut examiné soigneusement par quatre Commissaires Conseillers d'Estat, et en vertu de tant de Donations, Confirmations, Declarations, et Arrest, le Chapitre jouït de ce Droit Seigneurial du Tiers de la Monnoye, en quelque espece qu'elle se fabrique, ainsi qu'il a esté jugé, le Roy present, pour la fabrication des Liarts, l'an 1662.

VII. La Cour et Baronie de Lege[1], joignant la Teste de Buch, avec Droit de Pesche, de Chasse, de Coste, et de

Cette compensation fut une rente annuelle de 2,000 livres, plus un capital de 30,000 livres.

En vertu de ses prérogatives seigneuriales, le Chapitre usait, dans les actes officiels, de la formule suivante :

« *Les doyen, chanoines et Chapitre de l'église métropolitaine de Saint-André de Bourdeaux, seigneurs hauts justiciers de la Sauvetat, barons des baronnies de Verteuil et de Cadaujac...* » *(Actes capitulaires.)*

Pour la même raison, il concourait avec la noblesse du pays à la formation des armées du Roi.

On lit dans Baurein (*Variét. bord.*, t. I, p. 441) :

« En 1494, sur l'appel fait de par le Roi, du ban et de l'arrière-ban de la noblesse du pays bordelois, pour aller à la guerre, les doyen, chanoynes et Chapitre de l'église métropolitaine Saint-André de Bordeaux, seigneurs de Verteuil, se sont présentés et ont offert bailler ung bon archier, bien monté et armé. »

La Révolution mit fin aux droits seigneuriaux du Chapitre. (Voir à la Bibliothèque municipale, *Catalog. des manuscr.*, t. I, p. 355, l'*État et déclaration que donnent, devant Monsieur le lieutenant général en Guienne, les doyen, chanoines et Chapitre de l'église métropolitaine et primatiale Saint-André de Bordeaux, de tous les biens mobiliers, immobiliers et revenus appartenant audit Chapitre et à la Fabrique de la même église, pour satisfaire au désir du décret de l'Assemblée nationale du 13 novembre 1789, publié au Parlement de Bordeaux, le 3 décembre suivant.*

1. On a vu que la baronnie de Lège causa bien des ennuis au Chapitre. Le plus audacieux contempteur des droits capitulaires fut Gaston de Foix.

« Le 28 juillet 1451, Guillaume de Lège affirme devant le Chapitre de Saint-André que Gaston de Foix s'est emparé lui-même d'une barque bretonne naufragée sur la côte de Lège, au lieu appelé au

Naufrage, fut pareillement donnée au Chapitre par les mesmes Ducs et Comtes de Gascogne, comme il est inseré dans la donation suivante.

V. Cum Divinæ Misericordiæ largitas ad humanos usus sine intermissione non desistat operari, ac benignus conditor rerum, suæ divinitatis residens solio, ita humanæ utilitati cuncta suis modis suisque temporibus distribuat necessaria, ut omnibus sufficiens, nullius prorsus indigus: tanto humanæ fragilitati erga conditorem suum studio dilectionis ac timoris competens esset inardescere, ut vel ab eo nunquam obtutum cordis deflecteret, eique non desisteret laudis officia, ac gratiarum actiones impendere, cujus beneficiis se novit nullo modo comparabilem vicem posse persolvere. Sed Humani generis perversum ingenium ita proclive est ad vitia, ut fides et Justitia sint quasi somnia, cultusque Christiani nominis, omnisque Religio, jam in tantum quasi quodam sint confecta senio, ut id quod vel subsistimus, magis nobis ex munere divinæ proveniat clementiæ, quam ex ullo merito subjectæ creaturæ. His ergo ita se habentibus, si quorum mentem divina dignetur inspirare clementia, summopere est resistendum contra hæc omnia, quatenus lapsum sanctæ Dei Ecclesiæ firma invitantur sustinere cervice, eique tot modis secundum posse aut conditionem videlicet singulorum studeant succurrere, quot modis ejus lapsum sive in penuria verbi divini, aut indigentia Clericorum, seu in ruina ædificiorum, jam, proh dolor! conspicimus imminere. Quibus tantò laboriosius ac obnoxius oportebit inniti, quanto se in talibus paucio-rum virorum conspicient subsidio fulciri: sed ipse sit solus solamen tantorum laborum, qui novit persolvere incomparabilem retributionem cælestium præmiorum. Quapropter Ego Guillelmus totius Aquitaniæ Dei omnipotentis nutu Dux et Dominus, pro statu incolumitatis nostræ seu redemptione animæ meæ, et Patris mei, vel parentum nostrorum, Sanctæ Dei Burdigalensi Ecclesiæ in honorem Beatissimi Andreæ Apostoli dedicatæ, quam ab antiquis Regibus, Carolo videlicet, ac Lodoico, seu Pipino, cæterisque summa veneratione quondam habitam, omnibusque bonis potenter ditatam agnovimus, sed nunc peccatis nostris exigentibus miserabiliter dilapsam videmus, quidquid ei Comes Sancius et Pater meus Guillelmus, ac reliqui successores Comites dederunt ac concesserunt, scilicet Tertiam Partem Cameræ seu Monetæ, sive etiam omnium teloneorum, ac Curtem Legiam cum omnibus ad se pertinentibus, et Cadaujac, et Bernojol et Serporar, cum omnibus ad se pertinentibus, et tertiam partem Telonei de Bois, et Navim liberam ab omnibus Teloneis à Mauritania usque ad Lingonem, ad restaurationem ædificiorum, seu postmodum ad mensam

Frontan, et dans laquelle se trouvaient quarante pipes de vin, sans compter les câbles, cordages, voiles, etc., dont il a frustré l'église. » (Voir le texte latin, *Archiv. hist. de la Gironde,* t. XIII, p. 25.)

Le trait suivant, que nous relevons dans le *Regist. capit.*, G. 285, f° 37, montre que le Chapitre avait l'œil ouvert sur les faits et gestes de ses puissants voisins :

« Sur l'avis que les hommes du captal de Buch font paître leurs troupeaux sur les terres du Chapitre, ordre est donné à Helies de Bosco d'aller à Lège et de s'opposer à ces empiètements même par la force. »

Canonicorum tradimus et concedimus, atque perpetuo jure donamus. Et ut hæc concessio firma et inviolabilis per succedentia tempora permaneat, signo Dominicæ Crucis, manu propria subtus firmavi, et sub testimonio subscriptorum virorum firmandam, et sigillo nostær authoritatis corroborandam præcepi, et hanc chartam sive præceptum super altare Sancti Andreæ posui. Subinde Petro Decano et Achelmo Archidiacono osculum pacis et veræ concordiæ. unâ quoque cæteris Fratribus Canonicis libenter tribui, præsente Domino Amato Burdegalensi Archiepiscopo, et S. Rom. Ecclesiæ Legato. Signum Guillelmi Ducis Aquitaniæ. S. Frontonis Comitis de Fezenciaco. Signum Guillelmi Heliæ Vicarii. S. Simonis Episcopi Agennensis. Petrus Maynada, et Hugo de Doech, et Beraldus, et Gallardus Præpositus, et Guillelmus Vendarius, et Guiraldus et Arsinus, et multi alii Clerici et Laici affuerunt et viderunt. Berengerius Capellanus Comitis super altari Sti Andreæ sigillum impressit. *Ex Chartoph. Eccles. Burdig.*

VI. Philippus Dei gratia Francorum Rex. Notum facimus universis tam præsentibus quam futuris, quod cum ex parte Capituli Burdigalensis fuisset propositum coram nobis, contra dilectum consanguineum Regem Angliæ illustrem terræ Dominum Hyberniæ, et Ducem Aquitaniæ, fidelem nostrum, quod cum idem Capitulum esset et fuisset, à tempore à quo memoria non existit, in saisina seu possessione, percipiendi et habendi Tertiam Partem Monetæ Burdegalensis ex concessione Ducum Aquitaniæ prædecessorum ipsius Regis eidem Capitulo facta prout dicebat in ipsorum Ducum privilegiis contineri : Gentes ipsius Regis locum ejus tenentes, ipsum Capitulum spoliaverant indebitè possessione prdictiæ, ei denegando reddere dictam Tertiam partem dictæ Monetæ cum arreragiis, quæ æstimabat ad valorem septem millium Librarum Turonensium sibi restitui sive reddi. Procuratore dicti Regis in contrarium proponente, quod licet dictum Capitulum in saisina fuisset percipiendi dictam tertiam partem dictæ Monetæ apud Burdegalam, quando dicta moneta cudebatur ibidem, ex quo tamen dicta moneta translata fuerat de Burdegala cudenda apud Lingonium, extra civitatem, Diæcesim et Provinçiam Burdigalensem, nihil habuerat ipsum Capitulum de moneta prædicta, nec postmodum fuerat in saisina percipiendi eandem. Nec etiam aliquid de ipsa moneta extra civitatem Diæcesim et Provinciam prædictas, percipere vel habere debebat. Imo idem Rex per se vel per alium solus et in solidum à tempore dictæ translationis citra apud Lingonium, totam monetam perceperat antedictam. Ad quod ex parte dicti Capitali è contrario dicebatur, quod cum dicta Privilegia Ducum Aquitaniæ continerent concessionem tertiæ partis Cameræ seu monetæ Ducum ipsorum, generaliter et absolute sine determinatione alicujus loci prædicto Capitulo factam esse. Ac si dictus Rex ratione Ducatus Aquitaniæ fieri faceret monetam supradictam, Capitulum ipsum debebat percipere et habere dictam tertiam partem ejusdem monetæ ubicumque contingeret eam cudi. Tandem diligenter auditis, et intellectis omnibus et singulis, quæ dictæ partes super his proponere voluerunt, et quæ nos movere poterant. Visisque Privilegiis exhibitis ex parte ipsius Capituli per judicium Curiæ nostræ pronuntatum fuit, dictam tertiam partem dictæ Monetæ Burdegalensis una cum arreragiis, de quibus constare poterit, restituendam esse Capitulo memorato. In cujus rei testimonium præsentibus literis nostrum fecimus apponi sigillum. Actum Parisiis, Anno Domini Millesimo ducentesino septuagesimo quinto, mense Augusto. *Charta cum pendenti serico rubri et viridis Coloris in Arch. Eccles. Burdig.*

CHAPITRE IX

Graces Particulieres accordées au Chapitre de l'Eglise de Bourdeaux.

Ce n'est pas mon dessein de rappeller en ce Chapitre, ce que nous avons dit des Droits et prerogatives des Chanoines, qui leur viennent ou du S. Siege, ou de nos Souverains, ny ce que nous avons dit des Preeminences de l'Eglise, venant de ces mesmes sources qui rejaillissent sur eux. Outre ces graces, ils en ont encores reçeu quelques autres, que nous sommes obligés de rapporter, pour reconnoistre au moins par nostre declaration, la main liberale qui les a faites.

II. Pour ce qui est du S. Siege; le Pape Gregoire IX. accorda au Chapitre la permission de celebrer en temps d'Interdit, les portes fermées, ce qui estoit une grace fort considerable. La Bulle est datée de Perouse le 3me d'Aoust l'an 2. de son Pontificat. Le Pape Gregoire XI. luy donna la faculté de racheter les Dixmes, tenües par les Lais dans la Province, sans attendre le consentement de personne; la Bulle est datée d'Avignon, le 13. d'Octobre, et l'an 5me de son Pontificat. Le Pape Pie II. luy octroya le pouvoir d'eslire un Penitencier pour ouyr les confessions dans l'Eglise, et absoudre du lien d'excommunication les Chanoines et les autres Ecclesiastiques qui y servent, s'il arrivoit qu'ils l'encourussent à l'advenir. La Bulle est datée de Rome du 27. Avril, l'an 1463. et le 5. de son Pontificat. Le Pape Clement V. parmy plusieurs autres concessions, voulut qu'il eut le pouvoir de se servir des

Mitres dans l'Office divin; et si l'Archevesché vaquoit, qu'il peut reconcilier les Eglises du Diocese qui en auroient besoin, ou par un Chanoine, ou par quelque autre Prestre delegué, avec l'eau Gregorienne, et si l'Archevesque estoit ou absent ou empesché, que le Chapitre eut la mesme faculté pour toutes les Eglises qui en dependoient, tant à la Ville qu'à la Campagne. J'en râporteray les Bulles à la fin de ce Chapitre.

III. Les Graces des Souverains en faveur du Chapitre n'ont pas esté moins considerables, que celles du S. Siege. Nous avons dans nos Archives, un ancien Repertoire des Tiltres anciens, parmy lesquels est enoncé le Tiltre de la donation de l'Eglise de Nantueil dans le Poitou, que l'Empereur Charlemagne donna à l'Eglise de Bourdeaux, pour l'entretien des Clercs qui y faisoient le Divin Service, et la donation se fit en un Concile de plusieurs Evesques. Et comme toutes choses changent avec le temps; il n'est resté de cette donation qu'un Droit d'Hommage, que l'Abbé de Nantueil est obligé de rendre à l'Archevesque de Bourdeaux, comme le rendit Jean de la Linha, sur le grand Autel de l'Eglise Metropolitaine, à Arnaud de Canteloup l'an 1313. Le mesme Empereur luy donna l'Eglise qui estoit dans son Chasteau de Bourg, et de sa propriété, bastie à l'honneur de S. Vincent, avec toutes ses apartenances. Son fils Louys le Debonnaire confirma cette donation, et cette Eglise est enoncée dans la Bulle de Gregoire IX. que nous raporterons, parmy celles sur lesquelles le Chapitre avoit quelques Droits. Les mesmes luy donnerent ces Lettres patentes d'immunité, dont nous avons parlé si souvent, qui confirment le Chapitre dans les biens qu'il possedoit, et affranchissent ce qu'il avoit acquis ou acquerroient à l'advenir, de ce que le fisc y pourroit pretendre. Elles sont trop importantes pour n'estre pas inserées dedans cét ouvrage.

IV. Il n'est pas besoing d'alleguer plusieurs Lettres patentes de Sauvegarde données au Chapitre par plusieurs Roys d'Angleterre, Ducs de Guyenne, et ensuite par nos Roys : les Lettres d'exemption de tout logement de gens de Guerre, de contribution pour les reparations des murs de la Ville, et autres despenses. Ce qui estoit auparavant une grace singuliere, est devenu une grace commune à tous les Ecclesiastiques par la pieté de nos Roys, qui ont voulu honorer tout le clergé de cette mesme franchise. Mais la concession qu'ont faite les Roys d'Angleterre, et que nos Roys ensuyte ont confirmée, est particuliere au Chapitre : que les vins qui luy appartiennent, tant au general qu'aux particuliers, sont francs du Droit de Coustume et de Comtablie de la Ville de Bourdeaux, en telle sorte, que ny eux ny leurs fermiers, ny ceux à qui ils les vendent pour la premiere fois, ne sont obligez de rien payer pour ce droit, dequoy nous avons des instrumens authentiques et en bonne forme, des Lettres d'Edoüard Prince de Galles, de Jean Duc de Lencastre son frere, du Roy Edoüard leur Pere, du Roy Richard son successeur, et apres eux, du Roy Charles VII. dont les Lettres sont datées du 23. de Juin 1451. et du Roy Louis XI. le 29 de Novembre l'an 1462. à l'honneur duquel on esleva ses armes, proche la Chaire de l'Archevesque dans le Chœur, au dessus des premieres Chaires où se placent Messieurs du Parlement. A la droite est l'Escu de France : à la gauche et joignant, un autre Escu party, au premier moitié de France, au second moitié de Savoye, qui est de Gueulles à une Croix d'argent, à cause de la Reyne Charlotte de Savoye, femme de ce Roy : au bas des deux Escus sont les armes d'Artus de Montauban Archevesque, que nous avons blasonnées en sa vie. Ce Droit a esté encores confirmé au Chapitre par les Roys leurs successeurs, et par nostre Roy à present regnant, dans la confirmation tres-ample qu'il fit à l'entrée de son Regne, des Privileges, Droits et immunitez qui appartenoient au Chapitre dont voicy la teneur.

LOUIS par la grace de Dieu Roy de France et de Navarre, à tous presens et à venir, Salut. Nos chers et bien amés les Doyen, Chanoines et Chapitre de l'Eglise Metropolitaine S. André de Bourdeaux, nous ont fait remonstrer, que nos predecesseurs Roys, leur ont donné et octroyé plusieurs beaux et notables Privileges et Prerogatives, preeminences, franchises, exemptions, Droicts de nos Monnoyes, preclotures, dons de Domaines, de Seigneuries et Justices, ainsi que plus au long contiennent les Lettres de Confirmation, qui leur ont esté accordées par les Roys nos predecesseurs, mesmes par le feu Roy Henry le Grand, par ses Lettres Patentes du mois de Fevrier 1599. ou besoing a esté. Mais parce que depuis, ils auroient negligé d'en obtenir la confirmation de nostre feu tres-honoré Seigneur et Pere, on pourroit les troubler en la jouïssance desdites concessions et Privileges; ils nous ont tres humblement fait supplier leur vouloir sur ce octroyer nos Lettres necessaires. A ces causes de l'avis de nostre Conseil qui a veu lesdites Lettres de confirmation cy-attachées soubs nostre contre-seel, et de la Reyne Regente nostre tres-honorée Dame et Mere, desirant favorablement traiter lesdits supplians, nous leur avons de nos graces speciales, pleine puissance, authorité Royale, confirmé et confirmons par ces presentes signées de nostre main, lesdits Privileges, Franchises, Libertés, Prerogatives, Preeminences, Droits, ou Coustumes, Exemptions, Droits de Monnoye, Preclotures, dons de Domaines, Seigneuries et Justices à eux donnez et octroyez par nosdits predecesseurs Roys, pour en jouïr et user par lesdits exposans, suyvant, ainsi, et en la mesme forme et maniere, qu'ils en ont bien et deüement jouy, jouïssent, et usent encores depuis, à la charge de payer la finance, à laquelle les exposans seront moderement taxez en nostre Conseil pour la confirmation de leurs Privileges. Si donnons en Mandement à Nos amés et feaux les Gens tenant nostre Cour de Parlement à Bourdeaux, Gens de nos Comtes et Cour des Monnoyes à Paris, Cour de nos Aydes audit Bourdeaux, et à tous autres Officiers et Justiciers qu'il appartiendra, que de nos presentes Lettres de confirmation et octroy, ils ayent et souffrent lesdits supplians jouïr et user pleinement, paisiblement et à tousjours, sans permettre leur estre fait ou donné aucun trouble ou empeschement, au contraire contraignant à ce faire, souffrir, et obeyr tous ceux qu'il appartiendra par toutes voyes deües et raisonnables. Et parceque desdites presentes, les exposans en pourront avoir affaire en divers lieux, Nous voulons, qu'au Vidimus ou Copies Collationnées d'icelle par l'un de nos Secretaires, foy soit adjoustée comme aux presentes. Car tel est nostre plaisir, et afin que ce soit chose ferme et stable à tousjours, nous avons fait mettre nostre seel à cesdites presentes, sauf en autres choses nostre Droit et l'autruy en toutes. Donné à Fontainebleau au mois de Septembre l'an de grace mil six cens quarante quatre, et de nostre Regne le deuxiesme. Signé, Louys.

V. Non seulement les Papes et les Roys, mais les Archevesques se sont monstrez liberaux au Chapitre, par l'union des Cures qu'ils ont fait à leur manse pour l'entretien necessaire de ceux qui le composoient, et qui avoient soing du culte de Dieu dans la premiere Eglise de leur Diocese. Il faut adjouter à ces graces, les donations que luy ont fait plusieurs particuliers, et principalement les Chanoines : des cens, rentes, possessions et autres biens dont ils jouyssoient, qu'ils luy ont donnez, afin qu'il priast Dieu pour leur ame, desquels biens ce n'est pas mon dessein de faire un estat, mais je raporteray seulement une Bulle du Pape Grégoire IX. presque semblable à celle du Pape Lucius III. avant luy, où sont enoncés les principaux biens et droits dont le Chapitre jouyssoit en ce temps, et qui se sont accreus depuis, par la liberalité des fidelles.

II. Clemens Episcopus servus servorum Dei. Dilectis filiis Decano et Capitulo Ecclesiæ Burdigalensis Salutem et Apostolicam Benedictionem. Quæ ad honorem et decoris augmentum Ecclesiæ Burdigalensis eo libentius promovemus, quod ad illam, utpote de qua fuimus ad summi Apostolatus apicem divina dispositione vocati, dilectionis affectum gerimus ampliorem. Ut igitur ad decorem Ecclesiæ supra dictæ, ministros decoremus ipsius, vestris supplicationibus inclinati, ut in celebratione Missæ Majoris in Ecclesia supradicta Hebdomadarius celebrans, nec non Diaconus et Subdiaconus Ministrantes, et Cantor etiam ipsius Ecclesiæ, si ibi fuerint, possint absente Episcopo, qui pro tempore fuerit, vel ipso in dicta Ecclesia præsente, non tamen celebrante, de ipsius licentia, liberè uti Mitra, authoritate vobis Apostolica indulgemus. Nulli ergo omnino hominum liceat hanc paginam nostræ concessionis infringere, vel ei ausu temerario contraire. Siquis autem, etc. Datum apud Vignandraldum 5. id. Dec. Pontif. nostri an. 2. *Bulla cum plumbo in Arch. Eccl. Burdig.*

Dilectis quoque filiis Decano ac Capitulo dictæ Burdigal. Ecclesiæ. Similiter eadem authoritate concedimus, ut sede Burdigalensi vacante, possint de reconciliatione hujusmodi Ecclesiis et Cemeteriis Civitatis et Diœcesis eâ indigentibus, per Sacerdotem idoneum providere, aqua prius per aliquem Episcopum benedicta. Bulla in Plumbo directa Arnaldo Archiepiscopo Burdig. dat. Burdeg. VIII. Kal. Oct. Pontif. an. 1. *ibid.*

Clemens etc. dilectis filiis Decano et Capitulo Ecclesiæ Burdig. etc. Cum, sicut ex parte vestra fuit expositum coram nobis, contingat interdum Ecclesias civitatis et suburbiorum Burdig. earumque Cemeteria per effusionem sanguinis ac seminis violari, ac Archiepiscopus Burdigalensis, qui est pro tempore, quandoque per absentiam suam, quandoque propter impedimenta alia, non possit commode ad ea reconcilianda personaliter se transferre, Nos vestris supplicationibus inclinati, ut absente dicto Archiepiscopo vel alias impedito per aliquem ex vobis in Sacerdotio constitutum, tam Majorem, quam alias Ecclesias civitatis et Suburbiorum prædictorum eidem Capitulo annexas, earumque Cemeteria reconciliare libere valeatis quoties fuerit oportunum, aqua prius per eundem Archiepiscopum, vel alium Episcopum Catholicum, gratiam et communionem Apostolicæ sedis habentem, ut moris est, benedicta, vobis authoritate præsentium concedimus facultatem etc. Datum apud Vignandraldum V. id. de Pontif. nostri an. 2. *Bulla cum plumbo ibid.*

III. Primum instrumentum continet qualiter Archiepiscopi, Burdigalensis, Bituricensis, Turonensis et plures alii Archiepiscopi et Episcopi Synodum Generalem tenentes firmarunt quandam donationem quam fecit Carolus gloriosissimus Rex Ecclesiæ Sti Andreæ de quadam cella quæ dicitur Nantogilus in pago Briosensi, secus fluvium Argenteum, in honore Sti Benedicti fundata, statuens dictam Ecclesiam utilitatibus, honestatibus Clericorum in eadem Ecclesia deservientium juxta Præsulis ordinationem. Et in pede nominantur Archiepiscopi et Episcopi qui signarunt dictum decretum, *Quo vero anno facta fuerit hæc donatio insinuatur his verbis.* Tertium instrumentum continet donationem per Dominum Carolum de qua in 1°. instrumento fit mentio. Datum V. Kal. Dec. indict. VII. anno 19. Regnante Carolo gloriosissimo Rege, actum in Monasterio Avenaco, in Dei nomine fæliciter. amen.

2. Instrumentum continet qualiter Carolus divina Providentia Imperator Augustus, dum appropinquaret civitatem Burdegalam ubi vocatur Burgus super fluvium Dordoniæ, donavit Episcopatui Burdig. quamdam cellulam ex sua proprietate sitam in Castro quod vocatur Burgus, constructam in honore Sancti Vincentii cum omnibus sibi pertinentibus ad gubernationem Matris Ecclesiæ Burdig. sive Præsulum.

Quartum instrumentum continet donationem factam per Ludovicum Imperatorem Augustum Ecclesiæ Burdig. de cellula ex sua proprietate, sitam in Castro Burgi in honorem Sti Vincentii Martyris, prout donaverat Dominus Carolus.

Quintum instrumentum continet Litteras immunitatis. *Quæ hic. subjiciuntur ex lib. M. S. vocato* La Cour dau Mageire *hoc est, Majoris, hujus civitatis.*

In nomine Dei et Salvatoris nostri Jesu Christi. Ludovicus Divina ordinante Providentia Imperator Augustus. Si liberalitatis nostræ munere locis Deo dicatis quid conferimus Beneficii, et necessitates Ecclesiasticas ad petitiones Sacerdotum nostro relevamus juvamine, id nobis et ad mortalem vitam temporaliter transigendam, et ad æternam fœlicitatem obtinendam profuturum liquido credimus. Noverit interea sagacitas seu utilitas omnium fidelium, tam præsentium quam futurorum, quod vir venerabilis Sicharius Burdigalensis Archiepiscopus adiens nostram præsentiam detulit obtutibus nostris immunitatem Domini et genitoris nostri Karoli bonæ memoriæ Serenissimi Augusti, in qua continebatur, qualiter ipsam Sedem quæ est in honorem Sti Andreæ et Sti Jacobi Apostolorum, cum Monasteriis sibi subjectis, quæ dicuntur Blavia, quod est in honorem Sti Romani constitutum, ubi ipse sanctus pro tempore requiescit, situm in eodem pago Burdigalensi super fluvium Garonam : nec non et Sti Severini, ubi etiam requiescit ipse, constructum in suburbio ipsius civitatis, cum omnibus appenditiis et assentiis eorum, quæ non solum idem genitor noster, verum etiam prædecessores ejus Reges, ipsamque Sedem sub uno nomine et defensione cum Cellulis sibi subjectis, et rebus vel hominibus ad se pertinentibus vel aspicientibus consistere fecissent : et earum immunitatum authoritatibus ab inquietudine judiciariæ potestatis eadem immunita atque defensa fuisset Ecclesia. Sed pro ejus firmitate postulavit à nobis præfatus Sicharius Archiepiscopus, ut Patrum seu prædecessorum nostrorum Regum morem sequentes, hujusmodi nostræ immunitatis præceptum ob amorem Dei et reverentiam ipsius Sancti Loci circa ipsam Ecclesiam fieri censeremus, cujus petitioni libenter assensum præbuimus : et hoc nostræ authoritatis præceptum, circa ipsam Ecclesiam immunitatis atque authoritatis gratia pro divini cultus amore et animæ nostræ remedio fieri decrevimus. Per quam præcipimus atque jubemus, ut nullus Judex Publicus, vel quilibet ex Judiciaria potestate, aut ullus ex fidelibus nostris tam præsentibus quam futuris, in Ecclesias aut agros seu reliquas possessiones, quas moderno tempore in quibusdam pagis vel territoriis intra ditionem imperii nostri, juste et legaliter memorata tenet Ecclesia, vel ea deinceps in jura ipsius Ecclesiæ, divina pietas voluerit augere, ad causas audiendas, vel feuda aut tributa exigenda, aut mansiones, vel paratas faciendas aut fidejussores tollendos, aut homines ipsius Ecclesiæ, tam ingenuos quam servos, super terram ipsius permanentes injuste distringendos, nec ullas redemptiones aut illicitas occasiones requirendas, nostris, nec futuris temporibus ingredi audeat, nec ea quæ supra memorata sunt, exigere præsumat. Sed liceat memorato Præsuli et cuilibet successori, res prædictæ Ecclesiæ cum cellulis sibi subjectis et rebus vel hominibus ad se aspicientibus vel pertinentibus, immunitatis nostræ deffensione, remota totius judiciariæ potestatis inquietudine, quieto ordine possidere, et nostro fideliter parere imperio, atque pro incolumitate nostra et conjugis et prolis, seu etiam totius imperii à Deo nobis collati, et ejus clementissima miseratione per in immensum conservandi, una cum Clero et populo sibi subjecto, Dei immensam clementiam jugiter exorare. Et quidquid de præfatis rebus Ecclesiæ jus fisci exigere poterit, totum nos perpetua renunciatione concessimus Ecclesiæ isti, ut perennibus temporibus in alimoniam Pauperum et stipendia Clericorum ibidem Deo famulantium proficiat in augmentum. Hanc itaque authoritatem, ut pleniorem in Dei nomine obtineat vigorem, et à fidelibus nostris diligentius conservetur, manu nostra subter firmavimus, et annuli nostri impressione signari jussimus.

Formula Homagii Abbatis Nantogili.

Ego Joannes Cœnobii Beatæ Mariæ de Nantolio Pictaviensis Diœcesis humilis Abbas, promitto tibi Patri Arnaldo, Burdigalensis Archiepiscope, et successoribus tuis atque Matri Ecclesiæ Burdigalensi, quibus sum immediate subjectus, plenam et debitam subjectionem atque obedientiam, secundum instituta Sanctorum Patrum. Sic me Deus adjuvet et hæc sancta Dei Evangelia. Die. Domin. post octav. Apostolorum. 8. Jul. an. 1313. indict. XI. *Ex Tabulario Archiepisc. Burdig.*

V. Gregorius Episcopus servus servorum Dei, dilectis filiis Decano Ecclesiæ Sti Andreæ Burdig. suisque fratribus tam præsentibus, quam futuris Canonice substituendis in Perpetuam rei memoriam. Quoties illud à nobis petitur, quod Religioni et honestati convenire dignoscitur, animo nos decet libenti concedere, et petentium desideriis congruum impartiri consensum. Ea propter dilecti in Christo Filii vestris justis postulationibus clementer annuimus, et præfatam Ecclesiam, in qua divino estis mancipati obsequio, ad exemplar fœlicis recordationis Alexandri Papæ prædecessoris nostri sub Beati Petri et nostra protectione suscipimus, et præsentis scripti privilegio communimus. In primis siquidem statuentes ut ordo Canonicus qui secundum Deum et B. Augustini regulam in Ecclesia vestra institutus esse dignoscitur, perpetuis ibidem temporibus inviolabiliter observetur. Præterea quascumque possessiones, quæcumque bona eadem Ecclesia in præsentiarum justè ac Canonicè possidet, aut in futurum concessione Pontificum, largitione Regum vel Principum, oblatione fidelium seu aliis justis modis præstante Domino poterit adipisci firma vobis vestrisque successoribus et illibata permaneant. In quibus hæc propriis duximus exprimenda vocabulis. Decimam quam habetis in civitate à loco qui dicitur Divitia usque ad Rivum de Talantia versus Monasterium Stæ Crucis. Quinque solidos, quos Monachi Stæ Crucis pro pace reformanda inter vos et ipsos vobis concesserunt in domibus Petri Suster, et duos solidos in domo scilicet Ostentii de Sto Projecto : duos solidos censuales, et quidquid juris habetis in Ecclesia Beati Michaelis, Presentationem Magistri in Hospitali Sti Jacobi, et duos solidos censuales in festivitate ipsius, et quidquid juris habetis sive in decimis sive quæ à civibus in obitu offeruntur sicut inter vos et eos, de communi noscitur voluntate statutum, Ecclesiam Stæ Eulaliæ à Vuillelmo Archiepiscopo vestro vobis datam et concessam, Ecclesiam B. Pauli, Ecclesiam S. Mariæ Majoris, Ecclesiam Sti Salvatoris, Ecclesiam Sti Petri de Cancello. Ecclesiam Sanctæ Columbæ, Ecclesiam Sti Eligii, Ecclesiam Sti Saturnini, Ecclesiam Sti Nicolai, Ecclesiam Sti Vincentii de Ladors, Castrum de Legia, cum Ecclesiis suis, et nemoribus, piscationibus et aliis quæ ibi habetis, Ecclesiam Sti Petri de Vensac, Ecclesiam Sti Petri de Cadaujac cum Burgo suo, Ecclesiam et Decimam de Cabanac, Ecclesiam de Villagrens, quinque solidos quos habetis in Ecclesia Sti Laurentii foris murum, cum tota Decima ipsius Ecclesiæ, et quidquid juris habetis in Ecclesia Sti Petri de Austen, Ecclesiam Stæ Eulaliæ de Bares, Ecclesiam d'Esparressa, Ecclesiam Sti Andreæ de Cestas, Sexaginta solidos annui reditus quos habetis in Hospitali de Ponte in Burdigala, censum quem habetis in Ecclesiis Sti Romani de Blavia, Sti Vincentii de Burgo, Stæ Mariæ de Aquistris, Sti Æmiliani, Sanctæ Mariæ Sylvæ majoris, et Stæ Crucis, et censum quem habetis in quibusdam aliis Ecclesiis per Burdigalensem Diœcesim constitutis, Ecclesiam Sti Michaelis de Rivo frigido cum Decima, quam ibi habetis, Decimam Stæ Eulaliæ de Barez, et alia quæ ibi habetis tam in justitiis, quam in aliis, molendinum, census et terras de Furco, et nemus quæ Milo Canonicus vester vobis dedit, Vineas de Terrafort et alia quæ Arnaldus Lamberti Canonicus vester vobis dedit. Medietatem Decime Sti Germani de Podio. Domos, terras, vineas, et possessiones, quas Vuillelmus Bertrandi de Floirac, et Uxor ejus vobis dedit, domos quæ sunt in loco qui dicitur fubtus murum, et vineas quas ex dono Arnaldi de Castelfort, uxoris et filiorum ejus possidetis. Annuum reditum quinque solidorum quem vobis dedit Magister Bonafos in loco qui dicitur Rua Boheire. Terram Sti Simphoriani quam extra muros civitatis habetis. Vineas de fontarelis quas Bertrandus de Sala pro anniversario suo vobis dedit. Vineas et affeuatos quos vobis dedit Magister Raimundus de Saleta Canonicus vester ante domum Arnaldi Monetarii, Annuum reditum viginti solidorum quem Aiquem Canonicus vester apud Sanctam Crucem vobis dedit. Medietatem Molendini de Moniors, Molendina quæ sunt juxta domos vestras, Molendinum de Cadaujac et Villam de Bernogio, medietatem cujusdam Molendini quem ex dono Guillelmi Archiepiscopi Burdigalensis habetis. Annuum reditum Sexaginta solidorum ex donatione ipsius Archiepiscopi, quem emit à Martino Fabri cive Burdigalensi, census et reditus quos habetis in Parochia Sti Michaelis ex dono Guillelmi Sacristæ Burdigalensis. Censum et reditus quos habetis prope Reclusam juxta stratam Sti Jacobi in Parochia Sti Elegii. Reditus quos habetis ex dono Guillelmi Raymundi de Burdegala. Stagiam cum pertinentiis suis quam Bonnus Daugarmon oblatus vester vobis contulit in Parochia Sti Pauli. Stagiam prope Ecclesiam Stæ Mariæ de Platea, quam Arnaldus Florian oblatus vester vobis dedit, terras, vineas, homines quos apud Floriacum et Burdegalam Raymundus de Casaux oblatus vester vobis dedit. Jus quod habetis in Moneta Burdegalensi. Reditus quos habetis in vendis et Torsellagiis in civitate Burdigalensi. Decimam Burdigalæ, reditus quos habetis tam in civitate Burdigalensi quam in mari, videlicet in Pagatu Salis sive Salino. Reditus, possessiones, et quidquid habetis in Farro veteri et in novo. Procurationem quam nobilis vir Dominus de Rions pro quibusdam possessionibus quas ab Ecclesia vestra tenet in feudum, vobis singulis annis exhibere tenetur, Decimam de Castellonovo, decimam de Cujac, Decimam quam habetis in Parochia Sancti Severi de la Taugere, et alias decimas quas in Burdigalensi Diœcesi obtinetis. Reditus quos Archiepiscopus vester habet apud Solacum, dum Ecclesia vestra Archiepiscopo vacaverit libere habeatis, sicut Archiepiscopis vestris, vobis concessum est. Jurisdictionem in urbe vestra et in suburbio ab una Lotori usque ad aliam. Terras quoque et jura vestra quæ habetis in Diæcesi Burdigalensi salva super prædictis Decimis moderatione Concilii Generalis. Ad hæc adjicientes, statuimus ut non liceat Burdigalensi Archiepiscopo qui pro tempore fuerit, et absque manifesta et rationabili causa, aliquem fratrum vestrorum Excommunicationis vel interdicti sententia prægravare. Liceat quoque vobis in Ecclesiis vestris Ministros idoneos instituere, sicut rationabiliter hactenus noscitur observatum, nec Archiepiscopus vester absque manifesta et rationabili causa eandem institutionem infringat. Prohibemus insuper ut nullus Parrochianos vestros ad Sepulturam accipiat, nisi salva justitia Ecclesiæ vestræ in parte Canonica Testamenti. Præterea si Capitulum in aliquem Canonicandum convenerit, Archiepiscopus impedire non possit, nisi rationabilem causam ostenderit. Prohibemus insuper ut honores Ecclesiæ contra id quod hactenus observatum est sine consensu Decani et Capituli alicui non valeat assignare. Sepulturam quoque ipsius Loci liberam esse decernimus, ut eorum devotioni et extremæ voluntati, qui se illic sepeliri deliberaverint, nisi forte excommunicati vel interdicti sint, aut etiam publici usurarii, nullus obsistat, salva justitia illarum Ecclesiarum, à quibus mortuorum Corpora assumuntur. Decernimus ergo ut nulli omnino hominum liceat præfatam Ecclesiam temere conturbare, aut ejus possessiones auferre vel ablatas retinere, munere seu quibuslibet vexationibus fatigare, sed omnia integra conserventur, eorum pro quorum gubernatione ac sustentatione concessa sunt, usibus omnimodis profutura, salva Sedis Apostolicæ authoritate, et Archiepiscopi vestri cognita justitia. Si qua igitur in futurum Ecclesiastica, secularisve persona hanc nostræ constitutionis paginam sciens, contra eam temere venire tentaverit, secundo, tertiove commonita, nisi peccatum suum congrua satisfactione correxerit, potestatis honorisque sui careat dignitate, reamque se divino judicio existere de perpetrata iniquitate cognoscat, et à sacratissimo Corpore ac Sanguine Dei et Domini Redemptoris nostri Jesu Christi, aliena fiat, atque in extremo examine districte subjaceat ultioni : Cunctis autem eidem loco sua jura servantibus, sit pax Domini nostri Jesu Christi, quatenus et hic fructum bonæ actionis percipiant, et apud districtum Judicem præmia æternæ pacis inveniant. amen. amen. Ego Gregorius Catholicæ Ecclesiæ Episcopus. *Cujus signum,* Fac mecum Domine signum in bonum. Ego Pelagius Albanensis Episcopus. Ego Thomas tit. Sanctæ Sabinæ Presbiter Cardinalis. Ego Bartholomæus Sanctæ Pudentianæ Presbiter Cardin. tit. Pastoris. Ego Sinibaldus titulo Sancti Laurentii in Lucina Presbiter Cardinalis. Ego Stephanus Sti Adriani Diac. Card. Ego Petrus Sti Georgii ad velum aureum. Ego Rainaldus Sti Eustachii Diaconus Cardinalis. Ego Otho Sti Nicolai in Carcere Tusculano Diac. Card. Datum Perusii per manum Martini. S. Rom. Eccl. vice canc. II. die Aug. indict. I. Incarn. dom. an. M. CC. XXVIII. Pontif. vero D. Gregorii Papæ III. an. 2. *Bulla cum Plumbo. ex Chartoph. Eccles. Burd.*

CHAPITRE X

L'Office Divin qui se fait par le Chapitre dans l'Eglise de Bourdeaux.

Comme la gloire de Dieu est la derniere fin à laquelle doivent aboutir l'Edifice des Eglises, l'Establissement des Archevesques, l'Institution des Chapitres, tous leurs Droits, et toutes leurs preeminences; il estoit à propos de conclure ce traité par l'Office Divin qui se celebre dedans cette Eglise, ou resonnent tous les jours les Loüanges de Dieu par la bouche de ses Saints, ou des personnes consacrées à son culte, qui faisant sur la terre le Ministere des Anges, le glorifient, le benissent et l'invoquent pour les nécessites particulieres et generales du Dioceze.

II. Tout l'Office Divin, tant à Matines qu'aux heures, à la grand Messe et à Vespres, se chante dans le Chœur, ou en plain Chant, ou en Musique. Je doibs rendre ce tesmoignage à la verité, que le Chapitre n'espargne rien pour avoir les voix les plus belles du Royaume, et les plus propres et necessaires à le faire le mieux qu'il se puisse. Il entretient deux Orgues, un au Chœur, l'autre à la Nef, celuy cy presque singulier pour sa grandeur. Il a une Psallette avec huict enfans de Chœur, un Maistre et Soubs-Maistre de Musique. L'Office commence l'Hyver regulierement à six heures, l'Esté à cinq. La malice du temps a obligé le Chapitre de le retarder d'une heure, car il n'y a point long-temps qu'il se commençoit, l'Esté à 4. heures et l'Hyver à cinq. Les Matines, Laudes, la Messe

Matutinelle et Prime se chantent consecutivement. Tierce se chante à neuf heures, et immediatement apres, Sexte, None et la Grand Messe du jour, et à neuf heures et demi, les jours du jeusne. Vespres et Complies se chantent à deux heures et demie apres midy. Toutes les Messes matutinelles se chantent à l'Autel de Prime, qui est derriere, et plus haut que le Maistre Autel, et sur lequel repose le S. Sacrement. Le Curé de la Majestat, les Prebandiers et Choristes de l'Eglise disent cette Messe chacun à son tour. Elles sont toutes votives, le Dimanche, de la tres-Sainte Trinité : le Lundy, des Anges : le Mardy, de S. Marthe : le Mercredy, de S. André : le Jeudy, du S. Esprit : le Vendredy de la Croix : et le Samedi, de nostre Dame. Avant Prime, tous les Mardis et Vendredis se fait une Procession dans l'Eglise, on y chante le Mercredy, un *Veni Creator,* et le Vendredy, les Litanies des Sts. avec les prieres suyvantes. Il s'en fait une semblable pour l'Eau Benite, tous les Dimanches au commencement de la grand'Messe. Les Grand'Messes ez jours de ferie, et des festes simples, se chantent comme les Messes matutinelles à l'Autel de Prime. Tous les autres jours elles se chantent au grand Autel par les seuls Chanoines effectifs, et par les Chanoines Semi-Prebandés avec Diacre et Sousdiacre, personne n'ayant droit de celebrer au grand Autel, que l'Archevesque et les Chanoines. A toutes les grand' Messes les jours du Dimanche et Festes de l'année, on chante en Musique, un *Domine salvum fac Regem,* avant la postcommunion. Lors qu'il se celebre des anniversaires pour l'ame des Chanoines et autres qui les ont fondés, on chante la veille avant Vespres, le Nocturne des Morts propre pour le jour, avec les Laudes, et le lendemain se chante la Messe de l'Anniversaire.

III. Ce sont les Offices Divins qui se font ordinairement dans l'Eglise de Bourdeaux, ausquels nous pouvons rapporter les Processions que le Chapitre a coustume de faire toutes les années[1]. Elles sont ou Generales ou Particulieres : les Generales sont celles de la Feste du tres-S. Sacrement et de l'Assomption, pour l'accomplissement du Vœu du Roy Louys XIII. Tout le Clergé Seculier et Regulier, le Parlement en robes rouges, et tous les Corps de la Ville, se rendent à l'Eglise Metropolitaine, et accompagnent fort solemnellement la Procession, et reviennent avec elle dans l'Eglise. La pieté du Parlement fournit des Cierges à tout le Chapitre à la Procession du tres-S. Sacrement, et à tous les Ecclesiastiques et Officiers de cette Eglise.

IV. Pour les Processions particulieres, elles sont ou communes à toute l'Eglise, ou singulieres à la Ville de Bourdeaux. Les premieres qui sont celles de S. Marc et des Rogations, le Chapitre les fait avec tous les Curés de son Detroit, et les Religieux de S. Benoist. Le jour de S. Marc et le Lundy des Rogations, la Messe se chante dans l'Eglise S. Jammes ou S. Jacques, appartenant au

1. Certaines pratiques populaires, excellentes à l'origine, troublaient quelquefois, aux jours de fête, la majesté des cérémonies du culte :

1560. — « Il y avoit anciennement une coustume observée à » Bourdeaux, et qui consistoit qu'en toutes les eglises parroissielles, » e notamment dans la metropolitaine de Sainct-André, le jour et » feste de la Pentecoste, à l'heure de la grande messe, il y avoit des » gens qui montoyent sur la voulte de ces eglises, s'il y en avoit, e » de là, par les soupiraux d'ycelles, jettoyent premierement des » oublies, en après du feu, avec de la filace. Et comme les petits » enfants, e plusieurs aussi hommes e femmes vouloyent amasser et » recueillir ces oublies jettées en grand nombre, on leur jettoit de » l'eau à pleines cruches et aultres bien plus grands vaisseaux » encores, à cause de quoy, plusieurs estants mouillés grandement » cela excitoit des risées entre le peuple, dont le service divin estoit » troublé e empeché. Mais ce fut la raison pour laquelle aussi cela » commença d'estre aboli en l'année susdicte, comme estant supers- » titieux e scandaleux, bien qu'au commencement cette coustume » eut esté introduicte à bonne fin, comme pour marquer la descente » du Sainct Esprit dans l'Eglise naissante, en langue de feu. » (Gaufreteau, *Chron.*, t. I, p. 325.)

Collége des PP. Jesuites. Le Mardy des Rogations, au Prieuré de S. Martin dans le Faux-bourg de S. Seurin, qui appartient aux PP. Fueillans, et le Mercredy, dans l'Eglise S. Pierre de cette Ville. Le Jeudy jour de l'Ascension, les Jurats se rendent à l'Eglise Metropolitaine, et assistent à la Procession que le Chapitre fait, avec les mesmes Curés et Religieux, et tous entendent la Predication qui se fait à la place du Palais. Les Processions singulieres à la Ville, sont celle de S. Joseph, à laquelle assiste tout le Clergé Seculier, avec le Parlement en Robes rouges, et tous les autres Corps de la Ville. La Procession va apres la Messe en l'Eglise des PP. Jacobins en conséquence d'un Vœu du Parlement, et y entend la Predication. Celles de S. Sebastien, et du Dimanche de *Quasimodo,* qui se font pour l'accomplissement d'un Vœu de la Ville contre la peste, et le Chapitre avec les Curés de son Detroit, et les Jurats apres avoir assisté à la Messe votive qui se celebre pour cette fin dans l'Eglise Metropolitaine, va à l'Eglise des PP. Augustins, et y entend la Predication. Celle du jour des Rameaux, où le Chapitre avec les Jurats, apres la grand'Messe, va entendre la Predication à la Corderie, proche de l'Eglise des PP. Jacobins, et ensuyte vient faire la Cerimonie de *l'Attollite portas,* à la porte Medoc, qui estoit une porte de Ville ancienne. Le Chapitre fait encores deux Processions singulieres, l'une au jour de la tres Ste Trinité, où l'on porte les Stes Reliques qui reposent dans l'Eglise, comme nous avons dit au ch. 6. de la 1. partie : l'autre, le jour de S. Roch, où le Chapitre, assisté de tous les Curés de son Detroit, va dire une grand' Messe dans l'Eglise des PP. Carmes, devant l'Autel de ce Saint.

V. Au reste, tout l'Office Divin se fait presque entierement suivant les Regles du Cerimonial Romain, tant à la grand'Messe, qu'au reste de l'Office. Il n'est donc pas necessaire que je m'y estende, puis que les Cerimonies sont communes : je marqueray seulement ces trois particula-

MARTYRE DE SAINT ANDRÉ, d'après une gravure de 1622.

rités. La premiere est, que le Chanoine Officiant à Vespres, et à Matines, lors qu'il va à l'encensement, et vient dire l'Oraison à l'Aigle, est toujours accompagné d'un autre

Chanoine, du costé opposé, et reçoit à mesme temps avec luy les mesmes encensemens. Ce qui s'observe depuis un temps immemorial, et donne à connoistre la concorde et societé fraternelle, qui domine dans leur Corps[1]; et quoy qu'ils fassent deux Chœurs à l'Office Divin, que neantmoins les prieres, que les honneurs, que le Ministere, que tout est commun aux deux Chœurs, nonobstant qu'il semble, qu'un seul soit en rang de presenter les prieres, de recevoir les honneurs, et d'estre dans le Ministere, tesmoignant de la sorte leur union, où elle est plus necessaire, afin de rendre plus efficaces, les supplications qu'ils font à Dieu, au nom de tout le public.

VI. Une deuxiéme particularité est, que les deux Enfans de Chœur qui portent les chandeliers avec les cierges, sont les derniers encensés par les Officians. Ste Cerimonie, qui remet en memoire l'honneur que le fils de Dieu rendit à des enfans au 10me. de S. Luc, qui enseigne qu'il faut estre pur et innocent comme des enfans, pour avoir part à cét honneur de l'encensement, qui ne se doit originairement qu'à Dieu seul, que c'est l'innocence et la pureté qui veulent estre honnorées. Je diray encores, que les parfums estant le Symbole des prieres des fidelles; les Prestres Officians presentant des parfums à ces enfans, avertissent les fidelles, que c'est entre les mains des Anges figurés par ces enfans, qu'ils remettent leurs prieres, et qu'ils ayent soing de les offrir toutes pures, afin qu'elles soient dignes d'estre presentées par les mains de ces Esprits bien-heureux devant le Throsne de Dieu[2].

VII. La troisiesme et derniere particularité est, qu'à la

1. A la mort du cardinal Donnet, pendant la vacance du Siège, M. le chanoine Bacca-Nérac, avec l'approbation des chanoines titulaires, a supprimé cette cérémonie touchante qui déjà, au siècle de Lopès, s'observait « depuis un temps immémorial ».

2. Cérémonie également supprimée par M. Bacca-Nérac.

grand'Messe, lors que l'Officiant dit à l'Autel l'Introit de la Messe avec les Diacre et Soudiacre, les Chanoines le disent ensemble à leurs places, comme aussi le *Kyrie,* le *Gloria,* le *Credo, Sanctus,* et *l'Agnus Dei,* lors que le *Kyrie,* et le reste se chante en musique. Cette cerimonie tres considerable est un illustre rejaillissement du charactere episcopal sur les Chanoines de l'Eglise Metropolitaine, et designe leur estroite union avec le Chanoine officiant, avec lequel ils montent aux saincts Autels de bouche et de cœur, pour y offrir, conjointement avec luy, le mesme sacrifice qu'il va offrir à Dieu pour les vivants et les morts. Ce sont les trois particulières ceremonies que j'ay seulement voulu remarquer dans l'Office divin, qui se fait par le Chapitre, dans l'Eglise Metropolitaine et Primatiale S. André de Bourdeaux, pour benir ce grand Dieu qui remplit tout le monde de ses benedictions, et en obtenir pour tous ses bienfacteurs et pour tout le peuple fidelle, singulierement de la Ville et du Diocese, les bons jours du Psalmiste, les jours d'une Bien-heureuse ETERNITÉ.

CEREMONIES

QUI SE DOIVENT OBSERVER AU CHŒUR DE L'EGLISE METROPOLITAINE ET PRIMATIALLE SAINCT ANDRE DE BOURDEAUX[1].

Cet appendice que nous avons découvert est de Lopès. On a vu (t. I, p. 59) que le Théologal le composa par ordre du Chapitre.

A L'ENTRÉE.

Messieurs du Haut-Chœur s'étant rendus à leur place, y feront, avant toutes choses, une petite prière, ou génuflexion vers l'autel : aprés laquelle, s'étant levez, ils saluëront avec une inclinaison de la tête, les Messieurs qui sont du côté du Chœur où ils se rencontrent, puis les Messieurs qui sont de l'autre côté : et le salut leur sera rendu par tous, de la même façon : sçavoir, par Messieurs, avec une pareille inclinaison, le bonnet à la main, si c'est au temps qu'on le porte : et ceux du bas-chœur les saluëront, levez, et decouverts, avec une inclination convenable. Et lors que Messieurs du Bas-Chœur entreront : apres la genuflexion vers l'autel, ils saluëront Messieurs, des deux côtés, puis ceux de leur ordre, en faisant une inclination, le bonnet à la main. On doit prendre garde de n'entrer jamais au Chœur, ni d'en sortir, au *Gloria patri,* aux *Hymnes,* au *Magnificat,* à *Benedictus,* à l'*Oraison,* à l'*Evangile,* au *Sanctus* et l'*Agnus Dei* de la messe, et lors qu'on est sur le point de faire l'*Elévation,*

ASSISTANCE AU CHŒUR.

Comme l'assistance de Messieurs au Chœur est pour y chanter les louanges de Dieu, et prier unanimement pour les necessitez publiques et particulières, spirituelles et temporelles : ils s'y doivent tenir avec une grande decence et modestie, debout, assis, ou à genoux, selon l'exigence des Rubriques, sans se parler des affaires temporelles, chantant ou recitant l'office ; et lors qu'ils le diront en particulier, ils ne feront aucune elévation de voix, ny aucune ceremonies particulières, comme serait, se mettre à genoux lors que le

1. A Bordeaux, chez de la Court, imprimeur ordinaire du Roy, de Monseigneur l'Archevêque et de l'Université, 1718.

chœur est debout, avec qui il faut être uniforme dans les ceremonies durant l'office. Pareillement, ceux du Bas-Chœur assisteront avec toute la décence et modestie possible, soit à leur place, soit au pupître; où ils sont obligez de chanter, et ne s'épargner en aucune façon, et ne diront leur office en particulier.

Pour les habits d'assistance: Mrs. assistent au Chœur avec le surplis, l'aumusse, et le bonnet, depuis le samedy de Pâques, au commencement de la messe, jusqu'aux vêpres des Morts le jour de Toussaints, même jusqu'au lendemain après les vepres du dimanche, si la fête de Toussaints tombe le samedy. Comme aussi les jours et fêtes de S. André, de Noël, et de l'Epiphanie, aux premières et secondes vepres, et à la grand'messe du jour: le jour de S. Sebastien, à la grand'messe: comme aussi le jour des Rameaux, à la grand'messe après lesquelles messes il y a procession. Et depuis les vepres des morts jusqu'au samedy saint avant le commencement de la messe: ils assistent au Chœur avec l'habit ceremonial, qui consiste indispensablement en un rochet de toile, et la chappe canoniale par dessus. Pour le Bas-Chœur, il porte le surplis toute l'année, excepté Monsieur l'Aumonier, qui est revétu comme Messieurs.

CEREMONIES DE L'OFFICE.

Quand un des Messieurs du Haut-Chœur se leve pour entonner quelque chose: tous ceux de son côté, tant du haut que du bas-Chœur, se doivent aussi lever, et se tenir debout et decouverts jusqu'à ce qu'il ayt entonné. Si c'est quelqu'un du Bas-Chœur qui se leve pour entonner, tous les autres du Bas-Chœur de son côté se doivent lever. Celui à qui on porte l'Antienne pour l'entonner, doit en l'entonnant, tourner la face vers celui qui la luy porte.

IL FAUT ÊTRE DEBOUT AU CHŒUR.

Au *Pater noster, Ave Maria, Credo, Domine labia, Deus in adjutorium*, à l'*invitatoire*, à l'*hymme*, et après les pséaumes de chaque nocturne des Matines, depuis que le verset se chante, jusqu'au commencement des leçons: ce qui s'observe pareillement à l'office des Morts. Il faut encore être debout à l'Evangile, jusqu'à *et reliqua*: au *Te Deum*: au *Benedictus*: au *Magnificat*: aux *Oraisons* et *Commemoraisons*: aux *Prieres de Primes* et de *Complies* (hors l'Avent, les jours de jûne, et l'office des Morts), aux *Antiennes finales* de la Vierge les samedys au soir, et les dimanches, et au temps de Pâques. L'officiant dit toujours les oraisons debout, excepté l'oraison *Respice quæsumus*, dans la semaine sainte, depuis les *tenebres* du mercredi.

A GENOUX AU CHŒUR.

Au *Venite exultemus*, à ces paroles *et procidamus antè Deum*: au verset du *Te Deum, Te ergo quæsumus tuis famulis subveni*, aux hymnes de *Veni Creator*, jusqu'à *qui paracletus diceris* de l'*Ave maris stella*, jusqu'à *sumens illud ave* : au *Pange lingua*, à ces paroles *Tantum ergo sacramentum :* quand le S. Sacrement est exposé, jusqu'à *Genitori :* aux prieres et oraisons de l'office ferial des jours de l'Avent et du Carême, et des jûnes : aux antiennes finales de la Vierge, hors les jours exceptés cy-dessus : aux prieres et oraisons de l'office des Morts : aux prieres qui se disent apres les *pséaumes graduels :* aux pséaumes penitentiaux, aux litanies : au *martyrologe* de la vigile de Noël, depuis *in Bethlehem Judæ*, jusqu'à *secundum carnem*.

ASSIS SUR LE SIÈGE LEVÉ.

Aux pséaumes des vepres. Si les vepres se disaient devant le S. Sacrement exposé, il faudrait être debout et découvert : et à la messe si le celebrant s'assit il devroit être découvert.

ASSIS SUR LE SIÈGE ABBATU.

Aux pséaumes (ceux des vepres exceptez), aux leçons, aux répons, et au martyrologe.

DECOUVERT, AVEC UNE PROFONDE INCLINATION.

Au verset, *sit nomen Domini benedictum :* à *non nobis Domine, non nobis*. Ceux qui auront pour lors la chappe canoniale, feront seulement une inclination.

INCLINATION, LA TÊTE DECOUVERTE.

Au *Gloria patri*, au nom de *Jesus* et de *Marie*, et du *Saint* duquel on fera l'office.

CEREMONIES A LA MESSE A GENOUX.

A la confession de toutes les messes (ceux-là exceptez qui sont combinez à la dire, et ceux qui chantent au pupître) : lors qu'on leve le Saint-Sacrement : à l'*introït*, et la *confession* des messes pour les morts, des messes feriales de l'Avent, Carême, Quatre-Temps, et Vigiles même pendant les *Oraisons* (hors les vigiles de Noël, Pâques, et Pentecôte, dont la messe se chante comme d'un office double et solemnel) : à la *bénediction* desdites messes feriales : et le Bas-Chœur seulement à la *benediction* des autres messes : aux messes des Morts, depuis le *Sanctus* jusqu'à *Pax Domini* : lorsqu'on dit *veni sancte Spiritus, adjuva nos Deus salutaris noster, flectamus genua :* et *Verbum caro factum est*, et *procidentes adoraverunt eum*, et *incarnatus est :* lorsqu'il se chante en musique, Messieurs l'ayant déjà dit ensemble une fois à genoux, ils ne font qu'une inclination, le bonnet à la main : *in nomine Jesu omne genu flecta-*

tur — ecce lignum crucis — lumen Christi; et il ne faut pas se mettre à genoux sur les siéges, mais à terre, et y fléchir les deux genoux.

DEBOUT HORS DU SIÉGE.

Lorsqu'on est combiné à dire quelque chose, ou que l'encens se donne à quelqu'un des Mrs. des deux côtéz : comme aussi on est debout, mais contre le siége, au *Kyrie eleison, Gloria in excelsis, Credo in Deum, Dominus vobiscum,* aux *Oraisons* et *Commemoraisons :* à *Levate :* à l'*Evangile, Preface, Pax Domini, Agnus Dei, Benedicamus Domino,* ou *Ite missa est,* à toutes les messes (hormis les susdites à l'article precedent), depuis la Preface jusqu'à l'Elevation, et depuis l'Elevation jusqu'à la fin de la messe, même pendant le temps qu'on donne la communion à la messe, ceux-là exceptez qui y communient et durant la communion.

ASSIS SUR LE SIÉGE ABBATU.

A l'Epitre, Propheties, Graduel, Trait ou Prose, l'Offertoire jusqu'à la Preface.

DECOUVERT, AVEC INCLINATION DE LA TÊTE.

Au *Gloria in excelsis :* lorsqu'on dit, *adoramus te, gratias agimus tibi, Jesu Christe, suscipe deprecationem nostram :* à la *Preface* à ces paroles, *gratias agamus :* au nom de *Jesus,* de *Marie,* du *Saint* duquel on fait l'office, et du *Pape :* quand le Chœur chante *Et incarnatus est.* Il faut aussi, avant de recevoir l'encens, faire une inclination vers celuy qui suit immédiatement du même côté, et à celuy qui le porte, devant et après l'encensement.

DECOUVERT SIMPLEMENT.

Lorsqu'on est combiné à dire quelque chose : aux Oraisons, Evangile, depuis la Preface jusqu'à la fin de la messe: pendant qu'on encense des deux côtez (s'entendent ceux qui portent le surplis), les autres qui ont la chappe canoniale ne doivent decouvrir la tête qu'à l'Elevation.

ON EST COMBINÉ A DIRE.

Messieurs sont combinez à dire à toutes les grandes messes des jours de dimanche et de fête, et solemnités extraordinaires (excepté celles des Morts), à la confession jusqu'à *Oremus :* et aux jours où l'on chante en musique le *Kyrie eleyson, Gloria in excelsis, Credo, Sanctus* et *Agnus Dei.* Le dernier reçu s'avance vers son ancien, et châcun se fait une inclination. Celui qui commence la confession et le *Kyrie,* doit être prêtre: et les Mrs. qui ne sont que soûdiacres ou diacres, cedent en cette occasion à celui qui est prêtre, avec qui ils se trouvent combinez, quoy que d'ailleurs ils le precedent. Pour le reste, châcun le dit en même temps, et le tout doit se dire posément et sans précipitation. Lorsque le nombre de Messieurs est inégal, on est obligé de se mettre trois ensemble.

A LA PURIFICATION, AUX RAMEAUX ET AU JOUR DES CENDRES.

Messieurs se rendent à l'autel, les Huissiers precedant avec leurs masses : le plus ancien Chanoine en dignité, Prêtre, conduit le Chœur, et à son défaut, le Chanoine Prêtre qui se trouve le plus ancien en reception. Etant arrivez à l'autel : apres que l'Officiant a reçu la chandelle, le rameau ou les cendres dudit ancien, suivant la rubrique, châcun à son rang, dignitez, Chanoines, Chanoines semi-prébandez, et l'Aumonier, font une inclinaison à l'Officiant, et en reçoivent la chandelle ou le rameau. Les autres du Bas-Chœur se mettent à genoux, et baisent la main de l'Officiant, et puis la chandelle ou le rameau. Semblablement au jour des Cendres, après une semblable démarche, Messieurs baissant devotement la tête, reçoivent les cendres de la main de l'Officiant, et le Bas-Chœur les reçoit à genoux. Il faut tenir les chandelles allumées, et les rameaux à la main durant la procession, ez jours de la Purification et des Rameaux, éteindre les chandelles au retour, et poser les rameaux, puis reallumer les chandelles, et reprendre les chandelles et les rameaux à l'Evangile, et à l'Elevation jusqu'après la Communion.

AUX PROCESSIONS.

Pour bien édifier le peuple, par notre modestie, chacun doit garder son rang, sans s'arrêter à parler ni regarder curieusement ça et là, être attentif à ce qui se chante, se dispenser de salüer autant qu'il se pourra, se découvrir, et faire une inclination lors que la croix passe devant nous.

LE

POULLIÉ DES BENEFICES

DE L'ARCHEVESCHÉ DE BOURDEAUX

Pour ne pas grossir demesurément le volume, *nous avons dû sacrifier d'innombràbles notes historiques et géographiques dejà réunies et mises à leur place au bas des pages de ce Poullié.*

Il a esté jugé à propos de joindre à cét Ouvrage, le Poullié des Benefices de l'Archevesché de Bourdeaux, tant de la Ville que de la Campagne. J'y ay mis les plus considerables suivant la division des Archiprestrés, ainsi qu'ils sont nommés au Synode toutes les années.

DANS LA VILLE ET FAUX-BOURGS.

Le Chapitre de l'Eglise Metropolitaine et Primatiale de S. André de Bourdeaux.

Le Doyen de cette Eglise, au Doyenné duquel sont unies les Cures, S. Pierre de Saucas, S. Martin de Landiras, et S. Martin de Laye.

L'Archidiacre de Medoc, avec les Cures unies de S. Martin et S. Saturnin de Boneins ou Monbadon, S. Pierre de Jaux et de Dignac et S. Romain de Loyrac.

L'Archidiacre de Cernés, avec les Cures de S. Martin de Leaugnan et Sainct Martin de Talais.

L'Archidiacre de Blaye, avec les Cures S. Pierre de Sauternes, S. Cybard de Veyrac, et S. Ciers de Canesses.

Le Chantre avec les Cures de S. Genes de Talence, et S. Martin de Castres.

Le Thresorier avec les Cures S. Martin de Ville Neuve, et S. Pierre de Begle.

Le Secretain avec les Cures Nostre Dame de Martillac, et S. André de Cenac.

Le Sous Doyen avec les Cures Saint Medard de Montignac, et S. Paul de Baignaux et Plassac.

L'Archidiacre de Fronsac, avec les Cures S. Romain de Boursas, et S. Pierre du Caillau.

Le Soubs-Chantre avec les Cures Ste Eulalie de Lignan, et S. Seurin de Gabernac.

Le Chapitre de l'Eglise Insigne et Collegiale de S. Seurin.

Le Doyen de cette Eglise.

Le Thresorier avec la Cure S. Ciers, et Ste Julite de Salebeuf.

Le Prevost, avec la Cure S. Pierre d'Avensan.

Le Secretain.

L'Abbaie de Sainte Croix.

Le Monastere est aux Religieux reformés de S. Benoist, depuis le Cardinal de Sourdis.

Le Prieuré de S. James tenu à present par le College des PP. Jesuites, avec les Cures S. Magne de Pene, S. Pierre d'Austen, S. Exupere de Gujan et S. Saturnin de Capian.

Les Vicairies perpetuelles.

De la Majestat de l'Eglise S. André, — de S. Michel, — de S. Remy, — de S. Pierre, — de Ste Colombe, — de S. Simeon, — de S. Christophle, — de S. Eloy, — de S. Maixant, — de Nostre Dame du Puy-Paulin, — de S. Projet, — de Ste Eulalie, — de Ste Croix, — de S. Nicolas de Graves, et S. Vincent de Ladors, — le Prieuré de S. Julien.

A LA CAMPAGNE.

DANS L'ARCHIPRESTRÉ DE L'ESPARRE.

L'Abbaye de Vertueil, — l'Abbaye de l'Isle, — l'Archiprestre de l'Esparre, avec la Cure S. Estephe de Calonés.

Les Cures et Vicairies perpetuelles.

S. Pierre de Grayan, — S. Pierre de Begais, et S. Pierre de Vensac, — S. Pierre de Gaillan, — S. Hilaire de Queyrac, — Nostre Dame d'Uch, — S. Trelodi Vicairie perpetuelle, — S. Pierre de Blaignan, — S. Christophle de Castillon, et S. Martin de Conqueques, — Nostre Dame de Valirac, — S. Saturnin de Begadan, — S. Martin de Prignac, — S. Martin et S. Seurin de Cadournes, — S. Sauveur, — S. Pierre de Cyvrac et S. Medard d'Escurac, — S. Martin de Pauillac, — S. Julien de Reignac, — S. Mammert, — S. Laurens, — S. Germain d'Estoeil, — S. Jean de la Gregene, — S. Martin Dordenac avec son annexe S. Hilaire de Boisintran, — Nostre Dame de l'Esparre, — S. Martin de Podensac, — S. Disant, — Nostre Dame de Cisac Vicairie perpetuelle, — Nostre Dame de Soulac Vicairie perpetuelle.

Prieurés.

Le Prieuré de S. Pierre de la Gregene, — le Prieuré de Soulac, appartient au Monastere de Ste Croix de Bourdeaux, — le Prieuré de S. Trelodi, — le Prieuré de S. Laurens, — le Prieuré de S. Leonard.

DANS L'ARCHIPRESTRÉ DE MOULIX.

L'Archiprestré de Moulix, avec les Cures S. Saturnin de Moulix, S. Genes de Meyre, et S. Jacques de Castel-Nau.

Les Cures et Vicairies perpetuelles.

S. Medard en Jalés. C'estoit autresfois l'Archiprestré, — S. Martin de Carcans, — S. Martin de Listrac Vicairie perpetuelle, — S. Martin de Saussan, — Nostre Dame de Salaunes, — S. Michel de Margaux, — S. Didier de Cantenac, — S. Symphorien de Cussac, et de Ste Gemme, — S. Seurin de la Marque, — S. Germain d'Arsac, — S. Martin de la Barde, — S. Martin de Ludedon Vicairie perpetuelle, — S. Pierre de Parempure, — S. Martin de Blanquefort, — S. Jean d'Hillac, — S. Pierre de Bruges, — S. Jean d'Arsins, — S. Vincent de la Canau, — Nostre Dame de Benon, — S. Aubin, — S. Hilaire du Taillan Vicairie perpetuelle, — Nostre Dame de Macau Vicairie perpetuelle, — Ste Heleine de la Lande Vicairie perpetuelle, — S. Sebastien de Brach, — S. Pierre d'Avensan Vicairie perpetuelle, — S. Seurin du Pian, — Ste Heleine de l'Estang Vicairie perpetuelle.

Prieurés.

Le Prieuré de Macau appartient à l'Abbé de Ste Croix de Bourdeaux, — le Prieuré de Jallez.

DANS L'ARCHIPRESTRÉ DE CERNÉS.

L'Archiprestre de Cernés Curé de S. Pierre de Gradignan.

Cures et Vicairies perpetuelles.

S. Martin de Balizac, — S. Symphorian, — S. Jean du Tuzan et S. Jean d'Origné, — le Doyenné de Villandrault auquel est unie la Cure de ce lieu, ou il y a un Chapitre, — S. Martin de Bommes, — Nostre Dame de Fargues, — S. Romain de Budos, — S. Vincent de Preignac, — S. Vincent de Barsac, — S. Christophle de Leogeats, — S. Vincent de Noaillan, — S. Martin de Ceron, — Nostre Dame de Virelade et S. Hyppolite d'Arbanats, — S. Vincent de Portets, — S. Pierre de Pujols, — S. Vincent de Podensac et S. Laurens d'Hillats, — S. Morillon, — S. Michel de Beautiran et Saint Clement d'Aiguesmortes, — S. Martin de Guillos, — S. Jean de Villagrens et Cabanac, — S. Michel de Riou-Frét, — S. Séve, — S. Jean de la Brede ou d'Estampes, — S. George de l'Isle, — S. Leger, — S. André de Cestas. Le Curé à le Tiltre d'Aumosnier de l'Eglise Metropolitaine, — S. Genes de Talence Vicairie perpetuelle, — S. Seurin du Porge Vicairie perpetuelle, — S. Martin de Castres Vicairie perpetuelle, — S. Pierre de Sauternes Vicairie perpetuelle, — S. Martin de Villenave Vicairie perpetuelle, — S. Vincent de Canejan Vicairie perpetuelle, — S. Pierre de Begle Vicairie perpetuelle, — S. Jacques du Barp Vicairie perpetuelle, — S. Martin de Mios Vicairie perpetuelle, — S. Exupere de Beliet Vicairie perpetuelle, — S. Paul d'Audenge Vic. perp., — S. Medard en Arruan Vic. perp., — S. Martin de Pessac Vic. perp.

Prieurés.

Le Prieuré de Beliet avec les Cures S. Exupere de Beliet et S. Martin de Myos, — le Prieuré de Camparrian avec la Cure S. Vincent de Canejan, — le Prieuré de Bardenac avec la Cure S. Martin de Pessac, est uni au College des PP. Jesuistes de cette ville, — le Prieuré de Cayac avec les Cures S. Paul d'Audenge, S. Medard en Arruan, et S. Seurin du Porge uni au Couvent des PP. Chartreux de cette Ville, — le Prieuré du Barp avec la Cure S. Eloy d'Andernos, uni au Couvent des PP. Fueillans de cette ville, — le Prieuré de l'Isle.

DANS L'ARCHIPRESTRÉ DE BUCH ET BORN.

L'Archiprestre de Buch et Born, Curé de S. Pierre de Parentis.

Les Cures et Vicairies perpetuelles.

S. Vincént de la Teste, — S. André du Taix, — S. Amand de Courgas, — S. Pierre de Lege, — S. Martin de Vignac, — S. Jean de Mesos, — S. Julien de Born. Vicair. perpet., — S. Paul de Frontignac. — Nostre Dame de Guastes ou d'Usera, — S. Martin de Biscarrosse, — S. Martin de Ponteins, — S. Sauveur de Sanguinet, — S. Vincent d'Aureillan, — Nostre Dame de Memisan Vicairie perpetuelle, — Ste Eulalie de Memisan Vicairie perpetuelle, — S. Pierre de Sales Vicair. perpet., — S. Sauveur du Temple, — S. Michel de Bias Vicair. perpet., — S. Pierre de Casaulx.

Prieurés.

Le Prieuré S. Pierre de Comprian avec les Cures S. Jean de la Mote, S. Gervais de Biganos, Nostre Dame de Lenton, et S. Vincent de Merignac, — le Prieuré de Memisan, — le Prieuré S. Barthelemy d'Orbignac.

DANS L'ARCHIPRESTRÉ DE BENAUGES.

Le Chapitre S. Martin de Cadillac, — l'Archiprestre de Benauges Curé de S. Pierre de Lupiac.

Cures et Vicairies perpetuelles.

Sts. Gervais et Prothais de Faleras et S. Germain de Campet, — S. Clement d'Ordenac et S. Nicolas de Guibon, — S. Leon, — S. Seurin de Cantois, — S. Martin d'Arbis, — S. Jean de Monprinblan, — S. Bibian de Blesignac, — S. Jean de Montarrouch, — S. Saturnin de Cardan, — S. Jean de la Roque, — S. Martin de Ville-Neufve, — S. Genés de Lombaut, — S. Martin de Mourens, — S. Pierre de Bats, — S. Paul de Monpesat, — Ste Croix du Mont, — S. Sauveur de S. Machaire Vicairie perpetuelle, — S. Romain de Targon et S. Genés de Toutigeac, — S. Genés de Soulignac, — S. Seurin d'Escoussans, — S. Seurin de Rions, — S. Hilaire de Paillet, — S. Christophle de Bellabat, — Nostre Dame de l'Estiac, — S. Pierre de Langoyran, — S. Martin de Haux, — S. Saturnin de Baurech Vicairie perpetuelle, — S. Martin de Cambes Vicairie perpet., — S. Caprasy de Haux, — S. Martin de Semens et Graoux, — S. Sulpice d'Aulmet, — S. Christophle de Donzac, — S. Martin de Ladaux, — Nostre Dame de Tavenac, — S. Maurice d'Aubiac unie au Couvent des PP. Celestins de Verdelais. Il y a un Vicaire perpetuel, — S. Saturnin de Neyrac Vicair. perpet., — Nostre Dame du Pian Vicairie perpet., — S. Medard de Montignac et S. Paul de Baignaux Vicair. perpet., — S. Seurin de Gabernac Vicair. perpet.

Prieurés.

Le Prieuré de S. Machaire uni au College des PP. Jesuistes de cette Ville, — le Prieuré de Cambes, — le Prieuré de Ste Catherine du Desert, — le Prieuré du Tourne, — le Prieuré de S. Pierre de Lupiac.

DANS L'ARCHIPRESTRÉ D'ENTRE DEUX MERS.

L'Abbaye de la Grand'Seauve, — l'Abbaye de Bon Lieu, — l'Archiprestre Curé de S. Martin de Genissac, — le Chapitre de Genissac.

Cures et Vicairies perpetuelles.

S. Pierre de Quinsac, — S. Romain de Cenon, — S. Martin de Montussan, — S. Simeon de Bouliac Vic. perpet., — Ste Eulalie de Camblanes, — S. Aubin de la Trene, — S. Martin de Sadirac, — Nostre Dame de Creon, — S. Martin de Camiac, — S. Estienne de Loupes, — S. Jean de Madirac, — S. Martin de Bonnetan, — S. Hilaire de Fargues, — S. Pierre de Quinsac d'Embarez, — S. Martin de Carignan, — S. Denis de Climat, — S. Pierre de Loubez autrement S. Loubez, — S. Martin d'Izon, — S. Sulpice de Vernac, — S. Ciers de Cameirac, — S. Martin de Lormont, — S. Seurin d'Artigues, — S. Pierre de Bassens, — Ste Eulalie d'Embarés Vicairie perpetuelle, — Nostre Dame de la Grave, — S. Martin du Poult, — S. Vincent d'Yvrac, — S. Michel de Cursan, — Nostre Dame d'Espiet et d'Aignac, — S. Jean de Vayres, — S. Germain du Puch, — S. Seurin de Guillac, — S. Vincent de Croignon, — S. Saturnin de Camarsac, — S. Martin de Beychac, — S. Quentin Vicair. perpet., — S. Martin de Nerigean, — Nostre Dame de Gresillac Vicairie perpetuelle, — S. Vincent de Moulon unie au Couvent des PP. Fueillans de cette ville, il y a un Vicaire perpetuel, — Nostre Dame de Tizat, — Nostre Dame d'Arveyres Vicairie perpetuelle, — S. Pierre et S. Jean de la Grand'Seauve Vicair. perp., — S. Christophle de Baron, — Ste Eulalie de Cadarsac Vicair. perpet., — Ste Eulalie de Lignan Vicair. perpet., — S. Pierre de Caillau Vicair. perpet., — S. Saturnin de Capian Vicairie perpetuelle.

Prieurés.

Le Prieuré de Sadirac, — le Prieuré du Casterét, — le Prieuré d'Yzon et de Boisset uni au Noviciat des PP. Jesuistes de cette Ville, — le Prieuré de Monte-Rouch, — le Prieuré de S. Pardoux.

DANS L'ARCHIPRESTRÉ D'ENTRE DORDOIGNE.

Le Chapitre de S. Emilion, dans lequel sont le Doyen, le Chantre, le Secretain et l'Aumosnier, — l'abbaye de Phaize, — l'Archiprestre d'entre Dordoigne Curé de S. Magne et de Ste Colombe, — S. Hilaire du Puy Normand, — S. Jean de Libourne Vicair. perp., — S. Pierre de Gours, — S. Pierre de l'Isle, — S. Pierre de Puy-Seguin Vic. perpet., — S. Pierre du Palais, — S. Genés, — S. Estienne de l'Isle, — Ste Terre et S. Bibian Vicair. perpet., — S. Laurens et S. Brix de Vignonet, — S. Christophle de Bardes, — Nostre Dame de Parsac Vicair. perpet. avec son annexe S. Martin de Lerville, — S. Medard de Guisieres, — Nostre Dame de Corneins et S. Pierre de Caens, — S. Felix d'Aiguille, — S. Brix de Niac, — Nostre Dame de Capitourlan, — S. Martin de Gardegan, — S. Pierre de Tourtirac, — S. Martin de Sablon, — S. Hippolite ou S. Poly Vicairie perpetuelle, — S. George de Montagne, — S. Sulpice de Falerens Vicairie perpetuelle, — S. Denis de Pile et S. George de Guestres, — S. Pierre d'Absac, — S. Symphorien de Castillon, — S. Pierre d'Armens Vicairie perpetuelle, — S. Pierre de Lussac, — S. Jean de la Lande Vicairie perpetuelle, — S. Jean de Pomeyrols Vicairie perpetuelle, — S. Martin de Montagne, Vic. perpet.

Prieurés.

Le Prieuré de la Fayotte avec les Cures S. Pierre de Sales et S. Martin de Frans, — le Prieuré de Sablon, — le Prieuré de Castillon, — le Prieuré de S. Denis de Pile.

DANS L'ARCHIPRESTRÉ DE FRONSAC.

L'Abbaye de Guistres, — l'Archiprestre de Fronsac Curé de S. Seurin de Galgon et S. Genés de Bonsac.

Cures et Vicairies perpetuelles.

S. Martin de Fronsac avec Ste Geneviefve son annexe, — S. Seurin de Saillans Vicairie perpetuelle, — S. Anian, — Nostre Dame de la Riviere, — S. Michel de la Riviere, — S. Germain de la Riviere, — S. Genés du Quoeil, — S. Pierre de Peyrissac, — S. Pierre de Salignac, — S. Pierre de la Lande, — S. George de Cadillac, — S. Martin de Marencin, — Ste Magdelaine de la Pouyade, — S. Genés de Lugon, — S. Pierre de Tisat, — S. Martin de Tarnez, — S. Martin du Boys, — S. Ciers d'Absac, — S. Felix de Savignac, — S. Pierre de la Gorce, — S. Pierre de Porcheres, — S. Jean de Coutras avec ses annexes S. Nicolas de Fieux et S. Vincent de Peintures, — S. Pierre des Eglisottes, — S. Pierre de Chamadelle, — S. Pierre de Villegouge, — S. Protais et S. Genés de Mouillac, — S. Christophle de Dupla, — Nostre Dame de Guistres, — S. Jean de Marcenez Vic. perpet., — S. Cybard de Veyrac Vic. perpet., — S. Romain de Boursas Vic. perpet., — Ste Marie Egyptienne de Bayas, — Nostre Dame de Queynac, — Nostre Dame du Chalaure.

Prieurés.

Le Prieuré de la Gorce, — le Prieuré de Lugon, — le Prieuré de Villegouge uni au Couvent des PP. Minimes de cette Ville, — le Prieuré de la Lande, — le Prieuré de Coutras, — le Prieuré du Fieux, — le Prieuré S. Estienne de Chamadelle de Varez, — le Prieuré de Fronsac uni à l'Abbaye de Guistres, — le Prieuré de Ste Geneviefve uni au Monastere de S. Ozany d'Angoulesme, — le Prieuré de Peintures, — le Prieuré de l'Isle du Carney, — le Prieuré S. Michel de la Riviere uni au Noviciat des PP. Jesuistes de cette Ville, — le Prieuré Ste Magdelaine.

DANS L'ARCHIPRESTRÉ DE BOURG.

L'Abbaye de Bourg, avec les Cures Nostre Dame de Puignac et S. Gerons de Bourg, — le Prieuré de l'Abbaye de Bourg, — l'Archiprestre de Bourg Curé de S. Pierre de Gauriac, S. Hilaire de Cavignac et S. Exupere de la Ruscade.

Cures et Vicairies Perpetuelles.

S. Gerons de Bourg Vicair. perpet., — S. Julien de Cubsac, — Nostre Dame de Bellegarde et de Lansac, — S. Saturnin de la Libarde appartient au Chambrier de l'Abbaye de Bourg, il y a un Vicaire perpet., — S. Symphorian de Gauriaguet, — S. Pierre de Cesac Prieuré Curé, — S. André du nom de Dieu ou S. Andras Vic. perpet., — S. Gervais, — S. Bibian de Civrac, — S. Martin d'Aubié et d'Espessas, — S. Marian Prieuré Curé, — S. Pierre de Preignac et S. Michel de Marcamps Prieuré Curé, — S. Vincent de Ville Neufve, — S. Genés de Marsas, — S. Laurens d'Arses et S. Felix de Caselles Prieuré Curé, — S. Seurin de Touveyras, — S. Izant de Sous-Diac. Prieuré Curé, — S. Martin de Cubnezés, — S. Trojan, — S. Sulpice de Comps, — S. Sulpice de Mombrier Vic. perp., — S. Martin de Sammonac, — S. Sulpice de la Fosse et S. Bibian, — Nostre Dame de Bayon Vic. perpet., — S. Martin de Pujard et S. Genés de Virsac, — S. Pierre de Tuillac, — S. Ciers de Canesse Vicair. perpet., — S. Estienne de Tauriac Vic. perpet., — S. Pierre de Camillas Vic. perpet., — Nostre Dame de Puignac Vic. perp.

Prieurés.

Le Prieuré de S. Andras, — le Prieuré de Bayon uni au Couvent des PP. Fueillans de cette Ville, — le Prieuré de Ville-Neufve, — le Prieuré de Tuillac, — le Prieuré de S. Antoine d'Artigue Longue, — le Prieuré d'Espessas, — le Prieuré de Pujard et Virsac.

DANS L'ARCHIPRESTRÉ DE BLAYE.

L'Abbaye de S. Romain, — l'Abbaye de S. Sauveur, — l'Abbaye de Plaine-Selve, — l'Archiprestre de Blaye Curé de S. Vincent de Marcillac, — le Prieur de l'Abbaye de S. Romain, — le Prieur de l'Abbaye S. Sauveur.

Les Cures et Vicairies perpetuelles.

S. Saturnin de Berson Vicair. perpet., — S. Pierre de Cars, — S. Paul de Maisondat Prieuré Curé, — Nostre Dame de Mazeon, et S. Seurin de Cursas Prieuré Curé, — S. Genés de Secondat Prieuré Curé, — S. Androny Prieuré Curé, — Ste Luce et S. Sauveur de Blaye Vicairie perp., — S. Romain de Blaye Vicair. perpet., — S. Christophle de Canac, — S. Gerons d'Eaux-Vives, — S. Genés de Generac et Ste Marie Magdelaine de Saugeon, — S. Martin de Cartelegue, — Nostre Dame de Campugnan, — S. Pierre d'Eyrans et Nostre Dame d'Estolliers Prieuré Curé, — S. Martin d'Anglade, — S. Palais dans le Vitresay, — S. Ciers de la Lande, — S. Saturnin de Brau, — S. Aubin dans le Vitresay, — S. Maurice de Reignac, — Nostre Dame de Pleine-Selve Vicair. perp., — Nostre Dame de Donzac Prieuré Curé, — S. Martin de la Caussade appartient au Chambrier de S. Romain, — S. Martin de Fours, — S. Caprais dans le Vitresay, — S. Pierre de Plassac Vicairie perpetuelle, — S. Martin de la Caussade Vicairie perpet.

Prieurés.

Le Prieuré de Ste Magdelaine de Plaine-Selve, — le Prieuré de S. Ciers de la Lande, — le Prieuré Hospitalier de S. Georges et S. Nicolas, — le Prieuré de S. Genés de Generac, Campugnan et Cartelegue, — le Prieuré de Cars uni au Chapitre de S. Sauveur de Blaye, — le Prieuré de S. Caprais dans le Vitrezay, — le Prieuré de S. Bibian de la Fosse, — le Prieuré S. Gerons, — le Prieuré d'Anglade.

ARCHEVESQUES DE BOURDEAUX

ET LES CONCILES OU ILS ONT ASSISTÉ, OU QU'ILS ONT TENUS

1. Orientalis.
   Concile d'Arles I. l'an de grace 314.
2. S. Delphin.
   Concile de Bourdeaux 381.
3. S. Amand.
4. S. Seurin.
5. Gallicin.
6. Amelius.
7. Cyprian.
   Concile d'Agde 506.
   Concile d'Orleans I. 511.
8. Leontius I.
   Concile d'Orleans IV. 541.
9. Leontius II.
   Concile de Paris II. 555.
   Concile de Paris III. 557.
   Concile de Saintes 563.
10. Berthcramnus.
    Concile de Paris V. 577.
    Concile de Brennac 580.
    Concile de Mascon II. 585.
11. Gondegisile.
    Concile de Poitiers 589. et 590.
12. Sicharius.
13. Adalelme.
14. Frotarius.
    Concile de Toul 860.
    Concile de Soissons III. 866.
    Concile de Troyes 867.
    Concile de Pontigoin 876.
15. Aldebert.
16. Gaufridus. I.
17. Gombaud.
18. Siguin.
19. Arnaud I. ou Acius.
20. Gaufridus II.
21. Archimbaud.
22. Andron.
23. Goscelin.
    Concile de S. Maixant en Poitou 1073.
    Concile de Rome 1073.
    Conciles de Bourdeaux 1079. et 1080
    Concile de Xaintes. 1080.
24. Amatus.
    Conciles de Bourdeaux 1088. 1093
    Concile de Clermont 1095.
    Concile de Nismes 1097.
25. Arnaud Guiraud. II.
26. Gaufridus III.
    Concile de Reims 1148.
    Concile de Bourdeaux 1149.
    Concile de Beaugency 1151.
27. Raimond I.
28. Hardouin.
29. Bertrand I.
    Concile d'Angou esme.
30. Guillaume I.
    Concile de Latran III. 1179.
31. Helies de Malemort I.
32. Guillaume II.

33. Geraud de Malemort.
Concile de Toulouze 1227.
Concile General de Lyon 1245.
34. Pierre I.
35. Simon de Rochechoüart.
36. Guillaume III.
37. Henry I.
38. Boson de Salignac.
39. Bertrand de Gout, puis Clement V. Pape.
Concile General de Vienne 1311.
40. Arnaud de Canteloup III. Cardinal.
41. Arnaud de Canteloup IV.
Concile de Vienne 1311.
Concile de Ruffiac en Poictou 1326.
42. Pierre II.
43. Amanieu de Cases.
44. Bernard de Cases.
45. Amanieu de la Mothe II.
46. Philippe.
47. Helies de Bremont II.
Concile de Perigueux 1365.
48. Raimond de Roqueis II.
49. François I.
50. François II. Cardinal.
Concile de Pise 1409.
51. David de Mont-Ferrand.
52. Pierre III. ou S. Pey Berland.
Assemblée à Bourges pour la Pragmatique Sanction 1438.
53. Blaise de Greelle.
54. Artus de Montauban.
55. André d'Espinay Cardinal.
56. Jean de Foix.
57. Gabriel de Grammont Card.
58. Charles de Grammont.
59. Jean du Bellay Cardinal.
60. François de Mauny III.
61. Antoine Prevot de Sansac.
Concile de Bourdeaux 1582.
62. François de Sourdis IV. Cardinal.
Concile de Bourdeaux 1624.
63. Henri de Sourdis II.
64. Henry de Bethune III.

FIN

ADDENDA ET CORRIGENDA

RELATIFS AUX DEUX VOLUMES

Dom Piolin ayant bien voulu prendre la peine de lire ce volume, feuille par feuille, nous nous sommes fait un devoir de reproduire ici toutes les observations qu'il nous a présentées.

TOME I

Nous citons toujours le *Gallia christiana nova.*

Page 243, ligne 4, note. — Au lieu de : M. de Soissons, — lire : *M. Collineau.*

Page 351, ligne 5. — Au lieu de : p. 128, nº II, — lire : *p. 19, nº II.*

Page 366, ligne 2. — Au lieu de : 1441, — lire : *1411*

TOME II

Page 2, ligne 6 (texte de Lopès). — Au lieu de : Noviomogus, — lire : *Noviomagus.*

Page 17, ligne 22. — Au lieu de : saint Serère, lire : *saint Sevère.*

Page 25, note 8. — Au lieu de : étaient, — lire : *sont.*

Page 36, dernière ligne. — Au lieu de : commune, — lire : *paroisse..*

Page 50, ligne 29. — Au lieu de : Maignot, — lire : *Maignol.*

Page 54, ligne 10. — Au lieu de : ramener, — lire : *rameurs.*

Page 57, ligne 20 (texte de Lopès). — Au lieu de : curés, — lire : *cures.*

Pages 61 et 64. — D. Piolin doute de l'authenticité de ces deux chartes, attribuées, l'une à Louis le Jeune, l'autre à Charles VII.

Page 69, note 1. — « Ne serait-il pas à propos de dire que tout ce qui est rapporté dans cette note est très problématique ? » (*Remarque* de D. Piolin.) Le même auteur ajoute, au sujet de la note 1, p. 73 : « Les épîtres de saint Martial ne peuvent guère être admises comme authentiques. »

Page 101, ligne 9. — Au lieu de : page, — lire : *col.*

Page 115, note 3. — Au lieu de : recteur, — lire : *rhéteur.*

Page 119, note a. — Au lieu de : pro lege, — lire : *pro grege.*

Page 131, note 1. — Au lieu de : Massion, — lire : *Massiou.*

Page 136, ligne 15. — Il est au moins très probable que les vers de

Fortunat (liv. III, ch. XXII) s'appliquent à saint Bertrand, évêque du Mans. (Voir D. Piolin, *Hist. de l'Église du Mans*, t. I, p. 286 et suiv.)

Page 146, note. — Au lieu de : Cointius, — lire : *Le Cointe.*

Page 147, ligne 21. — Au lieu de : continuateur Frédégaire, — lire : *continuateur de Frédégaire.*

Page 156, note. — Au lieu de : écrivain français, — lire : *Historiæ Francorum scriptores.*

Page 172, dernière ligne. — Au lieu de : sucéda, — lire : *succéda.*

Page 211. — A propos de Hardouin, lire : D. Piolin, *Hist. de l'Église du Mans*, t. III, p. 625 ; IV, 102, 114, 119, 166, 528.

Page 213, note 2. — Ajouter : Édition de D. Beaugendre, in-fol., reproduite dans la *Patrol. lat.*, t. 159.

Page 219, ligne 17 (texte de Lopès). — Au lieu de : morr, — lisez : *mort.* *Note 3.* — Ajouter *III* à *Innocentii.*

Page 222, note. — Au lieu de : Louis VIII, — lire : *Louis VII.*

Page 229, ligne 20. — Au lieu de : Campanis, — lire : *campanis.*

Page 253, note 1. — Ajouter : gravée par M. L. Drouyn.

Page 254, ligne 7. — Au lieu de : Landulprius, — lire : *Landulphus.*

Page 256. — Ajouter : voir sur Bertrand de Goth, *Analecta juris Pontificii*, 1883, mai, juin, juillet.

Page 260, ligne 4. — Au lieu de : de Pape, — lire : *du Pape.*

Page 262, note. — Au lieu de : propriétaire des ruines de Montravel, — lire : *du château*, etc. (M. de Tholouze ne possède pas les ruines.)

Page 275, note 1. — Ajouter : voir aussi *Gallia christ.*, t. II, col. 856 et XXIV.

Page 283, ligne 5. — Au lieu de : Boniface VIII, — lire : *Boniface IX* (erreur de Lopès).

Page 286, note 3. — Ajouter : Ciaconius, Rome, 4 vol. in-fol. et un cinquième volume de supplément disposé par ordre chronologique.

Page 291 (légende des armoiries). — Après le mot *cléchée*, ajouter : « au 2e de gueule à la colonne d'argent. »

Page 318, ligne 3. — Au lieu de Balau, — lire : *Balan.*

Page 321, note 1. — Ajouter : « Blaise de Gréelle mourut au mois de décembre 1467, mais après le 4 de ce mois. (*Rem.* de D. Piolin.)

Page 326 (légende des armoiries). — Au lieu de : sur le tout d'azur à 3 fleurs de lys d'or, etc., indication fausse empruntée par Lopès au *Vita Pontificum Romanorum et cardinalium*, de Ciacconius, — lire : *sur le tout d'argent à la guivre de gueules à un enfant issant du même, qui est Visconti.*

Page 327, avant-dernière ligne. — Ajouter : voir *Gallia christiana*, t. VII, col. 538.

Page 339, note 1. — Ajouter : Gabriel de Grammont résigna l'archevêché de Bordeaux en 1530, et le 8 juin de la même année il fut créé cardinal du titre de Sainte-Cécile. Il mourut archevêque de Toulouse le 26 mars 1534 et fut inhumé le 7 juin, suivant le *Gallia christiana,* t. XIII, col. 55. — Gams, *Series episcoporum,* p. 520 et 638. (*Rem.* de D. Piolin.)

Page 345, ligne 32. — Au lieu de : S. Gebarth, — lire : *E. Gebhart.*

Même page — Ajouter à la note 2 : Jean du Bellay a pu résigner en 1551, le 22 avril, en faveur de Jean de Montluc, mais sa résignation n'eut point d'effet; Jean de Montluc fut pourvu de l'évêché de Valence seulement en 1553, et Jean du Bellay ne fut remplacé à Bordeaux par François de Mauny, transféré de Saint-Brieuc, que le 4 novembre 1553.

Sur Jean du Bellay on peut voir Barthélemy Haureau, *Histoire littéraire du Maine,* 1re édit., t. III, p. 119 et suiv., et D. Piolin, *Hist. de l'Église du Mans,* t. V, p. 390-413 et *passim.* (*Rem.* de D. Piolin.)

Page 359, ligne 10. — Au lieu de : rançois, — lire : *François.*

Page 362, note 1. — Nous ne voulons pas insinuer que le *Gallia* se trompe en disant que le siège était vacant le 21 avril 1598. Jean le Breton n'ayant jamais été reconnu par le Pape, la vacance de l'archevêché de Bordeaux dura, de fait, jusqu'à l'institution canonique de Henri de Sourdis.

Page 363, note 2. — Au lieu de : Babon, — lire : *Babou.*

Page 368, note 1. — Ajouter : Dans une très belle lettre écrite au moment même, saint François de Sales dit que le roi vécut assez pour recevoir l'absolution de l'Archevêque de Bordeaux. (*Rem.* de D. Piolin.)

Page 378, ligne 2. — Au lieu de : Sard, — lire : *Gard* (abbaye du diocèse d'Amiens).

Page 384, note. — Les Oratoriens sont une simple association purement séculière. Il est vrai aussi que le Droit défend de donner une église paroissiale à un corps *in genere.* (*Rem.* de D. Piolin.)

Page 390, note 2. — Le Chapitre était parfaitement dans son droit. Lorsqu'un Chapitre est en corps, il a le pas sur les abbés. Il n'y a pas de doute à cet égard. (*Rem.* de D. Piolin.)

Page 395. — Voir aussi dans l'*Aquitaine* (1882-1883) d'excellentes notes sur H. de Béthune, par M. A. de Lantenay.

Page 396. — Lire sur L. d'Anglure de Bourlemont et sur son successeur des documents fort curieux dans les *Recherches sur l'Assemblée du clergé de 1682.*

TABLE DES GRAVURES

CONTENUES DANS LE DEUXIÈME VOLUME

PAGES.

Nous n'avons mentionné dans cette table ni les armoiries soit des Archevêques, soit du Chapitre, qui sont au nombre de quarante-deux. — Les culs-de-lampe bizarres et parfois bouffons qui décorent les *blancs* de certaines pages sont la reproduction des figurines sculptées sur les stalles de l'église Saint-Seurin.

TABLE DES MATIÈRES

CONTENUES DANS LE DEUXIÈME VOLUME[1]

1. La pagination de la deuxième et de la troisième partie de Lopès manquant de suite ne peut être d'aucune utilité. Nous supprimons donc forcément, pour ce volume, les chiffres qui renvoient aux pages de l'ancienne édition.

CHAPITRE III

Quelques graces particulieres accordées aux Archevesques de Bourdeaux, par les Papes et les Roys.

CHAPITRE IV

L'Histoire des Archevesques de Bourdeaux.

TROISIESME PARTIE

DU CHAPITRE DE L'EGLISE DE BOURDEAUX

CHAPITRE Ier

L'Establissement du Venerable Chapitre de l'Eglise de Bourdeaux.

CHAPITRE II

La Reception des Chanoines et leur Aggregation au Corps du Chapitre.

CHAPITRE III

Les Dignitez et autres Benefices de l'Eglise de Bourdeaux, ses Officiers et les Ecclesiastiques qui y rendent du service.

CHAPITRE IV

L'Institut des Chanoines de l'Eglise de Bourdeaux.

CHAPITRE V

La Jurisdiction ecclesiastique du Chapitre.

CHAPITRE VI

Le Droict du Chapitre pour la Collation des Benefices qui en dependent.

CHAPITRE VII

Les Droicts honorifiques et autres qui sont comme naturels au Chapitre de l'Eglise de Bourdeaux.

CHAPITRE VIII

Les Droicts seigneuriaux du Chapitre de l'Eglise de Bourdeaux.

CHAPITRE IX

Grâces particulières accordées au Chapitre de l'Eglise de Bourdeaux.

CHAPITRE X

L'Office divin qui se fait par le Chapitre dans l'Eglise de Bourdeaux.

FIN DE LA TABLE DES MATIÈRES.

TABLE ALPHABÉTIQUE

ET DÉTAILLÉE

DES MATIÈRES

PAR M. LE Mis DE CASTELNAU-D'ESSENAULT

A

B

C

D

E

F

G

H

I

J

L

M

N

O

P

S

T

U

V

X

Y

Z

FIN DE LA TABLE ALPHABÉTIQUE DES MATIÈRES.

NOMS OUBLIÉS

A LA LISTE DES SOUSCRIPTEURS DE CET OUVRAGE

BERTRAND (Mlle).

MM.

CLUZAN, propriétaire au château de Tabanac.

DELAGE (l'abbé).

FAYOLLE (DE), à Périgueux.

HOLAGRAY (Mme Hyppolite).

LA BOUILLERIE (comte DE), au château de Lathan.

LA COLONGE (Ordinaire DE), membre de l'Académie des Sciences, Belles-Lettres et Arts de Bordeaux.

MOQUET (Mme Vve), libraire.

RANCOURT (DE), ❋❋❋, vice-consul de Portugal.

RÉGLADE (Mme).

SARGOS, propriétaire.

ERRATA

T. I, p. 295, note : le passage de Loret cité ne se rapporte pas au mariage de Louis XIII, mais à celui de Louis XIV.

T. I, p. 328, sous la vignette, lire : *rue Chapelle-Saint-Jean,* au lieu de : rue du Pont-Saint-Jean.

Bordeaux. — Imp. G. GOUNOUILHOU, rue Guiraude, 11.

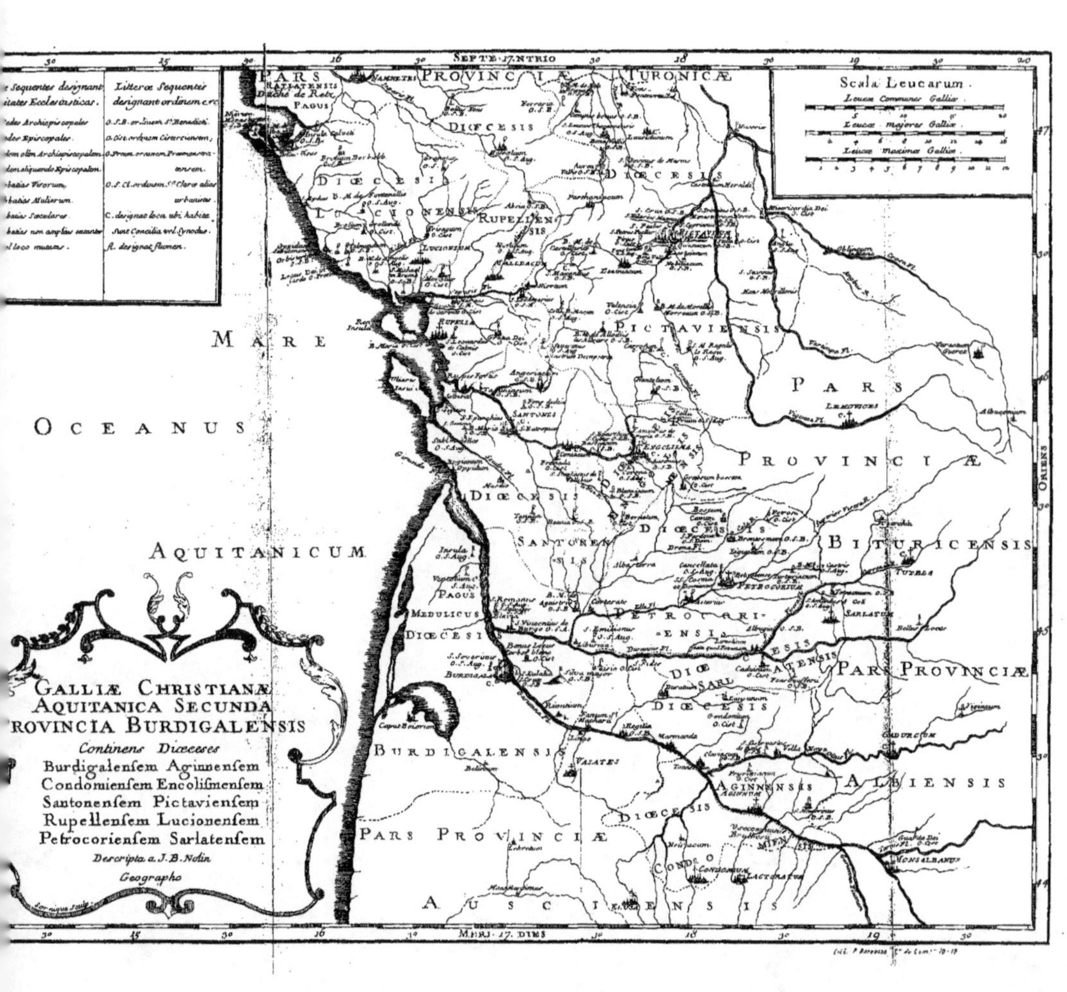

GALLIÆ CHRISTIANÆ
AQUITANICA SECUNDA
PROVINCIA BURDIGALENSIS
Continens Diœceses
Burdigalensem Aginnensem
Condomiensem Encolismensem
Santonensem Pictaviensem
Rupellensem Lucionensem
Petrocoriensem Sarlatensem
Descripta a. J. B. Nolin
Geographo
Scala Leucarum.
Leucæ Communes Galliæ.
Leucæ majores Galliæ.
Leucæ maximæ Galliæ.
SEPTENTRIO
MERIDIES
ORIENS
MARE
OCEANUS
AQUITANICUM
PARS PROVINCIÆ TURONICÆ
DIŒCESIS PICTAVIENSIS
PARS PROVINCIÆ BITURICENSIS
PARS PROVINCIÆ
PARS PROVINCIÆ
AUSCITENENSIS
ALBIENSIS
BURDIGALENSIS
DIŒCESIS SANTONENSIS
PETROCORIENSIS
RUPELLENSIS

www.ingramcontent.com/pod-product-compliance
Lightning Source LLC
LaVergne TN
LVHW010521100826
845148LV00001B/59

* 9 7 8 2 0 1 2 5 7 2 8 1 2 *